KB033760

이중톈의
이것이 바로
인문학이다

천재 동양 철학자들의
생각의 향연을 듣다

이중톈의 이것이 바로 인문학이다

이중톈 지음 · 이지연 옮김

보아스 BOAZ

수많은 민족이 저마다 독특한 지혜와 찬란했던 시대를 갖고 있다. 또한 각기 자랑으로 여기는 황금기가 있다. 그래서 그들이 나라의 문을 열고 세계로 시선을 돌려 세계 민족의 숲에서 자립하게 되었을 때 다채로움에 눈이 부시거나 변화무쌍함에 당황하거나 날로 새로워지는 세상의 모습에 자신을 비하하는 일은 없을 것이다. 각자 자신의 뿌리와 오랫동안 이어져 온 고유의 문화, 나름의 정신적 지주가 있기 때문이다.

중국 민족도 예외가 아니다. 중국 역사에서 춘추 전국 시대는 찬란한 문화를 꽃피운 시기이고, 제자백가는 지혜의 결정체이며, 선진 제자의 백가쟁명은 가장 다채로운 악장이다.

이는 많은 사람에게 알려져 있고, 반드시 깊이 새겨져야 할 이름들이고, 여전히 빛을 발하는 사상들이며, 잊을 수 없는 정서다. 백가쟁명은 300여 년이라는 오랜 시간에 걸쳐 이루어진 세기를 뛰어넘는 대논쟁으로, 유가와 묵가가 자웅을 다투고, 유가와 도가가 맞서 논쟁하고, 유가와 법가가 경합을 벌였다. 이는 다양한 정치적 주장, 날카로운 변론의 클라이맥스, 다채로운 지혜의 향연을 보여 주며 무한한 매력을 드러낸다. 또한 이 대논쟁은 다양하고 귀중한 사상문화 유산, 나라를 세우고 바로잡는 데 필요한 이상, 변혁에 필요한 사상적 자원, 민심을 응집하는 가치 체계, 삶을 올바른 길로 인도하는 지혜를 남겨 주었다. 이것은 지금 우리에게도 여전히 유효하다.

그렇다면 무엇을 어디서부터 이야기해야 할까?

아마도 가장 먼저 한 사람을 이야기해야 할 것이다. 그는 제자백가 가운데 첫 번째 인물이고, 가장 큰 영향을 미친 사람이기도 하다. 백가 쟁명은 바로 그로 인해 시작되었고, 그로 인해 종결되었다. 그는 선대의 유업을 계승해 발전시켜 미래를 개척했다. 또한 그는 새로운 기풍의 선구자이면서 뭇사람의 비판의 표적이었다. 넘어설 수 없지만 반드시 넘어서야 할 대상이었고, 말로 다 할 수 없지만 말하지 않을 수 없는 화제의 주인공이었다.

그는 누구일까? 바로 공자다.

차례

공자에 대한 진실

그는 문화의 거장이자
뜻을 이루지 못한 관리였고,
모범적인 교사였으며
고독한 선구자였고,
감정이 풍부한 보통사람이었다.
그러나 뭇사람의 공격을 받기도 했다.
그는 성인이기 이전에
뜨거운 피와 따뜻한 마음을 가진
'한 사람'이었다.

공자는 누구인가?

공자를 이야기하려면 먼저 그가 어떤 사람인지 알아야 한다.

공자는 어떤 사람이었을까? 중국인들에게 물어보면 십중팔구 '성인(聖人)'이라고 말할 것이다. 공자가 성인이라는 사실을 누가 모르겠는가? 맹자는 더욱 분명하게 말했다. "공자는 성지시자(聖之時者)다." 이는 무슨 뜻일까? 루쉰(魯迅)은 《현대 중국의 공부자(現代中國的孔夫子)》에서 '현대(現代) 성인'으로 번역하는 것 말고 다른 방법이 없다고 했다. 그러나 나는 현대적 의미에서 볼 때 그를 '문화 슈퍼맨'쯤으로 부를 수 있지 않을까라고 생각한다.

그런데 사실 '현대 성인'이든, '문화 슈퍼맨'이든 맹자가 말한 본래의 뜻은 아니다. 맹자의 말은 "성인 중에 세상사를 가장 잘 아는 사람"이라는 뜻이다. 맹자는 성인은 네 가지 종류가 있다고 말했다. 성지청자(聖之淸者), 성지임자(聖之任者), 성지화자(聖之和者), 성지시자(聖之時者)가 그것이다. 그리고 '성지청자(성인 가운데 가장 인품이 고결한 사람)'에는 백이(伯夷), '성지임자(성인 가운데 가장 책임감이 강한 사람)'에는 이윤(伊尹), '성지화자(성인 가운데 가장 태도가 유순한 사람)'에는 유하혜(柳下惠), '성지시자(성인 가운데 세상사를 가장 잘 아는 사람)'에는 공자를 꼽았다. 그럼 맹자는 왜 공자를 성지시자라고 했을까? 그 이유는 공자가 처세를 잘했기 때문이다.

《맹자》〈만장하(萬章下)〉 편에 따르면, 맹자는 공자의 처세의 도를 다음과 같이 말했다. "빨리 떠나야 할 때는 빨리 떠나고, 오래 머물러야 할 때는 오래 머무르고, 은거해야 할 때는 은거해 명예나 이익을 탐하지 않고, 마땅히 관직에 나아가야 할 때는 고결함을 자처하지 않고 관직에 나아갔다(可以速而速, 可以久而久, 可以處而處, 可以仕而仕)." 즉, 때에 맞게 시기적절한 방법을 취할 줄 알았다는 말이다. 그래서 맹자는 공자를 "성지시자"라고 한 것이다.

맹자의 이 말은 논의의 여지가 있다. 공자가 그렇게 한 것은 아마도 스스로 원해서 그랬다기보다 대부분 어쩔 수 없는 상황이었기 때문일 것이다. 이 점은 이번 장을 다 읽고 나면 이해할 수 있다. 또한 공자는 '성인'이란 칭호를 인정하지 않았을 것이다. 이는 《논어》〈술이〉 편에 나오는 공자의 말에서도 확인할 수 있다. "성인이나 어짊과 같은 경지에 내가 어찌 감히 이른다고 할 수 있겠는가!" 물론 사후에 다른 이들이 성인이라고 부르는 것은 어쩔 수 없다. 그러나 만약 맹자가 자신을 일러 "성지시자"라고 한 것을 공자가 알았다면 아마도 풍자인가 의심했을 것이다.

그럼 성인이 아니라면 공자는 어떤 사람인가? 그 자신의 말에 따르면 보통사람이다. 《논어》〈술이〉와 〈안연〉 편에 공자가 스스로 "나는 다른 사람과 같다"고 언급하는 대목이 나온다. 이 말은 "나는 다른 이와 차이가 없다" 또는 "나도 다른 이와 별로 차이가 없는 사람이다"라는 뜻이다.

그럼, 공자는 정말로 보통사람인가?

맞다. 적어도 처음에는 보통사람이었다. 공자(孔子)의 이름은 구(丘), 자는 중니(仲尼)이며 공자는 존칭이다. 기원전 551년에 태어나 기원전 479년에 죽었다. 73세 또는 74세를 살았다.(계산법에 따라 다르다.) 학자들의 연구에 따르면, 공자의 조상은 원래 송나라의 귀족이었는데, 족보를 거슬러 올라가 보면 상탕(商湯)의 후손이다. 공씨 집안은 중간에 가세가 기울면서 더 이상 권세와 지위를 보장받을 수 없게 되자 노(魯)나라로 이주했는데, 사실 이민한 것이다. 공자는 노나라에서 태어나고 자랐다. 따라서 그의 본적은 송나라지만 국적은 노나라다. 송은 상나라의 후예지만, 노는 주나라의 후예다. 그러므로 공자의 몸에는 상나라와 주나라의 문화가 동시에 흐르고 있었다고 볼 수 있다.

노나라로 이민 온 공자의 집안에 이미 송나라 시절의 영예는 존재하지 않았다. 공자의 부친 숙량흘(叔梁紇)은 지금의 현급 관리에 해당하는 읍재를 지냈는데, 공자가 세 살 때 세상을 떠났다. 그래서 공자의 어린 시절은 매우 곤궁했다. 또한 그의 일생은 결코 순조롭지 않았다. 그러나 이러한 곤궁하고 순조롭지 못한 삶이 오히려 그를 박학하고 다재다능한 인물로 만들어 주었다. 다시 말해, 만약 공자를 성인이라고 한다면 그는 고통과 핍박 속에서 탄생한 성인이다.

이렇게 말할 만한 근거가 존재한다. 《논어》〈자한〉 편에 따르면, 한 고위 관료(태재)가 공자의 학문에 감탄해 그의 학생에게 물었다. "당신

들 선생님께서는 성인이십니까? 어찌 그처럼
많은 재능을 지니셨습니까?" 그러자 공자의 제
자가 곧바로 말했다. "물론입니다. 우리 선생님
은 본래 하늘이 내리신 성인이시고 또한 많은
재능과 재주를 지니고 계십니다."

· 공자 가라사대 ·
자기가 서고 싶으면 남을
먼저 서게 하고, 자기가
뜻을 이루고자 하면 남을
먼저 이루게 하라.

이렇게 답변한 학생은 바로 자공(子貢)이었다. 자공의 성은 단목(端
沐)이고 이름은 사(賜)다. 또는 단목(端木)이라고 쓰기도 하는데, 자공
대신 자공(子贛)으로 쓰기도 한다. 이는 모두 옳은 표기다. 위(衛)나라
사람이며, 기원전 520년에 태어났다. 그는 공자보다 서른한 살이 어렸
는데, 두뇌 회전이 빠르고 언변이 뛰어난 특징을 갖고 있었다. 특히 외
교와 이재에 능했다. 그는 안회(顔回)나 자로(子路)와 마찬가지로 공자
가 가장 총애했던 제자다. 《논어》에는 자공에 대한 이야기가 28번 나
오는데, 42번 나오는 자로보다 적고 각각 21번씩 나오는 안회와 자하
(子夏)보다 많다. 공자의 수많은 말씀, 예를 들어 "자기가 서고 싶으면
남을 먼저 서게 하고, 자기가 뜻을 이루고자 하면 남을 먼저 이루게 하
라(己欲立而立人, 己欲達而達人)"는 자공에게 한 말이다. 또한 공자 학설의
중요한 특징, 예를 들면 "선생님께서 인간의 본성과 천도에 대해 말씀
하시는 것을 들은 적이 없다(夫子之言性與天道, 不可得而聞也)"는 자공이 한
말이다. 만약 그가 공자의 마음에 든 학생이 아니라면 이런 말을 할 자
격이 없었을 것이다.

자공과 공자는 친밀했을 뿐만 아니라 농담을 주고받을 정도로 상당
히 편한 관계였다. 《논어》〈공야장〉 편에 따르면, 하루는 자공이 공자
에게 이렇게 물었다. "선생님이 보시기에 저는 어떤 사람입니까?" 공

자는 "너는 그릇이다"라고 대답했다. 그러자 자공이 다시 물었다. "어떤 그릇입니까" 공자가 대답했다. "호련(瑚璉)이다." 호련은 종묘에 사용하는 예기로 보궤(簠簋)와 비슷한데, 보궤가 바로 호련이라고 말하는 사람도 있다. 아무튼 밥을 담는 그릇이라는 소리로 밥통이란 뜻이다. 다만 종묘에서 사용하는 것이니 귀중하고 아름답다는 의미가 담겨있다. 그럼, 공자의 말은 무슨 의미일까? 첸무(錢穆)는 《논어신해(論語新解)》에서 이는 자공을 "낭묘지재(廊廟之材, 훌륭한 인재)"로 칭찬한 것이라고 풀이했다. 또 리링(李零)은 《상갓집 개(喪家狗)》에서 "호련은 중요한 기물이기는 하지만 가장 귀중한 것은 아니기 때문"에 약간의 인정일 뿐이라고 평가했다. 리쩌허우(李澤厚)는 《논어금독(論語今讀)》에서 칭찬의 뜻도 있고 폄하의 뜻도 있다고 하면서 반쯤은 농담이라고 했다. 나는 리쩌허우의 의견에 한 표를 던진다. "사(賜)야, 너는 귀중하고 화려한 고급 밥통이다!"라는 의미였을 것이다.

공자는 왜 이렇게 말했을까? 이는 자공에게 자극적인 비판을 가한 것이다. 공자는 학생들을 대하는 데 특색이 있었는데, 학생의 재능에 따라 가르쳤다는 점이다. 어떤 학생에게는 격려를 위주로 하고, 또 어떤 학생에게는 말로 자극을 주어 일깨웠다. 자공은 주로 자극을 주는 경우였다. 자공이 지나치게 영특했기 때문이다. 지나치게 영특하면 스스로 총명하다고 여기거나 꾀를 부리기 쉽다. 이는 매우 경계해야 할 일이니 선생으로서 비판하지 않을 수 없었던 것이다. 예를 들어 《논어》〈헌문〉 편에 이런 내용이 있다. 자공은 '방인(方人)'을 좋아했다. '방(方)'에 대해 '조롱'이라고 풀이하는 사람이 있는가 하면 또 '비교'의 뜻으로 풀이하는 사람도 있는데, 사실 이는 같은 말이다. 즉 '방인'

을 좋아했다는 말은 자공이 자신과 다른 사람을 비교하기를 좋아했다는 뜻이다. 만약 비교한 결과 다른 사람이 자신보다 못하면 조롱하게 마련이다. 그래서 공자는 자공에게 "사야, 너는 그렇게 뛰어난가 보구나? 나는 그럴 겨를이 없다"라고 말했다. 사실 누구든 자신만 잘하면 되지 다른 사람에 대해 이러쿵저러쿵 평가할 필요가 있겠는가?

그러나 비판은 비판이고 좋아하는 것은 좋아하는 것이다. 공자는 분명 자공을 매우 좋아했다. 《사기》〈공자세가(孔子世家)〉 편에 이런 이야기가 전해진다. 공자가 세상을 떠나기 7일 전에 자공이 그를 찾아갔다. 이때 공자가 그에게 왜 이렇게 늦게 찾아왔느냐고 하면서 천하에 도가 없어진 지 이미 오래되었으니 누가 나를 계승할 것인가라고 탄식했다. 공자는 이렇게 말하면서 눈물을 흘렸다.

공자의 이 말에는 후사를 부탁한다는 뜻이 담겨 있다. 실제로 자공은 공자에게 충성을 다했고, 두터운 존경의 마음을 갖고 있었다. 공자가 세상을 떠나자 제자들은 모두 삼년상을 했지만, 자공만은 6년간 공자의 분묘를 지켰다. 또한 이후에도 여러 가지 의견을 강력하게 물리치고 굳은 의지로 공자의 위대함을 알리는 데 온 힘을 쏟았다.

당시에 공자를 폄하하고 부정하는 사회적 분위기가 조성됨과 동시에 자공이 공자보다 뛰어나다고 말하는 사람들이 있었다. 《논어》〈자장〉 편에는 이에 대해 자공이 한 말이 나온다. "어떻게 그런 말씀을 하십니까? 만약 집으로 비유한다면, 제 집의 담장은 겨우 어깨높이여서 집 안의 좋은 것을 속속들이 들여다볼 수 있습니다. 그러나 선생님 댁은 담장이 높고 정원이 깊어 들어가는 문조차 찾기 힘듭니다. 그러니 어찌 그분의 깊이를 이해할 수 있겠습니까? 다른 사람들이 아무리 뛰어나다 해도 작은 언덕에 불과할 뿐입니다. 우리 선생님은 태양이나 달과 같아 영원히 앞지를 수 없습니다."

실제로 공자가 죽은 뒤 그를 성인으로 받드는 일종의 '성인 만들기 운동'을 추진한 사람이 바로 자공이다. 따라서 태재가 공자에 대해 어떻게 그리 재능이 많으냐고 물었을 때 자공이 "우리 선생님은 본래 하늘이 내리신 성인이십니다"라고 말한 것은 전혀 이상할 것이 없다.

그런데 공자 자신은 오히려 그렇게 생각하지 않았다. "태재, 그 사람이 나를 잘 알고 있는가? 나는 어린 시절 가난했기 때문에 힘겹고 천한 일을 많이 했다. '군자'라면 어찌 이처럼 재주가 많을 수 있는가? 그럴 수 없다(太宰知我乎, 吾少也賤, 故多能鄙事, 君子多乎哉? 不多也)!"

공자의 이 말은 이해하기가 그다지 쉽지 않다. 공자는 왜 군자가 재주가 많지 않다고 했을까? 원문에 나오는 '多(다)' 자는 재능과 재주가 많다는 말인가, 아니면 할 수 있는 비천한 일이 많다는 말인가? 태재는 분명 전자의 의미로 물었다. 그러나 공자의 대답은 오히려 후자 쪽이다. 공자가 말한 "다능비사(多能鄙事)"를 '다재다능'으로 볼 수는 없기 때문이다. 그래서 많은 학자가 공자가 '多(다)'에 대해 좋게 생각하지 않았다고 해석한다. 일례로, 리쩌허우는 "군자가 이처럼 많은 기술이 필요하겠는가? 필요하지 않다"라고 해석했다.

리쩌허우의 해석은 나름의 근거가 있는데, 바로 주희(朱熹)의 주석이다. 주희는 공자가 비록 자신의 '다능(多能)'을 인정했으나 그것은 하찮은 재주 정도이고, 성인의 여부와도 관계가 없다고 특별히 설명했다고 보았다. 이렇게 본다면 공자의 말은 다음과 같이 풀이할 수 있을 듯싶다. "내가 어려서 가난하고 비천했기 때문에 여러 거친 일을 할 수 있게 되었다. 만약 진정한 군자라면 이처럼 많은 기술을 지닐 수 있었겠는가? 그렇지 않을 것이다."

물론 이렇게 해도 뜻은 통하지만 결국은 공자의 말이 태재의 물음에 대한 답, 즉 왜 그리 많은 재능을 가졌는지에 대한 답변도 아닐뿐더러, 다재다능하다는 것이나 자신이 군자라는 것도 모두 부정하는 셈이 되고 만다. 이러한 해석은 문제가 있어 보인다. 그래서 나는 다음과 같은 리링의 해석에 동의한다. 공자의 '다능'은 성인의 여부와 관계가 없을 뿐만 아니라 출신의 좋고 나쁨과도 관계가 없다. 공자의 경우에는 오히려 어린 시절의 가난하고 비천한 삶이 그를 '다능'한 사람으로 만들지 않았는가? 〈자한〉 편에서 공자는 이렇게 말하고 있다. "나는 출사하지 않았기 때문에 재능과 재주가 많다(吾不試, 故藝)." 원문의 '試(시)'는 임용, 출사, 관리가 되는 것을 말한다. 여기서 '재주가 많음'이 관리가 되지 않은 것에서 연유하니, '다능'이 어찌 '빈천'과 관련이 없다고 하겠는가?

그렇다면 "군자라면 어찌 이처럼 재주가 많을 수 있겠는가? 많지 않다"를 어떻게 해석하는 것이 가장 좋을까? 원래 여기서 말하고 있는 '군자'는 도덕적 의미가 아니라 계급적 의미를 갖고 있다. 즉, 고귀한 출신에 부유한 생활을 하는 귀족 자제를 가리킨다. 다시 말해, '군(君)의 자제' 또는 '상류층'의 뜻이다. 이런 부류의 사람들은 손에 물 한 방울 묻히지 않고 자신이 일하지 않아도 편히 살 수 있는데 무엇 때문에 '다능'하겠는가? 그러나 가난한 집 아이는 어려서부터 집안일을 도맡아 한다. 따라서 공자의 말은 다음과 같이 해석할 수 있다. "태재 그 사람이 진정으로 나를 이해할 수 있을까? 나는 어린 시절 힘들고 곤궁해 많은 비천한 일을 할 수 있게 되었다. 존귀하고 부유한 이들이 이처럼 많은 재주를 가질 수 있을까? 불가능하다."

공자의 말이 이렇게 해석될 수 있다면, 나는 그 어른에 대해 진정 존경을 표하지 않을 수 없다. 대다수 사람이 공자를 위대한 성인으로만 알고 있을 뿐 그가 어린 시절 매우 고생했다는 사실은 잘 모른다. 사실 공자는 생계를 위해 계씨(季氏) 집안의 가신으로 있으면서 창고 관리, 가축 여물 주기, 회계 일을 맡아서 하며 한 걸음 한 걸음씩 승진하면서 기회가 주어지는 대로 열심히 공부해 마침내 자학(自學)으로 당시 가장 뛰어난 학문의 대가가 되었다. 나는 공자가 다방면의 지식에 통달하고, 이전의 문화유산을 적극적으로 수용해 현실에 활용할 수 있었던 것은 일반 백성의 힘든 인생살이와 험난한 세상사를 직접 경험한 것과 상당한 관련이 있다고 생각한다.

설사 공자의 말을 이렇게 해석할 수 없다 해도 그와 같은 위치의 사람이 그렇게 말하는 것은 쉽게 볼 수 있는 일은 아니다. 공자는 당시 천하에 명성을 떨치고 있었다. 그렇지 않다면 태재가 그런 질문을 했을 리가 없다. 그런데 높은 명성을 얻고 있던 공자가 "본래 하늘이 내리신 성인"이라는 칭송을 마다하고 오히려 "나는 어린 시절 빈천했다"고 진실을 털어놓고 있다. 이는 다시 말해 자신이 보통사람이며, 비천한 출신이라고 고백한 것이나 다름없다. 또한 그는 어린 시절에 했던 비천한 일을 무시하기는커녕 오히려 "비천한 일에 재주가 많다"고 인정하고 있다. 이를 통해 우리는 공자가 참으로 솔직하고 진실하며 자신의 진정한 모습을 드러내는 데 전혀 주저함이 없었음을 알 수 있다. 바로 이러한 점에서 우리는 그 어른을 영원히 존경하는 것이다.

공자가 자신을 성인으로 간주하지 않는 것에 대해 우리도 동의할 수 있다. 최소한 그의 생각을 존중해야 하기 때문이다. 그러나 공자에 대해 그저 평범한 보통사람이라고 말한다면 아마도 통하지 않을 것이다. 그렇다면 그는 어떤 사람이었을까?

그는 학인(學人)이었다.

공자는 학인으로서 세 가지 특징을 갖고 있다. 호학(好學), 박학(博學), 활학(活學)이 그것이다. 그의 명언 중에는 배움에 관한 것이 많다. "배우는 것을 싫어하지 않고 가르치는 것을 게을리하지 않는다(學而不厭, 誨人不倦)." "명민하고 배우기를 좋아했고, 아랫사람에게 묻는 것을 부끄러워하지 않았다(敏而好學, 不恥下問)." 공자는 자신은 15세에 "학문에 뜻을 두었다"고 했다. 또 말년에 이르러서도 여전히 "학문에 몰두하면 밥 먹는 것도 잊고, 도를 실천함을 즐거워하여 근심을 잊으니, 늙어가는 줄도 몰랐다"고 했다. 늙어서도 끝까지 배움의 끈을 놓지 않았다는 뜻이다. 그는 또 자신처럼 착실하고 온후하며 정직한 사람은 열 집 정도 사는 작은 마을에도 있겠지만 "나처럼 배우기를 좋아하는 사람은 없을 것이다"라고 했다. 이렇게 공자는 '호학'을 '충신(忠信)'보다 더 중요하게 여겼음을 알 수 있다.

공자가 자신의 제자들 가운데 '호학'이란 말을 붙여 준 유일한 제자가 있다. 그는 바로 안회다. 공자는 사람들에게 안회가 죽은 이후로 배움을 좋아하는 이가 있다는 말을 들어 본 적이 없다고 두 번이나 말했다. 한 번은 노나라 애공(哀公)에게, 다른 한 번은 계강자(季康子)에게 했는데, 두 번 모두 안회가 배우기를 좋아했는데 지금은 죽고 없다고 했다.

공자는 이처럼 호학을 중시했다. 그럼, 대체 무엇을 배운다는 말인가? 모든 것을 다 배운다. 학문에는 일정한 스승이 있는 것이 아니니, 이로 인해 다재다능할 수 있다. 《논어》 〈자장〉 편에는 위(衛)나라 대부 공손조(公孫朝)가 자공에게 공자의 학문에 대해 묻는 내용이 나온다. "중니께서는 어디에서 배우셨는가?" 이 말은 중니의 학문이 도대체 어디에 근원하느냐는 의미다. 또는 이렇게 해석할 수 있다. "그대의 스승은 공자인데, 공자의 스승은 누구인가?" 공손조가 이렇게 물은 것은 아마도 호기심 때문이거나 정말로 궁금해서였을 것이다. 누군가 학문적으로 크게 성공하면 사람들은 그가 어느 학교에서 누구의 가르침을 받았으며, 얼마나 연구했는지 등등에 관심을 갖는다. 만약 제대로 대답하지 못하면 사람들은 혹시 사기꾼이 아닌가 하고 의심할 것이다. 그래서 리링이 말한 것처럼 스승의 스승이 누구인지가 때로는 큰 문제가 된다.

그러나 공교롭게도 공자는 스승이 없다. 또한 어떤 학력이나 졸업장도 없다. 그는 독학으로 일가를 이루었다. 그렇다면 자공은 공손조의 질문에 어떻게 대답했을까? 자공은 이렇게 대답했다. "문왕과 무왕이 남기신 문화유산은 사라지지 않고 민간에 흩어졌습니다. 민간에서 이를 배우고 익힐 수 있었는데, 다만 현명한 사람은 그 가운데 큰 것을 알고 있고, 현명하지 않은 사람은 작은 것을 알고 있을 따름입니다. 문무의 도가 이미 곳곳에 존재하고 있는데, 우리 선생님께서 어디에서인들 배우지 않으셨겠습니까? 어찌 반드시 일정한 스승이 있어야 합니까?"

자공의 대답은 정말로 훌륭하다! 속담에 영웅은 출신을 묻지 않는다고 했다. 누군가 학문이 뛰어나다면 그가 어디에서 배웠으며, 스승이 누구인지를 군이 따질 필요가 있겠는가? 어떤 학파에 속해야만 '정통'이라고 할 수 있는가? 나는 "배우는 데 일정한 스승이 없어야 비로소 대사(大師)라고 할 수 있다"는 리링의 견해에 동의한다. 일정한 스승이 없어야 다양한 것을 흡수하고 받아들이며 스스로 일가를 이루어 '대사(大師, 대가)'가 될 수 있기 때문이다. 그럼, 무엇을 일컬어 '대(大)'라고 하는가? 담을 수 있는 용량이 큰 것이다. 또 무엇을 일컬어 '사(師)'라고 하는가? 본받을 만한 것이다. 따라서 '대사'란 박학다재하고 다방면의 도리와 이치를 깨달아 뭇사람이 배우고 본받을 만한 사람이다.

공자는 바로 이러한 대사다. 학자로서의 그는 전문가 유형에 속하지 않는다. 《논어》〈자한〉 편을 보면 이런 내용이 있다. 달항당(達巷黨)이라는 마을의 사람이 공자를 평하기를 "위대하다, 공자여. 학문이 넓으면서도 이름을 내지 못하였도다(大哉孔子, 博學而無所成名)"라고 했다. 공자가 그 말을 듣고 제자들에게 말했다. "그렇다면 내가 무엇을 하는 사람인가? 수레를 모는 마부인가 아니면 활을 쏘는 궁수인가? 나는 차라리 수레를 모는 마부가 되겠다."

이 문장은 역대로 두 가지 해석이 있다. 우선, 정현(鄭玄)과 주희는 달항당인이 공자를 찬미한 것으로, 공자라는 이 위대한 인물은 육예(六藝)에 두루 통달해 어느 한 분야의 전문가로 칭할 수 없다는 의미라고 했다. 그러면서도 공자 자신이 겸손해 가장 하층에 속하는 마부의 지위를 선택했다고 해석했다. 그러나 나는 그들보다 양보쥔(楊伯峻), 린위탕(林語堂), 리링의 해석을 따르고자 한다. 리링의 해석은 앞에서 소개한 책에 실려 있고, 양보쥔과 린위탕의 해석은 각각 《논어역주(論語譯注)》와 《공자의 지혜(孔子的智慧)》에 나온다.

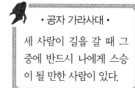
· 공자 가라사대 ·
세 사람이 길을 갈 때 그
중에 반드시 나에게 스승
이 될 만한 사람이 있다.

이들 세 사람의 해석에 따르면, 인용문의 "博學而無所成名(박학이무소성명)"은 일종의 탄식이자 조롱이다. 양보쥔은 탄식이라고 해석했는데, 공자가 박학하기는 하지만 애석하게도 명성을 수립할 만한 전문 영역이 없다는 뜻이라고 했다. 린위탕은 조롱이라고 보았는데, 공자가 박학해 두루두루 알고 있기는 하지만 깊이가 없다는 뜻이라고 했다. 리링 또한 일종의 조롱이라고 해석하면서, 공자의 대답이 참으로 교묘하다고 덧붙였다. 그의 말대로 공자는 수많은 직업 가운데 마부와 궁수를 비유로 들었다. 활을 쏘는 사람은 오직 단 하나의 표적을 주시하지만, 마부는 사방을 두루 다닌다. 공자가 마부를 선택한 것은 바로 전문적인 것이 아닌 '박식함'을 선택했음을 의미한다. 또한 '전문가'가 될 수 없다는 것에 전혀 개의치 않음을 보여주는 것이다. 만약 그 어른이 오늘날 살아 계신다면 그분에게 중국문학을 전공하면서 어떻게 역사를 이야기할 수 있느냐고는 말하지 않을 것이다.

공자는 배움을 좋아했고, 또한 학식이 넓었다. 더욱 중요한 것은 그의 학문이 사학(死學, 죽은 학문)이 아니라 활학(活學)이라는 점이다. 《논어》〈술이〉 편을 보면 공자는 다음과 같이 말했다. "세 사람이 길을 갈 때 그중에 반드시 나에게 스승이 될 만한 사람이 있다(三人行必有我師)." 공자는 생활 속 곳곳에 배울 것이 있고, 누구에게 배우느냐가 중요한 것이 아니라 활용할 수 있어 하나를 들으면 열을 알 수 있는 이해력을 키우는 것이 중요하다고 생각한 것이다.

그럼, 어떻게 해야 살아 있는 학문이 되는가? 두 가지 길에 이르러야 한다. 하나는 '오성(悟性)'이고, 다른 하나는 '관통(貫通)'이다.《논어》〈공야장〉편을 보면 공자가 자공에게 묻는다. "사야, 너와 회 가운데 누가 더 뛰어나냐(女與回也孰愈)?" 그러자 자공이 대답했다. "제가 어찌 감히 회와 견줄 수 있겠습니까? 회는 하나를 들으면 열을 아는데, 저는 겨우 둘만 알 뿐입니다(賜也何敢望回, 回也聞一以知十, 賜也聞一以知二)."

　여기에서 주의해서 봐야 할 부분이 있다. 공자가 안회와 자공에 대해 말할 때 모두 자(字)가 아닌 이름을 불렀다는 점이다. 자공의 이름은 사(賜), 안회의 이름은 회(回)이고 자는 자연(子淵)이다. 그런데 자공이 공자의 물음에 답하면서 자신과 안회를 언급할 때도 모두 이름을 사용했다. 이것이 바로 '예(禮)'다. 예에 따르면, 자신보다 나이가 많거나 존경하는 사람 앞에서는 자신이나 동년배를 언급할 때 모두 이름을 써야 한다. 그래서 공자는 질문할 때 '회(回)'라는 이름을, 자공은 대답할 때 자신은 사(賜), 안회는 회(回)라는 이름을 쓴 것이다. 공자는 계속해서 자공이 안회만 못하다고 말한 뒤 "나와 네가 모두 회만 못하다"라고 했다. 이에 대해 "나는 너의 견해에 찬성한다. 너는 안회만 못하다"라고 해석하는 사람도 있고, "나와 네가 모두 안회만 못하다"라고 풀이하는 사람도 있다. 두 가지 해석 모두 가능하다.

　공자의 안회에 대한 평가는 왜 이리 높은 것일까? 안회가 '오성(悟性)(사물에 대하여 이해·분석·판단하는 능력)'을 지니고 있었기 때문이다. 〈자한〉편에 따르면, 공자는 학문을 하는 데 있어 네 가지 병폐로 '의(意)', '필(必)', '고(固)', '아(我)'를 반대했다. '의'는 근거 없이 멋대로 상상하는 것이고, '필'은 무조건 긍정하는 것이며, '고'는 아집에 얽매이는 것이고, '아'는 자신만 옳다고 여기는 것이다. 이러한 병폐는 요즘 사람들에게서도 심심치 않게 볼 수 있다. 이런 행동이 나타나는 이유 중의 하나는 '오성'이 없기 때문이다. 이런 사람은 고집불통에 전혀 융통성이 없고 한계를 정해 놓으며 결코 깨닫지 못한다.

물론 '오성'만으로는 충분하지 않고, 여기에 '관통'해야 한다. 《논어》 〈위령공〉 편에 이런 이야기가 나온다. 어느 날 공자가 자공에게 물었다. "사야, 너는 내가 많이 배워서 알고 있는 사람이라고 생각하느냐?" 자공이 놀라서 대답했다. "그렇습니다. 아닙니까?" 그러자 공자가 말했다. "아니다. 나는 한 가지 이치로 다른 것을 꿰뚫어 본다(予一以貫之)."

나는 이것이 공자의 학문에 관한 잠언 가운데 가장 중요한 말이라고 본다. 어떤 사람이 지식이 많거나 기억력이 좋다고 해서 대학자가 되는 것이 아니라, 그것은 그가 과연 '일이관지'하는 능력을 갖고 있는지의 여부에 달려 있다. 일이관지는 근본적인 관점(견해)이 될 수 있고, 또 근본적인 방법(논리)이 될 수 있다. 그러나 이런 것을 갖추고 있지 않으면서 학문을 운운하는 것은 땅에 떨어진 닭 털처럼 보잘것없을 뿐이다. 그런데 안타깝게도 '일이관지'하는 사람이 상당히 적다. 많은 사람이 사서오경을 줄줄 외우면 대단한 것이라고 생각하고, '삼황오제', '공자왈, 맹자왈'을 들먹이고, 한약방에서 약초를 순서대로 배열해 놓듯 지식을 나열한다. 이런 사람들을 어찌 지식인이라 할 수 있겠는가? 내가 보기에는 쓰레기통과 다를 바 없으며, 왕쉬(王朔)가 말한 '지도분자(知道分子: 여러 분야에 대해 얕은 지식만 갖고 있는 지식인을 폄하해서 이르는 말)'일 뿐이다.

공자는 이런 사람이 아니며, 그의 학문도 이런 학문이 아니다. 물론 이는 그가 어린 시절 빈천해서 여러 가지 비천한 일에 능했고, 일정한 스승이 없이 독학으로 일가를 이루었기 때문이다. 그러나 또 하나의 중요한 이유가 있는데, 그의 학문은 유용했다는 점이다. 어디에 쓰였다는 것인가? 관계(官界)와 사회다. 공자의 학문은 주로 정치와 윤리에 관한 것이기 때문이다. 정치는 관계에 필요한 것이고, 윤리는 사회에 필요한 것이다. 만약 쓰임이 없다면 헛일이다.

그럼, 공자는 과연 쓰임을 얻었는가?

2

학문의 진정한 목적

공자의 학문이 활용될 수 있는 유일한 길은 관리가 되는 것이었다.

공자는 관리가 되고 싶어 했는가? 그는 관리가 되기를 간절히 원해 언제나 기회를 엿보았으며 대단히 절박했다.《논어》〈자한〉편을 보면 그의 그러한 마음을 엿볼 수 있다. 한번은 자공이 문득 공자에게 물었다. "만약 여기에 아름다운 옥이 있다면 그것을 상자에 숨겨놓을까요, 아니면 좋은 값을 쳐줄 사람에게 팔까요?(有美玉於斯, 韞櫝而藏諸, 求善賈而沽諸)" 앞에서 말한 것처럼 자공은 이재에 밝았고, 공자의 제자들 가운데 유일한 거상이다. 공자가 여러 나라를 돌아다닐 때 그가 경제적으로 지원했다는 말도 있다. 지금도 유상(儒商)을 이야기할 때면 자공이 원조로 언급된다. 그는 학식도 갖추고 있었으며, 돈도 많았고, 게다가 관직에까지 오른 인물로 유상 중에서도 정상급 유상이다. 따라서 자공은 경제적인 관점에서 이렇게 말한 것이다.

그런데 공자와 제자 간의 대화는 글자 그대로의 뜻만 갖고는 이해하기 어려울 때가 많다. 예를 들어《논어》〈학이〉 편을 보면 자공이 스승인 공자에게 묻는다. "가난해도 아첨하지 않고 부유해도 교만하지 않으면 어떻습니까(貧而無諂, 富而無驕, 何如)?"

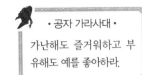

・공자 가라사대・
가난해도 즐거워하고 부유해도 예를 좋아하라.

여기서 '諂(첨)'은 굽신거리며 아첨을 잘한다는 뜻이고, '驕(교)'는 의기양양하고 거만하다는 뜻이다. 즉, "가난하다고 해서 부자에게 달라붙지 않고, 부자라고 해서 거들먹거리지 않으면 어떻습니까?"라는 뜻이다. 이에 대해 공자는 그것도 괜찮지만 "가난해도 즐거워하고 부유해도 예를 좋아하는 것만 못하다(未若貧而樂, 富而好禮者也)"고 했다. 그러자 자공이 다시 물었다. "《시경》에서 상아를 다루듯 세심하게 자르고 갈며, 옥석을 다루듯 세밀하게 다듬고 갈아야 한다고 했는데, 그런 뜻입니까?" 공자가 그의 말을 듣고는 매우 기뻐하며 말했다. "사는 비로소 나와 더불어 시를 논할 수 있겠구나! 앞의 것을 일러주니 뒤의 것까지 아는구나."

공자와 자공의 대화를 듣다 보면 무슨 소리인지 알 수가 없다. 그러나 공자의 논법은 확실히 자공보다 수준이 높다. "가난해도 아첨하지 않고 부유해도 교만하지 않는다"는 자공의 말은 '하지 말아야 할 것'을 강조하고 있다. "가난해도 즐거워하고 부유해도 예를 좋아한다"는 공자의 말은 반대로 '어떻게 해야 한다'는 점을 강조하고 있다. 전자가 타인을 대상으로 한 것이라면 후자는 자신에게 하는 말이다. 전자는 말하기 쉽지만 후자는 자신에 대한 요구사항이므로 결코 쉽지 않다. 자공이 말한《시경》에 나오는 '절차탁마(切磋琢磨)'는 더욱 정진한다는 의미다. 전자에서 후자로 가는 것이 바로 '정익구정(精益求精, 훌륭하지만

제1장 공자에 대한 진실   27

더욱더 완벽을 추구함)'이고, 자공에서 공자로 가는 것 또한 '정익구정'이다. 자공은 끊임없이 생각하고 연상하면서 마침내 이러한 이치를 깨달았다. 그래서 공자가 그를 크게 칭찬한 것이다.

이처럼 공문(孔門)의 스승과 제자 사이의 대화는 마치 수수께끼 같아서 표면적인 현상을 말하는 것이 아니라 비유 등을 통해 돌려 말하는 경우가 많다. 앞에서 자공이 옥을 이야기한 것도 비유의 표현이다. 자공이 한 말의 뜻은 분명하다. '인재나 선비가 은거하는 것이 좋겠습니까, 아니면 벼슬길에 나서는 것이 좋겠습니까?' 이 말의 의미를 이해한 공자는 즉시 대답했다. "팔아야지! 팔아야지! 나는 살 사람을 기다리겠다.(沽之哉, 沽之哉, 我待賈者也)!"

원문에 나오는 '賈(고)'를 살펴보자. 이것은 상인을 뜻한다. 또한 '價(가)' 자와 통용되며 이때는 시세나 가격의 뜻이다. 만약 후자라면 공자가 말한 '待賈(대가)'는 좋은 가격을 기다리겠다는 뜻이 된다. 그러나 나는 여러 학자의 견해에 한 표를 던지겠다. '待賈'는 자공이 말한 물건을 제대로 볼 줄 아는 상인의 뜻인 '선고(善賈)', 즉 좋은 상인을 기다린다는 뜻이라고 생각한다. 물론 '선고'도 '선가(善價)'로 읽어 좋은 가격이란 뜻으로 풀이할 수도 있다. 그러나 옛말에도 "보배로운 칼은 열사에게 바치고 물건은 그 가치를 아는 이에게 판다"고 했다. 아마도 공자는 '좋은 가격'보다 '물건을 제대로 보는 상인'을 더욱 중요하게 여겼을 것이다. 물론 이 문제에 대해 좀 더 논의할 수는 있지만 여기서 중요한 것은 어찌 되었든 공자가 단숨에 두 번씩이나 '팔아야지'라고 한 것이 그가 그만큼 정치에 참여하는 것에 조급해하는 마음이 드러나고 있다는 점이다. 공자도 이렇게 간절히 '대고(待賈)'했으니, 후

세 지식인들도 '대고'한다고 해서 창피한 일이 아니다. '대가이고'를 청
렴하지 않다거나 저속한 일로 간주하는 것은 후대의 진부하고 완고한
유가들의 주장으로 위선일 뿐이다.

　그러나 공자가 정치 참여에 대해 조급해하는 것을 탐탁지 않게 생
각한 제자도 있었다. 그는 중유(仲由), 즉 자로(子路)다. 계로(季路)라고
부르기도 한다. 자로는 기원전 542년에 태어나 기원전 480년에 죽었
으니 공자보다 아홉 살이 적다. 그는 공자 제자들 가운데서 대선배에
속한다. 나이도 많고 서열도 높았다. 리링의 고증에 따르면, 자로는 공
자가 35세 이전 노나라에 머무를 무렵부터 공자를 따랐으므로 황포
1기에 속한다. 그는 《논어》에서 가장 많이 등장하는 인물이다. 그다음
은 자공이고, 안회와 자하가 그 뒤를 따른다. 실제로 공자의 제자들 가
운데 가장 중요한 사람은 이 네 사람이다. 안회는 '학습의 본보기'이
고, 자하는 '문화 전파자'이며, 자공은 '공자 성인화 운동'의 주도자다.
그러나 그들은 서열로 따지면 모두 자로보다 아래였다. 자로가 황포
1기라면 안회와 자공은 황포 2기(공자가 제나라에서 노나라로 돌아온 후에
받아들인 학생)이고, 자하는 황포 3기(공자가 열국을 주유할 때 받아들인 학
생)다. 이렇듯 자로는 공자의 제자들 가운데 대선배인 셈이다.

　자로는 가장 오랫동안 공자를 따라다닌 제자였고, 꾸중도 제일 많이
들은 학생이었다. 공자는 그를 꾸짖을 때 단순히 혼낸 정도가 아니라
언제나 호되게 꾸짖었다. 그를 싫어했기 때문이 아니라 자로의 성격
때문이었다. 그는 조급한 데다 무모하고 난폭했다. 고생도, 죽음도 두
려워하지 않으며 물불을 가리지 않는 그야말로 황소고집이었다. 리링
은 그를 《수호지》에 나오는 이규(李逵)에 비유했는데, 일리가 있다. 이

규는 함부로 입을 놀려 항상 욕을 먹던 인물이다. 자로가 바로 그러했다. 하고 싶은 말이 있으면 그 즉시 내뱉었고, 자신을 가르치는 스승에게도 하고 싶은 말은 기어이 했다.

그럼, 공자가 어떠했기에 자로가 성질을 낸 것일까?《논어》〈양화〉편을 보면 공자는 두 차례 관직에 오를 기회가 있었다. 한 번은 기원전 501년이었고, 다른 한 번은 기원전 490년이었다. 그러나 이 두 번의 초빙에는 모두 문제가 있었다. 공자를 초빙한 측이 반군이었던 것이다. 기원전 501년에는 노나라 대부 계씨의 가신인 공산불요(公山弗擾)가 비읍에서 반란을 일으키고 공자를 초빙했고, 기원전 490년에는 진(晉)나라 조간자(趙簡子)의 가신인 필힐(佛肸)이 중모에서 반란을 일으킨 후 공자를 초빙했다. 두 번 모두 가신이 자신이 모시는 대부를 반역한 전형적인 하극상의 반란이었다. 그런데 공자는 두 번 모두 초빙에 응할 생각이 있었다. 이에 대해 자로는 불만이 많았다. 그는 매우 강직했기 때문에 일단 마음에 들지 않으면 그것이 얼굴에 그대로 드러났다. 《논어》에는 "자로가 기뻐하지 않았다(子路不說)"고 쓰여 있다. (說은 곧 悅을 뜻한다) 사실 기뻐하지 않은 정도가 아니라 그에 대해 한마디 했고, 더욱이 듣기 좋은 말도 아니었다.

처음 공자가 공산불요의 초청에 응하려고 했을 때 자로는 이렇게 말했다. "가실 곳이 없으면 그만이지, 왜 하필이면 공산씨 같은 사람에게 가려고 하십니까?" 두 번째로 공자가 필힐의 초청에 응하려고 했을 때 자로는 더욱 강한 어조로 말했다. "예전에 제가 선생님께 듣기로 나쁜 짓을 한 사람에게는 군자는 들어가지 않는다고 하셨습니다. 지금 필힐은 중모에서 반란을 일으켰는데, 선생님께서 가셔서 돕고자 하시니 어째서입니까?"

이는 정곡을 찌르는 말이다. 공자가 제대로 답변하기 어려웠음은 물론이고 우리 같은 제삼자까지도 손에 땀을 쥐게 할 정도다. 공자의 행동에 대해 후대에 공자를 추존하는 이들 중에는 공자를 대신해 그럴듯한 이유를 제시하는 사람들도 있었다. "공자가 어찌 진짜로 가려고 했겠는가? 단지 제자를 시험해 보려고 한 것일 뿐이다"라고 말하는 사람이 있는가 하면, "공자가 가려고 했던 것은 마음이 약하고 인정이 많았기 때문이다. 일단 가서 그들을 좋은 길로 인도하기 위함이었다"라고 말하는 사람도 있었다. 또 "가신이 대부를 모반하는 것을 돕는 것은 간접적으로 제후를 돕는 일이기도 하기에 결국 이는 독으로 독을 다스리는 것과 같다. 그래서 공자는 비록 갈 생각이 없었지만 거절하지 못한 것이다. 생각이 짧은 자로가 어찌 공자의 깊은 뜻을 이해하겠는가?"라고 말하는 사람도 있었다.

이는 공자를 편드는 것에 지나지 않는다. 설사 공자라 할지라도 그들의 호의를 받아들이지는 않았을 것이다. 왜냐하면 공자는 이미 그에 대한 답변을 갖고 있었기 때문이다. 사실 자로의 의문은 우리의 의문이기도 하다. 앞에서 말한 것처럼 공자는 학인(學人)이다. 지금의 관점에서 본다면 학인은 연구실이나 집 안에 틀어박혀 학문에 몰두하면 그만인데, 왜 사방으로 분주히 돌아다니며 관직에 그렇게 연연했던 것일까?

먼저 공자가 어떻게 대답했는지 살펴보도록 하자.

첫 번째 사건 때는 이렇게 말했다. "그들이 나를 초빙했을 때 어찌 함부로 불렀겠느냐?" 이는 곧 헛되이 부르지 않았다는 뜻이다. 왜 헛

· 공자 가라사대 ·

진정으로 견고한 것은 아
무리 갈아도 얇아지지 않
으며, 진정으로 결백한 것
은 아무리 검게 물들이려
고 해도 검게 되지 않는다.

되이 부른 것이 아니라고 할까? 조건이 있기 때문이다. 무슨 조건인가? 만약 나를 초빙하기를 원한다면 내가 주장하는 바에 따라야 한다는 것이다. 공자의 주장은 무엇인가? "만약 진정으로 나를 써 준다면 나는 그곳을 동주(東周)로 만들 것이다!" 앞으로 이야기하겠지만, 동주(東周) 시대로 돌아간다는 것은 공자가 당시 사회문제를 해결하기 위해 세운 구상이었다. 오랫동안 마음속에 품고 있던 구상을 실현할 기회가 줄곧 없었는데, 드디어 그 기회가 왔으니 어찌 잡지 않을 수 있겠는가?

이것이 바로 공자가 관직에 연연했던 첫 번째 이유다. 즉, 정치적 청사진을 구체적으로 실천하고자 했던 것이다.

그러나 공자의 이런 이유가 자로를 설복시킨 것 같지는 않다. 두 번째 사건에서 자로의 어조가 더욱 격앙되어 스승인 공자의 말과 행동이 다름을 비판하고 있다. 이번에는 공자도 조급해졌다. "그렇다. 내가 그런 말을 한 적이 있다. 하지만 진정으로 견고한 것은 아무리 갈아도 얇아지지 않으며, 진정으로 결백한 것은 아무리 검게 물들이려고 해도 검게 되지 않는다(然有是言也, 不曰堅乎, 磨而不磷, 不曰白乎, 涅而不緇)." 공자의 뜻은 매우 분명하다. '내가 이번에 가서 도우려고 하는 사람이 나쁜 사람이기는 하지만 나처럼 진정으로 좋은 사람이 나쁜 사람을 따라 변하기야 하겠느냐?'

이는 물론 말이 안 되는 것은 아니다. 그러나 이것은 갈 수 있느냐 없느냐에 대한 대답일 뿐 왜 가려고 하는지에 대한 대답은 아니다. 진정으로 좋은 사람은 나쁜 사람과 어울려도 나쁘게 변하지 않을 것이다. 그런데 왜 굳이 가려고 하는가? 나쁜 사람이 칼을 들고 협박을 하는 것도 아닌데, 설령 매섭게 거절을 할 수 없다고 할지라도 적어도 완곡한 사절은 할 수 있지 않은가. 이것이 자로의 풀리지 않는 의문이었다. 결국 공자는 다시 한 번 그를 설득해야만 했다. "내가 어찌 박처럼 매달려 있기만 하고 먹히지 않을 수 있겠느냐(吾豈匏瓜也哉, 焉能系而不食)?" 원문의 '匏瓜(포과)'는 매우 쓴맛의 호롱박이다. 매달려 있는 모습이 보기 좋기는 하지만 먹을 수는 없다. 공자의 말은 결국 "설마 내가 보기만 좋고 쓸데가 없는 사람이 되면 좋겠느냐"는 뜻이다.

사실 이것이야말로 공자가 마음속에 오랫동안 간직하고 있었던 말이다. 공자는 줄곧 누군가가 자신을 써 주기를 바라고 있었다. 공자의 학문은 정치학이고, 그다음으로 윤리학이기 때문이다. 정치학이든 윤리학이든 모두 실천이 중요하다. 실제로 활용되지 않으면 전혀 소용없음은 물론 아무런 가치가 없다. 또한 그 학문이 옳은지 틀린지조차 알 수가 없다. 그럼, 어떻게 실천해야 하는가? 관리가 되는 것이다. 정치적 주장을 추진하려고 해도 관리가 되어야 하고, 도덕적 이상을 실현하고자 해도 마찬가지로 관리가 되어야 한다. 관리가 되어야만 백성을 교육하고 풍속을 교화할 수 있기 때문이다. 게다가 정치적인 구상의 시행도 그렇고 도덕의 사회 실현도 모두 시간이 걸리는 일이다. 그러니 공자가 어찌 조급하지 않을 수 있었겠는가?

이것이 공자가 관직에 연연했던 두 번째 이유다. 즉, 학문적 주장을 실천하기 위해서였다.

공자가 관직에 연연했던 세 번째 이유는 인생의 가치를 실현하기 위함이었다. 공자는 어떤 사람인가? 어떤 사람들을 대표했는가? 사인(士人, 선비), 군자다. 사인은 서인(庶人, 평민)에 상대되는 말이고, 군자는 소인에 상대되는 말이다. 사인과 서인, 군자와 소인은 무엇을 기준으로 구별되는가? 공자는 사인과 군자는 인생의 가치를 지니고 있으나 서인과 소인은 그렇지 않다고 여겼다. 그래서 〈양화〉 편에 다음과 같은 말이 나온다. 공자가 말했다. 군자가 만약 "종일토록 배불리 먹고 마음을 쓰는 바가 없다면 어렵다(飽食終日, 無所用心, 難矣哉)." 원문의 '難矣哉'에 대해 리쩌허우는 '하기 어렵다', 리링은 '견디기 어렵다' 등으로 해석했는데, 결론적으로 둘 다 적합하지 않다. 《논어》 〈헌문〉 편을 보면, 공자는 사인이 만약 안일만을 추구한다면 사인이라고 할 수 없다고 했다. 그 이유는 사인이나 군자는 인생의 가치를 지니고 이를 실현하기 위해 반드시 일을 해야 하기 때문이다.

그럼, 군자와 사인은 어떤 일을 해야 하는가? 두 가지다. 하나는 관리가 되는 것이고, 다른 하나는 학문을 하는 것이다. 가장 바람직한 것은 두 가지를 같이 하는 것이다. 그래서 "벼슬을 하면서 여유가 있으면 학문을 하고, 학문을 하면서 여유가 있으면 벼슬을 한다(仕而優則學, 學而優則仕)"라고 했다. 이 말은 비록 자하가 한 말이기는 하지만 공자의 생각을 대변한다고 볼 수 있다. 공자의 이상은 학문과 관직 사이를 자유롭게 오가는 것이었다. 예전에 어떤 이들은 '學而優則仕(학이우즉사)'를 '배워서 뛰어나면 벼슬길에 나선다'는 뜻으로 해석했는데, 이는 옳지 않다. 만약 그렇게 해석할 경우 앞에 나오는 '仕而優則學(사이우즉학)'은 벼슬을 하면서 뛰어나면 학문을 한다고 해석해야 하는데 이렇게 되면 뜻이 통하지 않는다. 여기서 '優(우)'는 우수하다는 뜻이 아니라 '優裕(우유)', 즉 넉넉하다 또는 여유롭다는 의미다. 그러므로 관직에 있으면서 여력이 있으면 학문에 힘쓰고, 학문을 하다가 여력이 있으면 벼슬을 하라는 뜻이다.

물론 학문과 벼슬 두 가지를 병행하면 좋지만 그럴 수 없다면 무엇부터 해야 하는가? 벼슬이다. 공자가 볼 때 관리가 되는 것은 가장 중요한 일이기에 관리가 되지 않으면 부끄러운 일이 될 수 있다. 왜 가장 중요할까? 관직을 갖는 것이 학문의 목적이기 때문이다. 벼슬을 하지 않는 것이 왜 부끄러운 것일까? 관리를 해야만 사인이든 군자든 정당한 직업을 갖고 정당한 수입으로 살아갈 수 있기 때문이다. 사실 사인이나 군자 역시 사람이니 생계 유지를 위해 돈이 필요하다. 돈은 어디에서 나오는가? 하늘에서 떨어지거나 땅에서 솟아나는 것이 아니므로 일을 해서 얻어야 한다. 그렇다고 농사를 지을 수도 없는 노릇이다. 공자는 이런 일을 저속한 것으로 보았다.

《논어》〈자로〉 편에는 공자의 제자 가운데 한 사람이 이런 일로 공자에게 꾸중을 들은 이야기가 나온다. 당사자는 번수(樊須)다. 그는 자가 자지(子遲)이기 때문에 번지(樊遲)라고 부르기도 한다. 그는 공자보다 서른여섯 살이 어렸고, 황포 3기에 해당한다. 그는 갑자기 공자에게 농사일을 배우기를 청했다. 그러자 공자가 말했다. "나는 늙은 농부만 못하다." 그가 다시 밭일을 가르쳐달라고 하자 공자가 다시 말했다. "나는 늙은 농사꾼만 못하다." 번지가 나가자 공자가 이렇게 질책했다. "소인이구나, 번수여!" 공자는 농사를 짓거나 수공업에 종사하거나 장사를 하는 것은 책을 읽거나 벼슬을 하는 것만 못한 일이라고 생각했다. 학문을 하고 관리가 되는 것은 군자이지만, 나머지 일을 하는 사람

· 공자 가라사대 ·
이미 이루어진 일은 말하지 않고, 이미 끝난 일은 간하지 않으며, 이미 지나간 일은 탓하지 않는다.

은 모두 소인이라고 본 것이다.

이것은 쉽게 이해할 수 없다. 공자는 자신이 어렸을 때 비천한 일을 많이 할 줄 알았다고 말하지 않았던가? 그런데 왜 농공상(農工商)을 멸시하는가? 미안하지만 그것은 이미 지나간 과거일 뿐이다. 과거에는 공자 역시 '소인'이었고, 심지어 '천인(賤人)'이었다. 생계를 위해 그처럼 비천한 일을 하지 않을 수 없었고, 그 과정에서 많은 것을 배웠다. 이것은 그도 인정한 사실이다. 그러나 지금은 시서(詩書)를 읽고 높은 학식과 경륜을 지닌 '군자'다. 〈위령공〉 편에서 말한 것처럼 군자는 "도에 뜻을 두지 먹는 것에 뜻을 두지 않는다(謀道不謀食)." 즉, 마음을 수양할 뿐 생계에 뜻을 두지 않는다는 것이다. 그러니 어찌 또다시 논밭에서 씨를 뿌리고, 멜대를 지고 나가 고구마를 팔겠는가? 더욱이 공자는 "이미 이루어진 일은 말하지 않고, 이미 끝난 일은 간하지 않으며, 이미 지나간 일은 탓하지 않는다(成事不說, 遂事不諫, 既往不咎)"라는 신념을 갖고 있었다. 이는 곧 과거의 일에 얽매이지 않고 미래를 지향하겠다는 뜻이다. 미래는 무엇인가? 관리, 관리, 관리가 되는 것이다!

이로 보건대, 공자가 사인이나 군자가 벼슬을 해야 한다고 말한 것은 두 가지 문제를 해결해야 한다. 한 가지는 사람은 어디로 갈 것인가이고, 다른 한 가지는 돈은 어디에서 나올 것인가다. 사람은 정계로 가야 하고, 돈은 봉급에서 나온다. 그러므로 관리가 되어야 한다. 공자는 일찍이 거리낌 없이 말했다. "만약 누군가 나를 등용해 치국을 맡긴다면 1년만 하더라도 괜찮을 것이고, 3년이면 성과가 있을 것이다(苟有用

我者, 期月而已可也, 三年有成)." 원문의 期(기)는 올해 이번 달부터 다음 해 같은 달까지를 말하는데, 이를 '기월(期月)'이라고 부른다. 즉, 정확하게 1년을 뜻한다. 공자 말의 의미는 아주 분명하다. 만약 나를 임용하면 1년 만에 효과를 보기 시작할 것이고, 3년이면 큰 성과를 볼 것이라는 뜻이다. 마치 요즘의 약 광고 같다.

공자는 또한 자신의 학생을 선전하기도 했다. 《논어》〈옹야〉 편을 보면, 한번은 노나라 대부인 계강자가 공자에게 제자들 가운데 누가 관리가 될 만한지 물었다. 계강자는 먼저 자로에 대해 묻고, 차례로 자 공과 염유(冉有)에 대해 물었다. 자로와 자공에 대해서는 이미 앞에서 언급했고, 여기서는 염유에 대해 간단히 소개하겠다. 염유의 이름은 구(求), 자는 자유(子有)다. 기원전 522년에 태어났으니 공자보다 스물 아홉 살이 어리고, '황포 2기'에 속한다. 그 역시 공자의 제자 가운데 중요한 학생으로 행정 능력이 뛰어났고 이재에 밝은 특징을 갖고 있 다. 재무장관에 가장 적합한 인물이었다. 공자는 계강자가 물었던 세 명이 정사에 참여하는 것에 전혀 문제가 없다고 하면서 자로는 과단 성이 있고, 자공은 사리에 통달했으며, 염구는 다재다능하다고 그들의 특징을 강조했다. 이러한 능력을 갖추고 있으니 관리로서 정사를 맡는 데 무슨 어려움이 있겠느냐는 뜻이다. 이렇듯 공자는 기회만 있으면 자신은 물론이고 제자들도 적극적으로 벼슬길에 나아갈 수 있도록 추 천했다.

그렇다면 공자는 완전히 자리에 눈이 멀었던 것 아닌가? 자신도 관 리가 되기를 바랐고, 학생들에게 벼슬길에 나아가길 적극 권유했으며, 학문의 목적은 곧 관리가 되는 것이라고 생각했으니 이렇게 말해도 지나친 것은 아닐 듯하다.

그럼, 공자는 정말로 관직에 눈먼 사람인가?

그렇지 않다. 그 이유는 두 가지다. 하나는 비록 공자가 간절히 정사에 참여하기를 바랐고 준비했으며 조급해했지만, 벼슬만 주면 무조건 하겠다는 것은 결코 아니었다. 공자는 관리가 되어 정사에 참여하는 데 나름의 원칙과 최소한의 조건이 있었다. 그것은 반드시 "나라에 도가 있어야 한다"는 점이었다. 다시 말해 정치적으로 투명하고 깨끗해야 한다는 뜻이다. 공자는 분명하게 말했다. "나라의 정치가 맑고 투명하면 관리가 되어 봉록을 받는다. 그러나 나라의 정치가 어두운데 관리가 되어 봉록을 받는 것은 수치스러운 일이다(邦有道穀, 邦無道穀, 恥也)." 고대에는 곡식으로 봉록을 대신했기 때문에 '穀(곡)'은 관리가 받는 봉록을 뜻하는 것으로 지금의 임금에 해당한다. 또한 《논어》 〈태백〉 편을 보면 이런 내용이 나온다. 공자가 말했다. "천하에 도가 있어 태평하면 자신을 드러내 벼슬길에 오르고, 도가 없어 태평하지 않으면 은거해야 한다. 나라에 도가 있는데도 가난하고 천하게 사는 것은 부끄러운 일이며, 나라에 도가 없는데도 부유하고 귀하게 사는 것은 더욱 부끄러운 일이다(天下有道則見, 無道則隱. 邦有道, 貧且賤焉, 恥也, 邦無道, 富且貴焉, 恥也)."

여기서 알 수 있듯이, 관리가 될 것인가의 여부는 정치 상황에 달려 있다. 왜 정치 상황을 살펴야 하는가? 정치적 상황이 좋지 않으면 이상을 실현할 수 없고, 자신의 안위 또한 보장받을 수 없기 때문이다.

그래서 공자는 관리가 되는 것이 중요하기는 하지만 유일한 길은 아니라고 생각했다. 이는 공자의 첫 번째 원칙이다.

두 번째 원칙은 관직, 재물, 부귀영화를 간절히 바란다 할지라도 반드시 "취함에 마땅한 도가 있어야 한다"는 것이다. 즉, 반드시 정당한 수단을 통해 그것을 얻어야 한다는 것이다. 《논어》〈이인〉편에는 이런 내용이 나온다. 공자가 말했다. "돈을 버는 것과 벼슬을 하는 것은 모든 사람이 바라는 것이다. 그러나 만약 정당한 방법으로 얻은 것이 아니면 군자는 처하지 않는다. 빈궁과 비천은 모든 사람이 싫어하는 것이다. 그러나 만약 정당한 수단으로 얻은 것이 아니라면 피하지 말아야 한다(富與貴是人之所欲也. 不以其道得之, 不處也. 貧與賤是人之所惡也. 不以其道得之, 不去也)." 그런데 원문에서 두 번째 나오는 '不以其道得之(불이기도득지)'는 약간 문제가 있는 듯싶다. 양보쥔은 이 부분을 '不以其道去之(불이기도거지)'로 써야 한다고 했다. '정당한 방법으로 없앤 것이 아니다'는 뜻이다. 어쨌든 공자의 말은 부귀를 추구하든 빈천을 피하든 반드시 정당한 방법을 사용해야 한다는 뜻이다.

공자의 이 말은 매우 중요하기도 하고 재미있기도 하다. 그는 '도(道)'를 강조했지만 그렇다고 '욕망(欲)'을 회피한 것도 아니다. "돈을 버는 것과 벼슬을 하는 것은 모든 사람이 바라는 것이다." "빈궁과 비천은 모든 사람이 싫어하는 것이다." 그러나 그것을 정당한 방법으로 얻지 않는다면 처하지도 말고 피하지도 말아야 한다고 했다. 이러한 원칙을 굳게 지키고, 말만 앞세우는 것이 아니라 말 그대로 실천한다면 '진정한 군자'가 아니겠는가! 그러나 애석하게도 후대 사람들은 뒷부분은 동의하되 앞부분은 동의하지 않거나 뒷부분만 강조하고 앞부분은 강조하지 않았다. 이는 완전치 못할 뿐만 아니라 공자의 본래 뜻도 아니고 더욱이 그의 이상과도 맞지 않는다.

공자의 이상은 천하에 도가 있어 관리가 되어 부귀영화를 누리는 것이다. 난세에 처해 민간에 은거하며 안빈낙도하는 것은 부득이한 경우다. 선비가 선비답기 위해서는 자신의 일을 해야 한다. 일을 하지 않으면 어찌 선비라 하겠는가? 일을 하게 되면 돈이든 관직이든 어찌 얻지 못하겠는가? 천하가 어지러워 관리가 되지 못하면 이는 운이 나쁜 것일 따름이다. 생각해 보면 능히 생각할 수 있는 문제이고, 굳이 생각하지 않겠다면 그것은 그 사람의 자유다. 정말로 생각하지 않는다면 그는 '진짜 은자(隱者)'다. 문제는 속으로는 그렇게 생각하면서도 겉으로 아닌 것처럼 말하는 사람이다. 이를 일러 '위군자(僞君子)'라고 한다.

공자는 위군자를 좋아하지 않았다. 그런데 우리도 역시 위군자를 좋아하지 않는다. 이제 공자가 왜 관리가 되고자 했는지 그 이유를 알 수 있을 것이다. 첫째, 정치적 청사진을 실행하기 위해서였다. 둘째, 학문적인 주장을 실천하기 위해서였다. 셋째, 인생 가치를 실현하기 위해서였다. 이것이 바로 공자의 '학문 관리론', 즉 학문을 통해 관리가 되는 방법론이다. 문제는 관리를 하는 것이 결코 쉬운 일이 아니어서 잘 해내야 한다는 것이다. 그렇지 않을 경우에는 아무 소용도 없게 된다.

그럼, 공자는 잘 해냈는가?

3

군자는 어려울수록 강해진다

지금 보면, 공자는 아마도 관리생활을 잘했을 것이다. 그는 관리가 되는 것에 대해 '준비', '생각', '책략'을 갖추고 있었으며, '정치'에 대해 잘 알고 있었다. 《논어》를 읽어 보면 여러 차례 사람들이 정치에 대해 질문하고 그때마다 공자가 적절한 대답을 해 주었음을 발견하게 된다. 예를 들어 〈안연〉 편을 보면, 자공, 자장, 제경공(齊景公), 계강자 등이 정치에 대해 질문했고, 〈자로〉 편에서는 자로, 중궁(仲弓), 자하(子夏), 섭공(葉公)이 정치에 대해 물었다. 이들 중에는 정치가도 있었고 그의 제자도 있었는데, 공자의 대답은 언제나 청산유수와 같았고, 치국에 대한 수많은 명언을 남겼다. "예로부터 사람은 누구나 죽게 마련이지만, 백성의 신의가 없으면 존재할 수가 없다(自古皆有死, 民無信不立)", "빨리 하려고 서두르면 달성하지 못하고, 작은 이익을 탐하면 큰일을 이루지 못한다(欲速則不達, 見小利則大事不成)" 등이다. 이처럼 공자는 정치 참여를 위해 오랫동안 충분한 준비를 하고 있었다.

공자는 정치에 대해 자신의 생각이 있었다. 이런 생각 때문에 자로가 공자에게 대든 적도 있다. 그것은 위(衛)나라 출공(出公) 5년(기원전 488년), 공자 나이 64세, 자로가 55세 때의 일이었다. 그해에 위나라 군주인 출공이 공자를 초빙하려고 했다. 〈자로〉 편에 따르면, 자로가 그 말을 듣고 스승인 공자에게 물었다. "위나라 군주가 선생님을 모셔다가 정사를 맡기려고 합니다. 무엇을 제일 먼저 하시겠습니까?" 공자가 대답했다. "반드시 명분을 바로잡겠다." 자로가 즉시 반문했다. "진정 그런 생각이 있으십니까? 너무 세상 물정을 모르십니다. 왜 바로잡으려 하십니까?" 공자가 그의 말을 듣고 크게 화를 내면서 말했다. "유야, 너는 너무 사리에 어둡고 경솔하고 제멋대로구나. 군자는 자신이 알지 못하는 것에 대해 입을 다물고 있어야 하는 법이니라!"

바른말을 하는 이는 사람들의 미움을 사기 마련이다. 64세의 스승이 55세의 제자에게 장황하게 훈계를 한다. 공자는 '정명(正名)', 즉 명분을 바로잡는 일이 얼마나 중요한지를 자로에게 설명한다. "명분이 바르지 않으면 언어가 순조롭게 통하지 못하고, 말이 순조롭게 전달되지 못하면 일이 이루어지지 못한다. 일이 이루어지지 못하면 예악이 흥성하지 못하고, 예악이 흥성하지 못하면 형벌이 적합하지 못하며, 형벌이 적합하지 않으면 백성이 옳고 그름을 알지 못하게 된다." 공자가 한 말의 뜻은 아주 분명하다. '명분을 바로잡는 것이 어찌 작은 일이겠느냐?'

그렇다면 '정명'은 왜 중요한가? 그것은 바로 공자가 생각하는 정치의 원칙이기 때문이다. 공자는 "군주가 군주답고, 신하가 신하다우며, 아비가 아비답고 자식이 자식다워야 한다"고 말했다. 이는 모든 사람이 자신의 '명분'에 따라 생활하고 일해야 한다는 것이다. 이것이 바로 '정명'이다. '명

• 공자 가라사대 •
새는 나무를 가려서 앉을 수 있으나 나무가 어찌 새를 가릴 수 있겠는가.

(名)'을 바르게 하면 모든 사람이 자신의 위치를 찾고, 무엇을 어떻게 해야 하는지, 무엇을 하지 말아야 하는지 알고, 본분을 지키게 된다. 이로써 혼란이 없고 사회가 질서를 갖추어 천하가 태평하다. 그래서 공자는 자로에게 이렇게 말했다. "명분을 세우면 그에 맞는 도리가 있어 말할 수 있고, 이 도리를 말할 수 있으면 반드시 행할 수 있다."

　그럼, 공자는 위나라에 가서 명분을 바로잡았을까? 만약 명분을 바르게 했다면 정치적으로 성공했다는 말인가? 알 수 없다. 다만 우리가 알고 있는 사실은 공자가 위나라에서 4년간 머물렀고, 위 출공 9년(기원전 484년)에 위나라를 떠났다는 것이다. 《좌전》〈애공 11년〉에 따르면, 위나라 대부 공문자(孔文子)가 위나라 대부인 대숙질(大叔疾)을 공격하고자 공자를 찾아가 자문을 구했다. 그러나 공자는 "제례(祭禮)에 관한 일에 대해서는 일찍이 배운 바가 있으나 전쟁에 대해서는 전혀 아는 바가 없습니다"라고 말했다. 그리고 곧 물러나 수레를 타고 가면서 이렇게 말했다. "새는 나무를 가려서 둥지를 틀 수 있으나 나무가 어찌 새를 가릴 수 있겠는가(鳥能擇木, 木豈能擇鳥)?"

　행동이 거칠어도 충직했던 자로는 공자를 따라 위나라에 머물렀는데(아마도 노와 위를 오갔을 것이다) 위 출공 13년(기원전 480년) 위나라에 내란이 일어났을 때 희생되고 만다. 《좌전》〈애공 15년〉에 따르면, 당

시 자로는 상대의 창에 관의 끈이 끊어져 관을 제대로 쓸 수 없자 군자는 당장 죽더라도 관을 벗지 않는다고 하면서 두 손으로 관의 끈을 잡다가 결국 상대의 창에 목숨을 잃었다. 그 뒤 위나라 군주가 자로의 유해로 젓을 담갔다. 《예기》〈단궁상(檀弓上)〉편에 따르면, 공자는 이 말을 듣고 몹시 비통해하며 주방에서 마련한 잘게 저민 고기를 모두 갖다 버리라고 했다.

공자는 관리가 되거나 정사에 참여하는 데 준비와 생각, 그리고 책략을 갖고 있었다. 공자는 관리가 되는 것, 목숨을 보전하는 것은 당연한 일이고, 원칙을 굳게 지키면 손해 볼 일이 없다는 관점을 갖고 있었다. 어떻게 하면 그렇게 되는가? 공자는 우선 "위험한 나라에는 들어가지 말고, 혼란한 나라에는 살지 말아야 한다(危邦不入, 亂邦不居)"고 했다. 다음으로 "나라에 도가 있을 때는 말을 정직하게 하고 행실은 정직하게 하며, 나라에 도가 없을 때는 행실을 정직하게 하고 말은 공손하게 해야 한다(邦有道, 危言危行. 邦無道, 危行言孫)"고 했다. 첫 번째 인용문에 나오는 '危(위)'는 '위험'을 뜻한다. 위험한 나라는 들어가지 말고 난이 일어난 나라는 머물지 말라는 뜻이다. 두 번째 인용문에 나오는 '위'는 여러 가지 해석이 있는데, 양보쥔과 리쩌허우는 '정직'으로 해석했다. 이에 나도 동의한다. '孫(손)'은 공손의 뜻이다. 나라의 정치가 깨끗할 때는 말을 정직하게 하고 행동 또한 정직하게 하며, 나라의 정치가 암흑이면 행동은 정직하게 하되 말은 겸손하고 신중하게 하라는 뜻이다.

왜 행동이 정직해야 하는가? 행동이 정직하
지 않으면 군자가 아니기 때문이다. 말은 왜 신
중히 해야 하는가? 신중하지 않으면 이치를 따
지지 않고 제멋대로 구는 집권자의 화를 돋우
어 큰 화를 입을 수 있기 때문이다. 본심에 어

긋나는 일은 하지 말고, 문제를 일으킬 만한 말은 하지 말라는 것이 바
로 공자의 원칙이다. 이는 칸트의 말을 생각나게 한다. "말은 진실되게
해야 하지만, 그렇다고 모든 진실을 말할 의무는 없다." 공자와 칸트,
이 두 위대한 철학자의 말은 다르면서도 같은 묘미가 있지 않은가?

공자는 위나라 대부 영무자(寧武子)를 매우 좋아했다. 그는 영무자가
뛰어난 사람이라고 말했다. 《논어》〈공야장〉 편에는 공자의 다음과 같
은 말이 나온다. "영무자는 나라에 도가 있으면 지혜로웠고, 나라에 도
가 없으면 어리석게 행동했다. 그 지혜는 따를 수 있으나, 그 어리석음
은 따를 수가 없다." 총명한 사람이 어리석게 말하면 어리석어지는 것
인가? 어리석어지는 것이 아니라 어리석은 척하는 것이다. 매우 어리
석다는 뜻의 '우불가급(愚不可及)'이란 고사성어는 여기에서 나온 말인
데, 뜻이 변했을 뿐이다.

위나라의 또 다른 대부인 사어(史魚)와 거백옥(蘧伯玉)도 공자가 좋아
했던 인물들이다. 《논어》〈위령공〉 편을 보면 공자는 두 사람에 대해
다음과 같이 말한다. "사어는 나라에 도가 있을 때도 화살처럼 곧고,
나라에 도가 없을 때도 화살처럼 곧다. 거백옥은 나라에 도가 있으면
나아가 벼슬을 하고, 나라에 도가 없으면 자기 뜻을 거두어 가슴속에
감춘다." 즉, 사어는 정치 상황이 어떻든지 화살처럼 항상 곧으며, 거

백옥은 정치적으로 안정되었을 때는 벼슬길에 나서지만 어두울 때는 자신의 재능을 숨긴다는 뜻이다. 공자는 이러한 그들의 태도를 칭찬했다.

그가 사어를 칭찬한 이유는 정직이야말로 군자의 기본적인 품격이라고 생각했기 때문이다. 또 거백옥을 칭찬한 이유는 그것이 공자가 주장한 바이기 때문이다. "나라에 도가 있으면 관리가 되어 봉록을 받는다. 나라에 도가 없는데도 관리가 되어 봉록을 받는다는 것은 수치스러운 일이다." 그런데 만약 나라의 정치가 어두운데 재능을 숨길 수 없어 벼슬길에 오르기를 강요받을 경우는 어떻게 해야 하는가?

공자가 좋아한 사람 가운데 남용(南容)이라는 제자가 있다. 남궁괄(南宮适)이라고 부르기도 하는데, 노나라 사람이다. 태어나고 죽은 해는 정확히 알 수 없다. 〈공야장〉 편에 따르면, 공자는 그에 대해 "나라에 도가 있을 때는 버림받지 않을 것이고, 나라에 도가 없을 때는 형벌을 면할 것이다"라고 평했다. 리링의 《상갓집 개》에 따르면, 이는 나라의 정치가 밝으면 관직을 유지하고, 나라의 정치가 어두우면 목숨을 보존한다는 뜻이다. 공자는 이러한 그를 좋아해 자신의 형인 맹피(孟皮)의 딸을 그에게 시집보냈다.

사실 공자도 융통성 없고 세상 물정을 모르는 책벌레가 아니다. 그는 처세에 능했을 뿐만 아니라 권력자를 다루는 수완이 있었다. 일례로, 공자가 40여 세에 노나라에 있을 때 노나라의 정치 상황이 좋지 못했다. 권력은 삼가(三家) 대부가 완전히 장악하고 있었는데, 이후에는 그중 한 대부의 가신인 양화(陽貨)가 전횡했다. 가신이란 대부의 신하를 말한다. 가신의 임무는 대부를 도와 채읍을 관리하는 것이므로 제가(齊家)가 그의 임무다. 그리고 대부의 임무는 국군(國君)을 도와 나라를 다스리는 일이므로 치국이다. 나라는 국군이, 가(家)는 대부가 맡는다. 가신은 단지 대부의 조력자이고, 대부 역시 국군의 조력자에 불과하다. 당시 국정이 가신의 손에 있었다는 것은 예악이 붕괴되고 군주와 신하의 자리가 뒤바뀌었다는 것으로, 명분이 제자리를 찾지 못하고 언론이 순통하지 못한 이중으로 도리에 어긋나는 일이었다. 공자는 당연히 이들을 돕기를 원치 않았다.

그러나 관리가 되는 일은 자기 마음대로 할 수 있는 것이 아니다. 공자는 양화에 대해 "상대할 수는 없고 단지 숨을 수만 있었다"라고 말했다. 〈양화〉편에 따르면, 양화는 자신이 집정하던 시절(대략 노 정공 5년, 기원전 505년) 공자가 관직에 오르기를 원했으므로 자신을 방문해 인사하기를 바랐다. 그러나 공자가 오지 않자 양화가 삶은 돼지 한 마리를 사람을 시켜 공자에게 보냈다. 당시 예절에 따르면 공자는 답례로 양화의 집으로 가서 감사의 말을 전해야 했다. 공자는 갈 수도 없고, 그렇다고 가지 않을 수도 없는 상황이었다. 그래서 양화가 집에 없는 틈을 타서 사례하려고 했다. 그러나 예상치 못하게 길에서 그를 만나게 되었다. 결국 공자는 양화에게 한바탕 설교를 들어야만 했다. "이리 오시오, 내가 그대에게 할 말이 있소. 나라가 어지러운데도 보배로운 재능을 지니고 있으면서 내버려 두는 것을 어질다고 할 수 있습니까?" 공자가 아무런 대꾸도 하지 않자 양화가 그럴 수 없다고 하면서 또 물었다. "정사에 참여하기를 좋아하면서 번번이 기회를 놓치는 것이 지혜롭다고 할 수 있습니까?" 공자가 여전히 아무 말이 없자 양화가 그럴 수 없다고 대답하고 다시 말했다. "해와 달이 흘러가니, 세월은 사람을 기다려 주지 않소이다."

이는 당신이 알아서 하라는 뜻이다. 그래서 공자도 어쩔 수 없이 답변을 하지 않을 수 없었다. "알겠습니다. 장차 벼슬길에 오르겠습니다." 물론 공자가 정말로 그렇게 하지는 않았다. 그가 관직에 오른 것은 양화가 노나라를 떠난 이후였다.

양화가 왜 공자가 관직에 오르기를 원했는지 정확한 이유는 알 수 없다. 아마도 '유명인 효과', 즉 유명한 사람의 사회적 영향력을 빌리려는 목적이었을 것이다. 역대 통치자들, 특히 참주(僭主)나 권신들이 일반적으로 이런 수단을 사용했다. 예를 들어 삼국 시대 조조는 공융(孔融)과 같은 명사들을 끌어들여 체면치레하기를 좋아했다. 양화가 공자에게 관직을 주려고 했던 것도 아마 이런 이유였을 것이다.

사실 공자는 결코 보기만 좋고 먹지 못하는 호리병박이 아니다. 그는 정치를 누구보다 잘 알고 있었기 때문이다. 《논어》〈계씨〉 편에 나오는 이야기가 이를 증명한다. 앞에서 말했듯이 공자가 살던 당시의 노나라는 정치적 상황이 좋지 않았다. 국군은 대부에게 모든 실권을 빼앗긴 상태였고, 대부도 가신의 하극상에 시달리는 상황이었다. 노나라 대부 가운데 가장 큰 세력을 지닌 이는 계손씨였다. 양화는 바로 그 집의 가신이었다. 공자도 계손씨의 가신 노릇을 한 적이 있다. 계손씨 집안은 계무자(季武子), 계평자(季平子), 계환자(季桓子), 계강자(季康子)로 이어지는데, 양화가 반역을 꾀한 때는 계환자 시대였다. 그러나 양화의 반란은 결국 성공하지 못해 노나라의 정권은 여전히 계손씨의 수중에 있었다.

대부의 세력이 커지는 것을 국군은 당연히 원치 않았다. 그래서 계손씨와 국군의 갈등이 점차 격화되면서 쌍방은 상대를 제거하는 데 총력을 기울였다. 계강자는 실권을 쥐고 있을 당시 국군의 세력을 약화시키는 방법으로 전유(顓臾)를 공격하려 했다. 전유는 지금의 산둥성 평읍 동쪽에 위치한 조그마한 나라로 풍(風)씨가 지배하고 있었다. 당시 제도에 따르면 사방 50리가 되지 않는 작은 나라는 천자의 직속이 아니라 대국에 종속되어 있다고 해서 '속국'이라고 했다. 당시 전유는 노나라의 속국이었다. 그런데 계강자는 왜 속국인 전유를 공격하려고 했을까?

계강자가 전유를 공격하겠다는 것은 결코 작은 일이 아니었다. 당시 계강자 밑에서 일하고 있던 공자의 제자 두 사람이 공자에게 달려가 이 일을 알렸다. 두 제자는 자로와 염유로, 염유는 정치와 이재에 능했다. 당시 그의 직책은 '계씨재(季氏宰)'로 계강자의 집사였다. 자로 또한 계강자 밑에서 일하고 있었다. 염유와 자로는 비록 계씨의 가신으로 있었지만 일이 생기면 언제나 공자에게 보고를 했다. 그래서 염유가 앞장서고 자로가 뒤따르며 공자에게 달려와 보고한 것이다.

보고를 듣고 나서 공자가 염유를 나무랐다. "구야, 이는 너의 잘못이 아니냐? 전유는 우리 노나라와 존망을 같이한 속국인데 어찌하여 공격하려고 하느냐?" 염유가 대답했다. "부자(夫子)께서 하시려고 하는 것이지 저희 두 사람이 원하는 바가 아닙니다." 공자는 즉시 꾸짖었다. "주나라 사관 주임(周任)이 말하길 '능력을 펼쳐 벼슬로 나아가되 할 수 없는 자는 그만두라'고 하였으니 위태로운데 지켜주지 못하고 넘어지는 데도 부축하지 못한다면 장차 그런 가신을 어디에 쓰겠느냐." 자신이 모시는 주인이 큰 잘못을 저질렀는데도 말리지 않는다면 너희는 가신으로서 무엇을 했느냐는 뜻이다.

이에 대해 염유가 변명을 했다. "전유는 견고하며 계씨의 봉읍에서 가깝습니다. 지금 탈취하지 않으면 후대에 반드시 자손의 걱정거리가 될 것입니다." 공자가 다시 말했다. "구야, 군자는 하고자 한다고 솔직히 말하지 않고 구실을 찾아 변명만 하는 사람을 싫어한다." 자기 생각이 있는데도 말하지 않고 변명만 한다는 의미다. 공자는 그들이 후대에 자손들에게 걱정거리가 될 것이라고 말하지만 진짜 의도는 다른데 있다고 생각했다. 공자가 말을 이었다. "나는 계손의 걱정이 전유에 있지 않고 소장(蕭墻) 안에 있을까 두렵다."

'소장'은 궁 안이 들여다보이지 않도록 궁 안이나 밖에 둘러쳐 놓은 담을 말한다. 사람들이 보고 숙연한 마음을 갖게 한다는 의미에서 소장 또는 숙장(肅墻)이라고 불렀다. 그래서 공자의 말은 계손씨가 진정으로 두려워하는 것은 전유가 아니라 국군이라는 뜻이다.

공자의 이 말은 계강자의 본심을 꿰뚫고 있으므로 이 역시 공자가 정치를 잘 알고 있었음을 보여 준다. 계강자가 전유를 공략하려는 이유는 향후 노나라 군주가 자신들을 제거하려고 할 때 전유가 도움을 줄 것을 염려해 먼저 손을 써서 후환을 없애려는 목적이었다. 계강자가 과연 전유를 공략했는가? 이에 대해서는 역사 기록이 없어 분명치 않다. 그러나 당시 사건에 대해 공자가 말한 다음과 같은 정견(政見)은 영원히 남을 것이다.

"내가 듣자하니, 제후든 대부든 간에 모두 백성이 적음을 걱정하지 않고 고르게 분배되지 못함을 걱정하며, 가난함을 근심하지 않고 나라의 혼란을 근심한다고 한다. 고르게 분배되면 가난이 없고, 모두 화목하

면 재물이 적음이 없으며, 안정되면 위태로움
이 없어지기 때문이다(丘也聞, 有國有家者, 不患寡而
患不均, 不患貧而患不安. 蓋均無貧, 和無寡, 安無傾)."

만약 '균(均, 고르게 분배됨)', '화(和, 화목)', '안
(安, 안정)', 이 세 가지를 실현하면 자국 사람은
안정된 생활을 하며 맡은 바 일을 즐겨 하고,
다른 나라 사람들도 기쁘게 복종하게 되니 우
환이 생기지 않을 것이다. 그런데 지금 염유와
자로는 "계씨를 돕기는 하지만 먼 곳에 있는
사람이 복종하지 않는데 오게 하지도 못하고,

나라가 분열되고 무너지는데도 지키지 못하며, 오히려 나라 안에서 창
과 방패를 사용할 것을 도모하고 있다." 그래서 공자는 계강자의 걱정
이 전유에 있는 것이 아니라 국군에게 있다고 말한 것이다.

공자의 이 말은 매우 유명하지만 문제가 없지 않다. 많은 학자가 "백
성이 적음을 걱정하지 않고 고르게 분배되지 못함을 걱정하며, 가난함
을 근심하지 않고 나라의 혼란을 근심한다"는 대목을 "가난함을 걱정
하지 않고 고르게 분배되지 못함을 걱정하고, 백성이 적음을 걱정하지
않고 나라의 혼란을 걱정한다"로 바꿔야 한다고 주장하기 때문이다.
즉, 원문에 나오는 '貧(빈)'과 '寡(과)'의 자리가 바뀌었다는 것이다. 이
는 일리가 있는 말이다. '빈'은 빈곤, '과'는 인구가 적다는 뜻으로, 빈
곤은 경제 문제이고 적음은 인구의 문제다. '균'은 균형, '안'은 안정을
뜻한다. 그러므로 공자의 말은 다음과 같이 해석할 수 있다.

"집정자는 경제적 빈곤이 아니라 분배의 불균형을 걱정해야 한다.

인구의 적고 많음이 아니라 인심이 안정되지 못한 것을 근심해야 한다. 인심이 안정되지 못했는데 사람이 아무리 많은들 무슨 소용인가? 분배가 균형을 이루지 못했는데 돈이 아무리 많은들 무슨 소용인가? 오히려 흉악한 싸움이 벌어질 것을 걱정해야 한다. 반대로 균형을 이루면 경제적 빈곤을 걱정할 필요가 없고, 화목하면 인구가 적음은 걱정할 필요가 없으며, 안정되면 정치적 위험을 걱정할 필요가 없다.

공자의 이 말을 많은 사람이 인용했고, 심지어 이를 이용해 능력에 관계없이 평균적으로 분배하자고 주장하는 사람들도 있다. 그러나 공자의 말은 그런 뜻이 아니다. 그가 말한 '균'은 균등이 아니라 균형의 뜻이다. '균형'이란 각기 다른 신분, 지위, 계급, 명분에 따라 분배한다는 것이다. 캉유웨이(康有爲)가 《논어주(論語注)》에서 말한 "각자 분배된 만큼 얻는다(各得其分)"는 뜻이다. 구체적으로 말해서 등급이 가장 높은 사람은 가장 많이 분배받고, 가장 낮은 사람은 가장 적게 분배받는다는 의미다. 등급을 넘어설 수도 없고 그렇다고 더 낮출 수도 없다. 유가는 등급제를 주장했기 때문에 무엇보다 먼저 '정명(명분을 바로잡다)'을 하고 그에 따라 분배할 것을 주장했다. 소위 '모든 이가 다 똑같다'는 '평균주의'는 미안하지만 유가가 아니라 묵가의 주장이다. 이 문제에 대해서는 이후에 다루기로 한다.

지금 우리가 말하고자 하는 문제는 공자가 관리가 되는 일이나 정사에 참여하는 일에 대해 전력을 다해 준비하고 고민했으며, 나름의 전략이 있었고, 거기에 정치에 대해 잘 알고 있었다는 것이다. 그래서 그는 벼슬길에 올랐는가? 공자는 세 나라, 즉 노(魯), 위(衛), 진(陳) 나라에서 관직을 얻었다. 노나라에서 벼슬을 한 것이 가장 높은 관직이었는데, 비록 짧은 기간이기는 하나 대사구(大司寇)의 신분으로 재상의 일을 대행하기도 했다. 중도를 다스리는 재(宰)를 맡은 것부터 계산하면 대략 4년의 기간이었다. 위나라에서 벼슬을 한 것이 가장 길게 관직에 있었던 것으로, 두 차례(위 영공 3년, 위 출공 4년) 전체 7년간 봉직했다. 진나라에서는 3년간 봉직했는데, 어떤 관직인지는 알 수 없다. 이렇게 계산해 보면 공자는 총 14년간, 성년이 된 후 인생의 4분의 1에 해당하는 기간 동안 관직에 있었다. 공자는 노, 위, 진 이외에도 주(周), 제(齊), 송(宋), 조(曹), 정(鄭), 채(蔡), 초(楚)를 돌아다녔고, 그중 벼슬을 했던 나라는 전체의 3분의 1에 해당한다. 그는 벼슬을 했던 때보다 거절을 당하는 때가 더 많았다. 설사 벼슬을 하더라도 자신이 관직에 오르려는 세 가지 목적, 즉 정치적 청사진을 펼치고 학문적 주장을 실천하며 인생의 가치를 실현한다는 것 중 어느 하나도 달성한 적이 없었다. 그래서 실망만 안은 채 떠나는 경우가 훨씬 많았고, 조국인 노나라뿐 아니라 다른 나라의 경우도 마찬가지였다.

이처럼 가는 곳마다 난관에 부닥치자 화가 난 자로가 공자에게 불평을 한 일도 있었다.

공자가 61세(기원전 491년) 때 진(陳)나라에 가서 벼슬을 했고, 그후 63세(기원전 489년) 때 진나라를 떠나 채(蔡)나라로 가게 되었다. 가는 도중 포위되어 식량이 떨어져 여러 사람이 배고픔으로 일어날 힘도 없었다. 당시 자로는 자신들이 처한 상황 때문에 단단히 화가 났다. 〈위령공〉 편에 따르면, 자로가 '성난 얼굴(慍見)'로 공자에게 말했다. "군자도 궁(窮)할 때가 있습니까?" 여기서 설명이 필요하다. '궁'은 돈이 없다는 뜻이 아니라 퇴로가 없다, 궁지에 몰리다의 뜻이다. 고대에는 돈이 없는 것은 '빈(貧)', 돈이 많은 것은 '부(富)', 지위가 없으면 '천 (賤)', 지위가 있으면 '귀(貴)'라고 했다. 또한 출로가 없는 것은 '궁', 출로가 있는 것은 '달(達)'이라고 했다. '달'은 막힘이 없고 원활한 것이고, '궁'은 곤궁이다. 궁과 달, 빈과 부, 천과 귀가 각각 상대어로서 조합되어 귀천, 빈부, 궁달로 쓰였다. '온견(慍見)'은 두 가지 해석이 있다. 하나는 '견'을 '만나다'의 뜻으로 해석해 화가 나서 공자를 만나러 왔다는 뜻으로 풀이한다. 다른 하나는 '견'을 드러난다는 뜻으로 해석해 분노의 감정이 말과 표정에 드러났다는 뜻으로 풀이한다. 아무튼 자로는 화가 나서 공자에게 말했다. "군자도 궁지에 몰릴 때가 있습니까?"

이처럼 자로가 화난 얼굴과 말투로 공자에게 물었을 때 공자는 뭐라고 답했을까? "군자도 당연히 궁지에 몰릴 때가 있지만 군자는 소인과는 다르다. 소인은 궁지에 몰리면 난동을 부리고 무슨 짓이든 한다." 공자의 이 말은 분명 자로를 꾸짖고 있지만, 한편으로 자신과 제자들에게 격려를 하는 것이기도 하다. 군자는 임무는 막중하고 갈 길은 먼데, 어찌 가는 길이 순조롭기만을 바랄 수 있겠는가? 그래서 "군자도 당연히 궁지에 몰릴 때가 있다(君子固窮)"라고 했다. 문제는 어떤 곤경에 처하더라도 결코 스스로 타락하지 않고 군자의 품격을 잃지 말아야 한다는 것이다.

사실 공자도 분노가 일었을 것이다. 한번은 이를 누군가 엿본 적이 있다. 《논어》〈헌문〉 편에 다음과 같은 내용이 나온다. 공자가 위나라에 있던 어느 날 경쇠라는 악기를 치고 있었는데 문밖을 지나가던 삼태기를 멘 이가 그 소리를 듣고 말했다. "경쇠를 두드리는 이가 마음이 천하에 있구나." 또다시 듣고 다시 말했다. "속되도다! 너무 퉁탕퉁탕

쳐대는구나. 세상이 자신을 알아주지 않으면 그만두면 될 뿐이다.《시경》에 물이 깊으면 옷을 벗고 건너고, 얕으면 옷을 걷고 건너면 되리라고 했다." 인용문에 대해 리링은 이렇게 해석했다. '세상사의 깊이는 그대 또한 모르는 바가 아닐 것이다. 그런데 어찌 세상이 자신을 알아달라고 생떼를 쓰고 있는가?' 공자가 그 말을 듣고 어쩔 수 없다는 듯이 말했다. "결단력이 있구나! 그렇게 산다면 어려움이 없을 테니 나는 할 말이 없구나." 이는 인정도 아니고 그렇다고 부인도 아닌 셈이다.

또 공자가 분노를 토로한 적이 있다. 〈공야장〉 편에 따르면, 하루는 공자가 감회를 토로했다. "도가 행해지지 않으니, 뗏목을 타고 바다로 나가고 싶다. 이때 나를 따르는 사람은 아마 유(由)일 것이다." 자로가 그 말을 듣고 크게 기뻐했다. 스승이 바다를 항해하면서 다른 사람이 아닌 자신을 데리고 간다고 하니 마음속으로 자신이야말로 공자가 마음에 들어 하는 제자라고 여겼을 것이다. 그런데 계속되는 공자의 말은 전혀 예상 밖이었다. "유는 나보다 용맹스럽기는 하지만 뗏목을 만들 재료를 찾을 수 없을 것이다(由也好勇過我, 無所取材)." 인용문에 나오는 '無所取材(무소취재)'는 다양한 해석이 있다. 양보쥔은 "자로는 매우 용감하기는 하지만 취할 것이 없다"고 풀이했고, 리링은 "자로는 나보다 용감하기는 하지만 애석하게도 뗏목을 만들 재료를 찾을 수 없을 것이다"라고 풀이했다. 나는 리링의 해석이 더 맞다고 생각한다.

앞에서 말한 것처럼 자로와 공자의 관계는《수호지》에 나오는 이규와 송강의 관계와 비슷하다. 자로는 말을 함부로 해서 자주 공자에게 꾸중을 들었는데, 이규도 마찬가지다. 그러나 충성심은 대단해 거의 맹종에 가까웠고 이 역시 이규와 비슷하다. 자로는 스승인 공자가 어디로 가겠다고 하면 무조건 따라나서는 제자였다. 공자가 "나를 따르는 사람은 자로일 것이다"라고 말한 것은 그런 이유도 있었을 것이다. 그러나 "뗏목을 타고 바다로 나가고 싶다"는 말은 그냥 말일 뿐이었다. 그런데 자로는 정말인 줄 아니 공자는 어쩌겠는가? 공자는 사실을 말할 수도 없어 "뗏목의 재료는 구할 수 없을 것이다"라고 어쩔 수 없이 자신의 말을 수습한 것이다.

저 바다 너머는 사실 갈 수 있는 길이 아니다. 그렇다면 해내(海內)는 어떠한가? 그저 마음만 상할 뿐이다. 이것이 당시 공자가 처한 상황이었다.

그럼, 그는 어떻게 했을까?

4

최고의 교사

　다행히 공자는 맞는 길을 찾았다. 그는 '종정(從政)'은 할 수 없었지만 대신 '위정(爲政)'을 했다.

　'종정'은 실제로 벼슬을 하는 것이고, '위정'은 정치에 영향을 끼치는 것을 말한다. 사실 '위정'이라는 말도 정치에 종사한다는 뜻이다. 《논어》〈위정〉 편에 따르면, 어떤 사람이 공자에게 물었다. "선생님께서는 어찌하여 '위정'하지 않으십니까?" 직역하면 왜 정치에 종사하지 않느냐는 뜻이다. 그러나 본뜻은 왜 벼슬을 하지 않느냐는 것이다. 공자는 이렇게 대답했다. "《상서》에서 이르기를 부모에게 효도하고 형제간에 우애하여 이러한 기풍을 정치에 시행한다고 했다. 이 또한 정치에 종사하는 것이니, 어찌 벼슬하는 것만이 정치를 하는 것이겠느냐?" 그러므로 '위정'이란 이 말은 《논어》에서 특별한 의미를 갖고 있다. '정치 참여'뿐만 아니라 '정치에 영향을 준다'는 뜻도 포함하고 있다. 정치에 참여하거나 영향을 끼치는 것이 모두 정치에 종사하는 일, 즉 '위정'이니 벼슬을 하든 안 하든 상관이 없다.

실제로 공자는 하루도 정치에서 벗어나 있은 적이 없다. 앞에서 말한 것처럼 조정에서 어떤 일이 생기면 그곳에서 일하는 그의 제자들이 달려와 공자에게 보고했다. 일례로, 계강자가 전유를 공격하려고 했을 때 염유와 자로가 달려와 공자에게 상황을 보고했다. 이는 일종의 규율일 수도 있고 관습일 수도 있다. 중대한 사안에 대해 스승에게 가르침을 구하기 위해서일 수도 있고, 혹은 스승의 지지를 얻기 위해서일 수도 있다. 어찌됐든 관직에 있는 제자가 관직이 없는 스승에게 언제나 조정의 일을 보고했다. 《논어》〈자로〉 편에 따르면, 한번은 대부 계손씨의 가신으로 있는 염유가 조정에서 퇴근하고 공자를 찾아뵈었다. 공자가 그에게 물었다. "어찌하여 이리 늦었느냐?" 염유가 대답했다. "정무가 있었기 때문입니다." 공자가 다시 말했다. "그것은 사사로운 일이었을 것이다. 만일 정사가 있었다면 비록 나를 써 주지 않더라도 내가 그 일에 대해 들었을 것이다." 이처럼 당시 공자가 정사에 직접 참여하고 있지는 않았어도 '위정', 즉 정치에 영향을 끼쳤음을 알 수 있다.

그런데 이는 약간 문제가 있어 보인다. 공자가 일찍이 "그 지위에 있지 않으면 그 자리의 정사를 도모하지 않는다(不在其位, 不謀其政)"고 말했기 때문이다. 이 말은 《논어》에 두 번 나온다. 한 번은 〈태백〉 편이고, 다른 한 번은 〈헌문〉 편에 나온다. 이는 앞의 "만일 정사가 있었다면 비록 나를 써 주지 않더라도 내가 그 일에 대해 들었을 것이다"라고 말한 것과 모순인 것처럼 보인다. 그러나 '不謀其政(불모기정)'에서 핵심 단어는 바로 '謀(모)'다. 여기서 '모'는 도모의 뜻으로 직접 들어가

일한다는 의미다. 따라서 '불모기정'은 자신의 지위나 직권을 넘어서서 정사를 처리하지 않는다는 의미로, 이는 정치에 대한 관심을 두지 않거나 영향력을 발휘하지 않겠다는 뜻이 아니다. 그래서 공자가 말한 "이 또한 정치에 종사하는 것이니, 어찌 벼슬하는 것만이 정치를 하는 것이겠느냐"가 바로 이런 의미다.

그럼, 어떻게 해야 정치에 참여하거나 영향을 줄 수 있는가? 두 가지 방법이 있다. 하나는 군주에게 유세하는 것이고, 다른 하나는 교육을 통해 인재를 키우는 방법이다. 유세의 대상은 나라의 군주는 물론이고 국정을 담당하고 있는 대부도 포함된다.

첸무(錢穆)의 《공자전(孔子傳)》과 리링의 《상갓집 개》에 따르면, 공자는 35세 때인 기원전 517년 제(齊)나라에 간 적이 있었고, 55세 때인 기원전 497년부터 68세 때인 기원전 484년까지 14년간 열국을 주유했다. 그가 노나라를 떠나 여러 나라를 돌아다닌 첫 번째 이유는 '종정'이고, 두 번째는 '위정'이다. 공자는 가능하다면 어떤 나라에서든 관리가 되어 자신의 정치적 주장을 펼치고 싶어 했다. 만약 관리가 되지 못한다면 집권자에게 유세라도 해서 자신의 정치 주장을 알리기를 희망했다. 만약 공자가 지금 살아 있다면 중국의 텔레비전 교양 프로그램인 '백가강단(百家講壇)'에 출연해 강연을 하거나 인터넷 블로그를 만들어 자신의 생각을 설파했을 것으로 본다. 이것이 동분서주하면서 유세하는 것보다 훨씬 효율적이기 때문이다.

공자가 처음 출국해 만난 사람은 제나라 경공(景公)이었고, 두 번째 출국했을 때는 위나라 영공(靈公), 진나라 혼공(昏公), 위나라 출공에게 가서 관리 생활을 했으며, 초나라 섭공(葉公)을 만나고 조간자와 소왕

(昭王)을 만날 계획이었다. 그러나 공자의 벼슬살이는 결코 즐겁지 않았으며, 일도 그다지 순조롭지 않았다. 《사기》〈공자세가(孔子世家)〉 편에 따르면, 제나라 경공이 공자를 기용하려고 했으나 안영(晏嬰)이 반대했고, 초나라 소왕이 기용하려고 했을 때는 그 재상인 자서(子西)가 반대하고 나섰다. 경공은 원래는 공자에게 이계(尼谿)의 땅을 봉토로 주고 공자를 정치적 고문으로 기용하려고 했으나 안영이 적극 반대하자 생각을 바꿔 공손하게 접견했으나 더 이상 예에 대해 묻지 않고, 나중에는 아예 그를 거절해서 보내 버렸다. 그가 공자를 쫓아내는 방법은 절묘했다. 그는 먼저 대우에 대한 이야기를 꺼냈다. "내가 그대를 계씨와 똑같이 대우하는 것은 할 수 없소." 그리고 나중에는 이렇게 말했다. "나는 이미 늙어 그대를 기용할 수 없겠구려."(《논어》〈미자〉편에도 이와 관련된 기록이 있다.) 공자는 어쩔 수 없이 귀국하는 수밖에 없었다.

초나라의 경우도 마찬가지였다. 초나라 소왕은 원래 공자에게 사방 700리의 땅을 봉지로 주려고 했다. 그런데 자서가 조목조목 짚으며 반대했다. 결국 소왕도 생각을 바꿔 없던 일로 하여 공자는 어쩔 수 없이 초나라를 떠났다. 그렇다면 안영과 자서는 왜 공자의 출사를 가로막은 것일까? 이야기가 길어 이후에 다시 언급하기로 하겠다.(제5장 1챕터 참고)

결론적으로 공자는 천하를 두루 돌아다니며 자신의 주장을 펼쳤지만 어느 곳에서도 출로를 찾지 못했다. 그야말로 나그네가 되어 집도 없이 세상을 유랑한 격이었다. 한 정나라 사람이 공자를 보고 "지치고 초라한 모습이 마치 상갓집의 개와 같았다"고 말한 것도 지나친 말이 아니다. 본국은 자신을 상심케 하고 다른 나라에서는 좌절만 맛보았으니 어찌 상갓집 분위기가 아니겠는가?

정치에 참여하는 일도 뜻대로 되지 않고 정치에 영향을 끼치는 일도 난관에 부닥쳤다면 공자에게 또 다른 길이 있었을까?

있었다. '육인(育人)', 인재를 양성하는 길이다. 다시 말해 자신의 학생들을 길러 그들이 종정, 위정하게 함으로써 자신의 정치적 주장을 펼치게 만드는 것이다. 첸무의 《공자전》에 따르면, 공자가 제자들을 가르치기 시작한 시기는 그의 나이 30세(기원전 522년) 무렵이다. 또 리링의 연구에 따르면, 공자가 받아들인 제자들은 대략 세 부류로 나뉜다. 첫 번째 부류는 공자가 35세 이전 노나라에 머물 당시에 받아들인 이들이고, 두 번째는 54세 전 제나라에서 노나라로 돌아왔을 때 얻은 이들이며, 세 번째 부류는 공자가 55세에서 68세 때까지 열국을 주유할 때 얻은 이들이다. 나는 이를 각각 '황포 1기', '황포 2기', '황포 3기'라고 부른다. 이름붙였다. 그 밖에 연대를 정확하게 알 수 없거나 기록에 나오지 않는 부류가 있다.

과연 공자의 학생은 전부 몇 명이었을까? 역사 기록에 따르면, '3천 제자에 72현인'이란 말이 있다. 이는 당시로서는 정말 놀라운 숫자다. 지금으로 말하면 한 사람이 베이징 대학교와 칭화 대학교를 동시에 경영하는 것에 해당한다. 그것도 정규 조직에 속한 사람만 계산한 것이고, 그 밖의 정원까지 포함한다면 더 많을 것이다. 예를 들어 진강(陳亢)은 정규 조직 이외의 학생이라는 생각이 든다. 진강(陳亢), 자는 자금(子禽)이고, 진(陳)나라 사람으로 기원전 511년에 태어났다. 공자보다 40세가 어리다. 그는 《논어》에 세 번 나오는데 세 번 모두 질문을 하고 있다. 한 번은 공자의 아들인 공리(孔鯉)에게 한 것이고, 나머지 두 번은 공자의 제자인 자공에게 한 것이다.

자공에게 질문한 내용은 〈자장〉 편에 나온다. "선생님께서 공손해서 그렇지 중니가 어찌 선생님보다 낫겠습니까?" 이런 말투는 공자의 제자가 할 수 있는 것은 아닌 것으로 보인다. 당연히 자공은 다음과 같이 반박했다. "선생님께서 살아 계시면 영광스럽게 여기고 돌아가시면 슬퍼할 것이니, 어찌 우리와 같은 보통사람이 선생님께 미칠 수 있겠는가?" 그 밖에 〈학이〉 편에도 자금이 자공에게 질문하는 내용이 있다. "공부자께서 가시는 나라마다 반드시 그 나라의 정치 상황에 대해 아시는데 스스로 구하시는 것입니까, 아니면 다른 사람이 알려 주는 것입니까?" 그러자 자공이 대답했다. "선생님께서는 온순하고 선량하며 공손하고 검소하며 겸양하시기 때문에 이를 얻으시는 것이니, 선생님께서 구하시는 것은 사람들이 구하는 것과는 다르다." 즉, 사람이 좋기 때문에 다른 사람들이 기꺼이 여러 가지 상황을 이야기해 준다는 뜻이다. 공자가 묻고 다닌 것인지 아니면 사람들이 제 발로 찾아와 알려 준 것인지는 중요하지 않다. 지금 문제는 진강이 아무래도 공자의 학생 같지 않다는 점이다.

진강은 공자의 아들인 공리에게 질문한 적도 있는데, 〈계씨〉 편에 나온다. 공리는 자가 백어(伯魚)이고, 기원전 532년(공자가 20세 때)에 태어나 기원전 483년(공자가 69세 때)에 죽었다. 진강은 공자보다 40세가 어렸기 때문에 공리보다도 어려서 공리를 선생님이라고 불렀다. "선생님께서는 특별한 가르침을 들은 적이 있으십니까?" 즉, 당신의 부친이 공자이고 당신은 그의 외아들이니 아무래도 어떤 특별한 가르침을 받지 않았겠느냐는 의미다. 그러나 공리는 특별한 가르침은 없었다고 하면서 다만 두 가지 일이 있었다고 말했다. 공자가 홀로 서 있을 때 공리가 종종걸음으로 뜰을 지나가는데 공자가 그를 불러 물었다. "시를 배웠느냐?" 공리가 "아직 배우지

못했습니다"라고 대답하자 공자가 말했다. "시를 배우지 않으면 말할 것이 없다." 그래서 공리는 물러나 시를 배웠다. 또 한번은 어느 날 공자가 뜰에 서 있을 때 공리가 종종걸음으로 지나는데 공자가 불러 물었다. "예를 배웠느냐?" 공리가 아직 배우지 못했다고 하자 공자가 "예를 배우지 않으면 제대로 설 수 없다"고 했다. 그래서 공리는 물러나 예를 배웠다. 공리는 진강에게 "나는 이 두 가지를 들은 것이지"라고 말했다.

진강은 물러나와 기뻐하며 말했다. "한 가지를 물었을 뿐인데 세 가지를 배웠도다." 세 가지란 시를 배우고 예를 배우고 또 군자는 자신의 아들을 멀리한다는 점이다. 이런 말투는 마치 유명 인사의 팬이 하는 말처럼 들린다.

이처럼 공자는 수많은 학생과 팬을 거느리고 있었다. 그렇다면 그가 학생을 모집할 때 어떤 조건이 있었을까? 또는 어떤 제도나 표준이 있었을까? 대부분의 사람은 없었다고 말한다. 이는 《논어》에 나오는 유명한 다음의 두 문장 때문이다. "가르침이 있으면 차이가 없다(有敎無類)." "한 묶음의 포를 가지고 와서 예를 행한 사람에게 내가 일찍이 가르치지 않은 적이 없다(自行束脩以上, 吾未嘗無誨焉)." '束脩(속수)'는 말린 고기, 즉 육포 열 개를 말한다. 그래서 사람들은 일반적으로 육포 한 묶음만 주면 신분이나 지위, 지역이나 종족에 관계없이 공자의 학생이

될 수 있었다고 생각한다. '有敎無類(유교무류)' 이 구절에 대해 학계에서도 대부분이 인식을 같이하고 있는 듯하다. 예를 들어 양보쥔은 이것을 "나는 사람들을 차별하지 않고 누구나 가르쳤다"고 해석했다. 리쩌허우는 "학생을 가르치는 데 구분하지 않았다"고 해석해 공자가 온갖 조건을 타파하여 교육분야에서 '커다란 진보'를 이룬 것으로 생각한다.

그러나 여기에서 생각해 보아야 할 점이 몇 가지 있다. 우선 '속수'에 관한 것인데, 이는 첫인사 때 주는 선물이지 학비를 지칭한 것이 아니다. 나의 대학원 시절 은사이신 우린보(吳林伯) 선생님께서는 '속수'는 두 가지 의미를 가지는 쌍관어로서 규제와 수리를 받기를 원한다는 표시라고 말씀하셨다. 조건이 있다면 스승으로 모시겠다는 성의를 표시하는 것이다. 더욱이 가르침이 반드시 학생으로 받아들임을 의미하는 것은 아니다. 그래서 공자는 "일찍이 가르치지 않은 적이 없다"고 말할 수 있었던 것이다.

다음으로 '유교무류'가 반드시 '무류이교(無類而敎)', 즉 신분과 지위, 지역과 종족을 구분하지 않고 교육을 시켰다는 뜻이 아니라는 것이다. '유교무류'의 뜻을 정확하게 알려면 먼저 '有A無B'와 같은 문장 형식에 대해 알아야 한다. 한어에서 이런 형식은 네 가지 뜻이 있다. 하나는 A만 있을 뿐 B는 없다는 의미다. 예를 들면 '용기만 있을 뿐 계획이 없다(有勇無謀)', '명분만 있을 뿐 실질이 없다(有名無實)' 등이다. 두 번째는 A는 있지만 A가 아닌 것, 즉 B는 없다는 의미다. '증가는 있지만 감소는 없다(有增無減)', '지나침은 있지만 미치지 못함은 없다(有過之無不及)' 등이 그 예다. 세 번째는 A가 있기도 하고 A가 없기도 하다는 뜻이다. 예를 들면 '의식적이든 무의식적이든(有意無意)', '있어도 되고 없어도 된다(有一搭沒一搭)' 등이다. 네 번째는 만약 A가 있으면 B가 없다는 뜻이다. 예를 들면 '준비가 있으면 우환이 없다(有備無患)', '믿는 구석이 있으면 두려울 것이 없다(有恃無恐)' 등이다.

그럼, '유교무류'는 어디에 속하는가? 첫 번째는 맞지 않다. 원문에 나오는 '교'와 '류'는 예문의 용기와 계획, 명분과 실질처럼 모순 대립되는 관계가 아니기 때문이다. 두 번째도 같은 이유로 적합하지 않다. 세 번째는 더욱 맞지 않다. 그렇다면 선택할 수 있는 것은 네 번째뿐이다. '준비가 있으면 우환이 없다', '믿는 구석이 있으면 두려울 것이 없다'의 예와 마찬가지로 '가르침이 있으면 차이가 없다'는 뜻으로 해석되어야 한다. 사람은 원래 차이가 있다. 총명한 사람이 있고, 어리석은 사람이 있는가 하면, 어진 사람도 있고, 못된 사람도 있다. 그러나 교육을 통해 가르치면 이러한 차이가 없어진다. 이것이 바로 '유교즉무류(有教則無類)', 간단하게 말해 '유교무류'다. '유교무류'는 교육의 결과이지 전제는 아니다. 이런 관점은 셰즈빈(謝質彬)이 1989년《문사지식(文史知識)》제11기에서 제기한 것인데, 나도 이에 동의한다.

교육을 통해 차이를 없애는 것은 참으로 대단한 구상이다. 그래서 공자를 중국 역사상 가장 위대한 교육가로 칭송해도 조금도 지나치지 않다. 물론 공자가 모든 사회 구성원 간의 차이를 모두 해소시킨 것은 아니다. 이는 공자 혼자서 할 수 있는 일이 아니다. 다만 자신의 학생들에게는 그렇게 했다.

그런데 공자는 학생을 모집해 무엇을 어떻게 가르쳤는가? 공자의 교학은 사교(四教)와 사과(四科)로 나뉜다. 〈술이〉 편에 따르면, '사교(四

敎)'는 문(文), 행(行), 충(忠), 신(信)이다. 문은 역대 문헌, 행은 사회적 실천, 충은 도덕 수양, 신은 행위준칙을 말한다. 〈선진〉 편에 따르면, '사과(四科)'는 덕행, 언어, 정사, 문학이다. 문학은 시가나 소설, 산문을 말하는 것이 아니라 문헌을 익히는 것이고, 언어는 화술과 변론이다. 덕행과 정사는 말 그대로다.

결론적으로 공자의 학문은 도덕과 정치라고 할 수 있다. 그 밖에 자연과학, 기술, 국민경제와 민생, 통상무역에는 관심이 없었다. 이는 공자의 한계이기도 하다.

그래서 공자의 학생들은 주로 두 분야, 관리가 되는 길과 올바른 인간이 되는 길을 배웠다. 공자는 학생들에게 어떻게 가르쳤을까? 주로 두 가지 방법을 통해 가르쳤다. 하나는 문답이고, 다른 하나는 토론이다. 《논어》를 보면 문답의 내용이 상당히 많다. 공자에게 질문하는 사람은 학생도 있고 다른 인물들도 있다. 묻는 내용은 주로 벼슬과 사람됨과 관련된 문제들이다.

나는 통계를 내 보았는데, 《논어》에서 공자가 가장 많이 대답한 문제는 정치(관리, 사군(事君), 위정(爲政))에 관한 것으로 19번 나온다. 그리고 어떤 인물에 대한 평가에 관한 것이 12번, 인에 관한 것이 9번, 예에 관한 것이 5번 나온다. 그 밖에 효와 군자에 관한 질문이 각각 3번 나오며 사(士)에 관한 것이 2번 나온다. 나머지 벗, 지식, 명(明), 달(達), 행(行), 호오(好惡), 사람됨, 성인(成人)에 관한 질문은 모두 인이나 효에 대한 질문에 포함시켰다. 또한 어떤 사람이 군사에 관해 질문한 적이 있는데, 공자의 답변은 배운 적이 없어서 잘 모른다는 것이었다. 또 귀신에 대해 물어보는 사람도 있었는데, 공자는 이렇게 대답했다. "아직 사람도 잘 섬기지 못하는데 어찌 귀신을 섬길 수 있겠는가?" 이런 답변은 답변하기를 거절하는 것이나 다름없다. 답변하기를 거절한 것은 이런 문제에는 관심이 없다는 의미다. 공자가 관심을 가진 분야는 오직 정치학과 윤리학뿐이었다.

그래서 설사 문학에 대해 질문을 해도 공자와 제자들은 정치나 윤리와 관련지어 이야기하는 경우가 적지 않다. 일례로 자하가 공자에게 시에 대해 물었는데, 두 사람 사이의 대화는 알아듣기 어려울 정도다. 자하의 이름은 복상(卜商)이고 자하(子夏)는 자다. 기원전 507년에 태어났으니 공자보다 44세가 어리다. '황포 3기'에 속하는 인물로 공자의 중요 제자 가운데 한 사람이다. 〈팔일〉 편을 보면, 한번은 자하가 공자에게 시에 대해 물었다. "《시경》에 '귀엽게 웃는 모습이 예쁘고, 아름다운 눈에 선명한 눈동자여! 흰 바탕에 채색을 한다(巧笑倩兮, 美目盼兮, 素以爲絢兮)'라고 한 것은 무엇을 말한 것입니까?" 원문에 나오는 시의 앞 두 구절은 《시경》〈위풍〉 편 '석인'에서 인용한 것이다. '倩(천)'은 웃는 아름다운 모습이고, '盼(반)'은 눈동자가 선명한 모습이다. 뒤에 나오는 '素以爲絢兮(소이위현혜)'는 실전된 시의 일부다. 양보쥔은 "흰 비단 바탕에 화훼를 그렸다"로 해석했는데, 논의의 여지가 있다.

사실 '소이위현(素以爲絢)'은 '이소위현(以素爲絢)'의 앞부분이 도치된 문장이므로 "본바탕이 아름답다"로 해석해야 한다. 그래서 인용된 시는 "웃는 모습이 어여쁘고 눈동자 밝으니 본래 모습이 가장 아름답다"로 풀이해야 한다.

이 시의 의미는 매우 분명한데, 자하는 왜 무슨 의미냐고 질문한 것일까? 자하는 하나를 알면 다른 여러 가지를 유추할 수 있는 능력을 갖춘 인물이다. 이에 공자는 "繪事後素(회사후소)"라고 답했다. '회사'는 그림을 그리는 것이고, '후소'는 '후어소(後於素)'로 그림을 그릴 때 먼저 흰색으로 밑그림을 그린 다음에 문양을 그린다는 뜻이다. 공자의 답변은 이미 다른 것까지 유추해서 말을 한 것이다. 그런데 자하가 크게 고무되어 물었다. "예가 나중이겠군요?" 이는 그림을 그릴 때 밑그림 위에 문양을 그리듯 예는 바탕을 마련한 다음에 해야 하느냐는 의미다. 공자가 이를 듣고 크게 기뻐하며 말했다. "나를 일깨워 주는 이는 상이로구나. 비로소 함께 시에 대해 논할 수 있겠구나." 공자는 왜 이렇게 말한 것인가? 공자는 예악도 바탕을 닦는 것이 먼저라고 여겼기 때문이다. 무엇으로 바탕을 다지는가? 바로 인이다. 인애(仁愛), 또는 인의(仁義)가 예악의 바탕이다. 인이 예악의 근본이니 당연히 인의를 먼저 갖추고 예악은 나중이다. 그래서 자하가 "예가 나중이겠군요?"라고 물은 것이다.

그러나 이렇게 되면 "웃는 모습이 어여쁘고 눈동자 밝으니 본래 모습이 가장 아름답다"는 문장의 본래 뜻이 바뀌게 된다. "본래의 모습이 아름답다"가 아니라 "본래의 모습을 바탕으로 한다"가 된다. 그래서 양보쥔의 해석은 시의 원래 뜻이 아닐 수 있지만 오히려 공자의 생각과 부합한다. 시의 본래 의미를 곡해한 쪽은 양 선생이 아니라 공자다. 그렇다면 공자는 시를 제대로 이해하지 못한 것일까? 그런 것은 아니다. 그는 의도적으로 곡해해서 옛사람의 말을 빌려 자신의 말을 한 것이다. 원했든 원하지 않았든, 곡해든 곡해가 아니든, 정확하든 아니든 공자는 상관하지 않았다. 현대에는 많은 사람이 '아주육경(我注六經, 연구자가 자신의 관점을 통해 육경을 해석하는 것)'을 주장하면서 '육경주아(六經

注我, 육경의 관점을 견강부회하여 자신의 생각이나 주장을 설명하는 것)'를 비난한다. 그러나 공자가 바로 이러한 방식의 원조라는 사실을 모르고 있다. 물론 이렇게 하는 것이 옳은지, 바람직한지는 별도의 논의가 필요할 것이다. 만약 내 견해를 말하자면 경전을 해석하는 데는 먼저 원래의 의미를 파악하고, 그다음에 자신의 견해를 발표하는 것이 좋다고 생각한다.

내가 이렇게 말한다고 해서 공자를 비판하는 것은 아니다. 공자가 시의(詩意)를 곡해했다는 것은 사실 그다지 비판할 만한 것은 아니다. 시가 지어졌던 시대와 공자가 살던 시대는 환경이나 사람들의 의식이 달랐기 때문이다. 공자가 자하와 시에 대해 이야기를 나눈 것은 시 연구가 아니라 도리에 대해 말하는 것이 그 목적이었다. 다시 말해, 그의 이 수업은 '시경 연구'가 아니었다는 뜻이다. 자하와 공자의 대화는 시 자체에 목적이 있었던 것이 아니라 시 너머에 있었으므로 시의 본래 뜻은 그다지 중요치 않았다. 다만 조금 돌려서 말한다는 것이 너무 나아가서 우리가 이해하기가 결코 쉽지 않게 되었다. 그러나 여기에서 우리는 공자의 가르침의 방식이 하나는 계발식이고, 다른 하나는 토론식이라는 사실을 알 수 있다.

공자는 언제나 자신의 제자들과 여러 가지 문제를 토론했다. 《논어》〈선진〉 편을 보면 한번은 자로, 증석(曾晳), 염유, 공서화(公西華) 이 네 사람이 공자를 모시고 앉아 이야기를 나눈다.(리링의 추론에 따르면, 공자가 60세 이후의 일이다.) 자로와 염유에 대해서는 이미 소개했으니 증석과 공서화에 대해 소개하겠다. 증석은 이름이 점(點), 자가 자석(子晳)이다. 태어나고 죽은 시기가 정확하게 알려져 있지 않으나 공자보다 대략 20여 세 어렸다. 그는 증자(曾子, 증삼)의 아버지로 조금 색다른 사람이었다. 공서화는 이름이 적(赤), 자는 자화(子華)다. 기원전 509년에 태어났으니 공자보다 42세가 어리다. 그들 네 사람이 나이순으로 공자를 모시고 앉았다. 공자보다 아홉 살이 적은 자로가 앞에 앉고 다음 증석, 염유, 공서화 순으로 앉았다.

모두 자리에 앉자 공자가 말했다. "내가 너희보다 나이가 조금 많다고 하여 나 때문에 어려워하지 마라." 리쩌허우의 해석에 따르면, 내가 너희보다 나이가 많기는 하지만 이에 구애받지 말라는 뜻이다. 스승과 제자가 편안하게 논의할 수 있는 분위기를 만들어 주려고 한 그의 자세는 우리도 배울 필요가 있다. 토론 분위기를 조성한 다음 공자가 물었다. "너희가 평소에 '다른 이들이 나를 알아주지 않는다'고 하는데, 만약 누군가 알아준다면 그때는 어떻게 하겠느냐?"

이는 토론해 보자는 것이다. 자로가 별 생각 없이 서둘러 대답했다. "천승의 제후국이 대국 사이에 끼어 외세의 침략을 받고 안으로는 기근까지 겹친다 하더라도 제가 가서 다스린다면 3년 안에 백성을 용맹스럽게 만들 수 있고, 사람마다 도의를 깨닫게 할 수 있습니다." 당시 제도에 따르면, 천승(千乘)의 전차를 1군(軍)이라 했는데 전차 1,000대를 낼 수 있는 제후를 천승이라 했다. 전차는 천자가 6군, 큰 나라는 3군, 중간 정도의 나라는 2군, 작은 나라는 1군을 소유했다. 그래서 천승의 제후국은 곧 작은 나라를 말한다. 자로는 이런 나라를 다스리겠다고 했으니 그의 포부가 크다고 말할 수 없지만 그렇다고 매우 작다고 말할 수도 없다.

자로가 말을 끝내자 공자가 미소지었다(哂之). 신(哂)에는 두 가지 의미가 있다. 하나는 미소짓는다는 뜻이고, 다른 하나는 비웃는다는 뜻이다. 과연 공자는 미소지은 것일까 아니면 비웃은 것일까? 이는 이후에 다시 이야기하기로 하고, 여하튼 공자는 웃었다. 그리고 염유에게 물었다. "구야, 너는 어떻게 하겠느냐?" 염유가 대답했다. "사방 60~70리 또는 50~60리의 나라를 제가 다스릴 경우 3년 안에 백성을 풍족하게 할 수 있으나 예악에 대해서는 군자를 기다리겠습니다."

공자는 다시 공서화에게 물었다. "적아, 너는 어떻게 하겠느냐?" 공서화가 대답했다. "제가 잘 해낼 수 있다고 말할 수는 없고 배우기를 원할 따름입니다. 종묘의 일과 제후들의 회동에서 단정한 예복과 예모를 갖추고 주례자가 되기를 원합니다."

공자는 마지막으로 증석에게 물었다. "점아, 너는 어떻게 하겠느냐?" 그때 증석은 거문고를 타고 있었다. 아마도 공자가 수업을 할 때는 누군가 악기를 연주했던 듯하다. 양보쥔의 해석에 따르면, 공자가 증석에게 물었을 때 증석의 연주도 거의 끝나가고 있었기에 쿵 하고 악기를 내려놓고 일어서서 "저는 세 사람과 생각이 다릅니다"라고 대답했다. 공자가 말했다. "무슨 상관이 있겠느냐? 각자 자신의 뜻을 말하는 것뿐이다." 그러자 증석이 자신의 생각을 이야기했다. "저는 늦봄에 봄옷이 만들어졌거든 관을 쓴 어른 대여섯 명과 동자 예닐곱 명과 함께 기수에서 목욕을 하고 기우제를 지내는 제단인 무우(舞雩)에서 바람을 쐬고 노래하면서 돌아오겠습니다."

공자는 감탄하며 말했다. "나는 점을 여(與)한다!" 이는 무슨 뜻인가? '여(與)'를 어떻게 해석할지 생각해 봐야 한다. '여'를 칭찬하고 지지한다는 뜻으로 본다면 "나는 증석의 생각에 찬성한다"로 해석된다.

만약 함께한다는 뜻으로 본다면 "나는 증석과 함께 가겠다"로 해석할
수 있다. 물론 이 두 가지를 하나로 합쳐 해석할 수도 있다. "나는 증석
의 생각에 찬성하며 그와 함께 가겠다."

　이는 이해할 수 없는 일이다! 공자는 배워서 관리가 될 것을 주장하
지 않았던가? 자로가 관리로서 가장 크게 되고 싶어 했는데 공자는 왜
웃었을까? 증석은 관리가 되겠다는 것도 아닌데 공자는 왜 그의 생각
에 찬성했을까?

　공자는 도대체 어떤 학생을 좋아했던 것일까?

5

제자들 중 누가
공자의 총애를 받았을까?

이것은 공문(孔門: 공자의 문하) 제자들도 알고 싶어 한 문제일 것이다.

토론이 끝난 후 자로와 염유, 공서화가 먼저 나가고 증석이 남았다. 증석이 공자에게 물었다. "저들 세 사람의 말을 어떻게 생각하십니까?" 공자가 대답했다. "각자 자신의 뜻을 말했을 뿐이다." 증석이 또다시 물었다. "그런데 선생님께서는 왜 중유의 말을 듣고 웃으셨습니까?" 공자가 대답했다. "나라를 예에 의거해 다스려야 하는데, 유의 말은 전혀 겸손하지 않았다. 그래서 웃은 것이다."

결국 공자의 '웃음'은 조롱의 의미를 담고 있는 미소였던 것이다. 증석이 다시 물었다. "염구가 말한 것은 나라를 다스리는 일이 아닙니까?" 공자는 나라를 다스리는 일이라고 대답했다. 증석은 계속해서 공서화가 이야기한 것도 나라를 다스리는 일이 아니겠냐고 물었다. 공자는 종묘의 제사에 관한 일과 동맹에 관한 일이 나라를 다스리는 일이 아니고 무엇이겠느냐고 반문한 뒤 만약 적(공서화)이 작은 일을 하게 된다면 누가 능히 큰일을 할 수 있겠느냐고 말했다.

이 토론은 여기에서 끝이 났지만, 뒷사람들에게 풀기 힘든 많은 수수께끼를 남겼다. 예를 들면, 공자는 이들 네 명의 제자들을 어떻게 보았을까? 증석에 대해서는 "나는 증석의 생각에 찬성한다"고 말한 것을 보아 칭찬을 한 듯싶다. 그럼 나머지 세 사람에 대해서는 어떤 생각이었을까? "각자 자신의 뜻을 말했을 뿐이다"라고 한 것을 보면 별다른 생각이 없는 듯하다.

사실 자로, 염유, 공서화는 모두 공자의 뛰어난 제자들이다.《논어》에서 여러 번 이 세 사람이 동시에 나오는 것을 보면 비교적 친한 사이였을 것이다. 예를 들어 〈선진〉 편에 따르면, 자로가 공자에게 이렇게 물은 적이 있다. "들으면 곧 실행해야 합니까?" 그러자 공자가 대답했다. "부친과 형이 계신데 어찌 들었다고 바로 실행할 수 있겠느냐?" 염유가 똑같은 질문을 했다. 그러자 공자는 "물론이다. 들으면 곧 실행해야 한다"라고 대답했다. 공자가 똑같은 질문에 대해 반대로 대답을 하자 공서화는 이해할 수 없어 그 이유를 물었다. 공자의 대답은 이러했다. "구는 매우 신중해 잘 나서지 않아 나아가게 한 것이고, 유는 다른 이들보다 나아가니 물러나게 한 것이다(求也退, 故進之, 由也兼人, 故退之)." 여기서 求(구)는 염유이고, 由(유)는 자로다. '退(퇴)'는 물러난다는 뜻이고, '兼人(겸인)'은 용감하게 행한다는 뜻이다. 염유는 사전에 신중하게 따지는 인물이기 때문에 더욱 용감하게 앞으로 나아가라고 격려한 것이다. 반면, 자로는 겁도 없이 함부로 행동하는 성격이어서 공자는 자로가 성급한 판단을 하지 않도록 훈계한 것이다. 이는 공자가 학생의 성격이나 자질에 따라 그에 맞게 가르쳤음을 보여 주는 예다.

자로, 염유, 공서화에 대한 공자의 평가는 이 밖에도 몇 가지 기록이 더 있다. 〈공야장〉 편에 따르면, 노나라에 맹무백(孟武伯)이라는 귀족이 있었는데 공자에게 자로와 염유, 공서화가 인(仁)한지를 물었다. 공자는 이에 대해 자로는 천승(千乘)의 나라에서 군정을 맡길 만하고, 염유는 천호(千戶)의 읍과 백승(百乘)의 집안(경대부의 집)의 관리로 삼을 만하며, 공서화는 예복을 입고 허리띠를 두르고 조정에서 빈객을 맞이하게 할 수 있을 거라고 언급하면서 그들이 '인(仁)'한지에 대해서는 잘 모르겠다고 대답했다. 그 밖에 〈선진〉 편에는 공자와 계자연(季子然: 계손씨 집안사람일 것이다)의 대화가 나온다. 계자연이 공자에게 자로와 염유는 '대신(大臣)'이라고 할 만하냐고 묻자 공자는 그들은 '구신(具臣)'이라고 할 수 있을 뿐이라고 대답했다. 다시 말해, '대신'이라 할 수 없다는 뜻이다.

　　이러한 자료들을 종합해 보면 공자의 생각이 분명하게 드러난다. 그는 자로와 염유, 공서화의 능력을 인정했다. 또한 공자의 견해는 세 명의 자기 평가와 일치한다. 그러나 그들의 도덕적 경지에 대해서는 일단 보류했다. '구신'이란 무엇인가? 업무 능력이 있는 신하라는 뜻이다. 그렇다면 '대신'은 무엇인가? 공자의 정의에 따르면 "도로써 군주(제후와 대부를 포함)를 섬기다 그렇게 할 수 없다면 그만두는 신하"다. 자로와 염유는 아직 이 경지에 이르지 못해서 '대신'으로 인정받지 못한 것이다. 또다시 계자연이 물었다. "그렇다면 그들은 주인에게 순종하며 따르기만 하는 자들입니까?" 공자가 말했다. "아버지와 군주를 시해하는 일은 따르지 않을 것입니다."

　　이를 보면 공자의 평가를 정확하게 파악할 수 있다. 자로와 염유는 능력을 갖추어 군주와 대부를 보좌해 나라와 집안을 다스릴 수 있으며, 도덕적으로 최소한의 기준을 지켜 아버지나 군주를 시해하는 일은 없겠지만, 아직까지 "도로써 군주를 섬기다 그렇게 할 수 없으면 그만두는" 최고의 경지까지 이르지는 못했다는 것이다.

그렇다면 공서화는 어떠했을까? 그 역시 능력을 갖춘 인물로 특히 외교에 뛰어났다. 《논어》〈옹야〉 편에는 다음과 같은 이야기가 나온다. 공서화가 제나라에 사신으로 떠난 후에 염유가 공서화의 모친을 위해 공자에게 곡식을 줄 것(請粟)을 청했다. 염유는 왜 공자에게 곡식을 줄 것을 부탁했을까?

이재에 밝은 염유는 이때 공자의 집사(宰)를 맡고 있었다. 그는 공자의 집사를 하고 있을 때는 공자를 위해 재산 관리를 담당했고, 나중에 계강자의 집사를 할 때는 계강자를 위해 재산 관리를 맡았다. 염유의 요청에 공자는 뭐라고 했을까? 그에게 여섯 말 네 되를 갖다 주라고 했다. 염유가 좀 더 달라고 청하자 공자는 열여섯 말을 보내라고 했다. 그러나 염유는 공자가 주라고 한 양보다 훨씬 많은 여든 섬을 보내주었다. 공자는 기분이 좋지 않았다. 그래서 이렇게 말했다. "적(공서화)이 제나라에 갈 때 살찐 말을 타고 가벼운 갖옷을 입었다. 내가 듣기에 군자는 궁핍한 사람을 도와주고 부유한 사람은 더 부자가 되게 해 주지 않는다고 했다." 다급한 사람에게 도움을 줘야지 어찌 도와줄 필요가 없는 사람을 돕겠냐는 의미다.

위의 이야기는 우리로 하여금 여러 가지 의문이 들게 한다. 예를 들어 공서화가 출장을 가는데 왜 공자에게 돈을 요구했을까? 그가 제나라로 간 것은 노나라 군주를 위한 공무였는가, 아니면 공자의 일을 처리하기 위한 심부름이었는가? 공서화가 "살찐 말을 타고 가벼운 갖옷을 입었다"고 했는데, 그의 모친은 왜 돈이 없는 것인가? 또한 공서화는 집에 돈과 곡식이 떨어졌는데 왜 직접 말하지 않고 염유에게 부탁했을까?

이러한 여러 가지 문제는 학계에서 여전히 논쟁이 끊이지 않는다. 나는 공서화의 출장이 공무였을 거라고 생각한다. 아마도 그가 살찐 말을 타고 가벼운 갖옷을 입은 것은 노나라 군주가 그에게 마련해 준 것으로 노나라의 체면 때문에 그랬을 것이다. 그러나 공금은 사사롭게 쓸 수 있는 것이 아니기에 공서화는 자신의 모친에게 노나라 군주에게 받은 돈을 줄 수 없었다. 공금을 유용하는 것은 불충이고 모친이 곡식을 살 돈도 없는 상황에 이르게 한 것은 불효다. 충과 효에 모두 충실하면 좋겠지만 그럴 수 없을 경우 공서화는 그렇게 할 수밖에 없었을 것이다. 염유는 대외적인 체면을 차리기 위해 집안 형편도 궁색해서는 안 된다고 생각했을 것이다. 그러나 이것은 노나라 군주에게 할 수 있는 말은 아니어서 어쩔 수 없이 스승인 공자에게 부탁한 것이다. 공자도 염유의 생각이 일리가 있다고 여겨 여섯 말 네 되를 주라고 허락한 뒤 열여섯 말을 보내라고 한 것이다. 이에 대해 염유의 생각은 어떠했는가? 그는 그 정도의 곡식으로는 공서화의 모친이나 공서화 모두 체면을 차릴 수 없을 거라고 생각했다. 그래서 그는 자기 마음대로 곡식을 더 준 것이다. 이는 공자의 생각과 달랐다. 공자는 설사 자선사업을 한다고 할지라도 그렇게 해서는 안 된다고 생각했다. 더욱이 염유는 남의 것을 가지고 인심을 쓰고 있지 않은가?

"자화(子華)가 제나라에 갔을 때 염자가 그의 모친에게 곡식을 줄 것을 청했다"는 이야기 다음에 이어서 나오는 원사(原思)의 이야기는 관련이 있다.

원사는 원헌(原憲)을 말한다. 자는 자사(子思)로, 기원전 515년에 태어났다. 공자보다 36세가 어리니 황포 3기에 해당된다. 그는 가난한 학생이었다. 자공이 공자의 제자들 가운데 가장 부자라면 원헌은 가장 가난했다. 공서화가 집에 돈이 없었다고 하지만 그것은 상대적으로 가난했다는 말이다. 그러나 원헌은 정말로 궁핍했다. 아마도 이런 이유로 공자는 그에게 집안의 관리를 맡기고(염유가 계강자의 재(宰)가 된 이후일 것이다), 그에게 '속(곡식) 900'을 주었을 것이다. 여기서 900은 두(斗)인가, 아니면 승(升)인가, 혹은 곡(斛)인가? 알 수 없다. 다만 공자의 녹봉이 '속 6만'이었으니 900도 적은 액수는 아닌 셈이다. 그런데 원헌이 받지 않자 공자가 말했다. "사양하지 마라. 네가 받을 수 없다면 마을 사람들에게 주려무나." 이를 통해 공자는 인색한 사람이 아니라 원칙이 있었음을 알 수 있다. 즉, 주어야 한다면 얼마가 되더라도 주었고, 주지 말아야 하면 주지 않았다.

물론 이는 내 추측일 뿐이다. 그러나 우리는 여기에서 다음 세 가지 사실을 엿볼 수 있다. 첫째, 공자의 생활수준은 적어도 먹고살 만한 수준이었다. 그렇지 않다면 자신의 학생들에게 그렇게 많은 돈을 줄 수 없었을 것이다. 둘째, 공문(孔門)에는 마치 대부의 가족처럼 주인(공자)이 있고, 집안을 관리하는 재(宰)가 있었다. 셋째, 공문의 스승과 제자들 관계는 마치 가족처럼 친밀했다. 학생들은 스승을 대신해 일을 처리하기도 하고, 어느 정도 자주권을 지니고 있었다. 동문 사이는 마치 형제 같아서 동문의 집안일을 돕기도 했다.

공서화의 상황은 바로 이러했다. 공서화는 최고의 경지에 이르렀다고 할 만한가? 그렇지 않다. 공자는 무엇을 최고의 경지라고 생각했을까? 바로 '인(仁)'이다. 공자는 공서화에 대해 자로나 염유와 마찬가지로 "그가 '인'한지는 알 수 없다"고 평가했다. 그들 이외의 학생들은 공자가 언급조차 하지 않았으니 역시 그렇지 않다고 생각했음을 추측해볼 수 있다. 공자는 자신조차 그런 경지에 이르지 못했다고 생각했다. 《논어》〈술이〉 편을 보면 공자는 "성인(聖)과 어짊(仁) 같은 경지에 내가 어찌 감히 이른다고 할 수 있겠는가"라고 분명하게 말했다. 이는 다시 말해 성과 인에 관해서는 자신도 자신할 수 없다는 뜻이다. 공자도 이러한대 제자들은 말할 필요도 없을 것이다.

공자의 이 말이 겸양일 뿐 사실이 아니라고 말하는 사람들도 있다. 그 뒤에 이어지는 문장에서 공자는 스스로 이렇게 평가했기 때문이다. "그것을 익히기를 싫어하지 않고 가르치기를 게을리하지 않는 것은 그렇다고 말할 수 있다." 그래서 사람들은 이렇게 생각했다. '공자가 단지 익히기를 싫어하지 않고 가르치기를 게을리하지 않았을 뿐이겠는가? 공자의 경지가 겨우 이 정도에 그쳤을 리가 없다. 공자의 말은 겸손의 표현으로 볼 수 있다.'

과연 공자는 스스로 겸손의 말을 한 것일까? 반드시 그런 것 같지는 않다. 사실 "그것을 익히기를 싫어하지 않고 가르치기를 게을리하지 않는다"는 평가는 결코 낮다고 볼 수 없다. 그래서 공서화는 곧바로 "바로 이것이 저희 제자들이 배울 수 없는 것입니다"라고 말했던 것이다. 물론 공서화가 공자에게 아부한 것일 수도 있다. 그러나 어쨌든 공자는 자기 자신도 '인(仁)'하다고 생각하지 않았으니 증석을 포함한 제자들도 인하지 않다고 생각했을 것이다.

그럼 대체 공자는 증석의 무엇을 칭찬한 것인가?

이 문제는 대답하기가 쉽지 않다. 공자의 제자들 가운데 증석은 그의 아들인 증삼보다 중요한 인물이 아니었다. 《논어》에서도 그는 단한 번 나온다. 맹자의 견해에 따르면, 그는 공자가 마음에 들어한 제자가 아니었다. 《맹자》〈진심하〉 편에 맹자의 다음과 같은 말이 실려 있다. 공자가 가장 좋아한 사람은 '중행지사(中行之士)'로 '중도(中道)'라고 부르며, 다음은 '광방지사(狂放之士)'로 '광자(狂者)'라고 부른다. 그다음은 '견개지사(狷介之士)'로 '견자(狷者)'라고 부르며, 가장 탐탁치 않게 여긴 사람은 '호호선생(好好先生)'으로 '향원(鄕原)' 또는 '향원(鄕愿)'이라고 부른다. '중행지사'는 치우침이 없이 공정하고 모든 일에 모범이 되어 중용의 도에 부합하는 사람들로 가장 훌륭하다. '광방지사'는 적극적이고 진취적이지만 뜻이 큰 것에 비해 행동이 따라 주지 않기 때문에 그다음이라고 한 것이다. 다음 '견개지사'는 세속에 물들지 않고 자애(自愛)하지만 소극적으로 무위한다는 점에서 그다음이다. 마지막으로 '호호선생'은 겉으로는 사람들과 잘 어울리는 듯하지만 실제로는 좋지 못한 사람들과 어울리며 세상에 아첨한다. 비난할 거리가 없어 보여도 도덕을 해치는 가장 나쁜 사람들이다. 그래서 '덕의 적(德之賊)'이라고 한 것이다. 증석과 같은 사람들이 공자께서 말씀하시는 광자들이다.

그럼, 공자는 왜 이런 인물을 대단히 좋아했을까? 만약 공자가 별로 좋아하지 않았다면, "나는 증석의 생각에 찬성한다"고 말한 것은 무슨 뜻인가?

아쉽게도 아는 이가 없다. 당사자인 증석조차도 영문을 몰랐다. 수업

이 끝난 후 증석은 일부러 남아 이것저것 물어
보았다. 스승이 어떤 이유로 자신만 칭찬했는
지 궁금했기 때문이다. 그러나 증석은 직접적
으로 물어보지 못했고, 공자 또한 직접적으로
답하지 않았다. 한나절이 지나도록 이야기했지

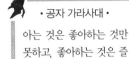

· 공자 가라사대 ·
아는 것은 좋아하는 것만
못하고, 좋아하는 것은 즐
기는 것만 못하다.

만 여전히 모호해서 뒷사람들은 갈피를 잡기가 어렵다. 이에 대해 주
희를 시작으로 많은 사람이 해석을 제시했지만 의견이 분분해 일치된
결론을 내릴 수 없는 것이 사실이다. 나는 그 가운데 리쩌허우의 관점
이 비교적 타당하다고 생각하는데, 그는 공자가 그렇게 말한 것은 일
시적인 찬탄일 뿐 어떤 깊은 뜻이 있었던 것은 아니라고 했다. 그러나
아무런 뜻이 없었다고 말하기는 어렵고 약간의 의미는 있었을 것이다.
사실 증석이 공자가 가장 좋아했던 학생은 아닐지라도 그가 "기수에서
목욕하고 기우제를 지내는 제단인 무우에서 바람 쐬고 노래하면서 돌
아오겠습니다"고 한 바람을 듣고 공자가 매우 흡족해했던 것은 분명하
다. 그래서 그는 "나는 증석의 생각에 찬성한다"고 말했으나 아마도 이
는 일시적인 찬탄일 뿐 마음속에서 우러나온 것은 아닌 듯하다.

　그런데 여기에는 또 다른 의미가 있다고 생각한다. 그것은 바로 '락
(樂: 즐거움)'이다.

　'락'은 공자 학설에서 중요한 개념 가운데 하나다. 공자에게 인간됨
의 가장 높은 경지는 '인'이고, 치학(治學)의 최고 경지는 바로 '락'이다.
《논어》〈옹야〉 편에는 다음과 같은 명언이 실려 있다. "아는 것은 좋아
하는 것만 못하고, 좋아하는 것은 즐기는 것만 못하다(知之者不如好之者,
好之者不如樂之者)." 즉, 지식이나 학문에서 즐기는 것이 가장 높은 경지

라는 뜻이다. 왜 그럴까? 공자가 그 이유를 언급하지는 않았지만 《논어》〈현문〉 편에 나오는 그의 또 다른 명언을 통해 추측해 볼 수 있다. "옛날 배우는 이들은 자신을 위해 공부했지만, 지금 배우는 이들은 남을 위해 공부한다(古之學者爲己, 今之學者爲人)."

그 밖에 또 다른 말도 참고할 만하다. "군자는 자신에게서 구하고, 소인은 남에게서 구한다(君子求諸己, 小人求諸人)." 원문에 나오는 '己(기)'는 자신, '人(인)'은 타인이다. '爲己(위기)'는 자신을 위하는 것이고, '爲人(위인)'은 다른 사람을 위하는 것이다. 마찬가지로 '求己(구기)'는 자신에게서 구하는 것이고, '求人(구인)'은 다른 사람에게서 구하는 것이다. 따라서 인용문은 다음과 같이 이해할 수 있다. "다른 사람을 위하는 것은 자신을 위하는 것만 못하다"와 "다른 사람에게서 구하는 것은 자신에게서 구하는 것만 못하다"이다.

그런데 어째서 위대한 성인인 공자가 이처럼 지나치게 이기적인 말을 하는 것일까? 그래서 후대의 유생들은 애써 우회적인 해석을 내놓았다. 예를 들어 '구(求)'를 요구나 질책으로 해석하기도 했다. 그러나 만약 이 말을 학습의 범위로 한정한다면 딱 들어맞는다. 공부를 왜 하는가? 근본적으로 말하면 자신을 위해 한다. 작은 견지에서 보면 자기 스스로 생계를 도모하기 위해서고, 큰 견지에서 보면 정정당당한 사람이 되기 위해서다. 나아가 이렇게 말할 수도 있다. 자기 힘으로 생계를 유지하는 것이 바로 정정당당한 사람이 되는 것이다. 생계를 유지하는 것은 모든 사람이 스스로 해야 하는 일이지 남이 대신해 줄 수 있는 것이 아니다. 인간됨 역시 스스로 할 일이지 남이 관여할 일이 아니다. 양심에 물어 거리낄 것이 없게 산다면, 이는 군자다. 반면, 다른 사람들을 위해 살고 다른 사람들에게 보이기 위해 행한다면, 이는 소인이다. 그래서 공자는 "옛날 배우는 이들은 자신을 위해 공부했지만 지금 배우는 이들은 남을 위해 공부한다"고 한 것이다.

자신을 위해서는 자신에게 의지할 수밖에 없다. 이른바 '求諸己(구제기)'는 자신에게 의지한다는 뜻이고, '求諸人(구제인)'은 타인에게 의지한다는 뜻이다. 타인과 자신 중 누가 믿을 만한가? 자기 자신이다. 어떤 구세주, 신선이나 황제보다 진정 의지할 대상은 자신이다. 인류의 행복을 창조하려면 오로지 우리 자신에게 의지할 수밖에 없다.

배우고 학문을 하는 것이 자신을 위한 것이라면 자신에게 의지할 수밖에 없으니 즐거워야 한다. 공부의 목적은 원래 행복에 있다. 만약 그러한 행복의 표현 형식이 예상 밖으로 고통이라면 그것이 행복인지 문제가 된다. 게다가 공자는 배우고 익히는 것은 평생에 걸친 일이라고 생각했다. 그런데 그 일이 고통스럽다면 결국 평생을 고통스럽게 만든다는 의미가 아니겠는가?

실제로 공자는 줄곧 배움의 즐거움을 강조했다. 《논어》의 첫 구절은 다름 아닌 "배우고 때때로 익히면 즐겁지 아니한가(學而時習之, 不亦說(悅)乎)?"다. 사실 이 문장에 대해서도 예로부터 많은 논쟁이 있어 왔다. 인용문에 나오는 '時(시)'가 시간에 맞춘다는 뜻인지 아니면 때때로의 의미인지, '習(습)'이 연습인지 아니면 복습인지 의견이 다르다. 그러나 배우고 익히는 것이 즐겁고 유쾌해야 한다는 의미는 틀림이 없다. 실제로 공자의 가르침과 배움, 예를 들어 그와 학생들이 나누는 토론은 참으로 즐거운 분위기다. 그의 학당은 분명 '즐거운 교실'이었을 것이다. 나는 "학문의 바다는 끝이 없으니 고심하여 배를 만든다"라는 말에 동의하지 않는다. "상투를 대들보에 매달고 송곳으로 허벅지를 찌른다"는 말에는 더욱 동의할 수 없다. 만약 모든 학교와 교실이 즐거움으로 가득 찬다면 그러한 교육은 진정 성공적이라 할 수 있을 것이다.

공부는 즐거워야 한다. 배우고 익히는 데 즐거움을 느낀다면 그가 공자의 훌륭한 학생이라 할 만하다. 증석이 그러했는지는 분명치 않다. 그러나 그는 적어도 즐거움이 중요하다는 것을 알고 있어 공자가 그의 생각에 동의한 것이다. 만약 공자처럼 학문을 좋아하고 증석처럼 즐긴다면 분명 공자가 가장 총애하는 학생이 될 것이다.

그럼, 그러한 제자는 과연 누구였을까?

바로 안회(顔回)다. 안회는 자가 자연(子淵)이기 때문에 안연(顔淵)이라고 부르기도 한다. 기원전 522년에 태어나 기원전 481년에 죽었다. 그는 공자보다 30세가 어렸고, 황포 2기에 속한다. 안회는 항상 스승의 칭찬을 받았으며, 공자가 가장 좋아하는 제자였다. 공자는 그에 대해 말할 때면 언제나 극찬을 했다.

《논어》〈옹야〉 편에서는 애공이, 〈선진〉 편에서는 계강자가 "제자들 가운데 누가 학문을 좋아합니까?"라고 물었다. 공자는 두 번 모두 "안회라는 제자가 있는데 학문을 좋아했다"고 하면서 지금은 그가 세상을 떠나서 아무도 없다고 대답했다. 마치 다른 제자들은 자신의 학생이 아니라는 것처럼 들린다. 《논어》〈옹야〉 편을 보면 공자는 심지어 자신의 학생 가운데 오직 안회만이 "그 마음이 석 달 동안 '인'을 어긴 적이 없다(其心三月不違仁)"고 말했다. 즉, 오랜 시간 인덕(仁德)에 위배되지 않았다는 말이다. 다른 학생들은 기껏해야 하루나 한 달 정도 그러했다고 덧붙였다. 정말이지 안회가 인에 도달한 것이 아니라 인을 어기지 않았으니 망정이지 그렇지 않았다면 스승조차 넘어설 뻔했다.

안회는 왜 이처럼 스승의 사랑을 받았을까? 학문을 좋아했기 때문일 수도 있고, 스승의 말을 잘 들었기 때문일 수도 있으며, 이해력이 뛰어났기 때문 등등 여러 가지 원인이 있을 것이다. 그러나 나는 아마도 '락(樂)', 즉 즐거움이 중요한 원인이었을 것으로 생각한다. 공자는 일찍이 안회에 대해 이렇게 칭찬한 바 있다. "회는 참으로 어질도다! 한 소쿠리(簞)의 밥과 한 표주박(瓢)의 물로 누추한 곳에 사는 것을 다른 이들은 그 근심을 견디지 못하는데 회는 그 즐거움을 누리는구나. 어질도다. 회여!" 簞(단)'은 밥을 담는 대나무광주리이고, '瓢(표)'는 물을 담는 표주박이다. "一簞食, 一瓢飲(일단사, 일표음)"은 말 그대로 생활이 지극히 빈곤하고 간단했음을 말한다. 이런 생활은 대다수 사람이 견디기 힘들어하는데 안회만은 그 즐거움을 누릴 수 있었던 것이다. 그는 억지로 마음을 달랜 것일까? 아니면 빈민촌에서 사는 것을 좋아한 것일까?

당연히 아니다. 안회의 즐거움은 가난한 생활에 있는 것이 아니라 도를 추구하고 학문을 하는 데 있었다. 즉, 학문을 하고 도를 깨닫는 것이 안회의 즐거움이었다. 그래서 무엇을 먹고 마시든, 어디에 살든 상관이 없었던 것이다. 이것이 바로 "그 즐거움을 누리는구나"의 본래 뜻이다. 그 즐거움은 안회 자신의 본래의 즐거움이다. 안회는 학문과 도덕 그 자체를 즐거움으로 삼았으니 이것이야말로 학문과 도덕의 최고 경지다. 그래서 공자가 "어질도다, 회여!"라고 마치 노래를 하듯 찬탄한 것이다.

공자는 안회 앞에서뿐만 아니라 다른 학생들 앞에서도 그를 칭찬했고, 다른 학생들과 비교하기도 했다. 앞에서 말한 것처럼 공자는 자공에게 "너와 안회 가운데 누가 더 뛰어나냐?"라고 물은 적이 있다. 영리한 자공은 그 즉시 자신이 어찌 안회와 견줄 수 있겠냐고 말했고, 공자는 크게 만족했다.

공자는 심지어 안회 대신 이렇게 불평하기도 했다. "안회는 학문과 도덕이 뛰어났는데 늘 궁핍했다. 자공은 본분을 지키지 않고 장사꾼이 되어 재산을 불렸는데 예측이 자주 맞아서 큰돈을 벌었다." 그런데 이 말은 문제가 있는 듯하다. 안회는 그 스스로 그러한 즐거움을 누린 것인데, 왜 스승이 초조해하는가? 안빈낙도도 좋지만 상인이나 관리가 되는 것도 괜찮지 않은가? 이전에 공자가 귀국하려고 했을 때 자공이나 염유가 모든 것을 챙겨 주지 않았던가?(이는《사기》〈공자세가〉를 참고) 제자들이 자공처럼 돈을 벌거나 염유처럼 관리가 되기를 마다하고 모두 안회처럼 된다면 공자 자신이 여러 나라를 다닐 때 누가 재정적으로 도움을 줄 수 있겠는가? 또 집으로 돌아왔을 때 누가 도와줄 수 있겠는가?

그래서 공자가 안회를 칭찬하면 수긍하는 제자들도 있었고 그렇지 않은 제자들도 있었다. 누가 수긍하지 않았는가? 자로다.《논어》〈술이〉 편에 따르면, 한번은 공자가 자로 앞에서 안회에게 말했다. "써 주는 이가 있으면 나아가 벼슬을 하고, 써 주는 이가 없으면 물러나 은거하는 일은 오직 나와 너만이 할 수 있을 것이다." 자로는 그 말을 듣고 기분이 좋지 않았다. 그가 공자에게 물었다. "선생님께서 삼군을 통솔

하신다면 누구와 함께 하시겠습니까?" 공자는
자로가 말한 의미를 분명하게 알고 있었다. 그
래서 오히려 비난하듯 말한다. "아무튼 맨손으
로 범을 잡으려 하고 맨몸으로 강을 건너려다
죽어도 뉘우침이 없는 사람과는 함께 하지 않
을 것이다."

· 공자 가라사대 ·
남들이 호화스럽게 살아
도 시기하지 않고 자신이
가난해도 남의 것을 탐하
지 않는다면 어찌 착하다
고 하지 않겠느냐?

　너무 재미있지 않은가! 이는 성인과 그의 제자 간의 대화가 아니라
마치 어린아이들끼리 말다툼을 하는 것 같다. 내가 《논어》에서 가장
좋아하는 부분이 바로 이런 리얼한 장면이다. 나도 리쩌허우나 리링과
마찬가지로 자로와 자공을 가장 좋아한다. 한 사람은 용기를 가졌고,
다른 한 사람은 지모를 지녔다. 사실 자로의 말은 일리가 있다. 스승님
은 언제나 안회만 칭찬하는데 일이 벌어지거나 돈이 필요할 때는 누
구에게 의지할 것이며, 나라를 다스리고 집안을 관리하는 일은 누구에
게 의지할 것인가?

　그러나 공자의 말도 일리가 있다. 자로의 용맹하기는 하지만 지략이
부족한 점은 바람직하지 못한 부분이었다. 그러나 공자는 자로도 좋아
했다. 《논어》〈자한〉 편을 보면 공자가 자로에 대해 이렇게 칭찬한 적
이 있다. "해진 헌옷을 입고 여우나 담비의 가죽으로 만든 갖옷을 입
은 사람과 같이 서 있어도 부끄러워하지 않는 이는 유(由, 자로)뿐일 것
이다. 남들이 호화스럽게 살아도 시기하지 않고 자신이 가난해도 남
의 것을 탐하지 않는다면 어찌 착하다고 하지 않겠느냐?" 그러자 자로
가 《시경》에 나오는 "남을 해치려고도 아니하고 재물을 탐하려고도 아
니하니 어찌 착하지 않을 수 있겠는가?"라는 구절을 늘 외우고 다니려

하자 공자가 다시 말했다. "그것이 도리이기는 하지만 그것만으로 어떻게 충분히 착하다고 하겠느냐?"

이는 공자가 자로를 칭찬하면서 한편으로는 일깨워 준 것이라고 할 수 있다. 그 이유는 자로가 지나치게 저돌적인 성격이어서 위험했기 때문이다. 공자는 자로가 문제를 일으킬까봐 걱정했다. 《논어》 〈선진〉 편을 보면 공자가 이런 말을 한 적도 있다. "유(자로)와 같은 사람은 제명에 죽지 못할 것 같구나."

이는 원래 공자가 농담조로 한 말이었다. 당시 공자는 네 명의 제자들과 이야기를 나누고 있었다. 효자인 민자건(閔子騫)은 공손하고 진지했고, 염유와 자공은 즐겁게 이야기를 나누고 있었다. 자로는 어떠했는가? 원문에서 "行行如也(항항여야)"라고 했으니 자로는 억세고 괄괄하게 행동했다. 공자가 자로의 강직함을 염두에 두고 한 이 농담이 설마 현실이 될지 누가 알았으랴!

기원전 480년 위(衛)나라에 내란이 발생해 매우 위급한 상황이었다. 《사기》 〈공자세가〉는 위나라에 출사한 제자가 적지 않았기 때문에 공자는 마음이 몹시 편치 못했다고 전한다. 《좌전》 〈애공 15년〉에 따르면, 당시 공자는 이렇게 말했다. "시는 돌아오겠지만 유는 죽을 것이다." '柴(시)'는 고시(高柴)를 말하는 것으로, 그의 자는 자고(子羔) 또는 계고(季羔)이며, 황포 2기에 속한다. 공자보다 30세, 일설에 따르면 40세가 어리다. 그는 키가 작고 생김새가 볼품없었으며, 지능도 높지 않았다. 《논어》 〈선진〉 편에는 그와 자로에 대한 공자의 평가가 나온다. "시(자고)는 어리석고", "유(자로)는 거칠고 경솔하다." 결과적으로 왜소하고 어리석은 고시는 살아서 돌아오고 건장하고 용맹스러운 자

로는 희생되어 비장하고 장렬한 죽음을 맞이하고 말았다.(이번 장 제3챕터 참고)

자로가 장렬하게 희생된 것은 공자가 72세 때의 일이다. 당시 공자의 상황은 어떠했는가? 또한 그의 심경은 어떠했을까?

6

성인이기 이전에
한 사람의 인간이었던 공자

공자는 만년에 고독하고 비탄에 빠지는 일이 많았다.

기원전 484년, 공자 나이 68세 때 계강자의 부름을 받고 노나라로 돌아왔다.(아마도 자공과 염유가 큰 역할을 했을 것이다) 그러나 계강자는 공자의 제자들을 기용할 생각이었지 공자를 기용할 생각은 아니었다. 《사기》〈공자세가〉에 따르면, 노나라는 끝내 공자를 기용하지 않았고, 공자 역시 더 이상 출사를 원치 않았다. 그는 한가로이 집에서 노년을 보내고 있었다. 이 몇 년 동안에 거의 매년 그를 비탄에 잠기게 하는 일이 일어났다.

공자가 귀국한 지 2년째 되는 해에 그의 외아들인 공리가 향년 50세의 나이로 세상을 떠났다. 4년째 되는 해에는 그가 가장 총애하는 제자 안회가 40세의 나이로 세상을 떠났다. 그 이듬해에는 항상 꾸중을 들으면서도 언제나 충직했던 늙은 제자 자로가 향년 63세의 나이로 장렬한 최후를 맞이했다. 사랑하는 아들도 죽고 아끼는 제자들도 하나둘씩 곁을 떠나니 그의 심정이 어떠했을까? 6년째 되던 해인 기원전 479년, 마침내 공자가 향년 73세의 나이로 세상을 떠났다.

공자는 자신의 죽음에 대해 일찍이 예감을 한 듯싶다. 《논어》〈양화〉편에 이런 내용이 나온다. 하루는 공자가 갑자기 "나는 말을 하지 않으려고 한다"라고 말했다. 자공이 그 말을 듣고 깜짝 놀라 말했다. "선생님께서 말씀하지 않으시면 저희가 무엇을 전할 수 있겠습니까?" 공자가 말했다. "하늘이 무슨 말씀을 하시더냐? 사계절이 운행되고 온갖 만물이 생장하지만 하늘이 무슨 말씀을 하시는가?"

공자가 언제쯤 이 말을 했으며, 그 의미가 무엇인지 정확하게 알 수가 없다. 그러나 이 밖에 다른 두 가지 발언은 그 의미가 분명하다. 하나는 《논어》〈술이〉편에 나오는 말이다. "내가 많이 쇠약해졌구나! 내가 꿈속에서 주공을 뵙지 못한 지가 참으로 오래되었도다." 다른 하나는 〈자한〉편에 나온다. "봉황도 오지 않고 황하에서 하도가 나오지 않으니 나도 이미 끝이로다."

봉황이나 하도(河圖)는 고대에는 상서로운 길조를 상징했다. 주공(周公)은 공자가 가장 위대한 성인으로 여기는 인물이다. 공자는 평생 주공을 마음속에 새겨두었으며, 항상 꿈에서 보는 존재였다. 이는 공자가 주공이 창립한 예악문화와 제도를 회복하고 싶어 했기 때문이다. 그러나 만년에 접어들면서 공자는 더 이상 봉황이나 하도를 기대하거나 볼 수 없었고(사실 그 전에도 본 적이 없다), 꿈속에서도 주공을 만나뵐 수 없었다. 사람이 살아 있으면 당연히 꿈을 꾸게 마련이다. 그러나 말년의 공자는 더 이상 꿈조차 꿀 수 없었다. 그래서 그는 이제 쇠하여 더 이상 할 수 없고, 모든 것이 이미 끝났다고 말한 것이다.

그런데 자로가 공자를 더욱 성가시게 한다. 《논어》〈자한〉 편에 따르면, 공자의 병세가 위중하자 한번은 자로가 "문하생으로 가신을 삼을 것(使門人爲臣)"을 주장했다. 즉, 동학들을 중심으로 '장례위원회'를 조직하겠다는 뜻이다. 그러나 공자의 병세가 호전되어 공자는 이에 대해 듣고는 매우 화를 내며 자로를 호되게 꾸짖었다. "유가 거짓을 행한 것이 오래되었구나! 나는 가신이 없는데 가신을 둔 것처럼 하였으니 내가 누구를 속였단 말인가? 하늘을 속인 것이로다."

이 대목은 이해하기가 쉽지 않다. 우선 자로의 행동은 상식을 벗어난 것처럼 보인다. 사람이 아직 죽지도 않았는데 무슨 '장례위원회'를 조직하는가? 그러나 알고보면 이것은 일을 하는 데 머리를 쓴 것뿐이지 어찌 일부러 속이려고 한 것이겠는가? 여기에는 오히려 자로의 호의가 담겨 있었다.

이른바 '위신(爲臣)'이란 자로가 조직하려는 '장례위원회'다. 당시 제도에 따르면 제후가 죽었을 때만이 '위신'을 할 수 있었다. 이후 예악이 붕괴되자 대부가 죽었을 때도 '장례위원회'를 조직했다. 게다가 고대의 '위신'은 지금의 '장례위원회'와는 달랐다. 요즘의 '장례위원회'는 사람이 죽은 후에야 장례를 진행하지만 고대의 '위신'은 사람이 죽기 전부터 장례를 준비했다. 살아 있는 사람 앞에서 수의(壽衣)나 시신을 단장하는 문제 등 여러 가지 장례에 관련된 일을 협의했다. 지금도 중국 일부 지역에는 이런 풍습이 있다. 이는 아직 살아 있는 사람에게 빨리 죽으라고 주문하는 것이 아니라 죽음을 맞이하면서 체면을 차리게 해 주고 격식을 갖추어 주려는 것이다. 더욱이 공자는 어찌됐든 노나라 대사구(大司寇)를 역임한 대부였다. 다른 대부들도 '위신'을 하고 있으니 공자도 이런 대우를 받지 못할 이유가 없었다. 자로는 '우리 제자들이 직접 '위신'을 해서 스승님을 초라하게 보내드리면 안 된다'라고 생각했다. 그러므로 자로의 발언은 선의에서 비롯된 것이었다.

문제는 공자의 생각이 그와 달랐다는 데 있다. 공자는 '위신'은 제후의 예이므로 대부의 처지에 이를 행하는 것은 당연히 참월(僭越)에 해당한다고 여겼다. 공자의 입장은 이러했다.

'다른 대부들이 그렇게 하는 것은 그들 일이고, 나는 그렇게 할 수 없다. 내가 '장례위원회'를 조직할 신분이 아님에도 너희가 기어코 일을 저지른다면, 그것이야말로 사기를 치는 일이 아니고 무엇이겠느냐? 만약 너희가 일을 진행하게 된다면 예법을 수호해 온 지금까지의 명성이 하루아침에 무너지는 것은 물론이고 세상사람들을 속이고 명예를 훔쳤다는 오명을 쓰게 될 것이다.'

그래서 공자는 크게 분노하면서 자로가 자신을 끌어들여 사기를 쳤다고 여겨 "내가 누구를 속였단 말인가? 하늘을 속인 것이로다"라고 말한 것이다. 즉, 그런 수작은 사람들도 뻔히 아는데 하늘까지 속일 생각이었냐는 뜻이다.

공자는 자신의 장례와 관련해 자로와 다른 생각을 하고 있었다. "내가 가신의 손에서 죽기보다는 차라리 너희 곁에서 죽는 것이 낫지 않겠느냐? 또한 내가 설령 성대한 장례를 치르지 못하더라도 길거리에서 죽기야 하겠느냐?" 분명 공자는 자신의 신분에 적합한 위상이 있다고 생각했다. 그가 생각한 위상은 바로 훈장, 즉 선생의 위상이다. 선생에게 무슨 '장례위원회'가 필요하겠는가? 자신이 가르친 학생들 옆에서 숨을 거두고, 그 학생들이 자신을 추모해 주면 그것이 가장 큰 영

광 이거늘 어찌 귀족이나 관리들과 같은 대우
를 받고자 하겠는가? 이것이 공자의 생각이었
다. 이런 생각은 정말로 우리를 숙연해지게 한
다. 여기서 우리는 또다시 그 어른의 생애에
대해 우러나는 존경심을 금할 수 없다.

그러나 공자는 생전에는 자신의 사후에 관한 일에 전적으로 관여할
수 있었지만, 죽은 후에는 그럴 수 없었다. 또한 자로는 단속했지만 자
공은 단속하지 못했다. 공자가 세상을 떠나자 자공이 앞장서고 재아(宰
我)와 유약(有若)을 비롯한 여러 제자들이 힘을 합해 스승인 공자를 성
인의 반열에 올리는 데 열과 성을 다했다.

그러나 이는 나중의 일이고, 지금은 공자에 대해 이야기하겠다. 앞
에 언급한 이야기 속에서 우리는 공자의 어떤 모습을 볼 수 있었는가?
첫째, 공자는 예를 중시하는 사람이었다. 그래서 자신의 후사에 대해
서도 평소 자신의 주장을 실천하기를 원했다. 《논어》〈안연〉편을 보
면 그는 일찍이 "예가 아니면 보지 말고, 예가 아니면 듣지 말며, 예가
아니면 말하지 말고, 예가 아니면 움직이지 말아야 한다"고 했다. 둘
째, 공자 역시 보통사람들처럼 감정을 지닌 사람이었다. 그는 마음속
으로 생각하는 것을 거리낌 없이 표현했다. 그래서 때로 화가 나면 평
소의 온화하고 선량한 모습은 전혀 찾아볼 수 없었다.

사실 공자도 우리와 마찬가지로 온갖 세상사를 겪었으며, 희로애락
의 감정을 갖고 있었고, 게다가 유머 감각도 풍부했다. 《논어》를 보면
매 편마다 격언이 가득해 공자는 평소에도 언제나 교훈이 되는 말만
한 것으로 생각할 수도 있다. 그러나 이는 오해다. 공부자는 30세부터

시작해 73세까지 줄곧 학생들을 가르쳤다. 거의 40여 년의 오랜 세월 동안 했던 많은 말이 마디마디 격언일 수는 없다. 《논어》에 수록된 공자의 말씀은 수많은 말씀 중 선별하고 선별해 모아 놓은 격언 결정판이다. 게다가 《논어》에는 꽤 재미난 일화도 적지 않은데, 그것을 통해 우리는 공자의 진면목을 엿볼 수 있다.

예를 들면 공자도 울 때가 있었다. 40세의 안회가 세상을 떠났을 때 71세의 공자는 제자를 보내며 통곡했다. 《논어》〈선진〉편에 따르면, 당시 공자가 애통해하며 말했다. "아! 하늘이 나를 버리셨구나! 하늘이 나를 버리셨어!" 옆에 있는 제자가 "선생님, 너무 애통해하십니다"라고 말하자 공자가 대답했다. "너무 애통해한다고? 내가 그를 위해 애통해하지 않는다면 누구를 위해 애통해하겠느냐?" 그러나 이듬해가 되자 뜻밖에도 또 한 명의 아끼는 제자 자로가 세상을 떠나고 말았다. 《공양전(公羊傳)》〈애공 14년〉에 따르면, 공자는 또다시 비탄에 빠져 통곡했다. "아, 하늘이 나를 버리려 하시는구나!" 이 당시 공자는 더 이상 흘릴 눈물조차 없었다.

또한 공자는 욕을 하기도 했다. 그가 재여(宰予)를 욕할 때는 매우 심하게 욕을 퍼부었다. 재여는 자가 자아(子我)이며 탄생과 죽은 해가 분명치 않은데, 황포 2기에 속하는 인물이다.

《논어》〈공야장〉편에 따르면, 한번은 재여가 대낮에 낮잠을 자다가 공자에게 들켜 호되게 꾸중을 들었다. 여기서 자세히 살펴볼 점이 한 가지 있다. 《논어》에서 공자 문하의 제자들을 서술할 때 안연, 자로, 자공, 자하, 증석, 염유 등과 같이 일반적으로 자(字)를 썼다. 개별적으로 자(子), 즉 선생이라고 부르는 경우도 있는데, 증자(曾子, 증삼(曾參)), 유자(有子, 유약(有若))의 경우가 그러하다. 공자의 말을 기록할 때만 이름을 썼다. 그 이유는 다음과 같다.

당시의 예절에 따르면, 윗사람이 아랫사람을 부르거나 선생이 학생을 부를 때, 자기 자신을 말할 때는 이름을 썼다. 예를 들어 공자도 윗사람과 이야기할 때는 자신을 언급할 때 이름인 '구(丘)'를 사용했다. 그리고 학생들과 대화하면서 자신을 말할 때는 '오(吾)', 즉 '나'라고 했고, 학생을 부를 때는 회(回), 유(由), 사(賜), 상(商), 점(點) 등 이름을 썼다. 학생을 부를 때 '자(字)'를 쓰는 것은 예의에 어긋나는 것이었다. 또한 자기 자신을 말할 때 '자'를 쓰는 것도 예의에 어긋나는 것이었다. 요즘 텔레비전 연속극에서 공자가 공중니(孔仲尼), 조조가 조맹덕(曹孟德)이라고 자신을 부르는 것은 정말로 우스운 일이다.

이러한 규율은 매우 중요했다. 왜냐하면 이름은 낮추어 부르는 것이고, 자는 높여 부르는 것이기 때문이다. 이것이 "존비에 서열이 있다"는 예에 해당한다. 예에 따르면, 아랫사람이 윗사람을 부르거나 동료나 친구끼리 부를 때는 자를 써야만 한다. 그렇지 않으면 '비례(非禮)', 즉 예에 어긋나기 때문이다. 그러나 만약 선배나 스승, 군주 앞에서 동년배를 언급할 때는 이름을 써서 윗사람에 대한 존중을 표시해야 했다. 《논어》는 후대 유생들이 편찬한 것이기 때문에 문장 중에서 공자의 제자를 언급할 때 당연히 자를 써야 한다. 그러므로 재여에 대해서도 마찬가지다. 《논어》에서 재여는 다섯 번이 나오는데, 네 번은 '재아(宰我)'로 불렸고 단지 이번 한 차례만 '재여'라고 불렸다. 그 이유가 무엇일까? 아마도 그가 욕을 먹고 있기 때문일 것이다.

공자가 말했다. "썩은 나무로는 조각할 수 없고, 거름흙으로 쌓은 담장은 흙손질할 수 없다고 했으니 재여를 꾸짖어 무엇하겠는가?" 거름 흙처럼 더러운 흙으로 쌓아 올린 담장은 당연히 손질할 수가 없고 또 그럴 만한 가치도 없다. 공자가 재여를 썩은 나무나 거름흙과 같다고 말한 것은 곧 쓰레기처럼 가치 없는 존재나 마찬가지라고 그를 꾸짖은 것과 같다. 하물며 "재여를 꾸짖어 무엇하겠는가?"라고 말했다. 이를 해석하자면 "재여, 이 녀석을 어떻게 혼내야 좋을지 모르겠다"라는 의미일 것이다.

재여를 쓰레기나 마찬가지라고 질책한 후에도 "어떻게 혼내야 좋을지 모르겠다"고 한 것은 혹독한 비난이다. 사실 재여가 공자에게 혹독하게 꾸중을 들은 이유는 단지 낮잠 때문이다. 그러나 이는 표면적인 이유일 뿐으로 뒤에 나오는 공자의 말에서 그 원인을 찾아볼 필요가 있다. 공자는 뭐라고 말했는가? "예전에는 사람을 대할 때 그 사람이 말하는 대로만 그의 행실을 믿었다. 지금은 그 말을 들으면 그의 행동을 살피게 되었다. 재여로 인해 사람 대하기를 고치게 되었다." 결국 공자가 재여를 심하게 꾸짖은 것은 말한 대로 행동하지 않았기 때문일 것이다. 어쩌면 재여가 열심히 노력하겠다고 굳게 맹세해 놓고서 오히려 낮잠이나 자고 있었기 때문인지도 모른다. 그렇다면 그는 거짓말쟁이나 다름없다.

그러나 실제로 재여는 결코 거짓말쟁이가 아니라 반대로 그 역시 공자의 훌륭한 학생이었다. 자공이 공자를 성인으로 만드는 운동을 추진했을 때 재여 역시 크게 이바지했다. 《맹자》〈공손추상(公孫丑上)〉편에 따르면, 재여는 심지어 이렇게 말했다. "내가 보기에 선생님께서는 요순보다 훨씬 훌륭하시다." 요순도 공자보다 못하다는 뜻이다. 이렇게 보면 공자는 자신의 충실한 신도에게 한바탕 욕을 퍼부은 셈이다. 그렇다면 공자는 어떻게 해서 심하게 꾸짖은 학생의 마음속에서도 성인이 될 수 있었는지 그 이유가 궁금해진다.

정말 많은 이유가 있을 것으로 생각된다. 문화 방면에서 공자는 전대를 계승하고 발전시켜 후대를 열었다. 학문 방면에서 공자는 훌륭한 집대성자다. 또한 도덕적으로 공자는 몸소 실천했으며, 솔선수범했다. 교육 분야에서도 공자는 학생들이 깨닫도록 잘 이끌어 주었다. 이러한 점은 누구나 알고 있으니 더 이상 말할 필요가 없을 것이다. 그 밖에도 많은 이유가 있겠지만, 나는 여기에서 한 가지만 이야기하고자 한다. 그것은 바로 공자가 지닌 진실하고 솔직한 인격적 매력이다.

공자는 심지어 어떤 사람에 대한 증오심이나 혐오감도 감추지 않았을 정도로 진솔한 면이 있었다. 《논어》〈자로〉편을 보면, 한번은 자공이 공자에게 어떻게 하면 '사(士)'라고 할 수 있느냐고 물었다. 사는 당시 특수한 계급 또는 계층이었는데(제5장 5챕터 참고), 지금의 지식인(리쩌허우는 이렇게 번역했다)에 해당한다고 할 수 있다. 그러나 공자에게 계급이나 등급은 반드시 '품격'과 상응하는 것이어야 했다. 그래야만 명실상부하다고 말할 수 있기 때문이다. 예를 들어 '군자'는 원래 계급이나 등급으로서의 귀족을 말한다. 그러나 공자는 이는 품격이기도 하다고 보았다. 따라서 어떤 사람이든 단지 군자의 신분이나 지위만으로는 부족하고 반드시 군자의 품위와 수양을 갖추어야 비로소 '군자'라 할 수 있다고 보았다. 자공의 질문도 이런 의미다. 그는 "어떻게 해야 '사'라고 할 수 있습니까?"라고 물었다. 이는 어떻게 해야 '사'로서의 자격이 있는지를 물은 것이다.

이에 대해 공자는 다음과 같이 대답했다. "몸가짐에 부끄러워할 줄 알고, 사방에 사신으로 나아가 군주의 명을 욕되게 하지 않으면 '사'라고 할 수 있다." 자공이 그다음은 어떠하냐고 묻자 공자가 대답했다. "일가친척이 효성스럽다고 칭찬하고, 이웃사람들이 윗사람을 공경한다고 칭찬하면, '사'라고 할 수 있다." 자공이 또다시 그다음 가는 사람은 어떠하냐고 물었다. 공자가 대답했다. "말이 믿을 만하고 행동이 과단성 있는 자인데, 이런 사람은 경박하고 고집스러운 소인이지만 그런대로 그다음이라고 할 수 있다." 자공이 다시 물었다. "요즘 정치하는 사람들은 어떻습니까?" 이에 공자는 못마땅한 표정을 드러내며 말했다. "아! 도량이 협소하고 식견이 얄팍한 이들이니 어찌 헤아릴 수 있겠느냐(噫, 斗筲之人, 何足算也)?" 인용문에 나오는 '斗筲之人(두소지인)'의 '斗(두)'는 곡식의 분량을 측정하는 도구로 한 말을 뜻하고, '筲(소)'는 밥을 담는 바구니를 말한다. 그러므로 '두소지인'은 도량이 협소하고 식견이 좁은 사람을 의미한다. 그래서 대략 다음과 같이 해석할 수 있다. "흥! 그들에 대해 무슨 말을 할 수 있겠느냐?"

공자는 '말이 믿을 만하고 행동이 과단성 있는 사람은 경박하고 고집스러운 소인'이지만 그런대로 최하층의 '사'라 할 수 있다고 했다. 그러나 '요즘의 정치하는 사람'들에 대해 묻자 말할 가치도 없다는 듯이 말했다. 공자는 집권자들에 대해 소인보다도 낮게 평가했음을 알 수 있다. 여기서 주목할 만한 것은 멸시하는 공자의 생각이 그대로 드러나고 있다는 점이다. 그러니 어찌 나름 한성격 하는 사람이라고 하지 않을 수 있겠는가?

공자는 심지어 염치 없는 행동을 하기도 했다. 《논어》〈양화〉편에는 다음과 같은 일화가 나온다. 유비(孺悲)란 사람이 공자를 알현하고자 했는데, 공자가 병을 핑계로 사양했다. 그러나 말을 전한 사람이 문 밖으로 나가자 거문고를 뜯으며 노래를 불러 유비가 듣도록 했다. 이런 행동의 의미는 아주 분명하다. '내가 병이 난 것은 아니고 잘 있지만 너를 만나고 싶지 않을 뿐이다.' 그 이유는 알 수 없지만 아무튼 유비는 체면이 깎였을 것이다.

참고로 덧붙이자면 공자는 음악을 매우 좋아했고, 노래도 잘 불렀다. 《논어》〈술이〉 편에 이런 내용이 있다. "공자는 다른 사람과 함께 노래를 부르곤 했는데, 만약 그 사람이 잘 부르면 반드시 다시 부르게 하고 자신도 따라 불렀다(子與人歌而善, 必使反之, 而後和之)." 인용문의 '而後和之(이후화지)'는 무슨 뜻인가? 2절을 불렀다는 것인가, 아니면 다른 톤으로 불렀다는 말인가? 나는 '합창을 했다'는 뜻이라고 생각한다. 예를 들어 처음에는 독창으로 부르다가 이어지는 대목에서 함께 합창을 하는 것이다. 원문의 '與人歌而善(여인가이선)'을 리링은 "그 사람이 노래를 잘 부르는 것을 보면"이라고 해석했다. 다른 사람과 함께 노래를 부르다 그 사람이 잘 부르면 공자는 기꺼이 따라 불렀던 것이다. 이렇게 보면 공자라는 인물도 정말 사랑스럽지 않은가?

또 한 가지 공자의 사랑스러운 면모를 엿볼 수 있는 일화가 있다. 공자의 학생 가운데 언언(言偃)이라는 인물이 있다. 그의 자는 자유(子游)며 황포 3기에 해당한다. 그의 전공은 문학이었다. 자유가 무성(武城)의 재(宰)로 있을 때 공자가 가서 둘러보았다. 《논어》〈양화〉 편에 따르면, 공자가 무성에 도착했을 때 거문고를 타면서 노래하는 소리를 듣고는 빙그레 웃으며 말했다. "닭을 잡는 데 어찌 소 잡는 칼을 사용하느냐?" 이 말은 손바닥만 한 지역에서 정통 방식으로 교육하고, 예악으로 교화할 필요가 있느냐는 뜻이다. 그러자 자유가 대답했다. "저는 스승님께서 군자가 예악을 배우면 사람을 사랑하게 되고, 소인이 예악을 배우면 부리기가 쉽게 된다고 말씀하신 것을 들었습니다." 이에 공자는 곧바로 말을 바꾸었다. "제자들이여, 언의 말이 맞다. 내가 조금 전에 한 말은 농담이다."

공자가 정말로 농담을 한 것일까? 반드시 그런 것 같지는 않다. 무성은 노나라 국도인 곡부(曲阜) 근처에 있는 조그마한 읍이다. 자유는 그곳에서 예악을 보급해 사람들을 교화했는데, 때로 아주 작은 일을 요란스레 처리하곤 했다. 그러므로 공자가 "닭을 잡는 데 어찌 소 잡는 칼을 사용하느냐"고 말한 것은 다소 비웃는 듯한 뉘앙스다. 그렇다고 신중하지 않을 수 없기도 하다. 아무리 손바닥만 한 작은 지역일지라도 마을은 마을이기 때문이다. 《예기》에서는 예악 교화란 세상 어디에 놓아도 다 들어맞는다고 했으니 작은 마을이라고 해서 필요 없다고 말할 수 없다. 그래서 자유가 진지하게 말하자 공자가 더 이상 비판하지 못하고 대충 얼버무려 "조금 전에 한 말은 농담이다"고 말할 수밖에 없었을 것이다. 그 장면을 생각하면 웃음이 절로 난다.

내가 《논어》에서 본 공자의 모습은 이러하다. 그는 뜨거운 피와 따뜻한 육체, 진실한 감정을 지니고 있었으며, 가식적이거나 꾸미지 않았고 때로 천진난만한 모습을 보일 때도 있었다. 나는 성인으로 격상되어 신격화된 공자보다는 이런 인간적인 원래의 공자가 더 좋다.

사실 공자는 매우 고독했다. 《논어》 〈헌문〉 편에 따르면, 공자가 자공에게 이런 말을 한 적이 있다. "나를 알아주는 사람이 없구나!" 자공이 "어찌 선생님을 알아주는 사람이 없겠습니까?"라고 되묻자 공자가 말했다. "나는 하늘을 원망하지 않으며 남을 탓하지 않고, 아래에서 자질구레한 것부터 배우기 시작해 최고의 경지까지 도달했다. 나를 알아주는 것은 하늘뿐일 것이다(不怨天, 不尤人, 下學而上達, 知我者其天乎)."

이 말은 이해하기 쉽지 않다. 예를 들어 "下學而上達(하학이상달)"이란 문장에 대해서도 여러 가지 해석이 존재하지만 그 누구도 자신의 해석이 공자의 원래 뜻에 맞다고 장담할 수 없다. 물론 나도 그렇다. "하늘을 원망하지 않으며 남을 탓하지 않는다"는 말은 의미가 분명하지만, 공자가 왜 이런 말을 했는지에 대해서는 분명하지가 않다. 우선 이렇게 해석해 볼 수 있다. 자공이 "어찌 알아주는 사람이 없겠습니까?"라고 질문하자 공자가 대답했다. "내가 하늘을 원망하지 않고 남을 탓하지 않으며, 아래에서 자질구레한 것부터 배우기 시작해 최고의 경지까지 도달했기 때문에 이것은 하늘만이 알 수 있을 것이다." 그러나 또 이렇게 해석할 수도 있다. "비록 나를 알아주는 사람이 없기는 하지만 하늘을 원망하지 않으며 남을 탓하지 않고, 아래에서 자질구레한 것부터 배우기 시작해 최고의 경지까지 도달했다. 이를 알고 있는 것은 오직 하늘뿐일 것이다." 앞의 해석은 자공의 질문에 대한 회답이라면 뒤의 해석은 답변이라고 할 수 있다. 과연 어떤 것이 맞는지 단정지을 수 없다. 다만 분명한 사실은 공자가 자신을 알아주는 이가 없다고 생각했다는 점이다.

공자의 실제 상황도 대체로 그러했다. 제자를 포함해 공자를 제대로 이해하는 사람이 거의 없었다. 《논어》〈술이〉 편에는 이런 내용이 있다. 공자가 제자들에게 말했다. "너희는 내가 뭔가 숨기는 것이 있다고 생각하는가? 나는 숨기는 것이 없다. 너희에게 말하지 않거나 알지 못하게 숨기는 일이 전혀 없다. 이것이 바로 나라는 사람이다."

공자가 언제, 왜 이런 말을 했는지 구체적으로 알려진 바가 없어 여러 가지 설이 분분하다. 그러나 나는 이 부분을 읽을 때면 언제나 숨은 뜻이 담겨 있다는 느낌이 든다. 혹시 어떤 학생이 스승에게 불만을 표시했고, 그 불만이 대단히 심각해서 공개적으로 이렇게 말했던 것은 아닐까? 이에 대한 증거가 있는 것은 아니지만 이런 생각이 든다. 만약 그의 제자들이 정말로 의심을 품었다면 이는 매우 마음 상하는 일이었을 것이다.

그러나 공자를 더욱 상심하게 만든 것은 아마도 자신의 이상을 실현하지 못하고 자신의 주장을 펼칠 수 없다는 사실이었을 것이다. 《사기》〈공자세가〉 편에 따르면, 공자는 임종 직전에 자공에게 이렇게 말했다. "천하에 도와 정의가 사라진 지 이미 오래되었다. 누가 나의 사상을 계승해 아직 이루지 못한 일을 완성할 수 있겠느냐." 자공은 이말을 듣고 그렇지 않다고 생각하며 마음속으로 이렇게 말했을 것이다. '왜 없겠습니까? 우리 제자들이 모두 스승님을 계승할 사람들 아닙니까?'

그러나 나는 공자가 진심으로 그런 말을 했을 것이라고 생각한다. 그의 이상은 지금까지도 실현되지 않고 있는지도 모른다. 후대에 그를 받드는 작업은 모두 변형된 공자일 뿐이다. 그러나 이는 그 어른이 좌지우지할 수 없는, 어쩔 수 없는 일 아니겠는가!

아마도 이것이 바로 공자의 모습이었을 것이다. 그는 문화의 거장이자 뜻을 이루지 못한 관리였고, 모범적인 교사였으며 고독한 선구자였고, 감정이 풍부한 보통사람이었다. 그러나 뭇사람의 공격을 받기도 했다. 공자가 유가 학설과 학파를 창립한 이후로 그와 그의 학설, 학파는 반드시 마주쳐야 할 대상이자 피할 수 없는 화제였다. 이는 그 누구도 예외일 수 없었다. 묵가, 도가, 법가 모두 공자와 유가를 공격했다. 유가 스스로는 한편으로는 공자의 사상을 계승 유지하고, 다른 한편으로는 수정 보완하며 발전시켰다. 그것이 계승과 발전이든, 반대와 수정이든 입장과 관점, 방법이 서로 달랐다. 묵가, 도가, 법가 또한 자신들의 견해를 주장하며 서로 비판했다. 심지어 유가 내부의 서로 다른 의견을 가진 파벌들 간에도 논쟁을 벌였다. 이로써 근 300여 년에 걸친 세기를 뛰어넘는 거대한 논쟁이 시작되었다. 이것이 바로 선진 제자의 백가쟁명이다.

선진 제자의 백가쟁명은 기간도 상당히 오래 지속되었고, 논제 또한 매우 다양했으며, 서로 얽히고설켜 상황도 복잡했다. 그러나 이를 간단하게 요약한다면 크게 세 가지 논쟁으로 개괄할 수 있다. 그 첫 번째는 유가와 묵가의 논쟁으로, 논쟁의 초점은 '인애'인가 아니면 '겸애'인가에 있었다. 두 번째는 유가와 도가의 논쟁으로, 그 초점은 '유위'인가 아니면 '무위'인가였다. 세 번째는 유가와 법가의 논쟁인데, 논쟁의 초점은 '덕치'인가 아니면 '법치'인가에 있었다.

이제 다음 장부터 하나하나 이야기해 보겠다.

제 2 장

유가와 묵가의 논쟁

공자와 묵자 모두 비록 그 성격은 틀렸지만
타인에 대한 사랑을 주장했다.
그런데 유가는 한 시대뿐만 아니라 역사의 주류가 되어
지금까지도 큰 영향력을 발휘하고 있으나,
묵가는 한 시대를 풍미하는 것으로 끝나고
역사의 뒤안길로 사라져 버렸다.
더욱이 군권인가 민권인가라는 점에서
그들의 출발점과 도착지는 서로 뒤바뀌게 되었다.
과연 그들의 쟁점은 무엇이었을까?

1

양립할 수 없는 차이

선진 백가쟁명의 첫 번째 고리는 유가와 묵가의 논쟁이다.

묵자(墨子)는 최초로 공자와 유가를 공개적으로 비판한 인물이며, 묵가는 최초의 반대파였다. 왜 최초라고 하는가? 도가의 장자(莊子)나 법가의 한비(韓非)는 모두 묵자 이후의 사람들이기 때문이다. 생존 시기가 불확실한 노자가 있기는 하지만,《노자》에는 공자를 거론해 비판하는 구절은 찾아볼 수 없으며, 또 유가와 정면충돌하는 모습도 보이지 않는다. 그래서 공자와 유가를 공개적으로 비판한 것은 묵자와 그의 제자들이 최초라고 할 수 있다.

묵자나 묵가의 비판은 상당히 극렬하면서 신랄하다. 리링은《노자》를 다룬 자신의 저서《사람은 낮은 곳으로 간다(人往低處走)》에서 묵자에 대해 이렇게 말했다. "고의로 언쟁을 벌여 사사건건 공자와 어긋났다." 정말 맞는 소리다. 그리고 여기에 한마디 덧붙일 수 있다. "일리는 있지만 너무 지나쳤다."

《묵자》에 기록된 유가와 묵가의 변론을 보면 매번 유가가 수세에 몰린다. 그러나 이는 이상할 것이 없다. 설사 묵가가 진 적이 있다고 할지라도 이를 실었을 리가 없기 때문이다. 이는 《논어》와 다른 점이기도 하다. 《논어》의 경우에는 비교적 역사나 사실에 충실했다. 예를 들면, 사람들의 비난이나 조롱, 학생들의 불만, 심지어 낭패를 당한 공자의 모습까지 사실 그대로 생생하게 묘사하고 있다. 《묵자》는 이와 전혀 달라 오직 이긴 싸움만 있고 패배는 전혀 보이지 않는다. 《묵자》 이후 거의 모든 학파의 저작물들도 대체로 《삼국연의》에서 관우가 다섯 군데 관(關)을 지나면서 조조의 여섯 장수의 목을 베는 장면은 나오지만 패주해 맥성(麥城)으로 돌아가는 장면은 보이지 않는 것처럼 승리의 기록은 있지만 패배의 기록은 보이지 않는다.

《논어》가 이와 다른 이유는 다음 몇 가지 이유 때문일 것이다. 공자의 제자들은 어느 정도 군자의 품격과 사가(史家)의 풍모를 지니고 있었다. 비록 '춘추필법(春秋筆法)'을 사용하기는 했지만 그렇다고 사실을 의도적으로 고쳐 쓰거나 하지는 않았다. 더욱이 당시에는 유가는 필적할 만한 경쟁자가 없어 그들은 승패에 크게 연연하지 않았다. 그러나 묵자의 시대에는 이미 백가쟁명이 시작되었기 때문에 상황이 달랐다. 각 학파는 절대 양보할 수 없는 격렬한 논쟁을 벌였고, 가능한 한 많은 사람의 지지를 끌어내야 했기 때문에 결코 나약한 모습을 보일 수 없었다. 그래서 그들이 남긴 기록을 믿을 수밖에 없지만 그렇다고 모든 것을 믿을 수도 없는 것이 사실이다. 모든 기록을 역사로 간주한다면 문제가 생기게 될 것이다.

그러나 묵가의 기록에는 흥미를 끄는 점도 있다. 그 안에서 유가와 묵가, 두 학파의 쟁론의 초점이나 방법 등을 엿볼 수 있기 때문이다. 예를 들어《묵자》〈경주(耕柱)〉편을 보면, 유가의 무마자(巫馬子)가 묵자와 변론하는 내용이 있다.

무마자는 누구인가? 공자의 제자인 무마시(巫馬施, 자는 자기(子旗))라고 하는 사람도 있고, 또 무마시의 후손이라고 하는 사람도 있는데, 이 점은 분명치가 않다. 무마자가 묵자에게 이렇게 말했다. "선생께서 의를 행하시고 있지만 도와주는 사람을 보지 못했고 부유하게 해 주는 귀신도 없었습니다. 그런데도 선생께선 그치지 않으시니 미친병에 걸리신 것 같습니다." 그러자 묵자가 반문했다. "만약 선생에게 두 명의 신하가 있다고 합시다. 그중 한 사람은 선생이 볼 때는 일을 하고 보지 않을 때는 일을 하지 않습니다. 다른 한 사람은 선생이 볼 때도 일하고 보지 않을 때도 일을 합니다. 선생께서는 두 사람 가운데 누구를 소중하게 여기겠습니까?" 무마자가 대답했다. "당연히 내가 볼 때도 일하고 보지 않을 때도 일하는 사람을 소중하게 여기겠지요." 묵자가 말했다. "그렇다면 선생도 미친병에 걸린 사람을 소중하게 여기는 것과 같소."

또 다른 예도 있다.《묵자》〈공맹(孔孟)〉편에 공맹자(公孟子)와 묵자가 논쟁하는 내용이 나온다. 공맹자는 공명자의(公明子儀)로 증자의 학생이다. 고대에 맹(孟)은 명(明)과 서로 통했기 때문에 공맹자를 공명자라고 부르기도 한다. 공맹자가 묵자에게 말했다. "군자는 비유를 들자면 종과 같아서 두드리면 울리고 두드리지 않으면 울리지 않습니다. 군자도 남이 물으면 말을 하고 묻지 않으면 말하지 않습니다." 그러자 묵자는 그 말은 세 가지를 뜻하지만 당신은 한 가지만 알고 있다고 말하며 세 가지를 말한다. 군자는 때로 의문을 품고도 머뭇거리며 말을 하지 않을 때도 있고, 두드리지 않아도 울어야 할 때가 있으며, 두드리지 않았으나 반드시 울리는 때가 있다고 했다. 그러고 나서 이렇게 덧붙였다. "방금 선생은 두드리지 않았는데 말을 했습니다. 이는 선생이 말한 두드리지 않았는데 운 것에 해당하니, 선생은 군자가 아닌 것이 되겠군요."

묵자의 이 말의 의미는 분명하다. "당신들 유가는 어찌하여 이랬다 저랬다 앞뒤가 맞지 않고 모순되는가?"

묵자는 언제나 유가학설 속에서 허점을 찾은 듯하다. "상대의 창으로 상대의 방패를 찌른다"는 말처럼 유가의 벽돌로 유가의 발등을 찍은 셈이다. 《묵자》〈경주〉 편에서도 그러한 예를 볼 수 있다. 한번은 자하의 학생과 묵자가 변론을 했다. 자하는 앞에서 말했듯이 공자의 애제자인 복상(卜商)으로 유가의 '문화전파자' 역할을 한 인물이다. 자하의 제자가 묵자에게 물었다. "군자 사이에도 싸움이 있습니까?" 묵자가 대답했다. "군자는 싸우지 않습니다." 자하의 제자가 말했다. "돼지나 개들도 서로 싸우는데 어찌 사인(士人)들인들 싸움이 없을 수가 있겠습니까?" 그러자 묵자가 말했다. "슬프도다! 말만 하면 언제나 상의 탕 임금과 주의 문왕을 들먹이면서 행동은 돼지나 개와 비교하는구나. 참으로 슬프도다!"

이상 세 가지 예만으로도 우리는 묵가와 유가가 양립할 수 없음을 어렵지 않게 알 수 있다. 게다가 묵자는 단지 유가의 무리와 쟁론을 벌인 것이 아니라 공자를 지목해 공격을 가했다. 《묵자》〈비유(非儒)〉(편명만 봐도 그들의 입장을 알 수 있다) 편을 보면 묵자는 공자가 진(陳)나라와 채(蔡)나라 사이에서 곤궁에 빠졌던 일에 대해 말하고 있다. 공자가 여러 나라를 주유하면서 진과 채 사이에서 곤궁에 빠진 것은 실제로 있었던 일이다.(제1장 3챕터 참고) 그러나 묵자가 말하는 이야기 속에는 생소한 내용이 있다. 그 내용은 다음과 같다.

공자가 진나라와 채나라 사이에서 곤궁에 처해 공자와 그의 제자들은 명아주 국물만 먹으며 열흘을 지내고 있었다. 그러다 자로가 돼지고기를 구해서 삶아 주자, 공자는 그것을 어디에서 구했는지 물어보지도 않고 먹었다. 또 자로가 남의 옷을 빼앗아 술을 사다 주자 공자는 그것이 어디에서 났는지 묻지도 않고 마셨다. 이후에 노나라 애공이 공자의 귀국을 영접했는데, 공자는 방석이 반듯하지 않으면 앉지 않았고, 고기가 바르게 썰어져 있지 않으면 먹지 않았다. 자로가 공자에게 어찌하여 진채 사이에 있을 때와 전혀 다르게 행동하는지 묻자 공자가 대답했다. "이리 오너라, 내가 너에게 알려주마. 그때는 너나 나나 구차하게라도 살아남아야 했지만, 지금은 너나 나나 구차히 의로움을 행하려 하고 있다. 무릇 굶주리고 곤궁할 때는 속여서라도 취해 자신을 살리는 일을 사양하지 않아야 하고, 배부르고 풍족하면 거짓된 행동으로 자기를 꾸며야 하는 법이다." 묵자는 이에 대해 비난을 퍼붓는다. "이 보다 더 간사하고 위선적인 것이 있겠는가?"

이는 보통 일이 아니다. 만약 이것이 사실이라면 공자는 위선적인 인물이 될 것이고, 사실이 아니라면 묵자는 없는 사실을 날조한 것이 된다. 그러나 애석하게도 그 진실 여부는 지금은 확인할 방법이 없으니 단지 추측만 가능할 뿐이다. 내 생각은 이러하다. 공자나 묵자의 문도와 추종자는 수백, 수천 명에 이르러 대단히 많은 숫자였다. 그러다 보니 별의별 사람이 다 있어 그중에는 위선적인 자들도 있었을 것이고, 이야기를 날조하는 이들도 있었을 것이다. 다시 말해 공자 본인은 결코 위선적인 사람이 아니며, 묵자 본인은 분명히 날조를 하지 않았을 것이다. 그럼, 이 이야기는 어디에서 비롯된 것일까?

두 가지 가능성을 생각해 볼 수 있다. 하나는 잘못 전해진 소문이고, 다른 하나는 다른 사람이 말한 내용일 것이다. 일부 학자들은 〈비유〉 편이 묵자 본인의 작품이 아니라고 주장한다(예를 들어 후스(胡適)가 그러하다). 그 밖에 〈경주〉나 〈공맹〉 편도 묵자의 후학이 쓴 것이라는 견해가 있다. 만약 그것이 사실이라면 묵자는 책임을 면할 수 있다.

실제로 〈비유〉 편을 보면 실제와 다른 부분이 상당히 많다. 어떤 부분은 그야말로 마구 내뱉었다는 느낌이 들 정도다. 예를 들어 공자가 노나라의 대사구로서 군주를 도운 것이 아니라 계씨를 도왔다고 한 것이나, 노나라의 권력을 찬탈한 양화나 진나라에서 반란을 일으킨 필힐이 공자의 제자라는 등등의 이야기는 결코 사실이 아니다. 그러나 〈비유〉 편은 분명하고 단호한 어조로 공자가 그들을 망쳐놓았다고 하면서 "그를 따르는 제자들은 모두 공자를 본받았다"고 서술하고 있다. 그리고 "공자가 행한 짓은 마음 씀씀이가 그렇게 만드는 것이다"라고 덧붙였다. 이는 공자의 "마음 씀씀이가 바르지 않다"고 비난한 것으로 거의 인신공격 수준이다.

그러나 후세 사람들은 이를 믿지 않았다. 청대 학자 필원(畢沅)은 원문에 나오는 '공구(孔丘)'를 '공씨(孔某)'로 바꿔 쓰기도 했다. 그래서 우리는 《묵자》의 여러 판본을 볼 수 있는데 원문에서 '공구'나 '공모'는 모두 맞는 것으로 잘못된 것이 아니다.

그러나 설령 〈비유〉, 〈경주〉, 〈공맹〉 편 등이 묵자의 후학들에 의해 쓰인 것이라고 해도 묵가의 관점을 대변하고 있음은 분명하다고 생각한다. 쑨수핑(孫叔平)의 《중국철학가 논점 총람(中國哲學家論點匯編)》에서는 "〈비유〉 편은 묵자 사상을 대표하기에 부족함이 없다"고 했는데, 이것이 학계의 주류 의견이다. 이는 공자와 유가에 대한 묵가의 공격이 이미 온갖 수단과 방법을 가리지 않는 정도까지 이르렀다는 사실을 설명해 준다.

그렇다면 우리는 이렇게 질문해 볼 수 있다. 묵자와 묵가는 왜 그처럼 맹렬하게 유가를 비판했던 것일까? 이 문제는 먼저 묵자와 공자의 차이점을 살펴볼 필요가 있다.

우선, 묵자와 공자는 시대가 달랐다. 묵자의 이름은 적(翟)이고, 자는 미상이며, 높여서 묵자라고 한다. 그의 일생은 알려진 바가 별로 없다. 청말 경학자(經學者)인 손이양(孫詒讓)의 《묵자한고(墨子閒詁)》의 고증에 따르면, 묵자는 대략 기원전 468년에 태어나 기원전 376년에 죽었다. 즉, 묵자는 공자보다 80여 년 후에 태어났다. 《춘추》의 마지막 구절에는 '하사월 기축일에 공자가 죽었다'라고 적혀 있는데, 애공 16년의 일이니 기원전 479년이다. 전국 시대는 기원전 403년에 시작되었으므로 묵자 나이 65세 때다. 공자가 세상을 떠나자 춘추 시대는 막을 내리고 전국 시대가 열린다. 묵자가 살았던 때는 바로 전국 시대였다. 장인린(張蔭麟)은 《중국사 요강(中國史綱)》에서 "공자가 춘추 시대를 빛내며 끝냈다면 묵자는 전국 시대의 서막을 빛내며 열었다"고 언급했다.

춘추와 전국 시대는 무엇이 같고 무엇이 달랐는가? 같은 점은 천하무도(天下無道), 즉 천하에 정의나 공정함이 없었다는 것이다. 다른 점은 전국 시대가 사회적으로 더욱 혼란스럽고 정치적으로 부패했으며,

전쟁 또한 더욱 빈번했고, 그만큼 백성은 더욱 고통을 받았다. 즉, 춘추 시대에는 비교적 예의 바르고 부끄러워할 줄 알고 가리면서 나쁜 짓을 했다면, 전국 시대는 거리낌 없이 공공연하게 강도짓을 하고, 사람을 죽여도 눈 하나 깜박이지 않았으며, 잔혹하고 탐욕스러웠다. 이에 대해서는 제6장 4챕터에서 다시 이야기하겠다. 그래서 춘추와 전국 시대의 교체기에 살았던 묵자는 공자에 비해 느낌이 더욱 강렬하고 태도 또한 더욱 격렬하다. 공자도 현실에 불만을 가졌던 것이 사실이지만 대부분의 경우가 완곡한 비판과 적극적인 건의였고, 이를 통해 통치자가 변화하기를 바랐다. 그러나 묵자는 더 비판적이고 전투적이어서 거의 숨김없이 자신의 태도를 표명했다. 《묵자》의 편명인 〈비공(非攻)〉, 〈비악(非樂)〉, 〈비명(非命)〉, 〈비유(非儒)〉 등을 보아도 그러한 점이 엿보인다. 그들은 깃발을 내걸고 큰 소리로 이렇게 선포한 것이다. "나는 반대한다!"

묵자와 공자가 두 번째로 다른 점은 입장의 차이다. 공자는 귀족, 특히 통치계급의 입장을 대변했다. 그는 통치계급의 입장에 서서 통치계급이 생각하는 것을 생각했고, 통치계급의 급선무를 해결하기 위해 노력했으며, 그들을 대신해 장기적인 사회질서의 안정을 위한 방책과 천하를 태평하게 하기 위한 청사진을 만드는 데 힘썼다.

《논어》〈안연〉 편에 따르면, 기원전 517년 35세의 공자는 일을 찾아 제(齊)나라로 갔고, 제 경공이 공자에게 정사에 대해 묻자 이렇게 대답했다. "군주는 군주다워야 하고, 신하는 신하다워야 하며, 아비는 아비다워야 하며, 자식은 자식다워야 합니다." 제 경공이 맞는 말이라고 하면서 말했다. "군주가 군주답지 않고 신하가 신하답지 않으며, 아비가 아비답지 않고 자식이 자식답지 않다면 설사 곡식이 많다고 할지라도 내가 어찌 그것을 먹을 수 있겠소!" 이렇게 보면 공자 역시 백성의 생계에 대해 관심이 없었던 것은 아니지만, 군주의 생계에 더욱 큰 관심을 가졌다고 할 수 있다.

이에 비해 묵자는 평민의 입장에 섰는데, 더욱이 노동 대중의 편에 섰다. 그는 노동자 백성의 편에 서서 그들이 생각하는 것을 생각했고, 그들의 급선무를 해결하기 위해 노력했으며, 그들의 권리를 쟁취하기 위해 여기저기 뛰어다니며 큰 소리로 외쳤다.

묵자는 이를 위해 열 가지 주장을 내놓았다. 이 열 가지 주장은 크게 네 가지로 구분해 볼 수 있다. 우선 윤리사상으로 겸애를 들 수 있는데, 이는 묵자 사상의 총칙이다. 두 번째는 정치사상으로 상현(尚賢), 상동(尚同), 비공(非攻)이다. 세 번째는 경제사상으로 절용(節用), 절장(節葬), 비악(非樂)이다. 네 번째는 종교사상으로 천지(天志), 명귀(明鬼), 비명(非命)이다. 이러한 주장은 모두 그의 입장과 관련되어 있다.

예를 들어 묵자는 유가가 주장하는 예(禮)에 반대했으며, 악(樂)에 대해서도 반대했다. 예를 반대한 것은 쉽게 이해가 간다. 예란 존비를 중시하고 평등에 대해서는 관심이 없는데, 이는 묵자의 이념에 위배되기 때문이다. 그렇다면 악은 왜 반대했을까? 원래 중국 고대의 악은 상당히 모호한 개념이다. 단순히 음악예술을 가리킬 때도 있고 넓은 의미로 오락 전체를 가리킬 때도 있다. 그러나 대부분의 경우 문학, 음악, 무용, 미술 등을 모두 포함한 종합예술, 즉 '악무(樂舞)'를 가리킨다. 이런 '악무'를 연출하려면 많은 사람이 동원되어 서로 협조해야 한다. 그중 규모가 큰 것은 요즘으로 말하면 대형 버라이어티 쇼와 같았다.

묵자가 반대한 것은 바로 이러한 '악'이다. 이유는 무엇일까? 그는 이것이 민중에게 전혀 도움이 되지 않는다고 보았다.《묵자》〈비악〉 편에서 묵자는 일반 백성의 우환 세 가지를 말하고 있다. "배고픈 자가 먹을 것을 얻지 못하고, 헐벗은 자가 옷을 얻지 못하고, 피로한 자가 휴식을 얻지 못하는 것, 이 세 가지가 일반 백성의 가장 큰 걱정거리다." 그러나 악은 이런 백성에게 전혀 도움이 되지 않는다. 묵자는 이렇게 반문한다. "큰 종을 치고 북을 두드리며 거문고와 비파를 타고 생황을 불면서 덩실덩실 춤을 추면 백성이 먹고 입을 수 있게 할 수 있는가? 그럴 수 없다. 또한 이렇게 하면서 천하를 잘 다스려 천하가 태평하게 할 수 있겠는가? 그럴 수 없다. 그럴 수 없을 뿐만 아니라 혼란만 더할 뿐이다."

이러한 대형 버라이어티 쇼를 하려면 엄청난 인력과 물자 그리고 비용이 소모되고, 그만큼 생산력이 떨어지게 된다.

"남자들이 악을 하게 되면 농사에 지장을 줄 것이고, 여자들이 악을 하게 되면 길쌈 일을 할 수 없게 되고, 관원들이 악을 하게 되면 정사에 소홀하게 된다. 이처럼 나라와 백성에게 피해를 가져다주는 일을 무엇 때문에 하려고 하는가? 지금 백성은 배불리 먹지 못하고 제대로 입지 못하며 하루 종일 일하면서 쉴 시간도 없다. 그런데도 너희 통치계급은 오히려 사치가 극에 달해 노래와 춤으로 태평성대를 찬미나 하고 있으니, 이것이 말이 되는가?"

그래서 묵자의 결론은 이러하다. "악은 그릇된 것이다."

묵자의 이런 주장은 과연 맞는 것인가 아니면 틀린 것인가? 맞기도 하고 틀리기도 하다. 천하가 크게 혼란해 백성이 생계를 도모하지 못하는 상황인데도 통치계급은 여전히 백성이 입고 먹을 재물을 빼앗아 자신들만의 오락거리를 추구하고 있으니 이는 분명 비판받아 마땅하다.

그러나 만약 백성이 그럭저럭 생계를 유지해 나갈 수 있는 상황이라면 어떠한가? 그런데도 여전히 할 수 없는 일일까? 묵자는 말이 없다. 또한 문학예술에 대형버라이어티 쇼만 있는 것은 아닌데 다른 형식의 '악'도 할 수 없다는 말인가? 아마도 할 수 없다고 하는 듯싶다. 왜냐하면 묵자는 "어떤 악은 가능하고, 어떤 악은 아니다"라고 말한 것이 아니라 한마디로 "악을 하는 것은 그릇된 일이다"라고 말했기 때문이다.

또한 일반 백성도 예술이나 심미에 대한 욕구가 있는데 어떻게 간단하게 "악을 하는 것은 그릇된 일이다"라고 말할 수 있는가? 이보다는 맹자가 말한 것처럼 문학예술이나 오락을 반드시 즐기되 '여민동락(與民同樂)'해야 한다는 주장이 더 합리적일 것이다.(제2장 6챕터 참고)

문제는 묵자가 왜 이런 입장을 취했는가라는 점이다. 아마도 이는 출신과 관련이 있을 것이다. 앞에서 말했듯이 묵자의 생애는 분명치 않다.《사기》에도 별도의 전(傳)이 없으며, 단지 맹자와 순자의 전 뒤편에 간략하게 "송(宋)나라 대부"라고 적혀 있을 뿐이다. 그러나 그가 송나라 사람인지 단정지을 수 없다. 묵자가 노나라 또는 초나라 사람이라고 주장하는 사람도 있다. 또 '묵적(墨翟)'이란 이름이 사실은 검은 오랑캐라는 뜻의 '묵적(墨狄)'이라고 해서 인도나 아랍 사람이라고 주장하는 사람도 있다. 쳰무는 묵자를 묵적이라고 부르는 이유는 묵형(墨刑)을 받았기 때문이라고 주장한다. 어떤 것이 맞는지 단정할 수 없지만, 여러 가지 자료로 추측해 보건대 묵자의 출신이 비교적 비천하거나 색다른 것만은 분명한 듯하다. 《묵자》〈귀의(貴義)〉 편에 따르면 그는 한때 '천인(賤人)'으로 취급받았고, 〈노문(魯問)〉 편에 따르면 그는 수공업에 종사한 적이 있다.

종합해 보면, 묵자도 공자가 "나는 어린 시절 가난했기 때문에 힘겹고 천한 일을 많이 했다"고 한 것과 마찬가지로 힘든 어린 시절을 보낸 듯하다. 그러나 공자는 이후 육체노동을 천시해 농업이나 상공업에 종사하는 이들은 소인이고 책을 읽고 관리가 되어야 군자라고 했다. 또한 공자는 고대 귀족의 고아하고 정취가 있는 생활을 추구했다. 음식은 곱게 찧은 것을 싫어하지 않았고, 회는 가늘게 썬 것을 싫어하지 않았으며, 항시 의관을 단정히 하고 하루에도 몇 번씩 의복을 갈아입었으며, 수업을 할 때는 음악 반주가 따랐고, 봄이 되면 교외로 나가 답청하기도 했다.

그러나 묵자는 달랐다. 명성을 얻은 후에도 여전히 공예나 토목기술에 관심이 많았고, 실제로 뛰어난 기술과 솜씨로 많은 새로운 기물을 발명했다. 생활, 사상, 감정 면에서는 일반 백성과 근접해 소박한 음식을 먹고, 베옷을 입고 짚신을 신었으며, 고된 삶을 살았다.

그래서 공자와 묵자는 모두 박학한 인물들이었지만, 여러 가지 면에서 달랐다. 공자는 육예에 정통했지만 묵자는 공예에 뛰어났다. 공자는 음악에 조예가 깊었지만 묵자는 물리에 대해 깊이 이해하고 있었다. 공자는 사상가인 동시에 예술가였지만 묵자는 사상가이인 동시에 기술자였다. 그래서 판원란(范文瀾)은 《중국통사(中國通史)》에서 공자와 묵자는 서로 다른 계급, 즉 공자는 사인(士人), 묵자는 서민을 대표한다고 말하며 공자는 사인의 성공한 대표이나 묵자는 서민의 실패한 대표라고 했다.

이것이 공자와 묵자의 세 번째 차이점이다. 즉, 서로 다른 계급을 대표했다는 것이다. 그러나 나는 그들이 각기 사인과 서민을 대표하는 것이 아니라 두 사람 모두 사인을 대표했다고 생각한다. 다만 서로 다른 사인이다. '사'란 무엇인가? 간단히 말해서 진한(秦漢) 이전의 사는 귀족 가운데 가장 낮은 계급이고, 진한 이후의 사는 평민 가운데 가장 높은 계급이다. 주대(周代)의 귀족은 천자, 제후, 대부, 사의 네 계급으로 나뉜다. 진한 시대 평민 역시 사, 농, 공, 상의 네 계급으로 나뉜다.

춘추 전국 시대의 사는 위로는 귀족, 아래로는 평민 사이에 속한 계급으로 위아래로 옮겨 다닐 수 있는 부동층이었다. 왜 위아래로 이동했을까? 이 시기의 사 계층은 일정한 직업도 없었고, 부동산도 없었다. 사실 처음부터 없었던 것은 아니다. 서주 봉건 시대 초기에는 사도 조세를 받을 수 있는 '식전(食田)'이라 불리는 전답을 소유하고 있었으며, 세습할 수 있는 직위도 있었다. 그러나 이후 서서히 사라졌다. 세습 직위와 식전을 잃게 된 사는 무위도식하는 유민이 되었는데, 이는 일반 서민과 다를 바가 없었다. 이들이 비록 안정된 직업(세습 직위)이나 부동산(식전)이 없기는 했지만 그렇다고 서민들처럼 농사를 짓거나 상공업에 종사할 수도 없어 결국 피부에 붙은 털과 같은 존재가 될 수밖에 없었다. 다시 말해, 생존을 위해 제후나 대부에게 의탁할 수밖에 없었다. 그들은 잘하면 상사(上士)가 되어 대부로 올라설 수도 있었지만, 잘 풀리지 않으면 하사(下士)가 되어 허드렛일만 하거나, 상황이 더 안 좋으면 서민으로 강등될 수도 있었다.

이렇게 '사'라는 계층은 또 상층과 하층으로 나뉜다. 상층은 대부에 가까워 귀족적 분위기가 나지만 서민에 가까운 하층 사는 평민적이었다. 공자는 바로 상층 사의 대표이고, 묵자는 하층 사의 대표라고 할 수 있다.

그들은 이렇게 분화됨과 동시에 하는 일도 달라지게 되었다. 예를 들어 상층 사는 문사가 되었고, 하층 사는 무사가 되었다. 문사는 주로 정치에, 무사는 주로 군사에 참여했다. 또 문사 내에서도 상층부는 이른바 브레인으로서 통치자의 모사로 활동했고, 하층은 서기와 비서 업무를 맡거나 식객이 되기도 했다. 무사도 상층과 하층으로 나뉘어 상층부는 장수가 될 수 있었고, 하층부는 호위 업무를 맡거나 심지어 자객이 되는 경우도 있었다. 또 일부는 외부에 예속되기보다 독립적이고 자유로운 신분을 유지했는데, 이들을 일러 '유사(游士)'라고 한다. 또한 때에 따라 고위 귀족에게 의탁해 맞는 일이 있으면 처리해 주고 없을 때는 자유롭게 오가는 무리도 있었다. 이러한 사람들 가운데 문사는 유(儒), 무사는 협(俠)으로 불렸다. 공자는 이러한 유의 대표이고, 묵자는 협의 대표다.

'유'든 '협'이든 그들 모두 '자유직업인'이었다. 유는 주로 예의(禮儀)에 관한 일을 돕거나 시서(詩書)를 전수하는 일을 했고, 협은 남을 대신해 어려움을 해결해 주거나 방비하는 일을 했다. 이러한 일이 그들의 밥그릇이었는데, 그나마 있는 밥그릇이란 것이 진흙으로 만들어진 것처럼 언제든지 깨질 위험이 있었다.

그래서 유와 협은 자신들을 대표할 우두머리, 즉 지도자나 스승이 필요했다. 출로가 있어야만 안전감과 소속감을 가질 수 있었기 때문이다. 유나 협은 모두 능력을 갖춘 사람들이었다. 그러므로 만약 그들이 민간에 흩어져 있으면 이는 곧 사회 불안의 요인이 될 수 있었다. 그래서 전제 정치와 중앙 집권을 강조했던 한비자는 그들을 국가와 사회의 화근으로 간주해 "유는 글로써 법을 어지럽히고, 협은 폭력으로 금령을 어긴다(儒以文亂法, 俠以武犯禁)"라고 하면서 반드시 제거해야 할 대상으로 보았다.

사실 대다수 유나 협 개개인은 무기력해 제 몫을 하지 못하는 사람이 많았다. 하급 유는 먹고살기 위해 얼굴에 철판을 깔기도 했다. 어떤 이는 초대받지도 않은 남의 장례에 가기도 했다고 한다. 하층의 협도 마찬가지로 생계를 위해서라면 법과 원칙, 도리도 무시했다. 누군가 돈만 주면 당장 달려가 대신 사람을 죽여 주기도 했다. 이는 분명 옳지 못한 일이다. 통치자의 입장에서도 허용할 수 없는 일이었고, 그들 자신도 스스로 만족할 만한 일이 아니었다. 그래서 유와 협은 자신들을 인도하고 통합하며 지도해 줄 사람이 필요했다.

공자와 묵자는 유와 협의 인도자다. 공자가 유를 위해 인도한 출로는 독서와 벼슬이었다. 가장 좋은 경우는 독서와 벼슬을 자유자재로 오가는 것으로, 이것이 바로 "벼슬하면서 여력이 있으면 학문을 하고, 학문하면서 여력이 있으면 벼슬을 한다"는 말이다. 반면, 묵자가 인도한 출로는 평상시에는 자기 힘으로 먹고살다가 위급할 때는 의협심을 발휘해 의로운 일을 하는 것이다. 예를 들어 누군가 곤란한 상황에 처하면 즉시 달려가 지원하는 것이었다.

역사가 증명하듯이, 공자의 길은 양관도(陽關道: 양관을 통해 서역에 이르는 길)처럼 밝은 미래를 보장하는 듯했지만 동시에 외나무다리처럼 결코 쉬운 길이 아니었다. '양관도'라고 한 것은 그것이 점차 부귀영화의 길로 들어서는 것이기 때문이고, 외나무다리라고 한 것은 그 외에 다른 선택이 없었기 때문이다. 그러나 양관도든 외나무다리든 어쨌든 갈 수는 있다. 그러나 묵자의 길은 아예 갈 수가 없었다. 자기 힘으로 생활하다 보면 남들보다 두각을 나타낼 수 없고, 의협심을 발휘해 의로운 일을 하는 것은 관가에서 너그럽게 봐줄 리가 없었다. 결국 최종적으로 유가는 승리했고 묵가는 실패했다. 실패자는 과거로 묻히고 승리자만이 미래를 향해 나아가게 되므로 공자는 미래의 대표가 되었고, 묵자는 과거의 대표가 되었다.

분명 공자와 묵자, 또는 유가와 묵가는 동일한 계층의 서로 다른 대표다. 그러나 유가와 묵가는 서로 같은 점도 있다. 그들 모두 이상과 추구하는 바가 있었으며, 원칙과 소신이 있었다. 《논어》〈옹야〉 편을 보면 공자는 분명하게 말했다. "군자다운 유(儒)가 되고 소인 같은 유(儒)는 되지 말아야 한다." 또한 묵가의 협(俠) 역시 방어에만 참가했을 뿐 공격에는 가담하지 않았고, 반침략전쟁만을 지지했을 뿐 침략전쟁은 반대했다. 이것이 바로 그들의 소신이었다. 유가는 예의의 시행을 통해 정치에 영향력을 미쳐 예악 문화와 예악 제도가 유지되고 부흥하기를 바랐다. 묵가는 무사와 협객의 직업 도덕에 대해 이성적인 해석과 규범화가 진행되기를 희망했다. 이것이 그들의 지향점이었다. 유가의 유(儒)든 묵가의 협(俠)이든 모두 주장이나 방침이 있었고, 몸가짐에 절도가 있었다. 또한 그들 모두 자신의 직업과 출신을 초월했다.

실제로 유가와 묵가는 당시 가장 이상적이고, 가장 큰 포부를 지녔으며, 가장 도덕적인 집단이었다. 다시 말해, 그들은 당시 가장 우수한 인재들이었다. 그래서 그들은 필연적으로 당시 무도한 세상을 구하기 위한 응급조치를 내놓게 된다. 그러나 그들의 처방전이 서로 달랐던 까닭에 유가와 묵가, 양 진영의 춘추 전국 시대 첫 번째 대변론이 시작된 것이다.

2

공자의 처방은 통했을까?

우선, 공자의 처방부터 살펴보자.

공자는 병든 사회를 위해 처방전을 만들 수 있었는가? 많은 사람이 가능하다고 여겼으며, 공자 자신도 그렇다고 생각했고, 그의 숭배자들이나 추종자들 역시 그렇게 생각했다. 한번은 공자가 위나라 변경에 있는 '의(儀)'라는 작은 성을 지나갔다. 그 성에는 '의봉인(儀封人)'이라고 불리는 관리가 있었다. 여기서 '봉(封)'은 흙을 쌓아 나무를 심는 것을 말한다. 봉건 시대에는 나라와 나라 사이의 국경선은 도랑을 파고 거기에 흙을 메워 그 위에 나무를 심는 것으로 표시했다. '의봉인'이란 바로 의성(儀城)의 나무, 즉 국경선을 관장하는 관리를 말한다. 이 사람은 유명한 사람을 좋아해서 요즘의 팬클럽처럼 유명 인사가 의성을 들르면 언제나 직접 만나 보았다. 마침 공자가 그곳에 오자 만나 보고는 감명을 받아 공자의 제자들에게 말했다. "그대들은 어찌 공자께서 벼슬을 잃었다는 것을 걱정하는가? 천하에 도가 없어진 지 이미 오래되었다.

하늘이 장차 그대들의 스승을 목탁으로 삼으실 것이다."

"하늘이 장차 그대들의 스승을 목탁으로 삼으실 것이다"라고 한 것은 공자가 하늘을 대신해 주장을 펼치고 도를 행할 것이라는 의미다. 이러한대, 공자 또한 자신의 처방전을 꺼내지 않을 수 있었겠는가? 그러나 이 처방은 공자 자신은 찾았다고 생각했지만, 당시에는 효력을 발휘하지 못했다. 그런데 당시에는 효력이 없었던 처방전에 대해 후대 사람들은 오히려 효과적이라고 여겼다. 지금도 공자의 처방전이 현대 사회의 여러 가지 병폐를 치료할 수 있다고 주장하는 사람들이 있다.

그럼, 공자의 처방전은 대체 무엇이었을까? 한 글자로 '인(仁)'이다.

'인'이란 무엇인가? 간단하게 말해 '사람을 사랑하는 것(愛人)'이다. 《논어》〈안연〉 편을 보면 인이 무엇인지 묻는 번지(樊遲)의 질문에 공자가 그렇게 답하고 있다. 번지는 앞에서 이야기했듯이 농사일을 배우고 싶다고 해서 공자에게 '소인'이라고 욕을 먹었던 그 학생이다.

공자의 수많은 제자 가운데 공자에게 매를 맞아야 한다고 지목된 학생은 한 명이고, 욕을 먹은 학생은 세 명이다. 매를 맞아야 할 정도로 혼이 난 학생은 염유인데, 그 이유에 대해서는 다시 이야기하겠다. 욕을 먹은 세 명의 학생은 바로 자로와 재여(宰予), 그리고 번지다. 그 가운데 자로가 가장 많이 욕을 먹었고, 재여가 가장 참담했으며, 번지는 질문이 뜬금없어 욕을 먹었다.

번지는《논어》에 여섯 번 나오는데, 효에 대해 한 번, 수행에 대해 한 번, 인에 대해 세 번 질문하고 있다. 특히 인에 대해 질문한 세 번 중 두 번은 지(知)에 대해서도 함께 질문하고 있는데, 이러한 질문은 모두 합당한 것이었다. 그리고 수행에 대해 물어보았을 때는 "참으로 좋은 질문이구나!"라고 공자에게 칭찬까지 들었다. 번지 또한 훌륭한 학생이었음을 알 수 있다.

번지가 '인'에 대해 질문했을 때 공자는 어떻게 답변했을까? 번지가 세 번을 물었는데 공자의 답변은 세 가지였다. 학생들이 인에 대해 질문할 때 주로 어떻게 하면 인을 이룰 수 있는가를 물었고, 공자는 여기에 대해 답

변하고 있다. 다만 때와 사람 및 상황에 따라 공자의 답변이 각기 달라서 그 답변을 인에 대한 정의라고 하기 어렵다.

비교적 정의에 가까운 것이 바로 '애인(愛人)'이다. 그럼 공자의 말을 구체적으로 살펴보자. 《논어》〈안연〉 편을 보면 번지가 공자에게 '인'에 대해 질문했다. 이에 대해 공자가 "사람을 사랑하는 것이다"라고 말했다. 다시 지혜에 대해 묻자 공자가 "사람을 아는 것이다"라고 답했다. 번지가 그 뜻을 깨닫지 못하자 공자가 다시 말했다. "곧은 것을 들어 굽은 것 위에 놓으면 굽은 것을 능히 곧게 할 수 있다(擧直錯諸枉, 能使枉者直)."

이 말은 뜬금없어 알아듣기 쉽지 않은데 번지 또한 무슨 뜻인지 전혀 몰랐던 듯싶다. 그러나 번지는 더 이상 묻지 못하고 물러났는데 마침 자하를 만나게 된다. 자하는 《시경》에 나오는 미인의 예쁜 웃음과 아름다운 눈동자로부터 '예(禮)'를 연상해 공자에게 크게 칭찬을 받았던 인물 아니던가! 그만큼 자하는 이해력이 뛰어난 학생이었다. 그래서 번지는 자하에게 물어보았다. 자하는 이렇게 대답했다. "아, 스승님

> • 공자 가라사대 •
>
> 인이란 사람을 사랑하는 것이다.
>
> 지혜란 사람을 아는 것이다.
>
> 곧은 것을 들어 굽은 것 위에 놓으면 굽은 것을 능히 곧게 할 수 있다.

의 말씀은 참으로 풍부하고 깊이가 있소. 순임금과 탕 임금께서 수많은 사람 중에서 가장 인덕을 갖춘 고요(皐陶)와 이윤(伊尹)을 등용하시자 어질지 못한 이들이 멀리 떠나 버렸소."

자하는 이른바 "곧은 것을 들어 굽은 것 위에 놓다"는 말을 '정직한 사람을 선발해 사악한 사람들 위에 놓는다'는 뜻으로 생각했다. 후세의 많은 학자도 이렇게 번역하고 있다. 그러나 여기에는 문제가 있다. 그다음 공자의 말이 이렇게 이어지기 때문이다. "굽은 것을 능히 곧게 할 수 있다." 이 말에 따른다면 "사악한 사람이 모두 떠나 버렸다"가 아니라 "능히 사악한 사람을 정직한 사람으로 변화시킬 수 있다"로 해석해야 한다. 그러나 순임금이나 탕 임금이 어진 이를 선발해 등용한 결과가 단지 "어질지 못한 이들이 멀리 떠났다"는 것이 된다면 그들이 사악함을 버리고 바른길로 들어섰다거나 어질고 곧게 바뀌었다고 할 수 있을까? 아마도 그렇지 않을 것이다. 만약 그렇게 되면 앞 부분에서 해석한 대로 "사악한 사람을 정직한 사람으로 변화시킬 수 있다"고 풀이할 수 없다. 그러므로 자하의 해석은 단지 그 자신이 이해한 바일 뿐 공자가 말한 본래의 뜻이라고 말할 수 없다.

사실 이 해석에 융통성 없이 얽매일 필요는 없다고 생각한다. 다시 말해 자하의 생각대로 '枉(왕)'을 사악한 사람으로 '直(직)'을 정직한 사람으로 단정짓지 말고 좀 더 광범위하게 생각해 전자는 착오나 잘못, 후자는 정확함이나 올바름 정도로 해석할 수 있다는 뜻이다. 그렇다면 공자의 말은 이렇게 해석될 것이다. "올바른 것으로 잘못된 것을 대신하면 잘못된 것을 고칠 수 있다."

이것이 바로 공자가 내린 처방전이다. 실제로 공자는 이와 비슷한

말을 한 적이 있다. 《논어》〈위정〉 편에는 노나
라 애공이 공자에게 정치에 대해 묻는 내용이
있다. 애공은 기원전 494년에 즉위했는데, 당
시 공자는 58세로 위(衛)나라에서 벼슬을 하고
있었다. 따라서 애공이 정치에 대해 물은 것은
기원전 484년 공자가 귀국한 이후일 것이다.

• 공자 가라사대 •
올바른 것을 들어 잘못된
것을 바꾸면 백성이 복종
하며, 잘못된 것을 들어
올바른 것을 바꾸면 백성
이 복종하지 않는다.

애공이 "어떻게 하면 백성이 복종합니까?"라고 물었다. 공자는 이렇게
대답했다. "올바른 것을 들어 잘못된 것을 바꾸면 백성이 복종하며, 잘
못된 것을 들어 올바른 것을 바꾸면 백성이 복종하지 않습니다(舉直錯
諸枉則民服, 舉枉錯諸直則民不服)." 이 말을 나는 이렇게 이해했다. "올바른
것으로 잘못된 것을 대체하면 백성은 기꺼이 진심으로 복종할 것이고,
잘못된 것으로 바른 것을 바꿔 버린다면 백성은 겉으로는 복종해도
마음으로는 복종하지 않을 것이다." 이 어찌 정치에 대한 처방전이 아
니겠는가?

그럼 무엇이 올바른(直) 것이며, 무엇이 잘못된(枉) 것인가?

간단하게 말하자면, 예는 바른 것, 즉 '직(直)'이다. 반대로 예를 잃
거나 어지럽히고 무너뜨리는 것은 잘못된 것, 즉 '왕(枉)'이다. 왜 그런
가? 공자와 유가들에게 예란 예일 뿐만 아니라 '이(理)'이기도 하다. 다
시 말해 예의, 예절, 의식이자 진리, 도리다. 진리는 언제나 정직하므
로 예 또한 '직', 즉 바르고 곧다. 반대로 예악이 붕괴되면 필연적으로
바르지 않고 굽어지므로 '왕'이다. '왕'하면 굽어지고, '직'하면 바르게
되며, 도리가 바르니 기세가 당당해진다. 그래서 군자나 뜻을 가진 선
비는 예악이 붕괴되는 '왕(枉)'의 상황에 직면해 올바른 도리와 당당한

태도로 "곧은 것을 들어 굽은 것 위에 놓는다"
고 했으니 바른 '예'로 바르지 않은 '비례(非禮)'
를 바꾸는 것이다.

그런데 어떻게 해야 "곧은 것을 들어 굽은
것 위에 놓을 수 있는가?"

'극기복례(克己復禮)'다. 이는 《논어》〈안연〉
편에 나오는 말인데 안회가 공자에게 '인'에 대해 물었을 때 공자가 대
답한 말이다. '극기복례'란 무엇인가? 일반적인 해석은 '극기'는 자신
을 자제하는 것, '복례'는 예로 돌아가는 것이라고 한다. 그러나 이렇
게 해석하면 한 가지 문제가 있다. 예란 본래 도리가 바르고 태도가 당
당한 것인데 또 자신을 자제할 필요가 있단 말인가? 그래서 '극(克)'을
할 수 있다, '복(復)'을 실천의 뜻으로 해석하는 사람도 있다. 그러면 극
기복례란 능히 스스로 예를 실천한다는 뜻이 된다. 이 점에 대해서는
더 이상 논의하지 않겠다. 어쨌든 결론적으로 '극기복례'할 수 있어야
"곧은 것을 들어 굽은 것 위에 놓을 수 있어" 병든 사회를 치료할 수 있
다. 이것이 바로 공자의 처방이다.

그러나 이렇게 하면 새로운 문제가 생긴다. 과연 무엇으로 '극기복
례'할 것인가?

바로 '인' 또는 '인애'다. 공자는 안회의 질문에 분명하게 말했다. "극
기복례를 인이라고 한다. 하루라도 능히 스스로 예를 실천하면 천하가
인으로 돌아갈 것이다(克己復禮爲仁. 一日克己復禮, 天下歸仁焉)." 인용문의
'歸(귀)'에 대해 주희는 찬성의 뜻이라고 했고, 양보쥔은 칭송이라고
했으며, 리쩌허우는 돌아감이라고 했다. 이는 사실 모두 같은 뜻이다.

따라서 이렇게 풀이할 수 있을 것이다. '극기복례'할 수 있다면 천하의 모든 사람이 찬성하고 칭송하여 온 사회가 '인(仁)'으로 돌아가게 된다.

이렇게 말하니 우리는 혼란스럽다. 대체 '인'이 중요하다는 뜻인가 아니면 '예'가 중요하다는 뜻인가?

인이기도 하고 또 예이기도 한데, 결국은 '인'이다. 《논어》〈양화〉 편을 보면 공자는 이렇게 말했다. "예로다! 예로다! 하지만 옥과 비단을 말하는 것이겠는가? 악이다! 악이다! 하지만 종(鐘)이나 북을 말하는 것이겠는가?" 즉, 예라는 것이 예물을 의미하고 악이라는 것이 악기를 의미하겠느냐는 뜻이다. 물론 아니다. 그럼 예와 악은 무엇인가? '인(仁)'이자 '애(愛)'다.

공자는 이 점을 분명히 했다. 공자는 예와 악이 있어야 하는 까닭은 인간에게 애심(愛心), 즉 사랑하는 마음이 있기 때문이라고 생각했다. 사랑하는 마음은 이를 표현해야 하고, 그 표현 방식이 바로 예와 악이다. 예를 들어 부모가 돌아가시면 상복을 입고 허리에 삼끈을 매고 삼년상을 치른다. 이는 돌아가신 부모님에 대한 사랑을 표현하기 위해서다. 이에 대해 공자는 제자인 재여와 유쾌하지 못한 대화를 나눈 적이 있다.

재여는 앞에서 소개한 것처럼 대낮에 낮잠을 자다 들켜서 공자에게 크게 혼이 났지만 그럼에도 공자를 매우 숭배했던 그 제자다. 그는 공자의 제자 가운데 언어에 능숙하고 말재주가 뛰어나 지금으로 말하면 언어학과에 속했다. 그러나 종종 선생인 공자와 의견이 다르면 따지기를 잘해서 그다지 공자의 사랑을 받지 못했다. 그러나 재여는 전혀 개의치 않고 물을 것이 있으면 질문했고, 말할 것이 있으면 모두 말했다.

심지어 공자를 난처하게 한 적도 있다.

《논어》〈옹야〉 편에 재여가 공자에게 인에 대해 묻는 내용이 있다. 그런데 재여는 다른 제자들이 공손하게 질문하는 것과 달리 하나의 가정을 내세워 묻는다. "만약 어진 자에게 누군가 우물 안에 사람이 빠졌다고 거짓으로 알려 준다면 그도 따라서 우물 안에 들어가겠지요(仁者, 雖告之曰, 井有仁焉, 其從之也)?" 원문에서 '雖(수)'는 가정의 뜻이다. 이런 가정은 대답하기가 쉽지 않다. 예를 들어 여성들이 흔히 이렇게 묻는다. "만약 나와 당신 어머니가 물에 빠지면 당신은 누굴 먼저 구할 거야?" 이런 질문은 어떤 대답을 해도 적절하지가 않다. 마찬가지로 재여의 질문도 답변하기가 난감하다.

그렇다면 공자는 어떻게 답했을까? "어찌 그렇게 하느냐?" 즉, 어찌 그런 가정을 할 수 있느냐는 뜻이다. 공자가 계속해서 말했다. "군자에게 요구할 수 있으나 걸려들게 할 수는 없고, 속일 수는 있으나 우롱할 수는 없다." 진짜로 사람이 우물에 빠졌다면 군자는 분명 그를 구하러 들어갈 것이다. 그러나 군자를 놀리느라 고의로 사람을 우물에 들어가게 한 다음 군자를 들어가게 해서는 안 된다. 이는 모함이다. 또 우물 안에 사람이 빠졌다고 속여 그가 우물 안으로 내려가는 것을 보고 우스개로 삼아서는 안 된다. 이는 우롱하는 것이다. 다시 말해 사람을 구하는 것이 반드시 우물에 뛰어드는 것만 있는 것은 아니고 다른 방법도 있을 수 있다는 뜻이다. 결론적으로 군자에 대해 이야기하려면 사실을 토대로 탐구하는 실사구시의 태도를 취해야지 속임수를 써서는 안 된다는 것이다. 이 변론에서는 공자가 이겼다.

그러나 삼년상에 관한 변론은 양자가 서로 설득하지 못한 상황에서 불쾌한 기분으로 끝나고 말았다. 《논어》〈양화〉편에 다음과 같은 이야기가 나온다. 한번은 재여가 공자에게 이렇게 말했다. "삼년상은 너무 길지 않습니까? 군자가 삼 년 동안 예를 행하지 않으면 예가 무너지게 될 것이고, 삼 년 동안 음악을 하지 않으면 음악이 무너질 것입니다. 묵은 곡식이 다 없어지고 새 곡식이 오르며, 불씨를 지피는 나무도 춘하추동에 따라 하나씩 바꾸게 되니, 일 년이면 충분한 것 같습니다."

이는 분명 예악제도에 대한 직접적인 도전이라 할 수 있다. 그러나 재여는 말재주가 뛰어난 학생이니 말이 조리가 있고 어투가 당당했다. 특히 삼년상을 반대한 이유, 즉 "군자가 삼 년 동안 예를 행하지 않으면 예가 무너지게 될 것이고 삼 년 동안 음악을 하지 않으면 음악이 무너지게 될 것"이라는 말은 명분이 있었다. 만약 삼년상 때문에 예악이 붕괴된다면 당연히 개혁해야 마땅하다.

이처럼 재여의 말은 일리가 있고 근거가 있었기 때문에 공자도 정면으로 반박할 수가 없었다. 그렇다고 아무런 답변도 하지 않을 수는 없어 이렇게 질문을 던졌다. "부모님이 돌아가시고 삼 년이 채 되지도 않았는데 쌀밥을 먹고 비단옷을 입는 것이 너는 편안하더냐?" 그러자 재여가 말했다. "편안합니다." 그러자 답변이 더욱 궁색해진 공자가 말했다. "네가 편안하다면 그렇게 하거라!" 공자가 이어서 말했다. "군자는 상중에 있을 때 비통해서 맛있는 음식을 먹어도 맛을 느끼지 못하고 음악을 들어도 즐겁지 않으며, 거처함이 편안하지 않기에 거친 베옷을 입고 거친 밥을 먹으며 누추한 곳에 거하는 것이다. 그런데 너는 편안하다고 하니 그렇게 하거라!"

공자의 말을 듣고 재여는 아무 말도 못하고 밖으로 나갔다. 그러자 공자가 재여에 대해 말했다. "여는 정말 어질지 못하구나! 자식이 태어나서 삼 년이 지나야 부모의 품에서 벗어난다. 그렇기 때문에 삼년상은 천하의 공통된 상(喪)의 방식이거늘, 여는 삼 년의 사랑이 그의 부모에게 있었는가(也有三年之愛於其父母乎)?"

인용문의 마지막 구절은 여러 가지 해석이 있다. 그중에서 비교적 생생한 어투는 이것이다. "재여가 설마 부모에게서 사랑을 삼 년도 받지 못했겠는가?" 즉, 그가 어떻게 삼년상을 비판할 수 있느냐는 뜻이다. 또 다른 해석은 안타까워하는 어투다. "재여가 부모에게 삼 년 동안도 사랑받지 못한 것인가?" 이는 그렇다고 해도 어찌 삼년상을 비판할 수 있느냐는 뜻이다. 세 번째는 동정의 어투다. "재여는 아마도 부모에게 삼 년 동안도 사랑을 받지 못했나보다!" 즉, 그렇지 않다면 어찌 그가 삼년상을 비판하겠느냐는 뜻이다. 어떤 해석이 됐든 '삼년상'은 '삼 년의 사랑'에 근거하고 있다.

공자의 이런 관점은 이후 묵자의 맹렬한 비판을 받게 된다. 묵자는 이렇게 말했다. "자식이 삼 년이 지나야 부모의 품에서 벗어날 수 있기 때문에 삼년상을 치르는 것이 마땅하다는 해석은 정말 우스울 뿐이다! 어린아이가 부모에게 의지하는 것은 어리석기 때문이다. 그래서 그들은 부모를 찾지 못하면 엉엉 큰 소리로 운다. 유가의 지혜라는 것이 어찌 이처럼 어린아이의 수준에 머문단 말인가?" 이런 비판은 재치가 있기는 하지만 공자를 너무 단순하게 보고 있다. 사실 공자가 말하고자 했던 메시지는 사랑을 받으면 마땅히 보답을 해야 한다는 것이었다. 부모가 우리를 삼 년 동안 품에 안아 길러 주셨으니 부모가 돌아가셨을 때 삼년상을 치르는 것이 마땅하지 않겠는가? 이것이 바로 사

랑이고 사랑에 대한 보답이다. 또한 '인'이기도
하다. 만약 이런 사랑하는 마음이 없다면, 그것
이 바로 '불인(不仁)'이다.

• 공자 가라사대 •
사람이 인하지 않으면 어
찌 예를 행하고, 사람이
인하지 않으면 어찌 악을
행하겠는가?

인은 예악의 근본이므로 인애가 있어야 예
악이 존재하게 되고 그렇지 않으면 존재할 수
없다. 《논어》〈팔일〉 편을 보면 공자는 이렇게 말했다. "사람이 인하지
않으면 어찌 예를 행하고, 사람이 인하지 않으면 어찌 악을 행하겠는
가?" 이 말은 다음과 같은 의미다. '사람으로서 사랑하는 마음이 없으
면 그는 예든 악이든 안중에도 없을 것이다.'

사실 그런 사람은 예나 악은 대수롭지 않게 여겼다. 예를 들어《논
어》〈팔일〉 편에 따르면 노나라 대부 계손씨(季孫氏)가 자신의 집 뜰에
서 팔일무(八佾舞)를 추게 했다. '일(佾)'은 악무의 행렬을 말하는데, 한
줄 여덟 명을 일일(一佾)이라고 했다. 고대의 악무는 단순히 예술에만
국한되는 것이 아니라 정치이자 윤리이며, 예(禮)이기도 했다. 따라서
'일'은 아무나 마음대로 할 수 있는 것이 아니었다. 주례(周禮)에 따르
면, 천자는 팔일(八佾), 즉 여덟 명씩 여덟 줄로 전체 64명이 춤을 추었
고, 제후는 육일(六佾)로 48명, 대부는 사일(四佾)로 32명, 사는 이일(二
佾)로 16명이 춤을 추었다. 또 다른 해석도 있다.《자휘(字匯)》〈인부(人
部)〉 편에는 "행렬의 수와 사람의 수가 종횡으로 서로 같아 일이라고
한다"는 내용이 있어 매 행의 사람 수와 일(佾)의 수가 똑같다는 견해
도 있다. 그럴 경우 천자는 전체 8줄로 64명, 제후는 6줄로 36명, 대부
는 4줄로 16명, 사는 2줄로 4명이 춤을 추게 된다.

이러한 규정을 어기고 사람 수가 초과하면 이는 참월에 해당한다.

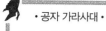
그러니 노나라 대부 계손씨(아마도 계평자일 것
이다)가 공공연하게 천자의 예의를 사용해
64명의 인원을 동원해서 자신의 뜰에서 팔일
무를 추도록 한 것은 상당한 참월이었다. 그래
서 공자는 분노에 차서 말했다. "이런 일을 차
마 할 수 있을진대 무슨 일을 차마 하지 못하겠느냐!"

이 말은 두 가지 해석이 있다. 하나는 "만약 이런 일을 모질게 할 수
있다면 어떤 일인들 하지 못하겠느냐"는 것이고, 다른 하나는 "만약 이
런 일조차 허용한다면 무슨 일인들 허용하지 못하겠느냐"는 것이다.
이것이 바로 "사람이 인하지 않으면 어찌 예를 행하고, 사람이 인하지
않으면 어찌 악을 행하겠는가?"의 상황이다.

분명 예악의 근본은 '인'이자 '사랑하는 마음'이다. 사랑하는 마음을
지니는 것은 개인의 의지에 달렸다. 예를 실천하는 것 또한 개개인의
일이다.《논어》〈안연〉편을 보면 공자는 이렇게 말했다. "인을 실천하
는 것은 자기에게 달린 것이지 남에게 달린 것이겠는가?" 그래서 예악
의 붕괴는 예악제도에 문제가 있는 것이 아니라 근본적으로 인성, 인
심의 문제에서 비롯된 것이다. 이러한 문제를 해결할 수 있는 유일한
방법은 바로 사랑하는 마음을 회복해 세상에 사랑이 가득하게 하는
길뿐이다.

그런데 문제가 하나 있다. 회복이 가능하겠는가?

공자는 회복할 수 있다고 생각했다. 왜냐하면 사랑하는 마음은 모
든 사람의 마음속 깊은 곳에 자리하고 있으며, 인(仁)의 토대는 모든
이의 인성(人性) 속에 존재하기 때문이다. 그것은 바로 '친친지애(親親

之愛)'로 자신의 친족, 즉 부모나 자녀, 형제자
매에 대한 사랑이다. 그 사랑은 타고나는 것으
로 교육을 받거나 알려 주지 않아도 스스로 알
수 있으며, 가장 진실하고 믿을 만한 것이다.
《논어》〈자로〉편에 기록되어 있는 공자와 섭

공(葉公)의 대화는 바로 이 문제를 설명하고 있다. 섭(葉)은 초나라 현
(縣) 이름이다. 초나라의 현관(縣官)은 마을이 클 경우 공(公), 작을 경
우 이(伊)라고 불렸다. 따라서 섭공은 큰 섭현의 장관이다. 섭공이 공
자에게 이렇게 말했다. "우리 마을에는 '정직'한 사람이 있는데, 그의
아버지가 다른 사람의 양을 훔치자 아들인 그가 이 사실을 고발했습
니다." 공자가 말했다. "우리 마을의 '정직'과 당신들의 '정직'이 다릅
니다. 아버지가 자식을 위해 숨겨 주고 자식이 아버지를 위해 숨겨 주
니, 정직함은 바로 그 가운데 있는 것입니다."

이 말은 이해가 잘 되지 않는다. "자식이 아버지를 숨겨 주는 것"을
효(孝)라 하고, "아버지가 자식을 숨겨 주는 것"을 자애(慈)라고 한다면
말이 되지만 그것을 어찌 '직(直, 진실함, 성실함, 솔직함)'이라고 할 수 있
겠는가? 원래 공자가 이해하는 진실은 우리가 말하는 진실과는 다르
다. 우리가 오늘날 말하는 진실은 과학적 진실, 사실적 진실, 물리적
진실을 의미하지만, 공자가 말하는 진실은 도덕적 진실, 감정적 진실,
심리적 진실을 의미한다. 공자는 사람이 자신의 가족을 사랑하는 것이
야말로 가장 진실한 것이라고 생각했다. 그러므로 그가 가족을 위해
사실을 숨겼을 때의 그 심리적 동기나 감정적 체험 역시 진실한 것이
다. 이것이 바로 인성의 진실이자 최고의 진실이다. 이러한 진실이 없

다면 어찌 사람이라고 할 수 있겠는가? 이것이 공자의 진실에 대한 생각이다. 이러한 생각이 일리가 있음은 의심의 여지가 없지만(이 점에 대해서는 제6장 5챕터를 참고), 여러 가지 문제점도 있다.

예를 들어 사람들은 어떤 일이 닥쳤을 때 시비는 따지지 않고 친소(親疏) 관계만 따지기도 하고, 심지어 사리사욕이나 사사로운 정에 얽매여 법을 위반하기도 한다. 또한 파벌이 다르다는 이유로 학문적 관점에 편견을 갖고 보거나 심지어 인신공격도 마다하지 않는다. 물론 이는 후대의 문제이기는 하다.

인애의 마음이 혈육 간의 정에 뿌리를 두고 있으면 일이 간단하고 쉬워질 수 있다. 우선 이미 복잡해진 예악제도를 적극적으로 개혁할 수 있다. 모든 도덕규범, 예를 들어 군신, 부자 등의 관계를 모두 '애(愛)'로 해석할 수 있다. 임금이 어질다는 것은 곧 임금이 신하를 사랑한다는 것이고, 신하가 충성스럽다는 것은 신하가 임금을 사랑한다는 것이다. 아버지가 자애롭다는 것은 아버지가 자식을 사랑한다는 것이고, 자식이 효성스럽다는 것은 자식이 아버지를 사랑한다는 뜻이다. 이렇게 되면 허례허식으로 번거롭고 까다롭기만 한 예절이나 의식은 간단하게 '애'로 단순화하고, '인'으로 통일될 수 있다. 그렇다면 유지하기 힘들었던 예악제도도 충분히 유지될 수 있지 않겠는가?

둘째, 자식은 아버지를 아버지는 자식을 사랑하고, 신하는 임금을 임금은 신하를 사랑하며, 자신의 마음으로 미루어 남의 마음을 헤아리니 덕으로 나라를 다스릴 수 있게 된다. 당시의 천하는 이른바 '가국일체(家國一體)' 사회였다. 국(國), 즉 국가는 확대된 가(家)이고, 가(家), 즉 가정은 축소된 국가였다. 집안에서 효자는 곧 국가의 충신이며, 집안에서 자애로운 아버지는 곧 나라의 인군(仁君)이다.

셋째, 임금이 신하를 사랑하고 신하도 임금을 사랑하면 정권이 안정되고, 아버지가 자식을 사랑하고 자식도 아버지를 사랑하면 사회가 안정된다. 결론적으로 '인'이라는 근본을 잡으면 천하가 태평하게 된다.

공자의 이러한 방안은 꽤 괜찮아 보인다. 그러나 안타깝게도 누구도 그의 말을 듣지 않았다. 여러 제후국은 여전히 임금이 임금답지 않고 신하가 신하답지 않으며, 아버지는 아버지답지 않고 자식은 자식답지 않았다. 심지어 공자의 조국인 노나라의 대부도 자신의 뜰에서 팔일무를 추게했다.

공자는 자신의 나라에서조차 사회 상황을 바꿀 수 없었다. 말할 수 있는 대상은 자신의 학생들뿐이었다. 예를 들어 염유는 이재에 밝은 재정 전문가였는데, 계강자의 집사가 된 후에 전무세(田畝稅)와 병역법의 개혁을 추진하다가 공자의 노여움을 샀다. 《논어》〈선진〉 편에 따르면, 공자는 계씨가 주공(周公)보다 부유한 것은 이미 참월이라고 생각하고 있었는데 염유가 그를 위해 재화를 거두어들여 재산을 더욱 늘려 주었다. 그래서 공자가 다른 학생들에게 말했다. "염구는 내 학생이 아니니, 너희는 북을 울리며 그를 성토해도 괜찮다."

《좌전》〈애공 11년〉에 따르면, 계손과 염유는 자신들의 개혁 방안을 시행하기에 앞서 공자의 의견을 물어보았는데, 공자는 자신의 입장을 밝히지 않고 자신은 그런일은 잘 모른다고 말했다. 계손과 염유가 다시 물었지만 공자는 여전히 말하지 않았다. 그러자 계강자가 이렇게 말했다. "선생은 국로(國老: 퇴직한 경대부)이기에 그대의 의견을 기다렸다가 결정하려고 하는 것인데, 왜 아무 말도 하지 않으십니까?" 그

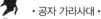
러나 공자는 끝내 의견을 말하지 않았고, 단지 염유에게 개인적으로 이렇게 말했다. "군자는 정사를 행하면서 예에 근거해 고려해 본다. 이는 은혜를 베푸는 것은 후해야 하고, 일을 행하는 것은 적당해야 하며, 세금을 거두는 것은 가벼워야 한다는 것이다." 이것이 바로 공자의 의견이었지만 애석하게도 계강자는 듣지 않았고, 염유 역시 마찬가지였던 듯싶다.

분명 공자는 당시 사회상에 대해 몹시 분개했지만 그렇다고 자신이 해결할 수도 없는 상황이었다. 제후나 대부는 물론이고 대부의 가신, 심지어 자신의 학생조차 단속할 수 없었다. "너희는 북을 울리며 성토해도 괜찮다"는 이 말은 아마도 그저 말뿐이었을 것이다. 이렇듯 공자는 참으로 어찌해 볼 도리가 없었다.

이처럼 공자의 처방은 효력을 발휘하지 못한 것처럼 보인다.

그럼, 묵자는 어떠했을까?

3

묵자가 주장한 무차별적인 사랑은 사회를 구할 만병통치약인가?

공자와 마찬가지로 묵자도 자신감에 차 있었다.

중국 문화에 '상의의국(上醫醫國)'이라는 전통이 있다. 가장 훌륭한 의사는 나라의 병을 고친다는 뜻이다. 묵자는 바로 이렇게 나라를 고 치는 '상의'를 자처했다.

《묵자》〈겸애(兼愛)〉 편을 보면, 저자는 처음부터 자신의 신분을 밝 히고 있다. 묵자가 말했다. "성인이란 전문적으로 천하를 다스리는 사 람이다(聖人以治天下爲事者也). 반드시 천하의 혼란이 어디에서 생겨나고 왜 일어나는지를 알아야 이를 잘 다스릴 수 있다. 이를 비유한다면 의 사가 사람의 병을 치료하는 것과 같다. 반드시 병이 생겨나는 원인을 알면 이것을 치료할 수 있을 것이고, 그렇지 않으면 치료할 수가 없을 것이다. 마찬가지로 사회를 다스리려 한다면 반드시 사회의 문제가 어 디에 있으며 왜 생겼는지를 알아야 다스릴 수 있을 것이다."

이는 다시 말해서 사회의 병증(病症), 병원(病源), 병인(病因), 병리(病

• 묵자 가라사대 •

반드시 천하의 혼란이 어디에서 생겨나고 왜 일어나는지를 알아야 이를 잘 다스릴 수 있다. 이를 비유한다면 의사가 사람의 병을 치료하는 것과 같다. 반드시 병이 생겨나는 원인을 알면 이것을 치료할 수 있을 것이고, 그렇지 않으면 치료할 수가 없을 것이다.

理)를 분명하게 알아야 한다는 뜻이다. 《묵자》에서 〈겸애〉 상, 중, 하 세 편은 바로 이러한 문제를 이야기하고 있다. 물론 '의사'가 되려면 진단뿐만 아니라 처방전도 제시할 수 있어야 한다.

그럼, 당시의 사회는 병들었었는가?

그렇다. 더욱이 묵자는 병세가 결코 가볍지 않다고 보았다. 그는 그 구체적인 증상을 다음 세 가지로 개괄했다. 첫째, 국가와 국가가 서로 공격하면서 국가 간에 전쟁을 일삼고 있다. 둘째, 가정과 가정이 서로 빼앗으며 상호 약탈이 자행되고 있다. 셋째, 개인과 개인이 서로 죽고 죽이며 해를 입히고 있다. 국가와 국가 사이에 오늘 이 나라가 저 나라를 공격하면 내일은 저 나라가 이 나라를 공격한다. 집안끼리도 마찬가지다. 오늘 이 집에서 저 집을 약탈하면 내일은 저 집에서 이 집을 약탈한다. 개인 간에도 오늘 이 사람이 저 사람을 해치면 저 사람이 이 사람을 해치는데 공공연하게 온갖 수단을 동원해 나쁜 짓을 하며 서로 해를 입힌다. 묵자는 이를 '난(亂)', 또는 '해(害)'라고 했다. 이것이 바로 병증(病症), 즉 병의 증상이다.

이제 두 번째 문제가 있다. 당시의 천하는 왜 그토록 혼란스럽게 되었을까? 묵자는 직접적인 원인으로 네 가지를 꼽았다. 임금이 은혜롭지 않고 신하가 충성되지 않고 아버지가 자애롭지 않고 자식이 효성스럽지 않기 때문이다. 군신(君臣)과 부자(父子)는 당시 사회에서 기반을 이루는 가장 중요한 관계였다. 이 두 가지 관계에 문제가 생겼으니 사회가 어찌 혼란스럽지 않을 수 있겠는가? 이것이 '병인(病因)', 즉 병의 원인이다.

그러나 묵자는 임금이 은혜롭지 않고 신하가 충성되지 않으며 아버지가 자애롭지 않고 자식이 효성스럽지 않은 것은 단지 사회 혼란의 직접적인 원인일 뿐이라고 생각했다. 보다 근본적인 원인이 있으니 그것은 사람들이 서로 사랑하지 않기 때문이다. 자식이 자신만을 사랑하고 아버지를 사랑하지 않으니 이로써 아버지를 저버리고 자신의 이익만을 챙긴다. 신하가 자신만을 사랑하고 임금을 사랑하지 않으니 이로써 임금을 저버리고 자신의 이익만 생각한다. 마찬가지로 아버지가 되어 자신만 사랑하고 자식은 사랑하지 않으니 자식을 저버리고 자신의 이익만 도모한다. 또 임금이 되어 자신만 사랑하고 신하와 백성을 사랑하지 않으니 이로써 그들을 저버리고 자신의 이득만 추구하는 것이다.

국가와 국가가 서로 공격하고, 가정과 가정이 서로 빼앗으며, 개인과 개인이 서로 해치는 근본적인 이유도 여기에 있다. 제후가 자신의 나라만 사랑하고 다른 나라는 사랑하지 않으니 다른 나라를 공략하여 자신의 나라를 이롭게 하고, 대부가 자신의 채읍만 사랑하고 다른 채읍은 사랑하지 않으니 다른 채읍을 함부로 함으로써 자기 채읍만 이롭게 한다. 백성 또한 자신만을 사랑하고 다른 이를 사랑하지 않으니 다른 이를 해쳐서 자신의 몸을 이롭게 한다. 이것이 바로 '병원(病源)', 즉 병의 근원이다.

그 결과는 무엇인가? 살육과 약육강식이다. 구체적으로 말해 강자가 약자를 위협하고 다수가 소수를 압박하며, 부자가 빈자를 괴롭히고, 고귀한 자들이 비천한 자들을 깔보고 무시하며, 영악한 자들이 어리석은 자들을 기만한다. 한마디로 말해, 사회 전체가 강자가 약자를 짓밟고 약탈하며 속이는 분열과 혼란의 상황에 놓인다. 이것이 바로 '병리(病理)', 즉 병의 경과와 원리다.

이러한 사회적 병증, 병원, 병인, 병리를 분명하게 밝혀야 사회의 병을 치료할 수 있다. 어떻게 치료하는가? 증세에 따라 약을 처방해 뺄 것은 빼고 보충할 것은 보충해야 한다. 현재 사회의 병폐가 '서로 사랑하지 않는 것'인 이상 치료의 방법은 첨예하게 대립하는 이들이 서로 사랑하게 하는 것이다. 묵자는 이렇게 말하고 있다. "제후가 서로 사랑하면 전쟁이 일어나지 않고, 대부가 서로 사랑하면 약탈하지 않으며, 사람과 사람이 서로 사랑하면 살육하지 않을 것이다. 임금과 신하가 서로 사랑하면 임금은 은혜를 베풀고 신하는 충성할 것이다. 아버지와 자식이 서로 사랑하면 아버지는 자애롭고 자식은 효도할 것이다. 형제가 서로 사랑하면 우애롭고 화합할 것이다. 만약 천하의 사람들이 모두 서로 사랑하면 강자는 약자를 공격하지 않고 다수는 소수를 압박하지 않으며 부자는 빈자를 업신여기지 않고 귀한 자는 천한 자를 멸시하지 않으며 영악한 자들은 어리석은 자들을 기만하지 않을 것이다."

결론적으로 사람들이 서로 사랑하게 된다면 '나라끼리 서로 공격하고 가정끼리 서로 빼앗으며 사람들끼리 서로 살육하는' 병증의 문제, '임금이 은혜롭지 못하고 신하가 충성하지 않으며 아버지가 자애롭지 못하고 자식이 불효하는' 병원의 문제, 그리고 '강자가 약자를 공격하고 다수가 소수를 압박하며 부자가 빈자를 업신여기며 귀한 자가 천한 자를 멸시하며 영악한 자가 어리석은 자를 기만하는' 병리의 문제가 모두 해결될 수 있다.

이는 매우 간단하고 손쉬운 것처럼 보인다. 그러나 간단하고 쉽게 행할 수 있기 때문에 사람들은 오히려 의심을 품으며 묻는다. "정말로 그러한가?" 묵자는 당연히 그렇다고 대답하며 말한다. "이른바 서로 사랑한다는 것은 마치 자기 자신을 사랑하는 것처럼 남을 사랑한다는 뜻이다. 예를 들어 다른 나라를 자신의 나라처럼 대하거나, 다른 가족을 자신의 가족처럼 생각하며, 다른 사람을 자신처럼 여기는 것이다. 이런 사랑이 바로 '겸상애(兼相愛)' 또는 '겸애'다." 묵자는 계속해서 말한다. "만약 천하

사람들이 모두 서로 사랑하여 남의 집을 자신의 집처럼 여긴다면 누가 남의 재산을 훔칠 수 있겠는가? 남을 자신처럼 여긴다면 누가 남을 해칠 수 있겠는가? 또한 남의 가족을 자신의 가족처럼 여긴다면 누가 난을 일으킬 수 있겠는가? 그리고 남의 나라를 자신의 나라처럼 여긴다면 누가 남의 나라를 공격할 수 있겠는가? 그러므로 모두가 서로 사랑하면 반드시 천하가 다스려질 것이다."

이론적으로 보자면 묵자의 견해는 성립되고도 남는다. 문제는 정치학이나 윤리학은 실천이 지극히 중요하다는 점이다. 이론적으로 말이 되고 듣기 좋더라도 실천이 따르지 않으면 의미가 없다. 그래서 사람들은 묻는다. "실천이 가능한가?" 묵자는 이미 이런 의문이 생길 것을 예상하고 미리 대답을 마련해 두었다.

묵자는 이렇게 말했다. "누군가 당신이 말하는 겸애가 좋기는 하지

만 실천하기는 정말 어렵다고 말할지도 모른다." 묵자가 이에 대해 반문한다. "그렇다면 끼니를 덜 먹고 거친 옷을 입으며 정의를 위해 용감히 싸우는 일만큼 어려운 일인가? 그러나 천하의 백성이 모두 어렵다고 여기는 일도 만약 임금이 그것을 좋아하면 사람들도 능히 그렇게 할 것이다. 초나라 영왕(靈王)이 가는 허리를 좋아하자 그의 신하들이 앞다투어 살을 빼느라 하루에 한 끼만 먹어 얼굴이 누렇게 뜨고 수척해져 담장을 잡고서야 겨우 일어날 수 있었다. 또한 진(晉)나라 문공이 소박한 것을 좋아하자 그 신하들이 모두 거친 무명옷을 입고 암양의 갖옷을 걸치고 가죽 끈으로 칼을 차고 거친 두건을 썼다. 월나라 구천(句踐)이 용맹한 것을 좋아하자 그의 병사들은 목숨을 내던지는 것도 마다하지 않았다. 이렇듯 아무리 어려운 일일지라도 윗사람이 좋아하면 아랫사람은 곧 따라하기 마련임을 볼 수 있다. 겸애가 그렇게 어렵단 말인가? 만약 태산을 들고 황하를 뛰어넘어야 한다면 누구도 할수 없다. 그러나 겸애라면 누구나 할 수 있다. 대우(大禹), 상탕(商湯), 주나라 문왕과 무왕과 같은 성군들은 몸소 이를 실행하셨다. 내가 말하는 겸애는 바로 그들에게서 배운 것이니 이를 할 수 있는 이가 없다고 누가 말할 수 있겠는가?"

묵자는 계속해서 이렇게 말하고 있다. "더욱이 겸애는 이로운 점이 있다. 당신이 남을 사랑하면 남도 당신을 사랑할 것이고, 당신이 남을 도와주면 남도 당신을 돕게 될 것이다. 이렇게 자신과 남을 이롭게 하여 양자가 모두 좋게 되는 일인데 어찌 할 수 없단 말인가? 반대로 만약 당신이 남을 사랑하지 않으면 남도 당연히 당신을 사랑하지 않을 것이고, 당신이 남을 돕지 않으면 남도 당연히 당신을 돕지 않을 것이다. 이런 이치가 어찌 간단하지 않단 말인가?"

이러한 이치는 물론 간단하다. 또한 묵자의 발언은 매우 설득력이 있다. 더욱이 묵자는 손색없는 과학자이기도 했다.(《묵자》에 보면 수학이나 역학, 광학에 관한 내용이 나오는데 그중에 핀홀 이미지와 오목렌즈의 원리도 있다) 그는 이치에 대해 말했을 뿐만 아니라 직접 실험을 하기도 했다. 어떤 실험이었는가? 두 가지 서로 다른 주장을 대비했다.

묵자가 말했다. 여기에 두 가지 주장이 있다. 한쪽은 '겸상애(兼相愛, 모두가 서로 사랑하는 것)'를 주장하고 다른 한쪽은 '별상오(別相惡, 차별하며 서로 미워하는 것)'를 주장한다. 두 선비가 있는데 한 명은 차별(別)을 고집하고, 다른 한 명은 평등(兼)을 고집한다고 가정해 보자. 두 명 모두 자신의 주장대로 실천한다면 어떻게 될 것인가?

'차별'(별)을 주장하는 선비는 이렇게 말할 것이다. "내가 어찌 친구를 내 자신처럼 생각할 수 있겠는가? 또한 어떻게 친구의 부모를 내 부모처럼 여길 수 있겠는가?" 그래서 그는 친구가 굶주리고 있어도 먹을 것을 주지 않고, 추위에 떨어도 입혀 주지 않으며, 병들어도 돌보지 않고, 죽어도 장사를 치러 주지 않을 것이다. 이에 비해 '평등(겸)'을 주장하는 선비는 이렇게 말할 것이다. "당연히 친구를 내 자신처럼 생각하고, 친구의 부모를 내 부모처럼 여겨야 한다." 그래서 그는 친구가 굶주리면 먹을 것을 주고, 추위에 떨면 입혀 주며, 병들면 보살펴 주고, 죽으면 장사를 지내 줄 것이다. 우리가 알다시피 병사들은 늘상 전쟁터로 나가는데 그들이 살아서 돌아올지 아닌지는 그 누구도 알 수 없다. 또한 관리들도 어명에 따라 사신으로 나가는 경우가 많은데 살아서 돌아올지의 여부는 그 누구도 알 수 없다. 그렇다면 그들이 떠나면서 자신의 가정과 부모, 처자식을 부탁할 때 과연 어떤 친구에게 맡기려고 하겠는가? 아무리 바보라도 판단할 수 있을 것이다.

묵자는 이번에는 선비를 임금으로 바꿔 '겸(평등)'과 '별(차별)'의 차이에 대해 또 다른 예를 들어 이야기하고 있다. 한 임금은 백성의 생활과 살고 죽는 것에 대해 전혀 관심이 없다. 그리고 또 다른 한 임금은 자나 깨나 늘 백성을 마음에 두고 그들의 일에 관심을 기울인다. 묵자는 묻는다. "만약 백성에게 두 임금 가운데 한 명을 선택하라고 한다면 그들은 누구를 선택하겠는가?" 사실 물어볼 필요도 없을 것이다. 그래서 묵자는 '겸(兼)'은 옳고, '별(別)'은 그른 것이라고 했다. '겸'은 남을 위하고 자신을 위하고 나라를 위하고 백성을 위하고 천하를 위하는 길이다. '별'은 남과 자신에게 해를 입히고, 나라와 백성에게 화를 가져오며, 천하를 혼란에 빠트리는 길이다. 우리가 어떤 길을 선택해야 할지는 말이 필요 없을 것이다.

이처럼 묵자의 이론은 설득력과 힘이 있을 뿐만 아니라 전혀 빈틈이 없다. 묵자 자신도 의욕이 넘쳤다. 《묵자》〈귀의(貴義)〉 편에 따르면, 묵자가 남쪽 초나라에서 유세할 때 혜왕(惠王, 웅장(熊章), 초나라 소왕(昭王)의 아들)을 알현하려고 했다. 그러나 혜왕은 늙었다는 핑계를 대고 사양하며 대부 목하(穆賀)를 보내 묵자를 만나게 했다. 목하가 묵자가 유세하는 내용을 듣고 크게 기뻐하며 말했다. "선생의 말씀은 정말로 훌륭하십니다. 허나 우리 군왕께서는 천하의 대왕이시니 아마도 천한 사람의 말이라 여기시고 받아들이지 않으실 것입니다."

이에 묵자가 대답했다. "왕께서 병이 나시면 약을 드시지 않습니까? 약이란 한낱 풀뿌리에 지나지 않지만 천자께서 그것을 먹고 병을 고칠 수 있다면 어찌 풀뿌리라 하여 먹지 않겠습니까? 옛날 탕 임금이 이윤(伊尹)을 찾아가 만나려고 했습니다. 그러자 수레를 모는 팽씨의 아들이 이윤은 천하의 천한 사람이라고 하면서 그를 만나려면 명을 내려 불러서 물으면 될 것을 왜 직접 찾아가느냐고 말했습니다. 그러자 탕 임금이 말했습니다. '여기에 약이 있는데, 그것을 먹어 귀와 눈이 더욱 밝아진다면 반드시 기뻐하면서 억지로라도 그 약을 먹을 것이다. 지금 이윤은 우리나라에 있어 훌륭한 의사이자 좋은 약과 같은 존재다.' 이를 통해 알 수 있듯이, 의견을 수용할 것인가의 여부는 그것이 실용적인지의 여부에 달린 것입니다. 내 주장은 충분히 효과가 있는 약과 같습니다. 그럼에도 내 주장을 받아들이지 않는 것은 마치 추숫감을 버려두고 이삭이나 줍는 것과 다를 바 없습니다. 나의 주장을 비난하는 것은 마치 계란으로 바위를 치는 격입니다. 천하의 계란을 다 가져와 던진다 해도 나의 말은 반석과 같아 여전히 원래와 같을 것이니 깨뜨릴 수 없는 것입니다."

이는 대단히 자신만만한 말투다! 사실상 묵자의 학설은 당시에도 많은 사람의 지지를 받았다. 이는 결코 이상한 일이 아니다. 그 이유는 묵자의 주장이 상당히 논리적이어서 상대방이 설복하지 않을 수 없었고, 또한 그 자신은 말과 행동이 일치해 입으로 말한 것은 반드시 힘써 실천했기에 사람들이 감명받지 않을 수 없었기 때문이다. 논리와 실행력을 겸비했으니 사람들은 당연히 그를 인정하지 않을 수 없었다. 그래서 묵자의 주장과 관점이 공자 이후의 가장 중요한 학설 가운데 하나로 천하에 크게 유행했었다.

이렇게 해서 묵자와 그의 신도들은 자신들이 유가에 도전할 수 있는 자격이 있다고 여겼다. 《묵자》〈경주〉 편을 보면 유가인 무마자가 묵자에게 이렇게 말했다. "선생은 천하를 두루 사랑했지만 아직 이로운 점이 보이지 않는군요. 저는 천하를 두루 사랑하지는 않았지만 그렇다고 해로운 점은 없습니다. 선생이나 저나 성공한 것은 없는데 어찌 선생은 옳고 저는 그르다고 하십니까?" 그러자 묵자가 대답했다. "지금 불이 났다고 합시다. 한 사람은 물통을 들고 물을 끼얹으려고 하고 있고, 다른 한 사람은 횃불을 들고 와서 불을 더 타오르게 하려고 하고 있소. 두 사람 모두 불을 끄는 데 성공하지는 못했지만 당신은 누구를 귀하게 여깁니까?" 무마자가 말했다. "당연히 물통을 들고 있는 사람이지요." 그러자 묵자가 말했다. "그래서 나는 내 뜻을 옳다고 여기고, 당신의 뜻은 그르다고 여기는 것이오."

이렇듯 묵가의 입장에서 유가의 이론이나 행동은 사회를 불에서 구해 낼 수 없을 뿐만 아니라, 아예 횃불을 들고 더 타오르게 하려는 것처럼 보였던 것이다.

이는 곧 유가와 맞서겠다는 의미였다. 그리하여 이후 100년도 지나지 않아 이른바 유가의 아성(亞聖)으로 불리는 맹자가 책상을 치면서 일어나 묵자의 학설에 대해 통렬한 비판을 가하기 시작했다. 《맹자》〈등문공하(滕文公下)〉 편에 따르면, 맹자는 묵자의 주장에 대해 야수들을 이끌고 사람을 잡아먹도록 하는 것이며, 사람을 금수로 만드는 일이라고 비난했다. 그는 묵자를 타도하지 못하면 공자의 도를 선양할 수 없다고 여겼다.

그런데 이는 좀 이상하다는 생각이 든다. 묵자나 공자 모두 사회에 문제가 생긴 것은 사랑이 없기 때문이라고 생각하지 않았던가? 그래서 그들이 내놓은 처방은 모두 사랑이 아닌가? 그들 모두 사랑을 주장했음에도 왜 한쪽은 사람이고 다른 한쪽은 짐승으로 취급받았을까? 묵자와 공자는 도대체 어떤 점이 달랐던 것인가? 그리고 왜 이것이 맹자로 하여금 그토록 분노하면서 비난을 하도록 만든 것일까?

공자와 묵자 모두 애(愛), 즉 사랑을 주장했으며, 이러한 사랑이 세상에 충만해야 한다고 생각한 것은 분명하다. 그러나 그들 두 사람이 주장하고 있는 사랑은 같지 않다. 공자의 사랑은 '인애(仁愛)'이고, 묵자의 사랑은 '겸애(兼愛)'다.

그럼, 무엇이 인애인가? 자신에게 가까운 혈육에서 시작해 주변 그리고 타인으로 점점 확산해 나가는 것이다. 좀 더 구체적으로 말하면, 먼저 자신과 자신 주변의 사람(부모, 자식, 형제)을 사랑하고 더 나아가 친척과 마을 사람들까지 사랑하라는 것이다. 또 먼저 자기 민족을 사랑하고 더 나아가 다른 민족을 사랑하라는 것이다. 심지어 동일한 계층에 대한 사랑에도 선후가 있다. 예를 들어 부모와 자녀의 경우에는 부모가 먼저이고 자녀가 나중이며, 임금과 백성의 경우라면 임금이 먼저고 백성은 나중이다. 이것은 일종의 차별적인 사랑으로, 이것이 바로 '인(仁)'이다.

그럼, 겸애는 무엇인가? 겸애는 친소, 귀천, 등급, 격차를 구분하지 않고 똑같이 사랑하는 것이다. 부모나 자녀는 물론이고 임금이나 백성, 귀족이나 평민, 자기 민족이나 타 민족을 똑같이 사랑하는 것을 말한다. 이는 무차별적 사랑으로, 이것이 바로 '겸(兼)'이다. 바로 이 '겸'자가 묵자와 공자를 분명하게 가르는 경계선이라 할 수 있다. 즉, 인애와 겸애가 유가와 묵가의 근본적인 차이점이다.

그럼, 사랑에 차별을 두면 안 되는 것인가? 묵자는 "안 된다"고 했다. 왜 그런가? 사랑은 사심이 없는 것이기 때문이다. 차별은 곧 사랑이 없는 것이다. 이로 인해 묵자와 유가는 대변론을 벌이게 된다.

《묵자》〈경주〉 편에 따르면, 무마자가 묵자에게 이렇게 말했다. "저는 선생과 의견이 다릅니다. 저는 차별 없이 두루 사랑할 수 없습니다. 예를 들어 저는 먼 나라 월나라 사람들보다 이웃나라 추(鄒)나라 사람들을 더 사랑하며, 추나라 사람들보다 우리 노나라 사람들을 더 사랑하며, 노나라 사람들보다 제 고향 사람들을 더 사랑하고, 제 고향 사람들보다는 제 집안사람들을 더 사랑하며, 제 집안사람들보다 제 부모를 더 사랑하고, 제 부모보다는 제 자신을 더 사랑합니다. 왜냐하면 내게 더욱 가깝기 때문입니다. 다른 사람이 저를 때리면 아프지만 다른 사람을 때리면 저는 아프지 않습니다. 제가 어찌 아픔을 느끼는 자신을 아끼지 않고 아픔을 느끼지 않는 다른 이들을 아낄 수 있겠습니까? 그러므로 저는 남을 희생시켜 제 자신을 이롭게 할 수는 있어도 제가 희생하여 남을 이롭게 할 수는 없습니다."

무마자의 말을 모두 듣고 나서 묵자가 말했다. "당신의 뜻은 마음속에 숨겨둘 것이오, 아니면 사람들에게 알릴 것이오?" 무마자가 말했다. "제가 무슨 까닭으로 제 뜻을 숨기겠습니까? 저는 사람들에게 알리겠습니다."

묵자가 말했다. "그렇다면 당신은 틀림없이 죽을 것이오. 왜 그럴까요? 당신의 뜻을 사람들에게 알린다면 사람들의 태도는 찬성이나 반대 둘 중에 하나일 것이오. 만약 당신의 뜻에 찬성한다면 당신은 자신을 이롭게 하기 위해 남을 희생시킬 수 있다고 했으니, 그는 자신을 위해 당신을 죽이려고 할 것이오. 그의 입장에서 보면 당신은 남이기 때문이오. 그래서 한 사람이 당신의 뜻에 찬성한다면 그 한 사람이 당신을 죽여 자신을 이롭게 하려고 할 것이고, 열 사람이 당신의 뜻에 찬성한다면 그 열 사람이 당신을 죽여 자신을 이롭게 하려고 할 것이오. 만약 천하 사람들이 모두 당신의 뜻에 찬성한다면 천하 사람들이 모두 당신을 죽여서 자신을 이롭게 하려고 들 것이오. 반면, 누군가 당신의 뜻에 반대한다면 어떨까요? 그들도 당신을 죽이려 할 것이오. 왜냐하면 그들은 당신이 자신을 이롭게 하기 위해서라면 남을 죽일 수도 있다는 말로 대중을 현혹한다고 여기기 때문이오. 그래서 한 사람이 당신의 뜻에 반대한다면 그 한 사람이 당신을 죽이려 들 것이고, 열 사람이 당신의 뜻에 반대한다면 그 열 사람이 당신을 죽이려 들 것이고, 천하 사람들이 당신의 뜻에 반대한다면 천하 사람들이 모두 당신을 죽이려 들 것이오. 이렇듯 찬성하는 이도 당신을 죽이려 할 것이고, 반대하는 이도 당신을 죽이려 할 것이니, 한번 생각해 보시오. 가벼운 입놀림이 당신 자신을 죽일 거라는 것이오."

묵자의 이러한 추론은 상당히 훌륭하다. 특히 전반부는 반박할 만한 것이 없을 정도다. 사실 자신의 이익을 위해서라면 남을 해칠 수 있다는 말의 문제가 바로 이것이다. 만약 내가 자신을 이롭게 하려고 남을 희생시킨다면, 남도 자신의 이익을 위해 나를 희생시킬 것이고, 이렇게 되면 결국에는 그것을 주장하고 실천한 사람을 포함해 모두가 누군가의 이익을 위해 희생되거나 손해를 입게 된다. 따라서 자신의 이익을 위해서라면 남을 희생시킬 수 있다는 주장은 결코 제창되어서는 안 되는 것이다. 그것은 전체 사회는 물론이고 모든 개인에게도 결코 이로운 것이 아니며 오히려 손해와 화의 근원이다.

그러나 묵자가 제시한 추론의 후반부는 문제가 있다. 남을 희생해 자신의 이익을 도모하는 것은 분명 옳지 않은 일이지만 그렇다고 다른 이를 죽을죄로 다스릴 수 있는 것은 아니다. 또한 무마자가 죽임을 당할 수밖에 없는 이유가 자신의 이익을 위해 남을 희생시킬 수 있다는 주장을 다른 사람들에게 말했기 때문이라는 것도 설득력이 부족하다. 만약 말하지 않고 행동으로만 옮긴다면 어떻게 되는가? 사실 자신의 이익을 위해 남을 해칠 정도의 사람이라면 말하지 않고 행동할 것이다. 또한 말했다고 해서 반드시 그대로 하는 것도 아니다. 만약 묵자의 말대로 무마자가 누군가에 의해 죽게 된다면 그것이야말로 억울한 죽음이 아닐까? 이러한 문제에 대해 과연 묵자가 어떻게 대답할지 알수 없다. 물론 우리가 그에게 물어볼 수도 없지만, 만약 물어본다면 묵자는 우리를 자신의 이익을 위해 남을 해롭게 하는 것을 주장하는 사람으로 간주하고 수하의 무사인 묵자(墨者)를 보내 우리를 없앨지도 모른다.

사실 논리학자로서 묵자의 논리는 문제가 결코 적지 않다. 심지어 그의 문제는 바로 논리에 있다고 할 수 있을 정도다. 그렇다면 구체적으로 한번 분석해 보자. 우선 묵자는 '겸'과 '별'이라는 두 가지 개념을 제시하고 있다. 겸은 사람과 사람 사이에 차별이 없다는 것이고, 별은 차별이 있다는 것이다. 그렇다면 묵자는 '겸'이 옳고 '별'이 옳지 않다는 것을 어떻게 증명하고 있는가?《묵자》〈겸애하〉편에 정과 반 양면으로 논증을 펼치는 내용이 나온다. 묵자가 묻는다.

지금 천하가 이처럼 혼란스럽고 나쁜 일이 많은 것은 무슨 이유 때

문인가? 사람들이 남을 사랑하고 이롭게 하기 때문인가 아니면 남을
미워하고 해치기 때문인가? 사람들은 반드시 남을 미워하고 해치기
때문이라고 말할 것이다. 그렇다면 다시 묻겠다. 남을 미워하고 해치
는 사람은 남을 자기 자신처럼 여기면서 차별하지 않는 것(兼)인가 아
니면 차별하는 것(別)인가? 사람들은 틀림없이 차별하는 거라고 말할
것이다. 여기에서 알 수 있듯이 사람과 사람 사이에 차별이 있으면 미
워하고 적대시하게 된다. 남을 미워하면 남을 해치게 되며, 남을 해치
게 되면 천하가 크게 어지러워진다. 그러므로 '별(別)', 즉 차별이 있는
것은 잘못된 것이다. 반대로 천하가 태평하면 아무도 남을 속이거나
해치지 않으며 억압하지 않는데 무슨 이유 때문인? 남을 미워하고 해
치기 때문인가 아니면 남을 사랑하고 이롭게 하기 때문인가? 사람들
은 틀림없이 사랑하고 이롭게 하기 때문이라고 말할 것이다. 그렇다면
다시 묻겠다. 남을 사랑하고 이롭게 하는 사람은 남을 자신처럼 생각
해 차별하지 않는 것인가 아니면 차별하는 것인가? 분명 차별하지 않
는 거라고 말할 것이다. 여기에서 알 수 있듯이 사람과 사람 사이에 차
별이 없으면 사랑하게 된다. 남을 사랑하면 남을 이롭게 하게 되고, 남
을 이롭게 하면 천하가 태평해진다. 그러므로 '겸(兼, 무차별)'은 옳은
것이다.

　묵자의 관점에 따르면, 그의 이러한 주장은 정과 반이라는 두 가지
방면에서 "겸이 옳고 별이 그르다"는 것을 논증했다. 그러나 묵자 자신
은 논리가 치밀했다고 생각했을지 모르지만, 사실 큰 문제가 있다. 어
디에 있는가? 논리의 전제에 문제가 있다. 묵자는 지금 천하가 극도
로 혼란스럽고 나쁜 일이 많은 이유는 사람들이 남을 미워하고 해치

기 때문이라고 했다. 사실 이 말은 절반 정도만 맞다. 왜냐하면 누군가 다른 이를 해치는 이유가 반드시 미워하기 때문만은 아니기 때문이다. 예를 들어 좀도둑이 물건을 훔치는 이유가 물건 주인을 미워하기 때문인가? 반드시 그런 것은 아니다. 마찬가지로 나라와 나라가 서로 전쟁을 하고, 개인과 개인이 서로 해치는 것이 전적으로 원한이나 미움 때문만은 아니다. 더 많은 경우가 서로의 이익 때문이다.

또한 미움이라는 것도 사람과 사람 사이에 차별이 있기 때문만은 아니다. 오히려 남을 자신과 똑같이 보기 때문에 원망이나 미움이 생기는 것이다. 예를 들면, 당신은 사람이 아닌 자연이나 동물을 미워했던 적이 있는가? 아마도 거의 없을 것이다. 그래서 차별이 있기 때문에 미움이 생기고, 미움이 생기기 때문에 해치게 된다는 논리는 성립될 수 없다. 이처럼 논리의 전제가 성립될 수 없으니 무차별(兼)하면 서로 사랑하고 차별(別)하면 미워하게 된다는 논리 또한 성립될 수 없는 것이다.

사실 사랑은 차별이 없을 수도 있지만 차별이 있을 수도 있다. 절대다수가 자신의 부모나 자녀, 형제자매를 남들보다 더 사랑하기 마련이다. 또한 자신의 마음에 비추어 남의 입장과 마음을 헤아릴 수 있다면 다른 사람의 가족도 사랑할 수 있다. 이는 인지상정(人之常情)이자 상리(常理)다. 정치학, 윤리학, 사회학을 연구하는 데에 있어 인지상정이나 상리를 무시하고 아직 증명되지 않은 자신만의 논리를 주장한다면 결코 통할 수 없을 것이다. 이것이 바로 묵자 학설이 실패할 수밖에 없었던 원인 중의 하나다. 이에 대해서는 나중에 다시 이야기하겠다.(제6장 2챕터를 참고)

그런데 무마자의 말은 묵자를 비판하는 것이지만, 한편으로 유가의 문제를 폭로한 것이기도 하다. 유가의 관점에 따르면, 사랑에는 등급과 차별이 있다. 사람은 누구나 가장 사랑하는 사람이 부모일 것이고 그다음은 형제와 자녀, 그다음은 조부모나 그 외 친척, 그리고 마을 사람, 자국인, 외국인 등의 순서일 것이다. 그래서 유가의 무리는 이웃 나라보다 자신의 나라를, 동포보다는 자신의 친척을, 친척보다는 자신의 부모를 더 사랑하는 것이 당연하다고 여겼다. 그렇다면 논리적으로 '부모보다 자신을 더 사랑한다'는 결론이 나올 수 있다. 그러나 유가는 부모보다 자신을 더 사랑한다는 말을 한 적도 없고, 할 수도 없었다. 그래서 펑요우란(馮友蘭)은 《중국철학 약사(中國哲學簡史)》에서 의아함을 표시하며 "아마도 이는 묵가의 유가에 대한 과장적인 언사일 것"이라고 추측했다. 나도 유가는 당연히 이런 말을 할 수 없다고 생각한다. 그러나 묵자는 오히려 유가를 대신해 전혀 새로운 결론을 이끌어 낼 수 있을 것이다. 유가의 이론에 따르면 관계가 가까울수록 사랑도 깊어지고 관계가 멀수록 사랑도 옅어지기 때문이다. 이렇게 말한다면 가장 많은 사랑을 받아야 하는 사람은 당연히 자기 자신이 아니겠는가? 그렇다면 어떤 이치로 부모를 자신보다 더 사랑하고, 모든 이를 사랑할 수 있겠는가? 결국 묵자는 이렇게 유가의 티눈을 힘주어 밟고 있다.

당연히 유가는 이에 수치심과 분노를 느꼈을 것이다. 그러나 맹자가 들고일어난 것은 발이 밟혔다는 이유 때문이 아니다. 그가 묵자를 비판한 것은 깊은 이유가 있었다.

그렇다면 맹자는 왜 묵자를 그처럼 통렬하게 비난했으며, 그가 주장한 바는 무엇이었을까?

4

입장은 달라도 정의로웠던
두 명의 사인

맹자가 묵자를 비판한 것은 오히려 이상하다는 생각이 든다. 그들은 서로 유사한 점이 상당히 많았기 때문이다

맹자는 이름이 가(軻), 자는 자여(子輿)로 추(鄒)나라 사람이다. 대략 기원전 372년에 태어나 기원전 289년에 죽었다. 즉, 공자가 세상을 떠난 후 묵자가 태어나고 묵자가 세상을 떠난 뒤에 맹자가 태어났다. 묵자는 맹자보다 90여 세 연상이었고, 맹자가 태어났을 때는 공자가 세상을 떠난 지 이미 100년이 넘은 뒤였다. 그러므로 맹자는 공자에게 직접 가르침을 받은 적이 없고 단지 사숙(私淑: 직접 가르침을 받지는 않았으나 마음속으로 그 사람을 본받아서 도나 학문을 닦음)했을 따름이다. 비록 '사숙'이었지만 맹자의 공자에 대한 숭배는 더할 나위 없었다. 그는 공자의 제자들과 마찬가지로 공자에 대해 이렇게 생각했다. "이 세상에 사람이 생겨난 이래로 공자보다 빼어난 이가 없었다." 즉, 인류가 생겨난 이래로 공자보다 위대한 이가 없었다는 의미다. 그래서 맹자는

공자의 충실한 신도를 자처하며 공자의 사상을 확대하고 발전시키는 데 온 힘을 쏟았다.

후대 사람들은 두 사람의 학설을 합쳐서 '공맹지도(孔孟之道)'라고 부른다. 그러나 실제로 공자는 공자고 맹자다. 두 사람은 시대도 다르고 개성도 다를 뿐만 아니라 관점 역시 서로 같다고 할 수 없다. 심지어 개성에 있어서도 맹자는 공자가 아니라 묵자에 더 가깝다. 맹자와 묵자는 선진 제자 가운데 가장 '뜨거운' 사람들이다. 피도 뜨겁고 마음도 뜨거우며 심성도 뜨겁다. 온화한 공자와 다르고, 차가운 노자나 한비와도 다르다. 그래서 먼저 공자와 맹자를 비교하고 다시 맹자와 묵자를 비교해 보겠다.

공자와 맹자가 서로 다른점은 무엇보다 성격인데, 공자는 관대하고 겸손한 데 비해 맹자는 강직하고 영합하지 않았다.

공자는 사람됨이 비교적 겸손하고 온순했다. 그는 예악문화의 수호자로서 '예'를 중시했기 때문이다. 예는 조화를 중요시한다. 예를 중시하면 자연스럽게 겸손하여 남들과 조화를 이루게 된다. 그래서 공자는 군주나 대부를 대할 때 마음속으로 싫든 좋든 항상 무던한 기색을 보였다. 예를 들어 앞에서 이야기한 것처럼 노나라 대부인 계손씨의 가신인 양화는 공자가 싫어하는 인물이었지만, 그가 선물을 보내자 일부러 그가 집에 없는 시간을 택해 직접 방문해 사례를 하려고 했다.

그러나 맹자는 대하기 쉬운 사람이 아니었다. 《맹자》〈공손추하(公孫丑下)〉편의 이야기를 통해서도 그런 점을 엿볼 수 있다. 한번은 맹자가 제왕(齊王)을 알현하러 갈 준비를 하고 있는데, 마침 왕이 사신을 보내 말을 전했다. "과인이 마땅히 가서 선생을 뵈려고 했는데, 감기가 들어 바람을 쐴 수가 없습니다. 선생께서 조정으로 나와 주신다면 과인도 조정에 나갈 것이지만, 과인이 선생을 뵐 수 있을지 모르겠습니다." 맹자는 제왕을 알현할 준비를 하고 있었으니 만약 다른 사람 같으면 공손하게 "괜찮습니다. 마침 왕을 뵈러 나가려던 참입니다"라고 대답했을 것이다. 그러나 맹자는 제왕이 병을 핑계로 오라고 하자 이렇게 대답했다. "아쉽게도 저 역시 병이 나서 조정에 나갈 수 없습니다."

다음 날 대부인 동곽(東郭)의 집에 장례가 있어 맹자가 조문 갈 준비를 했다. 그러자 그의 제자인 공손추가 물었다. "어제는 병이 났다는 핑계로 왕의 부름을 사양하시고는 오늘은 어떻게 조문을 가려고 하십니까? 그렇게 하시면 안 될 것 같습니다." 맹자가 말했다. "어제는 병이 났으나 오늘은 다 나았으니, 어찌 조문을 가지 못하겠느냐?" 그런데 공교롭게도 제왕이 사람을 보내 문병을 하고 아울러 의원까지 보냈다. 맹자의 친척이자 제자인 맹중자(孟仲子)가 이렇게 둘러댔다. "선생님께서 어제는 병이 나셔서 가 뵙지 못하셨으나 오늘은 조금 차도가 있어 서둘러 조정에 나가셨습니다. 이미 도착하셨는지는 잘 모르겠습니다." 왕이 보낸 사람이 떠나자 맹중자는 즉시 여러 사람을 보내 맹자를 만나면 집으로 돌아오지 말고 꼭 조정으로 나가라고 전하게 했다. 맹자는 집으로 돌아갈 수도 없고 조정으로 갈 수도 없어 어쩔 수 없이 경추(景丑)라는 사람의 집으로 가서 잠시 묵었다.

이번 일에 대해 경추는 이해하기 힘들었다. 맹자의 행동이 군주와 신하의 예에 맞지 않았기 때문이다. 그러자 맹자는 경추에게 자신의 행위에 대해 설명했다. "천하에는 존귀한 것이 세 가지가 있는데, 작위가 그 하나이고, 나이가 다른 하나이며, 덕이 나머지 하나입니다. 조정에서는 작위가 으뜸이고, 향리에서는 나이가 으뜸이며, 세상을 돕고 백성을 다스리는 데는 덕이 으뜸입니다. 비록 그가 높으신 국군이기는 하지만, 작위 하나만 갖고 나이가 많고 덕을 지닌 사람을 소홀히 할 수는 없는 것입니다. 그러므로 장차 큰일을 하려는 군주는 반드시 함부로 부르지 못하는 신하가 있으니, 만약 그와 상의하고 싶은 일이 있으면 친히 신하가 있는 곳까지 찾아갔습니다. 덕을 존중하고 도를 즐겨 행함이 이와 같지 않다면 그와 더불어 훌륭한 일을 할 수 없는 것입니다." 즉, 자신처럼 도덕을 갖춘 선비를 어찌 멋대로 오라 가라 할 수 있느냐는 뜻이다.

《맹자》〈진심상(盡心上)〉 편을 보면 맹자는 또 이렇게 말했다. "옛날의 어진 군왕들은 선을 좋아하고 자신의 부귀와 권세를 잊었다. 옛날의 현량한 선비인들 어찌 이와 같지 않았겠는가? 도를 즐기고 상대의 권세는 잊어버리고 있었다." 이는 곧 도덕과 진리를 권세와 지위보다 높고 귀하게 여겼다는 말이다. "그래서 왕공대인들이 그들에게 경의를 표하고 예를 다하지 않으면 그들을 자주 만나볼 수 없었다. 만나는 것조차도 자주 할 수 없었는데, 하물며 그들을 신하로 삼을 수 있었겠는가?"

〈진심하(盡心下)〉 편을 보면 맹자는 심지어 이렇게 주장하기도 했다. "제후들에게 유세할 때는 그들을 하찮게 여기고, 그들의 높은 권세와 지위를 보지 말라(說大人則藐之, 勿視其巍巍然)." 권세나 지위는 대단한 것

• 증자 가라사대 •

진나라와 초나라의 부유
함은 내가 따를 수 없는
것이다. 그러나 저들이 그
부를 가지고 나를 누르려
하면 나는 나의 인덕으로
맞설 것이고, 저들이 작위
를 가지고 누르려 한다면
나는 내가 지닌 정의로 맞
설 것이니 내가 무엇이 아
쉽겠는가.

• 공자 가라사대 •

군자는 두려워하는 것이
세 가지가 있다. 천명을
두려워하고 대인을 두려
워하며 성인의 말씀을 두
려워한다.

이 아니어서 도덕이나 학문에 비할 바가 아니
다. 또 〈공손추하〉 편에는 맹자가 증자의 말을
인용해 말하는 내용이 있다. "증자께서 일찍이
'진나라와 초나라의 부유함은 내가 따를 수 없
는 것이다. 그러나 저들이 그 부를 가지고 나
를 누르려하면 나는 나의 인덕으로 맞설 것이
고, 저들이 작위를 가지고 누르려 한다면 나는
내가 지닌 정의로 맞설 것이니 내가 무엇이 아
쉽겠는가'라고 말씀하셨다."

맹자는 사인(士人)은 더욱 많아야 할 뿐만 아
니라 가치가 매우 높다고 보았다. 그래서 그는
"내가 어찌 제후나 대부들을 두려워하겠는가!"
라고 말했다. 이것이 바로 공자와 다른 점이다.
공자는 제후와 대부를 공경하고 두려워했다.
이는 공자의 다음과 같은 말에서도 드러난다. "군자는 두려워하는 것
이 세 가지가 있다. 천명을 두려워하고 대인을 두려워하며 성인의 말
씀을 두려워한다(君子有三畏, 畏天命, 畏大人, 畏聖人之言)." 그러나 맹자는
오히려 "제후들에게 유세할 때는 그들을 하찮게 여겨야 한다"고 했으
니 이들은 분명히 달랐다.

이렇듯 맹자는 도도하고 강직한 성격이었다. 이러한 모습이 바로 사
인의 절개다. 나는 '사람이 오만해서는 안 되지만 그렇다고 절개가 없
어서도 안 된다'라는 생각에 동의한다. 오만하면 남에게 교만하게 되
고, 절개가 없으면 남에게 아부하기 때문이다. 교만하지 않지만 또한

아첨하지 않으며, 비굴하지 않지만 그렇다고 거만하지도 않아야 사인의 풍격이다. 애석하게도 이런 풍격은 맹자 이후 쉽게 볼 수 없게 되었다. 후대 많은 지식인이 안하무인격으로 오만 방자하거나 비굴할 정도로 아부하는 모습을 보여 주었다. 사실 아부와 교만은 동전의 양면과도 같다. 교만한 사람은 속으로는 아부의 기질이 다분해 상황에 따라 교만하다가도 필요할 때는 아부를 떤다. 그래서 나는 진한(秦漢) 이후의 이른바 '광사(狂士)'들에 대해 줄곧 거부감을 갖고 있다. 반면, 공자의 온화함과 맹자의 강직함은 실로 사랑스럽다. 그것은 진실한 성정이기 때문이다.

공자와 맹자의 두 번째로 다른 점은 공자는 온화하여 규범적이고 교양이 있었으며, 맹자는 강직하여 입바른 소리를 잘했다는 것이다.

공자의 말은 비교적 완곡해서 때로 정확한 뜻을 알기가 힘들다. 예를 들어 《논어》〈팔일〉편을 보면 노나라 대부 계손씨, 숙손씨, 맹손씨 집안이 조상의 제사를 지낼 때 《시경》〈주송(周頌)〉편에 나오는 〈옹(雍)〉을 노래하며 제사를 마친 적이 있다. 이는 천자의 예이기 때문에 대부가 이를 노래한다는 것은 명백한 참월이다. 그렇다면 공자는 이에 대해 어떻게 이야기했을까? 공자는 직접적으로 그들의 참월을 비판하지 않고 대신 〈옹〉에 대해 이야기하면서 "'제후들이 제사를 돕고 그 가운데 천자는 위엄을 갖추고 계시네'라고 했는데, 어찌 삼가(三家) 대부의 집에서 이 시를 썼는가?"라고 말했을 뿐이다. 이러한 비판은 참으로 점잖고 완곡할 뿐이다.

반면, 맹자는 달랐다. 그의 말은 직설적이고 거침이 없다. 에둘러 말해야 할 필요가 있을 때도 단도직입적으로 말하는 경우가 많았다. 《맹

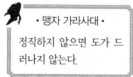
자》〈양혜왕하(梁惠王下)〉 편에는 다음과 같은 일화가 나온다. 한번은 맹자가 제나라 선왕(宣王)에게 물었다. "왕의 신하 중에 자신의 처자를 친구에게 부탁하고 초나라로 여행을 간 자가 있었습니다. 돌아와 보니 그 친구가 자신의 처자를 추위에 떨게 하고 굶주리게 하였다면, 어떻게 하시겠습니까?" 왕이 대답했다. "그와 절교하겠습니다." 맹자가 말했다. "만약 장관이 그의 부하를 다스리지 못하면 어떻게 하시겠습니까?" 왕이 대답했다. "그를 파면해야지요." 맹자가 또 물었다. "만약 한 나라가 제대로 다스려지지 않는다면 이는 또 어찌하시겠습니까?" 이에 왕은 좌우를 돌아보며 다른 이야기를 했다.

사실 맹자의 이 발언은 비교적 완곡함에도 제 선왕은 전혀 수용하지 않았다. 맹자는 그다지 환대를 받지 못했지만 그럼에도 자신의 주장을 굽히지 않았다. 《맹자》〈등문공하(滕文公下)〉 편을 보면 맹자의 관점을 분명하게 알 수 있다. "정직하지 않으면 도가 드러나지 않는다(不直, 則道不見)." 다시 말해, 솔직하게 말하지 않으면 진리를 표현할 수 없다는 뜻이다. 나도 이 관점에 찬성한다. 진리란 가장 소박한 것이자 가장 솔직한 것이다. 그것이 진리라면 분명 가장 소박한 말로 단도직입적으로 말할 수 있다. 물론 책략을 중요시하는 것은 별개의 일이다. 책략을 강구하는 것과 술수를 꾸미는 것은 분명히 다르다. 술수를 꾸민다는 것은 곧 진리를 제대로 파악하지 못한 것이다.

다음으로 공자와 맹자의 세 번째 차이점은 공자는 소극적이었던 반면 맹자는 개성이 강하고 적극적이라는 점이다.

실제로 맹자는 말을 할 때 솔직하고 거리낌이 없었다. 이는 그의 성

격 때문이기도 하고 또한 그의 사상이나 삶의
자세 때문이기도 하다. 이 역시 공자와 다른
점이다. 예를 들어 공자는 자신에 대해 이렇게
설명했다. "전술하기는 하되 새로이 만들지는
않으며, 옛것을 믿고 좋아할 따름이다(述而不

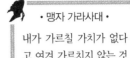
作, 信而好古)." "성과 인 같은 경지에 내가 어찌 감히 이른다고 할 수 있
겠는가(若聖與仁, 則吾豈敢)." 이에 반해 맹자는 상당히 오만하다는 느낌
이 든다. 《맹자》 〈공손추하〉 편에는 그의 명언이 실려 있다. "만일 천하
를 태평하게 하고자 한다면 지금 이 세상에 나 말고 누가 할 수 있겠는
가?" 이는 실로 자신만만한 말투다.

　맹자는 누구에게도 공손하거나 체면을 차리는 법이 없었다. 그것은
제자들에게도 마찬가지였다. 앞에서도 언급했듯이 공자는 "한 묶음의
포를 갖고 와서 예를 행한 사람에게 내가 일찍이 가르치지 않은 적이
없다"고 했다. 그러나 맹자는 쉽게 부탁할 수 있는 사람이 아니었다.
그는 이렇게 말했다. "내가 가르칠 가치가 없다고 여겨 가르치지 않는
것도 역시 가르침이다(予不屑之教誨也者, 是亦教誨之而已矣)." 다시 말해, 나
는 당신을 가르칠 만한 가치가 없다고 생각하는데 이것도 당신에 대
한 가르침이라는 뜻이다. 만약 지금의 선생님이 교실에서 이런 말을
했다면 난리가 났을 것이다. 맹자는 이처럼 남들이 자신에 대해 뭐라
고 하든 상관하지 않았다.

　실제로 맹자는 공자에 비해 여의치 않은 일은 마음에 두지 않았다.
공자는 자신의 처지에 대해 때로는 불평을 늘어놓기도 했지만 맹자는
전혀 그러지 않았다. 《맹자》 〈진심상〉 편에는 다음과 같은 일화가 나

덕을 숭상하고 의를 즐기면 만족하여 태연해질 수 있다. 그러므로 선비는 곤궁하여도 의를 잃지 않고, 영화를 얻더라도 도를 떠나지 않는 것이다. 곤궁하여도 의를 잃지 않기 때문에 선비는 자기의 본성을 유지하고, 영화를 얻어도 도를 떠나지 않기 때문에 백성이 실망하지 않는 것이다. 옛사람들은 뜻을 이루면 백성에게 은택을 베풀었고, 뜻을 이루지 못하면 덕을 닦아 그 덕행을 세상에 드러내었다. 곤궁하면 홀로 그 몸을 선하게 하고, 영화를 얻으면 아울러 천하를 선하게 하였다.

온다. 맹자는 한번은 송구천이란 사람에게 이렇게 말했다. "그대는 각국의 군주에게 유세하기를 좋아하는가? 내가 그대에게 유세하는 태도를 말해 주겠네. 남이 내 말을 알아주더라도 만족하여 태연해야 하고, 남이 내 말을 알아주지 않더라도 또한 만족하여 태연해야 하네." 송구천이 물었다. "어떻게 해야 만족하여 태연해질 수 있습니까?" 맹자가 말했다. "덕을 숭상하고 의를 즐기면 만족하여 태연해질 수 있네. 그러므로 선비는 곤궁하여도 의를 잃지 않고, 영화를 얻더라도 도를 떠나지 않는 것이지. 곤궁하여도 의를 잃지 않기 때문에 선비는 자기의 본성을 유지하고, 영화를 얻어도 도를 떠나지 않기 때문에 백성이 실망하지 않는 것이네. 옛사람들은 뜻을 이루면 백성에게 은택을 베풀었고, 뜻을 이루지 못하면 덕을 닦아 그 덕행을 세상에 드러내었네. 곤궁하면 홀로 그 몸을 선하게 하고, 영화를 얻으면 아울러 천하를 선하게 하였네."

이상 몇 가지가 대략 공자와 맹자의 다른 점이다. 공자는 관대하고 겸손한 데 반해 맹자는 강직하고 영합하지 않았다. 공자는 태도가 온화하고 행동거지가 교양이 있었지만 맹자는 강직하여 입바른 소리를 잘했다. 또 공자는 사람됨이 소극적인 데 반해 맹자는 개성이 강하고 적극적이었다. 그래서 공자의 말씀을 읽으면 마치 맑은 샘물을 마시는 듯하고, 맹자의 말씀을 읽으면 전쟁의 북소리를 듣는 듯하다. 공자는 온유돈후하여 봄바람과 가랑비가 소리 없이 만물에 스며드는 것 같고, 맹자는 의협의 기개와 풍모를 지녀 기세가 당당해 평범한 말들이 한 번에 사라지는 것 같은 느낌이다.

이렇게 보면 맹자는 묵자를 더욱 닮았다.

그럼, 맹자와 묵자는 어떤 점이 비슷했을까? 나는 그들이 모두 협의 (俠義), 즉 의협심이 강한 선비들이라고 생각한다. 맹자의 '협'은 조직적인 면이 아니라 사상적인 면에서 그렇다는 말이다. 물론 맹자는 신분이나 입장 모두 '유(儒)'에 속한다. 그러나 묵자와 마찬가지로 의협심을 발휘해 의로운 일을 행했고, 전쟁에 반대하고 백성을 사랑할 것을 주장했다. 보다 세밀하게 구분한다면 묵자는 '행협(行俠)', 즉 의협심을 발휘하는 데 힘쓰고, 맹자는 '장의(仗義)', 즉 정의를 바탕으로 의로운 일을 행하는 데 힘썼다고 할 수 있다. 또한 묵자는 반전(反戰)을, 맹자는 애민(愛民)을 주장했다.

묵자의 '행협'은 묵자가 송나라를 구한 이야기를 통해 확인할 수 있다. 《묵자》〈공수(公輸)〉편에는 다음과 같은 이야기가 전해진다. 당시 노나라에 사는 유명한 기술자 공수반(公輸盤)이 초나라를 위해 성을 공격하는 기계인 운제(雲梯)를 제작했다. 초나라는 이를 사용해 송나라를 공격할 준비를 했다. 묵자가 이 말을 듣고 즉시 열흘 낮과 열흘 밤을 달려 초나라 도읍 영(郢)에 도착해 공수반을 만났다. 공수반이 물었다. "선생님은 무슨 가르침을 주려고 오셨습니까?" 묵자가 대답했다. "북쪽에 나를 얕보는 자가 있어 선생의 힘을 빌려 그를 죽였으면 합니다." 그러나 공수반이 기쁘지 않은 얼굴을 하자 묵자가 다시 말했다. "십 금을 바치겠습니다." 공수반이 대답했다. "나는 본래 의로운 사람이어서 사람을 죽이지 않습니다." 묵자가 일어나서 공수반에게 두 번 절하고 말했다.

"나는 북쪽에서 선생이 운제를 만들어 장차 송나라를 공격하려 한다는 소문을 들었습니다. 송나라가 무슨 죄가 있습니까? 초나라는 땅은 많아 여유로우나 백성은 부족합니다. 그런데 부족한 백성을 죽여 남아도는 땅을 빼앗으려 하니 이는 지혜롭다고 말할 수 없습니다. 또한 아무 죄도 없는 송나라를 공격한다는 것은 어질다고 말할 수 없습니다. 그런 도리를 알고 있으면서도 간언하지 않는 것은 충성되다고 할 수 없으며, 쟁론하여 뜻을 이루지 못하는 것 또한 강하다고 할 수 없습니다. 적은 사람은 죽이지 않지만 많은 사람을 죽이는 것이 선생의 의로움이라고 한다면 사리를 안다고 말할 수 없습니다." 결국 공수반은 묵자에게 설복당했다.

묵자는 공수반을 통해 초나라 왕을 알현하고 이렇게 말했다. "지금 여기에 한 사람이 있는데 자기 집의 호화로운 수레를 놔두고 이웃집의 다 낡은 수레를 훔치려 하며, 자기 집의 수놓은 비단옷을 놔두고 이웃집의 거친 옷을 훔치려 하며, 자기 집의 좋은 쌀과 고기는 버려두고 이웃집의 술지게미와 겨를 훔치려 한다면, 이런 사람은 어떤 사람입니까?" 초나라 왕이 말했다. "그런 사람은 도둑질하는 버릇이 있는 자요!" 묵자가 다시 말했다. "초나라 땅은 사방 5,000리나 되지만 송나라 땅은 사방 500리밖에 되지 않습니다. 이는 마치 화려한 수레와 낡은 수레와 같습니다. 초나라는 이미 많은 것을 갖고 있으나 송나라는 빈한한 약소국에 불과하니 초나라가 송나라를 공격하는 것은 도둑질하는 버릇이 있는 자와 다를 바가 무엇이겠습니까? 초나라가 송나라를 공격하면 정의로움만 손상될 뿐 얻는 게 없을 것입니다." 초나라 왕은 묵자의 말을 반박할 수 없었다.

그러나 초나라 왕과 공수반은 자신들의 계획을 포기할 생각이 없었다. 그래서 묵자는 어쩔 수 없이 공수반과 모의 전쟁을 하기로 했다. 공수반은 성을 공격하는 방법을 아홉 번이나 바꾸며 공격했으나 묵자는 아홉 번 모두 막아냈다. 공수반이 공격용 기계를 다 썼으나 묵자는 방어에 여유가 있었다. 결국 공수반이 굴복하며 말했다. "나는 선생을 막아내는 방법을 알고 있지만 말하지 않겠습니다." 묵자가 말했다. "나도 선생이 어떻게 나를 막을 것인지 알고 있지만 말하지 않겠습니다." 초나라 왕이 의아하게 생각하며 묵자에게 그 까닭을 묻자 묵자가 대답했다. "공수 선생의 방법이란 저를 죽이는 것입니다. 저를 죽이면 송나라는 방어가 뚫려 송나라를 공격할 수 있다는 것이지요. 그러나 저의 제자인 금골리(禽滑釐) 등 300명이 이미 저의 방어무기를 갖고 송나라 성 위에서 초나라 군대를 기다리고 있습니다. 비록 저를 죽인다고 해도 저들을 다 없앨 수는 없을 것입니다." 초나라 왕이 이 말을 듣고 어쩔 수 없이 송나라 공격 계획을 포기했다.

이것이야말로 진정한 의협심이 아니겠는가! 앞에서 말했듯이 묵자는 송나라 사람이 아니다. 초나라가 송나라를 정벌하려고 할 때 송나라에 있었던 것도 아니며, 그렇다고 송나라가 그에게 도움을 청한 것도 아니다. 게다가 묵자가 송나라를 위기에서 벗어나게 해 준 다음 돌아가는 길에 송나라 마을을 지나게 되었는데, 마을 문을 지키는 사람은 그가 마을 안으로 들어와 비를 피하는 것도 허락하지 않았다. 묵자는 송나라와 이해관계가 전혀 없었지만 송나라가 위험에 빠졌다는 소식을 듣고 곧바로 열흘 밤낮을 달려 송나라 도읍인 영까지 갔던 것이다. 이는 물론 '겸애'와 '비공(非攻)' 사상을 실천한 것이라고 할 수 있다. 그러나 스스로 나서서 어려운 처지에 놓인 약자를 구하는 그의 기개야말로 '의협심'이 아니고 무엇이겠는가? 공수반은 바로 이러한 의협심에 감동했던 것이다.

《묵자》〈노문(魯問)〉편에 그러한 내용이 실려 있다. 공수반이 묵자에게 말했다. "제가 선생을 만나기 전에는 오로지 송나라를 차지하기를 바랐습니다. 그러나 선생을 만나 뵌 후로 만약 의롭지 못하다면 송나라를 준다고 해도 받지 않으려고 합니다." 이에 묵자가 대답했다. "그대가 그러하기 때문에 송나라를 얻게 될 것입니다. 그대가 힘써 의를 행한다면 나는 또한 그대에게 천하라도 줄 것입니다."

맹자의 '장의(仗義)' 역시 전해오는 이야기를 통해 확인할 수 있다. 《맹자》〈양혜왕하〉편에 따르면, 추나라와 노나라가 서로 충돌해 추나라 관리 서른세 명이 죽었는데, 추나라 백성은 죽어가는 것을 보고도 구할 생각을 하지 않았다. 이 일은 처리하기가 매우 곤란했다. 막상 도와주지 않은 백성을 죽이자니 너무 많아 다 죽일 수가 없고, 그렇다고 놔두자니 윗사람의 죽음을 보고도 수수방관한 것에 대해 통치자의 입장에서 참을 수가 없었다. 추나라 목공(穆公)이 고민하다가 맹자에게 조언을 구했다. 그러자 맹자가 말했다.

"당연합니다. 추나라에 흉년이 들었을 때 임금의 백성 중에는 노약자의 시신이 들판과 구덩이에 널리고, 장정들이 사방으로 흩어져 도망갔습니다. 당시 주군의 창고는 곡식으로 가득 차 있고, 국고에 재물이 가득했으나 어떤 관리도 이런 재해 상황을 보고한 자가 없었습니다. 이것이야말로 아랫사람의 죽음을 보고도 구하지 않은 것이 아니고 무엇이겠습니까? 일찍이 증자께서 말씀하시기를 '경계하고 경계할지어다! 당신이 다른 사람을

대하는 대로 다른 사람들 역시 당신에게 똑같이 돌려준다'고 하셨습니다. 백성은 이제야 자신들이 당한 것을 대갚음할 수 있게 된 것입니다."

이처럼 맹자는 '군주' 앞에서도 전혀 주저하지 않고 하고 싶은 말을 다 했다. 이 어찌 정의를 위해 바른말을 한 것이라 하지 않을 수 있겠는가!

맹자와 묵자는 모두 의협심을 발휘해 정의를 행했으며, 전쟁을 반대하고 백성을 사랑했다. 《묵자》에 실려 있는 〈비공(非攻)〉 상중하 세 편은 역사상 최초의 '반전선언'이라 할 수 있다. 묵자는 다음과 같이 말했다.

"어떤 사람이 있는데 남의 복숭아나 배를 훔치면 다들 벌을 받아야 한다고 말한다. 남에게 손해를 끼치고 자신의 이익만 차리기 때문이다. 만약 남의 닭이나 개를 훔치면 벌이 더욱 엄중해진다. 남에게 손해를 끼친 것이 더욱 많기 때문이다. 그래서 닭이나 개를 훔치면 복숭아나 배를 훔친 것보다 죄가 무겁고, 소나 말을 훔치면 닭이나 개를 훔친 것보다 죄가 무거우며, 살인을 하면 도둑질한 것보다 죄가 더욱 무겁다. 한 사람을 죽이면 한 번 죽을죄를 지은 것이지만 열 사람을 죽이면 열 번 죽을죄를 지은 것이고, 백 사람을 죽이면 백 번 죽을죄를 지은 것이다. 그럼 전쟁을 일으켜 다른 나라를 공격하면서 수많은 사람

· 맹자 가라사대 ·

죄 없는 사람을 한 사람이
라도 죽이는 것은 '인'이
아니다.

을 죽인 것은 어떠한가? 그만큼 죄를 지은 것
이 아닌가? 그런데 죄가 없다고 한다. 죄가 없
을 뿐만 아니라 천하 사람들이 오히려 칭송하
면서 영웅으로 치켜세운다. 이 어찌 괴이한 일
이 아니겠는가?"

맹자도 이와 유사한 발언으로 묵자가 제기한 문제, 즉 침략자는 무
슨 죄로 심판해야 하는지에 대해 답했다. 맹자는 마땅히 가장 무거운
죄라고 했다. 그 이유는《맹자》〈진심상〉편에 나오는 말에서 찾을 수
있다. "죄 없는 사람을 한 사람이라도 죽이는 것은 '인'이 아니다(殺一無
罪非仁也)." 죄 없는 사람을 한 명이라도 죽이면 인이 아닌데 하물며 전
쟁을 일으켜 수많은 사람을 죽이는 상황, 즉 "땅을 쟁탈하려고 전쟁을
일으켜 죽은 자들이 들판을 가득 메우고, 성을 빼앗으려고 전쟁을 일
으켜 죽은 자들이 성안 가득한 것"은 어떤가? 전쟁을 일으킨 자들을
사형시켜도 그들은 속죄할 수 없을 것이다! 그러므로 호전적인 전쟁
광들은 마땅히 극형에 처해야 한다.《맹자》〈이루상〉편에 나오는 "善
戰者服上刑(선전자복상형)"은 바로 이런 의미다.

이를 보면 맹자의 생각은 묵자와 비슷하지 않은가?

맹자는 묵자와 마찬가지로 '반전(反戰)'을 주장했고, 또한 두 사람
은 똑같이 '애민(愛民)'을 중시했다. 묵자의 애민은 이미 살펴보았듯이
의심할 여지가 없다. 그는 평생 백성의 행복을 위해 사방을 뛰어다니
며 호소했다. 사실 맹자도 마찬가지였다. 그는 좋은 정치란 절대로 백
성으로 하여금 고통을 겪게 하지 않는 것이라고 생각했다. 백성이 이
루 말할 수 없는 고통을 받고 있다면 그것은 곧 틀림없는 나쁜 정치다.

170

《맹자》〈양혜왕상〉편에는 맹자가 양(梁)나라 혜왕(惠王)과 묻고 답하는 내용이 나온다.

맹자가 양혜왕에게 물었다. "몽둥이로 사람을 죽이는 것과 칼로 사람을 죽이는 것이 차이가 있습니까?" 양혜왕이 답했다. "차이가 없지요." 맹자가 다시 물었다. "그러면 칼로 사람을 죽이는 것과 정치로 사람을 죽이는 것이 차이가 있습니까?" 양혜왕이 대답했다. "물론 없지요." 맹자가 말했다. "지금 왕의 푸줏간에는 살찐 고기가 가득하고, 왕의 마구간에는 살찐 말이 있는데, 백성의 얼굴에는 굶주린 기색이 있고, 들에는 굶어 죽은 시체가 있다면 이는 윗사람이 짐승을 몰아다가 사람을 잡아먹게 하는 것과 같습니다. 짐승들이 서로 잡아먹는 것조차도 사람들은 싫어하는데, 백성의 부모가 되어 정치를 행하는 데 있어 짐승을 몰아다가 사람을 잡아먹게 한다면 어떻게 백성의 부모가 될 자격이 있겠습니까?"

이런 생각 또한 묵자와 비슷하지 않은가?

맹자와 묵자 모두 의협심을 발휘해 정의를 행하고 반전과 애민을 주장했으며, 아울러 어진 사람과 능력 있는 사람을 임용할 것을 주장했다. 단지 맹자는 "현자를 존중하고 능력 있는 자를 활용해야 함(尊賢使能)"을, 묵자는 "어진 이를 숭상하고 능력 있는 이를 섬겨야 함(尙賢事能)"을 주장했는데, 그 의미는 같다. 《맹자》〈공손추상〉 편을 보면 맹자는 이렇게 말하고 있다. "도덕을 갖춘 인물을 존중하고 능력 있는 이를 써서 걸출한 인물들이 모두 관직에 있으면, 천하의 선비가 모두 기뻐하여 그 나라의 조정에서 벼슬하기를 바랄 것이다." 그 결과는 어떻게

되는가? 천하에 대적할 자가 없게 되니, 왕이
될 수 있다.

묵자도 이와 같은 말을 했는데, 더 상세하다.
《묵자》〈상현상(尙賢上)〉편을 보면 그는 이렇게
말했다.

나라에 어질고 훌륭한 선비가 많으면 곧 정
치 토대가 튼튼해지고, 어질고 훌륭한 선비가 적으면 곧 정치 토대가
빈약해진다. 그래서 정사를 맡고 있는 왕공대인들은 인재를 발견하면
그들을 "부유하고 귀하게 해 주며 공경해 주고 명예롭게 해 주어야 한
다." 그렇게 해야만 나라에 어질고 훌륭한 선비가 많아질 수가 있다.
왜 그런가? 임금이 나라의 인재를 선발하는 데 빈부나 귀천을 막론하
고 의(義: 도덕과 능력)가 있는지만을 기준으로 삼겠다고 말하니, 나라의
부귀한 이들은 이 말을 듣고 서로 의논하며 말하길, "지금 나라에서 의
로운 사람이라면 빈부귀천을 가리지 않고 등용하고 있다. 이제부터 우
리도 의로운 일을 행하지 않을 수 없다"고 한다. 친한 사람들도 이 말
을 듣고 서로 의논하며 말하길, "나라에서 인재를 선발할 때 친소를 막
론하고 도덕과 능력만 중시한다고 하니 이제부터 우리도 의로운 일
을 행하지 않을 수 없다"고 한다. 그리고 가난하거나 비천하거나 먼 곳
에 있는 백성도 임금이 빈부나 귀천을 막론하고 오직 의만 보고 인재
를 선발하겠다는 말을 듣고는 "이제부터라도 의로운 일을 행하지 않
을 수 없다"고 한다. 그 결과는 무엇인가? 사람들이 모두 앞다투어 의
를 행하게 되어 나라가 안정되고 평온을 유지할 수 있게 된다. 이것이
바로 '상현(尙賢)', 즉 어진 이를 숭상함이다.

위에서 살펴보았듯이 묵자는 '상현'을 정치의 근본으로 보았고, 맹자는 '존현(尊賢)'을 왕업의 토대로 보았다. 이렇듯 맹자와 묵자는 상당히 닮았다고 할 수 있다.

자기 집 노인을 공경하여 그 마음을 남의 집 노인을 공경하는 데까지 미치게 하고, 자기 집 아이를 사랑하여 그 마음을 남의 집 아이를 사랑하는 데까지 미치게 한다.

맹자와 묵자의 닮은 점은 이 밖에도 많다. 예를 들어 맹자는 자신의 윗사람을 존경하는 것처럼 다른 사람의 윗사람도 존경해야 하며, 자기 자식을 사랑하는 것처럼 남의 자식도 사랑해야 한다고 주장했다. 묵자는 타 국가를 자신의 나라처럼 여기고, 타 집안이나 종족을 마치 자신의 집안이나 종족처럼 여기며, 타인을 자신처럼 여겨야 한다고 주장했다. 맹자가 말하고 있는 것은 인애이고, 묵자가 말하고 있는 것은 겸애다. 《맹자》〈양혜왕상〉 편을 보면 맹자는 "자기 집 노인을 공경하여 그 마음을 남의 집 노인을 공경하는 데까지 미치게 하고, 자기 집 아이를 사랑하여 그 마음을 남의 집 아이를 사랑하는 데까지 미치게 한다(老吾老以及人之老, 幼吾幼以及人之幼)"라고 했고, 《묵자》〈겸애중〉 편을 보면 묵자는 "남의 나라를 자신의 나라처럼 여기고, 남의 가정을 자신의 가정처럼 여기며, 남의 몸을 자신의 몸처럼 여겨야 한다(視人之國若視其國, 視人之家若視其家, 視人之身若視其身)"고 했다.

이처럼 두 사람의 주장은 매우 흡사해 인애와 겸애가 근본적으로 차이가 없는 것처럼 느껴진다.

그렇다면 이 두 사상의 차이는 어디에 있으며, 유가와 묵가의 갈림길은 대체 어디에서 시작되는 것일까?

유가와 묵가의 세 갈림길

　그 차이점은 분명하다.

　앞에서 말했던 맹자의 "자기 집 노인을 공경하여 그 마음을 남의 집 노인을 공경하는 데까지 미치게 하고, 자기 집 아이를 사랑하여 그 마음을 남의 집 아이를 사랑하는 데까지 미치게 한다"는 주장과 묵자의 "남의 나라를 자신의 나라처럼 여기고, 남의 가정을 자신의 가정처럼 여기며, 남의 몸을 자신의 몸처럼 여겨야 한다"는 주장은 정말로 같은 의미일까? 같은 것처럼 보이지만 사실은 크게 다르다. 그럼, 무엇이 다른가? 관건이 되는 단어는 '若視(약시)'와 '以及(이급)'이다. 묵자의 '약시'와 맹자의 '이급'은 어떻게 다른가?

　묵자의 '약시'는 다른 사람을 자기처럼, 다른 사람의 가족을 자신의 가족처럼 여기는 것이다. 다시 말해 자신을 사랑하는 것만큼 남도 사랑하며, 자신의 부모, 형제, 자녀를 사랑하는 것만큼 남의 부모, 형제, 자녀를 사랑한다는 뜻이다. 모든 사람을 똑같이 대하고 조금도 차별하지 않는다는 것이다. 이것이 곧 '겸애'다.

　그럼, 맹자의 '이급'은 무엇인가? 자신의 친족이 우선이고, 그다음으로 이를 미루어 생각해 보면 다른 사람도 자신과 마찬가지로 부모와 형제, 자식들이 있어 사랑을 받게 되니 이

런 이유로 사랑을 주는 것이라는 의미다. 그러나 자신의 친족을 사랑하는 것과 다른 사람의 친족을 사랑하는 것은 다르다. 또 사람을 사랑하는 것과 사물을 사랑하는 것은 다르다.《맹자》〈진심상〉편에는 이에 대한 내용이 실려 있다. 맹자가 말했다. "만물에 대해 군자는 그것이 사람이 아니기 때문에 아끼고 소중하게 여길 뿐 인덕을 베풀지는 않는다. 백성에게는 인덕을 베풀 뿐 친애하지 않는다." 그럼 누구를 친애하는가? 바로 친족으로, 무엇보다 부모, 즉 쌍친(雙親)이다. 맹자의 다음과 같은 말이 이어진다. "부모를 사랑한 뒤에 다른 사람을 사랑하고, 사람을 사랑한 뒤에 만물을 사랑한다(親親而仁民, 仁民而愛物)." 여기에서 말하는 사랑은 등급과 차별이 있는 사랑이다. 가까울수록 사랑은 깊고 커지며 멀수록 사랑은 옅고 작아진다. 이것이 바로 "사랑에 차등이 있다"는 말이자, 곧 '인애'다.

　유가와 묵가의 근본적인 차이점은 바로 여기에 있다. 유가는 차등적인 인애를, 묵가는 무차별의 겸애를 주장한 것이다. 그럼, 유가의 인애가 좋은가 아니면 묵가의 겸애가 좋은가?

　당연히 겸애가 좋다. 겸애를 이루면 누구나 평등하고 사해(四海)가 마치 한가족처럼 지내며, 세계가 하나가 되어 모든 이가 서로 사랑을 주고받게 된다. 이런 세상은 그 어떤 갈등, 원한, 전쟁도 없어 모든 이

가 서로 친애하고 단결해 형제나 자매처럼 사랑하고 돕는다. 이것이야 말로 모든 인류가 공통으로 추구하는 것이 아닌가? 베토벤 교향곡 제 9번 〈합창〉에 나오는 〈환희의 송가〉나 중국인들이 즐겨 부르는 〈세계를 사랑으로 충만하게〉 등 세계의 예술가들이 수백 년 동안 노래했던 이상이 바로 이러한 세상이 아닌가? 동일한 느낌은 우리에게 동일한 갈망을 가져다주고, 똑같은 환희는 우리에게 동일한 노래를 부르게 한다. 우리는 지금 묵자의 이러한 노래가 필요하다.

그러나 사물은 항시 양면성을 지니기 마련이다. 묵가의 이상이 너무나 아름답고 좋기 때문에 우리는 오히려 의심하지 않을 수 없다. 이것이 과연 이루어질 수 있는가?

유가에서는 불가능한 일이라고 여겼다. 《맹자》〈등문공상(滕文公上)〉 편에 따르면, 맹자와 묵가의 신도인 이지(夷之)의 변론이 나온다. 이지가 맹자를 만나 물었다. "유가의 도를 들으니 옛날의 성인들이 백성을 어린아이 보살피는 것처럼 한다고 했는데, 무엇을 가리켜 한 말입니까? 저는 이것이 사랑에는 차등이 없고 단지 이를 행하는 데 있어 부모님부터 시작해야 한다는 뜻이라고 생각합니다." 이에 맹자가 말했다. "어린아이가 땅을 기어가다 우물에 빠지려 한다면 이는 어린아이의 잘못이 아니다." 이는 무슨 의미인가? 어린아이가 우물에 빠지려고 하는 것을 보면 누구라도 달려가 구할 것이다. 이때 위험에 처한 아이가 누구네 아이인지는 중요하지 않다. 사람이라면 누구든지 아이가 죽도록 내버려두지는 않을 것이다. 이렇듯 위험에 빠진 아이를 구하는 것은 '겸애' 때문이라기보다 '천성'에서 비롯된 것이다. 사람이라면 누구나 '측은지심(惻隱之心)'의 천성을 지니고 있기 때문이다.

천성은 도덕의 토대이며, 예의(禮儀)보다 더 중요하다. 예를 들어 예의의 규정에 따르면, 남자와 여자는 직접 손으로 물건을 주고받아서는 안 된다. 그런데 만약 형수가 물에 빠졌는데 당장 손을 뻗어 구하지 않는다면, 이는 승냥이나 이리 같은 짐승과 다를 바가 없다. 그러므로 사람이라면 성별은 물론 가깝고 멀고와는 상관없이 먼저 목숨을 구해 주어야 한다. 이것을 '겸애'라고 하는 것은 말이 되지 않는다. 예를 들어 당신이 형수의 목숨을 구해 준 것이 형수를 부인처럼 사랑하기 때문이라고 할 수 있는가?

이런 이유로 맹자는 묵가의 겸애란 터무니없는 것일 뿐이고, 믿는 사람도 없다고 생각했다. 맹자는 이렇게 묻는다. "묵가의 신도라는 이지는 정말로 사람들이 이웃집 아이를 자신의 형의 아이처럼 사랑할 수 있다고 생각하는가?" 당연히 그렇게 할 수 없다. 이는 모든 이가 자신의 경험으로도 증명할 수 있는 일이므로 토론할 필요도 없다. 사람은 누구나 자신의 아이를 형제의 아이보다 더 사랑하고, 형제의 아이를 이웃집의 아이보다 더 사랑하기 마련이다. 이는 인지상정이자 상식이다.

이렇게 보면 맹자의 관점이 맞다. 윤리 도덕을 이야기할 때 사람이 지닌 일반적인 감정, 즉 인지상정을 말하지 않을 수 없기 때문이다. 도덕이란 무엇인가? 사람과 사람 사이의 행위 규범이다. 이런 규범이 인성을 토대로 하여 세워지지 않는다면, 또 상리(常理)나 상식을 기초로 하지 않는다면 실행할 수 없을뿐더러 심지어 '위선'이 될 수도 있을 것이다. 위선은 결코 선이 아니다. 그래서 사람이라면 누구나 지니고 있는 '친친지애(親親之愛)', 즉 자신과 가까운 가족을 사랑하는 것에서 시작해 세운 '인애'라는 유가의 도덕 개념은 합리적이고 실천 가능한 것이다. 결국 이번 변론에서는 맹자가 승리해 10점을 얻었다.

그러나 앞에서 말한 대로 모든 사물은 양면성을 갖고 있다. 도덕의 문제도 마찬가지다. 맹자는 가능성과 나름의 이치를 확보했지만 그것이 곧 묵자는 이치에 맞지 않는다는 의미는 아니다. 왜 그런가? 도덕은 가능성뿐만 아니라 초월성도 고려해야 하기 때문이다. 다시 말해서 '불가능'이 곧 '해서는 안 된다'는 의미는 아니라는 뜻이다. 또한 도덕이 도덕인 까닭은 가능성 때문만이 아니라 '해야 한다'는 당위성을 지니기 때문이다. 그래서 만약 가능성만 고려하고 당위성은 고려하지 않는다면 도덕 자체가 성립될 수 없다.

예를 들어 보겠다. 앞에 음식이 있는데 모두 배가 고픈 상황이어서 먹게 했다. 이것이 가능하겠는가? 당연히 가능하다. 개나 고양이에게도 먹게 할 수 있다. 그렇다면 밥을 먹는 것이 도덕인가? 분명 도덕이라 말할 수 없을 것이다. 도덕이라고 말할 수 없을 뿐만 아니라 도덕이 아니라고 말할 수도 없다. 이를 통해 도덕은 "할 수 있는지 없는지"를 묻는 것이 아니라 "해야 하는지 아닌지"를 묻는 것임을 알 수 있다. 예를 들어 여기 음식이 있다고 하자. 그렇다면 이것이 불의로 얻은 것인지, 또 누군가 던져 준 모욕적인 음식인지 아닌지도 살펴보아야 한다. 만약 정당하지 않은 방법으로 얻은 것이라면, 아무리 배가 고프다 해도 먹어서는 안 된다. 이런 것이 바로 도덕이다. 다시 말해 도덕은 반드시 초월성을 갖춰야 한다.

이제 묵자의 생각을 살펴보자. 묵자는 자신의 친족을 사랑하는 것은 사람이라면 누구나 할 수 있는 것이라고 생각했다. 그래서 이는 '도덕'이라기보다 '본능'이다. 그러므로 도덕에 대해 말하면서 자신의 가족만 대상으로 할 수는 없다. 오히려 이와 반대로 사람과 사람 사이의 경계를 무너뜨리고 모든 이가 할 수 있는 '친친지애'를 넘어서서 온 세상 모든 사람이 평등한 '박애(博愛)', 즉 겸애를 실현해야만 진정으로 도덕의 경지에 이를 수 있다. 따라서 겸애가 있어야만 도덕의 초월성이 체현된다. 도덕에 초월성이 없을 수 없다는 점에서 묵자의 말도 맞다. 묵자에게도 10점을 주어야 할 것이다.

그러나 이렇게 말한다면 또 문제가 생긴다. 묵자가 초월성을 중시한 것도 일리가 있고, 맹자가 가능성을 중요하게 여긴 것도 분명 맞다. 그렇다면 우리는 누구의 주장을 따라야 하는가? 둘 모두다. 도덕은 가능성을 고려하지 않을 수 없으며 또한 초월성도 고려하지 않을 수 없기 때문이다. 가능성만 고려하고 초월성을 고려하지 않으면 도덕이 존재할 수 없다. 또 초월성만 고려하고 가능성을 따지지 않으면 도덕이 아니다. 도덕이 아니라면 무엇인가? 잘하면 종교이고 그렇지 않으면 위선이다. 그러나 종교나 위선은 결코 도덕이 아니다. 그래서 묵자와 맹자 모두 나름의 일리가 있으며, 그들이 주장한 인애나 겸애 모두 옳다고 할 수 있다. 만약 양자를 결합할 수 있다면 더욱 좋을 것이다. 결론적으로 나는 이상에서는 겸애, 현실에서는 인애를 고려해 겸애로 인애를 이끌고 인애로 겸애를 실천하는 것이 하나의 방법이 될 수 있다고 생각한다.

그러나 이는 나중의 일이고, 우리는 다시 그 당시로 돌아가 보자. 당시의 상황은 어떠했는가? 묵가가 주장한 겸애에 대해 맹자는 불가능하다고 생각했고, 묵자는 매우 힘들겠지만 분명히 해결 방법이 있다고 생각했다. 묵자가 제시한 방법은 세 가지였다. 합리적인 계산, 공포 조성, 중앙 집권이 그것이다. 또는 이해타산, 귀신을 통한 두려움 조성, 군주의 전제정치다. 이러한 해결 방법으로 인해 유가와 묵가의 주장은 다시 크게 세 가지로 갈라지게 된다. 공리(功利)와 인의, 귀신과 천명, 군권과 민권이 그것이다.

먼저 첫 번째 방법부터 이야기해 보자.

앞에서 말한 것처럼 인간의 보편적인 감정에 따르면 겸애를 실천하는 것은 현실적으로 매우 어렵다. 실행하기 어려울 뿐만 아니라 사람들을 설득시키기도 어렵다. 어떤 근거로 남이나 남의 가족을 마치 자신이나 자신의 가족을 사랑하는 것처럼 사랑할 수 있겠는가? 묵자는 분명 이 점에 대해 고민했고, 그가 생각해 낸 방법은 사람들과 이해를 따져 보겠다는 것이었다. 《묵자》〈겸애중〉편에 이러한 묵자의 모습이 보인다. 묵자가 말했다. "지금 누군가 겸애를 반대한다면 이는 겸애의 이로운 점이 무엇인지 분명하게 알지 못하고, 손해를 보는 것으로 생각하기 때문이다. 그러나 실제로 그렇지 않다. 겸애는 손해를 보는 것이 아닐 뿐만 아니라 오히려 여러 가지 이익을 얻게 된다. 만약 당신이 다른 사람을 사랑한다면 다른 사람도 당신을 사랑할 것이고, 당신이 다른 사람을 이롭게 한다면 다른 사람도 당신을 이롭게 할 것이다. 이렇게 양쪽 모두에게 좋은 일인데 어찌 손해라고 할 수 있는가? 반대로 당신이 만약 다른 사람을 미워한다면 다른 사람도 따라서 당신을 미워할 것이며, 당신이 다른 사람을 해친다면 다른 사람도 따라서 당신을 해치려고 할 것이다. 이렇게 자신과 남을 해치는 일을 왜 하려고 하는가?"

이해타산, 이것이 바로 묵자가 제시한 첫 번째 방법이다.

묵자의 이러한 계산은 아주 명확하고 또한 이치에 합당하다. 그러나 이렇게 되면 펑요우란이 《중국철학 약사》에서 말한 것처럼 겸애는 일종의 투자이자 자기를 위한 사회 보험이 되고 만다. 겸애를 실행하는 사람은 이를 통해 이익을 얻을 뿐만 아니라 적은 노력을 들여 큰 효과를 얻을 수 있을 수 있다. 그러나 만약 어질지 않고 의롭지 못할 경우는 가산을 탕진하고, 남는 것이 하나도 없게 될 수 있다. 그러므로 인의는 공리와 상충하지 않으며, 오히려 공리를 얻을 수 있는 지름길이자 나아가 공리 그 자체다. 묵자의 이러한 관점을 "인의가 바로 공리다"라고 해도 무방할 듯하다.

묵자의 이런 주장은 대중에게 확실히 흡인력이 있었는지도 모른다. 그러나 유가는 이는 오히려 약점을 보인 것이라고 간주했다. 나는 당시 맹자가 마음속으로 이렇게 냉소했을 것으로 생각한다. '이건 대체 도덕을 말하겠다는 건가 아니면 공리를 말하겠다는 건가? 의(義)를 말하자는 건가 아니면 이(利)를 말하자는 건가? 게다가 도덕에 초월성이 있어야 하는 것 아닌가? 가장 중요한 건 바로 공리를 초월하는 것이지. 공리적 필요를 초월해야(예를 들어 모욕적으로 던져준 음식은 먹지 않고 정당하게 얻지 않은 재물은 받지 않는 것) 비로소 도덕적 추구를 실현했다고 말할 수 있는 것 아닌가. 그래서 유가는 "인의는 인의일 뿐 공리적인 것이 아니다"라는 관점을 내세운 게지.'

유가는 인의는 인의 그 자체일 뿐 공리는 될 수 없으며, 되어서도 안 되는 것으로 인식했다. 특히 맹자는 의(義)와 이(利)를 물과 불처럼 영원히 함께할 수 없는 것으로 보았다. 이것은 《맹자》의 첫 번째 구절이 "하필이면 왜 이(利)를 말하십니까? 인의가 있을 따름입니다(何必曰利, 亦有仁義而已矣)"라는 것을 보아도 알 수 있다. 대다수의 사람은 의와 이는 첨예하게 대립되는 것으로, 마치 맑은 물과 탁한 물이 서로 섞여 흘러도 맑음과 탁함이 분명하게 구분되는 것처럼 확실히 구분된다고 여긴다. 예를 들어 불의를 보면 용감하게 나서는 행동은 이해를 따져서 하는 것이 아니고, 이익 때문에 의리를 저버리는 행동은 도덕을 무시한 처사다. 그런데도 묵자는 이(利)로써 의(義)를 말하니 어찌 비웃지 않을 수 있겠는가?

그러나 나는 이번에는 묵자의 주장에 찬성표를 던지겠다. 나는 이(利)로써 의(義)를 말한 것이 바로 묵가가 유가보다 뛰어난 부분이자 심오한 부분이라 여기기 때문이다. 왜 그럴까? 근본적으로 따져 보면 '의'가 곧 '이'이기 때문이다. 《묵자》〈겸애하〉 편을 살펴보면 묵자가 말하는 '의'의 '이'는 개인의 '작은 이익'이 아니라 인류 전체 사회의 '큰 이익', 즉 '천하의 이익'이다. 당연히 '천하의 이익'도 이익이다. 더욱이 인류가 무엇 때문에 도덕을 필요로 하는가? 사람들로 하여금 권익을 모두 잃게 하기 위함인가? 당연히 아니다. 결국 인류에게 도덕이 필요한 이유는 모든 사람의 행복을 위해서다. 그러므로 이로써 의를 말하는 것은 옳지 않다거나 타당성이 없는 것이 아니다.

물론 묵자의 주장이 맞지 않다고 말하는 사람들도 있을 것이다. 아마도 그들은 이렇게 말할 것이다. "묵자가 이해를 따진다고 했을 때 말한 것은 어떠한 천하의 이익이 아니라 남을 사랑하면 반드시 자신도 사랑을 받게 된다는 것이다. 이는 개인의 사사로운 이익일 뿐이다." 이 말은 맞다. 묵자는 분명 그렇게 말했지만 그것이 틀린 것은 아니다. 인류란 무엇인가? 또 전체 사회란 무엇인가? 그리고 천하란 무엇인가?

인류, 사회, 천하 등은 추상적인 존재가 아니라 각기 개별적으로 생생하게 살아 있는 개인이 모여 이루어진 것이다. 개인이 없다면 사회도 없고, 천하도 없다. 그러므로 개인의 '작은 이익'이 없다면 인류 전체의 '큰 이익'도 존재할 수 없다. 만약 누군가 어떤 일이 인류 전체에게 이롭지만 개개인들에게는 불리하다고 한다면 이른바 '큰 이익'은 거짓말일 뿐이다.

사실 '이'는 '의의 근본'일 뿐만 아니라 '의의 길'이기도 하다. 즉, 공리를 인정해야만 도덕을 실현할 수 있다는 뜻이다. 경제학자인 장웨이(張維)는 신용에 대해 매우 좋은 말을 남겼다. 그의 말에 따르면, 신용이란 눈앞의 작은 이익을 버리고 멀리 있는 큰 이익을 추구하는 것이다. 그는 계속해서 이렇게 말한다. 작은 동네에 있는 상점은 일반적으로 손님들을 속일 수가 없다. 상점에 오가는 사람이 대부분 아는 사람들이어서 주인들은 오랫동안 장사를 하려면 그들의 신용을 얻어야 한다. 이는 일리가 있는 견해다. 실제로 각 개인의 합법적인 권익을 인정해야만 비로소 도덕이 필요하고, 또 가능해진다. 예를 들어 자신의 이익을 위해 남에게 손해를 끼치는 것은 비도덕적이다. 또한 남을 위해 자신을 희생하는 것은 도덕적으로 고결하다고 할 수 있다. 그렇다면 이런 질문을 던져 볼 수 있다. 자신의 이익을 위해 남에게 손해를 끼친다고 했는데 이때 어떤 손해를 끼친다는 것인가? 이익에 손해를 끼친다는 것이다. 또 남을 위해 자신을 희생한다고 했는데, 무엇을 희생한다는 것인가? 역시 이익이다. 만약 다른 사람에게 이익이 없다면 '손해'라고까지 말할 수 없을 것이다. 마찬가지로 만약 자신에게 이익이 없거나 이익이란 것이 있어도 그만 없어도 그만이라면 그냥 그에게

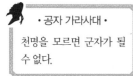
쥐 버려도 상관없을 것이다. 이처럼 도덕의 전제는 개개인의 '이', 즉 이익을 인정하는 것임을 알 수 있다. 이러한 점을 인정하기 때문에 자신의 이익을 위해 남에게 손해를 끼치는 것은 수치스러운 일이고, 남을 위해 자신을 희생하는 것은 고귀한 일이 될 수 있다.

그래서 나는 묵자에게 한 표를 던진 것이다. 그러나 동시에 약간의 설명을 덧붙이겠다. 묵가가 이익으로 의를 이야기한 것은 근본을 말한 것이고, 유가가 의를 위해 이익에 반대한 것은 현실을 말한 것이다. 다시 말해 현실 생활에서 도의와 공리가 충돌하게 될 때 우리는 유가의 주장을 취해야 한다. 도의를 위해 공리를 버려야 한다는 말이다. 공리인가 아니면 인의인가 하는 문제가 바로 유가와 묵가의 첫 번째 갈림길이다.

다음 두 번째로 말할 것은 귀신인가 아니면 천명인가에 관한 것이다.

묵자는 이해를 따져 본 후 스스로 확신이 서지 않았는지 두 번째 방법을 내놓았다. 귀신으로 겁을 주는 것이다. 물론 묵자의 '귀신론'은 일거양득인 면이 있다. 한편으로 겸애를 실현하면서 다른 한편으로 천명을 주장하고 귀신을 반대한 유가를 비판하기 위함이었다. 《논어》〈요왈〉편을 보면 공자는 분명하게 말하고 있다. "천명을 모르면 군자가 될 수 없다(不知命, 無以爲君子也)." 그의 애제자인 자하 역시 다음과 같이 말했다. "죽고 사는 것은 운명에 달렸고, 부귀는 하늘에 달렸다(死生有命, 富貴在天)."

반면 귀신에 대해서는 공자는 다음과 같은 입장이었다. "귀신에 대해 공경하되 멀리하라." 사실 공자는 귀신을 믿지 않았다. 이는 묵자와는 완전히 상반되는 것으로, 묵자는 귀신을 믿고 천명을 믿지 않았다. 그래서 묵자는 한편으로 '귀신론'을 선전하면서 동시에 '천명론'을 비판한 것이다.

《묵자》의 〈비명(非命)〉 상중하 편은 주로 유가의 '천명론'을 비판하는 내용으로 이루어져 있으며, 〈명귀(明鬼)〉 상중하(하편만 현존) 편은 주로 '귀신론'을 선전하는 내용이다. 여기에서 우선 묵자는 어떻게 이야기하고 있는지 살펴보겠다. 천명과 귀신에 대한 그의 생각을 살펴본 후에 유가의 견해에 대해 이야기하겠다.(이 점에 대해서는 제3장 6챕터와 제6장 1챕터를 참고)

우선 묵자는 천명에 대해 어떻게 비판했을까? 묵자는 이렇게 말했다.

첫째, 어떤 사물이 존재하는지 그 여부를 판단하려면 실제로 보거나 들은 사람이 있는지를 살펴야 한다. 누군가 본 사람이 있고 들은 사람이 있으면 존재한다고 말할 수 있다. 반대로 보거나 들은 사람이 없다면 존재하지 않는다고 말할 수 있다. 그렇다면 먼 옛날부터 지금까지 인류가 생겨난 이래로 '명(命)'의 모습을 직접 보거나 그 소리를 들은 사람이 있는가? 없다. 그러므로 천명은 존재하지 않는다.

둘째, 어떤 사물이 존재하는지 그 여부를 판단하려면 그것이 작용을 일으키는지의 여부를 살펴야 한다. 만약 작용을 일으키면 존재하는 것이고, 일으키지 않는다면 존재하지 않는 것이다. 그렇다면 상나라의 탕왕이나 주나라의 무왕 시절에 천하가 잘 다스려지고, 하나라의 걸왕이나 은나라의 주왕 시절에 천하가 크게 혼란했는데, 무엇이 작용을 일으킨 것인가? 이는 군주가 정치를 그렇게 한 것이지 천명은 어떤 작용도 하지 않았다. 따라서 천명은 존재하지 않는다.

셋째, 어떤 사물의 존재 여부를 판단하려면 누가 있다고 주장하고, 누가 없다고 주장하는지를 살펴야 한다. 누가 천명이 없다고 주장하는가? 성공한 사람과 걸출한 인재들이다. 그들의 성공은 자신의 노력에 의해 이루어진 것이기 때문에 자신의 성공이 숙명 때문이라고 말하는 사람은 없을 것이다. 그렇다면 누가 천명이 있다고 주장하는가? 폭군과 나태한 사람이다. 폭군은 나라를 망하게 하고도 자신의 책임이라고 말하지 않고 망할 운명이어서 멸망할 수밖에 없었다고 말할 뿐이다. 게을러서 가난한 사람도 자신이 노력하지 않았기 때문이라고 말하지 않고 원래 가난한 운명으로 타고나서 그런 것이라고 말할 뿐이다. 이를 통해 알 수 있듯이, 이른바 '천명'이란 폭군과 게으름뱅들이 만들어 낸 핑계일 뿐이지 사실은 결코 존재하지 않는다.

천명이 존재하지 않는다면 귀신은 어떠한가? 묵자는 당연히 존재한다고 말했다. 그는 세 가지 이유를 들었다. 첫째, 귀신을 보았다는 사람이 많다. 둘째, 귀신이 일으킨 작용의 사례가 많다. 셋째, 귀신이 존재한다고 주장하는 이들은 모두 성현이다. 이것이 바로 귀신이 존재한다는 증거다. 여기에서는 묵자가 말한 "살아서 귀신을 보았다"는 예에 대해서는 언급하지 않겠다.

그렇다면 귀신은 왜 존재하는가? 이 세계에 귀신이 존재하는 것은 대체 어떤 의의가 있는가? 《묵자》〈명귀하(明鬼下)〉 편을 보면 묵자는 귀신이 존재하는 이유에 대해 "선량한 사람에게는 상을 내리고 난폭

한 사람에게는 벌을 내리기 위함이다"라고 말했다. 귀신은 존재하지 않는 곳이 없으며, 이르지 않는 곳이 없고, 하지 못하는 것이 없다. 그들은 사람들의 언행 하나하나, 특히 통치자의 행동거지를 감독한다. 만약 누가 겸애를 실천해 좋은 일을 하면 그에게 상을 내려 행운이 찾아오게 하고, 만약 누군가 나쁜 짓을 하면 그에게 징벌을 내려 그에게 불운이 찾아오게 한다. 그래서 귀신은 형체가 없고 항상 나타나는 것도 아니니 나쁜 짓을 하고 남을 괴롭혀도 된다고 생각해서는 안 된다. 귀신은 사람들에 관한 모든 것을 손바닥 보듯이 훤히 알고 있으며, 또한 상벌이 분명하다. 그러므로 선행이든 악행이든 반드시 응분의 보상이 있기 마련이다. 다시 말해 선행에는 선과(善果)가, 악행에는 악과(惡果)가 따르는데, 때로 늦을 수는 있지만 반드시 보응이 있다.

이는 우리에게 꽤 익숙한 주장인데, 문제는 이를 어떻게 보느냐 하는 것이다. 나는 이렇게 생각한다. 묵자의 귀신론은 주로 통치자들에게 겁을 주어 조심하게 하고 너무 지나친 행위를 하지 못하도록 경각심을 일깨우기 위한 목적이었다. 이 점은 긍정적이다. 그러나 이러한 위협이나 겁주기는 믿을 만한 것이 못 된다. 묵자 자신도 이로 인해 웃음거리가 될 뻔한 적이 있다.

《묵자》〈공맹〉 편에는 다음과 같은 이야기가 나온다. 한번은 묵자가 병이 나자 질비(跌鼻)라는 제자가 문병을 왔다. 제자가 물었다. "선생님께서는 성인이신데 어찌하여 병이 나셨습니까? 선생님의 언행에 어떤 잘못이 있기에 귀신이 징벌을 내리는 것인가요. 아니면 귀신이 눈이 멀어서 그런 것인가요?" 묵자는 자신이 부도덕하기 때문이라고 말할 수도 없고, 그렇다고 귀신이 눈이 멀어서 분명히 알지 못해 그렇다고 말할 수도 없었다. 그래서 이렇게 말했다. "내가 병이 난 것은 무엇 때문이라고 증명할 수 없다. 사람에게 병이 나는 원인은 여러 가지가 있다. 날씨의 변화 때문에 얻는 경우도 있고, 일을 너무 많이 해서 얻는 경우도 있다. 이는 방에 백 개의 문이 있는 것과 같은 것이니 그중 하나만 잘 닫는다고 어찌 도적이 들어올 수 없겠느냐?"

묵자의 말은 그럴듯하게 꿰맞춘 것 같지만 오히려 스스로를 난처한 입장에 빠트렸다. 자신이 병이 난 것은 나쁜 일을 해서 귀신이 벌을 준 것이 아니고 다른 사람은 그렇다면 이것이 대체 무슨 논리인가? 물론 묵자가 다른 사람도 반드시 그런 것은 아니며, 사람이 병이 나는 것은 수백 가지 원인이 있다고 말할 수 있다. 그렇다면 좋다. 사람의 행복이나 불행도 수백 가지 원인이 있고, 귀신의 상벌은 그 가운데 하나에 불과하다면 굳이 두려워할 이유가 무엇인가?

이러하기에 세 번째 방법이 필요하다. 그것은 군주의 전제정치다.

군주의 전제정치를 묵자는 '상동(尙同)'이라 했다. '상동'이 무엇인가? 상동의 상(尙)은 상(上)과 같은 뜻이니 상동(尙同)은 상동(上同) 또는 동상(同上)이다. 모든 사상이나 관념, 의견이 위(上), 최종적으로 상천(上天)에서 통일되어야 한다는 뜻이다. 이러한 통일은 절대적이면서 가치를 따질 수 있는 것이 아니다. 《묵자》〈상동중〉 편에는 상동의 개념이 자세히 설명되어 있다. "위에서 옳다고 하면 반드시 옳은 것이고, 위에서 그르다고 하면 반드시 그른 것이다." 즉, 위에서 옳다고 말하면 아래에서 반드시 옳다고 말해야 하고, 군주가 옳다고 말하면 신하와 백성이 반드시 옳다고 해야 한다는 뜻이다. 이렇듯 모든 사람의 의견은 반드시 윗사람의 의견과 같아야 하며, 아랫사람이 함부로 말하면 안 된다. 그러므로 위에서 상을 주면 백성은 그것을 듣고 칭송하게 될 것이다. 반대로 만약 아랫사람과 결탁해 윗사람을 비방하면 윗사람은 즉시 징벌하고 백성이 이 잘못을 듣게 되면 곧 그를 비난하게 될 것이다. 이것이 현명한 군주의 시정(施政)이자 가르침이다.

즉 천하통일, 군권지상, 절대복종이 바로 '상동'임을 알 수 있다.

이는 의심할 여지없이 일종의 전제 정치다. 게다가 당시 상황에서 이러한 전제 정치는 최종적으로 군주(君主: 천자(天子), 국군(國君), 가군(家君))에 의해 실행된다. 그래서 나는 묵자가 제시한 세 번째 방법을 '군주의 전제 정치'라고 말한 것이다. 결국 묵자 자신도 겸애가 현실적으로 실현하기 어렵다는 것을 알고 있어 "전제로써 겸애를 행하는 방법"을 제시한 것으로 보인다. 이는 묵자의 마지막 방법이자 아마도 가장 유용한 방법인 듯하다.

그러나 이렇게 할 경우에도 문제가 발생한다. 겸애와 전제를 어떻게 동시에 받아들일 수 있는지의 문제다. 사랑이란 마음에서 우러나오는 감정으로 억지로 강요할 수 있는 것이 아니다. 따라서 전제로써 겸애를 실행한다는 것은 그 자체로 패러독스다. 게다가 묵자가 겸애를 주장한 것은 원래 일반 대중의 권리를 보호하기 위함이었다. 그런데 상동의 관념은 곧 '군권 지상주의'인 이상 민권은 어디에서 찾는단 말인가? 이 또한 패러독스다. 바로 이러한 문제들로 인해 유가와 묵가는 '군권인지 아니면 민권인지'를 둘러싸고 세 번째 갈림길에 서게 된 것이다. 이는 가장 중요한 차이점으로, 유가와 묵가에 대한 최종 판단과 관련이 있기 때문에 보다 구체적으로 논의할 필요가 있다.

6

출발점과 도착지가 뒤바뀐
유가와 묵가

정확하게 말해서 군권인가 아니면 민권인가의 문제는 곧 묵자와 맹자의 갈림길이라 할 수 있다.

먼저 '상동'의 문제부터 이야기하는 것이 좋을 듯싶다. 겸애가 묵가 학설 가운데 가장 뛰어난 부분이라고 한다면 상동은 최대의 결함이다. 바로 이 결함 때문에 우리는 묵자가 사회의 병폐를 고치는 훌륭한 의사인지 아니면 나쁜 의사인지 판단하기가 어렵다. 그가 제시한 이 두 가지 처방이 서로 모순되기 때문에 병자가 이를 동시에 먹었을 경우 살아날지 아니면 죽을지 아무도 알 수 없다.

묵자는 왜 이런 처방전을 내놓았을까? 그것은 당시 사회의 병폐에 대한 진단에서 비롯된 것이다. 《묵자》〈겸애상〉과 〈상동상〉 편을 보면 그 원인에 대해 다음과 같이 말하고 있다. "혼란이 왜 생겨나는가? 서로 사랑하지 않는 데서 비롯된다(亂何自起? 起不相愛)." "천하가 혼란스러운 까닭은 좋은 지도자가 없기 때문이다(天下之所以亂者, 生於無政長)." 묵

자는 천하가 크게 혼란스러운 원인을 두 가지
로 보았는데, 하나는 사람들이 서로 사랑하지
않기 때문이고, 다른 하나는 사회에 지도자가
없기 때문이라고 생각했다. 지도자가 없으면
사회는 아수라장의 무정부 상태에 처하게 되

• 묵자 가라사대 •
혼란이 왜 생겨나는가? 서
로 사랑하지 않는 데서 비
롯된다.

는데 먼 옛날의 상황이 그러했다. 또한 서로 사랑하지 않으면 사회는
서로 죽고 죽이는 전쟁터가 되고 마는데 묵자의 시대가 바로 그러한
상황이었다. 그래서 묵자는 두 가지 처방을 내놓게 된 것이다. 그 하
나는 서로 사랑하지 않는 병폐를 치료하기 위한 '겸애'고, 다른 하나는
지도자가 없는 상황을 치료하기 위한 '상동'이었다.

　묵자의 이러한 주장은 쉽게 이해되지 않는다. 하나라 우(禹)임금의
아들인 계(啓) 이래 선양(禪讓)이 폐지된 이후로 묵자가 살았던 시대까
지 세습군주제가 거의 1600여 년이나 지속되었는데 어찌 '무정부'라
고 말할 수 있는가? 하나라의 계 이전 씨족, 부락, 부락연맹의 경우에
도 모두 자신들의 지도자가 있었는데, 왜 지도자가 없다고 말하는가?
사실 묵자가 말하는 '무정장(無政長)'은 일반적인 의미의 지도자가 없
다는 뜻이 아니라 백성의 생각이나 의지를 하나로 통일할 수 있는 훌
륭한 지도자가 없다는 뜻이다.

　《묵자》〈상동상〉 편에는 다음과 같은 묵자의 말이 실려 있다. "인류
가 생겨난 초기에 아직 정치 제도가 없었을 때에는 의견이 통일되지
않았다. 한 사람이 하나의 주장이 있고, 두 사람이 각기 다른 주장이
있었으며, 열 사람 또한 각자 다른 주장이 있었다. 이렇듯 사람이 많을
수록 주장도 많아졌다. 그리하여 모든 사람이 각자 자신의 주장이 옳

고 다른 사람의 주장은 틀리다고 말하며 서로 공격하고 비난하게 되었다." 그 결과 어떻게 되었는가? "천하가 크게 혼란스러워져 사람들이 마치 금수처럼 되고 말았다." 이처럼 천하가 아수라장이 되어 버린 까닭은 훌륭한 지도자가 없기 때문이다. 그래서 묵자는 "천하가 혼란스러운 까닭은 좋은 지도자가 없기 때문이다"라고 말한 것이다.

이로 미루어 보건대, 묵자가 말한 '무정장'은 좋은 지도자가 없다는 의미보다는 의견이 통일되지 않았다는 의미다. 치료는 당연히 증상에 따라 처방하는 것이므로 그 치료법은 백성의 사상과 관념, 의지를 통일하는 것이다. 그렇다면 누가 통일할 것인가? 백성에게 맡길 수는 없다. 사람이 많으면 의견도 분분하고 생각도 각기 다르기 때문에 백성 스스로 의견을 통일할 수가 없다. 그러므로 집정자만이 통일할 수 있는데 이때 그 방법은 아래로부터 위로 의견을 올리는, 즉 하의상달(自下而上)의 방법이다. 이것이 바로 '상동(尙同)', 즉 통치자와 의견이 서로 같아지도록 하는 것이다.

그러나 여기에도 여전히 문제는 있다. 백성은 수가 많은 만큼 의견도 수없이 많을 텐데 집정자는 그렇지 않은가? 집정자도 결코 한 사람이 아니기 때문에 그들 또한 마찬가지다. 이 문제에 대해 묵자도 해결 방법을 제시했다. 그의 방법이란 '축급상동(逐給尙同)'이다. 《묵자》〈상동중〉 편에 따르면, 이장(里長)이 촌민의 의견을 통일하고, 그런 다음에 이장이 촌민을 이끌어 향장(鄕長)의 의견으로 통일하며, 다시 향장이 향민의 의견을 통일하고 향민을 이끌어 국군의 의견과 상동하게 만든다. 국군은 국민의 의견을 통일한 연후에 국민을 이끌어 "천자와 의견이 동일하게 만든다."(〈상동하〉 편에도 이와 유사한 내용이 나온다) 만약 촌민의 의견이 일치하지 않아 이장이 통일하지 못하면 향장이 나서서 말하면 그것으로 끝난다. 향장이 옳다고 하면 반드시 옳고, 향장이 그르다고 하면 반드시 그르기 때문이다. 또한 향민의 의견이 분분해 향장이 통일하지 못하면 국군이 나서서 말하면 그것으로 끝이다. 국군이 옳다고 하면 반드시 옳고 그르다고 하면 반드시 그르기 때문이다. 마찬가지로 국민의 의견이 분분하면 천자가 말하면 된다. 이렇게 되면 의견이 많아질 것을 걱정할 필요가 없다. 윗사람 위에 또 윗사람이 있기 때문이다. 마을 이장들의 의견이 통일되지 않으면 향장의 의견을 들으면 되고, 향장들의 의견이 통일되지 않으면 국군의 의견을 들으면 된다. 또 국군들의 의견이 일치하지 않으면 천자가 있으니, 그가 언제나 마지막으로 통일하면 그만이다.

이렇게 통일하면 어떻게 되는가? 겸애를 실현할 수 있다. 천하의 모든 사람이 윗사람을 따르기 때문이다. 그래서 천자가 겸애하면 국군이 겸애할 것이고, 국군이 겸애하면 향장이 겸애할 것이며, 향장이 겸애하면 이장이 겸애할 것이고, 이장이 겸애하면 촌민이 곧 겸애하게 될 것이다. 결국 천하의 모든 이가 겸애하게 된다. 이것이 바로 겸애를 실현하는 세 번째 방법, 즉 중앙 집권이다.

이런 생각은 괜찮기는 하지만 애석하게도 위험성이 있다. 예를 들어 만약 천자가 겸애를 실천하지 않는다면 어떻게 되는가? 그러할 경우 국군이 겸애하지 않을 것이고, 국군이 겸애하지 않으면 이에 따라 향장이 겸애하지 않을 것이며, 향장이 그러하면 이장이 겸애하지 않을 것이고, 이장이 겸애하지 않으면 촌민이 겸애를 행하지 않을 것이다. 결국 천하의 모든 사람이 겸애하지 않게 된다. 이는 마치 무슨 하나의 놀이를 보는 것 같다는 생각이 든다.

다행히 묵자는 이미 이런 문제를 생각하고 우리에게 걱정할 필요가 없다고 알려 준다. 천자가 반드시 겸애할 것이기 때문이다. 왜 그럴까? 천자는 가장 비범하고 총명한 사람이기 때문이다. 게다가 그는 자신 다음으로 총명한 인물을 선발해 국군으로 임명함으로써 "그 나라 사람들의 의견을 통일하도록 할 것이다(一同其國之義)." 그리고 국군은 자신의 나라에서 자신의 다음가는 총명한 사람을 선발해 향장, 이장으로 임명해 자신을 보좌하도록 할 것이다. 이들은 모두 어질고 선량한 사람들이므로 안심할 수 있다. 그렇다면 천자가 왜 천하에서 가장 비범하고 총명한가? 《묵자》 〈상동중〉 편에 따르면, 그것은 "천하의 의견을 통일해 천하에서 어질고 선량하며 지혜롭고 분별 있는 사람을 골라 천자로 세우기 때문이다." 천자가 만약 가장 비범하고 총명한 사람이 아니라면 어찌 그를 택하겠는가?

이는 물론 일리가 있는 말이다. 그러나 몇 가지 유감스러운 부분이 있다.

첫째, 가장 비범하고 총명한 천자는 대체 어떻게 선출하는가? 민선인가 아니면 관선인가? 아니면 하늘이 선택하는 것인가? 또한 당시 상황에서 세습 천자는 어떻게 대대로 총명할 수 있단 말인가? 또 국군은 어찌 대를 이어 그다음으로 총명할 수 있는가? 이런 문제에 대해 묵자의 어떤 언급도 없고, 우리도 함부로 추측할 수 없으니 그저 속으로 생각해 볼 뿐이다.

둘째, 묵자는 천자가 가장 비범하고 총명하며 국군이 그다음이며, 향장, 이장이 그다음이라고 했다. 그런데 그들이 신이 아니고 사람인

이상 영원히 잘못을 저지르지 않을 수 있겠는
가? 묵자도 이 점을 생각하고 대비책을 마련했
다. 윗사람은 반드시 아랫사람과 대중의 의견
을 청취하고, 아랫사람과 대중은 반드시 윗사
람에게 상황을 보고해야 한다는 것이다. 그는
심지어 윗사람이 잘못했는데 간하지 않거나

• 묵자 가라사대 •
윗사람이 정치를 함에 있
어 아랫사람의 실정을 파
악하면 안정되고, 아랫사
람의 실정을 파악하지 못
하면 혼란스러워진다.

아랫사람이 선을 보고 듣고도 보고하지 않는다면 모두 처벌해야 한다
고 규정했다.(〈상동상〉 편과 〈상동중〉 편 모두 이런 규정이 언급되어 있다) 그
이유는 〈상동하〉 편에서 찾을 수 있다. "윗사람이 정치를 함에 있어 아
랫사람의 실정을 파악하면 안정되고, 아랫사람의 실정을 파악하지 못
하면 혼란스러워진다(上之爲政, 得下之情則治, 不得下之情則亂)." 그래서 아
랫사람은 반드시 말해야 하고 윗사람은 반드시 귀 기울여 들어야 한
다. 그렇다면 의견을 전달했는데 윗사람의 견해와 일치하지 않을 경우
는 어떻게 할 것인가? 윗사람의 말에 따라야 한다. 촌민은 이장, 이장
들은 향장, 향장들은 국군, 국군들은 천자의 의견에 따라야 한다. 이렇
듯 천자는 진리의 대변인이자 최고의 중재자다.

이는 무엇인가? 표면적으로 볼 때 '민주집중(民主集中)', 즉 민중이 권
력을 전담하는 것처럼 보이나 사실상 '군주 독재'다. 이는 적어도 '군
주 집권' 또는 '군주 전정(專政)'이라고 말할 수 있다. 군주는 최고의
이데올로기, 발언권, 결정권, 그리고 쟁론에 대한 재판권을 쥐고 있다.
이것이야말로 '군권지상(君權至上)'이 아니고 무엇이겠는가? 이런 제도
하에 놓인다면 펑요우란이 《중국철학 약사》에서 말했듯이 "국가의 성
격은 필연적으로 전체주의가 될 수밖에 없고, 국군의 권력은 반드시

절대화될 수밖에 없다." 그리고 민중은 통치자
에게 절대복종할 수밖에 없다. 만약 의견이 일
치하지 않을 경우 자신의 견해를 포기하거나,
그렇지 않으면 이에 따른 징벌을 받아야 한다.
이런 상황에서 무슨 언론의 권리가 있겠는가?
심지어 백성이 의견을 제시하는 것은 의무일 뿐 권리가 아니다. 백성
을 지극히 사랑했던 묵자가 뜻밖에도 민권을 완전히 무시한 셈이니
참으로 흥미롭다.

묵자의 이런 사상에 대해 유가 또한 찬성할 수 없었다. 적어도 맹자
는 절대 찬성하지 않았다. 맹자에게 민권은 군권보다 높은 것이었기
때문이다. 《맹자》〈진심하〉 편에 나오는 맹자의 다음 명언은 누구나
알고 있을 것이다. "백성이 가장 귀하고 사직은 그다음이며, 임금은 가
장 가벼운 존재다(民爲貴, 社稷次之, 君爲輕)." 이는 민권이 으뜸이고, 정권
이 그다음이며, 군권은 맨 마지막이라는 뜻이다.

군주는 가장 높은 자리에 위치하며 부귀영화를 누릴 수 있으며 유
일무이한 존재다. 예를 들면 《맹자》의 표현을 빌려 "하늘에 두 개의 태
양이 있을 수 없고, 백성에게 두 명의 왕이 있을 수 없는" 지고지상의
존재다. 그러나 군주의 이 같은 존숭에는 조건이 있어 여기에 부합해
야 한다. 만약 조건에 부합하지 않으면 문제가 생긴다. 예를 들어 양혜
왕의 아들인 양양왕(梁襄王)처럼 "보아하니 임금 같지 않다"는 평가를
받게 되면 그는 백성의 존숭을 받을 자격이 없는 것이다.

그렇다면 군주로서 합격하기 위해 어떤 조건을 갖추어야 하는가?
세 가지가 있다.

첫 번째는 "민생에 관심을 갖고 백성과 더불어 즐거움을 나누는 것 (여민동락)"이다. 맹자는 군주라면 최소한 백성이 편안하게 생업에 종사하며 먹고 입는 데 걱정이 없게 해 주어야 한다고 생각했다. 만약 양혜왕의 경우처럼 "왕의 푸줏간에는 살찐 고기가 가득 있고, 왕의 마구간에는 살찐 말이 있는데, 백성의 얼굴에는 굶주린 기색이 있고, 들에는 굶어 죽은 시체가 나뒹굴고 있다"면 이는 군주로서 불합격이다. 이런 문제에 있어서 살펴보아야 할 기준은 다음 세 가지다.

첫 번째 기준은 50세 이상의 사람 모두 비단옷을 입을 수 있고, 70세 이상의 사람 모두 고기를 먹을 수 있어야 한다는 것이다. 이는 《맹자》〈양혜왕상〉편에 나오는 내용으로, 맹자가 제안한 것이다. 그 이유는 무엇인가? 〈진심상〉편을 보면 맹자는 이렇게 말하고 있다. "나이 50세가 되면 비단옷이 아니면 따뜻하지 않고", "나이 70세가 되면 고기가 아니면 배부르지가 않다." 만약 백성이 추위에 떨고 굶주린다면 군주로서 불합격이다. 이는 계량화 가능한 철칙이다.

두 번째 기준은 소외 계층에 관심을 가져야 한다는 것이다. 《맹자》〈양혜왕하〉편을 보면 맹자는 다음과 같이 말했다. "늙어서 아내가 없는 자를 홀아비라고 하고, 늙어서 남편이 없는 자를 과부라고 하며, 늙어서 자식이 없는 자를 독거노인이라 하며, 어려서 부모가 없는 자를 고아라고 합니다. 이 네 부류는 어디에도 호소할 곳 없는 세상에서 가장 곤궁한 사람들입니다." 그러므로 이들에게 관심을 갖지 않는다면 이 역시 군주로서 불합격이다.

이상 두 가지는 기본적인 기준이라고 할 수 있다.

세 번째 심사 기준은 앞선 두 가지보다 높은 수준으로 '여민동락(與

民同樂)'하는 것이다. 《맹자》〈양혜왕하〉편에 따르면, 맹자는 여러 차례 제 선왕과 인정(仁政)에 대해 이야기를 나누었다.

소외 계층에 관심을 가져야 한다고 말했을 때 제 선왕이 "선생의 말씀은 참으로 좋습니다"라고 하자, 맹자는 이렇게 말했다. "대왕께서는 좋다고 생각하시면서 무엇 때문에 실천하지 않으십니까?" 이에 제 선왕이 대답했다. "과인에게는 병통이 있습니다. 과인은 재물을 좋아합니다." 맹자가 대답하여 말했다. "대왕께서 재물을 좋아하신다면 백성도 좋아할 것입니다. 대왕께서 백성과 더불어 그것을 나누시면 되지 않겠습니까?" 선왕이 다시 말했다. "과인은 병통이 있습니다. 과인은 여자를 좋아합니다." 그러자 맹자가 다시 대답했다. "그것이 무슨 상관입니까? 대왕께서 여자를 좋아하신다면 백성도 좋아할 것입니다. 대왕께서 백성과 함께 좋아하시면 되지 않겠습니까?"

맹자는 심지어 제 선왕에게 일깨우는 식의 교육을 진행한다.

맹자가 말했다. "대왕께서 음악을 좋아하신다고 들었는데, 그러하십니까?" 제 선왕이 얼굴빛이 변해서 말했다. "과인이 선왕의 음악을 좋아한다는 것이 아니라 단지 세속의 음악(유행가)을 좋아할 뿐입니다." 맹자가 말했다. "지금 유행하는 음악도 옛날의 음악과 마찬가지로 나쁜 점이 없습니다. 음악은 모두 같습니다. 그러나 한 가지 여쭤보고 싶은 것이 있습니다. 대왕께서는 혼자 음악을 즐기는 것과 사람들과 함께 즐기는 것 중 어느 쪽이 더 즐겁습니까?" 제 선왕이 대답했다. "당연히 사람들과 함께 즐기는 것이 낫습니다." 맹자가 다시 물었다. "소수의 사람과 함께 음악을 즐기는 것과 다수의 사람과 함께 즐기는 것 중 어느 쪽이 더 즐겁습니까?" 제 선왕이 대답했다. "당연히 다수의 사

람과 즐기는 것이 낫습니다." 그러자 맹자가
이렇게 말했다. "그렇다면 온 백성과 함께 즐
기신다면 가장 즐겁지 않겠습니까? 백성과 함
께 즐거움을 나누면 천하가 심복하게 됩니다.
이것이 바로 왕도입니다."

그러나 애석하게도 맹자가 이렇게 말해봐야
소용없는 일이었다.

이상이 첫 번째 조건, 즉 "민생에 관심을 갖
고 백성과 더불어 즐거움을 나누는 것"이다.

군주로서 합격의 두 번째 조건은 "민의를 이해하고 사실을 존중하
는 것"이다. 맹자는 묵자와 마찬가지로 '현인 정치(賢人政治)'를 주장했
다. 그의 이상 속의 치세는 "도덕을 갖춘 인물을 존중하고 능력 있는
이를 써서 걸출한 인물들이 모두 관직에 있는 것"으로 묵자의 주장과
별다른 점이 없다. 다만 맹자가 말하는 선현(選賢), 즉 현자를 선발하는
일은 군주, 고위 관리, 높은 사람의 말로 정해지거나 묵자가 말한 것처
럼 "위에서 옳다고 하면 반드시 옳은 것이고, 위에서 그르다고 하면 반
드시 그른 것이다"가 아니라, 널리 민중의 의견을 취합한 연후에 취사
선택하는 것이다.《맹자》〈양혜왕하〉 편을 보면 맹자는 이에 대해 다음
과 같이 말했다. "관리를 선발할 때 국군의 주변 사람들이 모두 좋다고
해도 아직 등용해서는 안 되며, 여러 대부가 좋다고 해도 아직 등용해
서는 안 되며, 백성이 모두 좋다고 하면 비로소 그를 잘 살펴보아, 확
실히 어진 인물이면 그때 임명하면 된다." 다시 말해 민의를 청취하고
사실을 중시하라는 뜻이다. 인재를 선발할 때와 마찬가지로 누군가를

죽여야 할 때도 신중해야 한다. "나라의 백성이 모두 죽여도 된다고 말하면 그다음에 그 사람을 잘 살펴보고 죽여 마땅하다면 그때 죽인다." "이렇게 해야만 비로소 백성의 부모가 될 수 있다." 이러한 사람이어야 군주로서 합격할 수 있다.

군주로서의 합격 세 번째 조건은 "민권을 존중하고 대등한 교류를 해야 한다"는 것이다. 맹자는 사람은 모두 같기 때문에 설사 군주와 신하의 관계라 해도 상호 존중이 필요하다고 생각했다. 이에 대해서는 공자도 말한 적이 있다. "군주는 예로써 신하를 부리고, 신하는 충성으로써 군주를 섬겨야 한다(君使臣以禮, 臣事君以忠)."

맹자는 예의를 차려야 한다고는 하지 않았지만 《맹자》〈이루하〉 편을 보면 군주와 신하의 관계를 다음과 같이 말했다. "군주가 신하를 자신의 수족처럼 중요하게 여기면 신하는 군주를 자신의 복심처럼 소중하게 여길 것이고, 군주가 신하를 개나 말처럼 여긴다면 신하는 군주를 길 가는 낯선 사람처럼 여길 것이며, 군주가 신하를 토개처럼 하찮게 여기면 신하는 군주를 원수 같이 여길 것이다(君之視臣如手足, 則臣視君如腹心. 君之視臣如犬馬, 則臣視君如國人. 君之視臣如土芥, 則臣視君如寇讐)." 즉 당신이 나를 사람으로 대우하면 나도 당신을 사람으로 대우할 것이고, 당신이 나를 무시하면 나 역시 당신을 적으로 생각하겠다는 뜻이다. 왜냐하면 당신은 근본적으로 군주로서의 격에 맞지 않기 때문이다.

그렇다면 군주가 합격하지 못할 경우 어떻게 해야 하는가? 이때는 두 가지 방법이 있다. 하나는 그를 내쫓아 외톨이가 되도록 하는 것이고, 다른 하나는 그를 전복해 들판의 고혼(孤魂)이 되게 하는 것이다.

《맹자》〈만장하〉 편에 따르면, 한번은 제 선왕이 맹자에게 공경(公卿)에 대해 물었다. 맹자가 "왕께서는 어떤 공경을 물으시는 것입니까"라고 묻자 왕이 "공경에도 같지 않은 것이 있는가?"라고 반문했다. 그러자 맹자가 말했다. "같지 않습니다. 왕실과 같은 성(姓)인 귀척(貴戚) 출신의 공경이 있고, 왕실과 다른 성의 공경이 있습니다." 이에 선왕이 귀척 출신의 공경에 대해 묻는 것이라고 하자 맹자는 이렇게 대답했다. "군주가 큰 잘못이 있으면 간언하고, 반복해 간언했는데도 듣지 않으면 군주를 폐위하고 다른 사람을 세웁니다." 이 말에 선왕의 얼굴빛이 변했다. 그러자 맹자가 다시 말했다. "왕께서는 이상하게 여기지 마십시오. 왕께서 신에게 물으셨기에 감히 바른말로 대답하지 않을 수 없었습니다." 잠시 후 선왕의 얼굴빛이 원래대로 돌아오자 다시 이성(異姓)의 공경에 대해 물었다. 맹자가 대답했다. "군주가 잘못이 있으면 간언하고, 반복해 간언했는데도 듣지 않으면 자신이 떠나 버립니다." 이런 군주 또한 군주로서 불합격이다.

맹자가 이렇게 말한 것은 그의 마음속에 '민권이 군권보다 높다'는 생각이 자리하고 있었기 때문이다. 그는 군권은 하늘이 부여한 것이지만 "하늘은 백성의 눈으로 모든 것을 보고, 하늘은 백성의 귀로 모든 것을 듣는다(天視自我民視, 天聽自我民聽)"고 보았다. 그래서 명분은 하

• 맹자 가라사대 •
하늘은 백성의 눈으로 모
든 것을 보고, 하늘은 백성
의 귀로 모든 것을 듣는다.

늘이 부여하지만, 권력은 백성이 부여한다. 그러므로 군주가 몹시 형편없다면 백성은 혁명을 일으킬 권리가 있다. 《맹자》〈양혜왕하〉편에는 제 선왕이 맹자에게 상탕(商湯)은 하걸(夏桀)의 신하였고, 주무(周武)는 은주(殷紂)의 신하였는데, 어찌 자신의 군주를 시해할 수 있느냐고 묻는 내용이 나온다. 그러자 맹자는 이렇게 대답했다. "인을 훼손하는 것을 사악하다고 하고, 의를 훼손하는 것을 잔학하다고 합니다. 그리고 인의를 훼손한 자는 필부라고 부릅니다. 저는 필부에 지나지 않는 은나라 주(紂)를 죽였다는 말은 들었어도 '임금을 시해했다'는 말은 들은 적이 없습니다."

이처럼 군권인가 아니면 민권인가, 이것이 바로 유가와 묵가(정확하게 말하면 맹자와 묵자)의 세 번째 갈림길이다. 이 문제에 대해 나는 확실히 맹자에게 한 표를 던지면서 한편으로 묵자에게 깊은 유감의 뜻을 표한다. 사실 묵자 역시 민권을 수호하는 데 앞장섰기 때문이다. 묵자 사상의 핵심이자 총칙은 다음과 같다. "천하의 이로움을 일으키고 천하의 해로움을 제거한다(興天下之利, 除天下之害)." 이 말은 《묵자》 책 곳곳에서 보일 뿐만 아니라 전체를 관통하고 있다. 묵자가 말한 천하는 당연히 천하 모든 사람의 천하이며, 그가 추구했던 이로움 역시 천하 모든 사람의 근본적인 이익이다. 또한 그는 오로지 소외받고 어려움에 처한 사람들을 동정하고 그들을 위해 힘썼다.

묵자는 당시 사회의 가장 큰 문제는 결코 공자가 통탄했던 '예악의 붕괴로 아랫사람이 윗사람을 참월하는' 상황이 아니라, 한 계급이 다른 계급을 억압해 권세를 휘두르며 약자를 짓밟고 교묘한 방법으로 강

탈하는 약육강식의 세태라고 보았다. 일반 백
성의 이익을 쟁취하기 위해 묵자는 글을 통해
자신의 주장을 펼쳤으며, 신발이 해지고 입술
이 부르트도록 사방을 뛰어다니며 호소하고
실천했다. 이런 정신은 실로 존경할 만한 가치
가 크며, 이러한 자세는 인정해 주어야 한다.

• 맹자 가라사대 •
천하 사람들과 함께 즐거
워하고 천하 사람들과 함
께 근심하는데, 이렇게 하
고도 왕 노릇을 하지 못한
자는 지금까지 있은 적이
없다.

　반대로 공자와 맹자는 오히려 통치계급 쪽
에 서 있었다. 뿐만 아니라 어떤 의미에서는 맹자는 공자보다 한 걸
음 더 나아간다. 공자는 '왕도(王道)'만을 이야기했는데 맹자는 '왕업(王
業)'까지 언급하고 있다. 예를 들어 맹자가 말한 "자기 집 노인을 공경
하여 그 마음을 남의 집 노인을 공경하는 데까지 미치게 하고, 자기 집
아이를 사랑하여 그 마음을 남의 집 아이를 사랑하는 데까지 미치게
한다"는 주장의 최후의 결과는 무엇인가? "천하를 손바닥 안에 있는
것처럼 잘 다스릴 수 있는 것이다(天下可運於掌)." 그가 "도덕을 갖춘 인
물을 존중하고 능력 있는 자를 써야 한다"고 주장한 것도 천하에 대적
할 자가 없게 하기 위함이었다.

　《맹자》〈공손추상〉편을 보면 맹자는 또 이렇게 말했다. "천하에 대
적할 자가 없는 사람은 '하늘의 사자'인 것이다. 이렇게 하고도 왕 노
릇을 하지 못한 자는 지금까지 있은 적이 없다(無敵於天下者, 天吏也. 然而
不王者, 未之有也)." 또 '여민동락(與民同樂)'도 마찬가지다. "천하 사람들과
함께 즐거워하고 천하 사람들과 함께 근심하는데, 이렇게 하고도 왕
노릇을 하지 못한 자는 지금까지 있은 적이 없다(樂以天下, 憂以天下, 然而
不王者, 未之有也)." 이것이 바로 '왕업'이다. 전국 시대에 왕업과 패업은

단지 한 뼘 차이에 불과했다.

역사는 언제나 사람들과 장난을 즐기는 듯싶다. 출발점과 목적지가 실제 결과와 항상 일치하는 것은 아니니 말이다. 묵자는 백성을 위해 대책을 제시했지만 결과적으로 "민권보다 군권을 중시"하게 되었다. 맹자는 군주를 위해 대책을 제시했지만 결과는 오히려 "민권을 군권보다 높은 곳에 두게" 되었다. 이는 또 무슨 연유인가?

그 원인 가운데 하나는 묵자가 상황을 너무 간단하게 보았기 때문이다. 그는 민중은 물질적 욕구만 있을 뿐 정신적 욕구는 없으며, 경제적 이익만 충족시키면 정치적 이익에 대해서는 문제없다고 생각했다. 이런 이유로 그는 오로지 백성의 생존 권리와 경제적 이익을 쟁취하기 위해 분투했을 뿐 사상이나 언론의 권리에 대해서는 어떤 행동도 취하지 않았다. 심지어 그는 이러한 사상과 언론의 권리는 무조건 통치자에게 넘겨야 하는 것으로 보았다. 묵자의 방법을 따르면 결과적으로 어떻게 되는가? 만약 백성을 경제적 압박에서 해방시키면, 그와 동시에 그들은 통치계급의 정신적 노예로 전락하게 된다. 이는 실로 이럴 수도 저럴 수도 없는 그런 상황이다. 이러한 사실을 통해 우리는 하나의 사상이나 학설을 평가하려면 입장과 출발점만 볼 것이 아니라 최후의 결과까지 살펴야 한다는 점을 알 수 있다.

묵자는 왜 문제를 그렇게 간단하게 보았던 것일까? 그가 협의의 공리주의자였기 때문이다. 그는 인류가 가진 욕구는 물질적 욕구뿐이고, 생산 역시 물질의 생산뿐이며, 문명 또한 물질문명만 있으며, 그 밖에 다른 것들, 예를 들면 정신적 욕구나 정신적 생산, 정신문명 등은 모두 쓸데없고 불필요하다고 생각했다. 그래서 사상 권리라든지 언론의 권리 같은 것은 필요 없는 것이 된다.

그런데 왜 이러한 사상이나 언론의 권리를 넘겨주어야 하며, 그것도 무조건적으로 통치자에게 넘겨주어야 하는가? 그렇지 않으면 '상동(尙同)'이 불가능하기 때문이다. 이것이 바로 묵자가 "군권이 민권보다 중대하다"고 주장하게 되는 두 번째 원인이자 가장 중요한 원인이다.

묵자의 관점에 따르자면, 만약 백성이 사상과 언론의 자유를 갖게 된다면 "한 사람이 하나의 견해를 갖고, 열 사람은 열 가지 견해를 가지며, 백 사람은 백 가지 견해를 갖게" 되니, 결국 "군신, 상하, 장유의 질서가 없어지고, 부모, 형제의 예의도 찾아볼 수 없게" 되고 만다. 또한 대소의 차별도 사라지고 천하는 혼란 속에서 "금수처럼 되고 만다." 그러므로 가장 좋은 방법은 일반 백성의 사상과 언론의 권리를 통치자에게 넘겨주고 자신은 상황에 따라 의견을 제시하는 의무만 이행하면 되는 것이다. 이것이 묵자의 주장이다.

이는 의심의 여지없이 묵가 사상 중 최대의 결함이다. 그러나 묵자에게 이런 결함이 있다는 것은 이상할 것이 없다. 그는 무사를 대표하기 때문이다. 그의 학파는 '준군사 조직'의 성격을 띤다. 장인린은《중국사 요강》에서 이를 "무사들의 길드"라고 표현했다. 이런 단체에서 가장 중시하는 것은 명령과 금지사항에 절대복종하는 것이다. 실제로 묵가가 전성기 시절이었을 때 그들은 이것을 확실히 실행했다. 당시 모든 '묵자(墨者)'는 자신의 최고 지도자인 '거자(巨子)'에게 무조건 복종해 어떠한 명령도 마다하지 않았다. 그들은 조직 내부적으로 형벌 제도를 운용해 명령과 규율을 어기는 사람에게 사형을 집행했다.(이에 대해서는 제6장 2챕터를 참고)

이는 묵가와 다른 학파의 큰 차이점이기도 하다. 묵가 학파는 마치 하나의 국가처럼 사제 관계가 군신 관계 같았다. 이에 비해 유가 학파는 마치 하나의 가정처럼 사제 관계가 부자 관계 같았다. 도가나 법가는 이런 조직이 전혀 존재하지 않았다. 과연 누가 옳고 누가 그른가?

애석하게도 지금 우리는 아직은 마지막 결론을 내릴 수가 없다. 유가와 묵가의 논쟁이 끝나지 않은 가운데 또 다른 소리가 중화 대지에 울려 퍼지고 있기 때문이다. 그 소리는 인애인지 겸애인지, 군권인지 민권인지, 개혁인지 혁명인지와 같은 양자의 논쟁은 모두 가치 없는 것이라고 말한다. 또한 사회 문제를 해결하기 위해서는 무엇인가를 하는 것이 아니라 하지 말아야 하며, 무엇을 어떻게 할 것인지를 생각하지 말고 무엇을 어떻게 하지 말아야 할지를 생각해야 한다고 주장한다. 즉, 순리에 맡기고 인위가 아니라 저절로 다스려지게 해야 한다는 것이다. 예를 들어 화재가 났는데 불로 끄려 하거나 수재가 났는데 물로 구하려고 하는 것은 맞지 않다는 것이다. 그들은 유가의 인애는 끓는 것을 막기 위해 퍼낸 뜨거운 물을 다시 붓는 격이고, 묵가의 겸애는 한 잔의 물로 한 수레의 장작에 붙은 불을 끄려고 하는 것이나 다를 바 없다고 생각했다.

그렇다면 정확한 방안은 무엇인가? 솥 밑에 타고 있는 장작을 꺼내 물이 끓어오르는 것을 막는 것(釜底抽薪), 즉 문제를 근본적으로 해결하는 길밖에 없다.

이러한 목소리를 내는 사람들은 다름 아닌 '도가(道家)'였다.

제 3 장

유가와 도가의 논쟁

유위인가 아니면 무위인가?

이는 유가와 도가의 갈림길이자

도가와 묵가의 갈림길이기도 하다.

당시 급박하고 혼란한 정세 속에서 왜 도가는 무위,

즉 아무것도 하지 말라고 주장한 것일까?

그렇다면 도가는 정말 세상에 관심이 없었던 것일까?

무위하라고 한 도가는

왜 유가와 치열한 논쟁을 벌인 것일까?

은사로서 천하의 일에 관심을 갖다

유가와 도가의 논쟁은 유, 묵, 도 삼가의 논쟁이라고 할 수 있다.

유가와 묵가가 비록 인애와 겸애라는 사상적 차이를 보이기는 하지만, 어쨌든 양자 모두 무엇인가를 하라고 주장한데 반해 도가는 오히려 그 반대였다. 묵자가 공자의 주장에 대해 비판하고 비꼬았던 것은 사실이지만 그의 출발점 역시 천하의 흥망에 관한 관심에서 시작되었으며, 이를 위해 혼신의 힘을 다해 천하를 돌아다니며 자신의 주장을 펼쳤다.

그러나 도가는 무엇을 해야 한다고 생각하지 않았다. 그들도 주장하는 바는 있었지만 그렇다고 그것을 관철시키기 위해 제후에게 유세를 하거나 어떤 방안을 구상하거나 하지 않았다. 그들의 이야기는 대부분이 그들 스스로 말한 것일 뿐이다. 왜냐하면 그들이 주장한 바는 아무것도 하지 않는 '무위(無爲)'이기 때문이다. 자신도 아무것도 하지 않고 남들이 하는 것도 반대했다. 그들의 주장은 통치자든 일반 백성이든 모두 하지 말라는 것이다. 이것이 바로 유가와 도가의 쟁점이다.

유위(有爲)인가 아니면 무위(無爲)인가 하는 문제는 유가와 도가의 갈림길이자 도가와 묵가의 갈림길이기도 하다. 다시 말해, 유가와 묵가가 유위를 주장하되 '무엇을 할 것인가'와 '어떻게 할 것인가'라는 점에서 갈릴 뿐이라면, 도가는 아예 어떤 것도 하지 말라고 주장했다. 이처럼 도가 대 유가와 묵가의 차이는 유가와 묵가의 그것보다 더욱 크다고 할 수 있다.

문제는 유가와 묵가는 왜 하려고 하고, 도가는 왜 하려고 하지 않았는가에 있다. 이는 그들이 서로 다른 사(士)를 대표하기 때문이다. 앞에서 설명한 것처럼 묵가는 무사 또는 협사(俠士)를 대표하고, 유가는 문사 또는 유사(儒士)를 대표한다. 묵가가 사 가운데 하층을 대변한다면, 유가는 비교적 상층의 사를 대변한다. 묵가가 사의 과거를 대표한다면, 유가는 사의 미래를 대표한다. 그러나 무사이든 문사이든, 아니면 하층이든 상층이든, 또는 과거이든 미래이든 어쨌든 무엇인가를 해야 한다고 주장했다. 그럼, 아무것도 하지 않아야 한다고 주장한 도가는 누구를 대표하는가? 그들의 사상은 누구를 위한 철학인가?

바로 은사(隱士)다. 도가는 은사의 대표이며, 도가사상은 은사의 철학이다.

은사는 누구인가? 은사는 사 가운데 또 다른 부류다. 춘추 전국 시대 사는 대체로 '자유직업인'이었다. 그들은 주로 남을 돕는 일을 했다. 예를 들면 대부의 채읍(采邑)을 관리하는 사람들도 사였는데, 이런 사를 일러 가신(家臣)이라고 한다. 앞에서 말한 양화는 계손씨의 가신이었다. 그 밖에 전쟁도 사에 의존했는데, 이런 사를 전사 또는 무사,

갑사(甲士)라고 한다. 전쟁을 하려면 전장에 나아가 용감히 싸우는 사람도 있어야 하고, 전략을 짜는 사람도 있어야 하며, 또 우방을 결성하는 사람도 있어야 한다. 이런 사를 '모사', '책사'라고 한다. 국가 간에는 전쟁 이외에도 담판이나 변론 등 말을 통한 외교가 필요한데, 이런 활동을 하는 사를 일러 '변사(辯士)'라고 한다. 또한 천자, 제후, 대부 들은 점이나 풍수를 볼 수 있는 사람을 필요로 했고, 의약이나 방중술에 정통한 사람을 필요로 할 때도 있었다. 이러한 일에 종사하는 사를 '방사(方士)'라고 한다. 만약 아무 일도 없다면 어떻게 하는가? 그들은 누군가에게 의탁해 놀고먹거나 무료하게 시간을 보냈다. 이러한 사를 일러 '식객'이라고 한다.

결론적으로 사의 임무는 일이 있으면 돕고 일이 없으면 식객이 되거나 훈수를 두며 시간을 보내거나 악당의 앞잡이 노릇을 하기도 했다. 그러나 어떤 것이든 일이 있으면 해야 했고, 고위 귀족(대부, 제후, 천자)에게 종속되어 충성을 다해야 했다. 그들은 '털'에 불과하니 '가죽'에 붙어 있을 수밖에 없었다. 가죽이 없다면 털이 어떻게 존재할 수 있겠는가? 그래서 그들은 천하의 흥망에 관심을 갖지 않을 수 없었던 것이다.

은사는 이와 다르다. 그들은 누구에게 종속되거나 의지하지 않고, 남이 어떤 일을 하도록 돕거나 그 일을 위해 자신의 재능이나 지력을 사용하지도 않는다. 어떤 천하, 어떤 백성, 어떤 국가, 어떤 일도 그들은 관심을 두지 않는다. 만약 누군가 어떤 일에 대해 그들에게 가르침을 청한다면 그들은 오히려 화를 낼 것이다. 예를 들어 전설상의 은사인 허유(許由)는 요임금이 자신에게 양위하겠다고 하자 물가로 뛰어가

귀를 씻었다. 그의 친구인 소부(巢父)가 그의 말을 듣고는 진정한 은사라면 이름조차 알려지게 하면 안 되는데 은자라는 이름을 퍼트려 명성을 얻은 것이니 그 귀를 씻은 시냇물도 더러워졌으므로 상류로 가서 소에게 물을 먹이겠다고 말했다. 이러한 사람들이 바로 '은사'다.

그럼, 어떤 사람이 은사가 될 수 있는가? 능력을 지닌 사람이다. 능력과 기량을 갖춘 자들 가운데 어떤 이가 은사인가? 일을 하지 않는 사람이다. 이른바 "일을 하지 않는다"는 말은 아무런 일도 하지 않는다는 뜻이 아니다. 밭을 갈고 채소를 기르고 장작을 패고 고기를 잡는 등 먹고사는 데 관련된 일은 한다. 그들의 "일을 하지 않는다"는 의미는 관리가 되지 않는다는 말이다. 관리가 되지 않는다는 것은 관리를 할 만한 능력이 없다거나 할 수 없다는 뜻이 아니라 원치 않는다는 뜻이다. 벼슬을 할 능력도 있고 잘할 수도 있지만 한사코 하지 않겠다고 하는 사람들을 '은사'라고 한다.

도가는 이런 사람들의 대표이며, 도가사상은 이런 사람들의 철학이다. 그러나 이렇게 되면 문제가 있다. 첫째, 유사나 협사가 철학과 대표가 필요한 이유는 그들은 무언가를 하기 때문인데, 무언가를 하려면 당연히 이론적인 근거나 이끌어 줄 사람이 필요하다. 그러나 은사는 아무것도 하지 않는데 무슨 철학이나 대표가 필요하겠는가? 둘째, 은사는 국가의 대사나 천하의 흥망 등에 대해 자신과 무관한 일로 간주하고 상관하지 않는데 굳이 무슨 할 말이 있겠는가?

이는 다음 두 가지를 설명해 준다.

첫째, 도가는 은사와 다르며, 은사는 도가와 다르다. 정확하게 말해 도가는 은사가 아니라 '은사 철학자'라 할 수 있다. 그들의 입장, 관점,

태도가 '은사적'이기 때문에 "하지 말라"고 주장하는 것이다. 그들의 사회적 역할은 철학자인 관계로 무엇인가를 말하지 않을 수 없다. 그렇다면 무엇을 말하는가? 왜 "하지 말라"고 주장하는지에 대한 이치를 설명한다. 그들은 "하지 말라"고 주장하면서 동시에 '말을 한다.' 이러한 이들이 바로 '은사 철학자'이자 도가다.

두 번째로 '은사 철학자'로서 도가는 사실상 국가의 대사나 천하의 흥망에 관심을 가졌다. 다만 그들은 사회나 천하가 이미 구제할 수 없는 지경에 이르렀고, 그래서 세상을 구제하기 위해서는 오직 한 가지 방법, 즉 '무위'밖에 없다고 보았다. 이것이 바로 그들이 유가, 묵가와 근본적으로 다를 수밖에 없는 차이점이다. 이른바 '유가와 도가의 논쟁'은 다음 세 가지로 개괄할 수 있다. 첫째, 구제할 처방이 있는가 아니면 없는가? 둘째, 천하를 구제할 것인가 아니면 자기를 구제할 것인가? 셋째, 적극적으로 유위(有爲)할 것인가 아니면 소극적으로 무위(無爲)할 것인가?

우선 첫 번째 문제부터 살펴보자. 앞에서 말한 것처럼 도가는 은사들을 대표하며 국가 대사와 천하의 흥망에 대해 관심을 갖지 않았다. 그렇다면 그들은 그런 일들이 자신의 고통과 무관하다고 생각했을까? 그렇지 않다. 인간은 사회적 존재다. 사람은 일정한 사회 안에서만 살아갈 수 있다. 이는 은사도 예외가 아니다. 사회 상황이 양호하면 그들의 생활도 양호하고, 사회 상황이 좋지 않으면 그들의 생활도 좋을 수 없다. 그런데 어떻게 관심을 갖지 않을 수 있으며, 관심을 둘 필요가 없다고 말할 수 있겠는가? 사실 그들이 관심을 두지 않았던 이유는 관심을 가져도 소용없다고 생각했기 때문이다. 사회가 이미 구제할 수 없는 상황에 이르러 더 이상 구제할 수 있는 처방이 존재하지 않는데 관심을 가져 봐야 무엇하겠는가?

이는 주로 노자, 장자 이전 은사들의 관점이다. 그들은 도가의 선구자들로 '전도가(前道家)'라고 불러도 무방할 듯하다. 공자의 시대에 이런 사람들이 있었다. 공자는 그들을 정중하게 대하고 존경했지만, 그들은 공자를 그다지 좋아하지 않았으며, 공자의 주장에 찬성하지도 않았다.

《논어》〈미자〉 편에는 '전도가'에 속하는 몇 명의 인물들이 등장한다. 예를 들어 초나라 '광인' 접여(接輿)가 그런 인물이다. 어느 날 그는 노래를 부르며 공자의 수레 옆을 지나갔다. 공자의 수레를 지나며 노래를 부른 것은 당연히 공자가 들으라는 의미다. "봉황이여, 봉황이여! 어찌하여 이처럼 덕이 쇠했는가? 지나간 일은 구제할 수 없으나 앞으로 다가올 일은 잘할 수 있도다. 그만두어라, 그만두어라! 요즘 정치를 하는 이들은 위험하기 그지없네."

그가 말하려는 뜻은 분명하다. '요즘 세상은 이미 구제할 수 없다. 당신은 봉황이라고 할 만하나, 이 불운한 시대를 만나 털이 다 빠진 봉황으로 닭만도 못한 신세일 뿐이다. 지금의 집권자들은 조만간 망하고 말 텐데, 동분서주하며 그들을 찾아간들 무슨 소용이오!'

공자는 그의 노래를 듣고 그와 이야기를 나누려고 즉시 수레에서 내렸는데 접여는 빠른 걸음으로 종적을 감추어 버렸다.

접여의 노래가 단지 암시라고 한다면 또 다른 두 명의 은사 장저(長沮)와 걸익(桀溺)의 이야기는 보다 구체적이다. 한번은 공자가 강을 건너기 위해 나루터를 찾고 있었다. 때마침 장저와 걸익이 함께 밭을 갈고 있었는데, 공자가 자로를 보내 그들에게 나루터를 묻게 했다. 장저가 말했다. "수레 고삐를 잡고 있는 이가 누구인가?" 그러자 자로가 대답했다. "공구라 합니다." 일단 여기에서 설명이 필요한 두 가지 문제가 있다.

첫째, 수레를 모는 것은 자로의 일인데 왜 공자를 가리켜 "수레 고삐를 잡고 있는 이"라고 물었을까? 이는 자로가 수레에서 내린 후 공자가 고삐를 잡고 있었기 때문일 것이다. 둘째, 자로는 공자의 제자인데 어떻게 공자에 대해 이름을 부를 수 있는가? 이는 자로가 연장자에게 공자를 소개하고 있기 때문이다. 그래서 '부자(夫子, 선생님)'라고 부르지 않고 연장자를 존중하기 위해 공자의 이름을 부른 것이다.

장저가 다시 물었다. "노나라의 그 공구인가?" 자로가 그렇다고 하자 장저가 대답했다. "그는 나루터가 어디에 있는지 분명히 알 것이오." 장저의 말은 말 속에 뼈가 있는데, 공부자라면 매우 총명한 사람으로 알려져 있으니 천하가 살길도 알고 있을 텐데 나루터 하나 못 찾겠느냐는 뜻이다. 또는 공부자는 이미 천하가 살길이 어디에 있는지 알고 있을 텐데 나를 찾아와 물을 필요가 있겠느냐는 뜻으로 해석할 수도 있다.

자로는 완곡하게 거절을 당한 셈이다. 그래서 이번에는 걸익에게 물어보았다. 걸익이 그대는 누구냐고 묻자 자로가 "중유(仲由)라고 합니다"라고 대답했다. 자로가 이번에도 자(字)가 아닌 이름을 말한 것은 상대를 높이고 자신을 낮추는 예를 따른 것이다. 걸익이 "노나라 공구의 제자인가?"라고 묻자 자로가 그렇다고 대답했다. 걸익이 다시 말했다. "지금 천하는 큰물이 도도하게 흘러가듯 (세상의 무도함이) 그렇게 가고 있는데 그 누가 그 흐름을 바꿀 수 있겠는가? 그대 또한 사람을 피하는 선비를 따르는 것보다 세상을 피하는 선비를 따르는 것이 나을 것이다." 이 말의 의미는 분명하다. 지금 사회가 이미 썩어 빠져 근본적으로 치료할 수 없는 지경에 이르렀으므로 나쁜 사람들과 어울리기를 거부하는 공자 같은 이를 따르기보다 우리처럼 사회와 어울리기를 거부하는 자들을 따르는 편이 낫다는 의미다.

걸익은 말을 마친 후 더 이상 자로를 거들떠보지도 않고 하던 일을 계속했다. 자로도 어쩔 수 없어 돌아와 공자에게 보고했다. 공자는 그의 말을 듣더니 실망한 듯 이렇게 말했다. "사람은 새와 짐승들과는 무리지어 살 수 없으니, 내가 사람들과 더불어 살지 않는다면 누구와 함께하겠는가? 천하가 태평하다면 나 역시 개혁하려고 하지 않을 것이다." 공자의 말은 세상이 어지러워 구제할 수 없을 지경에 이르렀기 때문에 오히려 방법을 찾아야 한다는 뜻이다.

자로도 이와 비슷한 말을 하고 있다. 한번은 공자가 앞에 가고 자로가 그 뒤를 따르다가 뒤처지는 바람에 일행과 떨어지게 되었다. 아마도 공자는 수레를 타고 가고 자로는 걸어가느라 따라가지 못한 듯하다. 이때 자로가 지팡이를 짚고 농기구를 짊어진 노인을 만났다. 자로가 물었다. "어르신 혹시 우리 선생님을 보셨습니까?" 그러자 노인이 말했다. "사지를 부지런히 움직이지 않고 오곡도 분별하지 못하는데 누구를 선생님이라고 하는가(四體不勤, 五穀不分, 孰爲夫子)?" 이 문장은 역대로 여러 가지 해석이 있다. "사지를 움직이지 않고 오곡도 분별하지 못하는 사람"을 노인 자신을 가리킨 것이라고 해석하는 사람도 있고, 자로이거나 공자를 가리킨 것이라고 해석하는 사람도 있다. 그렇다면 이 문장은 다음 세 가지로 해석해 볼 수 있다.

첫째, 이 늙은이는 사지도 제대로 움직이지 못하고 오곡도 분별하지 못하는데 어찌 그대의 스승을 알아보겠는가? 둘째, 당신들은 사지도 제대로 움직이지 못하고 오곡도 제대로 분별하지 못하는데 누가 그대들의 스승인가? 셋째, 사지도 제대로 움직이지 못하고 오곡도 분별하지 못하는 사람도 스승인가? 누가 스승이란 말인가? 이 세 가지 해석 가운데 어떤 것이 맞고 틀린지에 대해서는 일단 신경 쓰지 말도록 하자. 중요한 것은 그후에 자로가 한 말이다. 자로가 말했다. "군자가 벼슬을 하는 것은 의(義)를 행하기 위함인데, 도가 행해지지 않고 있음을 이미 알고 있다." 자신들의 주장이 실현되지 못할 것을 모르는 것이 아니라 이미 알고 있다는 말이다.

여기서 한 가지 재미있는 점이 있다. '도가 행해지지 않고 있다는 것'을 분명하게 알고 있으면서도 여전히 실행하려는 이유는 무엇인가? 두 가지 이유가 있다. 하나는 의무를 다하기 위해서고, 다른 하나는 희망을 갖기 위해서다. 자로는 "군자가 벼슬을 하는 것은 의를 행하기 위함"이라고 말했다. 다시 말해, 자신의 주장을 실행에 옮기고 사인으로서의 책임을 다하기 위해서다. 은사들처럼 오직 자신만 깨끗하게 살고자 하는 것은 사실상 '작은 의(小義)'를 위해 '대륜(大倫)'을 그르치는 행위다. 그래서 자로는 "벼슬을 하지 않는 것은 의롭지 않은 것이다(不仕無義)"라고 말했다. 그런데 문제는 만약 사회가 썩을 대로 썩어 구제할 수조차 없는 지경이라면 군자가 출사한들 무슨 소용이 있겠는가라는 점이다. 결론적으로 말하면, 그들은 여전히 세상을 구제할 수 있다고 믿고, 구제할 수 있다는 희망을 가졌던 것이다. 바로 이런 이유로 공자는 세상을 구할 처방을 제시한 것이다.

이상이 유가와 도가가 갈라지는 첫 번째 분기점이다. 즉, 천하가 크게 혼란한 상황을 구제할 수 있는 처방이 있는가 또는 없는가라는 점이다. 이로 인해 또 다른 차이점이 생겨나게 된다. 과연 천하를 구해야 하는가 아니면 자기 자신을 구해야 하는가?

도가는 자기 자신을 구해야 한다고 생각했다. 그들은 천하는 이미 구제할 수 없는 상태여서 구할 수 있는 것은 자신밖에 없다고 보았다. 이는 양주(楊朱)의 관점이다. 양주는 선진 도가 가운데 한 사람이다. 펑요우란의《중국철학 약사》에 따르면, 선진 도가는 대략 3단계로 나눌 수 있는데 각 단계의 대표적 인물이 있다. 양주는 제1단계, 노자는 제2단계, 장자는 제3단계를 대표한다.

애석하게도 양주는 자신의 저작물을 남기지 않았으며, 그의 생애 또한 정확하게 알려져 있지 않다. 다만 묵자 이후, 맹자 이전에 살았던 것으로 추정된다.《묵자》에는 양주에 대한 언급이 없지만 맹자 시대에는 그는 이미 묵자와 함께 유명 인물로서 많은 추종자를 거느리고 있었기 때문이다.《맹자》〈등문공하〉편에는 당시 양주와 묵자의 학설이 천하에 널리 성행했으며, 모든 언론이 양주를 찬성하거나 아니면 묵자를 찬동했다고 실려 있다.

그럼, 양주는 어떤 주장을 내세웠기에 당시 그 같은 인기를 얻을 수 있었는가?

간단히 말해서 다음 네 글자로 요약할 수 있다. '일모불발(一毛不拔)'.

터럭 하나도 뽑지 않는다는 뜻이다. 양주의 이러한 주장은 두 가지 판본이 있다. 하나는《맹자》〈진심상〉편에 "털 한 올을 뽑아 천하를 이롭게 할 수 있다 해도 하지 않았다(拔一毛而利天下, 不爲也)"고 언급되어 있고, 다른 하나는 《한비자》〈현학(顯學)〉편에 "천하의 큰 이익을 위해 자기 정강이의 털 한 올과도 바꾸지 않았다(不以天下大利易其脛一毛)"고 언급되어 있다. 털 하나라도 남을 위해서는 뽑지 않는다는 의미의 사자성어 일모불발(一毛不拔)은 여기에서 유래했다.

이러한 점은 받아들이기 쉽지 않다. 터럭 하나만 뽑아도 온 천하에 이롭다고 하는데 이런 것조차 하지 않으려 한다면 이것이야말로 지나치게 이기적이고 인색한 것 아니겠는가?

그러나 다시 한번 생각해 보자. 양주가 공공연히 이렇게 말한 것은 그 나름의 이유가 있었을 것이다. 또한 그의 주장이 당시 천하를 풍미하게 된 것도 그럴 만한 이유가 있었을 것이다. 《열자(列子)》〈양주(楊朱)〉편에는 묵자의 학생인 금자(禽子, 금골리(禽滑釐))와 양주의 대화 내용이 나온다. 금자가 양주에게 물었다. "선생님께서는 털 한 올을 뽑아 천하를 구제할 수 있다면 그렇게 하시겠습니까?" 양주가 말했다. "세상은 털 한 올로 구제할 수 있는 것이 아니다." 그러자 금자가 또 물었다. "만약 구제할 수 있다면 그렇게 하시겠습니까?" 양주는 대답하지 않았다.

그래서 금자는 밖으로 나와서 양주의 제자인 맹손양에게 이 일을 말했다. 그러자 맹손양이 말했다. "그대는 선생님의 마음을 이해하지 못하고 있소. 내가 선생님 대신 말해 보겠습니다. 만약 어떤 이가 당신을 한 대 때리고 1만금을 주겠다고 한다면 그렇게 하시겠습니까?" "그렇게 하겠습니다." 금자가 이렇게 대답하자 맹손양이 다시 물었다. "누군가 당신의 다리 하나를 자르고 한 나라를 주겠다고 하면 그렇게 하시겠습니까?" 금자가 아무 말도 못하자 맹손양이 다시 말을 이었다. "피부와 비교한다면 털은 하찮은 것입니다. 그런데 사람의 사지와 비교한다면 피부 역시 하찮은 것이지요. 이런 이치는 누구나 잘 알고 있습니다. 그러나 털이 없다면 피부도 있을 수 없고, 피부가 없다면 사지도 있을 수 없습니다. 한 올의 털은 물론 몸에서 만 분의 일도 되지 않지만 어찌 그것이 작고 하찮다는 이유로 가벼이 여길 수 있겠습니까?"

사실 이 말이 양주의 뜻을 온전하게 전하고 있는지 정확히 알 수는 없다. 많은 학자가 《열자》를 '위서(僞書)'로 간주하고 있는데, 이 문제가 아직까지 해결되지 않았기 때문이다. 설사 위서가 아닐지라도 《열자》는 《열자》일 뿐 양주가 쓰거나 그의 말을 편집해 놓은 것이 아니다. 차라리 《열자》에 나오는 양주와 맹손양을 《열자》에 나오는 양주' 또는 '《열자》에 나오는 맹손양'이라 하는 편이 낫다. 《열자》에 나오는 양주와 맹손양이 역사적으로 실존했던 두 인물을 말하는 것인지는 정확히 확인할 수가 없다. 그러나 그들이 나눈 이야기는 논의할 수 있을 것이다.

'《열자》에 나오는 맹손양'의 경우 말은 거칠지만 그 말이 이치에 맞고 교훈을 준다. 어떤 이치와 교훈일까?

첫 번째는 전례를 남기면 안 된다는 것이다. 만약 당신이 오늘 털 한 올을 뽑을 수 있다면 내일은 피부를 벗길 수 있을 것이고, 오늘 살 한

점을 떼어 낼 수 있다면 내일은 다리 한 쪽도 잘라 낼 수 있을 것이며, 오늘 신체를 훼손할 수 있다면 내일은 남을 죽이거나 자살도 할 수 있을 것이다. 천 리 둑도 개미구멍에 의해 무너지는 것처럼 일단 틈새가 생기기 시작하면 돌이킬 수 없는 지경에 이르게 된다. 맹손양이 금골리에게 다리 하나를 한 나라와 바꿀 수 있느냐고 물었을 때 금골리는 왜 대답을 하지 않았을까? 그는 그다음 질문이 천하를 준다면 당신의 머리를 자를 수 있겠느냐는 것으로 이어질 거라는 점을 알았기 때문이다.

두 번째는 부분을 경시할 수 없다는 것이다. 물론 전체의 이익은 부분의 이익보다 중요하다. 《열자》에 나오는 맹손양'도 "한 올의 털은 피부보다 경미하고, 피부는 관절보다 경미하다는 것은 아주 분명하다"고 말했다. 그러나 이것이 부분의 이익은 이익이 아니니 언제라도 희생될 수 있다는 의미는 아니다. 왜냐하면 전체는 부분이 모여 이루어진 합에 불과하기 때문이다.

만약 당신이 부분의 이익을 하찮게 여겨 오늘 하나를 희생시킨다면 내일은 다른 하나를 희생시켜야 할 것이고, 결국에는 전체의 이익도 사라지고 말 것이다. "큰 강이 차지 않으면 작은 내가 마른다"라는 말이 있지만, 사실 창장(長江)이나 황허(黃河) 등 큰 강도 작은 지류가 모여서 이루어진 것이다. 작은 샘물이나 개울, 시냇물이 모두 말라 버리면 큰 강이나 바다가 어찌 존재할 수 있겠는가?

이런 두 가지 이치를 사회 문제에 적용하면 세 번째 교훈을 이끌어 낼 수 있다. '백성을 업신여겨서는 안 된다'는 것이다. 이는 걸핏하면 "국가와 천하"라는 명분하에 개인의 권리를 마음대로 침해하고 빼앗지 말아야 한다는 뜻이다. 개인과 국가 또는 천하의 관계는 털과 피부 또는 몸 전체의 관계와 같다. 그러나 백성이 작다는 이유로 하찮게 여길 수 있는가? 백성 또한 사람이며, 백성의 생명 역시 생명이다. 설사 하찮은 존재라 해도 모든 생명은 존중받아야 하고 소중히 여겨져야 한다. 누가 백성을 털로 여겨 마음대로 뽑을 수 있단 말인가? 결코 그렇게 할 수 없다!

• 양주 가라사대 •

털 한 올을 뽑아 천하가 이롭게 된다 해도 주지 않았고, 온 천하가 한 사람을 받들어도 취하지 않았다. 사람들 모두 털 한 올도 뽑지 않고 사람마다 천하를 이롭게 하지 않았어도 천하는 다스려졌다.

분명 양주가 말한 "털 한 올을 뽑아 천하를 이롭게 할 수 있다 해도 하지 않았다"는 것은 극단적으로 말한 것일 뿐 털 한 올을 뽑기만 하면 천하에 도움이 되는데 하지 않았다는 의미로 받아들이면 안 된다. "세상은 털 한 올로 구제할 수 있는 것이 아니기" 때문이다. 어찌 털 한 올을 뽑는다고 천하에 이익이 되겠는가? 솔직히 이는 일종의 술책에 불과하다. 처음에는 터럭 하나를 내놓으라고 하고, 그다음에는 피부와 사지를 내놓으라고 한 다음, 마지막에는 몸 전체를 내놓으라고 속이는 것이다. 그래서 이에 대응하는 방법은 근본을 파고들어 극단적으로 말하는 것이다. "내 생명을 달라고 하지 마라. 털 한 올도 줄 수 없다!"

또한 양주는 "털 한 올을 뽑아 천하를 이롭게 할 수 있다 해도 하지 않았다"는 말 이외에 "천하를 한 사람에게 바쳐도 취하지 않았다"고 말했다. 이 두 말은 연결되어 있다. "털 한 올을 뽑아 천하를 이롭게 할 수 있다 해도 주지 않았고, 온 천하가 한 사람을 받들어도 취하지 않았다. 사람들 모두 털 한 올도 뽑지 않고 사람마다 천하를 이롭게 하지 않았어도 천하는 다스려졌다(損一毫利天下不與也, 悉天下奉一身不取也. 人人

不損一毫, 人人不利天下, 天下治矣)."

　이는 사회를 만족시키기 위해 개인을 희생하는 것도 옳지 않고, 개인을 만족시키기 위해 사회를 희생하는 것도 옳지 않다는 뜻이다. 사회와 개인은 대등한 관계이기 때문에 그 누구도 다른 누군가에게 손해를 끼쳐서는 안 된다. 그래서 개인이나 사회 모두 손해를 보지 않고 어느 쪽도 희생되지 않아야 비로소 천하가 잘 다스려진다. 이것이 바로 양주의 사상을 온전하게 전달한 것이다. 이러한 사상을 어떻게 "극단적인 이기주의"라고 말할 수 있겠는가.

　더욱이 당시의 상황은 '백성' 개인의 희생을 요구할 뿐만 아니라 그러한 희생은 몇몇 개인을 만족시키기 위한 것이었다. 이것이야말로 "극단적인 이기주의"라고 말할 수 있다. 문제는 이러한 극단적 이기주의가 오히려 '대공무사(大公無私, 지극히 공정해 사사로움이 없음)'라는 깃발을 걸고 진행되고 있었다는 점이다. 그래서 양주는 이처럼 그릇된 상황을 바로잡기 위해 어쩔 수 없이 정도를 지나치게 되었다. 즉 "전체 사회가 한 사람을 받들고 있는" 상황을 부정하기 위해 어쩔 수 없이 "천하를 이롭게 하기 위해 털 한 올 뽑는 것"조차 부정했던 것이다. 쉽게 말하면 이렇다. "당신은 자신의 이익을 위해 남에게 해를 입히려고 하는 것 아닌가?" 그렇다면 "나는 당신을 위해 내 털 하나도 뽑을 수 없다."

　그러나 이와 달리 양주의 사상은 곡해되고, 양주 자신도 마치 요괴처럼 되고 말았다. 사실 이는 그다지 이상한 일은 아니다. 사상의 전파에는 한 가지 규칙이 있는데 바로 '단순화'다. 심오한 사상을 분명하고 간단명료하며 한 번 들으면 곧 이해될 수 있는 간단한 구절이나 구호로 만들어야 광범위하게 퍼져 나갈 수 있다.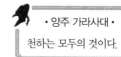
그런데 이렇게 하면 위험이 뒤따르는 것이 사
실이다. 언어는 다의적이고 또한 다양하게 해

석될 수 있기 때문에 심오한 내용을 단순화하면 왜곡되기 십상이다.
만약 이러한 '단순화' 작업이 논적이나 적의를 가진 상대에 의해 이루
어진다면 '요괴화(妖怪化)', 즉 일부러 깎아내리려고 추악하게 만들 가
능성이 상당히 높다. 예를 들면, 공산주의가 요괴화되어 '공산공처(共産
共妻)', 즉 모든 생산을 함께하고 부인도 공유한다는 식으로 변질되기
도 했다. 양주 사상의 운명 역시 아마도 이러했을 것이다. "털 한 올을
뽑아 천하를 이롭게 할 수 있다 해도 주지 않으며, 온 천하가 한 사람
을 받들어도 취하지 않는다"는 양주의 관점은 당연히 일리가 있다. 그
런데 만약 뒤의 문장을 빼고 일부만 취한다면 왜곡될 수밖에 없다. 만
약 더 단순화해서 '일모불발(一毛不拔)'만 이야기한다면 요괴화되고도
남을 것이다. 이런 점을 분명히 알아야 비로소 맹손양의 "그대는 선생
님의 마음을 이해하지 못하고 있소"라는 말의 의미가 무엇인지 이해
할 수 있을 것이다.

　실제로 양주는 '일모불발'과 동시에 '천하는 모두의 것이다(天下爲
公)'라는 주장도 했다.(이 점에 대해서는 제6장 2챕터를 참고) 그 역시 천하
가 잘 다스려지는 것을 반대하지 않았으며, 더욱이 천하의 태평을 반
대하지 않았다. 다만 그는 이것이 개인의 희생을 전제로 실현될 수 있
는 것이 아니라고 생각했을 뿐이다. 왜냐하면 이른바 "천하의 큰 이익"
은 바로 무수한 "개인의 작은 이익"의 총합이기 때문이다. 이것이 "털
한 올이 쌓여 피부가 되고 피부가 쌓여 관절이 된다(積一毛以成肌膚, 積肌

膚以成一節)"의 의미다. 그래서 개개인의 생명이 결코 손상되지 않고, 개개인의 이익 역시 손해를 입지 않아야 세상이 비로소 잘 다스려질 수 있고, 또한 잘 다스려진다고 할 수 있다. 이것이 바로 "사람들 모두 털한 올도 뽑지 않고 사람마다 천하를 이롭게 하지 않았어도 천하는 다스려졌다"라는 구절의 의미다.

이는 전형적인 도가 사상, 즉 '무위이무불위(無爲而無不爲)' 또는 '불리이무불리(不利而無不利)'다. 모든 사람이 자기 스스로 손해를 입지 않는다면 당연히 손해를 입는 사람이 없을 것이고, 모든 사람이 희생을 하지 않는다면 희생당하는 사람도 없을 것이다. 손해를 입는 사람도 전혀 없고, 또 어느 누구도 희생할 필요가 없는 사회, 이런 사회가 어찌 태평성세가 아니겠는가?

그러나 문제는 '과연 이러한 일이 가능한가?'라는 점이다.

유가는 불가능하다고 여겼고, 묵가도 불가능하다고 생각했다. 오직 도가만이 가능할 뿐만 아니라 마땅히 그래야 한다고 여겼다. 그래서 또다시 세 번째 갈림길이 생겨나게 된다. 바로 적극적 유위(有爲)인가 아니면 소극적 무위(無爲)인가라는 갈림길이었다.

아무것도 하지 않아야
비로소 천하가 태평해진다

소극적 무위는 도가 사상의 핵심이자 도가가 유가, 묵가, 법가와 구별되는 중요한 부분이기도 하다. 유가는 인의, 묵가는 겸애, 법가는 법치의 시행을 주장했다. 이 삼가(三家)는 모두 무엇인가를 해야 한다고 말했다. 그러나 도가는 오히려 아무것도 하지 말라고 주장하면서 무엇인가를 하려고 하면 할수록 상황이 더욱 악화된다고 여겼다. 그들은 아무것도 하지 않아야 비로소 천하의 안정을 실현할 수 있다고 보았다.

이런 관점은 노자는 물론이고 장자도 마찬가지다. 여기서 말하는 '노자'는 《노자》라는 책의 저자를 말한다. 노자가 과연 누구인지에 대해서는 단정하기 어렵다. 예전에는 이이(李耳) 또는 노담(老聃)이라고 말하는 사람도 있었고, 태사담(太史儋) 또는 노래자(老萊子)라고 말하는 사람도 있었는데 지금도 정확하게 밝혀진 바가 없다. 《노자》가 저술된 연대 역시 분명하지가 않다. 다만 나는 대다수 학자의 견해에 동의

한다. 공자 이후, 장자 이전 그리고 묵자와 양주보다 조금 늦은 시기에 만들어진 것으로 보인다.

《노자》라는 책도 다양한 판본이 있다. 과거에 유행하던 판본은 《도경》이 앞에, 《덕경》이 뒤에 실려 있었는데, 창사(長沙) 마왕두이(馬王堆)라는 곳에서 출토된 판본은 《덕경》이 앞에, 《도경》이 뒤에 수록되어 있다. 《마왕퇴 한묘의 백서 〈노자〉를 말하다》에 따르면 가오헝(高亨)이나 츠시자오(池曦朝) 등은 전자는 도가에서 전승하던 판본이고, 후자는 법가에서 전승하던 판본일 것이라고 주장했다. 여기에서 우리는 모든 사람에게 익숙한 판본에 따라 논의를 진행하도록 하자. 우리는 기존의 필전(筆戰)에 휩싸이지 말고 대세를 따르자는 말이다. 아무튼 이 책에서 말하는 '노자'는 《노자》의 저자를 말하며, 그가 누구인지에 대해서는 더 이상 여기에서 언급하지 않고 다만 참고를 위해 뒤에서 그의 관점과 주장을 소개하겠다.(제6장 3챕터를 참고)

그러나 장자라는 인물에 대해서는 대체로 분명하게 알려져 있다. 그의 이름은 주(周)이고, 자는 미상이다. 대략 기원전 369년에 태어나 기원전 286년에 죽었다. 양 혜왕, 제 선왕 그리고 맹자와 동시대 사람이다. 장자는 송나라 몽(蒙) 사람으로 그곳에서 '칠원리(漆園吏)'를 지낸 적이 있다. '칠원리'가 칠원이라는 마을의 말단 관리를 뜻하는 것인지 아니면 단어의 뜻 그대로 옻나무 밭의 관리인을 뜻하는 것인지 확실치 않다. 그러나 분명한 사실은 그가 가난한 동네 막다른 골목에 살면서 누렇게 뜬 얼굴에 깡마른 몸으로 곤궁한 삶을 살았다는 것이다.

한번은 장자가 도저히 참을 수 없어 감하후(監河候)에게 양식을 빌리러 간 적이 있다. 당대(唐代) 도교 이론의 대표적 학자였던 성현영(成玄

英)의 주석에 따르면, 감하후는 위(魏) 문후(文侯)라고 한다. 장자가 사정을 말하자 위 문후가 말했다. "빌려드리지요. 과인이 때마침 세금을 거둬들이려 하니, 세금을 거둔 후 선생에게 삼백금을 빌려드리도록 하겠소. 괜찮겠습니까?" 장자가 그의 말을 듣더니 화가 나서 얼굴빛이 변해 말했다. "제가 이곳에 오는데 도중에 누군가 불러 돌아보니, 물고기 한 마리가 수레바퀴 자국 안에 갇혀 있었습니다. 물고기가 대답했습니다. '저는 동해의 용왕의 신하인데, 지금 육지에 갇혀 곧 죽을 것만 같습니다. 선생께서 한 됫박의 물만 부어 주시어 저를 살려주십시오.' 그래서 제가 말했지요. '좋다. 내가 때마침 오나라와 월나라 왕에게 유세를 하러 가는 길인데, 그들을 설득해 서강(西江)의 물을 끌어다가 너를 구해 주도록 하겠다. 어떠냐?' 물고기가 제 말을 듣더니 화가 나서 얼굴빛이 변하면서 말했습니다. '차라리 저를 건어물전에 가서 찾는 게 나을 겁니다!'"

이 이야기는 《장자》〈외물(外物)〉 편에 나온다. 〈외물〉 편은 《장자》의 잡편 가운데 하나다. 잡편은 주로 장자 후학들이 집필한 것으로, 그중 많은 작품이 우언(寓言)으로 이루어져 있다. 그래서 이러한 일이 진짜로 일어났는지 아니면 지어낸 것인지 정확히 알 수가 없다. 또한 잡편의 내용 가운데 어떤 것이 장자가 쓴 것이고, 또 어떤 것이 장자 후학이 쓴 것인지 구분할 수 없다. 그러나 장자가 평생 부귀영화와 거리가 먼 곤궁한 생활을 했다는 사실만은 확실하다. 사실 장자가 만약 부귀를 얻을 마음만 먹었다면 기회가 없었던 것은 아니다. 《사기》〈노자한비열전(老子韓非列傳)〉 편에는 초나라 위왕이 장자에게 재상의 관직을 주려고 했는데 그가 거절했다는 이야기가 나온다. 이는 《장자》 외편 가운데 하나인 〈추수(秋水)〉편에 더 상세하게 묘사되어 있다.

당시 초나라 대부 두 사람이 천 리나 떨어져 있는 장자가 살고 있는 복수(濮水)가로 가서 마침 낚시를 하고 있던 장자를 만나 왕의 뜻을 전했다. "대왕께서 나라 안의 일을 맡아주시기를 바라십니다." 이 말은 장자에게 초나라 재상의 일을 맡기겠다는 뜻이다. 장자는 질문에 대답은 않고 계속 낚싯대를 잡고 고개도 돌리지 않은 채 반문했다. "듣자하니, 초나라에는 영험한 거북이 있는데 죽은 지 이미 3000년이 되었다고 하더군요. 귀국의 대왕께서 매우 소중하게 여겨 비단에 싸고 상자에 넣어 묘당에 소중히 간직하고 계신다던데, 사실입니까? 그렇다면 한 가지만 묻지요. 이 거북은 죽어서 뼈만 남긴 채로 부귀영화를 누리기를 바라겠습니까? 아니면 살아서 진흙 속에서 꼬리를 끌고 다니기를 바라겠습니까?" 두 대부는 이구동성으로 말했다. "그야 살아서 진흙 속에서 꼬리를 끌고 다니기를 바랐을 테죠." 그러자 장자가 말했다. "가시오, 나는 계속 진흙 속에서 꼬리를 끌며 살겠소."

이와 유사한 이야기가 잡편 가운데 하나인 〈열어구(列御寇)〉편에도 나온다. 어떤 이가 장자를 초빙하려고 하자 장자가 그의 사자에게 말했다. "선생은 제물로 쓰이는 소를 본 적이 있습니까? 비단옷을 입고 좋은 풀과 콩을 먹으며 지내지요. 그러나 일단 사람들에게 끌려 태묘로 들어가 제사에 희생될 때가 되면 차라리 외로운 송아지가 되고자 한들 될 수가 있겠습니까?"

그 밖에 장자의 이러한 생각을 보여 주는 일화가 있다.《장자》〈추수〉편에 실려 있는 이야기인데, 장자와 혜자(惠子)에 관한 일이다. 혜자는 혜시(惠施)라고 불리기도 하는데 대략 기원전 370년에 태어나 기원전 310년에 죽었다. 장자와 같은 송나라 사람으로 두 사람은 좋은 친구 관계였으며, 혜자 또한 선진 제자 가운데 대표적인 인물이다. 그러나 장자는 도가였고 혜자는 명가였으며, 또한 장자는 벼슬을 하지 않았지만 혜자는 큰 벼슬을 했다. 그는 위국(魏國, 즉 양(梁)나라)에서 재상을 지내면서 위나라 혜왕을 수행해 제나라 위왕(威王)을 알현하고 두 나라가 우호관계를 갖도록 돕기도 했다.

《장자》〈추수〉편에 따르면, 혜자가 위나라 재상으로 있을 때 장자가 그를 만나러 갔는데, 누군가 혜자에게 장자가 오는 이유가 혜자 대신 위나라의 재상이 되기 위해서라고 말했다. 그러자 혜자는 두려운 마음에 장자를 찾으려고 경내에 사람들을 보내 사흘 밤낮으로 수색하게 했다. 장자가 이 일을 듣고 혜자를 찾아가 말했다.

"남쪽에 새가 있는데, 그 이름을 원추(鵷鶵: 봉황의 일종)라고 부른다네. 그 새는 오동나무가 아니면 머물지 않고, 대나무 열매가 아니면 먹지 않으며, 단맛이 나는 샘물이 아니면 마시지 않지. 원추가 남해에서 저기 멀리 북해까지 날아가는데, 솔개 한 마리가 때마침 썩은 쥐를 갖고 있다가 원추가 날아가자 올려다보면서 혹시라도 자신의 먹이를 빼앗길까 두려워 '끽' 하고 소리를 질렀다네. 지금 자네가 위나라의 재상 자리 때문에 나에게 '끽' 하고 소리치는 건가?"

사실 이것은 상당히 공손하게 말한 것이라 할 수 있다.《장자》〈열어구〉편을 보면 노골적으로 말한 이야기가 실려 있다. 송나라에 조상(曹商)이란 사람이 살았는데, 왕이 그를 진(秦)나라에 사신으로 보냈다. 갈 때는 송나라 왕이 그에게 몇 채의 수레를 주었고, 돌아올 때는 진나라 왕이 그를 좋게 평가해 수레 100채를 더 보태 주었다. 송나라로 돌아온 그는 장자를 만나 말했다. "가난한 동네의 막다른 골목에 살면서 곤궁하여 짚신이나 짜고 누렇게 뜬 얼굴에 깡마른 몸으로 지내는 것은 제가 선생을 따라갈 수 없습니다. 그렇지만 만승의 천자를 한 번 만나 수레 100채를 얻을 수 있는 것은 제가 잘하는 일이지요." 그러자 장자가 말했다. "맞습니다. 제가 진나라 왕의 법도를 잘 알지요. 진나라 왕이 병이 나서 의사를 불렀는데 종기를 째고 고름을 짜 주는 자에게는 수레 한 채를 주었지요. 만약 혀로 고름을 빨면 수레 다섯 채를 내렸습니다. 그렇다면 치료하는 방법이 천하면 천할수록 더욱 많은 수레를 받게 되겠지요. 선생은 진나라 왕의 치질을 핥아 고쳐 주셨습니까? 어찌 그렇게 많은 수레를 받았습니까?"

이렇듯 장자는 아무리 높은 관직이라 해도 죽은 쥐새끼나 다를 바 없으며, 잔꾀와 요령으로 윗사람에게 아부해 높은 벼슬을 얻고 돈을 버는 것은 치질을 핥는 일과 같다고 보았다. 또한 그는 설사 정당하게 초빙을 받아 높은 관직에 오른다 해도 그것은 죽어서 뼈만 남는 것이나 마찬가지이므로 차라리 살아서 진흙탕에서 꼬리를 끌며 자유롭게 돌아다니는 거북이나 외로운 송아지가 되는 것만 못하다고 여겼다. 이것이 바로 은사(隱士)의 관점이다.

앞에서 말했듯이, 은사란 능력은 있지만 일부러 정치적인 일을 하지 않거나 또는 벼슬을 하지 않는 사람을 일컫는다. 장자가 능력 면에서 문제될 것은 없었지만 벼슬을 하지 않은 것은 분명하다. 따라서 장자는 사상적으로 은사에 속하는 인물이라고 할 수 있다.

그럼, 노자는 어땠을까? 사마천은 《사기》〈노자한비열전〉 편에서 노자를 일러 '은군자'라고 표현했다. 그러나 사마천이 말하는 노자가 《노자》의 저자를 말하는 것인지는 분명치 않다. 《노자》를 저술한 저자의 신분에 대해서는 정확하게 알 수가 없기 때문이다. 다만 그 역시 은사였을 거라고 추측해 볼 수 있는데, 사실은 애매모호하다. 왜냐하면 진정한 은사(예를 들면 앞에서 말했던 지팡이를 짚고 농기구를 멘 노인)라면 아마도 많은 말을 하지 않았을 것이고, 더욱이

· 장자 가라사대 ·

자신의 몸을 천하를 위하는 것보다 귀하게 여기는 사람이라면 천하를 맡길 수 있고, 자신의 몸을 천하를 위하는 것보다 사랑하는 사람이라면 천하를 기탁할 수 있다.

다른 이와 논쟁을 하거나 변론을 하지 않았을 것이기 때문이다. 그러므로 엄밀히 따지자면 노자나 장자는 은사라기보다는 '은사 철학자'라고 볼 수 있다. 그렇다면 똑같이 '은사 철학자'였던 양주의 관점에 대해 그들의 태도는 어떠했을까?

물론 그의 관점에 찬성하거나 공감하는 쪽이었다.

앞에서 말한 것처럼 양주 사상의 핵심은 "사람들 모두 털 한 올도 뽑지 않고 사람마다 천하를 이롭게 하지 않았어도 천하는 다스려진다"였다. 그럼 노자는 이런 문제에 대해 어떻게 말했을까? 《노자》〈제13장〉을 보면 그는 다음과 같이 말했다. "자신의 몸을 소중하게 여기듯이 천하를 위한다면 그에게 천하를 줄 수 있으며, 자신의 몸을 사랑하듯이 천하를 위한다면 그에게 천하를 맡길 수 있다(貴以身爲天下, 若可寄天下, 愛以身爲天下, 若可托天下)." 장자의 경우 이와 유사한 내용이 《장자》〈재유(在宥)〉 편에 나온다. "자신의 몸을 천하를 위하는 것보다 귀하게 여기는 사람이라면 천하를 맡길 수 있고, 자신의 몸을 천하를 위하는 것보다 사랑하는 사람이라면 천하를 기탁할 수 있다(貴以身於爲天下, 則可以寄托天下, 愛以身於爲天下, 則可以寄天下)." 사실 이 둘의 내용이 거

의 유사하다. 여기서 '貴(귀)'와 '愛(애)'는 모두 동사다. 그리고 '若(약)'은 《소이아(小爾雅)》 〈광언(廣言)〉 편의 해석에 따르면, '내(乃)'의 뜻이다. 따라서 "자신의 몸을 소중하게 여기듯이 천하를 위한다"는 말은 "천하보다 자신을 훨씬 귀하게 여긴다"는 뜻이며, "자신의 몸을 사랑하듯이 천하를 위한다"는 말은 "천하를 사랑하는 것보다 자신을 훨씬 더 사랑한다"는 의미다.

그래서 노자와 장자의 말은 다음과 같이 해석할 수 있다. "천하를 중시하는 것보다 훨씬 더 자신을 중시하고, 천하를 사랑하는 것보다 훨씬 더 자신을 사랑한다면 천하를 그에게 맡길 수 있다." 우리는 여기에 한 구절을 더 덧붙일 수 있을 것이다. "오직 이런 사람이어야만 비로소 천하를 맡길 수 있다."

이 말에 대해 많은 사람이 "혹시 잘못 말한 것 아냐?"라는 반응을 보일지도 모르겠다. 천하를 맡을 수 있는 사람이라면 '천하의 근심거리를 남들보다 먼저 걱정하고 천하의 즐거움은 남들보다 나중에 즐기는' 어질고 뜻있는 사람이여야 하는 것 아닌가? 어찌 천하보다 자신을 더욱 소중하게 여기는 '극단적인 이기주의자'에게 맡긴단 말인가? 이런 사람들은 오로지 자기만 생각하고 남은 생각하지 않는데 천하를 그들에게 맡기고 어찌 안심할 수 있겠는가?

그러나 도가를 이해하게 되면, 특히 《노자》라는 책에 익숙해지면 이것이 전형적인 '노자식 사유'라는 사실을 깨닫게 될 것이다. 그럼 노자의 사유 방식은 어떠했는가? '정언약반(正言若反)'이다. 이는 《노자》 〈제78장〉에 나오는 말로, 문제를 뒤집어서 생각하고 자신의 관점을 뒤집어서 표현한다는 뜻이다. 즉, '바른말은 마치 그것과 반대되는 말처럼

들린다'는 것이다. 이렇게 뒤집어서 또는 반대
로 생각하는 사유 방식은 《노자》 전체를 관통
하고 있다.

예를 들면, "밝은 도는 어두운 것 같고, 앞으
로 나아가는 도는 뒤로 물러나는 것 같다(明道
若昧, 進道若退)" "제일가는 덕은 낮은 골짜기 같으며, 크게 순결한 덕은
마치 더러운 듯하다(上德若谷, 大白若辱)" 등이다. 즉 밝은 것은 마치 어두
운 것 같고, 전진은 마치 후퇴하는 것 같으며, 고상함은 마치 저속해 보
이고, 순결함은 마치 불결한 것처럼 보인다는 말이다. 이러한 논리에
따르면 자신을 중시하면 할수록 더욱 천하를 맡길 수 있는 것이 된다.

문제는 노자의 논리가 이치에 맞지 않는 것처럼 보여 우리가 따를
수 없다는 데에 있다. 그러나 나는 노자의 논리가 타당하다고 생각한
다. 왜냐하면 천하는 어떤 개인의 천하가 아니라 천하 모든 이의 천하
이자 모든 개인의 천하이기 때문에 천하를 중시하고 사랑하는 것은
곧 우리를 포함한 모든 개인을 중시하고 사랑하는 것과 같기 때문이
다. 또한 이러한 존중과 사랑은 반드시 자기 자신에서부터 시작해야
한다. 옛사람이 말한 것처럼 자기 집도 청소하지 않으면서 어찌 천하
를 청소할 수 있겠는가? 같은 이치로 사람이 자신을 존중하지 않으면
서 어찌 다른 사람을 존중할 수 있겠는가? 나아가 어찌 천하를 사랑할
수 있겠는가?

믿지 못하겠다면 죽음도 두려워하지 않는 강호의 협객들을 생각해
보라. 자신의 목숨을 중요하게 생각지 않기 때문에 남의 목숨도 귀하
게 여기지 않는다. 그러므로 무엇보다 자신을 존중할 수 있어야 다른

이를 존중하게 되고, 무엇보다 자신을 사랑해야 비로소 사회를 사랑할 수 있는 것은 분명한 사실이다. 진정으로 천하를 귀하게 여기고 사랑할 수 있는 사람은 틀림없이 자신을 귀하게 여기고 사랑할 것이다.

그래서 결론은 천하를 사랑하고자 한다면 자기 자신부터 사랑하라.

이렇게 말하면 보다 분명해진다. 천하를 사랑하고자 한다면 반드시 자신부터 사랑해야 한다. 그렇다면 천하를 구하고자 한다면 당연히 자신부터 먼저 구해야 할 것이다. 만약 사람들이 모두 자기 자신을 사랑하고, 자신을 중요하게 생각한다면, 양주가 말한 대로 "사람들 모두 털 한 올도 뽑지 않고 사람마다 천하를 이롭게 하지 않아도 천하가 다스려질 것이다."

그러나 여기에도 문제는 있다. 노장의 견해와 양주의 견해가 완전히 같은 것은 아니기 때문이다. 노자와 장자가 "자신의 몸을 소중하게 여기듯이 천하를 위한다"거나 "자신의 몸을 사랑하듯이 천하를 위한다"고 한 것은 모두 전제다. 그런 전제하에서 "천하를 맡기고", "천하를 기탁한다"고 한 것은 《장자》〈인간세(人間世)〉에 언급된 것처럼 "먼저 자기 자신이 갖추고 난 후에 남에게 갖추도록 한다(先存諸己而後存諸人)"일 뿐이다. 즉, 자신을 먼저 구하고 나서 천하를 구하겠다는 것이다. 이에 비해 "사람들 모두 털 한 올도 뽑지 않고 사람마다 천하를 이롭게 하지 않아도 천하는 다스려진다"는 양주의 말은 천하의 모든 이가 천하를 구하기 위해 희생하지 않아야만 비로소 천하가 진정으로 태평하게 된다는 말이다.

그러나 깊이 생각해 보면, 이러한 표면적인 불일치가 문제가 되지는 않는다. 만약 사람들 모두가 천하를 맡을 수 있다면 별도로 천하를 기탁할 필요가 있을까? 사람들 모두 천하를 구할 수 있다면 특별히 천하를 구할 필요가 있겠는가? 바꾸어 말해도 마찬가지다. 만약

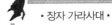

• 장자 가라사대 •
샘물이 마르면 물고기들이 땅에 함께 모여서 서로 물기를 뿜어 주고 서로 거품으로 적셔 준다. 그러나 어찌 그것이 강이나 호수에서 서로를 잊고 자유로이 지내는 것만 같겠는가?

사람들이 모두 기탁할 필요가 없다면 천하에 별도로 기탁할 것이 무엇이겠는가? 사람들이 모두 자기 자신을 구할 수 있다면 천하에 따로 구할 것이 무엇이겠는가?

여기에서 두 번째 결론이 나온다. 가장 좋은 천하는 구제도 기탁도 필요 없는 그런 세상이다.

이는 장자의 관점이기도 하다. 《장자》〈대종사(大宗師)〉편을 보면 다음과 같은 장자의 유명한 이야기가 나온다.(〈천운(天運)〉 편에도 나온다.) "샘물이 마르면 물고기들이 땅에 함께 모여서 서로 물기를 뿜어 주고 서로 거품으로 적셔 줍니다. 그러나 어찌 그것이 강이나 호수에서 서로를 잊고 자유로이 지내는 것만 같겠습니까(泉涸魚相與處於陸, 相呴以濕, 相濡以沫, 不如相忘於江湖)?"

위의 '相濡以沫(상유이말)', 즉 서로 거품으로 적셔 주는 것은 하나의 미덕처럼 간주되고 있다. 분명 장자도 이에 대해 완전히 부정하는 것은 아니다. 그러나 그는 이러한 행위는 결코 최고의 경지가 아니라고 보았다. 최고의 경지는 근본적으로 이런 일이 생겨날 필요가 없는 상태다. 그 이유는 '상유이말'의 전제는 바로 말라 버린 샘물이기 때문이

다. 만약 샘물이 마르지 않으면 굳이 물기를 뿜거나 거품을 내어 서로 적셔 줄 필요가 없다. 그것은 마치 정의를 위해 용감하게 뛰어드는 사람을 보면 진정으로 존경하게 되지만, 그렇다고 모든 이가 그런 영웅이 되기를 바라지는 않는 것과 같다. 정의를 위해 뛰어든다는 것은 곧 재난과 불의가 있다는 것을 의미하기 때문이다.

이런 관점에서 보자면, "강이나 호수에서 서로를 잊고 지내는 것"이 "서로 물기를 뿜어 주고 서로 거품으로 적셔 주는 것"보다 훨씬 낫다고 할 수 있다. 이처럼 "강이나 호수에서 서로를 잊고 사는" 사회나 시대는 곧 "사람들 모두 털 한 올도 뽑지 않고 사람마다 천하를 이롭게 하지 않는" 사회나 시대인 셈이다. 그러므로 양주의 주장은 노장의 그것과 서로 모순되지 않으며 오히려 조리가 정연하다고 할 수 있다. 그래서 간단히 부정할 수 없다.

이렇게 해서 또 세 번째 결론이 도출된다. 아무도 누군가에게 상관하지 않아야 비로소 천하가 태평해진다.

그런데 또 문제가 있다. 이것이 과연 가능한가?

사실 가능하기는 하지만 보증할 수가 없다. 기후가 좋아서 의식주가 풍족하고 나라가 평화롭고 백성이 안정된 때라면 사람들은 각기 자신의 일에만 신경 쓰고 남의 일에는 상관하지 않고 살 수 있다. 그러나 여기에는 전제가 필요하다. 푸른 산은 언제나 푸르고, 샘물은 마르지 않고 언제나 흘러야 한다는 것이다.

그러나 애석하게도 그 누구도 샘물이 마르지 않는다고 보증할 수 없다. 세상에는 인재(人災)가 아니더라도 불가항력의 천재(天災)도 존재한다. 그래서 우리는 서로 물기를 뿜어 주고 거품으로 적셔 주는 것을 높이 평가하고 정의에 따라 용감하게 행동하는 것을 크게 인정하는 것이다. 그런데 춘추 전국 시대에는 천재만큼이나 인재도 적지 않았다. 빈번한 전쟁과 동란, 끊이지 않는 권력다툼으로 인한 정변 등으로 하루도 조용한 날이 없을 정도로 사회가 혼란한 상황이었으니 어찌 강이나 호수에서 서로 잊는 날을 기약할 수 있었겠는가? 아마도 전쟁터에서 서로 싸우기에도 바빴을 것이다. 많은 사상가가 서로 논쟁한 이유도 그들 모두 병든 사회와 동란의 시대에 새로운 치료 방법과 구제의 길을 찾기를 희망했기 때문이다.

그렇다면 도가는 당시 사회 상황에 만족했을까?

만족하지 않았다. 더욱이 전혀 만족하지 않았다. 맹자는 요순(堯舜), 묵자는 대우(大禹)를 높이 받들었다. 그러나 장자는 요순이든 대우든 모두 부정했다. 장자는 일의 발단이 요순이나 대우부터 시작되었다고 보았기 때문이다. 또한 더 멀리 거슬러 올라간다면 삼황오제까지 이어질 것이다.

《장자》〈천운(天運)〉 편에서 장자는 노담(노자)과 자공(子貢)의 대화를 통해 유가와 도가 논쟁의 한 사례를 보여 주고 있다. 자공이 노담에게 물었다. "삼황오제가 천하를 다스리던 방식은 비록 서로 달랐지만 명성을 누렸다는 점은 같습니다. 그런데 왜 선생님께서는 그분들을 성인이 아니라고 하십니까?"

노담이 말했다. "젊은이, 좀 더 가까이 오시오. 내가 그대에게 삼황오제가 천하를 다스렸던 것에 대해 이야기해 주겠소. 황제가 천하를 다스렸을 때는 백성의 마음을 하나가 되게 하였소. 당시 사람들은 모두 평등했기 때문에 누구도 자신의 친인척을 다른 사람보다 더 중요하게 여기지 않았소. 설사 부모가 죽어도 특별히 비통해하지 않았소. 요임금이 천하를 다스릴 때는 백성을 서로 친하게 만들었소. 그 결과 사람들은 자신에게 가까운 사람만 친애하니 친소(親疏)의 차별이 있게 되었소. 순임금이 천하를 다스릴 때는 문제가 더 커졌소. 그는 백성끼리 친소를 구별하게 만들었을 뿐만 아니라 서로 경쟁을 하게 만들었소. 아기는 태어난 지 다섯 달이면 말을 하게 되었고 조금씩 커가면서 사람들을 구별하게 되니, 그러면서부터 사람이 일찍 죽는 경우가 있게 된 것이오. 하우(夏禹)가 천하를 다스릴 때는 문제가 더욱 커졌소. 그는 천하를 다스리면서 백성의 마음을 변하게 만들었소. 사람들은 저마다 계략을 쓰고 다른 사람에게 해를 입히면서도 당연한 것으로 여기고, 도적을 죽이는 것은 살인이 아니라고 하면서 천하를 위한 것이지 자신을 위한 것이 아니라고 했소. 결국 어떻게 되었는가? 천하에 크게 혼란이 생겨 유가와 묵가가 한꺼번에 생겨나게 된 것이오.”

세상인심이 크게 어지러워지자 유가와 묵가가 한꺼번에 튀어나와 인심을 현혹하고 사람들에게 크게 폐해를 끼쳤다는 말이다. 결국 근본적인 원인은 바로 “삼황오제가 천하를 다스린다고 했는데, 명분은 다스린다고 했으나 실제로는 더없이 어지럽혔기” 때문이다.

여기서 이해할 수 없는 것이 있다. 그렇다면 탈이 나기 시작한 것은 요순과 대우가 다스리던 시절부터 아닌가? 그런데 왜 삼황오제까지 탓하는 것일까? 문제는 ‘치(治, 다스림)’에서 비롯되었다. 삼황오제의 다스림으로 인해 요순과 대우 시절의 혼란이 생겨났다는 것이다. 이것이 바로 사회 문제에 대한 도가의 관점이다. 즉, ‘다스림은 필연적으로 혼란을 초래하니, 다스림이 바로 혼란의 근원이다’라는 것이다.

이를 통해 유가와 묵가, 도가가 제시하고 있
는 사회관이나 역사관은 다른 점도 있고 같은
점도 있다는 사실을 알 수 있다. 같은 점은 삼
가 모두 당시의 사회는 여러 가지 문제가 있다
고 인식한 것이다. 다른 점은 문제가 생긴 원

• 노자 가라사대 •
큰 나라를 다스리는 것은
마치 작은 생선을 익히는
것과 같다.

인에 대한 관점이 서로 다르다는 것이다. 구체적으로 무엇이 다른가?
공자와 묵자는 사랑이 부족하기 때문이라고 여겼고, 노자와 장자는 지
나치게 부산스럽기 때문이라고 여겼다.

노장(老莊)은 부산한 것을 반대했다. 《노자》〈제60장〉에 유명한 구
절이 나온다. "큰 나라를 다스리는 것은 마치 작은 생선을 익히는 것
과 같다(治大國若烹小鮮)." 작은 생선을 구울 때 어떻게 해야 하는가? 약
한 불에 천천히 구워야 한다. 신중히 공을 들여야 물고기의 살이나 뼈
가 붙은 채로 잘 익게 된다. 만약 생선을 몇 번씩 뒤집으면 결국 살점
이 떨어져 나가 부스러지고 만다.

나라를 다스리는 일도 이와 마찬가지다. 백성을 못살게 괴롭히거나
공적을 세우려 애쓰지 말아야 한다. 《노자》〈제75장〉에서는 다음과 같
이 언급하고 있다. "백성이 굶주리는 까닭은 통치자가 세금을 지나치
게 많이 거두기 때문이다. 그래서 굶주리는 것이다. 백성을 다스리기
어려운 까닭은 통치자가 인위적으로 하기 때문이다. 그래서 다스리기
어려운 것이다. 백성이 죽음을 가볍게 여기는 까닭은 통치자가 자신의
삶의 풍요로움만을 지나치게 추구하기 때문이다. 그래서 죽음을 가볍
게 여기는 것이다(民之饑, 以其上食稅之多, 是以饑. 民之難治, 以其上之有爲, 是以
難治. 民之輕死, 以其上求生之厚, 是以輕死)."

•노자 가라사대•

백성이 굶주리는 까닭은 통치자가 세금을 지나치게 많이 거두기 때문이다. 그래서 굶주리는 것이다. 백성을 다스리기 어려운 까닭은 통치자가 인위적으로 하기 때문이다. 그래서 다스리기 어려운 것이다. 백성이 죽음을 가볍게 여기는 까닭은 통치자가 자신의 삶의 풍요로움만을 지나치게 추구하기 때문이다. 그래서 죽음을 가볍게 여기는 것이다.

사는 것에 집착해 죽음을 두려워하고, 탐욕에 사로잡혀 만족할 줄 모르면 당연히 끊임없이 유위해야 하고, 들볶이게 되고, 하는 일이 많아지게 된다. 하는 일이 많은데 왜 다스리기가 어려운가? "군주가 인위적이면 백성이 욕구가 많아지고, 군주가 가혹하게 세금을 거둬들이면 도적이 많아지기(君有爲, 民多欲. 君行暴斂, 民多盜賊)" 때문이다. 이는 "역사의 필연(歷史之必然)"이다. 곰곰이 생각해 보면 맞는 말이다. 군주가 사람이듯이 신하도 사람이고, 관리가 사람이듯이 백성도 당연히 사람이다. 군주 당신이 다른 나라의 성을 공격해 땅을 빼앗는데, 내가 남의 집 닭이나 개를 빼앗지 못할 것이 무엇인가? 당신은 가렴주구를 하는데, 내가 남의 것을 빼앗아 탐욕을 채우지 못할 이유가 무엇이란 말인가? 루쉰의 소설 《아큐정전》에 이런 모습이 보인다. 최하층 농민인 주인공 아큐는 비구니를 앞에 두고 "중놈도 만지는데 나는 왜 못 만져"라고 말했다.

장자의 논조는 더욱 의미심장하다. 그는 통치자에게 절대로 스스로 총명하다고 여기고 제멋대로 행동해서는 안 된다고 경고하고 있다. 《장자》〈거협(胠篋)〉 편에 이런 이야기가 나온다.

상자를 열고 자루를 뒤지고 궤를 열어 물건을 훔치는 도둑을 지키기 위해 사람들은 끈으로 꼭 묶고 자물쇠와 빗장을 단단히 채워 놓기를 좋아한다. 이렇게 하면 좀도둑 정도는 예방할 수 있다. 그러나 만약 큰 도둑이 들면 궤를 짊어지고 상자를 둘러메고 자루째 들고 달아난다. 그러면서 그들은 오히려 묶인 끈과 채운 자물쇠와 빗장이 튼튼하지 않을까봐 걱정한다. 통치자도 마찬가지다. 그들이 성을 쌓고 군대를 양성하며, 행정구역을 나누고, 법률과 제도를 세우며, 도덕을 이야기하는 것이 "나라를 빼앗는 큰 도둑"이 되기 위해 준비하는 것과 어찌 다르겠는가?

따라서 가장 바람직한 사회는 어떤 사람도 구제할 필요가 없는 사회이고, 가장 이상적인 관리나 통치 또한 보이지 않는 것이어야 한다. 《노자》〈제17장〉에는 통치의 단계에 대한 내용이 언급되어 있다. 노자는 "가장 좋은 것은(훌륭한 통치자) 백성이 그가 있다는 것만 아는 것이다(太上, 下知有之)"라고 말했다. "太上, 不知有之"라고 쓰여 있는 판본도 있다. '태상(太上)'을 '아주 오랜 옛날'이라고 말하는 사람도 있고, '가장 좋은 것'으로 말하는 사람도 있는데, 사실상 같은 뜻이다. 노자와 장자는 가장 좋은 시대는 가장 오래된 시대뿐이라고 생각했기 때문이다. "부지유지(不知有之)"는 백성이 자신들의 통치자가 있는지조차 모른다는 뜻이고, "하지유지(下知有之)"는 백성이 단지 어떤 통치자가 있다는 것만 알 뿐 아무런 관계도 없어 아예 없는 것이나 다를 바 없다는 뜻이다.

이것이 가장 좋은 경우고, 그다음으로 좋은 것은 통치자와 백성이 서로 친근하게 지내는 경우로, 이를 일러 "백성이 통치자를 친근하게 대하고 칭송한다(親而譽之)"고 한다. 그다음은 통치자가 백성을 위협해 백성이 통치자를 두려워하는 단계로 노자는 이를 일러 "외지(畏之)"라고 했다. 마지막으로 가장 나쁜 경우는 통치자가 백성을 모욕해 백성도 그를 경멸하고 업신여기는 것이니 이를 일러 "모지(侮之)"라고 한다. 상황이 이 단계에 이르면 이미 난세라고 봐야 할 것이다.

노장이 처한 시대는 바로 이러한 난세였다. 노자나 장자는 혼란의 원인이 통치자와 백성 모두 지나치게 부산한 데 있다고 보았다. 노자와 장자 두 사람 모두 요순, 대우부터 시작해서 하·상·주에 이르기까지 천하의 역사는 자기만 똑똑하고 옳다고 여기다 스스로 화를 초래하는 고통의 역사라고 인식했다. 빈번한 전쟁과 사치스러운 생활 역시 끊임없이 무언가를 해야 하고, 제도나 도덕의 확립이나 심지어 과학기술의 발명과 문명의 진보 역시 끊임없이 움직여야만 하는 것이다. 그러나 이 모든 것을 없애고 포기해야만 사람들은 비로소 자신들이 꿈꾸는 가장 아름다운 사회로 돌아갈 수 있다. 그래서 노장은 '무위(無爲)'를 주장한 것이다.

그렇다면 그들이 주장한 '무위'는 구체적으로 무엇인가?

3

무위의 오묘함

노장의 무위는 다음 네 가지로 요약할 수 있다. 과욕(寡欲), 우민(愚民), 반지(反智), 부덕(不德).

앞에서 말한 것처럼 노장은 사회 혼란의 원인이 부산함에 있다고 보았다. 그렇다면 사회는 왜 부산스러운 것인가? 욕망이 지나치기 때문이다. 욕망이란 다음 두 가지로 요약된다. 하나는 명성이고, 다른 하나는 이익이다. 《장자》〈인간세〉 편에는 다음과 같은 내용이 나온다. 장자가 말했다. "옛날 유명한 신하들이 피살된 까닭은 명성을 좋아했기 때문이고, 작은 나라가 멸망당한 것은 큰 나라가 이익을 좋아했기 때문이다." 그래서 장자는 사람들에게 이렇게 충고하고 있다. "공명(功名)의 노예가 되지 말며, 모략의 창고가 되지 말며, 일의 책임자가 되지 말며, 지혜의 주인이 되지 말라(無爲名尸, 無爲謀府, 無爲事任, 無爲知主)." 다시 말해 공명을 추구하지 말고 지식을 축적하지 말 것이며, 무거운 책임을 맡지 말고, 자신의 총명함을 자랑하지 말라는 뜻이다. 똑똑하다

• 장자 가라사대 •
공명(功名)의 노예가 되지
말며, 모략의 창고가 되지
말며, 일의 책임자가 되지
말며, 지혜의 주인이 되지
말라.

• 노자 가라사대 •
세상에 금기가 많을수록
백성은 더욱 가난해지고,
사람들에게 날카로운 병기
가 많아질수록 나라는 더
욱 혼란스러워진다. 사람
들에게 기교가 많아질수록
사악한 일이 더 많이 일어
난다. 법령이 분명해질수
록 도적들이 더 많아진다.

욕망이 많은 것보다 큰 죄
악이 없고, 만족을 모르는
것보다 큰 재앙이 없다.

고 자만하면 자기 꾀에 넘어간다는 사실을 왜 모르는가? 역대로 자신의 능력과 지식만 믿고 막대한 책임을 떠맡고 공명을 추구한 사람 중에 좋은 결말을 맞이한 이가 매우 드물다. 그럴 바에야 차라리 집에서 마음을 비우고 조용히 지내는 편이 좋을 것이다.

개인이 이러하다면 국가도 마찬가지다.《노자》〈제57장〉에는 처세의 도를 다음과 같이 말한다. "세상에 금기가 많을수록 백성은 더욱 가난해지고, 사람들에게 날카로운 병기가 많아질수록 나라는 더욱 혼란스러워진다. 사람들에게 기교가 많아질수록 사악한 일이 더 많이 일어난다. 법령이 분명해질수록 도적들이 더 많아진다(天下多忌諱, 而民彌貧. 民多利器, 國家滋昏. 人多伎巧, 奇物滋起. 法令滋彰, 盜賊多有)." 결론적으로 "욕망이 많은 것보다 큰 죄악이 없고, 만족을 모르는 것보다 큰 재앙이 없다." 욕망이 많으면 만족할 줄을 모르고, 만족할 줄 모르면 부산할 수밖에 없다. 부산하면 할수록 천하는 더욱 어지러워지고 일이 많아질수록 더욱더 번거롭게 된다.

그러므로 만약 이미 임금이 천하를 다스리고 있다면 개인이 취할 가장 정확한 태도는 무엇인가?《장자》〈재유(在宥)〉편에 따르면 "무위(無爲)만 한 것이 없다."《노자》〈제63장〉에서는 보다 구체적으로 말하고 있다. "무위를 행하고 무사를 일로 삼으며 무미를 맛으로 즐긴다(爲

無爲, 事無事, 味無味)." "爲無爲(위무위)'는 무슨 뜻인가? '爲(위)'는 추구를
뜻한다. 따라서 '위무위'는 '추구하지 않는 것을 추구한다'는 뜻이다.
'事無事(사무사)'는 무슨 뜻인가? '事(사)'는 행동을 뜻한다. 따라서 '사
무사'는 행동하지 않는 것을 행동으로 삼는다는 뜻이다. '味無味(미무
미)'는 일반적으로 맛이 없는 음식을 먹거나 맹물을 마시는 것으로 해
석한다. 그러나 나는 '미'를 '성취감'으로 해석할 수 있다고 생각한다.
그래야만 앞에 나오는 '위무위, 사무사'와 일맥상통하게 된다. 무엇보
다 먼저 '추구', 즉 '위'가 있고 그다음에 '행동'으로서 '사'가 있으며, 맨
마지막이 '성취감'으로 '미'를 제시했다고 보는 것이다. '미'를 성취감
으로 본다면, '미무미'는 '성취감이 없는 것을 성취감으로 삼는다'는 뜻
이다.

이렇게 보면 노자가 추구하는 허(虛), 정(靜), 담(淡)과 뜻이 통한다.
다시 말해, '위무위'는 허, '사무사'는 정, '미무미'는 담이라는 뜻이다.
담은 감각이 없다는 뜻이고, 정은 번거롭지 않다는 뜻이며, 허는 욕망
이 존재하지 않는다는 뜻이다. 반대로 욕망이 있으면 추구하게 되고,
추구하면 행동이 뒤따르게 되고, 행동하면 성취가 생기고, 성취가 있
으면 당연히 성취감이 생기고, 성취감은 또다시 새로운 추구를 불러온
다. 그래서 추구하지 않으면 행동하지 않을 것이고, 또한 성취감이 생
길 일이 없다.

이러한 방법이 참으로 대단하지 않은가! 일반인들이 주장하는 '무
위'란 기껏해야 어떤 것을 추구하지 않는다든지 행동하지 않는 것 정
도를 생각한다. 그러나 노자는 단번에 핵심을 파고들어 인류가 '유위
(有爲)'할 수밖에 없는 심층적인 원인을 파악해 냈다. 사람이 무엇인가

를 하려고 하는 이유는 생계와 명예, 이익을 위한 것이기도 하지만, 그렇다고 오로지 생계를 위한 것만도 아니고, 또 명예나 이익을 위한 것만도 아니다. 그렇다면 무엇을 위해 일하는가? 성취감 때문이다. 명예나 이익을 얻는 것도 일종의 성취감이라 할 수 있다. 따라서 성취감이야말로 인간 최대의 '욕(欲)', 즉 욕망이자 가장 극복하기 어려운 욕구라 할 수 있다. 이러한 욕망이나 욕구를 뿌리째 뽑아야만 진정으로 '무위'할 수 있다. 여기서 우리는 노자의 원숙함을 엿볼 수 있다.

문제는 사람에게 추구, 행위, 성취감이 없을 수 없다는 점이다. 그래서 노자는 자신의 '정언약반(正言若反)'의 사유방식을 사용해 "위무위, 사무사, 미무미"를 제시하면서 우리에게 "추구하지 않는 것을 추구하고", "행하지 않는 것을 행하며", "성취감이 없는 것을 성취감으로 삼으라"고 했던 것이다. 그러면 결과적으로 추구와 행위, 성취감이 존재하게 된다. 또한 그는 "밝은 도는 어두운 것 같고, 나아가는 도는 뒤로 물러나는 것 같다", "제일가는 덕은 낮은 골짜기 같으며, 크게 순결한 덕은 마치 더러운 듯하다"는 논리를 따라 추구하지 않는 추구가 최상의 추구이며, 행동하지 않는 행위가 최고의 행위이고, 성취감이 없는 성취감이 가장 큰 성취감이라고 주장했다.

그러나 이러한 주장에 대해 사람들은 뭔가 할 말과 불만이 있을 것으로 생각된다.

노자의 이러한 주장이 '소극적'이라는 점이다. 그러나 소극적이라는 것을 부정적으로 볼 필요는 없다. 실제로 소극적인 것과 적극적인 것은 상황에 따라 다를 수 있다. 어떤 사람은 적극적이고 또 어떤 사람은 소극적이며, 어떤 일은 적극적이어야 하지만 또 어떤 일은 소극적일 필요가 있다. 예를 들면, 도시 계획과 같은 경우는 소극적이어야 한다고 생각한다. 무엇을 할 것인가를 규정할 것이 아니라 무엇을 하지 말아야 할 것인지를 규정해야 한다는 의미에서 그렇다. 일례로, 어떤 건물은 짓지 말고 어떤 지역은 이전하지 말며, 어떤 수계(水系)는 그대로 유지해야 해야 하고, 어떤 건물은 보존해야 한다는 등의 계획이 그러하다. 도시 계획 도면이 완성되면 단호히 집행해야만 후손들이 손해를 입는 일이 생기지 않는다. 이러한 것이 '소극적 계획'이다. 왜 소극적인가? 겉으로는 마치 계획이 없는 것처럼 보이기 때문이다. 그러나 이러한 '계획이 없는' 계획이야말로 가장 중요한 계획이다.

마찬가지로 통치자나 지도자는 평화 시기에는 다소 소극적인 것이 좋다. 적어도 정책을 결정할 때는 신중해야 한다. 가장 경계해야 할 것은 공적을 세울 목적으로 일을 마구 벌이는 것이다. 예를 들어 웅대한 청사진을 계획하고 토목공사를 크게 벌이거나 전쟁을 일으키고는 득의양양하는 것이다. 그 결과 인력과 물자를 낭비해 큰 손실을 입고 국가와 백성에게 재앙을 안긴다. 이렇게 되는 이유는 욕망이 지나쳐 유위(有爲)하기 때문이다.

웅대한 청사진은 곧 '위유위(爲有爲)', 즉 무엇인가를 추구하는 것이고, 대규모 전쟁은 곧 '사유사(事有事)'로 어떤 일을 하는 것이며, 득의양양하는 것은 곧 '미유미(味有味)'로 성취감에 도취하는 것을 말한다. 이를 바로잡는 방법으로 노자는 "위무위, 사무사, 미무미(爲無爲, 事無事, 味無味)"를 제창해 나라를 다스릴 때는 '소극적 다스림'으로 임해야 한다고 주장했다.

예를 들어 서한(西漢)은 초기에 천하가 막 안정되고 민생이 황폐한 상황이었으므로 통치자들은 자신의 욕망을 최대한 억제하지 않을 수 없었으며, 또 한편으로는 통치자들이 황노(黃老) 사상을 숭상한 까닭에 도가학설을 국가 이데올로기로 삼아 무욕이정(無欲以靜, 욕심을 끊고 고요함을 찾음)하고 백성과 더불어 휴식했다. 그 결과 역사상 유명한 '문경의 치(文景之治, 문제와 경제 시절의 치세)'를 이룩했다.

그러므로 '소극적'이란 것을 함부로 부정해서는 안 된다. 병을 치료하는 데도 근본 원인을 파악해 치료하는 적극적인 치료 이외에 '보존요법(대증 요법)'이란 것이 있지 않은가! 이렇게 보면 문제는 그것이 적극적인가 아니면 소극적인가가 아니라 과학적인가 아니면 비과학적인가에 달려 있다. 경우에 따라서 적극적인 것이 과학적이라면 적극적으로 대응하면 될 것이고, 소극적인 것이 과학적이라면 소극적으로 대처하면 될 것이다. 예를 들어 어떤 일이 부정적인 영향이나 좋지 않은 결과를 초래할 수 있다면 약간 소극적으로 행하고, 어떤 일이 발전을 촉진하는 긍정적인 효과를 줄 수 있다면 보다 적극적으로 할 필요가 있다. 결론적으로 실사구시(實事求是)의 태도를 취하고, 때와 장소, 일에 따라 적절하게 조치를 취하라는 말이다.

물론 노자를 포함한 도가가 주장하는 '소극적 무위'는 이런 의미가 아니다. 그들은 과학적 발전관은 알지 못했고 언급한 적도 없다. 그들은 다만 통치자의 '적극적 유위(有爲)'가 어떤 좋은 일이 아니라는 사실을 예리하게 느꼈을 뿐이다. 그들은 '유위'의 배경이 대부분 '다욕(多欲)'에 있다고 보았기 때문이다.

노자는 욕망이 사람을 크게 해친다고 보았다. 《노자》〈제12장〉에 그 구체적인 내용이 실려 있다. 노자가 말했다. "오색찬란함은 사람들의 눈을 멀게 하고, 아름다운 음악은 사람들의 귀를 멀게 하며, 산해진미는 사람들의 입을 망쳐 놓는다. 말을 내달려 사냥하는 일은 사람들의 마음을 광분하게 하고, 얻기 어려운 재물은 사람들의 행동을 그릇되게 한다(五色令人目盲, 五音令人耳聾, 五味令人口爽, 馳騁畋獵令人心發狂, 難得之貨令人行妨)." 이렇듯 욕망이라는 것은 결코 좋은 것이 못 된다. 게다가 군주가 욕심이 지나치면 백성 사이에 도둑이 많아진다. 모든 사람이 끝없는 욕망을 추구하면 사회 전체에 물욕이 흘러넘쳐 결국 천하는 혼란스러워지고 만다.

그렇다면 어떻게 해야 바로잡을 수 있을까?

답은 과욕(寡欲), 즉 욕심을 줄이는 것이다.

우선 통치자부터 욕심을 줄여야 한다.《노자》〈제57장〉은 다음과 같이 이른다. "내(통치자)가 인위적인 일을 하지 않으면 백성이 저절로 바뀌고, 내가 고요함을 좋아하면 백성이 저절로 바르게 되며, 내가 일을 꾸미지 않으면 백성이 절로 풍족해지고, 내가 탐욕이 없으면 백성이 저절로 꾸밈이 없고 소박해진다(我無爲而民自化, 我好静而民自正, 我無事而民自富, 我無欲而民自樸)." 통치자 스스로 "위무위, 사무사, 미무미"하면 백성은 조급해하지 않고, 소란을 일으키지 않으며, 욕심을 부리지 않게 된다. 이것을 일러 '무위이치(無爲而治)', 즉 '인위적으로 하지 않으면 잘 다스려진다'고 한다.

노자는 '무위이치'를 위해 '반드시 하지 말아야 할 세 가지 원칙(三不原則)'을 제시했다. 첫째 어질고 능력 있는 이를 뽑지 말 것(不尙賢), 둘째 귀중한 보물을 중시하지 말 것(不貴難得之貨), 셋째 욕망을 드러내지 말 것(不見可欲)이 그것이다.

'불상현(不尙賢)'은 덕과 재주를 갖춘 인물을 존중하지 말라는 것이다. 왜냐하면 일단 존중하게 되면 사람들이 앞다투어 그를 배워 그처럼 되려고 할 것이기 때문이다. 바로 이 때문에 욕심이 생기게 되고 경쟁이 생겨난다. 욕심을 줄이고 경쟁하지 않게 하기 위해서는 덕과 재주를 겸비한 공인된 선비조차도 결코 떠받들지 말아야 한다. 다음 '불귀난득지화(不貴難得之貨)'는 진귀한 조수(鳥獸)나 보물을 중시하지 말라는 것이다. 왜냐하면 내가 좋아하는 물건이라면 남들도 좋아하고 훔치고 싶은 마음이 생겨나기 때문이다. 만약 그것이 전혀 가치가 없는 것으로 여겨지면 누가 그것을 훔치려 하겠는가? 마지막으로 '불현가욕(不見可欲)'은 탐욕을 일으킬 수 있는 물건을 과시하지 말라는 것이다.

노자 역시 사람이라면 누구나 욕망을 갖고 있다고 인정했음을 알 수 있다.

그렇다면 할 수 있는 것은 탐욕을 일으키지 않도록 하는 것뿐이다. 그래서 사람들로 하여금 훔치려는 생각이 일어나지 않게 하는 것이다. 누가 그런 생각을 하게 만드는가? 결국 대부분의 경우 자기 자신이다. 자신에게 귀한 물건이 있으면 남들이 모를까봐 곳곳에 자랑을 하고 다닌다. 이러하건대 누군가는 훔칠 생각을 품지 않겠는가? 이처럼 만약 통치자가 원인을 제공하지 않는다면 백성도 일부러 난동을 부리지 않을 것이다.

이것이 《노자》〈제3장〉에 나오는 노자가 말한 "현명한 사람을 존중하지 않으면 백성이 다투지 않고, 귀중한 재화를 귀하게 여기지 않으면 백성이 도둑질을 하지 않으며, 탐욕을 일으키는 물건을 자랑하지 않으면 민심이 어지럽지 않게 될 것이다(不尙賢, 使民不爭. 不貴難得之貨, 使民不爲盜. 不見可欲, 使民心不亂)"의 의미다. 결론적으로 훌륭한 통치자가 되기 위해서는 반드

• 노자 가라사대 •
현명한 사람을 존중하지 않으면 백성이 다투지 않고, 귀중한 재화를 귀하게 여기지 않으면 백성이 도둑질을 하지 않으며, 탐욕을 일으키는 물건을 자랑하지 않으면 민심이 어지럽지 않게 될 것이다.

시 "무위로써 일을 처리하고, 말로 하지 않는 가르침을 행해야 한다(處無爲之事, 行不言之敎)." 통치자가 스스로 마음을 깨끗하게 하고 욕심을 절제하면 부산스럽지 않을 것이고, 천하도 자연히 태평해질 것이다. 《노자》〈제37장〉에 이러한 노자의 말이 나온다. "욕심을 부리지 않으면 고요해지니, 장차 천하가 저절로 안정될 것이다(不欲以靜, 天下將自定)."

문제는 욕망이란 것이 아무리 애를 써도 억제할 수는 있어도 완전히 없어지지는 않는다는 데 있다. 예를 들어 물욕이나 권력욕은 원하지 않을 수 있다 해도 지적 욕망까지 완전히 버릴 수 있겠는가? 만약 어떤 욕망이 남게 되면 다른 어떤 욕망도 완전히 사라지지는 않는다. 그러므로 욕망을 없애려면 그것이 합리적인 것이든 그렇지 않은 것이든 지적 욕망을 포함한 모든 욕망을 버려야만 한다.

그래서 욕심을 버리는(寡欲) 결과는 필연적으로 우민(愚民)이 되고, 우민의 결과 또한 필연적으로 반지(反智)가 된다.

'우민', 즉 백성을 우매하게 만드는 것은 도가의 정치사상 중에서 중요한 한 부분이다. 앞에서 말한 '삼불원칙'의 뒷부분에 노자는 이어서

자신의 우민정책을 제시하고 있다. "그래서 성인의 다스림은 백성의 사상을 단순화하고 백성의 배를 부르게 하며, 백성의 뜻을 약화시키고 백성의 몸과 마음을 강하게 한다. 그리하여 백성이 지식이나 욕망이 없게 하고, 스스로 지혜롭다고 여기는 이들이 함부로 제멋대로 행동하지 못하도록 한다(是以聖人之治, 虛其心, 實其腹, 弱其志, 强其骨, 常使民無知無欲, 使夫智者不敢爲也)." 다시 말해, 생존에 필요한 물질적 욕구는 만족시켜 주되 정신적 욕구는 억제하고 사상 문화적 욕구는 한층 더 통제한다는 뜻이다. 한마디로 말해, 하루 종일 배부르게 먹기만 하고 아무런 일에도 머리를 쓰지 말라는 것이다. 그러면 이는 돼지나 개에게 먹이를 주고 말이나 소를 기르는 것과 다를 바 없지 않은가?

《노자》라는 책은 기본적으로 운문으로 이루어져 있다. 그래서 나는 이러한 관점을 한 문장으로 압운해 총괄해 보겠다. "생각은 비우고 배는 부르게 하며, 뜻은 약하고 뼈는 강하게 한다. 아주 편안하게 동물로 변해 가는구나."

장자도 이런 관점을 갖고 있었다. 《장자》〈천지〉 편에는 장자 마음 속의 이상향인 덕이 지극한 세상은 어질고 재주가 뛰어난 사람을 중시하지 않았고 재사(才士)를 쓰지 않으니 "임금은 나무 위의 가지 같았고, 백성은 들판의 사슴과 같았네"라고 했다. 이것은 무슨 '동물 세계' 같지 않은가? 좋게 이야기하면 '자연으로의 회귀'라고 할 수 있다.

그러나 유가와 묵가는 이런 주장에 절대로 동의하지 않았다. 묵자의 다음과 같은 말을 통해 분명히 알 수 있다. "천하가 크게 혼란하면 마치 금수처럼 되고 만다." 맹자도 마찬가지였다. "아버지가 없고 임금이 없는 것은 짐승과도 같다." 이렇듯 유가와 묵가는 모두 인류 사회가 동물 세계로 변하는 것에 반대했고, 이것이 유, 묵가와 도가의 다른 점이기도 하다.

• 노자 가라사대 •
정치가 관대하면 백성이 순박해지고, 정치가 엄격하면 백성이 교활해진다.

그렇다면 도가는 왜 백성을 동물로 변화시키려고 한 것일까? 그들은 이른바 '태평성세'는 순박하고 천진한 세상이라고 생각했기 때문이다. 《노자》〈제58장〉에는 다음과 같은 노자의 말이 나온다. "정치가 관대하면 백성이 순박해지고, 정치가 엄격하면 백성이 교활해진다." 다시 말해 통치자가 엄격하지 않고 분명하게 하려고 하지 않으면 백성은 순박하고 인정이 후해지고, 통치자가 한 치의 어긋남도 없이 엄격하고 혹독하면 백성은 속으로 꿍꿍이를 품게 된다. 그래서 서로 어울리고 순수한 세상이 되려면 백성은 물론이고 임금도 우매해야 하고, 가장 먼저 임금이 우매해져야 한다는 것을 알 수 있다.

이 점은 명확한데, 《노자》〈제65장〉에서 이를 확인할 수 있다. 노자가 말했다. "옛날에 도를 잘 실천하던 사람은 백성을 총명하게 하려 하지 않고 순박하고 어리석게 했다. 백성을 다스리기가 어려운 것은 그들이 아는 것이 많기 때문이다." 그래서 나라를 다스리려면 백성을 우매하게 만들고, 백성을 우매하게 만들려면 임금이 우매해져야 하고, 임금이 우매해지려면 반(反)지성적이어야 한다. 만약 임금이 뛰어난 재능과 원대한 포부를 갖고 있고 매우 총명해서 이를 발휘해 나라를 다스리면 그는 '국적(國賊, 나라에 해를 끼치는 자)'이라 할 수 있다. 이와 반대로 어리석고 멍청한듯 나라를 다스리면 이는 국가에 복이 된다. 이것을 "지혜로써 나라를 다스리는 것은 나라에 해가 되고, 지혜로써 나라를 다스리지 않는 것은 나라에 복이 된다(以智治國, 國之賊. 不以智

治國, 國之福)"고 한다.

이로써 도가에서 '우군(愚君)'이란 결국 '우민(愚民)'을 위한 것임을 알 수 있다. 백성을 우매하게 하기 위해서는 '반지(反智)'도 마다하지 말아야 한다는 것이다. 이것이 바로 후세 통치자들이 즐겨 썼던 우민정책의 사상적 근원 가운데 하나다. 그러나 분명히 말할 수 있는 것은 후세의 우민정책은 백성만 우매하게 만들고 통치계급은 그렇지 않았다는 점이다. 오히려 관리들에게는 책을 많이 읽고 지혜로워지라고 요구했다. 그리고 모든 책임을 도가에게 전가했다. 그러나 도가의 관점은 백성뿐만 아니라 관리, 신하, 임금도 모두 우매해져야 한다는 것이다. 위아래 모두 바보 집단이 되어야 한다는 뜻이다.

이렇게 모든 사람이 바보 집단이 되면 어떻게 되는가? "임금은 나무 위의 가지 같고, 백성은 들판의 사슴과 같게 된다." 이야말로 인류의 원시 상태로 돌아가는 것이다. 그래서 도가는 지식과 지혜를 반대했을 뿐만 아니라 문명도 반대했다. 특히 과학 문명에 대해서도 반대했다.

《장자》〈천지〉 편에 이런 이야기가 나온다. 한번은 자공이 초나라를 유람하고 진(晉)나라로 돌아오던 중 한수(漢水) 남쪽을 지나다가 한 노인이 채소밭에 물을 주고 있는 것을 보았다. 노인은 땅굴을 파고 우물로 들어가 물 항아리에 물을 가득 담고 다시 땅굴 밖으로 나와 채소밭에 물을 주었다. 자공이 말했다. "노인장께서는 힘들지 않으십니까? 왜 수차를 이용하시지 않는지요. 수차를 사용하면 힘이 덜 들면서 그 효과는 매우 큽니다." 그러자 노인은 얼굴을 붉히더니 냉소를 지으며 말했다. "기계를 사용하는 사람은 반드시 기계를 사용할 일이 생기게 되고, 기계를 사용할 일이 생기게 되면 또 반드시 꾀를 부리는 마음(機心)

이 생기게 마련이오. 그대는 내가 수차도 모를 거라고 생각하시오? 나는 다만 부끄러워서 쓰지 않는 것일 뿐이오."

장자가 현대에 태어나지 않았기에 망정이지 만약 지금 살고 있다면 현대의 각종 기기를 보고 기절할지도 모르겠다.

우리는 장자의 이런 사상을 단순히 '과학기술 문명에 대한 반대'로 보고 배척해서는 안 된다. 그중에는 지금 우리가 깊이 고민해 봐야 할 점이 존재하기 때문이다. 예를 들어 과학기술은 진정 우리에게 행복을 가져다주었는가? 과학기술의 발달로 인해 우리가 대가를 지불하고 있지는 않은가? 어쩌면 채소밭에 물을 주던 노인의 말이 맞을지도 모른다. 기계를 사용하면 반드시 기계를 쓸 일이 생기게 되고, 기계를 쓸 일이 생기게 되면 또 반드시 기심(機心: 꾀를 부리는 마음)이 생기게 된다. 기심이 생기면 순박한 마음이 없어지게 되고, 심성이 순박하지 않으면 정신이 불안정하게 되며, 정신이 불안정하면 도가 깃들 수 없게 된다. 결국 우리가 본래 추구하던 행복은 오히려 사라져 버릴 것이다.

물론 인류에게 과학기술의 진보는 무엇보다 중요하다. 그것은 우리에게 많은 이점을 가져다주기 때문이다. 적어도 우리 생활은 이로 인해 편리해졌고, 더욱 빨라지고, 효율성도 훨씬 높아졌으며, 더욱 안전하고 쾌적해졌다. 그러나 이러한 편리함, 빠름, 효율성, 안전, 쾌적함 등을 위해 우리는 한편으로 대가를 지불해야 했다. 이런 우스갯소리가 있다. "요즘 사람들은 왜 말에 신용이 없을까?" 전화기 때문이다. "요즘 사람들은 왜 연애편지를 쓰지 않을까?" 문자메시지 때문이다. 전화가 있으면 좋은가? 당연히 좋다. 그리울 때면 언제든지 전화로 말을 주고받을 수 있으니 눈이 빠지게 연애편지를 기다릴 필요가 없다. 화상전화는 더욱 좋다. 목소리도 듣고 모습까지 볼 수 있으니 말이다.

그러나 한참을 기다렸다가 마침내 편지가 오면 기뻐 어쩔 줄 몰라 하는 모습은 더 이상 볼 수 없다. 손에 들고 반복해서 읽고 또 읽는 그런 감정은 사라지고 말았다. 물론 문자메시지도 저장할 수 있으니 반복해서 볼 수 있는 것은 사실이다. 그러나 문자메시지를 어찌 예전의 연애편지와 비교할 수 있겠는가? 문제는 요즘처럼 무엇이든지 속전속결로 해결하면 예전처럼 그런 정서를 느껴 볼 수 없다는 것이다. 지금은 비행기만 타면 마치 특급소포처럼 목적지까지 빠르게 데려다 주는데 육유(陸游)가 시에서 "보슬비에 나귀 타고 검문을 나선다"라고 읊었던 그러한 정취를 맛볼 수 있겠는가? 모든 것이 편리하고, 빠르고, 효율적으로 변해 가는 시대에 소중하게 여기는 마음을 느끼며 살아갈 수 있을까?

이렇듯 모든 일에는 양면성이 있어 얻는 것이 있으면 잃는 것도 있게 마련이다. 우리는 과학기술이 이전에 비해 크게 진보했다고 득의양양하며 자만해서는 안 된다. 또한 과학기술 문명의 이점을 누리면서 한편으로 그것의 부족함에 대해 불평해서는 안 된다. 과학기술이 결코 우리의 모든 것을 해결해 줄 수는 없으며, 더욱이 우리의 행복을 책임질 수는 없기 때문이다. 행복은 과학의 주제가 아니며 과학의 임무도 아니다. 인문과학이 있는 이유가 바로 여기에 있다.

사실 노자와 장자가 '반지성', '우민'을 주장한 것은 바로 인류의 행복을 위해서였다. 그들은 인류가 행복해지려면 "사람이 갓난아이와 같고 백성이 들판의 사슴과 같아야 한다"고 보았다. 즉, 사회가 원시 상태로 돌아가고 사람들이 갓난아이와 같은 상태로 돌아가야 한다는 뜻이다. 갓난아이들을 보면 울고 싶으면 울고, 웃고 싶으면 웃으며 조금도 거리끼는 것이 없다. 이 얼마나 좋은가? 그래서 누구든지 잡생각을 하지 않을 수 있는 상태가 가장 행복한 상태라 할 수 있다. 잡생각 없이 단순하게 하는 것이 백성의 행복한 삶에 대해 여러 가지를 떠드는 것보다 훨씬 나을 수 있다. 많은 생각을 해서 무엇하겠는가?

이것이 바로 노장의 '반지성'과 '우민'이다. 노자와 장자의 사고방식에 따르면, 우민의 결과는 우군(愚君)이고, 우군의 결과는 반지성이며, 반지성의 결과는 반문명이다. 문명을 반대하니 과학기술이나 지식, 지혜도 반대한다. 그리고 반대해야 할 것이 또 하나 있다. 바로 도덕이다.

노자와 장자는 지식이나 지혜, 인의와 도덕을 동일선상에 놓고 모두 반대했다. 《노자》 〈제19장〉에 다음과 같은 말이 있다. "총명함을 끊고 지혜를 버리면 백성의 이익이 백 배나 더하고, 인을 끊고 의를 버리면 백성이 다시 효성스럽고 자애로워지며, 교묘한 재주를 끊고 이익을 보려는 마음을 버리면 도적이 없어진다."

이처럼 노자는 '삼절삼기(三絶三棄)', 즉 세 가지를 끊고 세 가지를 버려야 한다고 주장했다. 이 가운데 "총명함을 끊고 지혜를 버린다"는 것은 성현이 필요 없다는 뜻이고, "인을 끊고 의를 버린다"는 것은 도덕이 필요 없다는 뜻이며, "교묘한 재주를 끊고 이익을 보려는 마음을 버린다"는 것은 공리(功利)가 필요 없다는 뜻이다. 이로움도, 덕도, 성현도 필요 없다는 말이다. 유가와 묵가가 보배로 여기는 것들을 도가는 모두 필요 없다고 한 것이다. 또한 노자는 그것들을 완전히 없애버려야 비로소 천하가 태평해지고 백성이 행복하게 된다고 보았다.

노자가 필요 없다고 한 것은 장자 또한 필요 없다고 했다. 장자는 필요 없다고 했을 뿐만 아니라 나아가 풍자했다. 장자는 인의도덕이란 것은 도적도 갖추고 있는 것이라고 말했다. 《장자》〈거협(胠篋)〉 편에 장자가 당시 대도(大盜)의 입을 빌려 말하는 내용이 나온다.

"남의 집 방 안에 감춰 둔 것을 짐작하여 아는 것이 성명(聖明)이고, 남보다 먼저 들어가는 것은 용기이며, 물러날 때 남보다 뒤에 나오는 것은 의로움이고, 손에 넣어도 되는지의 여부를 아는 것은 지혜이며, 장물을 고르게 나누어 갖는 것은 인애다."

이렇듯 장자는 도적이 따르는 것도 모두 유가의 도덕이고, 성인의 가르침에서 나온 것이라고 말했다. 이렇게 보면 '성인의 도'가 없으면 착한 사람이 입신할 수 없음은 물론이고 도적도 성공할 수 없다고 했다. 성인의 도든 인의도덕이든 착한사람과 도둑 모두 써먹는데, 도둑이 더 잘 활용하는 듯하다. 그래서 장자는 다음과 같은 결론을 내린다. "성인이 생기면 큰 도둑이 일어난다." "성인이 죽지 않으면 큰 도둑이 그치지 않을 것이다." 이는 곧 인의도덕이 사라져야 천하가 태평해질 수 있다는 뜻이다.

이런 주장은 세상을 놀라게 할 만하다. 특히 유가나 묵가는 불쾌했을 것이다. 그러나 이는 도가사상 중에서 가장 중요한 내용이기도 하다. 왜냐하면 도가를 왜 도가라고 부르는지, 도가가 주장하는 '도'가 과연 무엇인지와 직접적으로 관련되기 때문이다.

그렇다면 도(道)는 도대체 무엇인가?

4

도(道)와 무위(無爲)의 관계

　도가는 왜 '부덕(不德)'을 주장했는가?

　정확히 말해서 노자와 장자가 '부덕'을 주장한 것은 도덕이 필요 없다고 하는 것도 아니다. 노자는 분명히 만약 "인을 끊고 의를 버린다면 백성이 다시 효성스럽고 자애로워진다"고 말했는데, 이는 도덕은 필요하고, 다만 유가의 그것, 즉 인의예악 또는 인의도덕이 필요치 않다는 것임을 알 수 있다.

　도가가 유가의 인의를 반대한 이유는 여러 가지다. 예를 들어 허위(虛僞)이기 때문이다. 적어도 장자나 장자학파의 사람들은 그렇게 생각했다. 그들은 당시 사회는 물론 유가의 도덕 역시 매우 허위적인 것이라고 보았다. 장자와 그의 추종자들은 유가의 허위적인 모습을 끊임없이 풍자했다.

　일례로《장자》〈외물〉편에는 이런 이야기가 나온다. 두 명의 유가의 무리가 묘지를 도굴하고 있었다. 위에서 망을 보고 있던 대유(大儒)

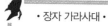

• 장자 가라사대 •

물오리의 다리는 비록 짧지만 그렇다고 그것을 늘이면 걱정하게 될 것이고, 학의 다리는 비록 길지만 그렇다고 짧게 잘라 주면 슬퍼하게 될 것이다.

가 물었다. "하늘이 밝아오는데 일이 어찌 되어 가고 있는가?" 그는 마치 시를 읊는 것처럼 물었다. 그러자 소유(小儒)가 무덤 속에서 대답했다. "아직 옷을 다 벗기지 못했는데, 입안에 구슬이 있습니다." 그 역시 유가답게 시를 읊듯 대답했다. 대유가 말했다. "시경에 이르기를 '푸른 보리가 무덤가에 자라고 있네. 살아서 은혜를 베풀지 못하고서 죽어서 어찌 구슬을 물겠는가?'라고 했네. 그놈의 머리를 잡아 턱수염을 누른 다음 쇠망치로 턱을 쳐서 천천히 볼까지 벌린 다음, 입속의 구슬이 깨지지 않도록 잘 꺼내시게!"

도굴꾼들은 남의 무덤을 도굴하면서 대 도리를 떠들고 그것도 시경을 인용해 떠들고 있다. 이것이야말로 허위가 아니고 무엇이며, 이들이야말로 위군자(僞君子)가 아니고 무엇이겠는가?

장자가 인의를 반대한 또 하나의 이유는 그것이 인성에 위배된다고 여겼기 때문이다. 《장자》〈변무(騈拇)〉편을 보면 장자는 이렇게 말한다. "생각해 보건대 인의는 사람의 본성이 아니다. 그렇지 않다면 어진 이들이 왜 그리 많은 근심을 하고 수심에 잠겨 있는가?" 도가는 사람의 본성을 천연적이고 자연적인 것으로 보았다. 그것이 천성이고 자연적인 이상 애쓸 필요도 없고, 그렇게 해서도 안 된다. "물오리의 다리는 비록 짧지만 그렇다고 그것을 늘이면 걱정하게 될 것이고, 학의 다리는 비록 길지만 그렇다고 짧게 잘라 주면 슬퍼하게 될 것이다." 원을 그릴 때 원형을 그리는 규(規)가 없어도 그릴 수 있고, 사각형을 그릴 때 방형을 그리는 구(矩)가 없어도 그릴 수 있는데 왜 유가는 항상 규와 구처럼 '인의예악'이라는 틀을 만들어 사람을 괴롭히려 하는가?

어떤 사람들은 유가의 인의(仁義)가 너무나 자연스러운 것이라고 말한다. 예를 들어 부자가 서로 친애하는 것은 당연히 자연스러운 일이라고 한다. 이에 대해 장자는 이렇게 대답한다. "그것은 짐승과 다를 바가 없다."《장자》〈천운〉편에 그 이유가 나온다. 한번은 상(商)나라 재상인 탕(蕩)이 장자에게 인(仁)에 대해 물었다. 장자가 말했다. "그것은 호랑이나 이리의 인이지요." 그가 무슨 말이냐고 묻자 장자가 대답했다. "호랑이나 이리도 부자가 서로 친하니 어찌 인이 아니겠습니까?" 만약 인의를 도덕이라고 한다면, 호랑이와 이리도 인의를 지녔으니 사람과 호랑이, 이리가 무슨 구별이 있는가? 그러므로 사람과 호랑이, 이리가 구별이 있다면 인의는 도덕이 아닌 것이다.

장자(장자의 후학일 수도 있다)는 심지어 이야기를 지어내서 유가의 인의를 비판하고 있다. 《장자》〈천도(天道)〉편에는 이런 이야기가 나온다. 공자가 주나라 왕실의 서고에 책을 보관해 두려고 했다. 이때 자로가 자신의 의견을 제시했다. "제가 듣기로는 주나라 서고를 관리하던 노담(老聃)이란 사람이 있는데 지금은 그만두고 집에서 지낸다고 합니다. 한번 찾아가서 부탁해 보시지요." 공자가 일리가 있다고 생각하고 노담을 찾아갔지만 노담은 부탁을 들어주지 않았다. 이에 공자는 육경을 펼쳐놓고 설명하기 시작했다. 그러자 노담이 너무 지루하니 요점만 말하라고 했다.

공자가 말했다. "요점은 인의(仁義)에 있습니다." 노담이 말했다. "당신이 말하는 인의는 사람의 본성에 부합하는 것이오?" 공자가 대답했다. "물론입니다. 군자는 어질지 않으면 이루지 못하고, 의롭지 않으면 살아갈 수 없습니다. 인의야말로 참된 사람의 본성입니다. 또 그 밖에 무엇이 있겠습니까?" 노담이 다시 물었다. "그럼 묻건대 무엇을 일러 인의라 하오?" 공자가 대답했다. "사랑하는 마음을 품고서 만물이 편안하고 즐겁기를 바라고, 천하의 모든 사람을 두루 사랑하여 어떤 사심도 없는 것입니다. 이것이 바로 인의의 참모습입니다." 그러자 노담이 말했다. "아아! 뒤에 한 말은 위험하오. 모든 사람을 두루 사랑한다는 것은 실정과는 거리가 먼 이야기가 아니겠소. 사심이 없다는 것이 곧 사심이오. ……지금 선생은 인간의 본성을 어지럽히고 있는 것이오."

사사롭다! 왜 이렇게 말한 것일까? 노담(사실은 장자)은 천지와 만물, 그리고 인간은 모두 그 나름의 천성을 지니고 있다고 보았기 때문이다. 각자의 천성에 따라 살아가면 그것이 곧 가장 큰 행복이자 최고의 경지이므로 인위적으로 어떤 규칙을 만들 필요가 없다. 인위적이고 강제적으로 규정하고 규범화하면 오히려 본래의 성정을 어지럽히게 된다. 유가가 이렇게 하는 것은 자신들이 옳다고 여기고 자신들이 세상을 구제할 수 있다는 망상에 빠진 것에 불과하다. 그러므로 인의를 중시하는 것은 성정을 어지럽히는 일이자 사사로운 일이다.

여기서 말하는 노담이 노자인지 또는 《노자》를 쓴 노자인지 알 수 없다. 다만 노자가 인의를 반대했다는 것은 분명한 사실이다. 노자는 왜 인의를 반대했을까? 그는 '인의는 도덕이 추락한 결과'라고 보았다. 《노자》〈제18장〉에는 다음과 같은 노자의 말이 나온다. "큰 도가 없어지니 인과 의가 나타났고, 지략과 지모가 나타나니 큰 위선이 생겨난 것이다. 가족이 화목하지 못해 효성과 자애라는 것이 나타났고, 나라가 어지러워지자 충신이 생겨나게 된 것이다(大道廢, 有仁義. 智慧出, 有大

偽. 六親不和, 有孝慈. 國家昏亂, 有忠臣)."

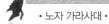

• 노자 가라사대 •
큰 도가 없어지니 인과 의가 나타났고, 지략과 지모가 나타나니 큰 위선이 생겨난 것이다. 가족이 화목하지 못해 효성과 자애라는 것이 나타났고, 나라가 어지러워지자 충신이 생겨나게 된 것이다.

　육친(六親)이 불화하거나 천하가 크게 혼란한 등의 사회문제가 발생하면 효자, 충신, 명장과 같은 인물들이 생겨나고, 사람들 또한 그들을 본보기로 삼아 잘못을 바로잡으려 한다. 그러나 만약 모든 사람이 효자라면 효자가 필요하겠는가? 모든 사람이 충신이라면 달리 충신이 필요하겠는가? 천하가 태평해 "정치가 관대해 백성이 순박해지면(其政悶悶 其民淳淳)" 더 이상 인의나 도덕이 필요 없을 것이다. 사회에 효자가 필요하다는 것은 분명 효자가 없기 때문이고, 충신이 필요하다는 것은 충신이 없다는 증거이며, 도덕이 필요하다는 것은 도덕이 없음을 반증하는 것이다.

　이는 이치에 맞고, 핵심을 찌르는 말이다. 만약 한 사회의 모든 구성원이 선하고 도덕을 갖추고 있다면 특별히 도덕을 제창할 필요가 없음은 분명하다. 생각해 보면, 도덕을 크게 떠들어 대는 때는 언제인가? 예악이 붕괴했을 때다. 누가 큰 소리로 도덕을 떠들어 대는가? 허세를 부리는 사람들이다. 리링은 《사람은 낮은 곳으로 간다》에서 이렇게 말했다. "말끝마다 인의도덕, 예의염치를 떠들어 대는 사람은 대개 부도덕한 자들이다." 나도 이를 충분히 경험했기 때문에 그의 말에 전적으로 동의한다. 노자가 이런 관점을 제기한 것도 이상할 것이 없다. 그의 변증법적 사고에 부합하기 때문이다. "밝은 도는 어두운 것 같고, 앞으로 나아가는 도는 뒤로 물러나는 것 같다", "제일가는 덕은 낮은 골짜기 같으며, 크게 순결한 덕은 마치 더러운 듯하다"는 노자의 논리에 따르면 최고의 도덕은 겉으로는 도덕이 아닌 것처럼 보일 것이다. 이를 '부덕지덕(不德之德)'이라고 한다.

《노자》〈제38장〉에는 노자의 이러한 말이 실려 있다. 제38장은 《노자》의 《덕경》〈제1장〉이자 마왕두이에서 출토된 백서 《노자》의 〈제1장〉으로서 매우 중요한 위치를 차지한다. 나

> **•노자 가라사대•**
> 상덕의 사람은 덕을 의식하지 않으니, 덕이 있는 사람이다. 하덕의 사람은 스스로 덕을 잃지 않을까 의식하니, 이로 인해 덕이 없는 사람이다.

는 이것이 도가의 '유가 비판 선언문'이라고 생각한다. 여기에서 노자는 왜 인의예악이 필요치 않은지에 대한 이치를 설파하고 있다. 따라서 우리는 이 부분을 중점적으로 분석해 노자가 말한 내용을 자세히 살펴볼 필요가 있다.

〈제38장〉은 이렇게 시작된다. "상덕의 사람은 덕을 의식하지 않으니, 덕이 있는 사람이다. 하덕의 사람은 스스로 덕을 잃지 않을까 의식하니, 이로 인해 덕이 없는 사람이다(上德不德, 是以有德. 下德不失德, 是以無德)." 의미는 분명하다. 최고의 도덕은 도덕이 필요치 않다. 필요 없기 때문에 오히려 있게 된다. 하등의 도덕은 도덕을 잃을까봐 걱정한다. 잃을까 걱정하기 때문에 오히려 없게 된다. 즉, 없음을 걱정할수록 더욱 없게 되고, 없음을 걱정하지 않으면 오히려 없어지지 않을 것이다. 그럼, 사람들은 왜 덕이 없어질까 걱정하는가? 이미 덕이 없기 때문이다. 없다면 어떻게 해야 하는가? 찾아와야 한다. 어떻게 찾는가? 첫 번째는 인(仁), 두 번째는 의(義), 세 번째는 예악(禮樂)에 의거해야 한다. 그렇다면 인의예악은 바로 도덕이 추락한 이후에 생겨났음이 분명하다. 이러한 것들이 바람직한 것이 될 수 있을까? 그럴 리 없다.

이는 얼굴을 다친 것에 비유할 수 있다. 어떤 사람이 얼굴을 다쳐 수술을 했다고 하면 아무리 수술을 잘했다고 할지라도 원래 모습과 똑같이 복원하기는 어렵다. 그러므로 가장 좋은 인의예악도 '하덕'은 될 수 있어도 '상덕'이 될 수는 없다. '상덕'과 '하덕'을 가르는 것은 무엇인가? 상덕의 특징은 '무위이무이위(無爲而無以爲)'고, 하덕의 특징은 '위지이유이위(爲之而有以爲)'다. 여기서 '爲(위)'란 인위(人爲)의 뜻으로 무엇인가를 행하는 것이다. '以爲(이위)'는 하려고 생각하는 것, 또한 애써 하는 것을 뜻한다. 그래서 상덕은 철저히 하지 않는 것, 또 하려고 생각하지 않는 것이다. 하덕은 무엇을 하거나, 하려고 생각하는 것, 애써 하는 것을 말한다. 그래서 하덕은 '인, 의, 예' 세 단계로 나뉘며, 인, 의, 예도 상하로 나뉜다. 상등의 인(仁)은 "인위적으로 하지만 의도하는 것이 없다." 즉, 행동은 유위(有爲)이지만 사상은 무위(無爲)다. 상등의 의(義)는 "인위적으로 하면서 의도함이 있다." 즉, 행동이나 사상 모두 유위다. 상등의 예(禮)는 "인위적으로 하지만 호응을 얻지 못하니, 소매를 걷어 올리고 억지로 사람들이 따르게 한다(爲之而莫之應, 則攘臂而扔之)." 원문에 나오는 '應(응)'은 '호응하다', '따라하다'의 뜻이고, '攘臂(양비)'는 '소매를 걷어 올리다', '팔을 펼친다'는 뜻이고, '扔之(잉지)'는 '이끌어 내다'의 뜻이다. 따라서 상등의 예는 행동뿐만 아니라 사상도 유위해 애써 하려고 하는 것이다. 만약 사람들이 호응하지 않고 따라하지 않으면 소매를 걷어붙이고 나서서 강제로라도 하게 하려는 것이다. 이것이 '상례'이니 '하례'는 어느 정도일지 짐작할 수 있을 것이다.

노자는 분명 덕, 인, 의, 예를 높은 것에서 낮은 것, 좋은 것에서 나쁜 것으로 차등을 두었다. 덕은 가장 좋은 것이고, 그다음은 인의의 순서이고 예가 가장 나쁜 것이다. 그래서 노자는 예에 대해 "충(忠)과 신(信)이 부족한 것이며, 어지러움의 시작이다"라고 말했다. 사회에서 예를 강조한다는 것은 결국 천하가 크게 어지럽다는 뜻이다. 그래서 그는 예악제도를 비판하는 것이다.

그러나 이렇게 되면 두 가지 의문이 생긴다. 첫째, 예가 왜 이처럼 나쁜 것인가? 둘째, 이처럼 나쁜 예가 왜 생겨나게 되었는가?

첫 번째 의문은 아래 표를 보면 답을 얻을 수 있다.

상덕(上德)	사상과 행동이 모두 무위
하덕(下德)	상인(上仁) – 행동은 유위, 사상은 무위 상의(上義) – 행동은 유위, 사상도 유위 상례(上禮) – 자신의 사상과 행동 모두 유위, 다른 이들에게 유위를 강요

이렇듯 노자는 무위해야만 덕이 있게 되고, 유위하면 반드시 덕을 잃게 된다고 보았다. 유위할수록 더욱더 덕을 잃게 된다. 예는 가장 유위한 경지이니 덕을 가장 잃은 단계다. 그래서 가장 나쁘다.

그럼, 어떤 이유로 '예'가 가장 나쁜 것이 되고 말았는가? 노자는 도덕이 무너졌기 때문이라고 생각했는데, 근본적으로 최고의 도덕이 무너진 결과라고 보았다. 최고의 도덕이란 무엇인가? 그것은 철저하게 무위하는 '부덕지덕(不德之德)'이자 '상덕지덕(上德之德)'이다. 그러나 이후 사라져 버렸다. 덕을 잃게 되자 사람들은 어쩔 수 없이 인을 강구하게 되었고, 인을 잃게 되자 어쩔 수 없이 의를 강구하게 되었으며, 다시 의가 사라지자 어쩔 수 없이 예를 강구하게 되었다. 노자는 이에 대해 이렇게 말했다. "덕을 잃은 후에 인이 생겼고, 인을 잃은 후에 의가 생겼으며, 의를 잃은 후에 예가 생겨났다(失德而後仁, 失仁而後義, 失義而後禮)." 예를 강구하는 단계까지 이르렀다는 것은 곧 더 이상 수습할 수 없는 혼란의 상

태에 있다는 것이다. 이럴 줄 알았다면 처음부터 '덕'을 잃지 않았다면 얼마나 좋았겠는가!

여기에서 세 번째 의문이 생긴다. 또 '덕'은 왜 잃어버렸는가? 노자는 '도'를 잃어버렸기 때문이라고 말했다. "도를 잃은 후에 덕이 생겨났다(失道而後德)." 도를 잃어버려 어쩔 수 없이 덕을 강구하게 된 것이다. 그 후로 상황은 더욱 악화되어 예까지 생겨나고, 결국은 예악마저 붕괴해 천하가 크게 혼란스럽게 되었다. 이렇게 볼 때, 근본적인 원인은 역시 도를 잃었기 때문이다. 따라서 도덕이 붕괴된 상황을 구할 수 있는 유일한 방법은 '도'로 회귀하는 것이다.

그렇다면 무엇이 '도'인가?

'도'가 무엇인지를 분명하게 알려면 먼저 '덕'이 무엇인지를 살펴보아야 한다. 도와 덕은 상대적이기 때문이다. 덕이 없다면 소위 도라는 것도 말할 수 없다. 갑골문에 나오는 '덕'의 형상은 한쪽 눈으로 길을 보는 모습이다. 길을 볼 때는 당연히 똑바로 보게 된다. 그래서 '덕'자에 '직(直)'의 뜻이 포함된다. 덕은 여러 가지로 쓸 수 있다. 두인변에 직 자를 넣은 형태가 있는데, 똑바로 걷는다는 의미다. 또는 위에 '직'을 쓰고 아래에 '심(心)'자를 써서 마음이 정직함을 나타낸다. 또한 '직'과 '심'에 두인변을 합쳐 쓰기도 한다. 어떻게 쓰든지 간에 모두

• 공자 가라사대 •
곧은 강직함으로 원한을
갚고, 덕으로 덕을 갚아야
한다.

'직'의 의미가 들어 있다.

리링은 《상갓집 개》에서 공자가 "곧은 강직함으로 원한을 갚고, 덕으로 덕을 갚아야 한다(以直報怨, 以德報德)"고 말한 것도 덕과 직이 관련이 있어 이러한 언어유희를 할 수 있었던 거라고 언급한 바 있다.

덕의 두 번째 뜻은 '득(得)'이다. 덕은 두 가지 발음이 있는데, 하나는 '직'이고 다른 하나는 '득'이다. 그렇다면 어디에서 얻는다는 것인가? 길이다. '덕'의 글자꼴이 바로 한쪽 눈으로 길을 보는 것 아닌가! 길(路)은 곧 '도(道)'이기도 하므로 두 글자를 합쳐 '도로(道路)'라고 한다. 다만 큰 것은 도(道: 大道), 작은 것은 노(路: 小路)라고 한다. 이것이 바로 도다. 덕은 그 길, 즉 도를 보는 눈이자 눈으로 보는 어떤 것이다. 다시 말해 덕은 도를 통해 얻은 것이며, 도는 덕으로 하여금 얻을 수 있게 하는 어떤 것이다.

노자가 '도'에서 얻은 것, 즉 덕은 무엇인가? 무위(無爲)다. 이로부터 '도'는 무위라는 것을 추론할 수 있다. 그렇다면 "도로 돌아간다"는 말은 곧 "무위로 돌아감"을 의미한다. 이 점은 노자가 분명하게 말하고 있다. 《노자》〈제37장〉에는 다음과 같은 노자의 말이 나온다. "도는 언제나 무위하다(道常無爲)." 도는 무위일 뿐만 아니라 그 근본이 바로 '무(無)'다. 이름도 없고, 욕구도 없으며, 소리도 없고, 형체도 없다. 여기에는 문제가 없다. 그런데 이런 의문이 생길 수 있다. 무위로 돌아간다는 것은 어디로 돌아가라는 소리인가? 또한 무위의 사회란 어떤 사회를 말하는가?

이러한 물음에 답하기 위해서는 먼저 일의 전후 관계를 정확하게 살필 필요가 있다. 앞에서 말한 것처럼 노자의 '덕'은 '도'에서 나온 것이다. 그렇다면 노자의 '도'는 어디에서 온 것인가? 이에 대해 상상의 산물이라고 말하는 사람도 있는데, 나는 결코 동의하지 않는다. 한 개인이 상상 속에서 만들어 낸 개념을 갖고 전혀 흐트러짐 없이 정연하게 논리를 펼친다는 것이 가능하겠는가? 천구잉(陳鼓應)은《노자철학 체계의 형성》에서 노자의 도는 사실상 "노자 자신이 경험세계에서 깨달은 도리다"라고 했다. 나 역시 이 견해에 동의한다. 예를 들어 "덕을 잃은 후에 인이 생겼고, 인을 잃은 후에 의가 생겼으며, 의를 잃은 후에 예가 생겨났다"고 말했는데, 이는 역사적 사실로 증명할 수 있다. 서주 초기 주공(周公)은 덕을 주장했고, 춘추 시대 말기 공자는 인(仁)을 주장했으며, 전국 시대 중엽에 이르러 맹자는 의(義)를 주장했고, 전국 시대 말기에는 순자가 예(禮)를 주장했다. 이것이 바로 덕에서 인, 인에서 의, 의에서 예로 넘어가는 과정 아닌가? 그래서 이를 근거로 삼아《노자》를 전국 말기의 작품이라고 주장하면서, 그렇지 않다면 신이 아닌 이상 어떻게 그처럼 정확하게 알 수가 있느냐고 말하는 사람도 있다. 이에 대해서는 여기서 언급하지 않겠다.

어쨌든 '덕'의 시대, '인'의 시대, '의'의 시대, '예'의 시대가 역사적으로 존재했다면 '도'의 시대도 분명 존재했을 것이다. 아마도 그런 시대, 그런 사회가 바로 노자가 주장한 '도'의 출처라고 할 수 있을 것이다.

그렇다면 이는 어떤 시대, 어떤 사회인가?

바로 원시 시대, 씨족 사회다.

원시 씨족 사회는 분명 존재했다. 전국 시대에도 그에 대한 기억과 전설들이 남아 있었을 것이다. 예를 들어 서한 시대 유가에 의해 편찬된 것으로 알려진 《예기》의 〈예운(禮運)〉 편에는 옛날 씨족 사회에 대해 이렇게 묘사하고 있다.

"대도(大道)가 행해지던 시대에는 천하가 천하 사람들에 의해 공유되었다. 현명하고 능력이 있는 사람을 선발해 지도를 맡겼고, 사람들은 신용을 중시하고 서로 화목하고 평화로웠다. 그래서 사람들은 자신의 부모만 친애한 것이 아니라 남의 부모도 사랑하며, 자신의 자식에게만 자애로운 것이 아니라 남의 자식에게도 자애로웠다. 노인들이 생을 마칠 때까지 편안히 지내도록 봉양하고, 성인들은 모두 자신의 일이 있었고, 아이들은 모두 의지하여 자랄 곳이 있었으며, 홀아비, 과부, 고아, 자녀가 없는 노인, 장애인 등도 모두 충분히 부양받을 수 있었다. 남자들은 각기 직분이 있었고, 여자들은 각기 돌아갈 가정이 있었다. 물건은 아무 곳에나 두고 숨겨 둘 필요가 없었으며, 힘을 다해 일하면서도 자신만을 위해서 쓰지 않았다. 그런 까닭에 음모를 꾸미거나 간계를 부리는 사람이 없었으며, 좀도둑이 없고 강도가 횡행하는 일도 없었으며, 집집마다 바깥문을 닫아 두는 일이 없었다. 이러한 세상을 일러 하나의 천하인 '대동(大同)'이라고 한다."

이후 대동이 종말을 고하며 기존의 사회가 크게 변했다.

"이제 대도가 이미 사라져 보이지 않고 천하가 일가가 되었다. 사람들은 저마다 자신의 부모와 자식만 사랑하고, 재물과 힘은 자신만을 위

해 쓰고, 집권자의 직위세습이 제도화됐다. 사
람들은 자신의 재산을 지키기 위해 성곽과 해
자를 만들었고, 예의를 만들어 사회를 관리하
며, 군신, 부자, 형제, 부부간의 관계를 규범화
했다. 또한 일련의 윤리도덕 규범에 근거해 제

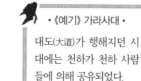

도를 만들어서 농토와 마을을 만들었으며, 용맹함과 지혜로움을 어질
다고 해 중용했다. 이는 공적을 자신의 소유로 하기 위함이었다. 그래
서 교활한 음모가 생겨나고, 이로 인해 전쟁이 일어났다. 이러한 세상
을 '소강(小康)'이라고 한다."

《예기》에서 말하는 '대동'은 바로 도가가 말하는 '도의 시대'라는 사
실을 알 수 있다. 왜냐하면 이러한 시대의 전제가 "대도(大道)가 행해지
던 시대에는 천하가 천하 사람들에 의해 공유되었다"는 것이기 때문
이다. 《예기》에서 말하는 '소강'은 도가에서 말하는 '덕의 시대'다. 그
시대의 전제는 "대도가 이미 사라져 보이지 않고 천하가 일가가 되었
다"는 것이기 때문이다. 대도가 이미 사라져 보이지 않는다는 것은 도
를 잃었다는 것으로 바로 '실도(失道)'를 말한다. 도를 잃은 후에 덕이
생겼으니 그래서 주공은 "덕으로 나라를 다스리게 된 것이다."

춘추 시대에 이르러서는 예악이 붕괴되었다고 했는데, 이는 '실덕(失
德)', 즉 덕을 상실한 시대라고 할 수 있다. 덕을 잃은 후에 인이 생겨났
다고 했으니, 그래서 공자가 인을 주장한 것이다. 전국 시대 중엽에 들
어서자 더 이상 공자의 주장이 통할 수 없는 지경까지 이르렀다. 이른
바 '실인(失仁)', 즉 인을 상실한 시대가 온 것이다. 인을 잃은 후에 의

가 생겨났다고 했으니, 이에 맹자는 의를 강조했다. 전국 시대 말기에
이르자 맹자의 주장에 귀를 기울이는 사람이 없었다. 이것이 바로 '실
의(失義)', 즉 의를 상실한 것이다. 의를 잃게 되자 예가 생겨났다. 그래
서 순자가 예를 주창한 것이다.

이는 정말로 말이 되지 않는가?

더욱 의미심장한 것은 "도를 잃은 후에 덕이 생기고, 덕을 잃은 후
에 인이 생겼으며, 인을 잃은 후에 의가 생기고, 의를 잃은 후에 예가
생겼다"는 문장 뒤에 이어지는 노자의 말이다. "예는 충과 신이 부족한
것이며 어지러움의 시작이다." 다시 말해 인이나 의를 주장하다 예를
주장하는 지경까지 이르면 구제할 수 없는 단계에 이르렀다는 뜻이다.
왜 그런가? 인, 의, 예는 모두 '하덕'이기는 하지만, 인은 하덕 가운데
상(上)에 속하고, 의는 하덕 가운데 중(中)에 속하지만, 예는 그야말로
하덕 가운데 하(下), 즉 '하하덕(下下德)'이기 때문이다. '하하덕' 단계까
지 이르게 되면 그때는 도덕의 함량이 거의 없다고 할 수 있다. 역사적
사실도 그러했다.

전국 시대 말기로 들어서면서 도덕의 붕괴는 더 이상 수습할 수 없
는 지경에 이르렀다. 사회 전반에 걸쳐 도덕의 상실이 만연해 신의라
고는 찾아볼 수 없었다. 예를 들어 초나라는 원래 제나라와 연합해 진
나라에 대항하려고 했었다. 그러나 기원전 313년 순자가 태어난 바로
그해에 초나라 회왕(懷王)이 신의를 저버리고 일방적으로 동맹을 파기
하고 진나라와 연합해 도리어 제나라에 반기를 들었다. 진나라 재상인
장의(張儀)가 600리 땅을 주겠다고 했기 때문이다. 그러나 초나라가
제나라와 단교하자 장의는 600리가 아니라 자신의 봉토 6리를 주겠

다고 하며 자신은 그렇게 말한 적이 없다고 잡아뗐다. 초나라 회왕은 화를 참지 못하고 군대를 보내 진나라를 공격했으나 이듬해 제나라와 연합한 진나라 군대에 크게 패하고 말았다. 한(韓)과 위(魏), 두 나라가 그 소식을 듣고 군대를 보내 초나라를 공격해 오자 초 회왕은 어쩔 수 없이 군대를 철수했다.

초나라 회왕은 자신의 이익을 위해 의리를 내팽개친 것이고, 장의는 상대를 기만하여 편취한 것이며, 한과 위 두 나라는 남의 위급을 틈타 도적질을 한 셈이니 이들에게 도덕과 도의라고는 전혀 찾아볼 수 없다. 이것이 그 시대의 보편적인 사회상이었다. 이런 분위기 속에서 인의예악을 이야기한다는 것은 우스운 일일 뿐이었다. 그래서 순자의 제자인 한비(韓非)는 더 이상 예를 주장하지 않았다. 그는 이때 법(法)을 내세웠다. "예를 잃은 후에 법이 생겼다"는 말이 바로 그것이다.

그렇다면 순자의 예와 한비의 법은 어떤 차이가 있었을까? 순자의 예는 여전히 도덕에 대해 말하고 있다. 그러나 한비의 법은 도덕에 대해 일절 언급하지 않고 오로지 이해와 실리, 이해타산과 권모에 대해서만 말하고 있다. 그 구체적인 상황은 다음 장에서 논의하겠다.

서주 봉건 시대에는 도가 없었고, 춘추 말기에는 덕, 전국 시대 중기에는 인, 전국 시대 후기에는 의, 전국 시대 말기에는 예가 사라지고 없었다. 해가 거듭될수록 상황은 악화 일로를 걸었다. 이렇게 가면 결국 사람도 전부 사라지게 될지도 모를 일이었다. 당연히 이는 일어나서는 안 될 일이었기에 급브레이크를 밟아야 했다. 급브레이크를 밟은 후에는 어떻게 하는가?

노자는 차를 되돌려야 한다고 주장했다. 도가 존재했던 상고 시대와 씨족사회로 되돌아가야 한다는 것이다. 원시 씨족사회는 그야말로 '무(無)'의 시대였다. 즉, 계급, 모순, 투쟁, 지혜, 도덕, 정부 이 모든 것이 존재하지 않았던 시대다.

이것이 바로 도가가 말하는 '도', 즉 무(無) 또는 무위(無爲)다. 이는 도가사상의 핵심이자 도가를 도가라고 부르는 이유이기도 하다. 만약 '겸(兼)'이라는 글자로 유가와 묵가를 구분한다면(유가는 인애, 묵가는 겸애), 유가와 도가는 '무(無)'자로 구분한다고 말할 수 있다(유가는 유위, 도가는 무위). 그들의 '옳고 그름과 성공과 실패'에 대해서는 제6장에서 다시 이야기하겠다.

무위는 노자와 장자의 공통된 관점이다. 그러나 노자와 장자 역시 차이가 있다. 예를 들어 왜 무위인가, 무위를 통해 이루려는 목적은 무엇인지 등등에 대해 그들 두 사람의 생각은 같지 않았다. 다음 장에서는 노자와 장자의 차이점이 무엇인지를 분석하고, 이어서 유가와 도가를 비교하고자 한다.

5

노자와 장자는 다르다

노자와 장자는 서로 다른 점이 상당히 많다.

우선 노자는 감정이 거의 보이지 않지만, 장자는 감상적이다. 노자는 대개 감정에 치우치지 않았다.

노자의 책《도덕경》을 읽어 보면, 거의 대부분 차가운 언어로 쓰여 있다. 예를 들어 〈제5장〉 첫머리는 상당히 냉혹하다. "천지는 어질지 않아 만물을 추구(芻狗)처럼 여기고, 성인 역시 어질지 않아 백성을 추구처럼 여긴다."

'추구'는 두 가지 해석이 있다. 하나는 말 그대로 풀과 개로 해석하는 것이고, 다른 하나는 제사에 사용되는 풀로 만든 개로 해석하는 것이다. 옛날에는 제사를 지낼 때 추구를 장식해 정중히 모셨는데, 제사가 끝나면 그 즉시 길가에 버려져 지나가는 말이나 소에게 짓밟히는 신세였다. 결론적으로 추구란 쓰고 버리는 물건이거나 중요하지 않은 물건을 뜻한다.

추구가 이런 것인 만큼 천지가 "만물을 추구
처럼 여긴다"거나 성인이 "백성을 추구처럼 여
긴다"는 말은 천지나 성인이 만물과 백성을 중
시하지 않는다는 뜻이다. 중시하지 않기 때문
에 '불인', 즉 어질지 않다고 했다. 이 점에 대
해서는 학자들도 별다른 이견이 없다. 그런데 문제는 '불인'이 과연 맞
는가라는 점이다. 이 점에 대해서는 학자들 사이에 견해가 다르다. 어
떤 학자들은 이는 옳지 않기 때문에 마땅히 비판해야 한다고 주장한
다. 반면, 이는 옳다고 하면서 노자의 말을 긍정적으로 평가하는 학자
들도 있다. 나는 노자의 말이 옳은가의 여부는 그다지 중요치 않고 중
요한 것은 노자 자신이 어떻게 생각했는가라는 점이라고 생각한다. 그
는 과연 어떻게 생각했는가?

대략적으로 통계를 내 보니,《노자》에 '성인(聖人)'이라는 단어가 대
략 20여 차례 나온다. 대개 성인은 어떠하다는 등의 말을 하고 있는
데, 모두 긍정적인 어조로 비판을 한 적은 단 한 번도 없다. 그러니 〈제
5장〉만 예외일 리는 없다. 장자는 실제로 성인을 비난한 적이 있지만
노자는 그런 적이 없다. 왜냐하면 노자와 장자 책에 나오는 '성인'의
개념이 서로 다르기 때문이다.

장자가 말하는 '성인'은 유가에서 말하는 성인을 가리키지만, 노자
가 말하는 '성인'은 노자 자신이 생각하는 성인이다. 노자가 스스로 존
중하는 성인을 왜 비난하겠는가?《노자》〈제25장〉에는 다음과 같은
내용이 나온다. "사람은 땅을 본받고, 땅은 하늘을 본받으며, 하늘은
도를 본받고, 도는 자연을 본받는다(人法地, 地法天, 天法道, 道法自然)." 이

러하므로 천지를 비판하는 것은 더욱 불가능하다. 천지를 비판할 수 없는 만큼 천지가 "만물을 추구처럼 여긴다"고 한 것은 맞는 말일 것이다. 실제로도 맞는 말이다. 왜냐하면 천지는 근본적으로 자애롭거나 사랑을 베풀 수 없기 때문이다. 왜 그런가? 천지는 감정이 없기 때문이다. 당나라 시인 이하(李賀)의 시구에 나오는 말처럼 "하늘이 만약 감정을 가졌다면 하늘도 늙을 것이다(天若有情天亦老)!" 천지가 늙지 않는다는 것은 곧 천지가 감정이 없다는 증거다. 감정이 없다는 것은 곧 사랑의 감정에서 나오는 어짊이 없다는 뜻이기도 하다. 결국 천지가 어질지 않다는 것이 맞는 말이니, 인류는 천지를 본받는다는 원칙에 따라 "성인은 어질지 않아 백성을 추구처럼 여긴다"는 말도 맞는 것이 된다.

이러하다면 다소 두렵기까지 하다. 천지가 어질지 않다는 것은 그렇다 치더라도 성인이 어찌 어질지 않을 수 있으며 심지어 백성을 추구처럼 여긴단 말인가? 그러나 "백성을 추구처럼 여긴다"는 말은 백성을 짓밟고 유린하고 박해를 가한다는 것이 아니라 단지 사랑하지 않는다는 뜻이다. 사랑하지 않는다는 것은 미워한다는 말이 아니라, 사랑하지도 않고 미워하지도 않는다는 뜻이다. 좀 더 정확하게 말하면 "간섭하지 않는다"는 뜻이다.

통치자 혹은 지도자가 백성의 삶을 간섭하지 않으면 백성은 오히려 자유로워지고 자신이 원하는 대로 살아갈 수 있다. 남자들은 밭일을 하고 여자들은 베를 짜고, 일찍 일어나 일을 하고 저녁이면 집으로 돌아가며, 서로 이웃하고 살면서도 늙어 죽을 때까지 서로 왕래하는 일이 없다. 소위 "백성을 추구로 여긴다"는 것은 이처럼 '무위이치(無爲而

治)'를 말하는 것이다. 이는 당연히 나름 일리가 있지만, 안타까운 점은 듣기에 참 거북하다는 것이다. 이러한 점을 보면 노자는 과욕(寡欲, 욕심을 줄이는 것)을 주장함과 동시에 과정(寡情), 즉 감정을 절제할 것도 주장했음을 알 수 있다.

노자에 비해 장자는 훨씬 감성이 풍부하다. 학계에서는 《장자》를 문학작품으로 인정하고 있다. 특히 장자 자신이 집필한 〈내편〉은 문학성이 뛰어난 것으로 인정받고 있다. 예를 들어 '북명유어(北冥有魚)', '포정해우(庖丁解牛)', '호접몽(蝴蝶夢)' 등의 우화는 지금도 널리 알려져 있다.

그 유명한 〈제물론(齊物論)〉 편의 장자의 나비꿈은 모두 알고 있을 것이다. "어느 날 장주가 꿈속에서 나비가 되었다. 훨훨 춤추는 한 마리의 나비였다(昔者庄周夢爲胡蝶, 栩栩然胡蝶也)." "갑자기 꿈에서 깨니 자신은 틀림없는 장주였다(俄然覺, 則蘧蘧然周也)." 원문의 '栩栩(허허)'는 기뻐서 만족하는 모습이고, '蘧蘧(거거)'는 놀라 깨어 의아해하는 모습이다.

꿈속에서 나비로 변해 자유롭게 날아다닐 때는 자신이 정말 나비인 것 같았다. 두 날개를 나부끼면서 꽃밭을 날아다니며 흡족해하는 모습을 장자는 '허허연(栩栩然)'이란 세 글자로 아낌없이 표현했다. 이후 문득 잠에서 깨어 자신이 나비가 아니라 여전히 자신이라는 사실을 깨닫고 말로 하기 힘든 상실감을 느꼈을 때는 '거거연(蘧蘧然)'이란 세 글자에 모든 감정을 실었다. 이런 문학적 감성이 담긴 문장은 노자는 쓰지도 않았겠지만 쓸 수도 없었을 것이다.

물론 도가로서 장자 역시 '불인(不仁)'에 찬성했는데, 노자보다 더하면 더했지 덜하지 않았다. 노자는 단지 주장만 했을 뿐이지만 장자는 몸소 직접 실천에 옮겼다. 《장자》 〈지락(至樂)〉 편에는 다음과 같은 이야기가 나온다. 어느 날 장자의 부인이 죽자 친구인 혜자가 조문을 갔다. 이때 장자는 "두 다리를 쭉 뻗고 앉아 항아리를 두드리며 노래를 부르고 있었다(箕踞鼓盆而歌)." 원문의 '箕踞(기거)'는 두 다리를 쭉 뻗고 앉은 모양을 나타내는데, 이런 자세는 매우 무례한 태도가 아닐 수 없었다. 아내의 죽음에 비통해야 할 사람이 전혀 슬픈 기색도 없이 오히려 무례한 자세로 앉아 항아리를 두드리며 노래까지 부르고 있었던 것이다. 이를 본 혜자는 그의 행동이 이해가 되지 않았다.

혜자가 말했다. "자네와 한평생을 같이 살았고, 자식을 낳아 기르며 함께 늙은 사이 아닌가. 그런 아내가 죽었는데, 곡을 하지 않는 것은 그렇다 치더라도 항아리를 두드리며 노래까지 부르다니 너무 심하지 않은가?" 그러자 장자가 대답했다. "아니, 그렇지 않네. 아내가 막 세상을 떠났을 때는 나라고 어찌 비통하지 않았겠는가? 그러나 잘 생각해 보면, 사람의 생명이란 처음에는 형체가 없었던 것에서 형체가 생기게 된 것이고, 살다가 변화하여 죽음에 이른 것임을 알게 되었네. 이러한 사람의 생로병사라는 것이 마치 춘하추동의 순환을 되풀이하는 것과 같지 않은가? 지금 아내는 천지라고 하는 거대한 방에 편안히 잠든 것인데, 내가 오히려 여기서 통곡을 한다면 생명의 진리를 깨닫지 못한 것 아니겠는가? 그래서 우는 것을 그만둔 것일세."

이것이 과연 무정한 것일까? 그렇지 않다. 무정한 것이 아니며, 오히려 정이 두터운 것이다. 생각해 보면 정이 깊은 사람은 외롭다.

이렇듯 동일한 문제에 대해 동일한 결론(예를 들어 '불인(不仁)')을 내리면서 노자는 논리적 추리를 사용했고, 장자는 인생 체험에 근거했다. 이는 노자와 장자의 두 번째 차이점이다. 즉, 노자는 논리를 중시했고 장자는 느끼고 깨닫는 것을 중시했다.

그래서 노자의 도와 장자의 도는 모두 '무위'로, 이는 "말로 할 수 있는 것이 아니지만" 서로 자못 다르다. 예를 들면 노자의 도는 무미건조하고 냉랭하며 딱딱하고 감정이 담겨 있지 않은데, 그것이 논리적이기 때문이다. 그러나 장자의 도는 생동감이 있고 정감이 넘치며 다채롭고 느낄 수 있다.

장자에게 도는 말로 할 수 없지만 체험할 수 있는 것으로, 예를 들면 바람과 같은 것이다. 《장자》〈제물론〉편을 보면 장자는 남곽자기(南郭子綦)의 입을 빌려 이렇게 말하고 있다. "그대는 멀리서 불어오는 거센 바람 소리를 듣지 못했단 말인가? 대지가 내뿜는 기를 바람이라고 한다. 이 바람이 불지 않으면 별일이 없지만, 일단 일기 시작하면 모든 구멍이 울부짖는 소리를 내기 시작한다. 앞선 것이 우우 소리를 내면 뒤따르는 것이 오오 하고 호응한다. 산들바람에는 작은 소리로 호응하고, 광풍에는 큰 소리로 호응한다. 그러나 바람이 그치면 모든 구멍이 다시 조용해지고 아무 소리도 들리지 않는다. 그런데 저기 나뭇잎이나 풀이 흔들리는 것을 보라. 너울너울 흔들리고 있지 않은가?"

이것이야말로 시심이 아니겠는가! 《노자》에는 이런 시심이 없으며 있을 수도 없다. 노자의 도구는 논리이고 결론은 추리이기 때문이다. 추리는 이성에 의존하며 냉정하다. 그러나 깨달음은 지혜에 의존하며 체험적이다. 내 개인적인 경험도 《노자》를 읽으며 '지(智)'를 얻고, 장자를 읽으며 '혜(慧)'를 얻을 수 있었다. 이것은 '지'와 '혜'를 엄밀히 구분해서 한 말인데, 사실상 이 둘은 미세하게 차이가 있다. 예를 들어 지력(智力), 지모(智謀), 지낭(智囊)이란 말에서 '지(智)' 대신 '혜(慧)'를 쓸 수 없다. 마찬가지로 혜심(慧心), 혜안(慧眼), 혜근(慧根)이란 말에서 '혜' 대신 '지'를 쓸 수 없다. 이렇게 보면 지육(智育)이나 지모에서 보이는 것처럼 '지' 자는 주로 교육을 통해 학습하고, 전달하고, 습득할 수 있는 능력(智力)이나 방법(智術)으로 사회적인 것이다. 반면 '혜'는 주로 기질(慧性), 천부적인 자질(慧根), 남들과 다른 특별한 능력(혜안이나 혜심)으로 주로 개인에 속하는 것이라고 할 수 있다. 이는 배울 수 있는 것이 아니라 깨닫는 것이다.

노자와 장자의 차이가 바로 여기에 있다. 그래서 《노자》를 읽으면 치국에 도움이 되지만,《장자》는 수신에 도움이 된다. 확실히 《노자》라는 책 속에는 권모가 가득하고,《장자》라는 책에는 슬기가 가득하다. 이는 노자와 장자의 세 번째 차이점이다. 권모는 정치에 필요하고, 슬기는 소요(逍遙)하는 데 필요하다. 물론 장자가 진정으로 소요했는지는 알 수 없다. 예를 들어 다른 사람에게 양식을 빌려야 할 정도로 궁핍했을 때 소요했는지 진실은 알 길이 없다. 그러나 그가 마음속 깊은 곳에서 소요를 지향했고, 또한 낭만적이었음은 확실하다.

한번은 혜자가 장자에게 이렇게 말했다. "위왕(魏王)이 나에게 큰 박씨를 주었네. 그래서 내가 그것을 심었는데, 자라서 곡식 다섯 섬을 넣을 수 있을 정도로 큰 박이 열리게 되었지. 거기에 물이나 장을 넣었더니 너무 무거워서 들 수가 없었네. 그래서 쪼개서 바가지로 사용하려고 했으나 얇고 납작해서 쓸모가 없더군. 이처럼 크기만 하고 아무짝에도 쓸데가 없어 그냥 부숴버리고 말았지." 장자가 그의 말을 듣고 말했다. "자네는 큰 것을 쓰는 법을 모르는군. 다섯 섬들이 큰 박이 있다면 어찌 그것으로 허리에 차는 배를 만들어(오늘날의 튜브처럼 활용하라는 뜻) 강이나 호수를 유영하지 않는 것인가?"

위의 이야기는 〈소요유〉편에 실려 있다. 〈소요유〉편은《장자》내편 가운데 첫 번째 편명으로 장자 본인이 쓴 것으로 알려져 있다. 그래서 그 내용은 장자의 진실한 마음을 반영하고 있다고 볼 수 있다. 〈소요유〉편에는 이와 유사한 장자와 혜자의 이야기가 실려 있다.

혜자가 장자에게 말했다. "나에게 큰 나무가 있는데, 큰 줄기는 혹투성이여서 먹줄을 칠 수가 없고, 작은 가지는 뒤틀려 있어 자를 댈 수도 없지. 그러니 길가에 서 있어도 목수들이 거들떠보지 않더군. 이것이 마치 자네의 주장처럼 크기만 하고 쓸데가 없는 것 같지 않은가?" 그러자 장자는 살쾡이가 먹이를 찾아 헤매다 결국 덫이나 그물에 걸려 죽은 것과 들소의 예를 들고 나서 이렇게 말했다. "자네 차라리 아무것도 없는 고장, 드넓은 들판에 그것을 옮겨 놓고 하는 일 없이 그 곁을 유유히 거닐다가 그 아래 그늘에서 낮잠을 자면 되지 않겠나?"

이렇듯 장자는 자신의 학설이 무용하다는 말조차 개의치 않을 정도니 유유히 소요(逍遙)할 수 있지 않았겠는가?

그러나 노자는 이런 '소요'의 정서는 보이지 않는다. 그는 기본적으로 정치에 관심이 있었으며, 언제나 통치자를 위한 치국의 자세와 성인이 어떻게 해야 한다는 것을 이야기했다. 예를 들어 그는 이렇게 말했다. "성인(도를 지닌 사람)은 무위로써 일을 처리하고, 말없이 가르침을 행해야 한다." "성인은 하나의 원칙을 굳게 지켜 세상의 본보기가 된다." "성인은 돌아다니지 않고도 알고, 보지 않고도 훤히 알며, 작위적으로 하지 않아도 모든 것을 이룬다."

이렇듯 노자가 말하는 '성인'은 공자나 맹자가 말하는 '도덕군자'가 아니라 '슬기롭고 현명한 통치자'나 '뛰어난 지도자'를 뜻한다. 따라서 노자가 말하고 있는 내용은 대부분 통치자를 위한 '권모'라고 할 수 있다.

노자의 '권모'를 간단하게 요약하면 다음 세 가지로 나눌 수 있다. '무위이치(無爲而治)', '후발제인(後發制人)', '이약승강(以弱勝强)'이 그것이다.

《노자》〈제78장〉에는 다음과 같은 내용이 나온다. "세상에 물보다 약하고 부드러운 것이 없다. 그러나 굳세고 강한 것을 공략하는 데 있어 물보다 나은 것이 없다." 아무리 견고한 성이라도 홍수가 나서 범람하면 무너져 버리고 만다. 또한 아무리 단단한 돌도 물방울이 끊임없이 떨어지면 결국 구멍이 뚫리고 만다. 이를 일러 "약한 것은 강한 것을 이기고, 부드러운 것은 단단한 것을 이긴다"라고 한다. 가장 약하고 부드러운 것이 곧 가장 강하고 단단하고 가장 강한 힘이 있다. 반대로 가장 강하고 단단한 것이 곧 약하고 무르며 가장 힘이 없다. 《노자》〈제76장〉에 나오는 문구는 바로 이런 의미다. "군대가 너무 강대하면 승리하지 못하고, 나무가 장대하면 베어진다(兵强則不勝, 木强則兵)." 왜 그럴까? 나무가 크면 모두 그것을 벌목하려 들고, 군대가 강성하면 모두 적대시하기 때문이다. 속담에 나무가 크면 바람도 크게 맞는다고 하거나 튀어나온 서까래가 먼저 썩는다고 한 것은 모두 이와 유사한 의미다.

최후의 승리가 언제나 약하고 부드러운 쪽의 것이라면 어떻게 처신해야 하는가? 멍청한 척 가만히 기회가 무르익기를 기다리고 있다가 상대를 제압해야 한다. 《노자》〈제68장〉은 이러한 처세에 대해 알려주고 있다. "뛰어난 장수는 무용(武勇)을 드러내지 않고, 잘 싸우는 자는 화를 내지 않으며, 적과 싸워 잘 이기는 자는 맞서지 않으며, 사람을 잘 부리는 자는 스스로를 낮춘다."

이는 일리가 있는 말이다. 다른 사람은 시작하지도 않았는데 먼저 뛰어나와 험상궂은 얼굴을 하고 난폭하게 행동하며 안하무인으로 설친다면 어떻겠는가? 이는 이제 막 세상에 나온 수평아리나 다를 바 없다. 이와 반대로 제대로 싸울 줄 아는 사람은 적수를 만났을 때 결코 위세를 부리거나 강하게 보이려 애쓰지 않고 오히려 겁먹은 척하며 약한 모습을 보여 준다. 예를 들어 전국 시대 제나라와 위나라의 마릉(馬陵)전투에서 손빈(孫臏)이 방연(龐涓)을 물리치고 승리를 거두었을 때 바로 이러한 전술을 활용했다.

당시 손빈은 제나라 총사령관인 전기(田忌)에게 이렇게 말했다. "위나라 군대는 줄곧 우리 제나라를 업신여겨 우리 군대를 겁쟁이라고 놀렸습니다. 그렇다면 그들이 그렇게 생각하도록 놔두는 것이 좋을 것입니다. 장군께서 명을 내리시어 위나라로 들어간 뒤 첫날은 10만 명분의 밥솥을 내걸고, 다음 날은 5만 명분, 그다음 날은 3만 명분을 내걸도록 하십시오." 방연이 제나라 군사를 추격하면서 제나라 군사의 밥솥이 매일 적어지는 것을 보고는 크게 웃으며 말했다. "내 일찍이 제나라 사람들이 목숨을 아끼고 죽음을 두려워한다는 것을 알고 있었지만 쳐들어온 지 3일 만에 절반이나 넘게 도망갈 줄은 생각지도 못했다." 그리하여 방연은 소규모의 정예부대만 이끌고 적진 깊숙이 들어갔다. 결과는 어떻게 되었는가? 자만에 빠진 방연은 마릉에서 매복에 걸려 군대는 전멸하고 자신은 목을 찔러 자살했다.

《사기》〈손자오기열전(孫子吳起列傳)〉편에 따르면, 손빈은 군사들을 매복시킨 자리에 미리 다음과 같이 써놓았다. "방연이 이 나무 아래에서 죽는다." 손빈과 방연 가운데 과연 누가 고수인가?

노자가 말한 "뛰어난 장수는 무용(武勇)을 드러내지 않고, 잘 싸우는 자는 화를 내지 않으며, 적과 싸워 잘 이기는 자는 맞서지 않으며, 사람을 잘 부리는 자는 스스로를 낮춘다"는 말은 사실상 '병도(兵道)'라고 할 수 있다. 실제로 "적이 진격하면 후퇴한다", "충분한 휴식을 취해 힘을 비축하고 피로한 적을 맞아 싸운다", "수비를 최상의 공격으로 삼는다" 등등은 모두 이런 이치에서 나온 전술이다. 특히 상대는 강하고 아군은 약한 상황일 경우 이러한 전술을 활용해야 한다.

《좌전》에는 다음과 같은 일화가 실려 있다. 노나라 장공(莊公) 10년 봄에 제나라 군대가 노나라를 공격하자 평민인 조귀(曹劌)가 찾아와 장공의 참모가 되어 장공에게 이렇게 말했다. "전쟁의 승패는 용기에 달린 것입니다. 북이 한 번 울리면 사기가 높을 때이고, 두 번 울리면 사기가 쇠했을 때이고, 세 번 울리면 사기가 없어졌을 때입니다(夫戰, 勇氣也. 一鼓作氣, 再而衰, 三而竭)."

이렇듯 아무리 용기가 많다고 하더라도 결국은 쇠하고 사라지고 만

• 노자 가라사대 •

장차 거두고자 하면 반드시 먼저 펼쳐 주어야 하고, 장차 약하게 하려고 하면 반드시 먼저 강하게 해 주어야 하며, 장차 무너지게 하려면 반드시 먼저 흥하게 해 주어야 하고, 빼앗고자 한다면 반드시 먼저 주어야 한다

바른 도로 나라를 다스리고, 기이한 계책으로 군사를 활용하며, 인위적인 일을 하지 않음으로 천하를 얻는다.

다. 따라서 적군의 사기를 떨어뜨리려면 먼저 그들의 사기를 올려 주어야 한다. 노자도 이렇게 주장했다. "장차 거두고자 하면 반드시 먼저 펼쳐 주어야 하고, 장차 약하게 하려고 하면 반드시 먼저 강하게 해 주어야 하며, 장차 무너지게 하려면 반드시 먼저 흥하게 해 주어야 하고, 빼앗고자 한다면 반드시 먼저 주어야 한다(將欲歙之, 必固張之, 將欲弱之, 必固强之, 將欲廢之, 必固興之, 將欲奪之, 必固與之)." 결론적으로, 상대가 세력을 확장하고, 강대해지며, 흥기하고, 얻을 수 있게 한 뒤에 축소되고 쇠약하게 만들며 제거하고 빼앗으라는 것이다. 이 어찌 권모가 아니겠는가?

물론《노자》에는 권모에 관한 내용이 상당히 많지만 수준이 높은 권모다. 예를 들면 〈제57장〉에는 다음과 같은 말이 나온다. "바른 도로 나라를 다스리고, 기이한 계책으로 군사를 활용하며, 인위적인 일을 하지 않음으로 천하를 얻는다(以正治國, 以奇用兵, 以無事取天下)." 정말 일리 있는 말이다.

"전쟁에서는 속임수도 꺼리지 않는다"고 하여 "전쟁은 곧 속임수(兵以詐立)"라고 했으니, 이것이 바로 '기(奇)'다. 나라에는 불변의 법이 있어 "나라는 법에 근거해 다스린다"고 했으니, 이것이 바로 '정(正)'이다. 만약 천하를 얻고자 한다면 청심과욕(淸心寡欲), 청정무위(淸淨無爲)해야만 하니, 이것이 '무사(無事)'다. 이는 도가의 일관된 주장이기도 하다.

그런데 어떤 방법으로 천하를 얻든 결국은 천하를 얻으려고 하는 것이다. 그래서 노자의 무위는 사실 거짓 무위라는 생각이 든다. 그는 입으로는 "무위를 행하고 무사를 일로 삼으며 무미를 맛으로 즐긴다"고 말하지만 속으로는 오히려 "유위를 행하고 유사를 일로 삼으며, 유미를 맛으로 즐긴다"를 생각한 것이다. 다만 노자는 무엇인가 "하려는 것이 있다면" 반드시 먼저 "하는 것이 없거나", "하는 것이 없는 것"처럼 속여야 한다고 보았다. 왜냐하면 노자의 변증법에 따르면, 모순 대립하는 쌍방은 언제나 서로 바뀌기 때문이다. 당신이 얻고 싶어 할수록 얻을 수가 없으며, 생각을 하지 않을수록 더욱더 얻을 수가 있게 된다. 없는 만큼 얻을 수 있게 되고, 후퇴한 만큼 전진할 수 있게 된다. 다시 말해 만약 아무것도 생각하지 않는다면 무엇이든지 행할 수 있게 되거나 얻을 수 있으며, 가질 수 있게 된다는 뜻이다. 이에 대해 노자는 거침없이 말하고 있다.

"(성인은) 스스로 위대하다고 여기지 않기 때문에 위대함을 이룰 수 있다." "다만 다투지 않음으로 해서 천하가 그와 더불어 다투지 않는다." "인위적으로 하지 않아도 다스리지 못하는 것이 없다." "도는 언제나 인위적인 행위가 없지만 하지 않는 일이 없다." 이처럼 노자의 '무위'는 사실은 '유위, 그것도 상당히 작위적인 유위라는 것을 알 수 있다. 그것은 강편치를 날리기 직전에 팔을 뒤로 빼는 행위와 다를 바 없다. 많은 유위자(有爲者)가 《노자》를 좋아하는 것도 모두 이유가 있는 것이다.

이렇듯 노자의 무위는 유위를 위한 거짓 무위이지만 장자는 진정한 무위라는 점이 노자와 장자의 네 번째 차이점이다.

앞에서 말한 것처럼 장자는 여러 차례 지위와 부귀를 얻을 수 있는 기회가 있었지만 그때마다 마다했다. 이런 면에서 사람들은 장자를 고결하다고 말한다. 그러나 사실 장자는 고결한 것이 아니라 투철했다. 다시 말해, 한 명의 철학자로서 장자는 한 가지 중요한 문제에 대해 분명하게 알고 싶어 했다. '인간은 왜 사는가?'

이름을 얻기 위함인가? 아니다. 《장자》〈천도〉 편을 보면 장자는 노자의 입을 빌려 이렇게 말하고 있다. "어제 당신이 나를 소라고 불렀다면 나는 소라고 했을 것이고, 나를 말이라고 불렀다면 말이라고 했을 것이오." 삶에서 이른바 명성이란 것은 중요한 것이 아니라는 의미다. 그렇다면 유용, 즉 쓰이기 위해 사는가? 그것도 아니다. 장자는 〈인간세〉 편에서 다음과 같은 이야기를 들려준다. 목공 석(石)이 제나라를 향해 가다 곡원(曲轅)에 이르렀을 때 사당 앞에 있는 상수리나무를 보았다. 기이할 정도로 큰 나무였는데 구경꾼들이 잔뜩 모여 있었다. 그러나 목공은 거들떠보지도 않은 채 그대로 걸어갔다. 제자가 그 까닭을 묻자 목공은 재목이 되지 못하는 이유에 대해 설명하면서 쓸데가 없기 때문에 그처럼 오래 살 수 있는 것이라고 했다. 그날 밤 목공의 꿈속에 상수리나무가 나타나 쓸 곳이 있는 것은 사람들이 잘라 버려 천수를 누리지 못한다고 설명한 뒤 세상일이 모두 그렇다고 말하며 자신은 아무 데도 쓸모가 없기 때문에 지금처럼 살아 있으니 이것이 바로 큰 쓰임(大用)이라고 했다.

이렇듯 장자는 이른바 유명(명성)이나 유용(지위)은 전혀 의미가 없다고 보았다. 왜냐하면 그것들은 근본적으로 생명의 목적이나 인생의 가치가 될 수 없기 때문이다. 《장자》의 처음이 〈소요유(逍遙游)〉편으로 시작될 만큼 장자는 '소요'를 중시했다. 이른바 '소요유'란 진실하고 자유롭게 사는 것을 말한다. 이에 대해서는 뒤에서 다시 이야기하기로 하고(제6장 3챕터 참고), 여기서 이야기하고자 하는 바는 장자가 지향했던 삶이다. 그는 소요유의 삶을 주장했기에 그가 추구한 삶은, 거대해 전혀 쓸 곳이 없는 나무를 "드넓은 들판에 그것을 옮겨 놓고 하는 일 없이 그 곁을 유유히 거닐다가 그 아래 그늘에서 낮잠을 즐기고", 쓸모없는 큰 바가지를 허리에 차고 강 위를 두둥실 떠다니고, 되는 대로 호숫가에 낚싯대를 드리우고 고기가 잡히든 잡히지 않든 상관하지 않을 수 있는 그런 삶이었다.

나는 장자가 이렇게 소요하면서 세상에서 가장 소중한 것은 무엇이고 가장 가치가 있는 것은 무엇인지를 깨달았을 거라고 믿는다. 과연 세상에서 가장 소중한 것은 무엇일까? 그것은 생명이다. 또 가장 가치가 있는 것은 무엇일까? 그것은 자유다. 이를 합쳐 보면, 사람에게 가장 소중한 것은 생명이고, 생명의 가치는 바로 자유에 있다고 표현할 수 있다.

나는 이것이 바로 장자철학의 핵심이라고 생각한다. 장자는 평생 자신의 철학을 실천했다. 생명과 자유 이외에 다른 문제는 생각하지 않았고, 그 어떤 일도 중요치 않다고 보았다. 예를 들어 공자는 매우 중시했던 '명(名)'도 장자는 전혀 관심이 없었으며, 세상에서 쓰임을 받는 일에 대해서도 무관심했으며, 심지어 쓸모없음이 더 낫다고 보았다. 반면, 생명 이외의 일로 자신의 목숨을 버리는 것이야말로 슬픈 일이라고 생각했다. 그래서 그는 유가가 찬양해 마지않는 나라를 위해 순국하거나 대의를 위해 자신의 목숨을 버리는 것에 대해서도 부정했다.

이는 《장자》 〈변무〉 편에 잘 드러나 있다.

장자가 말했다. "역대로 많은 사람이 생명 이외의 것 때문에 목숨을 잃었다. 소인들은 이익을 위해 자신을 희생했고, 선비들은 명예를 위해 자신을 희생했으며, 대부들은 국가를 위해 자신을 희생했고, 성인들은 천하를 위해 자신을 희생했다. 그러나 이러한 이들은 하는 일이 다르고 이로 인해 얻은 명성의 정도도 다르지만 천성을 위배해 자신의 생명을 해쳤다는 점에서는 똑같다. 따를 바가 못 된다." 이렇듯 장자는 개인의 생명을 그 어떤 것보다 중요하게 여겼음을 알 수 있다. 그것은 도덕, 민족적 대의, 국가의 이익, 사회적 이상보다도 중요한 것이라고 생각했다.

장자가 위대한 점이 바로 여기에 있고, 장자의 문제점 또한 여기에 있다. 장자는 기원전 그 시대에 이미 인간의 '부자유(不自由)'를 분명하게 인식하고 이에 대해 비판하고 저항했던 것이다. 이것이 바로 장자의 위대한 점이다. 그러나 자유를 인간이 이룰 수 없고 얻으려 하지 않는다고 이해한 것은 그의 한계다. 그는 자유란 것이 결코 천부적인 것이 아니고 또 자연에 속한 것이 아니라 우리 인류에게 속한 것임을 알지 못했던 것이다.

사람은 누구나 자유를 알며, 또한 자유로울 수 있다. 사람은 누구나 '자유의지'를 지니고 있기 때문이다. 자유의지가 있기 때문에 사람은 스스로 선택을 할 수 있다. 예를 들어 민족이나 국가, 또는 남을 위해 자신의 생명을 버리거나 희생할 수 있다. 그래서 맹자는 이렇게 말했다. "사는 것도 내가 원하는 것이고 의도 내가 원하는 것인데, 두 가지를 함께 얻을 수 없다면 생을 버리고 의를 택하겠다." 그래서 정의를 위해 또 국가를 위해 물불을 가리지 않고 목숨까지도 바칠 수 있는 것은 장자가 말한 것처럼 결코 자유에 대한 부정이 아니다. 오히려 그 반대로 당사자의 자유의지에 의한 행동이며 그 스스로 선택한 것이므로 자유롭게 선택된 것이니 이는 바로 자유에 대한 긍정이다. 여기에서 '자유의지'란 네 글자는 상당히 중요하다.

• 맹자 가라사대 •
사는 것도 내가 원하는 것이고 의도 내가 원하는 것인데, 두 가지를 함께 얻을 수 없다면 생을 버리고 의를 택하겠다.

물론 현대적인 관점에서 옛사람들의 주장이나 관점을 판단할 수는 없다. 또한 장자는 개인의 생명과 자유정신을 매우 중시했기 때문에 그의 철학은 뛰어난 지혜와 슬기로 충만해 예로부터 지금까지도 많은 사람이 동경하고 추구하게 된 것이다. 나는 리쩌허우가 《중국고대사상사론》에서 "장자철학은 미학적이라고 볼 수 있다"고 밝힌 견해에 동의한다. 그의 사상이 주로 후대의 문학과 예술 영역에 많은 영향을 끼친 것도 바로 이 때문이다.

이상으로 노자와 장자의 차이점에 대해 살펴보았다. 노자가 "무위로써 유위를 추구했다"면 장자는 "무위로써 무위를 추구했다"고 할 수 있다. 이는 일종의 변증법적 관계다. 변증법의 논리에 따르면 다음 세 번째 단계는 "유위로써 무위를 추구하는 것"이라고 할 수 있는데, 선종(禪宗)이 그에 해당한다.

그러나 이는 나중의 일이니 더 이상 언급하지 않겠다. 지금 이야기해야 할 것은 앞에서 제기한 문제, 즉 유가와 도가 가운데 누가 옳고, 누가 그른가에 관한 것이다.

6

왜 유가는 유위를,
도가는 무위를 주장했을까?

유가와 도가의 근본적인 차이는 바로 '유위'인가 아니면 '무위'인가에 있다.

그럼, 도가는 왜 '무위'를 주장했을까? 원인은 다음 세 가지다. 첫째, 옛날에는 무위였는데 지금은 유위이기 때문이다. 둘째, 도는 무위인데 덕은 유위이기 때문이다. 셋째, 천(天)은 무위인데 인(人)은 유위이기 때문이다. 그래서 유가와 도가의 논쟁은 고금에 관한 논쟁이자 도덕에 관한 논쟁이며 천인에 관한 논쟁이기도 하다. 양가의 시비(是非) 역시 여기에 있다.

우선 고금에 관한 논쟁부터 이야기해 보자.

유가와 도가의 논쟁을 고금에 관한 논쟁이라고 말하는 것은 사실상 정확한 말은 아니다. 선진 제자 가운데 진정으로 시대에 발맞추어 나아가야 한다고 주장한 학파는 법가밖에 없다. 도가와 유가, 그리고 묵가 모두 과거로의 회귀를 주장했다. 다만 노장의 경우 시기적으로 더 거슬러 올라갔을 뿐이다. 그래서 아주 먼 옛날인 상고 시대인지 아니면 가까운 옛날인 근고(近古)인지의 시기적 차이만 있을 뿐 양가 모두 '복고'를 주장한 것은 같다.

물론 여기에는 분명한 이유가 있다. 그 이유는 양가 모두 당시의 사회 상황에 불만이 있었기 때문이다. 현재에 만족하지 못하면 사람들은 곧 과거를 그리워하고 동경하게 된다. 이는 정상적이고 보편적인 심리다. 문제는 사람들이 과거를 그리워할 때 이전의 좋은 점만 기억하고 나쁜 점은 기억하지 못하는 데다 더욱이 과거의 좋은 점은 과장하는 경향이 있다는 점이다. 즉, 사람들은 과거의 시대를 아름답게 묘사하는데, 이것이 때로 정확하지 않거나 사실이 아닌 경우도 많아 완전하지가 않다.

과연 원시 씨족사회는 정말로 그렇게 아름답고 훌륭했을까? 반드시 그렇다고 할 수는 없다. 예를 들어 《예기》에는 과거 원시 씨족사회가 "현명하고 능력이 있는 사람을 선발해 지도를 맡겼고, 사람들은 신용을 중시하고 서로 화목하고 평화로웠다. 그래서 사람들은 자신의 부모만 친애한 것이 아니라 남의 부모도 사랑하며, 자신의 자식에게만 자애로운 것이 아니라 남의 자식에게도 자애로웠다"고 했다. 이는 씨족 또는 부족사회 내부에서만 가능한 일일 뿐, 씨족과 씨족 또는 부족과 부족 사이에서는 그렇지 않았다. 오히려 전쟁이 빈번하게 일어나고 약탈이 자행되었으며 서로 반목했다. 또한 부족의 수령도 처음에는 여러 사람이 추대해 선출했지만 후대로 내려가면서 점차 세습되기 시작했다. 특히 부족연맹의 수령은 크고 작은 전쟁을 치러야 했다. 부족연맹의 수령이었던 황제(黃帝)도 치우(蚩尤)와 전쟁을 벌였고, 염제(炎帝) 역시 황제와 전쟁을 치렀다. 당시는 누구의 무력이 가장 강한가에 따라 우두머리가 결정되는 사회였다. 심지어 씨족이나 부족 내부도《예기》에서 말하는 것처럼 아름답고 평화롭기만 한 것은 아니었다. "노인들이 생을 마칠 때까지 편안히 지내도록 봉양하고, 성인들은 모두 자신의 일이 있었고, 아이들은 모두 의지하여 자랄 곳이 있었으며, 홀아비, 과부, 고아, 자녀가 없는 노인, 장애인 등도 모두 충분히 부양받을 수 있었다"는 것은 의식주가 풍족했을 때는 이렇게 할 수 있었을지 모른다. 그러나 흉년이 들거나 춘궁기에 식량이 부족하게 되면 노인을 내다 버리고, 갓난아이를 죽이고, 심지어 사람이 사람을 먹는 일들이 벌어졌다. 이는 인류학자들의 연구를 통해 증명된 역사적 사실이다.

무엇 때문에 이런 일들이 일어났는가? 가난 때문이다. 식량이 부족하면 제일 먼저 청장년들을 먹여야 했다. 그들이 바로 생산력이기 때문이다. 밤에도 집의 대문을 닫지 않고 길가에 떨어진 물건도 줍지 않았다고 했는데, 이미 물자가 부족한 마당에 훔칠 물건이 어디 있으며 주울 물건이 있었겠는가? 이런 상황이니 굳이 집 대문을 닫아놓을 이유가 없었던 것이다.

그러므로 원시사회를 지나치게 미화해서는 안 될 뿐만 아니라 문명이나 부(富), 발전, 과학기술의 진보 등이 죄악의 근원이라고 생각해서는 안 된다. 오히려 빈곤, 문맹, 낙후가 모든 악의 근원이 될 수 있다. 역사가 증명하듯이 인류가 발전할수록 더욱 문명화되고 전쟁이나 범죄는 줄어들었다. 물론 현재도 세계 곳곳에서 전쟁이 일어나고 있는 것은 사실이지만 과거와 비교한다면 결코 많다고 할 수 없다. 왜 그럴까? 문명화되었기 때문이다. 롱잉타이(龍應台)는 1950~1960년대 타이베이 길거리에서 자전거 두 대가 부딪치면 큰 소리를 주고받으며 싸움이 일어났지만, 지금은 자동차 사고가 나도 서로 명함을 주고받고 헤어지는 정도로 그친다고 했다. 사고 처리와 보상은 보험회사를 통해 이루어지기 때문이다. 이렇듯 발전이야말로 인류에게 필요한 것임을 알 수 있다.

원시사회는 도가가 상상했던 것처럼 그렇게 아름답지도 않았고, 또 도가가 말하는 것처럼 '무위'도 아니었다. 경쟁은 이미 옛날부터 존재했고, 심지어 마치 동물의 세계처럼 약육강식의 세상이었다. 무리를 지어 생활하는 동물들은 발정기가 되면 수컷끼리 싸움을 한다. 싸움의 승리자는 수많은 암컷을 거느리고 무리를 짓지만 패배자는 외롭게 혼자 지내야만 한다. 동물들의 경쟁은 비교적 '페어플레이'라고 할 수 있다. 마치 스포츠경기처럼 정당한 방법으로 진행된다. 승리자는 패배한 상대를 사지로 몰지 않으며, 일단 승부가 나면 그것으로 끝이고, 다음 번에 경쟁은 또다시 시작된다. 이런 점은 사실 인간보다 낫다. 그나마 춘추 시대의 전쟁은 비교적 나은 편이어서 적당한 시기에 물러날 줄을 알았다.(이 점에 대해서는 제6장 4챕터를 참고.)

그래서 문제는 '유위'냐 아니면 '무위'냐에 있는 것이 아니라 인류가 경쟁을 하는데 있어 보다 공평하고 합리적이며 문명화되고 조화로운 규칙을 제정하는 데 있음을 알 수 있다. 유가가 '예'를 주장한 것은 사실상 규칙과 문명을 강조한 것이다. 그래서 공자는 "주나라를 따르겠다", "동쪽의 주나라로 만들겠다"고 주장하고 '극기복례(克己復禮)'를 강조했던 것이다. 이는 서주(西周)든 동주(東周)든 주나라가 전쟁이나 경쟁이 비교적 문명화되었던 곳이었기 때문이다.

이를 통해 하나의 결론을 내릴 수 있다. 이른바 "옛날에는 무위였으나 지금은 유위다"라는 말은 성립될 수 없다. 그렇지만 이것이 도가의 주장이 이치에 맞지 않다는 뜻은 결코 아니다. 다만 우리는 이런 질문을 던져 볼 수 있다. 도가의 '무위'는 주로 누구에게 말하고자 함인가? 통치자 또는 지도자에게 하는 말이다. 통치자나 지도자가 '무위'하면 어떤 좋은 점이 있는가? 《노자》〈제57장〉에 이에 대해 분명하게 나와 있다. 노자가 말했다. "내(통치자)가 인위적인 일을 하지 않으면 백성이 저절로 바뀌고, 내가 고요함을 좋아하면 백성이 저절로 바르게 되며, 내가 일을 꾸미지 않으면 백성이 절로 풍족해지고, 내가 탐욕이 없으면 백성이 저절로 꾸밈이 없고 소박해진다."

이렇듯 통치자가 아무 일도 하지 않으면 백성이 스스로 하게 되니, 이것이 '자위(自爲)'다. 또 통치자가 아무것도 관여하지 않아 백성이 스스로 관리하니, 이것이 '자치(自治)'다. 그리고 통치자가 아무것도 주지 않아도 백성이 스스로 모든 것을 갖추니, 이것이 '자족(自足)'이다. '자위', '자치', '자족', 이것은 노자의 바람이자 장자가 추구했던 '자유'다.

이것이야말로 '작은 정부, 큰 사회(광범위한 사회 자치 기능을 실현하는 사회)'가 아니겠는가? 다만 이러한 주장은 시대를 거슬러 올라가는 것으로 추진될 수 있는 것이 아니라 발전을 통해서만 실현될 수 있는 것이다. 다시 말해, 사회가 일정한 단계까지 발전해야 이러한 방안도 비로소 실현 가능하다. 이것이 첫 번째 문제에 대한 우리의 답이다.

다음은 '도덕에 관한 논쟁'이다.

앞에서 도가가 '무위'를 주장한 두 번째 원인으로 "도는 무위이지만 덕은 유위이기 때문이다"라고 언급했다. 이 말은 어느 정도 일리가 있다. 왜냐하면 도는 규율이고, 덕은 방식이기 때문이다. 규율은 그 자체로 무엇을 하지 않지만 방식은 나름의 조작이 있어야만 한다. 문제는 도가의 관점에서 보면 '도'뿐만 아니라 '덕'도 '무위'라는 점이다. 그래서 노자는 "상덕의 사람은 덕을 의식하지 않으니, 덕이 있는 사람이다"고 말했다. 반면, 유가의 관점에서 보면 '덕'뿐만 아니라 '도'도 '유위'다. 유가의 도는 "유위의 도"이기 때문이다. 따라서 그들의 덕도 당연히 "유위의 덕"이다.

이러한대, 왜 또다시 유가와 도가의 논쟁을 '무위의 도와 유위의 덕'으로 이야기해야 할까?

이는 다음과 같은 이유 때문이다. 유가와 도가에게 '도'와 '덕'은 다음 세 가지 함의를 지닌다. 첫째, 도는 규율이고 덕은 방식이다. 둘째, 도는 원고(遠古)이고 덕은 근고(近古)다. 셋째, 도는 이상이고 덕은 현실이다. 도가는 규율은 방식보다 높고, 원고는 근고보다 이상적이며, 이상은 현실보다 훌륭하다고 보았다. 그래서 도는 취하지만 덕은 취하지 않는다. 그러나 유가의 생각은 달랐다. 그들은 '대동의 세상(大同之世)'은 더 이상 존재하지 않고, '도의 시대'도 이미 사라져 더 이상 돌아올 수 없기에 자신들이 지키고 보전해야 할 것은 바로 '덕의 시대'이며, 이룩할 수 있는 것은 바로 '소강(小康)사회'라고 여겼다. 또한 덕을 지키는 것이 곧 도를 지키는 길이라고 보았다. 이는 곧 "덕을 지켜 도를 구하는 것"이라고 할 수 있다.

이렇듯 유가는 "덕을 지켜 도를 구하고자 했고", 도가는 "도를 취하되 덕은 취하지 않았다." 그런 이유로 도가는 '도'를 극력 숭상했으며, 유가는 '덕'을 힘껏 수호했다. 도가는 '도'를 취했기 때문에 '도가'라고 불리니 유가는 '덕'을 취했으므로 '덕가(德家)'라고 불려야 한다. 그러나 사실상 제자백가의 명칭에 통일성이 있는 것은 아니다. 예를 들어 도가나 법가는 그들의 주장을 따라서 이름을 지었고(도를 숭상하고 법에 의거함), 명가나 음양가는 그들이 연구했던 대상을 근거로 이름을 지었으며(명실(名實)과 음양), 유가는 신분에 근거해 이름을 취했고(유자(儒者)), 묵가는 창시자인 묵적(墨翟)의 성을 따랐다. 이처럼 각양각색이니 유가를 덕가라고 바꿀 필요까지는 없다.

그럼 '취도(取道)'와 '보덕(保德)'이 어떤 차이가 있는지 살펴보자. 전자는 이상이고, 후자는 현실이다. 또한 전자가 대범하다면 후자는 실재적이다. '취도'는 하려고 마음먹었다면 하는 것이 가장 좋다는 일종의 이상적 경지다. 만약 가장 좋은 것이 아니라면 차라리 하지 않겠다는 것이다. 그래서 대범하다고 말한 것이다. 이렇듯 도가는 '대(大)'를 추구했다. 그러한 모습은 《장자》〈추수〉 편에 잘 나타나 있다.

장자가 말했다. "가을에 큰물이 넘칠 때면 크고 작은 하천의 물이 모두 황하로 흘러들어 황하의 물의 흐름이 크고 넓어진다. 양쪽 언덕과 모래톱 사이는 멀리 떨어져 거기에 있는 것이 말인지 소인지 분별할 수가 없다. 이때 황하의 신인 하백(河伯)이 매우 기뻐하면서 천하의 아름다움이 모두 자기에게 있다고 생각했다. 그러나 그가 강물을 따라 동쪽으로 가서 북해에 이르러 동쪽을 바라보았더니 물의 끝이 보이지 않았다. 이에 하백은 의기양양하던 태도를 바꾸어 바다를 바라보고 북해의 신인 약(若)을 향해 탄식하듯이 말했다. "만약 제가 오늘 선생님의 문하에 오지 않았더라면 정말 큰일 날 뻔했습니다. 저는 오랫동안 도를 깨달은 사람들의 비웃음을 샀겠지요." 이른바 '망양흥탄(望洋興嘆:

남의 훌륭한 점을 보아야 자신이 보잘것없다는 것을 안다)'이란 고사성어는 바로 여기에서 나왔다.

하백의 말을 들은 북해의 신 약은 뭐라고 했을까?

"바다가 비록 크기는 하지만 가장 큰 것은 아니다. 천지와 비교한다면 북해는 마치 작은 돌이나 작은 나무가 큰 산에 있는 것과 같다. 이러한대 어찌 크다고 자부할 수 있겠는가? 이 세상도 천지 사이에 있음을 헤아려 보면 그저 큰 연못에 작은 구멍이 하나 있는 것이나 다를 바 없다. 또한 중국도 바다 안에 있음을 헤아려 보면 큰 곳간에 있는 곡식 한 알에 불과할 것이다. 이렇게 본다면 오제(五帝)가 천자의 자리를 서로 물려준 것이나, 삼왕(三王)이 서로 천하를 다툰 일이나, 어진 사람들(유가를 말함)이 세상의 환란을 걱정하는 것이나, 세상을 맡고자 했던 이들(묵가를 말함)이 수고하는 것 등은 모두 말의 몸에 있는 작은 터럭처럼 작고 하찮은 일에 불과하다. 또 백이는 왕위를 사양해 청고하다는 명성을 얻고, 공자는 가르침으로 박학다식하다고 인정받지만, 이들이 제 딴에 뛰어났다고 하는 것은 당신(황하의 신)이 조금 전까지 스스로 가장 뛰어나다고 여겼던 것과 같지 않겠는가?"

그래서 노자와 장자는 현실적이고 세속적인 외물에 절대로 현혹되어서는 안 된다고 여겼던 것이다. 그러한 것은 모두 '소(小)', 즉 작은 것이고 오로지 '도'만이 큰 것이기 때문이다. 그래서 노자는 "오색찬란함은 사람들의 눈을 멀게 하고, 아름다운 음악은 사람들의 귀를 멀게 하며, 산해진미는 사람들의 입을 망쳐 놓는다"라고 했다. 세상의 오색(五色)이나 오음(五音), 오미(五味)는 욕망일 뿐만 아니라 작은 것이기 때문이다. 눈을 즐겁게 하는 그림, 듣기 좋은 음악소리, 맛난 산해진미가 아무리 좋다해도 큰 '도'에 비교할 수 있겠는가? 거대한 황하의 신도 북해를 바라보며 그 거대함에 자신의 보잘것없음을 인정했는데 그것들이 뭐 그리 대단하겠는가? 적어도 "천지의 아름다움", "도의 아름다움" 정도 되어야 '대미(大美)', 즉 진정한 큰 아름다움이리라!

그럼, 천지의 아름다움과 도의 아름다움이 '대미'인 까닭은 무엇인가? 그것은 천지나 도가 '무위'이기 때문이다.

장자는 말했다. "천지는 큰 아름다움을 지니고 있으면서도 말을 하지 않는다." 그래서 그것은 "소박하지만 천하에 능히 아름다움을 다툴 것이 없다." 노자 역시 이렇게 말했다. "아주 큰 소리는 오히려 들리지 않으며, 가장 큰 형상은 형체가 보이지 않는다(大音希聲, 大象無形)." "크게 모가 난 것은 오히려 모서리가 없으며, 매우 큰 그릇은 완성됨이 없다.(大方無隅, 大器免成)"

일반적으로 '大器晚成(대기만성)'이라고 하는데, 왜 '大器免成(대기면성)'이라고 했을까? '만(晚)'은 '무(無)'가 아니기 때문에 '면'이라고 해야 맞다. 사실 창사 마왕두이에서 출토된 백서《노자》을본(乙本)에는 '대기면성'이라고 적혀 있다. 따라서 '만'이 아니라 '면'이 맞을 것이다. 그렇다면 앞의 네 문장은 이렇게 번역할 수 있다. "가장 아름다운 음악은 소리가 없고, 가장 아름다운 그림은 형상이 없으며, 가장 모가 난 것은 모서리가 없고, 가장 큰 그릇은 완성이 없다." 이렇게 해야 노자 사상에 부합된다. 물론 '대기만성'이라고 해도 말이 되는데, 즉 '후발제인(後發制人)'이라는 의미다. 그러나 역시 '면성'이라고 하는 편이 낫다.

또한 도가는 대범하고 유가는 실재적이다. 유가는 덕을 취했기 때문이다. 이는 최선이 안 되면 차선을 택한다는 일종의 현실 정신이라 할

수 있다. 유가는 "대도(大道)가 행해지던 시대
에는 천하가 천하 사람들에 의해 공유되었다"
는 대동은 이미 이상일 뿐 실재하는 세상이 아
니므로 '덕의 시대'를 보전해 '소강사회'를 건
설하는 것이야말로 실행가능하며 충실히 이행
해야 할 것이라고 보았다. 덕은 방식이고, 방
식은 실행성을 중시해야 한다. '덕'으로 세상을

다스리기 위해서는 더욱더 조작 방법이 필요하다. 이는 자신부터 시작
해야 하며, 지금부터 하나둘씩 실천해야 한다. 그래서 유가는 구체적
이고 실용적이었다. 예를 들어 공자는 실제로 매우 소박하고 꾸밈이
없으며 친근감이 드는 사람이었다. 《논어》를 읽은 사람은 누구나 이런
느낌을 받았을 것이다.

선진 시대 유가 가운데 세 명의 대가인 공자, 맹자, 순자는 풍격이
서로 다르다. 공자가 평화롭다면 맹자는 패기가 넘치고 순자는 근엄하
다. 그러나 기세당당한 맹자나 언변이 뛰어난 순자도 언제나 말하는
내용이 실제적이었고, 결코 허황되거나 현실에 부합하지 않는 것은 없
었다. 설사 공상이라 해도 실재에 부합하고 조작이 가능하도록 생각했
다. 일례로, 맹자의 이상사회는 "50대의 노인이 비단옷을 입을 수 있
고, 70대의 노인이 고기를 먹을 수 있어야 한다"는 것이다. 그래서 공
자의 처방이 당시 사회의 병폐를 치료할 수는 없었지만 후대에 귀한
처방전으로 여겨졌다. 그 이유는 바로 일상생활에 밀착해 실재적이고
실용적인 것을 강구하고 유용했기 때문이다. 나는 인의도덕이나 덕치
와 같은 유가의 처방은 마치 여러 가지 약재를 한꺼번에 넣어 조제한

한약과도 같다고 생각한다. 비록 생명을 구하지 못한다 할지라도 오랫동안 복용하게 되면 보신의 역할을 해서 여러 가지 병을 예방할 수 있게 해 준다. 이것이 바로 '실재성'으로 인한 결과다.

그럼 우리는 대범한 도가와 실재적인 유가 중에서 무엇을 배워야 하는가? 나 개인적으로는 도가를 좋아하고 유가는 찬성한다. 사람됨은 도가를 배우고 일을 할 때는 유가를 배워야 한다고 생각한다. 사람됨이 너무 시시콜콜하게 따지면 추하고, 일을 할 때 현실을 무시하고 이상만 좇다 보면 허황되다. 그래서 처신할 때는 대범하고 일을 할 때는 현실적일 필요가 있다. 대범하다는 것은 허풍을 떨거나 과시를 하는 것이 아니라 너그럽고 도량이 넓다는 뜻이다. 또 실재적이라는 것은 시시콜콜하고 하찮은 일을 신경쓰는 것이 아니라 현실적이고 성실하게 행한다는 의미다. 따라서 나는 유가와 도가를 겸용해 필요한 부분은 취할 것을 주장한다. 물론 묵가나 법가도 취할 점이 분명히 있다. 이 점은 뒤에서 이야기하겠다.

이제는 '천(天)'과 '인(人)'에 대한 논쟁에 대해 이야기할 차례다.

천(天)은 자연을 말한다. 자연은 '무위'인가? 그렇다. 자연계는 자유의지가 없으니 어찌 '유위'가 있을 수 있겠는가? 그런 까닭에 천도는 무위다. 공자조차도 "하늘이 무슨 말을 하겠는가?"라고 말한 적이 있다. 애석하게도 사람은 하늘이 아니며, 인도(人道) 또한 천도(天道)가 아니다. 사람은 자연적 존재이지만 또한 사회적 존재이기도 하다. 인간의 사회성은 자연성보다 더욱 본질적이고 중요하다. 그래서 공자는 사람은 결코 무위할 수 없으며, 인도는 말하지 않고 천도만 말할 수는 없다고 생각했던 것이다. 또 나아가 이룰 수 없는 일임을 분명하게 알면서도 마땅히 해야 한다면 할 수밖에 없다고 주장한 것이다.

《논어》〈헌문〉 편에는 이런 이야기가 나온다. 한번은 자로가 노나라 성 밖 석문(石門)에서 하룻밤을 묵게 되었다. 이튿날 아침 성의 문지기가 그에게 물었다. "어디에서 오시오?" 자로가 대답했다. "공씨댁에서 오는 길입니다." 그러자 문지기가 말했다. "아! 안되는 줄 알면서도 하려는 그 사람 말이오?" 이처럼 당시에도 사람들은 공자를 '안되는 일인 줄 알면서도 하려는 사람'으로 생각했음을 알 수 있다.

공자의 이런 정신을 나는 진심으로 존경한다. 어떤 이들은 할 수 있는 일조차 하지 않는데 하물며 안되는 줄 알면서도 마땅히 해야 한다면 실천에 옮기는 것은 어떠한가? 공자의 모든 것이 옳은 것은 아니지만 이러한 정신은 존경받아 마땅하다.

공자가 살았던 시대는 분명 여러 가지 문제가 산적해 거의 손을 쓸 수 없는 지경이었다. 《논어》〈미자〉 편에서 말했듯, "천하는 큰물이 도도하게 흘러가듯 (세상의 무도함이) 그렇게 가고 있는" 상황이었다. 그러나 세상이 이 지경으로 무너져 가고 있었기에 의식 있는 인물들이 용감하게 나서서 천하의 흥망을 짊어지는 일이 더더욱 필요했다. 만약 천하가 태평하고 세상에 도가 존재한다면, 집 안에 앉아 고담준론을 벌이고 자신의 뜻을 글로 써서 내세우거나, 드넓은 들판에 큰 나무를 심어 놓고 하는 일 없이 그 곁을 유유히 거닐다가 그 아래 그늘에서 낮잠을 즐길 수도 있을 것이다. 그러나 지금 당장 나무가 쓰러지려고 하는데 그 밑에 누워 낮잠을 청할 수 있겠는가? 잠을 청할 수 없다면 설사 떠받칠 수 없다는 것을 알더라도 최선을 다해 쓰러지는 나무를 받쳐야 하지 않을까?

더욱이 이런 사회는 모두가 은사가 되어서는 안 되고 일을 할 사람이 절실히 필요하다. 만약 모두가 은사가 된다면 인류사회는 동물의 세계가 되고 말 것이다. 또한 은사라고 해서 모두가 고결한 것은 아니다. 은사에도 진짜와 가짜가 있다. 진짜 은사는 진정으로 고결하지만 가짜 은사는 그런 척하는 것이다. 진짜와 가짜를 구분하는 기준은 그들이 말을 하는지 아닌지를 살펴보는 것이다.

진짜 은사는 말을 하지 않는데, 만약 말을 해도 혼잣말을 할 뿐이며 절대로 남에게 동의를 강요하지 않는다. 물론 나는 그런 은사들은 존경한다. 그러나 가장 비열한 이들은 이른바 짝퉁들이다. 그들은 자신은 하지 않으면서 남이 하는 것도 놔두지 않는다. 누군가 나서서 무슨 일을 하려고 하면 그들은 곧 찬물을 끼얹고 사사건건 트집을 잡는다. 그래야만 자신이 고결하다는 것을 남이 알아주기라도 하는 양 절대로 다른 이들을 인정하지 않으며 쓸데없는 말만 남발한다. 사실 이런 사람들은 사회에 필요한 사람들은 아니다.

사회에 제대로 일할 수 있는 사람이 필요하다면, 일을 제대로 할 수 있도록 사회적 분위기를 조성해 주어야 한다. 또한 도전정신을 발휘할 수 있도록 "안되는 줄 알면서도 행하는 정신"을 적어도 인정하고 지지하고 존중해 주어야 한다. 왜냐하면 그러한 정신이 존중을 받아야만 "할 수 있는 일을 행하는" 사람들이 생기기 때문이다. 실제로 사람이 살면서 아무 일도 하지 않는 것은 불가능하기 때문에 언제나 해야 할 일과 하지 말아야 할 일에 당면하게 된다. 그래서 문제는 무엇을 하고 무엇을 하지 말아야 하는지에 있다. 만약 선택의 기준이 단지 '가능'과 '불가능'에 있다면, 그것은 공리만 있을 뿐 도덕이 없는 것이다. 앞에서 말한 것처럼 도덕은 반드시 초월성을 지녀야 한다. 여기에서 사람들에게 초월을 요구하는 것은 바로 가(可)자이다. 그래서 "안되는 줄 알면서도 행하는 정신(知其不可而爲之)"은 바로 이러한 도덕적 초월성을 갖추고 있다.

이것이 바로 '덕'이다. 더욱이 유가는 비록 '유위'를 주장하고 있기는 하지만 결코 '유구(有求)', 즉 얻음이 있어야 함을 강조한 것은 아니다. 그들은 "유위이무구(有爲而無求)", 즉 수확 여부를 따지지 않고 오직 밭을 경작하는 데 관심을 가졌다. 다시 말해 과정을 중시할 뿐 결과는 상관하지 않는다는 뜻이다. 이는 바로 자로가 말한 바와 같다. "군자가 벼슬을 하는 것은 의(義)를 행하기 위함인데, 도가 행해지지 않고 있음을 이미 알고 있다." 다시 말해 그들은 안될 줄을 또는 어렵다는 것을 결코 모르고 있었던 것이 아니고, 심지어 처음부터 성공하려고 한 것도 아니었다. 그렇다면 왜 하려고 하는가? 도의(道義)와 책임 때문이다. 이렇듯 그들의 '유위'는 어떤 다른 목적이 있는 것이 아니라 오로지 도덕 그 자체의 요구에 따라 자신의 도의와 책임을 완수하기 위함이다. 그러므로 만약 그들이 요구하는 것이 있다면 오직 하나, 양심에 거리낌이 없는 것이다.

그들은 양심에 비추어 부끄러움이 없게 하고 최선을 다한 뒤 일의 성공 여부는 운명(천명)에 맡긴다.《논어》〈헌문〉편을 보면 공자는 다음과 같이 말했다. "도가 장차 행해지는 것도 천명이고, 도가 장차 행해지는 않는 것도 천명이다." 결론적으로 행하는 것은 나의 본분이자 책임이다. 그 밖에 나의 주장, 이념, 이상이 실현될 것인지의 여부는 모두 천명에 맡길 뿐이다.

이것이 바로 유가의 '천명론'으로, 묵가는 이를 강력하게 비판했다. 묵가는 만약 이런 이론을 찬성한다면 분명 통치자는 남의 말에 귀기울여 다스리지 않고, 백성은 일을 하지 않는 등 모든 이가 소극적이고 나태해 "천하를 잃게 될 것"으로 여겼다. 그러나 이는 본의를 왜곡한 것이거나 오해다. 생각해 보라. 공자는 안되는 일인 줄 알면서도 했는데 어찌 이를 소극적이고 나태하다고 말할 수 있는가? 공자가 천명을 믿는다고 한 것은 결코 노력을 하지 않겠다거나 책임을 지지 않겠다는 뜻이 아니라, 최선의 노력을 다하되 결과에 대한 환상을 품지 않겠다는 의지를 의미한다. 또한 어떤 일을 하기에 앞서 할 수 있는지의 여부나 성공 여부를 따지지 않고, 해야 할 일이라면 주저하지 않고 전심전력을 다해 행하겠다는 뜻이다. 그리고 성공의 여부는 하늘의 일이다. 이는 "일이 이루어지는 것은 하늘에 달려 있고, 일을 꾸미는 것은 사람이다(成事在天, 謀事在人)"라는 말과 일맥상통한다. 이것이 숙명론인가? 그렇지 않다.

그럼, 왜 '천명'을 말한 것일까? 이유는 아주 간단하다. 인류의 실천 능력은 한계가 있어 어느 누구도 하는 일마다 성공을 장담할 수 없다. 더욱이 공자와 유가가 하고자 하는 일은 근본적으로 성공할 가능성이 그다지 크지 않았다. 그래서 나름의 해석과 위안, 그리고 어떤 납득할 만한 이치가 필요했다. 이를 위해 당시의 상황에서 아마도 '천명'에 돌리는 것이 유일한 대안이었을지도 모른다. 그래서 천명에 맡긴다고 운운하는 것은 결국 "자신의 처지에 만족하고 안주한다"는 뜻에 불과하다.

사실 자신의 처지에 만족하고 안주하는 것은 천명과는 상관이 없다.

염려스러운 것은 처지에 만족하지 못하고 안주하지 못하면 이때 '천명'을 강조하는 것이다. 운명이어서 피할 수 없고, 운명이 아니어서 상관하지 않겠다는 식이다. 그러나 무엇인가를 해야 한다면 당연히 어떻게 해서든지 하는 것은 분명 숙명론이 아니다.

공자의 '천명론'은 '숙명론'이 아니기 때문에 "안될 줄 알면서도 행하는" 정신을 가질 수 있는 것이다. 그러면 왜 하려고 하는가? 원하는 대로 되는 것을 바라는 것이 아니라 마음이 편안하기를 바라기 때문이다.

공자는 일에는 두 가지가 있다고 보았다. 하나는 반드시 해야 하는 것이고, 다른 하나는 할 수 있는 것이다. 반드시 해야 하는 일에도 두 가지가 있다. 하나는 반드시 해서 성공할 수 있는 것이고, 다른 하나는 반드시 해야 하지만 반드시 성공하는 것은 아니다. 사회적 책임을 지닌 사람라면 '반드시 해야 하는가의 여부'를 판단해야 할 뿐 '성공의 여부'를 고려해서는 안 된다. 성공하느냐 실패하느냐의 문제는 '하늘'에 맡겨야 한다. 묵자는 일을 하려고 한다면 반드시 성공시켜야 하며, 만약 성공시키지 못한다면 굳이 할 필요가 없다고 생각했다. 그렇다면 성공할 수 없는 경우는 어떻게 하는가? 귀신에게 도움을 구하고, '귀(鬼)'에게 맡긴다. 그래서 '천명'인가 아니면 '귀신'인가, 이것이 바로 유가와 묵가의 세 번째 차이점이다. 제2장 5챕터에서 설명하지 못한 것을 여기서 보충한다.

이상에서 우리는 유, 묵, 도 삼가의 다른 점과 같은 점에 대해 알아보았다. 첫째, 도가는 천도를 이야기하고 묵가는 귀신을 믿었을 뿐 천명에 대해서는 말하지 않았다. 그러나 유가는 인도(人道)를 이야기하고, 천명을 믿고 귀신은 믿지 않았다. 둘째, 도가(정확하게 말하면 장자)는 무위하고 결과를 구하지 않았고, 유가는 유위하지만 결과를 구하지 않았으며, 묵가는 유위하고 결과를 구했다. 셋째, 도가는 결과를 구하지 않고 도에 동화하려고 했고, 유가는 결과를 구하지 않고 덕에서 얻고자 했으며, 묵가는 결과를 구하고 귀신에게서 구하고자 했다.

그래서 유가와 도가는 서로 보완할 수 있었지만, 유가와 묵가는 보완하기 어려웠다. 사실 후대에 묵가에 동정을 표시한 쪽은 유가나 도가가 아니라 법가였다. 법가는 유가, 묵가, 도가 삼가(三家)의 계승자이자 비판자이며, 새로운 학설을 주장한 자들이기도 하다. 다시 말해, 법가는 삼가 모두를 계승하기도 하고 모두를 비판하기도 했다는 뜻이다.

그렇다면 법가는 무엇을 계승하고, 무엇을 비판했는가? 또 그들의 주장은 무엇인가?

제 4 장

유가와 법가의 논쟁

공자는 "덕으로 나라를 다스리는 것"만이
모든 사람을 선한 사람이 되게 할 수 있다고 믿었고,
한비는 "법으로 나라를 다스리는 것"만이
모든 사람이 나쁜 짓을 하지 못하게 할 수 있다고 생각했다.
과연 덕으로 다스리는 것이 옳은가?
아니면 법으로 다스리는 것이 옳은가?
'덕치'와 '법치'는 유가와 법가가 갈리는
또 하나의 갈림길이었다.

피로 물든 사상

선진 시대 제자백가 가운데 가장 늦게 형성된 학파는 법가다. 법가는 제자 가운데 별종이었다.

유가, 묵가, 도가는 자신들의 학설을 세우는 데 심혈을 기울였으며, 서로 날카롭고 격렬하게 논쟁을 벌인 것은 사실이지만 어디까지나 말이나 글에 한정되었을 뿐 실제로 피를 뿌린 것은 아니었다. 그러나 법가는 달랐다. 법가의 사상은 수많은 목숨과 피를 대가로 실현될 수 있었다. 피를 흘리고 희생된 이들 중에는 죄가 있거나 혹은 무고한 귀족, 평민들뿐만 아니라 법가의 대표적인 인물들도 있었다. 그 가운데 우리에게 잘 알려진 두 인물은 바로 상앙(商鞅)과 한비(韓非)다.

상앙은 유명한 개혁가이자 법가의 대표적 인물 가운데 한 명이다. 그는 대략 기원전 390년에 태어나 기원전 338년에 죽었다. 맹자, 장자와 동시대 사람이다.《사기》〈상군열전(商君列傳)〉편에 따르면, 그는 본래 위(衛)나라 '서얼공자(庶孼公子)', 즉 국군(國君) 방계의 첩의 자식이니 서자의 서자인 셈이다. 당시 제도에 따르면, 국군의 손자는 공손(公孫)이라고 불렀다. 그래서 상앙의 '씨(氏)' 역시 공손이며, 성은 희(姬), 이름은 앙(鞅)이다. 위나라 사람이기 때문에 위앙(衛鞅)이라고 부르기도 한다. 훗날 진나라 효공이 그에게 오(於)와 상(商)의 15개 읍을 봉지로 주었기 때문에 상군(商君) 또는 상앙이라고 불렀다.

국군의 손자이기 때문에 상앙은 말하자면 귀족이었지만, 서얼 출신이었고, 게다가 당시 자신의 조국인 위는 이미 위(魏)나라의 속국인 상태였다. 젊은 시절 상앙은 위(魏)나라 재상 공숙좌(公叔座)의 가신 노릇을 했다. 공숙좌는 상앙을 크게 신임했으며, '나이는 어리지만 뛰어난 재주를 가지고 있다'고 여겨 죽기 전에 위나라 국왕인 혜왕(惠王)에게 "국정을 그에게 맡기라"고 건의했다. 자신의 뒤를 이어 상앙을 재상으로 삼으라는 뜻이다.

위나라 혜왕은 일찍이 맹자가 "짐승을 몰아다가 사람을 먹게 한다"고 꾸짖었던 양(梁) 혜왕(惠王)을 말한다. 혜왕은 공숙좌의 건의를 듣고 아무 말도 하지 않았다. 사실 그럴 생각이 없었다. 공숙좌는 "대왕(혜왕)이 만약 공손앙을 쓰실 생각이 없으시다면 그를 죽여 절대로 다른 나라로 가지 못하도록 하십시오"라고 말했다. 혜왕은 그렇게 하겠다고 대답했다. 혜왕이 나가자 공숙좌는 상앙을 불러 그에게 모든 일을 이야기해 주었다. "나는 군주에게 먼저 충성을 다하고 그 후에 밑의 사람을 돌봐야 한다고 생각해 대왕께 만약 상앙을 등용하지 않으시면 꼭 죽여야 한다고 했다. 그러니 한시라도 빨리 이곳을 떠나야 한다." 그러자 상앙이 이렇게 말했다. "대왕께서 주공의 말씀을 받아들여 저를 임용할 생각이 없으신데, 어찌 또 주공의 말씀을 듣고 저를 죽이시겠습니까?" 과연 양혜왕은 그를 죽이지 않았으며, 오히려 주변 신하에게 이렇게 말했다. "공숙좌가 병 때문에 제정신이 아니어서 슬프구나. 과인에게 나라를 공손앙에게 맡기라고 하니, 이 어찌 말이 되는 소리인가?"

혜왕이 임용할 생각도 없자 상앙은 곧 진나라로 갔다. 그는 진(秦) 효공(孝公)을 수차례 알현해 대화를 나눈 끝에 결국 신임을 얻고 중용되어 그의 의견과 주장은 모두 받아들여지고 실현되었다. 이는 진나라를 크게 도운 것일 뿐만 아니라 상앙 자신을 도운 것이기도 했다. 상앙은 진나라로 인해 자신의 포부를 펼칠 수 있었고, 진나라는 상앙으로 인해 빠르게 성장할 수 있었기 때문이다. 이후 한나라 때 가의(賈誼)가 〈과진론(過秦論)〉에서 진나라의 흥기를 이야기하면서 가장 먼저 언급한 사람이 바로 상앙이었다. 사마천의 서술에 따르면, 상앙의 도움으로 진나라가 점차 강성해지고 그의 계략으로 위(魏)나라와 싸워 크게 이기자 혜왕은 그제야 "공숙좌의 말을 듣지 않은 것이 한이다"라고 크게 후회했다고 한다.

그러나 진나라 효공이 죽고 태자가 그 뒤를 잇자 이번에는 상앙에게 불운의 그림자가 드리웠다. 어떤 이가 상군이 모반할 것이라고 밀고했고 태자 시절의 원한이 있던 왕은 곧바로 전국에 수배령을 내렸다. 결국 상앙은 진나라 병사들에게 붙잡혀 극형에 처해졌다. 그에게 가해진 극형은 거열형(車裂刑)으로 사지를 찢어 죽이는 매우 참혹한 형벌이었다.

상앙은 비참했지만 한비는 억울한 누명을 쓰고 생을 마감했다. 한비는 자신의 의견이나 주장을 실현하지 못한 채 죽임을 당했다. 그는 선진 시대 법가 최후의 인물이자 법가 학설의 집대성자다. 그래서 법가를 말할 때면 주로 한비를 이야기하지 않을 수 없다.

한비는 대략 기원전 280년에 태어나 기원전 233년에 죽었다. 공자보다 약 270년, 묵자보다 180년, 맹자와 장자보다 약 80~90년 정도 뒤의 인물이다. 《사기》〈노자한비열전〉 편에 따르면, 한비는 한(韓)나라 왕족 출신이다. 한나라가 날로 쇠락하는 것을 뼈저리게 느껴 여러 차례 한왕에게 상서해 법제를 개혁해 부국강병을 도모할 것을 건의했다. 그러나 한왕은 끝내 받아들이지 않았다. 한비는 말을 더듬고 언변이 능하지 않았다. 그래서 〈고분(孤憤)〉, 〈오두(五蠹)〉, 〈내외저설(內外儲說)〉, 〈설림(說林)〉, 〈세난(說難)〉 등 십여만 자에 이르는 글을 써서 자신의 주장을 세상에 선보였다.

한비는 자국 군주의 마음을 사지 못했지만 오히려 다른 나라 군주의 마음을 사로잡았다. 바로 진시황이다. 물론 당시는 아직 황제가 되지 않은 때여서 진왕 영정(嬴政)이라고 불러야 할 것이다. 한비의 저작이 진나라에 전해진 뒤 영정은 그것을 손에서 놓지 않고 애독하며 "이 사람을 만나 함께 의논할 수 있다면 죽어도 여한이 없겠다"고 말했다.

당시 진나라는 이미 강대국이었으므로 진왕이 얻고자 하는 사람이라면 어찌 얻지 못하겠는가? 그 책이 한비가 쓴 것임을 알게 된 진왕은 한나라를 공격했고, 한왕은 처음에 한비를 등용하지 않았지만 진나라의 요구에 따라 급히 한비를 진나라에 사신으로 보냈다. 결국 진왕은 원하는 것을 얻었다.

소원을 성취한 후에는 또 어떠했는가? 당시 진왕의 한비에 대한 태도는 뜻밖에도 "좋아하지만 신용하지 않는다"였다. 만약 단지 신용하지 않는 데서 그쳤으면 그래도 괜찮았을 것이다. 결국 한비에게 돌아온 것은 죽음이었다. 그때 그의 나이가 대략 47세쯤이었다. 당시 선진 제자는 비교적 장수한 편이었다. 예를 들어 공자는 73세, 순자는 76세, 맹자는 84세, 묵자는 93세까지 살았으니 모두 천수를 누렸다고 볼 수 있다. 그러나 상앙과 한비는 제명에 죽지 못했을 뿐만 아니라 마침 왕성하게 활동할 나이(상앙은 50 초반, 한비는 채 50도 안 된 나이)에 생을 마감했다. 이 어찌 인생의 비극이 아니겠는가!

참으로 알 수 없는 일이다. 상앙은 진나라 흥성 발전의 일등 공신이고, 한비는 진왕 영정이 꿈에 그리던 인재인데 왜 죽임을 당했을까? 물론 한비가 죽은 후 영정은 크게 후회했으며, 한비가 남긴 학설을 받아들이고 실행해 진나라가 전국 통일의 대업을 달성할 수 있었다. 그러나 이미 죽은 사람은 다시 살아날 수 없는 법이다.

그럼, 상앙과 한비의 죽음은 도대체 어찌 된 일일까?

우선 표면적인 원인 혹은 직접적인 원인부터 살펴보자.

상앙이 해를 입게 된 직접적인 원인은 원한을 샀기 때문이다. 누구에게 원한을 샀는가? 태자다. 상앙이 진나라에서 법을 시행할 당시 태자가 법을 어겼다. 이때 태자를 처벌해야 했지만 태자는 왕의 자리를 계승할 사람이므로 형벌을 줄 수 없어 대신 태자의 사부에게 벌을 내렸다. 그 가운데 한 사람이 공자 건(虔)인데, 코를 베는 형벌에 처해졌다. 그는 체면이 말이 아니어서 8년간이나 두문불출했다. 아마도 반드시 원수를 갚을 날을 기다리며 칼을 갈고 있었을 것이다. 그래서 마침내 효공이 세상을 떠나고 태자(진 혜왕)가 즉위하자 공자 건은 곧바로 혜왕에게 상앙이 모반을 꾀하려 한다고 고발했다. 이를 '욕반(欲反)'이라고 표현했는데 아마 그럴 것이다라는 의미로 무고나 다를 바 없다.

과거에는 태자였지만 진왕의 자리에 오른 혜왕 역시 상앙에게 뼈에 사무치는 원한을 갖고 있었기에 즉시 상앙에 대한 체포 명령을 내렸다. 붙잡힌 뒤 사지에 몰린 상앙이 어디를 찾아가 억울함을 호소할 수 있었겠으며, 또 누가 그의 항변을 들어 주었겠는가? 그의 앞에는 죽음만이 기다리고 있었던 것이다.

또 한비가 해를 입게 된 직접적인 원인은 다른 사람의 질투와 시기였다. 진왕 영정은 한비를 흠모해서 그를 만나기 위해 전쟁까지 일으키지 않았던가? 이런 모습을 보면서 사람들은 불안을 느꼈을 것이다. 영정이 한비를 얻은 후에는 좋아하기는 했지만 아직 신뢰한 것은 아니었다. 그는 한비에 대해 아직 주저하고 있었던 것이다. 그래서 불안을 느끼고 있던 이들은 기회라 생각하고 바로 그 틈을 파고들었다. 어떤 사람이 영정에게 말했다. "한비는 한나라의 공자입니다. 그가 우리 쪽으로 올 수 있다면 다시 한나라 쪽으로도 가지 않겠습니까? 대왕께서 그를 기용할 생각이 아니시라면 차라리 돌려보내십시오. 그런데 그를 돌려보낸다면 이는 스스로 후환을 남기는 격이 아니겠습니까? 구실을 달아 법에 따라 그를 죽이는 것이 나을 것입니다."

일리가 있다고 생각한 영정은 고의로 죄를 물어 그를 감옥에 가두었다. 한비는 항변하고 싶었지만 끝내 진왕을 만나볼 수 없었고, 오히려 그에게 내려진 것은 그를 시기하던 자가 보낸 독약이었다. 한비는 어쩔 수 없이 독약을 마시고 자살하고 만다. 얼마 후 영정이 자신의 행동을 후회하고 사면하려 했지만 이미 엎질러진 물이었다.

그렇다면 한비를 모함한 사람들은 누구인가? 두 사람이 있는데 그중 한 사람이 이사(李斯)다. 이사라는 인물은 한비의 동학으로, 이사와 한비는 모두 순자의 제자였다. 순자의 문하에 있을 때부터 이사는 자신이 한비만 못하다고 생각했다. 그런데 자신이 모시는 진왕 영정이 한비의 능력을 높이 사자 크게 위협을 느끼고 악랄한 수단을 쓴 것이다. 이는 우리에게 동창도 때로는 믿을 수 없는 존재라는 교훈을 던져준다.

이렇듯 상앙과 한비는 소인(小人)의 손에 목숨을 잃고 말았다.

만일 이렇게 결론을 내린다면 여기에서 굳이 말할 필요는 없었을 것이다. 실제로 상앙이나 한비는 적수에 의해 죽은 것이라기보다 자신, 그것도 자신의 학설과 주장으로 인해 죽었다고 볼 수 있다.

먼저 상앙의 경우부터 살펴보자. 《사기》 〈상군열전〉 편에 따르면 이야기는 이렇다. 상앙은 공자 건의 무고로 곤궁에 처하자 아무리 항변을 해 봤자 소용없을 거라는 사실을 분명히 알고 도망쳤다. 도주하던 중 진나라 변경에 이르러 여관에서 하룻밤을 묵으려 했으나 그럴 수 없었다. 여관 주인이 말했다. "상군의 법에 따르면, 증명서가 없는 손님을 묵게 하면 함께 처벌받게 됩니다." 상앙이 규정한 법률에 따르면, 손님이 여관에 머물 경우 통행증이나 신분증 등을 반드시 제시해야 하며, 만약 증명서가 없는데도 법을 어기고 숙박시킬 경우 공교롭게 그 손님이 범죄자이면 장차 그가 받을 형벌을 주인도 똑같이 받게 되어 있었다. 이를 '연좌제'라 했다. 여관 주인은 손님이 상앙임을 전혀 알지 못했고, 상앙도 증명서를 결코 제시할 수 없었다. 그래서 이렇게 탄식했다. "아! 법치의 폐단이 결국에는 이 지경까지 이르렀구나!"

이는 결국 제 발등을 스스로 찍은 셈이다. 그래서 법가를 특히 반대하는 사람들은 이를 몸소 법의 위력을 시험한 것이자 이른바 자승자박의 전형으로 삼는다. 심지어 자업자득이라는 뜻의 '작법자폐(作法自斃)'라는 고사성어는 여기에서 나온 것이다.

사실 이 일 역시 두 가지 측면에서 생각해 봐야 한다. 우선 상앙의 법 집행은 확실히 공정하고 엄격했다. 그는 오로지 법을 집행하는 것만 전념했을 뿐 그 대상은 전혀 고려하지 않았다. 태자의 죄도 징벌했으니 이후로 누가 감히 법을 어길 수 있겠는가? 물론 상앙은 단지 "태자에게 죄를 물려 한" 것뿐이지 정말로 태자의 죄를 처벌한 것이 아니며, 사실 그럴 수도 없었다. 태자의 사부는 처벌할 수는 있지만 결코 간단한 일은 아니었다. 속담에 개를 때리려면 먼저 주인을 보아야 한다는 말이 있다. 태자의 사부를 처벌한다는 것은 사실 태자의 죄를 처벌하겠다는 것과 마찬가지다. 이렇게 "왕자의 범법도 서민과 마찬가지로 죄를 묻는다"는 것은 상앙에게 빈말이 아니라 실천에 옮겨야 하는 규정이었다. 이는 마땅히 존경하고 인정할 만하다. '법 앞에 만인이 평등하다'는 현대 법치관념과 상통하기 때문이다. 이는 또한 귀중한 유산으로서 우리 사회에서도 계승되어야 한다.

상앙이 태자의 죄를 다스리겠다고 한 것은 나름의 이유가 있었으며, 특히 시기적으로 상당히 중요한 의미가 있었다. 당시 그는 진나라에서 변법(變法)을 추진하고 새로운 정치를 시도했는데, 대부분이 반대하는 분위기였다. 신법이 시행되고 1년이 채 되지 않았을 때 신법이 불편하다고 호소하는 백성이 도성인 함양으로 1000명이 넘게 몰려들 정도였다. 그런데 이처럼 중요한 시기에 태자가 신법을 어긴 것이다. 이때 만약 태자라고 용서해 준다면 신법의 권위는 땅에 떨어져 버리고 개혁도 순식간에 실패하게 될 것이 분명했다. 이처럼 결정적인 순간에 상앙이 온갖 압력을 견디고 결연히 법률의 존엄성을 지켜 낸 것은 인정해 줄 만하다.

결국 상앙은 이 일로 인해 죽음에 이르게 된다. 그러나 그의 죽음은 중국 역사에 하나의 '공헌'이라고 말할 수 있다. 비록 그 공헌은 핍박에 의한 것이고 비인도적이기는 했지만, 상앙은 자신의 죽음으로 "하늘은 무정하고, 법은 무사(無私)하다"는 도리를 증명한 셈이다. 이른바 "하늘은 무정하다"는 말은 곧 역사의 발전이 결코 어떤 개인의 의지로 바뀔 수 없다는 것이다. 또 "법은 무사하다"는 말은 다시 말해 법률이 일단 성립되면 법을 만든 입법자를 포함해 모든 사람에 대해 똑같이 유효하고 또한 반드시 그러해야 한다는 것이다. 따라서 어떤 법은 어느 누구를 위해 만들었기 때문에 그는 가볍게 처벌해야 한다고 말해서는 안 된다. 법치는 인정(人情)과 체면, 관계를 고려해서는 안 된다. 만약 하늘이 사람처럼 감정이 있다면 하늘도 사람처럼 늙어갈 것이다. 인정이나 사사로움이 끼어들면 그 결과는 반드시 법도 무시하고 하늘도 꺼리지 않는 무법천지가 되고 만다. 상앙은 자신의 목숨을 바쳐 이 사실을 증명했으며, 또 한편으로 자신이 만든 법이 성공했음을 증명한 것이다. 그러므로 그의 죽음은 자업자득이 아니라 '장렬한 희생'으로 보아야 할 것이다.

문제는 모든 것에는 또 다른 일면이 존재한다는 사실이다. 그것은 법의 집행은 물론 엄격하고 분명해야 하지만 법을 제정할 때는 또한 인정과 도리에 부합해야 한다는 점이다. 예를 들어 여관에 묵으려고 할 때 신분증을 검사하는 것은 옳은 일이다. 지금도 여관이나 호텔에 묵을 때 신분을 확인한다. 그러나 '연좌'는 너무 지나치다. 사실 상앙의 법은 기본적으로 엄격하고 가혹한 것이 특징이다. 《사기》〈상군열전〉 편을 보면 다음과 같은 내용이 실려 있다. 농민이 농사에 종사하지 않고 상업을 하거나 농사일에 전력을 다하지 않으면 본인은 물론 부인이나 아이들까지 모두 관노가 된다. 전한 말기의 학자 유향(劉向)이 지은 《신서(新序)》를 보면 치안의 경우는 더욱 심했다는 사실을 알 수 있다. "보폭이 여섯 자(지금의 약 1.4미터에 해당)를 넘으면 처벌되었고, 길에 재를 버리면 형벌을 받았다." 즉, 대로에서 뛰거나 내달리면 처벌을 받았다는 의미다.

이는 정말로 가혹할 정도다. 또한 이러한 엄격한 형벌은 주로 일반 백성을 대상으로 했다는 점을 알 수 있다. 대부는 농사일에 전력할 일이 있을 리 없고, 국군 역시 길에 재를 버릴 일이 없기 때문이다.

이렇듯 상앙의 법은 문제가 있었을 뿐만 아니라 법 집행에도 문제가 있었다. 유향의 《신서》에 이런 내용이 있다. 한번은 상앙이 위수(渭水) 강변에서 하루에 죄수 700여 명을 처형했다. 그리하여 "위수가 온통 붉게 물들고 통곡 소리가 천지에 울리며 원망과 원한이 산처럼 쌓였다." 참으로 참혹하기 그지없는 일이다. 이는 결코 개혁을 위해 지불해야 하는 대가가 될 수 없으며, 단지 통치자의 절대권력을 세우기 위해 비극을 만들어 내는 것도 마다하지 않고 일벌백계하기 위함일 뿐이다. 이는 절대로 법치가 아니라 단지 군사적 통제이자 철혈통치에 불과하다.

물론 상앙이 집권할 당시 진나라의 치안은 매우 양호했다. 《사기》〈상군열전〉 편에는 "길에 물건이 떨어져 있어도 줍는 사람이 없었고, 산에는 도적이 없었으며, 집집마다 살림이 풍족하고 사람마다 인심이 넉넉했다"라고 서술되어 있다. 그러나 분명하게 말해 두어야 할 것은 상앙이 도둑을 없애고 치안을 확립하고 싸움을 금지시킨 것은 백성의 생명과 재산을 보호하기 위해서가 아니라 단지 사회에 방치되어 있는 무력을 한데 집중하고 그것을 활용해 백성이 "국가가 벌이는 공적인 전쟁에 나가서는 용감하게 싸우고, 사사로운 싸움을 벌이는 것을 두렵게 생각하게" 하기 위해서였다. 이것은 오직 국군(國君)을 위한 전쟁에 참가하고 자기 자신을 위해 싸우지는 말고, 다른 나라 사람만 죽이고 내국인은 죽이지 말며, 오로지 고관대작들의 이익을 위해 죽이고 자신의 사소한 이익을 위해 남을 죽이지 말라는 뜻이다. 상앙의 규정에 따르면, 적을 한 사람 죽이면 한 계급 높아지게 된다. 이렇듯 상앙의 법은 현대적인 의미에서의 '법을 수호하는 공민'을 양성하고 교육하는 것이 아니라, 인정이라고는 눈곱만큼도 찾아볼 수 없는 살인기계를 양성하는 것에 지나지 않았다.

이처럼 엄격하고 가혹한 형벌과 법에 대해 마땅치 않게 생각하는 사람들이 있었다. 그러나 상앙은 남의 충고는 듣지 않고 자기 뜻대로 밀고 나갔으며, 일체의 논의도 허락하지 않았다.《사기》〈상군열전〉편에는 다음과 같은 내용이 나온다. "상앙의 신법이 시행된 지 10년이 지나자 예전에는 신법이 불편했는데 지금은 편하다고 말하는 사람들이 있었다. 그러나 상앙은 옳고 그름을 따지지 않고 일률적으로 그들을 사회를 어지럽히는 '난민(亂民)'으로 간주하고 모두 변방으로 내쫓아 버렸다. 그 뒤로는 감히 신법에 대해 논의하는 사람이 없었다."

그러나 마찬가지 이유로 상앙이 도주할 때도 감히 그를 받아주는 사람이 없었다. 이러했으니 상앙이 결국은 지위와 명예를 잃고 거기에 목숨까지 잃게 된 것은 모두 이유가 있었다고 한 사마천의 말이 일리가 없는 것은 아니다.

그러나 사마천의 생각도 일면적인 부분이 있다. 사마천은 상앙이 "결국 진나라에서 악명을 떨친" 까닭은 주로 그 성품이 좋지 않았기 때문이라고 보았다. 어떻게 좋지 않았는가? 천성이 잔인하고 어질지 못했으며, 일을 처리하는 데 있어서 각박하고 관대함이 없었다. 이런 사람이 형벌과 법률을 시행했으니 필연적으로 가혹함이 정도를 지나쳐 만인의 원성을 사게 된 것이다. 사실 일찍이 조량(趙良)이란 사람이 상앙에게 "백성의 원망을 쌓지 말라"고 충고했다. 그러나 상앙은 듣지 않았다. 그 결과 끝내 모함을 받아 억울하게 죽임을 당하고 만 것이다.

사마천의 견해도 일리가 있다. 그러나 나는 상앙의 비극을 초래한 주원인은 그의 '사람됨'이 아니라 그가 주도한 '법(法)'에 있다고 생각한다. 무슨 문제인가? 상앙의 법은 군왕의 통치를 유지하는 수단만 있을 뿐 백성의 권리를 보장하는 조항이 없었다. 생각해 보면, 그의 '법'이 백성을 보호해 주는 것이었거나 또는 조금이라도 백성을 보호할 뜻이 있었다면, 그가 체포된 뒤 공정한 재판을 받을 수 있었을 것이다. 아니면 최소한 자기 자신을 위해 변론이라도 할 수 있었을 것이다. 그러나 그럴 기회조차 없었다. 왜 그랬을까? 법에 그런 조항이 들어 있지 않았고, 그런 판례도 없었으며, 또한 그런 입법 정신이 존재하지 않았기 때문이다. 이것이 바로 상앙의 '법'의 가장 큰 문제점이자 모든 법가의 '법'에 나타나는 공통적인 문제점이다. 우리가 오늘날 상앙이라는 개혁의 선구자를 인정하고 추모할 때 이점을 결코 잊어서는 안 된다.

이제 한비에 대한 이야기로 돌아가 보자.

한비의 죽음에 관해서는 사실 많은 말이 필요 없을 것이다. 그는 동학인 이사의 음모로 죽임을 당했다. 이에 대해 사마천은 크게 개탄했다. 그는 한비가 왜 "스스로 죽음을 벗어날 수 없었느냐"고 말한다. 한비는 〈세난〉을 쓴 사람이 아니던가!

세난이란 유세의 어려움을 말한다. 한비는 군왕에게 유세하는 것이 매우 어려운 일이라고 했다. 예를 들어 상대가 명예를 좋아하는데 그에게 이익에 대해 이야기한다면 그는 분명 저속하다고 생각할 것이고, 상대가 이익을 좋아하는데 그에게 명예에 대해 이야기한다면 진부하다고 느낄 것이다. 만약 상대가 명예도 좋아하고 이익도 좋아하며, 기생도 좋아하면서 열녀문도 세우자고 한다면 어떻게 할 것인가? 정말 난감하지 않을 수 없다. 또 당신이 상대에게 명예에 대해서만 이야기한다면 그는 겉으로는 수긍하는 척하면서 속으로는 당신을 멀리할지도 모른다. 또 당신이 상대에게 이익에 대해서만 이야기한다면 그는 속으로는 받아들이면서도 오히려 공개적으로 당신을 내칠 수도 있다. 아무튼 당신이 어떻게 이야기를 해도 좋은 소리를 듣기는 쉽지가 않다.

설사 상대의 생각을 정확하게 읽었다 할지라도 말로 하는 것은 결코 쉬운 일이 아니다. 만약 단도직입적으로 이야기하면 상대는 당신이 그 정도에 불과하다고 생각할 것이고, 아주 자세하고 상세하게 이야기한다면 상대는 당신이 말이 많고 수다스럽다고 여길 것이다. 또 간결하고 함축적으로 이야기하면 상대는 당신이 대충 얼버무린다고 생각할 것이고, 장황하게 다 말해 버리면 상대는 당신이 예의가 없다고 여길 것이다. 이러니 어찌 어렵다고 말하지 않을 수 있겠는가?

이는 《이이집(而已集)》에서 루쉰이 한 말이 떠오르게 한다. "저명한 학자와 대화를 할 때는 그가 말한 것에 대해 가끔씩 모르는 척해야 한다. 너무 모르면 무시를 당할 것이고, 너무 많이 알면 싫어할 것이다. 그래서 간혹 모르는 것이 있는 것이 서로에게 가장 좋다."

이렇듯 예나 지금이나 세상사는 다르지 않음을 알 수 있다. 사실 한비는 세상사나 음모에 대해서 밝았다. 《한비자》의 〈세난〉 편이나 〈설림〉 편에는 세상사에 관한 이야기가 많이 실려 있고, 〈내저설〉 편이나 〈외저설〉 편에는 음모에 관한 이야기가 많다.

예를 들어 《한비자》 〈내저설하〉 편에는 다음과 같은 이야기가 실려 있다. 초(楚)나라 회왕(懷王)에게는 정수(鄭袖)라는 애첩이 있었는데, 위나라에서 더욱 아름다운 여인을 보냈다. 정수는 어느 날 새로 온 미인에게 말했다. "대왕은 아름다운 여인이 입을 가리고 웃는 모습을 제일 좋아한다오." 미인은 정수의 말을 믿어 회왕을 마주할 때마다 소매로 입을 가렸다. 이를 이상하게 생각한 회왕은 정수에게 그 이유를 물었다. 그러자 정수는 "대왕의 입 냄새를 싫어하기 때문이지요"라고 대답했다. 그 말에 크게 분노한 회왕은 즉시 새로 온 미인의 코를 자르라고 명령했다.(이 이야기는 두 가지 판본이 있다)

《한비자》에는 이런 이야기가 매우 많이 실려 있다. 실제로 한비는 음모에 대해 깊이 이해하고 있었으며, 중국 역사상 가장 유명한 음모학의 대가다. 그런데 이런 인물이 왜 자기 자신은 지키지 못했을까? 그처럼 음모에 대해 깊이 이해하고 있는 사람이 왜 이사가 바로 정수와 같은 인물이라는 사실을 알지 못했을까? 이러한 사실을 통해 음모학가와 음모가는 별개라는 것을 알 수 있다. 그래도 위나라의 미인은 코를 잃었을 뿐이지만 한비는 목숨을 잃었다. 그러므로 한비는 사실상 자신의 학설 때문에 죽은 것이다. 그는 사람들에게 계책을 세우는 법에 대해 가르쳤지만, 결과적으로 자신이 남의 계략에 빠지고 말았다. 아마도 그는 죽어서도 눈을 편히 감을 수 없었을 것이다.

상앙도 죽고, 한비도 죽었다. 살아남은 것은 오직 그들의 사상인 법가사상뿐이다. 그것은 한마디로 피로 물든 사상이었다.

이것이 아마도 법가와 여타 학파의 가장 큰 차이점일 것이다. 유가, 묵가, 도가를 막론하고 그들의 주장은 모두 '병을 치료하는 약'이었다. 공자는 '인애', 묵자는 '겸애', 노자와 장자는 '무위'를 처방으로 제시했다. 그러나 법가의 주장은 '사람을 죽이는 칼'이다. 칼은 칼집에서 꺼내면 피를 보아야 한다. 상대를 죽이지 않으면 자신이 죽게 된다. 그래서 칼을 가장 잘 사용하는 사람이 결국 가장 위험하다. 이런 이치를 묵자도 일찍이 언급한 적이 있다.

《묵자》〈노문〉 편을 보면 묵자가 제(齊)의 태왕(太王)과 대화하는 내용이 있다. 제나라 태왕은 바로 전화(田和)인데, 그는 원래 제나라의 재상이었다가 나중에 제나라 국군이 되었다. 묵자가 전화에게 물었다. "지금 여기에 칼이 한 자루 있는데, 시험 삼아 사람의 머리를 잘라 보니 한칼에 잘렸습니다. 날카롭다고 말할 수 있겠습니까?" 전화가 대답했다. "날카롭습니다." 묵자가 다시 물었다. "여러 차례 사람의 머리를 잘랐는데 모두 한칼에 잘렸습니다. 날카롭습니까?" 전화가 대답했다. "날카롭습니다." 묵자가 또다시 물었다. "칼이 날카롭다면 누가 대가를 치러야 하겠습니까?" 전화가 "칼이 날카로운 것을 알았으니 그것을 쓴 사람이지요"라고 대답했다. 이에 묵자가 마지막으로 물었다. "다른 나라를 빼앗고, 다른 나라의 군대를 궤멸하고, 다른 나라의 백성을 죽이면 누가 대가를 치러야 할까요?" 전화는 고개를 숙였다가 들면서 생각을 하더니 입을 열었다. "내가 대가를 치러야겠지요."

묵자가 이런 이야기를 한 목적은 반전(反戰)을 위해서였고, 또 자신이 주장하는 겸애를 알리기 위해서였다. 그러나 그가 말한 내용은 매우 보편성이 있다. 즉, 쉽게 칼을 휘두르면 결국 자신이 위태롭게 되니 함부로 무력을 동원해서는 안 된다는 뜻이다. 무기는 흉기이므로 사용하게 되면 상서롭지 못하다. 이런 이치를 상앙이 모르지 않았을 것이다. 칼을 시험하는 이도 위험하고, 칼을 헌상하는 이도 위험하다. 칼을 바치는 것은 결국 칼을 시험하기 위함이고, 심지어 자신이 그 시험 대상이 될 수도 있기 때문이다. 이러한 이치를 한비도 모를 리 없다. 한비는 〈세난〉과 〈고분〉을 쓴 사람이 아닌가! 고분의 '고'는 고독이고, '분'은 분개의 뜻이다. 왜 고독하고 분개하는가? 일을 하기가 너무 힘들기 때문이다.

한비는 이렇게 말했다. 지금 정계에는 두 부류의 사람이 있다. 하나는 법가로, 한비는 그것을 '법술지사(法術之士)'라 했는데, '지술지사(智術之士)', '능법지사(能法之士)', '지법지사(智法之士)'라 하기도 했다. 다른 하나는 권력을 장악하고 있는 대신으로 '당도지인(當塗之人)'이라 했고, '귀중지신(貴重之臣)', '간사지신(奸邪之臣)', '중인(重人)'이라 하기도 했다. 이 두 부류는 결코 공존할 수 없다. 전자가 세력이 약하면, 후자의 세력이 강하다. '당도지인'은 '법술지사'를 대응하는 데 여러 가지 방법을 쓴다. 어떤 꼬투리라도 잡아 법으로 처형하거나, 자객을 시켜 살해할 수도 있다. 이런 상황에서 군주가 만약 시비곡절을 묻거나 따지지 않고 마음대로 칼을 휘두른다면, 우리 법가들이 어찌 생명의 위험을 무릅쓰고 의견을 제시하고 계책을 헌상할 수 있겠는가?

한비의 이 말은 정곡을 찌를 뿐만 아니라 미래를 정확히 예견하고 있다. 한비 자신이 맞이한 상황이 바로 "군주가 시비곡절을 묻거나 따지지 않고 마음대로 칼을 휘두른 것"이 아니었던가? 그럼에도 불구하고 법가는 왜 "칼을 헌상"하려고 했던 것일까?

그들은 누구에게 그리고 왜 바친 것일까? 그 결과는 무엇이었나?

2

모사의 철학

《한비자》에는 여러 가지 이야기가 실려 있지만, 칼을 바치는 이야기는 없고 옥을 헌상하는 이야기가 있다.

옥을 헌상하는 고사는 《한비자》에 〈화씨(和氏)〉라는 제목으로 한 편으로 이루어져 있다. 초나라에 화씨(和氏, 화는 성이고 어떤 책에는 이름이 '변화(卞和)'라고 되어 있다)라는 사람이 산속에서 박옥(璞玉)을 얻었다. 화씨는 이 옥돌을 발견하는 순간 그것이 보물이라는 사실을 알았다. 그래서 즉시 초나라 여왕(厲王)에게 헌상했다. 여왕은 그 옥돌을 감정가에게 감정하게 했는데, 그는 돌에 불과하다고 말했다. 여왕은 화씨가 자신을 속였다고 하여 그의 왼쪽 발목을 자르게 했다.

세월이 흘러 여왕이 죽고 무왕이 즉위하자 화씨는 다시 왕을 찾아가 옥돌을 헌상했다. 무왕 역시 그것을 감정가에게 감정하게 했는데 감정가는 또 돌에 불과하다고 말했다. 무왕도 화씨가 자신을 속였다고 하여 이번에는 그의 오른쪽 발목을 자르게 했다.

무왕이 죽고 문왕이 즉위했다. 화씨는 자신이 발견한 옥돌을 끌어안고 산 아래에서 사흘 낮 사흘 밤을 울어 눈물이 마르자 피가 이어 나왔다. 문왕이 이를 듣고 사람을 보내 그 까닭을 묻기를, "세상에 발목이 잘린 이가 수없이 많은데, 그대는 어찌 그리 슬피 우는가?"라고 했다. 화씨가 말했다. "저는 발목이 잘린 것 때문이 아니라 옥 때문에 우는 것입니다. 아름다운 옥이 돌로 불리고, 충신을 사기꾼이라고 하니 비통해서 우는 것입니다." 그리하여 문왕이 옥돌을 다듬게 하니 과연 아름다운 옥을 얻을 수 있었다. 그래서 이를 '화씨의 벽(和氏之璧)'이라 이름 지었다.

한비는 왜 위와 같은 이야기를 한 것일까? 원래 한비가 말하고자 했던 의도는 법가의 주장을 시행하는 것이 어렵다는 점을 설명하려는 것이었다. 한비는 이렇게 말했다. 보옥은 군왕들이 절박하게 얻으려고 하는 것이지만 법술(法術)은 그다지 절박하게 얻으려고 하는 것이 아니다. 군주가 시급히 얻으려는 보옥은 오히려 "두 다리가 잘린 후에야 비로소 보배인 것을 깨닫게" 되는데, "화씨의 옥처럼 절박한 것이 아닌" 이 법술이 시행되기를 바라니 분명 '법'을 헌상한 이의 목이 먼저 달아나게 될 것이다. 예를 들어 오기(吳起)는 초나라에서 법술을 시행하다가 결국 개혁에 원한을 품은 귀족들의 수많은 화살을 맞고 죽었고, 상앙은 진나라에서 법술을 시행하다가 거열형을 당하고 말았다. 법가가 맞이하게 된 현실과 화씨의 상황을 비교해 본다면 누가 더 비참한가?

물론 법가가 처한 현실이 더 비참하다. 그렇다면 일련의 의문이 생긴다. 법가가 주장한 '법술'은 왜 그토록 시행하기 어려운 것인가? 환심을 사지 못하기 때문이다. 누구의 환심을 사지 못하는가? 바로 백성과 조정의 대신들이다. 조정대신들은 왜 싫어하는가? 군왕이 법술을 사용하면 대신들이 권력을 마음대로 휘두를 수 없고, 친신(親臣)들도 전횡할 수 없으니 그들이 당연히 좋아할 리가 없다. 그렇다면 백성은 왜 좋아하지 않는가? 정부에서 법술을 시행하면 유랑민은 농지로 나아가 경작을 하고, 유협들은 전장에 나아가 전쟁을 수행해야 하니 당연히 좋아할 리가 없다. 그 결과는 무엇인가? "대신들은 법을 고통스러워하고, 백성은 통치를 싫어하게 되며", 법가와 그들의 법술을 자신들의 가장 큰 적으로 간주하게 된다.

이는 참으로 의미심장하다. 한 사회나 국가에서 어떤 정책을 시행하면 어떤 계층은 유익을 얻게 되어 있다. 관리에게 불리하지만 백성에게 이로운 경우가 있고, 백성에게 불리하지만 관리에게 이로운 경우도 있다. 상책은 관리와 백성 모두에게 이로운 정책이다. 중책은 각각에게 이로운 면도 있고, 불리한 면도 있는 정책이다. 그러나 불리한 부분을 최소화할 수 있으면 괜찮은 셈이다. 만약 한쪽만 이롭다면 그것은 이미 하책인데 이쪽이나 저쪽에 모두 불리한 정책은 있을 수가 없다. 그러나 법가의 주장은 관리들에게도 불리하고 백성에게도 마찬가지로 불리하다. 그렇다면 누구에게 이로운가?

단 한 부류, 심지어 단 한 사람에게만 이롭다. 바로 군왕이다.

이 점에 대해 법가는 거리낌 없이 이야기하고 있다. 예를 들어 한비는 자신의 주장이 "제왕의 박(帝王之璞)"이라고 분명하게 선언했다. 그의 저작 역시 거의 전체가 군왕을 위한 계책에 관한 내용으로 군왕이 무엇을 조심하고 경계해야 하며, 어떻게 눈과 귀가 막히지 않게 하여

속지 않을 수 있으며, 또 어떤 방법으로 권력을 독점하고 권위를 유지하며 제위를 찬탈당하지 않을 수 있는지를 알려 주고 있다. 이러한 문제에 대해 한비는 세세하고 주도면밀하게 생각했으며, 다른 사람은 일체 고려하지 않고 오로지 군왕만을 위해 고민했다.

《한비자》〈애신(愛臣)〉편을 보면 한비는 하늘 아래 가장 중요한 것은 네 가지뿐이라고 말했다. 그것은 바로 군왕의 신체(身之至貴), 지위(位之至尊), 명망(主威之重), 권세(主勢之隆)다. 한비의 모든 주장은 이 네 가지가 침해받지 않도록 보장해 다른 이들이 노리지 못하게 하는 데 초점이 맞추어져 있다. 《한비자》〈오두(五蠹)〉편을 보면 한비는 이를 위해 유생, 협사, 식객, 종횡가, 상공업자를 사회에 해악을 끼치는 다섯 부류로 간주하고 이들을 '오두지민(五蠹之民)'이라고 명명하면서 이들을 모두 없애고 농민과 전사만 남겨 놓아야 한다고 주장했다.

그 이유는 무엇인가? '오두지민'은 나라에 해로운 존재이지만 농민과 전사는 군왕에게 유용한 존재이기 때문이다. 한비는 심지어 군왕에게 신하나 애첩, 형제 등을 절대로 가깝게 대하지 말라고 말했다. 그 이유를 그는 이렇게 말한다. "신하를 지나치게 친애하면 반드시 군주 자신이 위태롭게 되고, 신하가 지나치게 지위가 높아지면 반드시 군주의 자리를 빼앗아 바꾸게 됩니다. 처첩 간에 등급이 없으면 반드시 적자가 위태롭게 되고, 군주의 형제가 복종하지 않으면 반드시 사직을 위태롭게 할 것입니다." 한비는 통치계급에 속하는 군왕의 신하, 애첩과 형제조차도 친애해서는 안 된다고 했으니 피통치계급인 백성은 말할 필요도 없을 것이다. 이렇듯 한비의 마음속에는 오로지 군왕 한 사람만 있고, 다른 사람은 존재하지 않았다. 그가 꿈꾸었던 이상사회에는 오직 두 부류의 사람만 허용되었다. 하나는 지고지상의 군왕이고, 다른 하나는 군왕에게 노역을 제공하는 농민들과 전사들이다.

이는 영락없이 군주를 위해 도모하는 것으로, 유가, 묵가, 도가와 크게 다른 점이다. 즉 유, 묵, 도 삼가의 주장은 모두 천하(온 세상)를 위해 도모하는 것이다. 특히 묵가가 가장 그러했다. 《묵자》를 보면 "천하의 이로움을 일으키고 천하의 해로움을 제거한다(興天下之利, 除天下之害)"는 구절이 제일 많이 나온다. 이는 묵자 사상에서 가장 인정하고 존경할 만한 부분이다. 분명히 묵자는 군주제를 반대한 적이 없고, 다른 학파 어느 누구도 이를 반대하지 않았다. 그렇지만 묵자는 다른 학파 사람들이 전혀 생각지 않은 문제를 제기했다. '우리에게 왜 군주가 있어야 하고 정치적 지도자가 있어야 하는가'라는 점이다. 묵자는 "천하의 의견을 하나로 통일하기 위함"이라고 했다. 그 이유는 무엇인가? 묵자는 그렇게 해야만 "금수와 같은" 무정부의 혼란 상태를 벗어날 수 있으며, 이로써 "천하의 이로움을 일으키고 천하의 해로움을 제거해" 모든 사람이 서로 사랑하는 겸애를 실현할 수 있다고 말했다. 다시 말해, 묵자는 인류에게 정부가 존재해야 하고 정부에 수장인 군주가 존재해야 하는 이유는 다름 아닌 천하 모든 사람의 행복을 위해서라고 보았다.

사실 이는 상당히 본질적이면서 독특한 견해라 할 수 있다. 그래서 장인린이 《중국사 요강》에서 묵자는 세계사에서 최초로 "이지(理智)의 등대로 세상을 환하게 비춘 인물"이라고 말한 것이다. 그러므로 비록 묵자의 방안이 실행되지 않았고, 심지어 현실은 그의 바람과 전혀 다른 방향으로 흘러갔지만 그럼에도 우리는 그에게 깊은 경의를 표해야 한다. 묵자는 천하의 입장에 서서 천하를 위해 애쓴 인물이기 때문이다.

도가의 상황은 약간 특별하게 보아야 한다. 그들이 '무위'를 주장했기 때문이다. 무위란 '불모(不謀)', 도모하지 않는 도모함이라고 해도 무방할 듯싶다. 그들이 주장한 '무위'는 결국에는 천하 사람들을 위한 것이었기 때문이다. 노자의 "정치가 관대하면 백성이 순박해진다", 장자의 "임금은 나무 위 가지 같고, 백성은 들판의 사슴과 같다", 양주의 "사람들 모두 털 한 올도 뽑지 않고 사람마다 천하를 이롭게 하지 않았어도 천하는 다스려졌다"는 말에 담긴 사상은 모두 천하 사람들을 행복하게 살게 하기 위한 것이었다. 다만 장자와 양주는 '천하 사람들의 행복'은 반드시 모든 개인에서 실현되어야 한다고 보았다. 개개인 모두가 행복해야 천하 사람 모두가 행복한 것은 당연한 일이다. 그래서 그들은 개인의 입장에서 천하를 위해 도모했다고 말할 수 있다.

　묵가의 주안점이 '천하 사람'이라면 도가는 '개개인 모두'에 있다. 그렇다면 유가의 주안점은 누구인가? 바로 정권을 잡고 있는 '집권자'에 있다. 앞에서 말한 것처럼 공자는 귀족, 특히 통치계급의 입장을 대변하고 있다. 공자가 더욱 관심을 가졌던 것은 군주가 제대로 밥을 먹고 있는가의 여부지 백성이 밥을 먹고 있는지의 여부가 아니었다. 바로 이 부분에서 공자와 맹자의 차이가 있으며, 심지어 이 차이가 전부라 할 수도 있다. 즉, 공자는 존군(尊君), 군주를 존중할 것을 강조한 반면 맹자는 귀민(貴民), 백성을 귀중하게 여길 것을 강조했다. 그러나 공자가 군주를 존중해야 한다고 강조했다고 해서 오로지 군주만 위하고 백성의 일에 관심이 없었던 것은 결코 아니다. 단지 군주의 일에 대한 관심을 우위에 둔 것뿐이다. 왜냐하면 백성 모두가 제대로 밥을 못 먹는 상황이라면 군주 역시 다르지 않을 것이기 때문이다. 이러한 이치를 공자는 잘 알고 있었던 것이다. 《논어》〈안연〉편을 통해 그러한 사실을 엿볼 수 있다.

　노나라 애공이 공자의 제자인 유약(有若)에게 물었다. "흉년이 들어서 재정이 부족하니 어떻게 하면 좋겠소?" 유약은 수확의 10분의 1을 조세로 걷는 철법(徹法)을 백성에게 시행하라고 말했다. 그러자 애공은 "10분의 2를 거두어도 내가 오히려 부족한데 어찌 10분의 1을 걷으란 말이오?"라고 했다. 이에 유약이 대답했다. "백성이 풍족하면 어찌 군주가 풍족하지 않겠습니까? 백성이 풍족하지 않은데 어찌 군주가 풍족하겠습니까?"

　나는 이 말이 바로 공자의 생각을 대변하고 있다고 생각한다. 사실 공자 역시 천하를 위해 도모했지만, 단지 군주의 입장에 서서 천하를 위해 도모했을 뿐이다. 왜냐하면 천하가 군주의 것인 이상 천하를 위해 도모하려면 먼저 군주를 위해 도모할 수밖에 없고 또 군주를 위해 도모함으로써 천하를 위해 도모함을 실현할 수 있기 때문이다. 근본적으로 공자가 더욱 관심을 가진 부분은 천하에 '도'가 있는지의 여부였다. 이는 묵가와 상당히 상통하는 부분이기도 하다. 실제로 공자의 계승자인 맹자와 순자는 기존의 입장을 조정하고 변화시켜 '백성을 근본으로 삼는' 정치사상의 전통을 세웠다. 예를 들어 맹자는 "백성이 가장 귀하고 사직은 그다음이며, 임금은 가장 가벼운 존재다"라는 관점을 제시했고, 순자도 "하늘이 백성을 낳은 것은 군주를 위해서가 아니고, 하늘이 군주를 세운 것은 백성을 위해서다(天之生民, 非爲君也. 天之立君, 以爲民也). 그러므로 옛말에 땅을 나누어 나라를 세워 준 것은 제후들을 귀하게 하기 위해서가 아니고, 관직을 배치하고 작위와 봉록을 정한 것은 대부

· 순자 가라사대 ·

하늘이 백성을 낳은 것은
군주를 위해서가 아니고,
하늘이 군주를 세운 것은
백성을 위해서다.

를 높이기 위해서가 아니다"라는 관점을 제시했다. 이러한 관점은 묵자의 입장에 상당히 접근한 것일 뿐만 아니라 묵자보다 훨씬 명확하고 단호한 것이다.

묵자는 천하의 입장에 서서 천하를 위해 도모했고, 양주는 개인의 입장에 서서 천하를 위해 도모했으며, 공자는 군주의 입장에 서서 천하를 위해 도모했다. 비록 입장은 서로 다르지만 천하를 위해 도모한 것은 모두 같았다. 그러나 법가는 달랐다. 그들은 군주의 입장에 서서 군주를 위해 도모했다. 그 가운데 품격이 조금 높은 경우는 군주와 천하 모두를 위해 도모했고, 품격이 낮은 경우는 오로지 군주만을 위해 일을 도모했다. 그러나 설사 군주와 천하 모두를 위해 도모했다 할지라도 대부분은 군주를 위해 천하를 도모한 것이지, 진정 천하를 위한 것은 아니었다.

사실상 법가는 '군권지상, 군주유일'의 사상이다. 그들의 학설은 오로지 군주에게만 이롭고, 군주를 위한 것이다. 이것이 바로 법가가 유, 묵, 도 삼가와 다른 또 하나의 차이점이다. 삼가는 모두 "천하에 마음을 두었지만", 법가만은 "군주에게 마음을 두었다." 삼가는 천하를 위해 도모했지만, 법가는 오로지 군주를 위해 도모했다. 그럼에도 군주들이 법가의 의견을 무조건 받아들인 것은 아니다.

그럼, 법가는 왜 그렇게 했을까?

이 문제에 답하기 위해서는 먼저 법가가 어떤 사람들을 대표했는지 살펴보아야 한다. 앞에서 말했듯이, 선진 제자는 어떤 학파를 막론하고 사(士)의 서로 다른 파벌과 계층을 대표한다. 유가는 문사, 묵가는 무사, 도가는 은사를 대표한다. 그래서 유가사상은 '문사의 철학'이고, 묵가사상은 '무사의 철학'이며, 도가사상은 '은사의 철학'이다. 그럼 법가는 어떠한가? 법가는 누구를 대표하고 있는가? 모사(謀士)다. 모사는 무엇을 하는 사람인가? 계책을 세우고 내놓는 사람이다. 누구를 위해 계책을 마련하는가? 자신을 고용하거나 초빙한 사람이다. 그렇다면 누가 그들을 고용하거나 초빙하는가? 바로 군주다. 군주는 그들을 고용하거나 초빙해서 무엇을 하는가? 자신을 보호하고 정권을 공고히 한다. 왜 군주들은 자신을 보호하고 정권을 공고히 하려 하는가?

당시는 천하가 크게 혼란해 군웅이 할거하고 투쟁이 격렬했기 때문이다. 각국의 군주는 대내적으로는 권좌를 노리는 권신들을 대비하고, 대외적으로는 강한 적국의 위협을 방어해야 했다. 또한 강대국의 군주들은 다른 나라들을 병합해 천하의 패권을 차지하려는 야심에 불타고 있었다. 결론적으로 강대국의 군주든 약소국의 군주든 상관없이 자신의 안위를 비롯해 국가의 발전과 확장을 위해서는 모사들의 도움이 반드시 필요했다.

모사들이 자신의 고용주를 돕는다는 것은 한 군주에게 고용되거나 초빙되었음을 의미하므로 다른 군주나 고용주를 위해 계책을 세우거나 내놓을 수 없다. 이는 마치 변호사가 피고를 변호하면서 다른 한편으로 원고를 대변할 수 없는 것과 같다. 마찬가지로 모사도 일을 맡긴 당사자만을 위해 일할 뿐이지 전체 백성을 대변할 수 없다. 그래서 법가가 천하를 위해서가 아니라 군주만을 위해 도모한 것은 나름의 이유가 있을 뿐만 아니라 나아가 그 나름의 도덕을 따른 것이다. 무슨 도덕인가? 직업적 도덕이다. 이것이 법가가 군주만을 위해 도모한 첫 번째 이유다.

두 번째로 모사는 군주나 고용주를 위해 전문적으로 계책을 마련하고, 누구든 자신을 고용한 이를 위해 계책을 세우는 사람들이므로 곧 '직업적인 기획가'로 볼 수 있다. 직업적 기획가는 어떤 조건을 갖추고 있어야 하는가? 자신의 일에 대해 꿰뚫고 있어야 한다. 예를 들어 텔레비전 프로그램 기획자는 방송에 정통해야 하고, 출판 기획자는 출판에 대해 정통해야 한다. 전국 시대의 모사는 군주를 도와 정적에 대응할 수 있는 책략을 마련해야 했기 때문에 반드시 권모술수에 정통해야 했다. 다시 말해, 그들은 '살인을 위한 칼'을 가졌을 뿐 '병을 치유하는 약'은 갖고 있지 않았다.

세 번째로 모사의 손에는 '살인을 위한 칼'이 있으니 그것을 군주에게 바쳐야 한다. 그 이유는 아주 간단하다. 보배로운 칼은 열사에게 바치고 물건은 그 가치를 아는 이에게 판다고 했다. 칼은 사용하지 않으면 없는 것이나 마찬가지다. 만약 쓰고자 한다면 마땅히 그것이 필요한 사람, 그것을 쓸 수 있는 사람, 그것을 쓸 능력이 있는 사람에게 바쳐야 한다. 누가 그러한가? 바로 군왕이다.

칼을 헌상하는 것이 매우 위험한 일인 줄 분명히 알면서도 왜 법가가 이를 군왕에게 헌상하려고 집착하고, 또 반드시 헌상했는지를 이제 명확하게 알 수 있을 것이다. 그것은 바로 법가의 사상이 '모사의 철학'이기 때문이다. 그렇다면 그들은 어떻게 자신들의 주장을 실현할 수 있었는가? 바로 이 부분에서 법가는 다른 제자와 다른 방법을 선택한다. 유가와 묵가, 도가는 이상에 충실했지만, 법가는 현실을 직시하는 길을 택했다. 삼가는 옛것을 지향하고 수호했지만, 법가는 시대에 보조를 맞추어 앞으로 나아갔다.

먼저 이상과 현실에 대해 이야기해 보자

유, 묵, 도 삼가는 이상주의의 색채가 짙다. 그들은 자신의 주장을
펼치고 싶어 했는데(도가의 경우 적어도 노자는 그러했다) 자신의 주장을
제시, 진술하거나 또는 유세할 때 오직 자신이 하고자 하는 말에만 신
경을 썼을 뿐 다른 사람이 어떻게 생각하는지에 대해서는 그다지 신
경 쓰지 않았다. 예를 들어 맹자는 양나라 혜왕을 알현했을 때 혜왕이
"선생께서 천 리를 멀다 하지 않고 오셨으니 장차 과인의 나라에 이익
을 줄 방도를 가져오셨겠지요?"라고 하자 즉시 강경한 어조로 "왕이시
여, 왜 하필이면 이익을 말하십니까? 오직 인의가 있을 따름입니다"라
고 말했다. 아주 솔직한 발언으로 정말 존경스럽다. 사상가라면 이 정
도는 되야 하지 않겠는가! 사상가가 상황에 따라 태도를 바꾸거나 우
유부단해 자신의 생각을 주장하지 못한다면 무슨 사상이고 사상가라
할 수 있겠는가.

더욱이 유, 묵, 도 삼가는 사회의 병폐에 대한 처방을 내리는 의사와
도 같았다. 의사라면 병을 진찰한 뒤 병에 따라 치료하고 처방해야지
환자가 좋아하는 바에 따라 치료하거나 처방할 수는 없다. 만약 환자
가 약을 안 먹겠다고 고집하면 그것은 의사도 어쩔 수 없다. 그래서 삼
가의 입장에서 본다면 그들이 틀린 것은 아니다.

그러나 문제는 만약 어떤 사상이나 학설을 펼칠 때 상대방의 수용
여부를 고려하지 않는다면 그에 상응하는 대가를 치러야 한다는 점이
다. 즉, 자신의 학설이 채택되지 않는다는 것이다. 이는 법가의 경우에
는 절대로 받아들일 수 없는 것이었다. 왜냐하면 법가는 모사이고, 법

가의 사상은 '모사의 철학'이기 때문이다. 모사는 반드시 누군가의 쓰임을 받아야 한다. 그렇지 않으면 아무런 가치가 없다. 그렇다면 어떤 학설이나 주장은 어떻게 해야 채택되고 활용될 수 있는가? 조건은 두 가지다. 하나는 부합해야 한다는 것이고, 다른 하나는 유용해야 한다는 것이다. 부합한다는 것은 사용자의 수요에 맞아야 한다는 뜻이고, 유용하다는 것은 사용자의 수요를 만족시킬 수 있어야 한다는 뜻이다. 수요에 부합하고 만족시킬 수 있어야 한다는 이 조건은 현실적으로 크게 고려해야 할 요소다.

이에 대해 법가는 명확하고 치밀하게 생각했다. 그들은 당시 현실의 문제가 무엇이고, 자신들이 복무해야 할 대상이 누구인지 분명하게 알고 있었다. 당시의 당면한 문제는 무엇이었는가? 사회를 재난에서 구해내고, 국가를 정비하는 것이었다. 그것을 누가 해야 하는가? 당시에는 통치자만이 할 수 있었다. 일반 백성은 그럴 만한 권력도 능력도 없었다. 그래서 당면한 사회문제와 정치문제를 고려하지 않거나 설사 고려하더라도 실행할 생각이 없다면 몰라도 그렇지 않은 이상 통치자에게 복무하고 그들에게 유세할 수밖에 없었다. 그래서 법가의 말은 바로 통치자들을 향한 말이었던 것이다. 이 점은 공자, 묵자, 맹자 등도 충분히 알고 있었다. 그러나 그들은 상대로 하여금 자신의 주장을 받아들이게 하려면 상대의 입장에서 생각하고 그들이 원하는 바가 무엇인지를 꿰뚫어야 한다는 점을 깨닫지 못했다. 설사 깨달았다 할지라도 그렇게 하고 싶은 생각이 없었다. 이를 분명하게 할 생각이 없다면 다른 사람들도 그들을 상대하지 않게 되는 것이다.

이는 상앙의 사례를 통해서도 확인할 수 있다. 《사기》〈상군열전〉

편에 따르면, 상앙이 진나라로 간 뒤 진 효공의 총신 경감(景監)의 추천으로 효공을 알현하게 되었다. 그는 효공에게 먼저 요, 순, 우 등 고대 제왕의 치도(治道)에 대해 말했는데, 효공은 때때로 졸면서 전혀 관심을 보이지 않았다. 다음에 가서는 하, 상, 주 왕들의 치도에 대해 더 열심히 설명했지만 효공의 마음을 얻지 못했다. 그래서 다시 가서 춘추 오패의 치도에 대해 말했다. 이번에는 효공이 마음에 들어 했다. 상앙은 효공의 뜻을 파악하고 다시 효공을 알현하고 이야기했다. 그 결과 효공은 무릎이 앞으로 나오는 것도 모르고 흥미를 갖고 들었으며, 며칠간 들으면서도 전혀 싫증을 내지 않았다.

이렇듯 상앙은 효공을 알현하기에 앞서 세 가지 방안을 마련하고 유효한 것을 사용했다. 이는 기회주의적 행동이라기보다 어떤 일을 하기 전에 상황을 타진하는 준비성 내지 일종의 흥정이라고도 볼 수 있다.

나중에 그를 추천한 경감이 상앙에게 물었다. "선생께서 뭐라고 했기에 우리 국군의 마음을 사로잡았습니까?" 상앙이 대답했다. "저는 대동지세(大同之世: 제왕의 치도)의 치도를 설명하고 소강사회(小康社會: 왕의 치도)에 견줄 만한 이상 정치의 실현에 대해 말씀드렸는데, 군왕께서 '아득히 먼 이상이어서 과인은 기다릴 수 없다. 무릇 현명한 군주는 당대에 이름을 드러내는데 어찌 수십 년 또는 수백 년 뒤에 제왕의 도를 이루기를 기다릴 수 있겠는가?'라고 하셨습니다. 그래서 제가 부국 강병책을 말씀드렸습니다."

이처럼 상앙도 처음에는 이상을 갖고 있었으나 효공이 받아들이지 않자 어쩔 수 없이 이상 대신 현실을 택한 것을 알 수 있다. 그래서 그는 나라를 강대하게 하는 법을 말할 수밖에 없었지만 "군왕의 덕은 은 주(殷周) 시대의 덕에 견주기 어렵습니다"라고 덧붙였다.

실제로 이러한 현실적 자세를 견지했기 때문에 법가는 유, 묵, 도 삼
가의 옛것을 지향하고 수호하는 자세를 반대했다. 앞에서도 말했듯이
삼가는 모두 현실에 대해 불만을 갖고 과거로 돌아가자고 주장했다.
공자는 비교적 현실적이어서 서주(西周)로 돌아갈 것을 주장했지만 통
하지 않자 타협점으로 동주(東周)도 괜찮다고 생각했다. 묵자는 더 거
슬러 올라가 대우(大禹) 시대로 돌아갈 것을 주장했다. 대우는 주나라
문왕이나 주공보다 훨씬 오래전 사람이기 때문이다. 맹자는 묵자를 압
도하기 위해 말끝마다 요순(堯舜)을 이야기했다. 이들은 하나라 우(禹)
임금보다 더 오래된 인물들이다. 도가는 한 걸음 더 뒤로 물러나 요순
조차 부정하고 태고 시대를 가장 이상적인 시대로 보았다. 그야말로
삼가가 마치 '복고 시합'이라도 하듯 경쟁적으로 먼 옛날로 돌아가자
고 했다. 그러나 복희씨나 신농씨까지 가면 거의 맨 끝에 이른 것이다.
그것도 모자라 더 뒤로 가면 반고(盤古)나 산정동인(山頂洞人)에 이르게
된다.

법가는 삼가의 이러한 모습을 크게 비웃고 신랄하게 풍자하며 '수주
대토(守株待兎)' 정도로 여겼다. 수주대토는 송나라의 한 농부가 토끼가
달려와 나무에 부딪쳐 목이 부러져 죽는 모습을 보고는 그날 이후로
밭은 갈지 않고 매일 그루터기를 지키며 다시 토끼를 얻기를 바랐고,
결국 그는 사람들에게 웃음거리가 되었다는 고사다. 한비는 이야기 말
미에서 이렇게 말했다. "옛날 선왕의 정치이념으로 현세의 백성을 다
스리고자 하는 것"은 송나라의 농부와 마찬가지로 "모두가 그루터기를
지키는 것과 같다."

그 이유는 무엇인가? 시대가 발전하고 상황
이 변했기 때문이다. 과거에 일어난 일이 현재
에도 반드시 일어나는 것은 아니다. 또한 과거
에 유용했다고 해서 현재에도 유용하리란 보
장은 없다.

그래서 법가는 시대에 보조를 맞추어 나
아가며 시대의 흐름에 순응해야 한다고 주장
한 것이다. 《상군서》〈개색(開塞)〉편에서 상앙
은 이렇게 말한다. "사람들이 지키는 도가 무
너짐에 따라 중시하는 것이 바뀌게 되고, 세상
의 상황이 변함에 따라 행해야 할 도리도 달라

• 상앙 가라사대 •
사람들이 지키는 도가 무
너짐에 따라 중시하는 것
이 바뀌게 되고, 세상의
상황이 변함에 따라 행해
야 할 도리도 달라진다.

• 한비 가라사대 •
성인은 옛것을 닦아 지키
려고 하지 않으며, 항상
옳다고 하여 본받지 않으
며, 세상의 일을 따져서
그것에 맞추어 대비책을
마련한다.

진다." 사회에 문제가 생기니 해야 하는 일의 중요도도 바뀌어야 하고,
상황에 변화가 생김으로써 사상과 방법도 바뀌어야 한다는 뜻이다. 세
상에 영원 불변하는 것은 없으며, 영원히 유용한 것도 없다. 현명한 지
도자라면 현재 당면한 실제 상황에 따라 그에 상응하는 구체적인 조
치를 마련해야 한다. 《한비자》〈오두〉편을 보면 한비는 이렇게 말했
다. "성인은 옛것을 닦아 지키려고 하지 않으며, 항상 옳다고 하여 본
받지 않으며, 세상의 일을 따져서 그것에 맞추어 대비책을 마련한다(聖
人不期修古, 不法常可, 論世之事, 因爲之備)."

또 〈현학〉편을 보면 이렇게 말하고 있다. 오늘날 가장 이름난 학설
은 유가와 묵가의 것인데, 유가의 최고는 공자이고 묵가의 최고는 묵
적이다. 그러나 공자가 죽자 유가는 여덟 파로 나뉘고, 묵자가 죽자 묵
가는 세 파로 나뉘었다. 여러 파벌은 서로 달라 서로를 비난했으며, 서

로 자신이 공자나 묵자의 정통적인 계승자라고 주장했다. 그러나 공자나 묵자가 다시 살아날 수도 없으니 우리가 어찌 어느 파의 말이 맞는지 알겠는가? 마찬가지로 유가나 묵가는 모두 자신이 선왕 성인의 정통적인 계승자라고 주장하고 있다. 그러나 선왕 성인도 다시 살아날 수 없으니 우리가 또 어찌 누구의 말이 맞는지 알겠는가? 이로 보건대, 복고나 수구는 근본적으로 실현 불가능하다.

그럼 어떻게 해야 하는가? 시대에 발맞추어 나아가는 수밖에 없다. 실제로 법가는 그렇게 했다. 그래서 법가만이 토끼를 잡을 수 있었다. 생각해 보면 공자는 여러 나라를 주유했고, 묵자는 천지사방을 뛰어다니며 호소했고, 맹자는 제후들을 찾아다니며 열심히 유세했다. 그 결과는 어떠했는가? 어느 누구도 그들의 말을 따르지 않았다. 노자와 장자는 원래 혼잣말을 했으니 당연히 들어줄 사람이 없었다.

그러나 법가만은 달랐다. 그들의 학설은 현실에서 받아들여졌을 뿐만 아니라, 법가들은 통치자들에게 중용되었다. 예를 들어 신불해(申不害)는 15년간 한(韓)나라의 재상을 맡았고, 상앙은 10년간 진나라의 재상을 맡았고 상군(商君)으로 봉해졌다. 이사는 대진(大秦) 제국의 개국 원로로서 재상을 맡아 진시황의 유능한 조력자가 되었다. 또한 법가사상의 지도하에 진나라는 여러 나라 중에서 급부상해 천하를 통일하고 제국을 세워 새로운 제도와 새로운 시대의 창시자가 될 수 있었다. 이와 같은 법가의 성공은 제자백가 가운데 유일무이한 것이다.

그럼, 법가는 왜 최후의 승자가 될 수 있었을까? 이는 깊이 생각해 볼 만한 문제다.

물론 여러 가지 원인이 있겠지만 다음과 같이 요약할 수 있을 것이다. 현실 직시(面對現實), 시대에 발맞추어 나아감(與時俱進), 권모와 무력으로 천하를 지배(橫行覇道), 기회주의(兩面三刀). 현실 직시와 시대에 발맞추어 나아감은 사상과 방법의 원인으로 이미 앞에서 이야기했다. 나머지 횡행패도(橫行覇道)와 양면삼도(兩面三刀)는 학설 자체의 원인인데, 이제부터 설명하고자 한다. 이 두 가지는 사실 다른 의미가 내포되어 있다.

다음에서 먼저 '횡행패도'부터 이야기하고 연이어 '양면삼도'에 대해 이야기해 보겠다.

3

최고의 권력을 쥐고 무위하라

앞에서 말한 것처럼 유가사상은 '문사의 철학', 묵가사상은 '무사의 철학', 도가사상은 '은사의 철학', 법가사상은 '모사의 철학'이다. 여기서 알 수 있듯이 유가, 묵가, 도가, 법가는 각기 다른 점도 있고 같은 점도 있다. 서로 다른 점은 이들이 처한 입장이고, 같은 점은 모두 철학이라는 점이다. 이들의 주장과 학설이 철학인 이상 '술(術)'뿐만이 아니라 '도'라고도 할 수 있다. 사실 이 네 학파는 모두 '도'를 이야기했는데, 다만 그들의 도가 다를 뿐이다. 그런데 도가 다르면 서로 도모할 수 없다.

그럼, 이들이 주장한 도는 각기 무엇이었는가? 대체적으로 도가는 '천도(天道)', 묵가는 '제도(帝道)', 유가는 '왕도(王道)', 법가는 '패도(覇道)'를 이야기했다. 천도를 말하려면 상고 시대로 돌아가야 하고, 제도를 이야기하려면 요순시대로 돌아가야 하며, 왕도는 상주(商周) 시대로 돌아가야 한다. 이처럼 유, 묵, 도 삼가는 모두 옛날로 회귀하고 있지

344

만 법가는 이에 대해 단호히 반대했다. 그래서 법가는 '패도'를 강구했던 것이다. 상앙이 진나라 효공의 마음을 사로잡을 수 있었던 것은 바로 '패도' 때문이었다.

그럼, '패도'란 무엇인가? 표면적으로는 '오패(五霸)의 도', 즉 제나라 환공, 진나라 문공 등 다섯 패자의 치도를 뜻한다. 그들은 왜 '패주(霸主)'라 불리는가? '패주'란 제후 여러 나라 가운데 가장 막강한 나라를 일컫는 말이다. 서주에서 춘추 시대까지 중국에는 특수한 국가 연맹 제도가 시행되었다. 이들 국가 연맹을 '천하(天下: 주천하(周天下))'라고 불렀으며, 최고 지도자를 '천자(天子: 주천자(周天子))'라고 했다. 천자는 그 가운데 한 나라(周)의 국군이자 모든 국군의 지도자로서 '천하의 공통된 군주(天下共主)'다.

주 왕국 이외의 국가는 명목적으로 주나라 천자가 세운 것이다. 또한 주나라 천자 이외의 국군은 명목적으로 모두 주나라 천자가 지명해 파견한 것이다. 이를 '봉건(封建)'이라고 한다. '봉'이란 주나라 천자가 제후 각국에 영토를 나누어 정해 주는 것이고, '건'은 주나라 천자가 제후 각국의 국군을 지정하는 것이다. 그래서 봉건 초기에는 주나라와 천자의 지위가 가장 높았으며, 힘도 가장 막강했다.(제5장 4챕터 참고)

그러나 춘추 시대가 되면서 주 왕국은 점차 쇠락했다. 많은 제후국의 전체 국력이 이미 주 왕국을 앞질렀다. 이렇게 되면서 주나라 천자는 단지 '천하의 군주'라는 이름만 남았을 뿐 날로 막강해지는 제후들을 더 이상 지배할 수 없는 상황에 이르렀다. 그래서 혼란스러운 천하를 평정할 수 있는 또 다른 인물이 필요했다. 누가 천하를 평정할 것인가? 바로 패주다. 물론 패주가 천하를 평정할 때는 주나라 천자의 깃발을 내걸어야 했는데, 이를 '존왕(尊王)'이라고 했다. 그러므로 존왕의 배경에는 바로 '칭패(稱霸)'가 있었다. 다시 말해, 춘추 시대의 천하에는 두 개의 중심이 있었다는 뜻이다. 하나는 주나라 천자로, 그는 명목상의 '공주(共主)'다. 다른 하나는 제(齊) 환공(桓公), 진(晉) 문공(文公)과 같은 이들인데, 그들이 실질적인 '패주(霸主)'다. 공주는 지위가 가장 높기 때문에 '지존'이고, 패주는 실력이 막강하기 때문에 '지강'이다. 이처럼 하나의 천하에 두 개의 중심이 있으니 혼란스럽지 않을 수 있겠는가? 혼란이 일어나면 반드시 다스림이 있기 마련이다. 그렇다면 누가 다스릴 것인가? 공주는 더 이상 다스릴 수 있는 힘이 없으니 패주에게 의존할 수밖에 없다. 그래서 어떻게 해야 패주가 될 수 있는지가 중요한 문제로 떠올랐다. 이런 문제를 해결하는 방법을 '패도(霸道)'라고 한다.

그러나 이는 춘추 시대의 '패도'일뿐 전국 시대의 '패도'는 아니며, 또 상앙과 한비가 주장했던 '패도'와도 다르다. 왜냐하면 전국 시대의 주나라는 이미 초라하기 짝이 없는 소국으로 몰락했고,《과진론》에 따르면 효공 시절의 진나라는 "천하를 석권해 온 세상을 차지하고 사해를 한데 묶으려는 생각과 팔방의 넓은 땅을 병합하려는 마음"이 있었기 때문이다. 전국 시대 진나라의 국군은 이미 춘추 시대 제 환공의 패도 정도로는 만족하지 못했음을 알 수 있다.

이런 상황이었기에 완전히 새로운 의미의 '패도'가 필요했다. 그것은 더 이상 단순히 '제 환공이나 진 문공의 사업'이거나 '부국강병의 법'이 아니라 진시황이 후에 한 것처럼 새로운 국가제도를 건립하고 국가연맹 체제의 '천하'를 통일된 한 국가 체제의 '천하'로 바꾸는 것이었다. 이러한 '패도'는 상앙 시절에는 아직 분명하게 형성되지 않은 듯한데 한비 시대에는 이미 자각되기 시작했다. 한비가 죽고 진이 천하를 통일할 때까지 겨우 12년밖에 걸리지 않았으므로 한비의 사상은 실질적으로 새로운 사회제도와 국가제를 위한 이론적 토대가 되었다. 이는 일찍이 없었던 대사업으로 당연히 큰 용기와 지혜를 지닌 '열사'와 '선지자'가 필요했다. 상앙은 바로 이러한 열사이고 한비는 이러한 선지자였다. 그래서 그들의 '횡행패도(橫行霸道)'에는 분명한 이유가 있었다.

'패도'를 행하려면 '횡행', 즉 포악하게 행동해야 한다. 어떻게 '횡행'을 하는가? 우선 사상과 이론 방면에서 기존의 모든 관점과 학설을 뒤엎어야 한다. 그래서 법가학설의 집대성자인 한비는 유, 묵, 도 삼가의 사상에 대해 비판을 가한 것이다. 비판이라고 해서 전부 반대한 것은 아니고 계승한 것도 있었다. 그러나 계승을 하되 반드시 개조를 했고 전체적인 틀 안에서 완전히 뒤바꿨다. 이것을 다음과 같이 12글자로 개괄할 수 있다. 비선성(非先聖), 반전통(反傳統), 비공묵(批孔墨), 변노장(變老莊). 그 가운데 '비선성'과 '반전통'이 한비 사상의 전체를 관통하고 있다면, '비공묵'과 '변노장'은 그 구체적인 표현이다.

그럼 이제부터 한비가 어떻게 공자와 묵자를 비판하고, 노장의 사상을 자신의 주장으로 변화시켰는지를 구체적으로 살펴보자.

우선 '비공묵', 공자와 묵자에 대한 비판부터 이야기하겠다.

공자와 묵자에 대한 한비의 비판은 근본적인 문제를 포함하고 있다. 공자와 묵자의 근본적인 주장은 무엇인가? 당시 사회에 대한 처방이다. 그들이 제시한 처방은 양자 모두 '애(愛)', 즉 사랑이다. 다만 공자는 '인애', 묵자는 '겸애'를 주장했다. 이를 위해 유가와 묵가는 격렬한 논쟁을 벌였다. 그러나 한비는 이러한 양가의 논쟁은 전혀 쓸모가 없다고 보았다. 왜냐하면 인애든 겸애든 '애'란 것은 '독약'이거나 아니면 효력이 없는 것이기 때문이다. 《한비자》 〈오두〉 편을 보면 한비는 이렇게 말한다.

유가와 묵가는 모두 "선왕은 천하를 똑같이 사랑했다"고 말한다. 또한 그들은 백성을 마치 부모가 자녀를 대하듯 했고, 백성도 마치 자녀가 부모를 모시는 것처럼 그들을 대했다고 한다. 그런데 어떻게 되었는가? 백성은 여전히 죄를 저질렀고 군왕은 여전히 사람을 죽였다. 군왕은 왜 사람을 죽이는가? 사람들이 죄를 짓기 때문이다. 이는 참으로 이상한 일이다. 그들은 자애로운 부모 같은 군왕이 사랑하는 백성이 아닌가? 그런 이들이 왜 죄를 짓는 것인가? 이처럼 상대를 마치 자기 자식처럼 아무리 사랑한다고 해도 그들은 여전히 죄를 지을 것이다. 그러므로 사랑은 도움이 되지 않는다.

그대들 유가와 묵가가 떠받드는 이른바 '선왕'은 보기에 참으로 인자하다. 그는 사람들이 죄를 지으면 괴로워하고, 범죄자들을 사형에 처하면 눈물을 흘렸다. 당신들의 선왕은 이처럼 마음이 여리고 이처럼 백성을 사랑했으니 당연히 백성을 죽이지 말아야 한다. 그런데 어찌하여 한편으로는 눈물을 흘리면서 또 한편으로는 가차 없이 사람들을 죽이는가? 이는 그들이 마음속으로는 인애든 겸애든 모두 소용없고, 쓸모 있는 것은 그래도 칼이라고 생각했기 때문이 아니겠는가? 사실 무슨 자식이라는 말도 하지 말아야 한다. 친자식조차도 부모가 반드시 잘 지도할 수 있는 것은 아니다. 못된 자식은 부모가 아무리 꾸짖어도 고치지 않고, 고을 사람들이 호되게 나무라도 달라지는 점이 없으며, 선생이 아무리 가르쳐도 변화되지 않는다. 그런데 고을의 관리가 사람들을 데리고 가서 포승줄로 묶자 그제야 행동을 바꾸었다. 그렇다면 진정으로 효과적이고 유용한 것은 대체 사랑이겠는가 아니면 법이겠는가?

그러나 이 정도는 그래도 부드럽게 말한 편이다. 〈오두〉 편의 뒷부분에서는 '애'는 쓸모없을뿐더러 해로운 것이라고 역설한다. 누구에게 해로운가? 국가와 군주다. 한비는 이렇게 말했다.

초나라에 어떤 사람이 있었는데, 자신의 부친이 양을 훔치자 관가에 고발했다. 그러나 결과는 고발한 자식이 관리에 의해 오히려 죽임을 당했다. 죄목은 '불효'였다. 노나라에 어떤 이가 살았는데, 전쟁터에 세 번 나가 세 번 모두 패배했다. 공자가 그 까닭을 묻자 그가 말하길 집에 늙은 부친이 계신데 봉양할 사람이 없기 때문에 차마 죽음을 무릅쓰고 싸울 수 없다고 했다. 그러자 공자는 그를 관리로 추천했는데, 이유가 '인효(仁孝)'였다.

초나라 사람은 국가에 충성했지만 부모에게 불효했고, 노나라 사람은 부모에게 효도했지만 국가를 배반했다. 이로 미루어 보면, 국군에게 충신은 부친에게 불효자이고, 부친에게 효자는 군국에겐 배신자다. 그렇다면 나라와 집안 가운데 어느 것이 더 중요한가? 나라다. 군주와 부친 가운데 누가 더 중요한가? 군주다. 인의효제(仁義孝悌)가 집안에만 이롭고 나라에는 해로우며, 부친에게만 이롭고 군주에게는 해로운데도 필요한가? 아니다. 필요하지 않다.

이는 정말로 유가의 근거지를 습격한 것이나 마찬가지다. 유가의 주장, 특히 공자의 주장은 효로 인을 실천하고, 인으로 덕을 세우며, 덕으로 나라를 다스리고, 가(家)로 천하를 다스린다는 것이다. 그러나 한비는 지금 효든 인이든 모두 국가에 해로울 뿐이라고 말하고 있지 않은가. 그렇다면 유가와 법가 가운데 대체 누가 옳고 누가 그른가?

양가의 주장은 각기 나름의 일리가 있다. 우선 공자부터 살펴보도록 하자. 공자는 왜 '인효'를 주장했을까? 그것이 인간의 천성이기 때문이다. 사람은 누구나 자신과 가장 가까운 사람들을 더 사랑하기 마련이다. 부모를 사랑하는 것을 '효'라고 하고, 형제를 사랑하는 것을 '제(悌)'라고 한다. 이러한 사랑의 마음이 있는 것이 바로 '인(仁)'이다. 인이 있으면 도덕이 있게 되고, 도덕이 있으면 국가가 안정되고 천하가 태평해진다. 왜 그런가? 공자의 이념에 따르면, 천하는 '가정과 나라가 하나(家國一體)'가 되어야 하기 때문이다. 천자는 천하 모든 사람의 군주이자 천하 모든 사람의 아버지다. 국군도 마찬가지다. 그는 국민의 군주이자 국민의 아버지다. 군주가 곧 아버지이고, 아버지가 곧 군주이므로 '군부(君父)'라 한다. 신하는 자식이고, 자식은 신하이니 '신자(臣子)'라 한다. 다른 사람들도 형제자매나 친척, 친구가 아닌 사람이 없다. 결론적으로 군신, 부자, 형제, 친구는 근본적으로 따져 보면 모두 한집안이다. 그래서 집에서는 부모에게 효도하고, 조정에 나가서는 군주에게 충성해야 한다. 또 집에서는 형제와 사이좋게 지내고, 조정에 나가서는 동료와 화합해야 한다. 가정과 국가, 부모와 군주, 효와 충이 모순되는가? 아니다. 결코 모순적이지 않다.

그럼, 한비는 왜 모순된다고 생각했을까? 사회적 상황이 바뀌었기 때문이다. 공자의 시대에는 예악이 붕괴된 상태였지만, 한비의 시대에는 붕괴를 넘어서 천하가 혼란의 도가니 속에 있었다. 가정과 국가는 더 이상 하나가 아니었고, 공과 사는 분명해졌다. 가정과 국가, 군주와 신하, 부모와 자식, 사람과 사람 간에는 서로 자신의 이익을 추구하고 타산을 따졌다. 누

구든 힘이 센 사람이 곧 승자가 되었으므로 더 이상 인의도덕은 통하지 않았다. 이전에는 천하 모든 사람의 '부친'인 주나라의 천자는 이제는 손자만도 못한 존재가 되었고, 예전의 손자가 지금은 주인 노릇을 하는 상황으로 시대가 변했다. 이런 변화에 대해 한비는 이렇게 말했다. "상고 시대에는 도덕으로 겨루었고, 중세에는 지략으로 각축했으며, 지금은 힘으로 다툰다." 이처럼 "옛날과 오늘의 풍속이 다르고 새것과 묵은 것에 대한 대책도 달라야 하는" 상황 속에서 만약 "너그러운 정치로써 급박한 세상의 백성을 다스리겠다"고 생각하고 무슨 인애나 겸애로 천하를 평정하려고 한다면 이는 고삐와 채찍이 없이 사나운 말을 모는 것과 같으니 어찌 성공할 수 있겠는가.

그러므로 "천하를 똑같이 사랑하라"고 선동하거나 "덕으로 나라를 다스려야 한다"고 주장해서는 안 되고, "현인 정치"를 바라서도 안 된다. 이런 행위는 결코 믿을 수 있는 것이 아니다. 한비는 계속해서 말한다. 한 나라에 진정으로 도덕적이고 지혜로운 사람이 몇 명이나 되는가? 열 명도 채 되지 않는다. 나라를 다스리는 데 필요한 관리는 몇 명인가? 적어도 수백 명이다. 만약 모든 관리가 반드시 '곧고 참된 선비'여야 한다면 그 자리를 다 채울 수 없고, 이렇게 되면 어떻게 나라를 다스릴 수 있겠는가?

또 《한비자》 〈충효〉 편을 보면 한비는 이렇게 말한다. 현인이라고 모두 믿을 수 있는가? 그렇지 않다. 한번 생각해 보라. 자식이 아비의 집을 빼앗고 신하가 그 군주의 나라를 빼앗은 경우가 얼마인가? 역사에 기록된 것만도 결코 적지 않다. 강(姜)씨의 제나라는 전(田)씨에게 빼앗겼고, 자(子)씨의 송나라는 대(戴)씨에게 찬탈되었다. 이처럼 나라의 대권을 빼앗은 인물들이 설마 어리석고 못난 사람들이었는가? 그렇지 않다.

그래서 한비는 "현자를 숭상하면 나라가 어지러워지고(上(尙)賢則亂)", "지혜로운 자에게 맡기면 나라가 위태롭게 된다(任智則危)"고 지적했다.

도덕도 믿을 수 없지만 도덕적으로 모범이 되는 인물들도 믿을 수 없기는 마찬가지다. 또한 현인도 믿을 수 없지만 현인으로서 귀감이 되는 인물들 또한 믿을 수 없다. 예를 들어 요, 순, 탕, 무(주나라 무왕)는 모두 역대로 도덕의 귀감이자 현인의 본보기로 여겨졌다. 유가는 물론이고 묵가도 그들을 숭상했다. 그러나 한비는 요는 바보이고 순은 위군자며, 상나라 탕왕과 주나라 무왕은 난신(亂臣)이라고 보았다. 요는 왜 바보인가? 순이 자신의 신하임에도 요임금은 오히려 그를 임금으로 삼았기 때문이다. 순은 왜 위군자인가? 요가 자신의 임금이었는데 순은 오히려 그를 신하로 거느렸기 때문이다. 탕왕과 무왕은 왜 난신인가? 상탕은 신하의 몸으로 하나라 걸왕을 살해했고, 주무는 신하의 몸으로 은나라 주왕을 살해했기 때문이다. 또한 요가 순을 다스릴 수 없었음에도 스스로 현명한 군주라고 생각했으니, 이 어찌 바보가 아니겠는가? 순은 요를 추대하지 못했음에도 오히려 스스로 어진 신하라고 생각했으니, 이 어찌 위군자가 아니겠는가? 상탕과 주무는 군주를 살해하고도 오히려 스스로 의롭다고 여겼으니, 이 어찌 난신이 아니겠는가? 그래서 이 네 명은 후대 혼란의 주요 근원이자 군주를 시해하는 것과 부친에게 불효하는 선례를 남긴 자들이다. 그러므로 그들이 남긴 것은 무슨 '영예로운 전통'일 리가 없고 단지 '천하를 혼란스럽게 만드는 술수'일 뿐이다.

이는 영락없이 '비선성(非先聖: 선대의 성인에 대한 비난)'이자 '반전통'이다. 그러나 종래에 '위대한 선구자'이자 '천고의 성왕'으로 추앙받던 요, 순, 탕, 무를 타도하자고 하면 곧 타도 대상이 될 수 있겠는가? 더욱이 요순의 선양이나 탕무의 혁명은 결코 같은 것이 아닌데 어찌 싸잡아서 부정할 수 있겠는가? 선양도 나쁘고 혁명도 옳지 않다면 어떻게 하라는 말인가? 어떻게든 하지 말아야 한다. 임금은 영원히 임금이고, 신하는 영원히 신하이므로 모든 이가 각기 자신의 자리에서 움직이지 않는 것이 가장 좋다.

한비는 이른바 '태평성대'란 영원히 군주의 절대 통치를 유지하고 보호해 교묘하게 빼앗거나(궁정 정변), 강제로 탈취하는 일(쿠데타)이 없도록 하는 것이라고 보았다. 그래서 그는 요순의 선양을 칭송할 수 없었을 뿐만 아니라 탕무의 혁명은 더더욱 선양할 수 없었던 것이다. 한비는 가장 정확한 방법은 다음과 같다고 생각했다. '신하는 법 수호에 힘쓰고 한마음으로 군주를 섬기며(臣下盡力守法, 專心事主), 군주는 순리에 맡기고 아무 일도 하지 않으면서 천하를 잘 다스린다(君主淸靜無爲, 垂拱而治).'

여기에서 누군가 이렇게 질문할지도 모르겠다. '청정무위(淸靜無爲)'

와 '수공이치(垂拱而治)'는 도가의 주장인데, 한비가 도가의 주장에 찬성했다는 말인가? 만약 그렇다면 그가 왜 도가에 찬성했는가?

맞는 말이다. 표면적으로는 '청정무위'와 '수공이치'가 도가의 주장인 것은 틀림이 없다. 심지어 유가조차도 '청정무위'는 아니지만 '수공이치'는 찬성했다. 이는 무엇을 설명해 주는가? 한비가 유가, 묵가, 도가에 대해 단지 비판만 한 것이 아니라 삼가의 사상을 계승한 부분도 있음을 의미한다. 단지 계승하면서 동시에 개조했을 뿐이다. 이것이 바로 앞에서 이야기했던 '변노장(變老莊)'이다. 그러므로 우리는 다음 세 가지 문제를 분명하게 밝혀야 할 것이다. 첫째, 한비는 '무위이치(無爲而治)'를 주장했는가? 둘째, 만약 그렇다면 왜 이를 주장했는가? 셋째, 한비의 주장과 도가의 주장은 무엇이 같고 무엇이 다른가?

우선 인정해야 할 것은 한비의 사상이 도가, 특히 노자의 사상과 분명 긴밀한 관계를 맺고 있으며 나아가 명확한 전승관계를 갖고 있다는 점이다. 이에 대해서는 이미 여러 사람이 밝힌 바 있다. 예를 들어 사마천은 한비와 노자를 동일한 열전에 넣고 한비의 사상은 "그 근본이 황로 사상에 있다"라고 했다. 리쩌허우도 《중국고대사상사론》에서 《손자병법》,《노자》,《한비자》를 한 편으로 묶었으며, 또 "한비가 《노자》를 계승한 것은 의당한 일로 보인다"라고 말했다. 실제로 한비는 사상 방면에서 뿐만 아니라 글을 쓰는 풍격에서도 노자의 영향을 받았다.

예를 들면 앞에서 인용했던 구절을 보아도 그러하다. "신하를 지나치게 친애하면 반드시 군주 자신이 위태롭게 되고, 신하가 지나치게 지위가 높아지면 반드시 군주의 자리를 빼앗아 바꾸게 된다. 처첩 간에 등급이 없으면 반드시 적자가 위태롭게 되고, 군주의 형제가 복종하지 않으면 반드시 사직을 위태롭게 한다(愛臣太親, 必危其身. 人臣太貴, 必易主位. 主妾無等, 必危嫡子. 兄弟不服, 必危社稷)."이는 《노자》의 어투와 비슷하다. 〈주도(主道)〉 편의 다음 구절은 거의 흡사하다. "군주가 좋아하고 싫어하는 감정을 내비치지 않으면 신하

는 본심을 그대로 드러낼 것이고, 군주가 옛것을 버리고 지혜를 버리면 신하는 군주의 저의를 몰라 스스로 대비하게 된다(去好去惡, 臣乃見素. 去舊去智, 臣乃自備)." 이렇듯 노자와 한비의 관계는 밀접한 관련이 있다.

다음으로 한비가 '무위이치'를 주장했다는 것도 틀림없는 사실이다. 《한비자》〈대체(大體)〉 편을 보면 한비는 다음과 같이 말했다. 군왕의 통치는 "해와 달이 비추고, 사시가 운행하며, 구름이 퍼지고 바람이 일어나는" 것처럼 순리를 따라야지 "지혜로 마음을 어지럽히거나 사리사욕을 도모해 몸을 괴롭히면 안 된다." 〈양권(揚權)〉 편을 보면 한비는 《노자》식의 '철학적 의미가 담긴 시'의 언어로 말한다. "나랏일은 여러 신하가 분담하고 그 중추는 중앙의 군주가 장악한다. 현명한 군주가 그 중추를 장악하고 있으면 사방에서 신하들이 찾아와 보고한다. 군주가 마음을 비우고 기다리면 신하들 스스로 능력을 발휘한다. 군주가 하지 않을수록 신하와 백성은 적극적으로 하게 될 것이다. 좌우가 확립되면 군주는 앉아서 그 성과를 누리면 된다."

한마디로 군주가 수고롭게 다스릴 필요가 없이 그냥 놔두면 된다는 것이다. 이렇듯 한비가 '무위이치'를 주장했음은 분명하다. 문제는 왜

주장했는가이다.

여기에도 여러 가지 원인이 있다. 우선 한비는 군주는 '무위'해야만 존귀하게 된다고 보았다. 〈양권〉 편을 보면 한비는 다음과 같은 이치를 분명하게 말한다. 가장 고급스럽고 귀하

고 중요한 물건은 다른 것들과 다르기 때문에 같이 섞일 수 없다. '도'는 만물과 다르기 때문에 만물을 낳을 수 있고, '덕'은 음양과 다르기 때문에 '음양'을 이룰 수 있다. '형(衡, 저울)'은 경중과 다르기 때문에 가볍고 무거움을 알 수 있다. '승(繩, 자)'은 장단과 다르기 때문에 길고 짧은 것을 바르게 할 수 있다. '화(和)'는 건습과 다르기 때문에 건조하고 습한 것을 고르게 할 수 있다. 마찬가지로 군주는 신하들과 다르기 때문에 많은 신하를 다스릴 수 있다. 이를 통해 홀로 높고 귀한 사람은 무위하며, 무위하는 사람은 높고 귀하다는 것을 알 수 있다. 군주는 지존한 존재이니 여러 신하처럼 분주해서는 안 되고 저울이나 자처럼 모든 것을 판정하는 심판이니 운동선수처럼 직접 경기에 참가해서는 안 된다.

두 번째로 한비는 군주는 '무위'한 것이 현명한 처사라고 보았다. 어떤 일이든 하는 사람이 있고, 하지 않는 사람이 있게 마련이다. 당신이 한다면 다른 사람은 하지 않을 것이고, 당신 한 사람이 한다면 다른 모든 사람은 하지 않을 것이다. 나라에는 해야 할 일이 셀 수 없이 많은데 군주 한 사람이 다 할 수는 없다. 다 할 수 없는 이상 아예 아무 일도 하지 않는 것이 낫다. 군주가 하지 않으면 신하들이 하게 된다. 그래서 군주가 한가로우면 신하는 곧 바쁘게 된다. 한비는 이를 이렇게

말한다. "신하를 능력에 따라 임명하면 스스로 일을 처리하고, 직책에 따라 일을 부여하면 그 스스로 성과를 올릴 것이다." 그렇다면 군주 한 사람이 바쁜 것이 나은가, 아니면 신하들이 바쁜 것이 나은가? 말할 필요도 없을 것이다.

세 번째로 한비는 군주는 '무위'해야만 안전하다고 보았다. 왜 그런가? 군주가 일단 일을 하기 시작하면 신하들은 이것저것 따져 보기 시작할 것이다. 하는 일이 많아지면 많아질수록 신하들이 생각해 보는 것도 점점 많아진다. 이렇게 되면 결국 군주의 마지막 패까지 모든 것이 훤히 드러나고 신비감은 완전히 사라져 버리고 만다. 신비감이 사라진 군주가 어떻게 신하들을 다스릴 수 있겠는가? 반대로 군주가 한마디 말도 하지 않고 표정도 드러내지 않으며 가부조차 표시하지 않아 그 심중을 전혀 헤아릴 수 없으면 신하들은 성실하게 자신이 맡은 일을 할 수밖에 없다. 또한 교활한 짓이나 농간을 부리지 못하고 감히 정권을 넘볼 생각을 하지 못한다. 그래서 한비는 "군주는 권력을 드러내지 않아야 하며, 조용히 아무 일도 하지 말아야 한다"고 했다.

사실 한비는 군주는 '무위'해야 할 뿐만 아니라 또한 '무능'한 것이 가장 좋다고 보았다. 다시 말해, 군주는 구체적인 업무를 관리하거나 조작하는 능력이 필요 없다는 것이다. 만약 그런 능력이 있다면 결코 좋은 일이 아니다. 게다가 능력이 있는 데다 그것을 과시하고 드러내기를 좋아한다면 더욱 큰일이다. 왜냐하면 "윗사람이 그 장점을 발휘하면 일은 형통하지 않고, 자신의 능력을 자랑하면 아랫사람이 속이려고 들기” 때문이다. 군주가 잘하는 것이 있으면 신하들은 각기 자신과 비교할 것이다. 그렇게 많은 이가 비교하면 어찌 군주를 우습게 여기지 않겠는가?

이는 유가의 관점과 다르다. 유가도 아무 일도 하지 않으면서 천하를 잘 다스리는 수공이치를 중시했다. 그러나 그들은 집정자는 반드시 도덕적으로 모범이 되어 고결한 인격과 품격으로 백성을 감화해야 북극성처럼 “제자리에 있어도 뭇 별들이 둘러싸고 돌게 된다”는 관점을 갖고 있었다. 그러나 한비는 이러한 본보기는 필요하지 않다고 생각했다. 천하를 다스리는 데 필요한 것은 도덕이 아니라 권력이기 때문이다. 그는 최고의 권력을 갖고 있으면 자연히 천상의 별들은 북두칠성을 찾아와 알현하게 되어 있다고 여겼다.

마찬가지로 한비의 주장은 노장의 것과 본질적인 차이가 있다. 노자의 ‘무위’는 약자의 지혜이지만, 한비의 ‘무위’는 강자의 권모(權謀)다. 장자가 ‘무위’를 이야기한 것은 개인의 자유를 위한 것이지만, 한비가 ‘무위’를 말한 것은 군주의 통치를 위한 것이다. 한비는 분명하게 말하고 있다. “현명한 군주가 위에서 무위하면 신하들은 아래에서 두려워한다.” 즉, 군주가 ‘무위’하는 것은 신하들로 하여금 자신의 저의를 파악하지 못하게 함으로써 두려워하고 복종하게 하기 위한 것일 뿐이다. 이것이 바로 강자의 권모이자 ‘횡행패도(橫行覇道)’가 아니겠는가?

그렇다면 군주가 아무 일도 하지 않고 나라를 다스릴 수 있을까? 가능하다. “나랏일은 여러 신하가 분담하고 그 중추는 중앙의 군주가 장악해”, 최고의 통치권과 결정권은 군주의 손에 있기 때문이다. 권력을 장악하고 있으면, 사방에서 신하들이 찾아와 보고한다. 만약 무언가를 좀 해야 한다면 "닭에게 새벽을 알리게 하고 고양이에게 쥐를 잡게 하듯이" 관리들이 "모두 자신의 능력을 다하도록" 하면 된다. 그리고 남은 일은 모두 맡기면 된다. 누구에게 맡기는가? '법'에 맡긴다.《한비자》〈대체〉편을 보면 한비는 이에 대해 다음과 같이 말했다. "법술

로 천하의 혼란을 다스리고, 상벌에 의해서 옳은 일을 권장하고 나쁜 일을 벌하며, 권형으로 사물의 경중을 분명히 한다(寄治亂於法術, 托是非於賞罰, 屬輕重於權衡)." 그래서 최고 통치자는 수중의 '칼'을 단단히 잡고 있기만 하면 된다. 그 '칼'은 법가가 그들에게 헌상한 것으로 유가나 묵가의 '약(藥)'보다 훨씬 효과적이다.

이제 문제는 법가가 헌상한 것이 대체 무슨 '칼'인가라는 점이다.

두 개의 칼자루와 세 개의 칼날

법가의 칼은 '양면삼도(兩面三刀)'다. 무엇이 '양면'이고 무엇이 '삼도'인가?

이에 대해 명확히 설명하려면 먼저 무엇이 법가인지를 살펴보고 법가의 생성 과정을 알아볼 필요가 있다.

일반적으로 법가는 '법치'를 주장하고 "법에 따라 나라를 다스릴 것"을 주장한 학파라고 생각하는데 이는 너무 단순하게 생각한 것이다. 법가는 비교적 늦게 완성되었지만 기원은 상당히 오래되었다. 그 기원은 춘추 시대 관중(管仲)까지 거슬러 올라간다. 관중은 제나라 환공(桓公)이 패업을 이루도록 보좌한 인물이다. 환공은 어떻게 패업을 이룰 수 있었는가? 패도를 행사하고 부국강병책을 시행했기 때문이다. 그럼 무엇에 의거해 패도를 행하고 부국강병책을 시행했는가? 군사의 관리와 통제다. 그 구체적인 방법은 호구 조사를 실시하고, 편제를 확립하는 것이었다.

《국어(國語)》〈제어(齊語)〉 편에 따르면, 관중이 환공에게 이야기한 패술(霸術)은 주로 다음 두 가지였다. 첫 번째는 사농공상(士農工商)을 정확하게 구분하는 일이었다. '선비(士民)는 깨끗한 곳에 거주하게 하고, 농민은 전야에 살게 하며, 공민은 정부나 관청의 공방(工房)에 살게 하고, 상인은 시장에 살게 한다.' 사농공상은 뒤섞여 살 수 없으며, 서로의 주거지를 제멋대로 돌아다닐 수 없으며, 마음대로 직업을 바꿀 수 없게 한다. 아울러 선비의 자식은 항상 선비가 되고, 농민의 자식은 항상 농민이 되며, 공민의 자식은 항상 수공업자가 되고, 상인의 자식은 항상 상인이 될 수 있도록 보장해야 한다. 또한 농공상민 중에서 뛰어난 자는 선비가 될 수 있다. 이렇게 자신의 직업에 충실하게 한 뒤 "내정을 군령에 의거"한다. 다시 말해 정치상의 법도와 규칙을 군령에 끼워 넣어 군대 편제에 따라 관리한다는 의미다. 그 구체적인 방법은 이렇다.

마을에서 다섯 집을 1궤(軌)로 삼아 궤마다 궤장(軌長)을 두며, 10궤를 1리(里)로 삼아 이마다 유사(有司)를 둔다. 4리를 1련(連)으로 삼아 연마다 연장(連長)을 두고, 10련을 1향(鄕)으로 삼아 향마다 양인(良人)을 둔다. 그리고 모든 집마다 한 사람씩 병역을 맡도록 한다. 이렇게 해서 궤장은 5명의 병사를 통솔하고, 유사는 50명, 연장은 200명, 양인은 2,000명을 통솔하게 한다. 1향이 2,000명이므로 5개의 향은 1만 명이 된다. 이를 군(軍)이라 한다. 전국에는 15개의 사인 향(鄕)이 있으니, 전체 3군이 되는 셈이다. 국군은 3군 가운데 중군(中軍)을 통솔하고, 대부는 좌군과 우군을 통솔해 봄에는 병사들을 단련시키고 가을에는 군사 기술을 익히게 한다. 이렇게 하면 천하에 적수가 없어 패자가 될 수 있다.

　이것이 관중의 '치국방책'이다. 분명 '법치'라기보다는 '패술'에 가깝고, "법에 따라 나라를 다스린다"고 하기보다는 "군주의 중앙 집권"이다. 그 목적은 전국을 국군의 절대적인 통제하에 두어 시비를 하나로 일치시키고 명령과 금지를 엄격하게 집행하기 위해서다. 결국 이는 전국을 하나의 군영으로 만들고, 농민을 병사로 활용하는 경전(耕戰)조직을 만들겠다는 것이다. 상앙의 개혁이 바로 이런 것이었으며, 한비의 주장도 대체로 이러했다.

　군주 중앙 집권(君主集權), 즉 군주에게 권력을 집중하는 것이 법가의 핵심사상이다. 다만 그 실현 방법에 대해 법가 내부에 서로 다른 견해가 존재했다. 관중 이후에 법가에 세 개의 유파가 생겨나 각기 다른 주장을 펼쳤다.

　우선 신도(愼到, 대략 기원전 395~기원전 315년)를 대표로 하는 유파는 권력과 위세에 의존해야 한다고 주장했다. 그들의 주장에 따르면, 통치자가 권세를 갖고 있으면 백성이 그를 두려워한다. 설사 군주가 멍청해도 총명한 사람을 임명해 관리하면 된다. 이들은 '권세에 의한 통치'를 주장했기 때문에 이들을 '세파(勢派)'라고 부른다.

　또 한 유파는 신불해(申不害, 대략 기원전 385~기원전 337년)를 대표로 하는데, 정치적 모략에 의존해야 한다고 주장했다. 군주가 모략을 지니고 있으면 신하들이 고분고분해져서 감히 일을 꾸미거나 잔꾀를 부리지 않는다. 이들은 '술수에 의한 통치'를 주장했기 때문에 '술파(術派)'라고 불린다.

　또 다른 한 유파는 상앙을 대표로 하는데, 규정에 의거해야 한다고 주장했다. 그들은 국가에 제도가 있으면 백성이 규범화되고, 일을 하는 데 규정이 있으면 질서가 잡힌다고 보았다. 이처럼 이들은 '법도에 의한 통치'를 주장했기 때문에 '법파(法派)'라고 불린다.

이들이 바로 전국 시대 법가의 삼대 유파로, 한비는 이것의 '집대성자'다. '세', '술', '법', 이 세 가지 가운데 가장 중요한 것은 무엇인가? 한비는 모두 중요하다고 여겼다. 그렇다면 이 세 가지를 어떻게 통일할 것인가? 한비는 법으로 통일해야 한다고 보았다. 그래서 그들을 법가라고 부르는 것이다.

현재 우리가 알고 있는 이른바 '법가'는 세, 술, 법으로 나라를 다스려야 한다고 주장한 학파다. '세'는 권력과 지위를 통해 형성된 통치역량인 권세를 말하고, '술'은 백성을 통치하고 아래 관리들을 통제하는 정치 수단인 권술을 말한다. 그리고 '법'은 규정을 말하는데, 실제로는 국가기관의 통치적 기능인 권능을 뜻한다. 권세, 권술, 권능, 이 세 가지의 핵심은 권이고, 관건 역시 권(權)이다. 그래서 "덕으로 나라를 다스려야 한다"고 주장한 유가를 '덕가'라고 불러야 하는 것처럼 "권세로 나라를 다스려야 한다"고 주장한 법가는 사실 '권가'라고 불러야 마땅하다. 물론 지금 와서 새롭게 명칭을 바꿀 필요는 없다. 그러나 주의해야 할 것은 법가가 진정으로 중시한 것은 사실 '법'이 아니라 '권'이라는 점이다. 법가의 법은 군주의 '권'을 위해 복무하는 것이다. 다시 말해, 군주로 하여금 지고지상하고 제한이 없는 절대권력을 갖도록 보장해야 하는 것이다.

그렇다면 무엇으로 군주의 권력을 보장하는가? 양면삼도(兩面三刀)다. 우선 '양면'은 한비가 말한 '두 개의 칼자루(二柄)'를 말한다. 한비는 이렇게 말했다. "현명한 군주가 신하를 이끌고 통제하는 데 쓰는 것은 두 가지 수단(두 개의 칼자루)뿐이다. 두 개의 수단이란 '형(刑)'과 '덕(德)'이다. 무엇이 형이고, 무엇이 덕인가? 죄인을 처벌하는 것을 형이라고 하고, 상을 주는 것을 덕이라고 한다." 여기서 말하는 상과 벌은 모두 행정 수단이자 사법 수단으로 도덕과 무관하다. 이러한 수단은 요즘 말로 한다면 '채찍'과 '당근'에 해당한다. 다시 말해, 협박하기도 하고 이익을 내세워 회유하기도 하면서 강경책과 유화책을 함께 쓴다는 뜻이다. 그래서 나는 '양면(兩面)'이라고 표현했다.

이런 '양면' 이외에 '삼도'가 있다. 삼도는 세, 술, 법을 말한다. 앞에서 말했듯이, '세'는 권력과 위세인 권세를 말한다. 《한비자》〈난세(難勢)〉편에서는 신도의 말을 인용해 다음과 같이 말한다. 하늘을 나는 용과 승천하는 뱀은 왜 높은 곳에 자리하는가? 그들이 구름과 안개를 타고 날아오르기 때문이다. 만약 구름과 안개가 걷혀 땅 아래로 떨어진다면 용이나 뱀은 지렁이나 개미와 다를 바가 없다. 그들이 타고 다니던 것이 없어졌기 때문이다. 마찬가지로 군주가 사람들에게 명령하고 금지하면 모든 이가 따르는 이유는 무엇인가? 그들이 권세를 갖고 있기 때문이지 덕이나 재주는 전혀 상관이 없다. 그러므로 "권세와 지위는 믿을 만한 것이며, 덕이나 지혜라는 것은 그다지 부러워할 것이 못 된다."

신도의 이런 주장에 대해 어떤 사람이 이렇게 반박했다. 권세가 그처럼 중요하단 말인가? 덕과 재능이 그처럼 소용없단 말인가? 하늘을 나는 용과 승천하는 뱀이 구름과 안개 위에 올라 그것을 타고 하늘을 날 수 있는 까닭이 무엇인가? 지렁이와 개미는 왜 그럴 수 없는가? 전자는 재주가 뛰어나고, 후자는 재주가 부족하기 때문이 아니겠는가? 옛날 걸(桀)과 주(紂)가 지녔던 권세나 요(堯)나 순(舜)이 지녔던 권세는 전혀 다를 것이 없다. 그렇지만 걸, 주는 천하를 크게 어지럽혔고, 요, 순은 천하태평을 실현했다. 그러므로 권세라는 것이 물론 중요하기는 하지만 더욱 중요한 것은 누가 그 권세를 사용하느냐를 살펴봐야 한다는 것을 알 수 있다. "현명한 이가 그것을 사용하면 천하가 태평하고, 어리석은 이가 그것을 사용하면 천하가 혼란스러워진다." 그러니 어찌 그것을 동일시할 수 있겠는가? 권세만 있다면 충분히 천하를 다스릴 수 있다고 한 것으로 보아 그의 지혜가 얄팍하다는 것을 알 수 있다.

이 말은 일리가 있는 것처럼 보이지만 사실 논의의 여지가 있다. 물론 지렁이나 개미가 구름 위로 오르거나 안개를 몰고 다닐 수는 없다. 그러나 그것이 곧 덕이나 재주가 없는 사람은 군주가 될 수 없다는 것을 의미하지는 않는다. 생각해 봐야 할 것은 당시 군주의 자리는 세습되었다는 사실이다. 군주 자리를 물려받은 사람 가운데 어찌 지렁이나 개미 같은 인물이 없었겠는가? 또한 덕과 재주를 겸비하고 현명한 사람만 있었겠는가?

이러한 점에 대해 한비는 정확하게 간파했다. 그는 다음과 같이 말했다. 요순이든 걸주든 모두 백 년에 한 번 나올까 말까 한 인물들이므로 그들을 표준으로 삼을 수 없다. 우리 법가의 제도는 "중간 정도의 군주"에 맞춰 마련한 것이다. 절대다수의 세습군주는 대부분 이런 사람들이다. 그들은 요순처럼 뛰어난 성인들도 아니고 또한 걸주처럼 부도덕한 군주들도 아닌 보통 수준의 사람들이다. 그런 사람이 나라를 잘 다스리고 천하를 태평하게 하려면 과연 무엇에 의지해야 하는가?

덕이나 재주인가? 그들은 덕이나 재주가 그렇게 많지 않으며, 심지어는 부족한 사람도 있다. 그렇다면 어떻게 해야 하는가? 이는 분명하다. 권세에 의지하는 수밖에 없다.

법가의 이런 관점은 상당히 핵심을 찌르고 있다. 그들이 문제를 바라보는 시각 역시 유가나 묵가보다 날카롭다. 그 이유는 그들이 훨씬 현실적이기 때문이다. 그들은 유가나 묵가가 부르짖는 '현인 정치'는 근본적으로 믿을 수 없다고 분명하게 밝혔다. 세습군주가 중간 정도의 수준을 유지해 갈 수 있다면 그래도 괜찮다. 실제 상황은 대가 이어질수록 더욱 형편없어질 수 있다. 물론 지도자는 덕과 재주를 겸비해야 한다고 주장한 유가와 묵가의 바람이 틀렸다고 할 수 없다. 그런데 문제는 이러한 이상이 사실상 민주주의 시대에도 쉽지 않은데 하물며 군주 시대에 가능한 것인가라는 점이다. 예를 들어 시민이 뽑은 대통령 중에도 덕이나 재능이 부족한 사람이 얼마나 많은가? 그래서 나라를 다스리는 데 지도자의 자질에만 의존할 수는 없는 일이며, 또한 국가를 유지하는 데 필요한 제도도 이러한 이상에 따라 설계할 수는 없다.

한번 생각해 보라. 만약 우리가 어질고 현명하다고 확신해서 지도자를 뽑았는데, 막상 지도자의 자리에 오른 후 뜻밖에도 멍청하고 변변치 못하다면 어떻게 할 것인가? 아마도 대부분의 경우는 그 스스로는 자신이 훌륭하다고 생각할 것이고, 아첨꾼들은 말끝마다 "대통령께서는 뛰어나십니다"라고 아부할 것이다. 이런 점을 생각하면 법가가 보통사람을 기준으로 해서 제도를 만든 것이 얼마나 과학적이고 합리적인지를 알 수 있다.

더욱이 법가는 권세가 있으면 천하가 반드시 잘 다스려질 것이라고 말한 적이 없고, 단지 권세가 효과적이고 유용하다고 분명하게 언급했다. 걸주가 자신들의 권세로 천하를 혼란에 빠뜨린 것이 바로 권세의 유용성을 증명하는 것 아니겠는가? 이렇듯 유용성은 결코 간과해서는 안 되는 요소다. 물론 효과적이고 유용하다는 것이 곧 좋은 것이

• 한비 가라사대 •
법을 지키고 세위에 있으면 다스려지고, 법을 어기고 세위를 버리면 어지러워진다.

라는 말은 아니다. 이는 또 다른 문제이기 때문이다. 실제로 천하를 잘 다스리려면 단지 '세'만으로는 안 되고 '법'이 있어야 한다. 그래서 한비는 "법을 지키고 세위에 있으면 다스려지고, 법을 어기고 세위를 버리면 어지러워진다(抱法處勢則治, 背法去勢則亂)"라고 했다. 이렇듯 세와 법, 두 가지 가운데 어느 하나라도 없어서는 안 된다. 이 점에 대해서는 다시 언급하기로 하고, 지금은 '술'에 대해 이야기하겠다.

앞에서 말했듯이, '술'은 정치적 모략, 즉 권술을 의미한다. 《한비자》에는 이와 관련된 내용이 특히 많은데, 모두 구체적인 예를 들어 설명하고 있다. 그러나 유념해야 할 점은 여기서 말하는 '권모'에 어떤 나쁜 의도는 없다는 점이다. 한비가 말하고 있는 모략은 자신을 방어하는 것도 있다. 예를 들어 《한비자》 〈내저설하〉 편에 나오는 진(晉) 문공 시절의 이야기가 그렇다. 한번은 요리사가 문공에게 고기를 구워 바쳤는데, 머리카락이 감겨 있었다. 문공이 크게 노하여 즉시 요리사를 불러 꾸짖었다. "너는 과인이 목이 메여 죽게 하고 싶으냐?" 요리사가 머리를 조아리고 두 번 절하고 빌며 말했다. "소인이 세 가지 죽을 죄를 지었습니다. 숫돌에 칼을 갈아 날카롭기가 보검 같았는데 고기는 잘라졌지만 머리카락은 자르지 못한 것이 첫 번째 죄이고, 나뭇가지로

고기를 꿸 때 머리카락을 보지 못한 것이 두 번째 죄이며, 새빨갛게 단 화로에 고기를 올려 놓았는데 고기는 구워지고 머리카락을 태우지 못한 것이 세 번째 죄입니다. 아마도 당(堂) 아래 시중을 드는 이들 가운데 소인을 미워하는 자가 있을 것입니다." 이에 문공이 그렇다고 생각하고 당 아래 있는 사람들을 불러 문책하니 실제로 그러했다.

그래서 한비는 어떤 사건이 벌어지면 반드시 그 사건과 관련된 자들을 조사해 그들의 이해관계를 살펴야 한다고 말했다. 만약 "나라에 해로움이 생기면 누가 이익을 보는지를 살피고, 신하에게 해로운 일이 생기면 그에게 원한을 가진 자를 살펴야 한다."

이 이야기는 한비가 말한 고사 가운데 결말이 좋은 셈이다. 그 이유는 요리사가 자신을 잘 변호하고 문공도 철저히 조사를 했기 때문이다. 만약 그렇지 않았다면 이 사건은 진상이 밝혀지지 않은 채 끝나고 말았을 것이다. 한비는 바로 이런 이유로 '술'이 필요하다고 보았던 것이다. 그러나 '세'만 있고 '법'이 없으면 안 되는 것처럼 '법'은 없고 '술'만 있어서도 안 된다. 실제로 '제왕의 도구', 즉 백성을 통치하는 도구이자 수단으로서의 세, 술, 법은 어느 하나라도 없어서는 안 된다. '세'는 조건, '술'은 수단, '법'은 표준이기 때문이다. 법은 왜 표준인가? 《한비자》〈유도〉 편에서 그 답을 찾을 수 있다. "백성이 따라야 할 표준을 하나로 통일하는 데에는 법보다 나은 것이 없다."

그렇다면 '법'이란 무엇인가?

법가에서 말하는 '법'은 현재 우리가 말하는 법과 크게 다르다. 현대의 우리가 말하는 법은 법률을 의미하지만, 법가의 법은 '법'뿐만 아니라 '영(令)'도 포함한다. 그래서 '법령' 또는 '헌령(憲令)'이라고 부르기도 한다. 예를 들어 규정, 제도, 조례, 형벌, 정령, 문건 등을 포함해 공문으로 규정한 모든 것을 '법'이라고 한다. 이런 법은 어디에서 나오며 무엇을 하는가?

《한비자》〈정법(定法)〉 편에 따르면, "법이란 관청에서 명시하고 있는 법령으로, 그 형벌이 백성의 마음속에 본보기가 되며, 법을 지키는 자에게 상을 주고, 명령을 어기는 자에게 벌을 내리는 것이다." 이렇듯 법가에서 말하는 원래의 법은 관청에서 제정한 일종의 본보기로, 이에 따라 상과 벌이 결정된다. 그리하여 법령을 잘 지키는 사람에게는 상을 주고 그것을 어기는 사람에게는 벌을 내린다. 누가 법을 지키고, 누가 법을 어기는가? 백성이다. 따라서 이러한 모범은 비록 관청에서 정하지만 반드시 백성의 마음속에 확실하게 새겨져 있어야 한다. 이는 백성으로 하여금 옳고 그름과 법의 준엄함을 인지하게 한다. 그래서 현명한 군주는 그 법을 주도면밀하게 정하고 형벌을 엄격하게 시행한다.

이제는 분명해졌을 것이다. 위에서 우리는 상과 벌이라는 '두 개의 칼자루'에 대해 충분히 이야기했다. 다만 이러한 상과 벌은 제멋대로 행해서는 안 되고 반드시 법에 따라야 한다. 그래서 법은 반드시 공개되어야 한다. 《한비자》〈난삼(難三)〉 편을 보면 한비는 이에 대해 다음과 같이 말하고 있다. "법이란 문서에 기록하여 관청에 비치하고 백성에게 공포해야 하는 것이다." 다시 말해 명문으로 규정해야 하고 멋대로 말로 해서는 안 되며, 관에서 제정하고 백성이 마음대로 만들어서는 안 되며, 백성이 모두 잘 알도록 공포해야 하고 숨기고 감추어서는 안 된다는 뜻이다. 이 세 가지가 바로 법가의 '법'이 요구하는 조건이다.

이는 '술(術)'과 다른 점이다. 한비는 '술'은 마음속에 감춰 두어야 한다고 말했다. 왜 마음속에 감춰야 하는가? "갖가지 일의 동기 등을 종합해서 남몰래 신하들을 지배"하기 위해서다. 다시 말해 '술'의 역할은 갖가지 단서를 종합해서 각자 꿍꿍이속이 있는 신하들을 지배하는 것이므로 마음속에 단단히 숨겨 놓아야 한다는 의미다. 그래서 한비는 법은 공개해 모든 백성이 두루 알 수 있도록 하고, 술은 최측근이나 총애하는 이들조차 전혀 모르게 운용해야 한다고 말한 것이다. 이것이 바로 "법은 분명히 밝히는 것이 좋고, 술은 드러나지 않아야 한다"는 것이다.

이를 통해 통치의 수단은 술과 법 두 가지뿐임을 알 수 있다. 이 중에서 하나가 유화책이라면 다른 하나는 강경책이고, 하나가 은밀한 것이라면 다른 하나는 명백하게 드러나는 것이다. 다시 말해, 공개적으로 강경하게 통제하는 것은 형벌이고, 비공개적으로 부드럽게 통제하는 것은 권모다. 권모는 주로 신하를 다루는 데 사용하고, 형벌은 주로 백성을 복종시키는 데 사용한다. 군주에게 '술'이 없으면 아랫사람에게 제약을 받고, 백성에게 법이 없으면 혼란을 일으키고 반란을 꾀한다. 《한비자》 〈정법〉 편을 보면 이에 대해 한비는 다음과 같이 말한다. "군주에게 술이 없으면 위에서 부정이 있게 되고, 신하에게 법이 없으면 아래에서 혼란이 있게 된다(君無術則弊於上, 臣無法則亂於下)." 그러나 군주가 술과 법을 활용할 수 있는 것은 그에게 권세가 있기 때문이다. 그래서 세의 역할도 결코 무시할 수 없다. 세를 통해 위신을 세우고, 술을 통해 신하를 부릴 수 있으며, 법을 통해 백성을 통제할 수 있다. 이것들이 바로 군주의 손에 있는 지휘도(指揮刀)다.

이것이 바로 법가의 '양면삼도'다. 양면은 '두 개의 칼자루', 즉 상과 벌이다. 삼도는 세, 술, 법으로, 권세를 통한 장악, 음모와 계략, 엄격한 형벌과 법령을 말한다. 이것이 바로 한비가 군주에게 바치고자 했던 핵심 내용이다.

그럼, 한비는 왜 '양면삼도'를 주장했을까? 그는 유가의 '인의도덕'은 효과적이지 않을뿐더러 오히려 해롭다고 보았다. 《한비자》 〈내저설상〉 편을 보면, 위(魏)나라 혜왕(惠王)이 복피(卜皮)라는 사람과 대화하는 내용이 나온다. 혜왕이 복피에게 자신의 평판이 어떠한지를 물었다. 복피는 혜왕이 인자하고 은혜롭다는 말을 들었다고 했다. 혜왕은 기뻐하며 다시 물었다. "그렇다면 그 효과가 장차 어느 정도까지 이르겠는가?" 복피가 대답했다. "왕이 베푸신 효과는 망하는 데까지 이를 것입니다." 크게 놀란 혜왕이 "인자하고 은혜로운 것은 선행이 아닌가? 그런데 왜 망할 지경에 이른다고 하는 것인가?"라고 묻자 복피가 대답했다. "무릇 인자함이란 남의 고통을 보고 참지 못하는 마음을 말합니다. 은혜로움이란 베풀기를 좋아하는 마음을 뜻합니다. 남의 고통을 보고 참지 못하면 죄가 있어도 처벌하지 못하고, 베풀기를 좋아하면 공을 세우기도 전에 상을 줍니다. 이렇듯 죄를 지어도 벌하지 않고, 공이 없어도 상을 받는다면 망한다 해도 당연하지 않겠습니까?"

한비는 양혜왕의 문제는 상과 벌이라는 두 개의 칼자루를 잘 사용하지 못한 데 있다고 보았다. 왜 그럴까? 어질기 때문이다. 한비는 "엄한 집안에는 사나운 종이 없지만, 자애로운 어머니 밑에서는 버릇없는 자식이 나온다"라고 했다. 집안을 다스리든 나라를 다스리든 엄격한 형벌로 해야지 인과 자애만으로 다루어서는 안 된다는 것이다.

이렇듯 인(仁)은 믿을 수 없고, 의(義) 또한 의심스럽다. 예를 들어 《한비자》〈외저설우하〉 편에는 다음과 같은 이야기가 나온다. 송나라에 자한(子罕)이라는 대부가 있었는데, 의를 내세워 군주를 주물렀다. 자한이 송나라 국군인 환후(桓侯)에게 말했다. "상을 주고 상품을 하사하는 일은 백성이 좋아하는 것이니 왕께서 직접 행하시고, 죄를 벌하고 사형을 집행하는 일은 백성이 싫어하는 것이니 마땅히 신이 맡도록 하겠습니다." 이렇게 힘들고 험한 일은 자신이 맡고 좋은 일은 군주에게 돌리니 '의(義)'라 할 수 있을 것이다. 이에 환후는 자한의 생각이 그럴듯하다고 여기고 백성과 대신에게 벌을 내릴 때는 자한과 상의하라고 명령을 내렸다. 그 결과 대신들과 백성은 징벌과 처형 명령을 자한이 내림을 알고 대신들은 그를 두려워하고 백성은 그에게 복종했다. 그 후 일 년 뒤에는 자한이 환후를 죽이고 나라를 빼앗았다.

송나라 환후는 왜 나라를 빼앗기고 말았는가? 그가 자신의 신하와 권세를 공유해 "두 개의 칼자루"를 나눠 가졌기 때문이다. 그는 왜 공유하게 되었는가? 바로 '의(義)' 때문이다. 그래서 '의리'를 진짜라고 믿는다면 송의 환후가 하나의 교훈이 될 수 있을 것이다.

이처럼 '인'도 안 되고 '의'도 안 된다면, 효과적인 것은 무엇인가? 음모와 계략, 엄격한 형벌과 법이다. 왜냐하면 군주와 신하의 관계는 유가가 말한 인의나 예의로 유지될 수 있는 것이 아니라 이해와 타산으로 유지되기 때문이다. 앞의 사례에서 보았듯이 자한은 어렵고 힘든 일은 자신이 맡겠다고 했으니, 겉으로는 참으로 의리 있고 예의를 갖춘 인물처럼 보인다. 그러나 사실 그는 재물을 내세워 회유하는 것보다 무력이나 권세로 위협하는 것이 훨씬 효과적이라는 점을 이미 정확히 계산한 것이다. 그래서 한비는 "신하는 나라에 이롭고 자신에게 해가 되는 일은 하지 않고, 군주는 신하에게 이롭지만 나라에 해로운 일은 하지 않는다. 군주는 이해를 계산하여 신하를 대하고, 신하도 이해를 계산하여 군주를 섬긴다. 군주와 신하의 관계는 계산을 바탕으로 맺어진다"라고 했다.

군주와 신하만 이런 것이 아니라 다른 사람들도 마찬가지다.《한비자》〈외저설좌상〉 편을 보면 한비는 다음과 같이 말한다. 소작인이 지주를 위해 농사를 지으면 지주는 그에게 음식을 제공하고 품삯을 주는데 이는 소작인을 사랑하기 때문인가? 아니다. 그렇게 해야만 소작인이 열심히 농사일을 하기 때문이다. 소작인이 땀을 흘리며 전력을 다해 농사일을 하는 것은 지주를 사랑하기 때문인가? 물론 아니다. 그렇게 해야만 더 좋은 음식을 먹고 더 많은 품삯을 받을 수 있기 때문이다. 이 역시 이해와 타산의 관계라는 말이다.

또한 〈비내〉 편을 보면 한비는 다음과 같은 예를 들어 말한다. 수레를 만드는 사람은 사람들이 부귀하기를 바라고, 관을 짜는 사람은 사람들이 일찍 죽기를 바란다. 이는 수레를 만드는 사람은 어질고 관을 만드는 사람은 악하기 때문인가? 아니다. 사람들이 부귀하지 않으면 수레가 필리지 않고, 사람이 죽지 않으면 관을 사지 않기 때문이다. 이렇듯 수레를 만드는 사람이든 아니면 관을 짜는 사람이든 모두 자기 자신의 이익을 위할 뿐이지 결코 도덕이나 인의 여부를 따지는 것이 아니다.

타산의 결과는 필연적으로 경계와 불신이다.《한비자》〈내저설하〉편을 보면 한비는 이런 이야기를 들려준다. 위(衛)나라에 어떤 부부가 기도를 하는데, 부인이 이렇게 빌었다. "저희가 평안무사하고 베 100필을 얻을 수 있도록 해 주십시오." 남편이 "왜 그렇게 적게 바라는가?"라고 묻자 부인이 대답하길, "이보다 많으면 당신이 장차 첩을 살 테니까요"라고 했다. 또 〈육반〉 편에서 한비는 이렇게 말한다. 일반 백성은 남자아이가 태어나면 축하하지만 여자아이가 태어나면 그냥 죽여 버린다. 이는 남자아이는 장차 집안의 노동력으로 이익이 되지만 여자아이는 손해이기 때문이다. 부모가 자식을 대하는 데에도 타산의 마음으로 상대하는데, 하물며 혈육의 정이 없는 다른 인간관계는 말할 필요도 없을 것이다.

그래서 〈비내〉 편을 보면 한비는 군주에게 절대로 다른 사람들을 믿지 말라고 당부하고, "군주의 근심은 사람을 믿는 데서 비롯된다"고 지적했다. 왜 믿으면 안 되는가? 일단 "누군가를 믿게 되면 그 사람에게 제약을 받기 때문이다." 그러므로 자신의 부인이나 자식들조차 결코 믿어서는 안 된다. 예를 들어 만승지국의 군주나 천승지국의 임금의 후비나 부인 가운데 자신의 아들이 태자가 될 수 있는 사람이면 군주가 일찍 죽기를 바라는 경우가 있다. 이유는 간단하다. 남자는 나이 오십에도 여전히 여색을 좋아하지만, 여자는 나이 삼십만 되어도 미모가 시든다. 미모가 시들어 버린 부인이 여색을 밝히는 남편을 섬기다 보면, 자연히 사이가 멀어지게 되어 자신의 자식이 왕위를 계승하지 못할까 염려하게 된다. 그렇기 때문에 후비와 부인이 군주가 죽기를 바라는 것이다. 어머니가 태후가 되고 아들이 군주가 되면 모자가 마음대로 누리고 무슨 일이든 할 수 있어 우환도 없게 된다. 그래서 짐독을 탄 독주나 몰래 교살하는 등의 수단을 써서 죽이는 것이다. 그래서 한비는 탄식하며 말했다. "부인처럼 가깝고 자식처럼 친한 사이도 믿을 수 없는데 그 밖의 사람들을 어찌 믿을 수 있겠는가?"

이는 정말 참담한 인생에 직면하는 것이다. 군신, 부자, 형제, 부부 등 유가에서 가장 중요하게 여기는 인간관계가 한비의 생각과 글 아래서 아름다움이나 온정은 전혀 없는 피비린내 나는 이해타산의 관계로 바뀌고 말았다. 온정이 넘쳐흐르는 베일을 뜯어 버리자 서로 속고 속이며, 아귀다툼을 벌이고, 칼날이 번득이는 무정한 세상이 존재하는 것이다. 중국 역사에서 한비처럼 인간의 인성 가운데 악의 측면을 냉철하고 노골적으로 말한 이는 없었다. 사람들은 이를 받아들이기 어려웠다. 참기 힘은 것은 그의 결론뿐만이 아니라 특히 그의 태도였다. 냉정한 방관자의 입장에서 타인의 감정은 전혀 배려하지 않는 태도 말이다. 이러한 태도는 냉정함이 아니라 냉혹하고 심지어 잔인하다는 느낌을 준다.

그런데 문제는 한비가 말한 내용이 틀림없는 사실이라는 점이다. 이처럼 무게 있고 냉혹한 그 앞에서는 공자의 관대함이나 묵자의 집착, 장자의 낭만 등은 한순간에 무게감을 잃어버린다. 그들의 주장은 빈약하고 공허하며 무력한 것이 되었고, 심지어 익살스러운 것이 되고 말았다.

사실 《한비자》를 읽고 나면 독자 여러분도 공자의 '극기복례'가 다소 진부하고 세상물정을 모르는 견해라는 생각이 들 수도 있다. 또한 묵자의 '겸애'나 장자의 '소요'가 가볍고 경박하다는 느낌이 들지도 모른다. 만약 어둠 속에서 사방에 적의를 띤 눈빛이 번뜩이고 언제라도 보이지 않는 중상모략의 화살이 날아올 것만 같은 약육강식의 정글에 놓여 있다면 과연 여전히 인자하고 겸애하며, 소요할 수 있을까? 아마도 자신의 안전을 위해서라면 어떤 일이라도 하게 될 것이다.

그럼, 한비의 이러한 사상은 어디에 근원하고 있는가? 그는 왜 인간의 마음이나 인성을 그처럼 나쁜 것으로 간주했을까?

인간의 성(性)이 선한가 아니면 악한가?

한비의 사상은 사실 유, 묵, 도가와 모두 관련이 있다.

우선 노자의 '냉정함'이다. 노자는 '무정무의(無情無義)', 즉 감정도 없고 의리도 없다. 노자의 관점은 다음과 같다. "천지는 어질지 않아 만물을 추구처럼 여기고, 성인 역시 어질지 않아 백성을 추구처럼 여긴다." 리쩌허우는 이것은 "차가운 눈으로 방관하면서 담담한 이지적 태도다"라고 평했다. 이는 노자의 태도이자 또한 한비의 태도이기도 하다. 노자와 한비의 '도'는 비록 다르지만 그들이 보여준 '냉정함'은 서로 비슷하다.

선진 제자 가운데 묵자와 맹자가 가장 '열정적'인 것과 대조적으로 노자와 한비는 가장 냉정하다. 열정은 이상으로 충만하고, 냉정은 현실을 직시한다. 열정은 언제나 세상을 구하려 하지만, 냉정은 방관자의 자세를 취한다. 방관자는 맑고, 현실주의자는 곧다. 그래서 얼음처럼 차가운 노자와 한비는 의협의 기개와 풍모를 지닌 묵자나 맹자보다 더욱 인생의 참담한 일면을 직시할 수 있었다.

사실 한비는 묵자의 영향도 받았는데, 바로 '공리(功利)'에 관한 부분이다. 한비와 묵자는 모두 공리주의자이자 실용주의자였다. 물론 그들이 말한 내용은 서로 다르다. 예를 들어 묵자가 '천하의 이익'을 중시했다면 한비는 '개인의 이익'을 중시했다. 묵자가 '서민의 실용'을 중시했다면 한비는 '군주의 실용'을 중시했다. 따라서 그들 두 사람이 이야기한 내용은 다르지만 공리와 실용을 중시할 것을 주장했다는 점은 같다. 그래서 한비는 묵자에 대해 오히려 공감하는 바가 있었다. 예를 들어 《한비자》〈외저설좌상〉 편에 초나라 왕이 묵자는 말은 많이 하지만 달변은 아니라고 지적하자 한비가 다른 사람의 입을 빌려 이를 변호하는 내용이 나온다.

진(秦)나라 국군이 자신의 딸을 진(晉)나라 공자에게 시집보내는데, 화려한 혼수와 함께 화려한 옷을 입힌 70명의 시녀를 따라가게 했다. 그 결과 진 공자는 시녀들을 좋아하고 공주는 거들떠 보지도 않았다. 또한 초나라 사람 중에 정나라에서 진주를 파는 사람이 있었다. 그는 목란(木蘭)으로 상자를 만들고 계수나무와 산초나무를 넣어 향기를 내고, 주옥을 달고 붉은 보석으로 장식해 청록색 깃털을 달았다. 그러자 정나라 사람이 다가와 상자만 사고 진주는 돌려주었다.

이는 무엇을 뜻하는가? 형식이 내용보다 화려하면 내용이 오히려 묻히게 된다는 것을 말해 준다. 그렇다면 형식이 중요한가, 아니면 내용이 중요한가? 물론 내용이 중요하다. 왜 그럴까? 유용하기 때문이다. 묵자의 말이 질박한 이유는 군주가 화려하게 꾸민 말만 보고 실용적인 내용을 잊어버리거나, 꾸민 말만 마음에 담고 실질적인 내용을 잊어버리지 않을까 걱정했기 때문이다.

이는 한비가 '공리주의'로 '형식주의'를 반대한 것이라 할 수 있다. 내용은 공리가 있지만 형식은 공리가 없기 때문에 형식보다 내용을 중시하는 것이다. 누군가 이렇게 물을지도 모르겠다. 내용과 형식의 통일은 불가능한가? 공자는 가능하다고 여겼지만 한비는 그럴 수 없다고 보았다. 공자가 양자의 통일이 가능하다고 여긴 것은 내용과 형식을 가죽과 털의 관계처럼 생각했기 때문이다.

《논어》〈안연〉 편을 보면, 위(衛)나라 대부 극자성(棘子成)이 자공에게 이렇게 묻는다. "군자는 실질적인 바탕만 있으면 그뿐인데, 겉으로 꾸미는 문식이 필요하겠는가?" 이에 자공이 그의 발언에 대해 애석하게 생각하며 말했다. "문식은 바탕과 같고, 바탕은 문식과 같으니 마치 호랑이나 표범의 무두질한 가죽은 개나 양의 무두질한 가죽과 같은 이치입니다."

이는 바탕은 가죽에, 문식은 털에 비유한 것으로 가죽과 털은 어느 것도 없어서는 안 된다는 의미다. 만약 털을 뽑아버린다면 호랑이나 표범의 가죽과 개나 양의 가죽이 어찌 구별되겠는가? 이는 분명히 내용과 형식의 통일을 추구한 것이다. 내용이 없으면 형식도 있을 필요가 없고, 형식이 없으면 내용도 표현될 수 없다. 군자가 군자인 까닭은 그가 훌륭한 품성(바탕)을 지닌 데다 문채로 꾸몄기 때문이다. 만약 군자에게 꾸밈이 없다면 털을 뽑은 호랑이나 표범의 가죽과 개나 양의 가죽이 구별되지 않듯이 소인과 구별될 수 없을 것이다.

그러나 한비는 이렇게 생각하지 않았다. 그는 내용과 형식의 관계는 가죽과 털의 관계가 아니라 얼음과 숯, 추위와 더위의 관계와 같다고 보았다. "얼음과 숯은 같은 그릇에서 오래 있을 수 없으며, 추위와 더위는 동시에 닥쳐오지 않는데" 어찌 양립할 수 있겠는가?《한비자》〈난일(難一)〉편을 보면 한비는 다음과 같은 예를 이야기한다. 초나라에 어떤 사람이 창과 방패를 팔고 있었다. 방패를 팔 때는 "이 방패는 견고해 어떤 창도 뚫을 수 없다"고 자랑했고, 창을 팔 때는 "이 창은 예리해 어떤 방패라도 뚫을 수 있다"고 극찬했다. 그러자 어떤 사람이 "당신의 창으로 당신의 방패를 찌르면 어떻게 되느냐"고 묻자, 그는 대답하지 못했다.

마찬가지로 형식을 추구하면서 내용까지 갖출 수는 없다. 형식을 따르면 내용은 잃게 된다. 진나라 국군이 딸을 시집보냈을 때 잘 꾸민 시녀들이 오히려 대접을 받고, 초나라 사람이 아름답게 장식한 상자에 진주를 넣어 파니 정나라 사람이 진주는 돌려주고 상자만 사간 것이 이를 증명하고 있다.

이것이 바로 한비의 '모순론'이다. '모순'이란 말은 여기에서 나왔다. 그렇다면 이것이 무엇을 증명할 수 있는가? 인성이 악하다는 것을 증명할 수 있다.《한비자》〈해로(解老)〉편을 보면 한비는 이렇게 말한다. "예란 인성의 모습이고, 문이란 바탕의 장식이다(禮爲情貌者也, 文爲質飾者也)." 이는 다시 말해 인성은 내용이자 바탕이고, 예악은 형식이자 장식이라는 의미다. 장식의 의의는 어디에 있는가? 추한 것을 가리는 데에 있다. 그래서 "화씨의 옥은 다섯 가지 색으로 꾸미지 않았고, 수후(隋侯)의 진주는 은이나 황금으로 장식하지 않았다." 왜 그럴까? "그 본질이 더없이 아름다워 다른 사물로 장식할 필요가 없기 때문이다." 반

대로 만약 장식이 필요하고 꾸며야 한다면 이
는 곧 본질에 문제가 있음을 의미한다. 즉, "어
떤 물건이든 장식한 뒤에야 돋보이게 된다는
것은 그 본질이 아름답지 못하기 때문이다."
또한 사람의 본성이 예악으로 형식을 만들고

장식해야 한다면, 이는 인성에 문제가 있다는 뜻이다. 또 예악이 아름
답고 훌륭할수록 인간의 마음이나 인성이 나쁘다는 의미다. 그렇다면
예악이란 것은 있어도 되고 없어도 되는가, 아니면 반드시 필요한 것
인가? 유가는 절대로 없어서는 안 된다고 주장했다. 이를 통해 유가가
인간의 마음이나 인성을 악한 것으로 보고 있음을 알 수 있다.

한비의 이러한 주장은 그야말로 "당신의 창으로 당신의 방패를 공
격하는 일"이니, 유가의 벽돌로 유가의 발을 찧는 것이나 다름없다. 공
자의 제자들은 물론 한비의 이러한 논리를 인정하고 싶지 않았을 것
이다. 그들에게 인간의 본성과 예악이란 가죽과 털의 관계처럼 양립할
수 있는 것이기 때문이다. 그러나 재미있는 점은 한비의 논리는 한비
자신의 것이지만 '인간의 본성이 악하다'는 결론은 대유학자의 영향을
받았다는 것이다. 그는 누구인가? 바로 순자(荀子)다.

순자는 선진 유가 가운데 세 번째 대가이자 마지막 대가다. 그는
조(趙)나라 사람으로 이름은 황(況)이며, 당시 사람들은 그를 '순경(荀
卿)'이라고 높여 불렀다. 순자는 대략 기원전 313년에 태어나 기원전
238년에 죽었다. 일찍이 제나라에 유학해 세 번씩이나 좨주(祭酒)의
자리에 올랐으며, 나중에는 초나라로 가서 춘신군(春申君)에 의해 난릉
현의 현령이 되었고, 그곳에서 저술에 힘쓰다가 세상을 떠났다. 한비

와 이사는 바로 순자의 제자들이다.

유학의 대가인 순자의 문하에서 두 명의 유명한 법가의 대표 인물들이 나왔다는 점은 깊이 생각해 볼 만하다. 이 문제에 대해 알아보기 위해서는 선진 유가에서 최후의 거인이라고 할 수 있는 순자가 공자나 맹자와 어떻게 다른지를 먼저 알아볼 필요가 있다.

그들 간에 가장 다른 점은 아마도 인성을 보는 관점일 것이다.

공자는 제자들을 가르치면서 자주 언급한 것도 있었지만 거의 언급하지 않은 주제도 있다. 예를 들어 그는 죽음, 귀신, 천도(天道), 인성에 대해서는 거의 언급하지 않았다. 《논어》〈공야장〉편에 나오는 자공의 말은 이러한 점을 분명히 보여 준다. "선생님께서 학문에 관해 말씀하시는 것은 들을 수 있었으나, 선생님께서 성(性)과 천도에 관해서 말씀하시는 것은 들을 수 없었다." 여기서 '학문'이란 시서예악과 역사 문헌을 말한다. 또 '성과 천도'는 사람의 천성과 자연규칙을 가리킨다.

공자는 시서예악과 역사 문헌에 대해서 비교적 많은 말을 했지만, 사람의 천성과 자연규칙에 대해서는 별로 말하지 않았다. 그 이유가 분명치는 않은데, 어쨌든 그는 말하지 않았다.

공자가 말하지 않은 것은 맹자나 순자가 말하지 않은 것과 다르다. 많은 사람이 맹자나 순자는 인성에 관해 많은 이야기를 했지만 관점이 다를 뿐이라고 생각한다. 맹자는 "인성은 본래 선하다"고 주장했다고 해서 이를 '성선설'이라 부르고, 순자는 "인성은 본래 악하다"고 주장했다고 해서 이를 '성악설'이라 부른다. 대부분의 철학서가 이렇게 말하고 있다. 그런데 이 점에 대해서는 논의해 볼 필요가 있다. 나의 생각은 다음과 같다.

우선 맹자는 결코 인성에 대해 말하는 것을 좋아하지 않았다. 다만 말하지 않을 수 없어서 말했을 뿐이다. 둘째, 맹자는 "인성은 본래 선하다"라고 주장하지 않았으며, 다만 "인성은 선을 향한다"고 주장했다. 그럼 왜 그는 말하지 않을 수 없었을까? 어떤 사람이 인성 문제로 '인의'에 도전해 왔기 때문이다. 이른바 '성선설'은 바로 맹자가 응전한 그 결과인 셈이다.

맹자에게 도전한 사람은 바로 고자(告子)라는 인물이다. 고자는 누구인가? 분명치 않다. 다만 《묵자》에 나오는 것으로 보아 묵자보다는 나이가 적고 맹자보다는 많았을 것이다. 고자는 인성뿐만 아니라 인간의 자연속성인 천성도 이야기할 것을 주장했다. 《맹자》〈고자상〉 편을 보면 고자와 맹자의 대화가 실려 있다. 고자가 말했다. "타고난 것을 일러 성이라고 한다." 그러자 맹자가 반문했다. "타고난 것을 성이라고 한다면 마치 흰 것을 희다고 하는 것과 같은가?" 고자가 그렇다고 하자 맹자가 또다시 물었다. "흰 깃털의 흰색이 흰 눈의 흰색과 같으며, 흰 눈의 흰색이 흰 옥의 흰색과 같은가?" 고자가 또 그렇다고 대답하자 맹자가 다시 물었다. "그렇다면 개의 성(性)이 마치 소의 성(性)과 같고, 소의 성이 마치 사람의 성과 같은가?" 맹자가 이렇게 말했을 때 고자가 어떻게 대답했는지 알 수 없다. 그러나 맹자가 말하고자 하는 뜻은 분명하다.

첫째, 추상적으로 인성을 논하지 말라는 것이다. 추상적으로 보면 깃털과 눈, 눈과 옥은 모두 흰색으로 차이가 없다. 그러나 흰 깃털의 흰색과 흰 눈의 흰색, 흰 옥의 흰색이 정말로 같은가? 실제로는 큰 차이가 있다. 특히 깃털과 눈, 눈과 옥의 본질은 더욱 큰 차이가 있다. 단순하게 모두 흰색이라는 공통점만 집어서 말한다면 무슨 의미가 있겠는가? 사실 같은 흰색이라 해도 깃털의 본성과 눈 또는 옥의 본성이 다르지 않은가?

둘째, '사람의 천성'에 대해 말하지 말라는 것이다. 천성만 논한다면 사람과 동물은 별다른 차이가 없다. 고자는 "식과 색은 본성이다(食色, 性也)"라고 분명하게 말했다. 이른바 '천성'이란 생존을 위해 먹고 종족 번식을 위해 아이를 낳는 것이라는 뜻이다. 이는 동물도 할 수 있다. 만약 이것을 '인성'이라고 간주한다면, 어찌 "개의 성이 마치 소의 성과 같고, 소의 성이 마치 사람의 성과 같다"라는 말이 성립되지 않겠는가? 그러므로 그렇지 않다면 인성에 대해 논하지 말라. 만약 논해야만 한다면 마땅히 사람의 사회적 속성에 대해 이야기해야지 자연적 속성만 이야기해서는 안 된다. 더욱이 인성을 인간의 자연성과 같은 것으로 간주해서는 안 된다.

사실 인성 문제는 결코 회피할 수 있는 것이 아니다. 인성이 토대가 되지 않는다면 공자의 '인'이나 맹자의 '의'도 성립될 수 없다. 이 점은 맹자도 이미 잘 알고 있었기 때문에 그는 고자와 변론하는 것을 성가시게 여기지 않았던 것이다. 고자는 다음과 같이 말했다. "인성이란 고리버들과 같고 인의는 고리버들로 만든 그릇과 같다. 인성으로 인의를 행하게 하는 것은 마치 고리버들로 그릇을 만드는 것과 같다." 이 말의 의미는 인성을 인의에 따르게 하라고 말하는 것은 마치 고리버들을 그릇으로 만드는 것처럼 일종의 왜곡이라는 것이다. 이런 관점은 장자와 매우 비슷하다. 장자도 인성을 위배하면서 인의를 추구하는 것은 마치 물오리의 다리를 길게 늘리거나 학의 다리를 짧게 자르는 것처럼 인위적인 왜곡이라고 말하지 않았는가.

이에 대해 맹자는 "왜곡인지 아닌지는 어떻게 하느냐에 달려 있다"고 답했다. 고리버들의 본성에 따라 행하면 왜곡이 아니고, 그렇지 않다면 왜곡이라는 것이다. 만약 인성이 원래 선하여 인의의 토대가 마련되어 있고, 선으로 향할 가능성이 존재한다면, 문제가 없고 또한 그렇게 할 것이다. 그렇다면 한 가지 문제가 남는다. 과연 우리는 '선'을 갖고 있는가?

맹자는 있다고 여겼지만, 고자는 없다고 생각했다. 고자는 이렇게 말했다. "인성에는 선함과 선하지 않음의 구분이 없다. 인성은 여울물과 같다. 여울물은 동쪽으로 물길을 트면 동쪽으로 흐르고, 서쪽으로 트면 서쪽으로 흐른다. 그러니 어찌 선과 선하지 않음의 구분이 있겠는가?" 이에 맹자가 말했다. "물에는 확실히 동서의 구분은 없다. 그러나 상하의 구분도 없겠는가? 당연히 위아래의 구분이 있다. 물에 상하의 구분이 있는 것처럼 사람도 선과 선하지 않음의 구분이 있게 마련이다. 인성이 선한 것은 마치 물이 아래로 흐르는 것과 같다." 물이 높은 곳으로 흐르는가? 아니다. 그렇다면 사람도 역시 선으로 향하지 않음이 없는 것이다. 이를 맹자는 "사람으로서 선하지 않은 이가 없고, 물은 아래로 흐르지 않는 것이 없다(人無有不善, 水無有不下)"라고 했다. 그러나 이로써 모든 문제가 풀린 것은 아니다.

인성이 선을 향한다면 왜 어떤 사람은 악한 짓을 하는가? 맹자는 환경과 조건이 그렇게 만든다고 했다. "풍년이 들면 사람들이 대부분 선량해지고, 흉년이 들면 사람들이 대부분 포악해지는데, 이것은 사람들의 천성이 선하거나 포악해서 그런 것이 아니다. 환경과 조건이 그들

풍년이 들면 사람들이 대부분 선량해지고, 흉년이 들면 사람들이 대부분 포악해지는데, 이것은 사람들의 천성이 선하거나 포악해서 그런 것이 아니다. 환경과 조건이 그들의 마음을 빠지게 해서 그렇게 된 것이다.

사람의 사회적 본성에 관해 말하면 선해질 수 있는 것이 바로 선이다.

의 마음을 빠지게 해서 그렇게 된 것이다." 이것을 물에 비유해 보자. 물은 낮은 곳으로 흐르게 마련이다. 그러나 만약 물길을 막아서 역류하게 하면 산에까지도 오르게 할 수 있다. 그러나 이것을 물의 본성이라고 할 수 있겠는가?

물의 본성이 그러하고, 사람의 본성 또한 마찬가지다. 그래서 맹자는 "인성이 선한 것은 마치 물이 아래로 흐르는 것과 같다(人性之善也, 猶水之就下也)"고 했다. 여기서 '人性之善(인성지선)'은 두 가지로 해석할 수 있다. 하나는 '지(之)'를 '의'로 해석해 '인성의 선'으로 풀이하는 것이고, 다른 하나는 '도달'의 의미로 해석해 '인성이 선을 향함'으로 풀이하는 것이다. 그러나 어떤 것이든 모두 맹자가 '인성이 선을 향하고 있음'을 주장했다는 것을 설명한다. 그렇다면 왜 '인성이 본래 선함'이 아니라 '인성이 선을 향함'인가? '선'이라는 것은 단지 가능성이기 때문이다. 맹자는 이에 대해 아주 분명하게 말했다. "사람의 사회적 본성에 관해 말하면 선해질 수 있는 것이 바로 선이다(乃若其情, 則可以爲善矣. 乃所謂善也)." 인용문에서 '乃若(내약)'은 '……에 관해서 말하면'의 뜻이고, '情(정)'은 인간의 사회적 본성(인성)이라는 뜻이다. 그러므로 맹자의 말은 "선해질 수 있는 것"이 바로 '선'이자 '성선(性善)'이라는 뜻이다. 바꿔 말하면, 성선이란 인성이 선해질 수 있는 것이라는 의미다.

이제 분명해졌다. 맹자는 인성이란 선해질 수 있는 것이자 당연히 선을 향해 나아가는 것이라고 보았다. 왜 당연히 그러한가? 선은 좋은 것이기 때문이다. 그것은 "사람이 높은 곳으로 나아간다"고 말할 때 바로 그 '높은 곳'이다. 그렇다면 그것이 왜 가능한 것인가? 인성 속에 본래부터 선의 가능성이 존재하기 때문이다.

맹자는 동정하는 마음, 수치를 느끼는 마음, 공경하는 마음, 시비를 아는 마음은 누구나 지니고 있다고 말했다. 이것을 '측은지심(惻隱之心)', '수오지심(羞惡之心)', '공경지심(恭敬之心)', '시비지심(是非之心)'이라고 했다. 측은지심은 인(仁), 수오지심은 의(義), 공경지심은 예(禮), 시비지심은 지(智)다. 그래서 인의예지는 외부세계나 다른 사람이 우리에게 강제로 주입한 것이 아니라 우리가 본래 갖고 있는 것으로, 다만 우리가 의식하지 않고 있는 것뿐이다. 그래서 진지하게 생각해 보면 누구나 알 수 있다. 마찬가지로 추구하면 누구나 얻을 수 있다. 맹자는 "구하면 얻을 것이고, 버리면 잃게 된다(求則得之, 舍則失之)"고 했다. 이는 선을 추구하려는 가능성을 버리면 악인이 되고, 반대로 선을 추구하려는 가능성을 버리지 않으면 선인(善人)이 될 수 있다는 뜻이다. 이것이 바로 인간에게 선과 악이 있게 되는 원인이다.

맹자의 이런 주장은 어떤 의의가 있는가? 유가가 주장하는 인의도덕에 대해 인성의 근거를 제공했다는 점에서 의의가 있다. 공자에게도 이런 근거가 있기는 했지만 분명하게 이야기하지 않았다. 그러나 맹자는 이를 분명하게 언급했는데, 이는 유학에 대한 큰 공헌이라 할 수 있다.

그러나 맹자도 부족한 부분이 있다. 그는 인간이 교육 받지 않은 상태에서 어떻게 측은지심, 수오지심, 공경지심, 시비지심을 지닐 수 있는지에 대해 분명하게 말하지 않았다. 이러한 인성 속에 선으로 향할 수 있는 가능성이 왜 외부 세계나 다른 사람이 강제로 주입한 것이 아니라 모든 사람이 본래 갖고 있는 것인가? 이점에 대해 맹자는 명확하게 말하지 않아 문제의 소지를 남겼다. 이러한 허점을 보완해 해답을 제시한 사람이 바로 순자다.

그렇다면 순자는 이 문제를 어떻게 해결하고 있는가?

순자의 방법은 인성을 '성(性)'과 '위(僞)'의 두 가지로 나누는 것이다. '성'이 무엇인지는 《순자》〈정명(正名)〉 편에 설명되어 있다. "나면서부터 가지고 있는 것을 성이라고 한다." 이를 통해 '성'이란 인간의 자연적 속성임을 알 수 있다. 또 '위'에 대해서는 〈성악(性惡)〉 편을 보면 이렇게 말하고 있다. "배워서 능할 수 있고 전념해 이룰 수 있는 것이 사람에게 있는 것을 위라고 한다." 그렇다면 '위'라는 것은 인간의 사회적 속성임을 알 수 있다. 인간이 지닌 이러한 자연적 속성과 사회적 속성을 합친 것이 오늘날 이야기하는 '인성'이다. 순자는 이러한 분석을 '성과 위의 구분(性僞之分)'이라고 불렀다.

이른바 '성위지분(性僞之分)'은 순자가 인성 문제를 논하는 데 전제가 되는 주제다. 순자는 맹자가 주장한 성선은 진정으로 인성을 이해한 것이 아니며, 인성에 두 가지 다른 부분이 존재한다는 사실을 살피지 않은 것이라고 보았다. 그렇다면 자연적이고 천부적인 '성'과 사회적이고 인위적인 '위'가 어떻게 '선'이 될 수 있는가? 인위적인 '위'가 있어야만 '선'이 될 수 있다. 자연적이고 천부적인 '성'은 '악'이다. 순자는 이에 대해 다음과 같이 말했다. "사람의 성은 악이며 선한 것은 위이다(人之性惡, 其善者僞也)."

바로 이것이 순자 '인성론'의 핵심적인 관점이다.

사람들은 이 말을 통해 흔히 순자가 "인성은 본래 악하다"고 주장한 것으로 생각한다. 그러나 웨이정통(韋政通)이 《중국사상사》에서 말한 것처럼 이는 "가장 널리 퍼진 오해 중의 하나다." 나 또한 그렇게 생각한다. 왜 오해라고 했을까? 《순자》 〈왕제(王制)〉편을 읽어 보면 알 수 있다. 〈왕제〉 편에 따르면, 순자는 세상 모든 실체를 네 등급으로 나누었다. 가장 낮은 등급은 무기물로 물질은 있지만 생명이 없다. "물과 불은 기는 있지만 생명이 없다." 이것보다 조금 높은 등급은 식물로 생명은 있지만 지각이 없다. "풀과 나무는 생명은 있지만 지각이 없다." 그다음 높은 등급은 동물로 지각은 있지만 도덕이 없다. "금수는 지각은 있지만 의로움이 없다." 가장 높은 등급은 사람으로 "물질, 생명, 지각도 있고 또한 도덕도 갖추고 있다." 그래서 "천하에서 가장 고귀하다." 이렇듯 순자는 사람이 고귀한 것은 도덕을 갖추었기 때문이라고 보았는데 어찌 그가 사람의 본성을 악하다고 생각했겠는가?

《순자》 〈비상(非相)〉 편을 보면 순자는 이에 대해 분명하게 밝히고 있다. "사람이 사람인 까닭은 특별히 두 발로 걷고 몸에 털이 없기 때문이 아니다. 도덕을 지니고 있기 때문이다." 이는 상당히 과학적인 관점이다. 지금으로부터 2200여 년 전에 순자는 이미 생물학적 의미의 사람과 사회학적 의미의 사람을 구분했다. 이런 그가 어찌 인간이 지닌 동물적 특성만으로 인성을 규정했겠는가? 그래서 순자가 '인지성악(人之性惡)'이라고 말한 것이 그가 "인성은 본래 악하다"라고 주장했다고 보는 것은 오해다. 실제로 순자가 말한 성은 지금 우리가 말하는 '인성'과 같은 것이 아니다. 그것은 기껏해야 인성의 일부분일 뿐으로 인성 가운데 가장 저급한 부분인 인간의 자연성 또는 동물성을 지칭하는 것이다. 그 위에 '위'라는 높은 등급이 존재한다. 이것이 엄격한 의미에서, 또 진정한 의미의 '인성'이다.

그렇다면 순자가 이렇게 '성위지분'을 강조한 것은 대체 어떤 의의가 있는가?

예악제도에 인성의 근거를 마련해 주었다는 데에 그 의의가 있다. 《순자》〈성악〉 편을 보면 순자는 이렇게 말했다. "사람이 선해야 하는 까닭은 사람의 자연적 속성이 악하기 때문이다." 이는 안 되는 일이다. 왜 그런가? 만약 자연적 속성 그대로 놔둔다면 사람은 동물로 변할 것이기 때문이다. 사람이 동물이 된다면 결코 생존할 수 없다. 인간의 생존 능력은 동물에 비해 훨씬 떨어지기 때문이다.

〈왕제〉 편에 이에 대한 내용이 있다. 순자가 말했다. "사람의 기력은 소보다 세지 못하고, 달리는 것은 말만큼 잘 달리지 못한다." 이뿐만 아니라 여러 가지 면에서 인간은 동물보다 못하다. 그러나 인간은 소나 말을 자신의 필요에 따라 이용할 수 있다. 그 이유는 인간은 사회를 조성해 운영할 수 있고 소나 말은 불가능하기 때문이다. 그러므로 인류가 생존할 수 있는 것은 천부적인 능력이 아니라 사회적 역량 때문이다. 결론적으로 만약 사회가 해체된다면 인간은 소나 말보다 못하게 된다.

그럼, 인간은 왜 사회를 형성할 수 있는가? 순자는 질서가 있기 때문이라고 했다. 질서는 어떻게 이루어지는가? 도덕이 있기 때문이다. 질서는 바로 '분(分)'이고 도덕은 바로 '의(義)'다. 이러한 도덕을 구현하고 질서를 보증하는 것이 바로 '예'이며, 예의를 사람들 마음속 깊이 심는 것이 바로 '악(樂)'이다. 이러한 모든 것이 '위(僞)'다. 위는 허위의 뜻이 아니라 인위이자 개조의 뜻이다. 이러한 개조가 없다면 인간은 동물성에서 벗어나 사람이 될 수 없으며, 동물성을 인성으로 바꿀 수 없다. 그래서 순자는

• 순자 가라사대 •
인위가 없으면 사람의 본성은 저절로 아름다워질 수 없다.

"인위가 없으면 사람의 본성은 저절로 아름다워질 수 없다"고 했다. 본성이 저절로 아름다워질 수 없다면 어떻게 되는가? 인간이 동물처럼 되거나 심지어 동물만도 못하게 되어 생존할 수 없다. 그러니 예악제도가 중요하지 않을 수 있겠는가?

여기서 우리는 순자가 공자나 맹자보다 뛰어나고 심오한 부분이 있음을 알 수 있다. 공자는 인성 중의 선(인애)을 이론적 토대로 삼았지만 공개적으로 인성에 관해 논하는 것을 거절했다. 그 결과 이론적인 토대가 튼튼하지 않아 자칫하면 논자들의 비판거리가 될 수 있었다. 또 맹자는 일면적으로 인성에 대해 논하면서 "타고난 것을 일러 성이라고 한다"는 고자의 주장에 반대해 인의예지는 "모든 사람이 본래부터 지니고 있는 것"이라고 주장했다. 그 결과 그가 주장했던 '선의 가능성'은 내력이 불문명해 자기의 주장을 합리화할 수 없었다.

그런데 순자는 이처럼 내력이 불분명한 것을 분명하게 설명했다. 그는 '선'이란 '악의 개조'라고 했다. 왜 개조해야 하는가? 인간은 동물성을 지니고 있기 때문인데, 인간이 지닌 동물성이 바로 '성'이자 '악'이다. 그러나 인간은 사회성을 지니고 있기 때문에 이를 충분히 개조할 수 있다. 이것이 바로 '위'이자 '선'이다. 그렇다면 무엇으로 개조하는가? 예악이다. 이렇듯 예악에 의거해 개조한 결과 모든 사람이 성인이

될 수 있다. 그래서 순자는 "세상 사람들이 모
두 우임금처럼 성인이 될 수 있다"고 했다. 이
는 "사람이면 누구나 요순처럼 될 수 있다"는
맹자의 말과 차이가 없다.

이는 비록 길은 달라도 같은 결론에 도달한 것이다. 그들은 모두 유
가이니 이상할 것이 없다. 또한 맹자든 순자든 그들 모두 유가의 입장
에서 인성의 근거를 찾고자 한 것으로, 단지 맹자가 인의에서 근거를
찾았다면 순자는 예악에서 근거를 찾은 것이 다를 뿐이다.

문제는 이것과 한비가 어떤 관계가 있는가라는 점이다. 만약 한비가
순자의 관점을 전적으로 받아들였다면 그 역시 유가가 되었을 것이다.
그러나 그는 법가다. 유학 대가의 제자로서 그는 어떤 이유로 법가의
'집대성자'가 되었을까?

6

유가의 덕치와 법가의 법치

한비와 순자의 관계를 이야기하려면 먼저 순자와 맹자의 같은 점과 다른 점에 대해 이야기해야 한다.

순자와 맹자는 다음 세 가지가 서로 같다. 첫째, 인성이 도덕의 토대가 된다는 점에 동의했다. 둘째, 인간의 사회성이 '선'이라고 생각했다. 셋째, 인간에게 선과 악의 두 가지 가능성이 존재한다는 점을 인정했다. 서로 다른 점은 맹자는 선의 성향을 중시해 "인성이 선으로 향한다"는 점을 강조했고, 순자는 악의 가능성에 주목해 "인성에 악이 존재한다"는 점을 강조했다. 맹자가 이러한 선의 일면을 물로 간주해 '인도'를 주장했다면, 순자는 악의 가능성을 불로 간주해 '방비'를 주장했다. 그 결과 순자와 맹자는 겉으로는 물과 불이 서로 용납하지 않는 것처럼 완전히 다른듯 보이지만 사실은 가는 길이 달랐을 뿐 목적지는 같았다.

그렇다면 순자와 맹자는 한 가지 문제의 양면에 불과한 것일까?

• 공자 가라사대 •
내가 인하고자 하면 곧 인
이 이르게 된다.

사실 그렇게 간단하지는 않다.

표면적으로 볼 때 순자와 맹자는 공자 이후에 일종의 분업을 한 것처럼 보인다. 공자는 인의예악 네 가지를 모두 말했다. 맹자는 그 가운데 인의에 치중했고, 순자는 예악에 치중했다. 인의는 선을 향하도록 인도하는 것이고, 예악은 악을 저지르지 못하도록 방비하는 것이다. 맹자가 인의를 주장하고 순자가 예악을 주장한 것은 각자의 '인성론'에 부합한다. 그러나 인의와 예악은 성질이 다르고, 그 방식 또한 다르다. '인도'는 자각에 의지한 것으로 부드러운데 반해 '방비'는 강제에 의지하기 때문에 강경하다.

그래서 공자와 맹자는 자각에 따른 부드러운 방식이었다. "내가 인하고자 하면 곧 인이 이르게 된다." "인을 실천하는 것은 자기에게 달린 것이지 남에게 달린 것이겠느냐?" 맹자의 논조도 공자와 별 차이가 없다. "자기의 잃어버린 마음을 찾는 것뿐이다." 무슨 뜻인가? 인간이 선을 추구하는 것은 결코 어려운 일이 아니며 자신의 잃어버린 양심을 찾아오기만 하면 된다는 말이다.

그러나 순자는 그렇게 쉬운 일이 아니라고 생각했다. 순자의 이러한 생각은 《순자》〈성악〉편에 분명히 나타나 있다. 순자는 인성 가운데 악한 부분은 선천적인 것이기 때문에 무조건 선한 쪽으로 인도한다고 되는 것이 아니라 오직 개조하고 억누르는 수밖에 없다고 생각했다. 무엇을 개조하는가? '성'이다. 무엇을 억누르는가? '악'이다. 성을 개조하고 악을 억눌러야 인간이 선하게 된다. 이런 작업과 과정을 '화성이기위(化性而起僞)'라고 한다. '천성을 개조해 선한 마음을 일으킨다'는 뜻이다. 이런 작업은 아무나 할 수 있는 것이 아니라 오로지 성인만이 할 수 있다. 성인은 인간의 천성(자연적 속성)이 악하다는 것을 알고 있기 때문에 군권(君權)을 세워 통치했고, 예의를 명확하게 해 교화를 진행했으며, 법률과 제도를 제정해 다스렸고, 형벌을 중시해 범죄를 금지했다. 이는 천하의 모든 것이 다스려지는 대로 나아가고 선에 부합하기를 바란 것이다. 만약 이러한 군권, 예의, 법과 제도, 형벌이 없다면 어찌 선해질 수 있겠는가?

유가학설이 이 정도까지 나아갔다는 것은 법가에서 겨우 한 걸음 정도밖에 떨어져 있지 않았음을 알 수 있다. 마치 전제집권의 법가이론이 부르기만 하면 당장이라도 나올 듯하다.

그렇다면 법가와 유가의 분수령은 누구인가?

바로 한비다. 한비는 순자보다 한 걸음 더 나아갔다. 공자는 인성에 대해 언급하지 않았고, 맹자는 단지 '성선'에 대해서만 이야기했으며, 순자는 '성악'을 함께 말하면서 비록 악이 인간의 자연적 속성이기는 하지만 사회적 속성은 선하다는 보류의 태도를 보였다. 그러나 한비는 전혀 머뭇거림이 없었다. 그는 인간의 자연적 속성과 사회적 속성이 모두 악하다고 주장했다. 그래서 순자의 인성론이 인성에는 악한 부분이 있다는 '인성유악(人性有惡)'론이라면, 한비의 인성론이야말로 인성은 본래 악하다는 '인성본악(人性本惡)'론이다. 한비가 왜 '인성본악'을 주장했는지에 관해서는 앞에서 이미 이야기했다. 지금부터 말하려는 문제는 '인성본악'과 '인성유악'이 어떻게 다른지에 관한 것이다.

이 둘은 상당히 다르다. 이른바 '인성유악'은 인성에는 악한 면도 있지만 동시에 선한 면도 있음을 의미한다. 여기에는 그래도 예악으로 교화하면 인성을 선하게 변화시킬 수 있다는 희망이 존재한다. 그래서 순자는 유가 학파에 서서 "덕으로 나라를 다스린다"는 범위 내에서 단지 "법과 술을 겸용할 것"을 주장했을 뿐이다. 순자에게 군권, 예의, 법과 제도, 형벌은 하나라도 없어서는 안 될 존재였다.

그러나 한비의 '인성본악'은 다르다. 거기에는 희망이란 조금도 존재하지 않기에 오직 강권에 의한 진압만이 필요할 뿐이다. 그래서 한비는 스승이 전해 준 네 가지 법보 가운데 군권, 법과 제도, 형벌 이 세 가지만 선택했다. 그에게 예의는 필요치 않았다. 왜 그럴까? 인간은 본성이 너무 악하고 마음이 나쁘기 때문에 예의나 염치 따위는 근본적으로 쓸모가 없다. 그렇다면 쓸모가 있는 것은 무엇인가? 세력을 믿고 포악하게 행하는 '횡행패도', 그리고 상벌이라는 두 개의 칼자루와 세, 술, 법의 '양면삼도'다. 법가는 이를 듣기 좋은 말로 '법치'라고 했을 뿐이다.

이것이 유가와 법가가 갈리는 분수령이다. 만약 '겸(兼)'이란 글자로 유가와 묵가를 나누고, '무(無)'라는 글자로 유가와 도가를 나눈다면, '법'이란 글자로 유가와 법가를 나눌 수 있을 것이다. 유가는 덕치, 법가는 법치를 주장했기 때문이다. 다만 법가가 말하는 '법치'는 오늘날 말하는 '법치'와 같지 않다. 앞에서 말했듯이 법가는 사실 '권가(權家)'다. 법가의 '법치'란 실제로는 '권치(權治)'다. 권세, 권술, 권능을 이용해 나라를 다스리는 것을 말하는데, 다만 통치자가 권력을 사용할 때 제도와 규정을 다소 중시해야 한다고 했을 뿐이다. 법가는 이렇게 하는 것이 "법으로 나라를 다스림"이라고 보았다.

그렇다면 유가는 왜 덕치를 주장하고 법가는 왜 그들이 말하는 법치를 주장했을까?

이는 전통과 관련이 있다. 펑요우란이 《중국철학 약사》에서 말한 것처럼 서주(西周)사회는 사실 두 가지 메커니즘에 의해 운영되었다. 하나는 '예(禮)'이고 다른 하나는 '형(刑)'인데, 양자의 적용 범위는 달랐다. 예는 귀족, 군자를 대상으로 상류사회에 적용되었고, 형은 서민, 하층민을 대상으로 하류사회에 적용되었다. 전자에 적용되는 것은 원칙적으로 후자에 적용될 수 없었고, 후자에 적용되는 것 역시 원칙적으로 전자에 적용될 수 없었다. 이러한 원칙은 《예기》〈곡례상(曲禮上)〉편에 나오는 것이다. "예는 아래로 서민에게까지 미치지 않고, 형벌은 위로 대부에게까지 미치지 않는다."

그러나 이 구절에 대해 학계에서는 이견이 존재하고, 심지어 인정하지 않는 사람도 있다. 왜냐하면 실제로 서민도 예의 적용을 받았고, 대부 역시 형벌을 받는 경우가 있었기 때문이다. 사실 인용 구절은 나라를 다스리거나 사회를 관리하는 데는 두 가지 방식, 즉 '예치(禮治)'와 '형치(刑治)'가 있어야 함을 말하는 것이다.

이런 구분은 기본적으로 사실과 부합한다. 서주 시대에는 이것이 실행 가능했다. 왜냐하면 서주 사회의 상층부인 천자, 제후, 대부, 심지어 사(士) 계층은 모두 혈연이나 친척 관계였기 때문이다. 그래서 서로 부자 혹은 형제지간이거나 아니면 사촌 내지 친척 관계였기 때문에 자연스럽게 서로 공손하고 예의 있게 행동했다. 이에 반해 하층부는 지위가 낮고 전쟁 포로, 농노, 노예 등이 대부분이었기 때문에 형벌로 강압적으로 다스려야 했다.

그러나 춘추 전국 시대에 이르러 상황이 크게 변했다. 예악은 이미 붕괴되어 사회가 혼란에 빠지고 변화무쌍해지자 사회계층 또한 재편

· 공자 가라사대 ·

법령으로 이끌고 형벌로
규범화하면, 백성은 형벌
만 모면하려고 하고 부끄
러워할 줄 모르게 된다.
그러나 덕으로 이끌고 예
로 규범화하면 부끄러워할
줄도 알고 스스로 도덕을
지키게 된다.

되어 귀족이 하루아침에 서민이 되거나 군자
가 소인으로 바뀌는 경우도 있었고, 반대로 서
민이 귀족이 되거나 소인이 군자가 되는 경우
도 있었다. 이제 "예는 서민에게까지 미치지
않고, 형벌은 대부에게까지 미치지 않는다"는
말은 비웃음거리가 될 뿐이었다. 이로 인해 '예
치'와 '형치'라는 전통에 대해서도 재고할 필요
가 있었다. 그 결과 유가는 예치를 '덕치'로 개
조했고, 법가는 형치를 '법치'로 개조했다.

그럼 예치와 덕치, 형치와 법치는 어떻게 다른가? 예치와 형치는 각
기 다른 사회계층에 적용되지만 덕치와 법치는 모든 사람에게 적용된
다. 좀 더 엄밀히 말하자면, 유가의 덕치는 서민과 소인에게까지 적용
되고, 법가의 법치 역시 귀족과 대부까지 모두 적용된다는 뜻이다.

그렇다면 또 한 가지 의문이 든다. 덕치나 법치가 모든 사람에게 적
용되는 이상 두 가지 방법을 겸용하면서 충돌하지 않으면 될 것을 왜
유가와 법가는 사력을 다해 쟁론을 벌였을까?

이를 이해하기 위해서는 유가와 법가 두 학파의 사고방식과 주장을
살펴볼 필요가 있다.

우선 유가에 대해 이야기해 보자. 그들은 왜 '덕치'를 주장했는가?
공자의 말을 들어 보자. "법령으로 이끌고 형벌로 규범화하면, 백성은
형벌만 모면하려고 하고 부끄러워할 줄 모르게 된다. 그러나 덕으로
이끌고 예로 규범화하면 부끄러워할 줄도 알고 스스로 도덕을 지키게
된다(道之以政, 齊之以刑, 民免而無恥, 道之以德, 齊之以禮, 有恥且格)."

인용문에서 '格(격)'은 여러 가지로 해석되
고 있다. 첸무는 "표준에 도달함"으로, 리링은
"규정을 준수함"으로, 양보쥔은 "민심이 복종
함"으로, 리쩌허우는 "인정하고 의지함"으로
해석했다. 나는 "자발적으로 도덕 율령을 준수
함"의 뜻이라고 생각해서 위의 내용으로 풀이했다.

• 한비 가라사대 •
안전하고 이로우면 따르
고, 위험하고 해로우면 피
하는 것은 사람이라면 누
구나 갖고 있는 마음이다.

공자 말의 의미는 아주 분명하다. 형치와 법치는 사람들로 하여금
나쁜 짓을 하지 못하게 한다. 그러나 예치와 덕치는 아예 나쁜 짓을 할
생각을 하지 못하게 한다. 전자는 현상만 다스리고 근본적인 문제를
해결할 수 없으나, 후자는 현상은 물론이고 근본적인 문제도 해결할
수 있다. 어떤 것이 좋은지는 바보라도 알 수 있을 것이다. 그런데 한
비는 바보가 아님에도 왜 최선이 아닌 차선을 선택했을까?

이유는 간단하다. 공자의 방안이 좋기는 하지만 애석하게도 실천할
수 없기 때문이다. 그 이유는 나쁜 짓을 저지르는 원인을 밝히면 알 수
있다. 사람들은 왜 나쁜 짓을 할까? 그것이 취미이거나 좋아하기 때문
인가? 아니다. 그렇다면 무엇 때문인가? 바로 이해(利害) 때문이다.

《한비자》〈간겁시신(姦劫弑臣)〉편을 보면 한비는 이러한 인간의 심
리를 말하고 있다. "안전하고 이로우면 따르고, 위험하고 해로우면 피
하는 것은 사람이라면 누구나 갖고 있는 마음이다." 다시 말해, 사람은
누구나 이익을 좇고 해로움을 피한다. 이익이 있으면 너나없이 달려들
고, 해롭다는 생각이 들면 피할 생각만 한다. 만약 이해관계가 그다지
크지 않으면 도덕을 이야기하거나 법도를 지키려고 할지도 모른다. 그
러나 뿌리칠 수 없는 유혹에 직면하거나 감당할 수 없는 손해를 입게

되면 도덕 따위는 거들떠보지도 않고, 심지어 법령도 무시한다.

이는 역사에서도 어렵지 않게 사례를 찾아볼 수 있다. 《한비자》〈설림상(說林上)〉 편에 나오는 오자서의 이야기도 그러하다. 오자서가 초나라에서 탈출하다가 변경의 경비병에게 잡히고 말았다. 오자서가 그에게 말했다. "대왕이 나를 지명 수배한 것은 나에게 귀중한 진주가 있기 때문이오. 그러나 나는 이미 그것을 잃어버렸소. 당신이 나를 대왕에게 끌고 간다면 나는 당신이 진주를 빼앗아 삼켰다고 말할 것이오."

결국 어떻게 되었는가? 경비병은 오자서를 풀어 주었다. 이는 자신이 피해를 입지 않으려고 법령도 어기는 사례에 해당한다.

또 〈내저설하〉 편에는 초나라 성왕(成王)에 관한 이야기가 나온다. 성왕이 상신(商臣: 초 목왕)을 태자로 세웠는데 나중에 다시 어린 왕자 직(職)을 태자로 세우려 했다. 상신은 자신의 스승인 반숭(潘崇)을 찾아가 어떻게 하면 좋을지 자문을 구했다. 반숭이 물었다. "현실을 그대로 받아들이겠습니까?" 상신이 대답했다. "그럴 수 없습니다." 반숭이 다시 물었다. "그렇다면 다른 나라로 도피하시겠습니까?" 상신이 그것도 할 수 없다고 대답하자 반숭이 또다시 물었다. "그렇다면 정변을 일으킬 수 있겠습니까?" 상신이 대답했다. "할 수 있습니다." 결국 상신은 군사를 이끌고 가서 자신의 부친을 살해하고 왕위에 올랐다. 이는 자신의 이익을 위해 도덕도 내팽개친 사례에 해당한다.

그렇다면 도덕과 예의는 전혀 쓸모가 없는가? 그래도 쓸모가 있기는 하다. 《좌전》〈문공원년(文公元年)〉 편을 보면 이런 이야기가 실려 있다. 상신이 군사를 이끌고 와서 포위하자 성왕은 상신에게 붙잡히고 말았다. 그는 곰 발바닥 요리를 먹은 후에 죽겠다고 했다. 그러나 시간을 벌려는 성왕의 속셈을 간파한 상신은 들어주지 않았다. 성왕은 할 수 없이 스스로 목을 매어 죽었다. 그 후 성왕의 시호(諡號)를 영(靈: 정사를 어지럽힌 왕에게 붙이는 시호)이라고 하자 그는 죽어서도 눈을 감지 못했다. 이에 성(成: 정사를 바르게 한 왕에게 붙이는 시호)이라는 시호를 쓰자 성왕은 비로소 눈을 감았다.

상신은 곰 발바닥을 먹는 것은 허락하지 않았으나 부친의 체면을 살려 주는 일은 허락한 것이다.

이렇게 보면 '예'라는 것이 전혀 쓸모없는 것만은 아니다. 어떤 이해 관계만 얽혀 있지 않다면 타협해 융통성을 발휘할 수 있다. 그러나 크나큰 이해가 걸려 있다면 결코 쉽게 양보할 수 없다.

그래서 한비는 이렇게 말했다. 부잣집을 보면 그 자식이 어질거나 효성스럽지 않으니, 이는 사람은 심히 이익을 좇기 때문이다. 제나라 환공은 오패(五霸)의 으뜸이었는데, 왜 자신의 형인 규(糾)를 살해했는가? 국군의 자리에 오르는 것이 이익이 많았기 때문이다. 만약 만승의 국가를 지배해 한 나라의 이익을 얻을 수 있다면 신하들 가운데 노나라 계손씨의 가신으로 반란을 일으킨 양호(陽虎)처럼 되지 않을 자가 누가 있겠는가?

그래서 예치든 덕치든 모두 믿을 수 없다. 믿을 수 있는 것은 오직 형치와 법치뿐이다. 문제는 형치와 법치가 유효한가라는 점이다. 예컨 대 초나라 변경의 경비병은 오자서가 도망칠 수 있도록 풀어주지 않았던가? 한비는 이는 법치가 소용없기 때문이 아니라 형벌이 엄하지 않았기 때문이라고 생각해 "법률과 형벌을 엄하게 해야 한다"고 주장했다. 물론 징벌은 법치의 중요한 부분이지만 포상 또한 법치의 중요

부분이다.

《한비자》〈오두〉 편을 보면 한비는 이렇게 강조한다. "상은 후하고 확실해 백성이 이롭게 여기고, 벌은 무겁고 단호해 백성이 두려워하도록 해야 한다." 즉, 상을 주려면 확실하고 후하게 주어 신하와 백성에게 이익을 줄 수 있도록 하고, 벌을 줄 때도 엄중하고 신속하게 처리해 신하와 백성이 두려움에 떨게 해야 한다는 것이다. 그러나 더욱 중요한 것은 "법은 통일되고 변함이 없어서 백성으로 하여금 잘 알고 있도록 해야 한다"는 점이다. 이는 법 집행의 통일성, 입법의 지속성, 법령의 공개성을 의미하는 것이다. 법령이 통일되지 않거나 조변석개하고 은밀하게 제정되어서는 안 된다. 이렇듯 "상은 후하고 확실해 백성이 이롭게 여기게 할 것", "벌은 무겁고 단호해 백성이 두려워하도록 할 것", "법은 통일되고 변함이 없어서 백성으로 하여금 잘 알고 있도록 할 것", 이 세 가지가 바로 한비의 '법치 삼원칙'이다.

한비는 이러한 '삼원칙'이 있음으로 해서 국가가 오랫동안 안정을 유지하고, 군주 역시 마음이 편안하고 근심이 없을 수 있다고 여겼다. 군주의 손에 상과 벌이라는 두 가지 칼자루가 쥐어져 있기 때문이다. 이러한 두 가지 수단은 "이익을 추구하고 해로움을 피하려는" 인간의 본능에 근거해 설계된 것으로 오랫동안 사용되어 오면서 효과가 입증된 것이다. 포상이 두터우면 용사가 있기 마련이고, 형벌이 무거우면 선량한 백성이 있기 마련이다. 이 두 가지 칼자루를 쥐고 있는데, 신하와 백성이 어찌 통제에 불복할 것이며 법규를 지키지 않을 것인가? 게

다가 군주의 상과 벌은 법에 따라 집행되고 변
함이 없지 않은가. 이렇게 세월이 흐르면서 백
성은 점차 통제를 따르고 법규를 준수하며 명
령을 따르는 것이 습관화된다. 이렇게 되면 어
찌 천하가 태평하지 않겠는가?

아마도 여기서 이렇게 질문하는 사람이 있을 것이다. 상을 후하게
주고 벌을 엄격히 하면 진정으로 믿을 만한가? 한비는 믿을 만하다고
말한다. 물론 이러한 상벌이 통하지 않는 사람들도 있다. 예를 들어 은
사인 허유(許由)는 천하를 양보할 정도였으니 아무리 큰 상을 내린다
고 해도 회유할 수 없을 것이고, 협객인 도척(盜跖)은 형벌을 두려워하
지 않고 전국을 휩쓸고 다녔으니 아무리 무거운 벌이라고 해도 통제
하지 못할 것이다. 그러나 그런 사람은 극히 드물다. 나라를 다스리고
제도를 마련할 때는 다수의 일반 사람을 고려해야 한다. 〈충효〉 편을
보면 이러한 관점이 언급되어 있다. 한비가 말했다. "정치란 보통사람
들을 바르게 다스리는 일이고, 규칙이란 보통사람들을 바르게 인도하
는 것이다(治也者, 治常者也. 道也者, 道常者也)." 만약 허유 같은 사람이 있
다고 해서 상을 마련하지 않거나 도척 같은 인물 때문에 형벌을 만들
지 않는다면 "나라를 다스리고 백성을 다루는 법도를 잃고 만다." 반대
로, 만약 보통사람들을 대상으로 정치제도를 만들면 틀림이 없다. 왜
그럴까?

첫째, 신하와 백성이 복종하지 않을까 걱정할 필요가 없다. 둘째, 관
리들이 나쁜 짓을 하지 않을까 걱정할 필요가 없다. 셋째, 군주가 능력
이 없을까 걱정할 필요가 없다. 왜 그런가? 이러한 제도 아래서는 통

치자와 피통치자 모두 보통사람들이기 때문이다. 통치자가 보통사람이니 군주의 무능력을 걱정할 필요가 없을 것이고, 피통치자도 보통사람들이니 그들의 불복종을 걱정할 필요가 없다. 유일하게 마음을 놓을 수 없는 대상은 관리다. 그러나 한비는 그들에 대해서도 지나치게 걱정할 필요가 없는데, 그 이유는 근본적으로 관리들이 좋은 사람이기를 기대하거나 더욱이 성인이기를 기대하지 않기 때문이라고 말한다. 한비는 계속해서 말하고 있다. "현명한 군주는 나라를 다스릴 때 사람들 스스로 착한 일을 행하기를 바라면 안 된다. 오직 그들이 나쁜 짓을 못하도록 하는 데 신경을 써야 한다. 자발적으로 선을 행할 수 있는 사람은 한 나라에 열 명도 채 되지 않는다. 나쁜 짓을 하지 못하게 하는 방법을 쓰는 것만으로도 천하가 태평해질 수 있다."

그런데 문제는 어떻게 해야 나쁜 짓을 하지 않도록 보장할 수 있는가에 있다. 여기에는 한 가지 방법밖에 없다. 엄격한 형벌과 법령을 마련해 사람들이 감히 나쁜 짓을 저지르지 못할 뿐만 아니라 아예 생각조차 하지 못하게 방비하는 것이다.

이것이 바로 '유가와 법가의 논쟁'이다. 공자는 덕치를 주장하고, 한비는 법치를 주장했다. 공자는 "덕으로 나라를 다스리는 것"만이 모든 사람을 선한 사람이 되게 할 수 있다고 믿었고, 한비는 "법으로 나라를 다스리는 것"만이 모든 사람이 나쁜 짓을 하지 못하게 할 수 있다고 생각했다. 그렇다면 유가와 법가 가운데 누가 낫고 누가 못한가? 또 누가 옳고 누가 그른가?

나는 양가 모두 각각 우열과 옳고 그름을 갖고 있다고 생각한다. 공자의 주장은 이상적인 면에서 일리가 있고, 한비는 운영 면에서 취할 바가 있다. 정치학은 실천성이 매우 강한 학문이다. 정치제도를 만들 때 단순히 좋고 나쁨만을 고려해서는 안 되고, 그것이 실행될 수 있는 가의 여부를 살펴야 한다. 공자와 한비의 주장을 서로 비교해 보면 과연 누구의 주장이 실행 가능한가? 한비의 주장이다. 왜냐하면 공자의 제도는 성현을 표준으로 삼아 설계된 것이지만, 한비의 제도는 일반 사람들을 기준으로 해서 설계된 것이기 때문이다. 그런데 이 세상에 성인이 많은가 아니면 일반 사람이 많은가? 당연히 일반 사람이 많다. 그렇다면 성현의 제도와 일반 사람들의 제도 가운데 어느 것이 실행 가능한가? 이는 말하지 않아도 분명히 알 수 있을 것이다.

반대로 공자의 주장대로 성현을 표준으로 삼아 제도를 설계하면 문제가 있을 수 있다. 무슨 문제인가? 실천할 수가 없다는 것이다. 실천할 수 없으면 어떻게 하는가? 하나의 선택밖에 없다. 하는 척하는 것이다. 사실상 역대 왕조가 덕으로 나라를 다스린 결과 나라가 안정과 태평을 이루지 못하고 대대로 위군자(僞君子)만 만들어 냈을 뿐이다. 이러한 위군자들은 성현의 표준에 따라 억지로 만들어진 것이다. 그 표준은 황제나 관리들 모두 성현이 되라고 요구하고 있으니 어찌 가능하겠는가? 그래서 거짓으로 하는 척하는 것 이외에 다른 출로가 없다.

그래서 가장 믿을 수 있는 방법은 '가장 좋은 제도'가 아니라 '가장 나쁘지 않은 제도'를 모색하는 길밖에 없다. 적어도 제도를 만들 때는 이렇게 할 수밖에 없다. 실제로 지금까지 세계에서 완벽한 제도는 존재한 적이 없으며 단지 "가장 나쁘지 않은 제도"만이 존재할 뿐이다. 그리고 그러한 "가장 나쁘지 않은 제도"가 일반적으로 자칭 "가장 좋은 제도"라고 하는 제도보다 더 좋을 수 있다. 그것이 실재하는 것이기 때문이다.

이런 주장에 대해 아마도 비판하는 사람들이 있을 것이다. 그들은 이렇게 말할 것이다. 과연 이런 제도가 좋은가? 물론 세상에는 일반 사람이 대다수인 것은 사실이지만 사회를 건설하기 위해서는 일반인 들의 수준에 맞춰 그들을 표준으로 삼아서는 안 된다. 기준을 위에서 취하면 겨우 중간을 얻을 수 있고, 중간에서 취하면 겨우 아래를 얻을 수 있기 때문이다. 이처럼 일반인들을 표준으로 삼으면 상황은 더욱 나빠지지 않겠는가?

사실 이런 비판도 일리가 있다. 실제로 한비의 주장대로만 실행할 경우 마찬가지로 문제가 생길 수 있다. 예를 들어 겉으로는 법규를 준 수하는 듯하지만 속으로는 나쁜 생각을 품고 있을 수도 있고, 법 집행 이 엄격할 때는 모범적이지만 법률이 미치지 못하는 곳에서는 나쁜 짓을 저지를 수도 있다. 한마디로 말해서 겉과 속이 다를 수 있다.

그러므로 우리는 한비의 방안이 실행 가능하다고 해서 공자의 이상 을 부정할 수는 없는 것이다. 사람은 누구나 이상이 없을 수 없다. 국 가, 사회, 민족 역시 마찬가지다. 한 국가, 한 사회, 한 민족은 언제나 이상, 포부, 추구가 있어야 발전을 유지할 수 있으며, '가장 나쁘지 않 은' 결과를 얻을 수 있다. 반대로 만약 처음부터 '잘할 수 있을 것'이라 는 생각은 하지 않고 단지 그럭저럭 넘어가고자 한다면, 끝내 넘어설 수 없을 것이다.

이처럼 공자의 덕치와 한비의 법치는 각각 나름대로 일리가 있으 며, 또한 좋은 점과 나쁜 점이 있음을 알 수 있다. 그럼, 양자를 합친다 면 어떨까? 사실 한대(漢代) 이후로 역대 통치계급은 대체로 그렇게 했다. 즉, 유가와 법가를 겸용하면서 왕도와 패도를 섞어 사용했다. 그런데 애석하게도 문제가 있다. 무슨 문제인가? 덕치든 아니면 법치든 그것은 역대 통치자들에게는 '치도(治道)'가 아닌 '치술(治術)'로서 통치를 유지 보호하기 위한 수단에 불과했다는 점이다. 수단인 이상 쓸모가 있기만 하면 된다. 어떤 쓸모인가?

덕치에서 쓸모가 있는 것은 예교(禮敎)다. 삼강오륜과 윤리가 존재하니 백성이 감히 반란을 일으킬 수 없다. 법치에서 쓸모가 있는 것은 형법이다. 형벌이나 법률이 엄하면 백성이 반란을 꿈꿀 수 없다. 그래서 역대 왕조의 덕치는 실제로 "덕으로 나라를 다스리는 것"이 아니라 "윤리로 나라를 다스림"인 '예치(禮治)'였다. 또한 역대 왕조의 법치는 실제로 "법으로 나라를 다스리는 것"이 아니라 "형벌로 나라를 다스림"인 '형치(刑治)'였다. 결론적으로 "유가와 법가를 겸하고 왕도와 패도를 섞어 사용한 것"은 강경책과 유화책을 겸용해 당근과 채찍을 사용한 것이므로 한비가 주장한 강경하고 냉랭하며 적나라한 것과는 달리 겉에 따뜻함이 가득한 베일을 씌워 놓은 것뿐이다.

사실 유가나 법가의 학설을 '다스리는 방법'으로 본다면 실행하기 힘들다. 왜 그럴까? 공자의 덕치나 한비의 법치 자체에 문제가 있기 때문이다. 어떤 문제인가? 공자의 덕은 예교의 덕인 '왕도'다. 그리고 한비의 법은 제왕의 법인 '왕법'이다. 왕법은 백성을 보호하지 않으며, 왕도는 단지 군주만 존중할 뿐이다. 이 둘은 단지 통치계급에 해당하는 것일 뿐 백성에게는 해당되지 않는다. 이러한 덕과 법으로 나라를 다스리는 것이 가능하겠는가? 불가능하다.

아마 이렇게 묻는 사람도 있을 것이다. 이것도 안 되고 저것도 안 된다면 대체 어떻게 해야 하는가? 추상계승(抽象繼承), 합리지양(合理止揚). 이것이 내 대답이다. 이에 대한 구체적인 설명은 뒤에서 다시 하고자 한다. 왜 뒤에서 다시 하는지의 이유는 이렇다.

인류의 문제는 다음 세 가지에서 크게 벗어나지 않는다. 무엇을, 왜, 어떻게 할 것인가. 앞의 네 장에 걸쳐 유가, 묵가, 도가, 법가의 기본 관점을 소개한 것은 무엇인가에 해당한다. 이어서 제5장에서는 백가쟁명의 원인과 결과에 대해 살펴볼 것이다. 이는 왜에 해당한다. 이렇게 '무엇을'과 '왜'를 알게 되면 독자 여러분들도 '어떻게 할 것인가'에 대해 알게 될 것이다.

그럼, 춘추 전국 시대에 제자백가가 자신들의 학설을 주장하고 서로 논쟁한 이유는 무엇이었을까?

제 5 장

시대와 사회가
위대한 사상들을 낳다

이는 공자뿐만 아니라 다른 제자(諸子)도 마찬가지였다.

묵자는 마치 고행하는 수도승처럼 살았고 홀로 의협의 일을 행했다.

한비는 산에 호랑이가 살고 있는 줄 알면서도

오로지 그곳으로 향했다.

책임감과 사명감 때문이었다.

심지어 노자와 장자조차도 책임감과 사명감을 갖고 있었다.

그렇지 않다면 그들이 왜 그처럼 많은 말을 했겠는가?

당시의 지식인들은 투철한 책임감과 사명감을 갖고

'천하가 과연 어디로 가야 하는가'에 대해

치열하게 고민하고 답을 구하려 애썼다.

1

유가를 향해 묵가, 도가, 법가가
반대한 문제

앞에서 우리는 선진 백가쟁명의 '3대 전쟁', 즉 유가와 묵가, 유가와 도가, 유가와 법가의 논쟁에 대해 간략하게 살펴보았다. 실제로 방대한 내용을 주마간산식으로 훑고 지나가 내용이 부족한 부분도 있을 것이고, 심지어 부분을 전체인 것처럼 설명한 부분도 있을 것이다. 설령 그렇다 해도 이를 통해 선진 제자에 대해 존경과 경모심을 품고 그들을 추모하기에 충분하리라 생각한다. 《사기》〈공자세가〉 편에서 사마천이 한 말이 이러한 마음을 잘 표현해 주고 있는 듯하다. "'높은 산을 우러러보며 큰길을 따라가네'라고 했으니, 비록 그 경지에 이르진 못할지라도 마음만은 그(공자)를 향하리라(高山仰止, 景行行止, 雖不能至, 然心向往之)."

많은 사람이 중화민족은 어떻게 이처럼 수많은 위대한 사상가를 배출할 수 있었으며, 그들은 어떤 이유로 춘추 전국 시대에 집중적으로 출현했는지 자못 궁금해할 것으로 생각된다. 또한 그들의 사상은 왜 이처럼 오랜 세월이 흘러도 여전히 강인한 생명력과 영원한 매력을 지니게 된 것일까?

이는 분명 깊이 생각해 볼 만한 문제다.

그러나 위의 세 가지 의문에 대한 답을 얻기 위해서는 먼저 2500여 년 전 왜 제자백가의 논쟁이 시작되어 장장 300년이라는 오랜 시간 동안 지속된 대격전으로 전개되었는지를 분명히 알 필요가 있다.

이 문제도 공자에서 이야기를 시작해야 할 듯싶다. 공자는 모든 일의 시작이기 때문이다. 공자는 민간 사상가의 신분으로 천하 대사에 자신의 의견을 발표하는 선례를 만들었다. 일단 선례가 생기자 이후에는 그 뒤를 이어 수많은 사람이 자신의 주장을 내놓기 시작했다. 묵자, 맹자, 양주, 장자, 순자, 한비 등이 각기 자신의 주장을 펼쳤다. 노자는 마치 허공에 대고 말하는 것 같기는 하지만, 그 역시 자신의 주장을 펼쳤다. 이것이 바로 '쟁명(爭鳴)', 즉 다투어 논쟁함이다. 또한 대다수가 공자에 대한 이야기를 빼놓지 않았다. 그래서 마지막에서 공과를 따질 때에도 공자부터 이야기하지 않을 수 없다.

게다가 공자는 가장 중요한 인물이다.《중국사상사》에서 웨이정통이 말한 것처럼, 공자는 선진 시대에 이미 "사상사의 중심적 위치에 있었으며, 문화사상의 대표적 인물이었다." 실제로 세계적으로 공자는 중국 최고의 사상가로 꼽힌다. 예를 들어 퓰리처상을 수상한 미국의 문명사학자 윌 듀런트(Will Durant)는《역사 속의 영웅들(The Greatest Minds and Ideas All Time)》이란 책에서 "일부 의문이나 논쟁이 있을 수는 있지만" 공자를 "인류의 가장 위대한 사상가"로 선정하는 데 조금도 주저하지 않았다. 그 밖의 9명의 위대한 사상가를 나열하면 플라톤,

아리스토텔레스, 성 토마스 아퀴나스, 코페르니쿠스, 베이컨, 뉴턴, 볼테르, 칸트, 다윈이다.

그러나 공자는 문제도 적지 않다. 또한 공자는 생전에 자신의 뜻을 이루지 못했다. 그는 동분서주했음에도 가는 곳마다 벽에 부닥쳤고, 노심초사했지만 끝내 아무런 수확도 없었으며, 무리를 잃은 기러기처럼 서글퍼했고, 상갓집 개처럼 초라했다. 그래서 우리는 의문이 들지 않을 수 없다. 공자와 그의 사상이 정말로 그렇게 위대한 것일까? 만약 진정으로 위대하다면 왜 그 지경에 이르고 말았을까?

그런데 이런 문제를 공자 자신도 생각하고 있었다. 심지어 그는 자신의 학생들과 이에 대해 토론을 한 적이 있다. 진(陳)나라와 채(蔡)나라 사이에서 곤경에 빠졌을 때였다. 《사기》〈공자세가〉 편에 따르면, 당시 공자 일행은 식량이 떨어져 굶고 병들어 잘 일어서지도 못할 정도였다. 그래서 일행들 사이에서 동요가 일었고 가장 믿는 제자들조차 참지 못하는 상황이었다. 공자 자신도 제자들이 불만이 많음을 알고 있어 제자 몇몇과 이야기를 하고자 했다. 물론 공자가 모든 제자를 부른 것은 아니고, 그중에서 '학생 간부' 정도 되는 자로와 자공, 안회를 불렀다. 대화의 핵심은 공자 자신의 주장이 과연 옳은가의 여부와 어찌하여 이런 난관에 이르렀는지에 관한 것이었다. 제자들은 자신들의 생각을 이야기했고, 공자도 자신의 의견을 말했다. 당시 그들의 대화는 깊이 새겨볼 만하다.

처음으로 자로를 불러 대화를 나누었다. 이야기를 하기 전에 관례대로 시를 읊었다. "《시경》에 이르기를 '코뿔소도 아니고 호랑이도 아닌데 광야를 헤매고 있구나'라고 했다." 즉, 우리는 코뿔소나 호랑이와 같은 야수도 아닌데 어찌하여 광야를 헤매다가 사람들에게 포위되어 여기에 있느냐는 뜻이다. 공자가 계속해서 말했다. "과연 우리의 주장이나 생각이 잘못된 것일까? 우리가 무엇 때문에 이 지경까지 이르렀는가?"

스승이 이렇게 심각한 질문을 던졌으니 제자는 당연히 대답을 해야 한다. 이에 자로는 추측의 어조로 말한다. "아마도 우리가 어질지 못해서 그런 것 아닐까요? 사람들이 우리를 믿지 못하니 말입니다. 아마도 우리가 지혜롭지 못하기 때문이 아닐까요? 그래서 사람들이 우리를 놓아주지 않는 것이겠지요." 이에 대해 공자가 말했다. "그렇게 생각하느냐, 유(由)야! 만약 어진 사람이 반드시 남의 신임을 받는다면 어찌하여 백이와 숙제가 굶어죽는 일이 있었겠느냐? 만약 지혜로운 사람이 반드시 자신의 도를 실행할 수 있다면 어찌 왕자 비간(比干)이 살해당하는 일이 있었겠느냐?"

분명 공자는 자로의 생각에 동의하지 않았으며, 문제가 자신들에게 있다고 생각하지 않은 것이다. 자로가 나가고 자공이 들어왔다. 공자는 자공에게도 똑같은 질문을 했다. 이에 대해 자공은 다음과 같이 말했다. "선생님의 도가 지극히 원대하기 때문에 천하 어느 누구도 선생님을 받아들이지 못하는 것입니다. 선생님께서는 어찌하여 자신의 도를 조금 낮추지 않으십니까?" 바꿔 말해 도를 조금 낮추면 어찌 받아주는 곳이 없겠느냐는 의미다. 공자는 자공의 말에 동의할 수 없었다.

공자가 말했다. "사(賜)야! 훌륭한 농부가 농사를 잘 짓는다고 해서 반드시 곡식을 잘 수확하는 것은 아니다. 훌륭한 장인이 정교한 솜씨를 가졌다고 해서 반드시 사람들을 만족시키는 것은 아니다. 군자가 도를 잘 닦아서 기강을 세우고 잘 다스린다 해도 반드시 세상에 받아들여지는 것은 아니다. 지금 너는 자신의 도는 닦지 않고, 스스로 도를 낮추어 남들에게 받아들여지기만을 바라고 있구나. 사야, 너의 뜻이 원대하지 못하구나!"

자공이 나가고 안회가 들어왔다. 공자가 또다시 똑같은 질문을 했다. 그러자 안회가 대답했다. "선생님의 도가 지극히 원대하기 때문에 천하 그 누구도 받아들이지 못하는 것입니다. 비록 그렇다 할지라도 선생님께서 그것을 추진하여 행하시면 되지 받아들여지지 않는다고 해서 무엇을 걱정하십니까? 도가 받아들여지지 않은 후에야 군자의 참모습이 드러나게 됩니다. 군자는 도를 닦지 않는 것을 수치로 여기고, 도를 이미 크게 닦았는데도 써 주지 않음은 집권자들이 부끄러워해야 할 것입니다. 받아들여지지 않음을 어찌 근심하십니까? 받아들여지지 않은 후에야 군자의 참모습이 드러나게 될 것입니다."

그의 말에 공자가 크게 기뻐하며 웃으며 말했다. "그렇던가? 안씨 집안의 아들이여. 만약 네가 큰 부자가 된다면 나는 너의 가재(家宰)가 되겠다."

이는 참으로 절묘하다. 안회와 자공 두 사람 모두 참으로 듣기 좋게 말했지만, 두 사람 다 말도 안 되는 이야기를 하고 있다. 비교적 일리가 있는 말을 하는 것은 자로다. 그의 생각은 진솔하고 적절하다. 왜냐하면 자신에게서 원인을 찾고 있기 때문이다. 그것은 전사가 생각하는 방식이다. 훌륭한 전사는 싸움에서 졌을지라도 결코 상대가 강했기 때문이라고 변명하지 않고 단지 자신이 강하지 못했음을 탓한다. 그가 해야 할 일은 두 가지뿐이다. 하나는 자신의 무예를 더욱 열심히 닦는 것이고, 다른 하나는 자신의 칼을 날카롭게 가는 것이다. 자로의 사고방식은 이러했다. 그래서 자로가 비록 진정한 원인을 찾은 것은 아니지만(진정한 원인에 대해서는 이후 이야기하겠다), 그의 생각은 틀린 것이 아니다. 우리는 그의 태도를 거울로 삼고 배울 만하다. 그러나 애석하게도 자로의 생각은 공자에게 받아들여지지 않았다.(욕을 먹지 않은 것만 해도 다행이다.)

자로가 전사라면 자공은 상인이다. 상인은 실속을 중시한다. 그들이 일을 하는 목적은 아주 분명한데, 바로 거래를 성사시키는 것이다. 거래의 성사를 위해서는 양보할 수 있어야 하고 그것이 바로 가격 흥정이다. 그러나 좋은 가격을 받으려면 우선 흥정 가격을 올려야 한다. 자공의 방식이 바로 이런 것이다. 그는 우선 공자가 가격을 제시하는 것을 도와 가장 높은 가격을 붙이고(선생님의 도가 지극히 크다), 그런 다음 다시 공자에게 가격을 낮출 것을 건의했다(선생님께서는 어찌하여 자신의 도를 조금 낮추지 않으십니까). 이는 흥정을 붙여 가격을 절충하자는 뜻으로, 그 목적은 당연히 거래를 성사시키는 것이다. 즉, 세상에 받아들여져 임용되는 것이다.

그러나 애석하게도 자공의 생각과 공자의 생각은 같지 않았다. 물론 공자는 간절히 정치에 참여하고 관직에 나아가고 싶어 했다. 그래서 자공이 그에게 "만약 여기에 아름다운 옥이 있다면 그것을 상자에 숨겨놓을까요, 아니면 좋은 값을 쳐줄 사람에게 팔까요?"라고 물었을 때, 공자는 즉시 대답했던 것이다. "팔아야지! 팔아야지!" 그러나 공자는 원칙을 갖고 있었다. 그것은 사람은 손해를 볼 수 있지만 도는 흥정할 수 있는 대상이 아니라는 점이다. 예를 들어 고위관리가 아니라 하급 관리가 될 수는 있지만 그럼에도 반드시 도를 행해야 한다는 뜻이다. 도는 할인할 수 있는 것이 아니다. 자공이 먼저 "선생님의 도가 지극히 크다"라고 말한 뒤 "도를 조금 낮추지 않으시겠습니까"라고 말하자 공자는 그가 그렇게 말한 동기가 불순하다고 생각하며 오로지 거래를 성사시키기 위한 거래가 아닌지 의심했다. 그래서 공자는 그에게 어떤 문제를 생각할 때 성공의 여부부터 생각할 것이 아니라 그것을 해야 하는지 아닌지를 생각해야 한다고 꾸짖고, 만약 "지금 네가 도는 닦지 않고 받아들여지기만을 추구한다"면 품격이 높아질 수 없다고 가르친 것이다.

이렇게 꾸중을 들은 자공은 조금 억울하다는 생각이 들었을 것이다. 그는 사실 좋은 뜻에서 진정으로 스승이 난관에서 벗어나는 데 도움을 주고자 했기 때문이다. 자공은 매우 똑똑하고 자로보다 말솜씨가 뛰어났다. 자로는 고지식하고 단순해 나서서 자신들에게 문제가 있다고 했으니 공자에게 좋게 들릴 리가 있겠는가. 욕을 먹지 않은 것만 해도 천만다행이다. 그러나 자공은 훨씬 똑똑했다. 그는 먼저 공자에게 안정제를 먹여 주었다. 즉, 공자의 주장이나 견해는 전혀 문제가 없다고 했다. 문제가 없을 뿐만 아니라 최고라고 했다. 이렇게 스승을 기분 좋게 하고 나서 그는 자신의 방안을 제시했다. 자공은 우선 큰 도리에 대해 언급한 후 작은 이해타산을 따져 이론과 실제적인 것을 동시에 고려했으므로 충분히 인정받을 만하고 또한 적절한 방법으로 진정으로 빈틈없는 대책이라고 생각했다. 그러나 오히려 무안만 당하고 말았다. 또 안회가 말한 내용은 무슨 방법이라고 할 수도 없는 실속 없는 말임에도 오히려 일등에 당첨되어 스승의 칭찬을 받아 자신의 방법은 안회보다 훨씬 못한 것이 되어 버렸다.

왜 이렇게 된 것일까? 자공과 안회 모두 총명하지만 자공은 영악하고 안회는 지혜로웠기 때문이다. 앞에서 말했듯이 자로는 전사와 같아 솔직하고 직언도 마다하지 않았지만 자공은 상인과 같아 부드럽고 돌려 말할 줄을 알았다. 그렇다면 안회는 어떠한가? 그는 관리, 특히 고위관리자나 지도자를 상대하는 관리와 같다. 사실 안회만이 지도자(공자)의 의도를 진정으로 이해하고 있었다.

공자가 왜 "우리의 주장이나 생각이 잘못된 것일까? 우리가 어찌 이 지경까지 이르렀는가?"라고 두 가지 문제를 제기했는지 생각해 볼 필요가 있다. 공자가 정말로 자신의 주장과 생각이 문제가 있다고 여긴 것일까? 물론 그렇지 않다. 설사 죽는 한이 있더라도 그는 인정하지 않았을 것이다. 그가 제기하고자 했던 문제는 이처럼 좋은 주장과 생각을 어째서 받아들이고 받드는 사람이 전혀 없고 오히려 자신과 자신의 제자들이 진과 채나라 사이에서 곤란한 지경에 빠지게 되었는가라는 점이었다. 이때 공자는 이러한 상황에 대해 적절한 설명을 해야만 무리가 뿔뿔이 흩어지는 상황에 이르지 않고 그들을 이끌고 계속 전진할 수 있었을 것이다. 그리고 이를 설명하는 가장 좋은 방법은 학생들이 스스로 의견을 제시하는 것이다. 그들이 자신들이 제시한 의견을 통해 스스로를 설득하고 스스로 교육하면서 자기 스스로 어려운 상황에서 벗어나 자신을 격려하는 것이다. 당연히 이는 선생이 설교를 늘어놓는 것보다 훨씬 효과적이다. 이것이 바로 공자가 세 명의 학생 간부들을 불러 대화를 나눈 이유다.

아마도 공자는 먼저 누구와 대화를 나누어야 할지 고민했을 것이다.

사마천의 기록에 따르면, "공자는 제자들이 원망하는 마음을 갖고 있다는 사실을 알고 자로를 불러 물었다." 여기서 알 수 있듯이, 대화하는 순서는 공자 자신이 정했다. 그럼, 왜 가장 먼저 자로와 이야기하려고 했을까? 자로가 가장 나이가 많고 서열이 높았으며 학생들 사이에서 명망이 있고 말하는 데 패기가 있었기 때문이다. 그러므로 자로를 잘 설득하면 모든 것이 잘 해결될 수 있었다. 만약 그것이 안 되면 다시 자공이나 안회를 불러 이야기할 수 있었다. 그러나 자로는 스승의 의도를 제대로 파악하지 못했기 때문에 그의 대답은 공자를 만족시킬 수 없었다. 그런데 공자는 원래 그에게 그다지 기대하지 않았기 때문에 몇 마디로 훈계하고 말았다.

자로에게 기대할 수 없다면 자공이나 안회에게 희망을 걸 수밖에 없다. 그런데 왜 자공을 먼저 불렀을까? 자공은 총명하고 영리하기 때문에 좋은 의견을 내놓을지도 모른다고 생각했기 때문이다. 그러나 애석하게도 자신이 똑똑하다고 생각하고 있던 자공은 오히려 공자를 더욱 만족시키지 못했다. 희망이 실망으로 변하면 당연히 화가 치솟기 마련이다. 그래서 공자는 자로 때보다 더 많이 자공을 나무랐다. "사야, 너의 뜻이 참으로 원대하지 못하구나." 공자의 이 말은 자공의 속마음을 간파한 날카로운 비판이자 훌륭한 사람이 되지 못함을 안타까워하는 표현이다.

자로와 자공, 두 제자는 핵심을 파악하지 못했으니 이제 기대할 수 있는 사람은 안회뿐이었다. 안회라면 기대를 저버리지 않을 것이다. 안회는 깨닫는 능력이 뛰어난 제자가 아니던가! 공자는 안회라면 왜 그런 질문을 했는지 틀림없이 심사숙고할 것이고, 질문의 본질을 꿰뚫을 것으로 믿었다.

실제로 공자는 평소에 제자들에게 하나를 알려주면 미루어 여러 가지를 알고, 다방면의 도리와 이치를 체계적이고 철저하게 이해하라고 가르쳤다. 공자의 가르침대로 생각해 보면 공자의 질문은 다음과 같은 의도가 있는 것이 분명하다. 첫째, 공자가 정말로 자신의 생각이나 주장이 옳고 그른지에 대해 토의하려고 하는 것이 아니다. 이는 근본적으로 문제가 될 수 없다. 문제가 되지 않는다면 왜 질문한 것인가? 질문과 대답을 통해 자신에 대해 다시 한 번 확신을 얻을 필요가 있었다. 마찬가지로 "우리가 어찌 이 지경까지 이르렀는가?"라는 질문도 역시 문제가 될 수 없다. 왜 그런가? 《논어》〈헌문〉 편에서 "안될 줄 알면서도 하는 사람"이라고 말한 것처럼 공자는 이미 자신의 주장이 세상에 수용되지 않고 있음을 알고 있었는데 어찌 "우리가 어찌 이 지경까지 이르렀는가?"라고 탄식하며 새삼스럽게 곤혹스러워하겠는가. 곤혹스러워하며 묻는 것이 아니라면 왜 질문을 한 것인가?

그것은 자신에게 묻는 것이 아니라 다른 사람에게 묻는 것이다. 다른 사람이란 누구를 말하는가? 바로 자신의 제자들인 학생들이다. 그는 학생들이 이러한 질문을 깊이 생각해 보고 스스로 깨닫기를 바란 것이다. 그렇다면 스승께서는 사실 지금 생각수업을 하고 계신 것이다! 이를 정확하게 깨닫는다면 어렵지 않게 문제의 해답을 얻을 수 있다. 공자는 자기반성을 원하는 것도 아니고(자로가 실수한 부분이다), 방향의 수정을 원하는 것도 아니다(자공이 실수한 부분이다). 그가 원하는 것은 상황을 무마하고 무리의 마음을 안정시키고 더 나아가 사기를 북돋을 수 있는 견해였던 것이다. 안회는 그에 부합하는 견해를 제시했기 때문에 스승의 칭찬을 받을 수 있었다.

그러나 안회의 견해는 문제가 있다. "도가 받아들여지지 않은 후에야 군자의 참모습이 드러나게 된다"고 했는데, 이런 논리에 따르면 모든 군자는 고립될 수밖에 없다. 이는 말이 안 된다. 물론 진리는 때로 소수가 장악하고 있지만, 이것이 곧 소수만이 장악할 수 있다거나 더욱이 소수만이 장악해야 한다는 의미는 아니다. 궁지에 몰려 출로가 없다는 것으로 자신이 진리를 지니고 있음을 증명하는 것은 솔직히 일종의 자기기만이다. 모든 탓을 외부 조건이나 환경에 돌리고, 모든 책임을 다른 사람에게 돌린다면, 이것이야말로 '아큐정신(阿Q精神)'이라 할 수 있다. 형장에서 죽음을 앞두고 난생처음 서명을 하게 되었을 때 글자를 몰라 서명 대신 동그라미를 그리는데 그것도 제대로 그리지 못한 아큐가 말한다. "아무짝에도 쓸모없는 것들이 동그라미를 제대로 그리지!" 그런데 안회가 뭐라고 했는가? 소인이어서 곳곳에서 환영을 받는다고 했다. 그러니 어찌 안회가 아큐의 선조가 아니겠는가?

그래서 안회는 공자의 칭찬을 받기는 했지만 다음과 같은 문제를 남겼다. 만약 우리가 좌절을 당했을 때 자로처럼 '반성'할 것인가, 아니면 안회처럼 '자기기만'을 할 것인가? 나는 분명 반성이 올바른 태도이고, 자기기만은 상황에 따라야 한다고 생각한다. 왜냐하면 자기기만이라고 해서 반드시 나쁜 것만은 아니기 때문이다. 예를 들어 중병에 걸린 사람이라면 의식적으로 나을 수 있다고 자기기만을 할 필요가 있다. 자기기만을 할 때는 두 가지 중요한 점이 있다. 하나는 그것이 자기기만이라는 것을 의식해야 한다는 점이고, 다른 하나는 단체로 기만이 필요한 경우를 제외하고는 자신에서 그쳐야 다른 사람을 속여서는 안 된다는 점이다.

예를 들어 공자가 진나라와 채나라 사이에서 곤경에 처했을 당시는 '단체기만'이 필요한 때였다. 당시는 논리를 이야기할 때가 아니었

다. 당연히 공자가 마련한 토론에서는 우리가 앞에서 제시한 문제, 즉 공자가 살아생전에 계속해서 난관에 부닥치고 의탁할 곳이 없었던 원인에 대한 답을 얻을 수 없다.

그렇다면 이 문제에 대한 답은 누구에게서 얻어야 하는가?

공자의 적, 공자를 반대한 사람들에게 질문해야 한다. 예를 들어 공자를 초빙하는 것에 적극적으로 반대한 안영이나 자서에게 물어야 한다. 앞에서 말했듯이 공자는 제나라에서 안영에 의해 임용이 좌절되었고, 초나라에서는 자서에 의해 좌절당했다. 이에 대한 이야기는《사기》〈공자세가〉편에 자세히 실려 있다. 그들의 반대 의견을 들어 보면 우리의 의문에 대한 답을 얻을 수 있을 것이다.

첫 번째 사건은 기원전 517년, 공자 나이 35세 때 발생했다. 그해에 공자는 제나라에 가서 경공(景公)을 알현했다. 경공이 정치에 대해 묻자 공자는 다음 여덟 자로 답변했다. "군군, 신신, 부부, 자자(君君, 臣臣, 父父, 子子)." 군주는 군주답고, 신하는 신하답고, 아버지는 아버지답고, 자식은 자식다워야 한다는 뜻이다. 경공이 그의 말을 듣고 기뻐하며 말했다. "훌륭한 말이오. 군주가 군주답지 않고 신하가 신하답지 않으며, 아버지가 아버지답지 않고 자식이 자식답지 않다면 비록 곡식이 있다고 할지라도 내가 어찌 그것을 먹을 수 있겠소!" 며칠이 지나 경공이 또다시 공자에게 정치에 대해 묻자 공자가 대답했다. "정치의 관

건은 재물을 절약하는 데에 있습니다(政在節財)." 경공은 크게 기뻐하며 이계(尼谿)의 땅을 그에게 봉토로 주고 봉하려고 했다. 그때 안영(晏嬰)이 나서서 반대했다. 당시 안영은 제나라의 중신이었기 때문에 그의 말은 힘이 있었다. 그는 두 가지를 말했는데, 첫째는 유자(儒者)는 중용해서는 안 된다는 것이고, 둘째는 예악은 더 이상 부흥할 수 없다는 것이었다.

왜 유자를 중용해서는 안 된다고 했을까? 안영은 네 가지 이유를 들었다. 첫째, 유자는 말솜씨가 뛰어나 법으로 규제할 수 없다. 둘째, 자신의 재능을 믿고 오만해 위에서 통제하기 어렵다. 셋째, 상례(喪禮)를 중시해 백성을 혹사하고 재물을 낭비하므로 그들의 예법으로 풍속을 교화할 수 없다. 넷째, 제후들에게 유세하러 다니며 관직이나 후한 봉록을 요구하니 나라를 다스리게 할 수 없다.

또 예악이 더 이상 부흥할 수 없는 이유는 무엇인가? 성현이 있어야 예악이 있을 수 있기 때문이다. 성현이 이미 존재하지 않고, 주 왕실은 쇠락했으며, 예악이 붕괴된 지도 이미 오래되었다. 그럼에도 계속해서 예악을 주장하는 것은 시대에 맞지 않는다. 그러나 공자는 용모와 복식을 성대하게 꾸미고 의례 절차를 번거롭게 하면서 예악을 강조하고 있다. 그가 주장하는 예악은 "몇 세대를 지난다 해도 다 배울 수 없고", "한창 왕성한 때일지라도 그 예법을 마칠 수 없다." 만약 그를 임용해 제나라의 풍속을 바꾸려고 한다면, 이는 백성을 인도하기에 좋은 방법이 아니다.

경공은 안영의 말을 받아들여 공자를 등용하지 않았고, 결국 공자는 노나라로 돌아왔다.

두 번째 사건은 공자가 진나라와 채나라 사이에서 곤란을 겪을 때 일어났다. 당시 초(楚)나라 소왕(昭王)은 공자가 곤경에 처해 있다는 소식을 듣고 군대를 보내 포위를 풀고 그를 맞이하는 한편 공자에게 700리 땅을 주고 봉하려고 했다. 그러자 자서(子西)가 나서며 반대했다. 자서는 초나라의 재상이니 그의 말은 당연히 무게가 있었다. 자서는 먼저 소왕에게 이렇게 물었다. "대왕의 수하에 있는 사신들 가운데 자공만 한 인물이 있습니까?" 소왕이 대답했다. "그럴 만한 사람이 없소." 자서가 다시 물었다. "대왕을 보필하는 신하 가운데 안회만 한 인물이 있습니까?" 소왕이 또다시 없다고 하자 자서가 또 물었다. "대왕의 장수 중에서 자로만 한 인물이 있습니까?" 소왕이 이번에도 없다고 하자 자서가 다시 물었다. "대왕의 수하 장관들 중에서 재여(宰予)만 한 인물이 있습니까?"

소왕이 이번에도 없다고 말하자 자서가 말했다. "우리 초나라의 선조는 주(周)로부터 받은 것이 자남작(子男爵)의 봉호와 50리의 봉지뿐이었습니다. 지금 공자는 가는 곳마다 주나라의 예(禮)와 제도를 회복할 것을 주장하고 있습니다. 왕께서 만약 공자를 등용하신다면 우리 초나라가 대대로 당당하게 다스려 온 사방 수천 리의 땅을 보존할 수 있겠습니까? 무릇 문왕은 풍(豊)에서 일어났고, 무왕은 호(鎬)에서 일어났는데 사방 100리밖에 안 되는 땅을 가진 군주가 마침내 천하의 왕이 되었던 것입니다. 지금 공자가 사방 700리에 이르는 큰 근거지를 얻고 자공, 안회, 자로, 재여와 같은 제자들이 보좌한다면, 이는 초나라에 좋은 일이 될 수 없습니다."

초나라 소왕은 자서의 말이 무슨 뜻인지 정확하게 알아들었다. 그래서 공자에게 분봉하려던 것을 그만두었고, 공자도 어쩔 수 없이 위나라로 갔다.

이처럼 그 이유는 분명하다. 안영과 자서가 공자를 반대한 것은 개인적인 원한이나 미움 때문이 아니라 이해가 상충하고 정치적 견해가 달랐기 때문이다. 특히 공자가 주장한 예악제도나 예악문화에 대해 그들 두 사람은 찬성할 수 없었다. 자서는 이에 대해 아주 분명하게 말했다. 주나라의 예악과 제도를 회복시킨다면, 초나라가 어찌 대대로 당당하게 다스려 온 사방 수천 리의 땅을 보존할 수 있겠는가. 안영의 말도 분명하다. 공자가 떠드는 예악은 이미 시대에 뒤떨어진 것인데 어찌 그것으로 낡은 풍속을 교화하고 나라를 잘 다스릴 수 있겠는가.

공자가 제후들에게 환영받지 못하고 결국 뜻을 이룰 수 없었던 근본적인 이유는 바로 여기에 있다. 다시 말해 공자는 주나라의 예악과 제도를 회복하자고 했으나 집권자들 가운데 찬성하는 사람도 없었고, 관심을 보이는 사람도 없었다. 그러니 공자가 가는 곳마다 벽에 부딪친 것도 이상한 일이 아니다.

안영과 자서가 좋아하지 않았던 것은 묵가, 도가, 법가도 비판한 부분이다. 예를 들어 《묵자》의 〈비유〉 편에는 제나라 경공이 공자를 중용하려는 것에 대해 안영이 반대한 의견이 기록되어 있는데 그 말이 듣기 거북할 정도다. "사악한 술수로 번다하게 꾸며 세상과 군주를 속이고, 음악을 성대하게 하여 어리석은 백성을 음란하게 한다." 요즘 말로 풀이하면 다음과 같다. "공구란 인물은 그럴듯한 말로 꾸며 이단의 거짓 학설을 고쳐해 세상 사람들과 군주를 현혹하고, 노래와 춤 등 문화적 마약을 통해 천하 백성에게 치명적인 손실을 입힌다." 묵자의 붓

아래에서 공자는 그야말로 강호를 떠도는 사기꾼이 되고 말았다.

사실 이런 내용은 《사기》에는 보이지 않는다. 아마도 묵자나 그의 후학들이 안영의 입을 빌려 공자를 비난한 듯하다.(물론 사마천이 고의로 삭제한 것으로 볼 수도 있다.) 이는 묵가가 유가가 수호한 예악에 대해 상당히 좋지 않게 생각했음을 설명해 준다. 그러나 묵가는 예악은 쓸데없다고 생각했지만 인의는 필요하다고 보았다.(물론 함의는 서로 다르다.) 도가나 법가는 인의조차도 쓸데없고 예악은 더욱 쓸모없다고 보았다. 반대로 유가의 공자, 맹자, 순자는 모두 예악을 중시했다.

그래서 예악 제도나 문화를 대하는 태도를 기준으로 선진 제자는 양대 진영, 즉 유가와 비(非)유가로 나뉜다. 유가는 예악을 옹호했고, 비유가는 예악을 반대했다. 비유가가 예악을 반대한 원인은 각기 다르고, 그들이 제기한 대체 방안 역시 서로 다르지만, 예악제도를 폐지하고 다른 것으로 대체할 것을 주장했다는 점은 일치한다. 공자가 유가를 제외한 모든 사람의 공격 대상이 된 것도 바로 이 때문이다.

그러므로 유·묵, 유·도, 유·법 간의 쟁론은 다시 하나의 문제로 귀결된다고 할 수 있다. '예악제도는 필요한가 아니면 필요하지 않은가?' 이것이 선진 제자 논쟁의 가장 큰 쟁점이었다. 여기에 초점이 맞춰진 것은 이전에 예악제도가 존재했기 때문이고, 이것을 논쟁한 이유는 예악제도가 붕괴되고 있었기 때문이다. 다시 말해 '예악 붕괴'로 인해 '백가쟁명'이 일어나게 되었다.

이로써 우리는 또 다른 세 가지 문제를 해결해야 한다. 첫째, 예악제도는 어떤 제도인가? 둘째, 이런 제도는 왜 생겨나고 실행되었는가? 셋째, 이미 수백 년간 시행되어 오던 제도가 왜 붕괴되기에 이르렀는가?

2

사람을 근본으로 삼다

앞에서 제기한 세 가지 문제에 대해 대답하려면 먼저 물어야 할 것이 있다. 예악제도는 누가 발명한 것인가? 전통적인 관점에 따르면 주공이다. 주공은 어떤 사람인가? 공자가 꿈에서 본 사람이다. 공자는 왜 다른 사람이 아니고 언제나 그를 꿈꾸었는가? 주공이야말로 주나라 문화와 제도의 진정한 창조자로서 공자는 그를 가장 존경했기 때문이다.

《상서대전(尙書大傳)》과 《예기》에 따르면, 주공이 섭정한 지 6년 만에 "예의를 제정하고 음악을 지었다", 그 결과 "천하가 크게 복종했다." 이는 주공이 전쟁에서 승리한 후 진행한 정치와 문화의 창립이었다. 이 두 가지 방면의 창립으로 주나라의 정권은 비로소 안정되고 제도와 문화도 비로소 확립되었다. 공자가 꿈속에서 자주 주공을 보았다고 한 것은 바로 이 때문이다.

그렇다면 주공은 왜 예악제도와 예악문화를 창립했는가?

직접적인 원인은 은상(殷商)의 멸망에서 교훈을 얻었기 때문이다. 무왕이 은상의 마지막 군주인 주왕(紂王)을 멸망시킨 것은 일사천리로 진행되었다. 연합군은 자월(子月: 주나라 역법으로 정월) 말에 출발해 축월(丑月: 주나라 역법으로 2월) 말에 은나라 도읍인 조가(朝歌)로 진격했고, 곧이어 주왕이 자살했다. 원래 막강한 권력을 자랑했던 은상 정권이 어떻게 이처럼 단번에 무너져 버린 것일까? 직접적인 원인은 주왕이 파견한 군대가 전선에 도착하자마자 창끝을 돌려 주 무왕의 선봉이 되었기 때문이다. 주왕의 군대는 왜 반대편에 서게 된 것일까?

근본적인 원인은 은상 정권이 사람을 사람으로 대접하지 않았기 때문이다. 그것은 다음 두 가지가 구체적으로 보여 준다. 하나는 살아 있는 사람을 순장하는 것이고, 다른 하나는 살아 있는 사람을 제물로 바친 것이다. 장쑤성 통산추완(銅山丘灣) 상대(商代)의 제단 유적지에서는 인골과 개의 뼈가 함께 발견되었다. 당시에 살아 있는 사람을 개와 마찬가지로 제물로 사용했음을 알 수 있다. 이런 특수한 제물을 '인생(人牲)'이라고 한다. 제사에 '인생'을 사용한다는 것은 사람을 가축으로 본다는 것으로, 사람을 사람으로 보지 않는 전형이라 할 수 있다.

사람을 제물로 삼는 것을 '인생', 부장품으로 삼는 것을 '순장'이라고 하는데, 이 역시 사람을 사람으로 보지 않는 것이다. 그러나 이러한 두 가지 제도는 은상 시대에 매우 성행했다. 이는 문헌 기록뿐만 아니라 고고학적 발견을 통해서도 증명되었다.

제단에 올리거나 무덤에 순장하는 사람은 노예와 평민뿐만 아니라 심지어 귀족들도 있었다. 이는 어렵지 않게 이해할 수 있다. 왜냐하면 제물과 부장품은 원래 인간과 신 사이의 교역에 필요한 일종의 화폐 대용물이었기 때문이다. 가격이 높으면 높을수록 그만큼 이익이 크기 마련이다. 그래서 만약 매우 중요한 제사나 특별한 요구가 있을 때 또는 죽은 사람의 지위가 특별히 높아서 포로와 노예만으로는 성의가 부족하다고 생각되면 귀족을 죽여 제물로 삼지 않을 수 없었다. 예를 들어 주왕의 대신이었던 비간(比干)이 바로 이러한 이유로 피살되었거나 혹은 이를 구실로 살해된 것이 아닌지 의심이 든다.

그러나 은상 정권은 그처럼 많은 사람을 죽이고 심지어 귀족까지 죽여 성대한 제사를 올리고 순장까지 했음에도 하늘의 상제는 그들을 보우해 주지 않았다. 오히려 그들은 순식간에 멸망하고 말았다. 그렇다면 주나라가 승리의 과실을 지키고자 한다면 반드시 그들과 정반대의 길을 가야만 했다. 은의 통치자가 사람을 사람으로 여기지 않았다면 주나라의 통치자는 어떻게 해야 했을까?

오직 한 가지 선택밖에 없었다. 그것은 사람을 사람으로 여기고 대하는 것이다. 사람을 사람으로 여기는 것, 그것이 바로 '인(仁)'이자 '인기인(人其人)'이다. 《상서》〈태서(泰誓)〉 편에 따르면, 주 무왕이 주(紂)를 정벌하기 전에 다음과 같이 선언했다. "오직 사람만이 만물의 영장이다." "비록 아무리 많은 지친이 있다고 할지라도 백성을 인애하는 것만 못하다." 주 무왕이 진짜로 이런 말을 했는지 알 수는 없지만 주나라 사람들이 이런 관점을 지니고 있었다는 것은 아마도 사실인 듯하다. 판원란은 《중국통사》에서 심지어 이렇게 말했다. "주나라 사람들이 사람을 제물로 바치는 제도나 순장 제도를 폐지한 것은 중대한 진보적 의미를 지닌다." 물론 수백 년이나 지속된 제도가 폐지한다고 해서 곧 바로 근절되는 것은 사실상 불가능하다. 실제로 이후에도 이러한 풍습은 역사 기록에 자주 보인다. 다만 달라진 점은 상대(商代)처럼 당연한 것으로 받아들여진 것이 아니라 누구라도 그런 풍습을 따르면 제재와 비판을 받았다는 것이다. 이는 증거가 있다.

기원전 641년 송(宋)나라 양공이 조(曹)나라와 주(邾)나라 국군과 조나라 남쪽 땅에서 동맹을 맺을 때 주(邾) 문공에게 증(鄫)나라 국군(자작)을 죽여 토지신 사당의 제물로 쓰라고 했는데, 당시 사마(司馬)였던 자어(子魚)가 반대했다. 《좌전》〈희공 19년〉에 따르면, 사마 자어는 이렇게 말했다. "옛날에 육축(말, 소, 양, 돼지, 개, 닭)도 상대방의 제사에 제물로 삼지 않았고, 작은 제사에는 큰 제물을 쓰지 않았는데 하물며 어떻게 사람을 제물로 쓸 수 있겠습니까? 제사는 사람을 위한 것입니다. 백성은 곧 신의 주인이고, 신은 백성의 손님입니다. 그런데 사람을 제물로 쓴다면 어느 신이 와서 제물을 받겠습니까? …… 이제 군주께서는 제후들과 단 한 번의 회맹으로 두 나라의 군주를 잔혹하게 처리하고 더욱이 그들을 사악한 귀신(토지신)의 제물로 쓰려고 하니 장차 패업을 이루는 것이 어렵지 않겠습니까? 선종(善終)만 해도 다행일 것입니다."

유감스럽게도 자어의 반대는 성공하지 못했고, 증나라 국군은 살해되고 말았다. 이에 《춘추》에서는 이렇게 기록하고 있다. "주나라 사람이 증나라 군주를 사로잡아 희생으로 썼다."

그러나 운 좋게 반대에 성공한 경우도 있는데, 다만 순장에 대한 반대였다. 《예기》〈단궁하(檀弓下)〉 편에 따르면, 제(齊)나라 대부 진자거(陳子車)가 위(衛)나라에서 죽자 그의 아내와 집사가 산 사람을 순장할 것을 상의하고 죽일 사람까지도 정해 놓았다. 후에 진자거의 동생 진자강(陳子亢)이 도착했다. 이에 그들은 진자강에게 자신들의 의도를 말했다. "부자(진자거)가 병들었을 때 그 밑에서 보살피지 못했으니, 순장을 하고자 합니다." 그러나 진자강이 반대했다. "사람을 순장하는 것은 예가 아닙니다." 물론 형수의 말도 일리가 있었다. 형님이 병들었을 때 그 밑에서 보살피지 못해 그렇게 하고자 한다는 것이 아닌가! 진자강이 계속해서 말했다. "비록 그렇기는 하지만 형님을 마땅히 보살펴야 할 사람으로 형수와 집사만 한 사람이 있겠습니까? 그만둘 수 있다면 그만두고자 합니다만 부득이 순장해야 한다면 두 분을 순장했으면 합니다." 결국 진자거의 부인과 집사는 더 이상 순장을 고집하지 않았다.

진자강이란 인물은 《논어》에서 자공과 공리에게 질문을 했던 바로 그 진강이다. 나는 그를 편제 이외의 팬이라고 했는데, 지금 보니 그는 비록 편제 밖에 있는 팬이기는 하지만 공자의 진수를 전수받은 것이 분명하다. 공자 역시 순장에 반대했을 뿐만 아니라 용(俑)을 사용하는 것조차 반대했기 때문이다. 용은 순장할 때 사용되는 토우나 목우인데, 진시황릉의 병마용이 대표적이다. 공자는 이런 물건을 매우 혐오했다.

《예기》〈단궁하〉 편에 따르면 공자는 "용을 만드는 자는 어질지 않다"고 분명하게 말했고, 《맹자》〈양혜왕상〉 편에는 공자가 단호하게 "처음 용을 만든 사람은 후손이 없을 것이다"라고 말했다고 실려 있다. 토우나 목우를 발명한 것은 원래 산 사람을 매장하는 것을 대신하기 위해서였다. 이는 사람을 순장하는 것에 비해 한 단계 진보한 것이라 할 수 있는데 공자는 왜 이처럼 저주의 말을 했을까? 양보쥔은 공자가 사실을 잘 모르고 용을 쓴 것이 먼저이고 사람을 쓴 것은 나중이라고 생각했기 때문이라고 했다. 그러나 나는 그렇게 생각하지 않고 공자가 근본적으로 순장에 반대했다고 생각한다. 다시 말해, 공자는 살아 있는 사람은 물론이고 가짜 사람이나 용을 사용하는 것도 안 된다고 생각했다. 왜냐하면 용은 사람의 대체물로서 사람의 상징이기 때문이다. 그러므로 용을 순장한다는 것은 곧 사람을 순장하는 것에 대한 합리성과 합법성을 승인하는 것이나 마찬가지다. 게다가 당시의 용은 마치 살아 있는 것처럼 생동감이 있게 만들어진 데다 어떤 목용은 금방이라도 움직일 것처럼 사실적이었다. 그래서 맹자는 그것이 너무 사람을 닮았기 때문에 공자가 용을 반대한 것이라고 생각했다.

《예기》〈단궁하〉 편에서도 이처럼 사람과 흡사한 용을 순장하는 것은 사람을 순장하는 것과 차이가 없다고 했다. 그래서 이러한 사례는 더 이상 생겨서는 안 되고, 이러한 풍속은 지속되어서는 안 되는 것이었다. 또다시 사람을 순장하면 이로 인해 순장이 재발될 가능성이 있기 때문에 처음부터 막아야 했던 것이다. 이는 일차원적이고 소박하지만 분명 인도주의적 정신에서 비롯된 것이다. 그 핵심은 사람을 사람으로 보고 사람을 더 이상 가축으로 간주하지 않는 것이다. 자어의 태도나 자강의 생각, 그리고 공자의 관점이 모두 이러했다.

문제는 '사람을 사람으로 보는 것'이 아직도 요원했다는 점이다. 왜 그런가? 천명(天命)이 폐지되지 않고 귀신이 사라지지 않았기 때문이다. 천명은 왜 폐지되지 않았는가? 천명이 폐지되면 주나라 정권은 명분을 잃게 된다. 귀신은 왜 사라지지 않았는가? 귀신이 없으면 주나라는 통치수단을 잃게 된다. 상나라를 멸망시킨 후 무왕은 물론이고 주공 역시 사람들에게 여러 차례 말했다. "우리는 왜 은상을 대체하고자 했는가? 우리는 왜 은상을 대체할 수 있었는가? 바로 하늘의 상제께서 그런 권리를 부여하셨기 때문이다. 이것이 '천명'이다. 천명은 원래 하(夏) 정권에 부여하셨다. 그러나 이후 상천의 생각이 바뀌어 상(商)에게 하를 멸망시킬 권리를 부여하셨다. 이것이 '혁명, 즉 '은혁하명(殷革夏命)'이다. 이와 마찬가지로 우리는 상천이 부여한 천명을 받들어 은상을 혁파했으니, 이것이 바로 '주혁은명(周革殷命)'이다."

이것이 바로 서주 정권의 합법성이다. 그래서 여전히 천명을 말하고 귀신이 필요하며, 제사와 상례 및 장례를 치러야 하고, 또 더 이상 은상 시대처럼 사람을 사람으로 보지 않는 것이 불가능했다. 그렇다면 어떻게 해야 하는가?

한 가지 방법밖에 없다. 신을 사람으로 삼는 것이다.

이런 생각은 아마도 주공(周公)에서 비롯된 듯하다. 주공은 문왕과 무왕, 성왕의 세 시대에 살면서 주(周) 민족의 흥기(문왕 시대)와 승리(무왕 시대), 그리고 건설(성왕 시대)을 직접 경험하면서 많은 것을 느끼고 생각했을 것이다. 이러한 느낌과 생각들이 《상서》와 《시경》에 기록되어 있다. 예를 들어 《시》〈대아(大雅)〉 편에 나오는 〈문왕〉은 주공의 작품으로 전해지는데, 그 시에서 주공은 '주혁은명' 이후에 은상의 일부 귀족들이 아름다운 예복을 입고 경건하게 열을 지어 주나라 사람들의 제사 의식에 따라 예를 행하는 것을 언급하며 이렇게 말한다. "천명은 진정으로 위대하다! 은상의 자손이 수없이 많은데 모두 주나라의 신하가 되어 우리의 제사에 참가한 것이겠는가? 지금 저들이 마음속으로 그리는 것은 과연 누구의 조상이겠는가?"

아마도 주공은 당시 일을 직접 경험한 듯하다. 그 처연하고 구슬픈 장면에서 '과연 누가 우리 주나라 사람들이 저들과 같은 말로를 맞지 않을 거라고 보장해 줄 수 있는가?'라고 생각하며 두려움에 떨고 있는 그의 모습을 보는 듯하다. 그래서 그는 천명의 위대함을 찬양함과 동시에 "천명은 영원한 것이 아니다(天命靡常)"라고 절실히 느꼈던 것이다. 하늘은 어떤 한 민족이나 한 정권만을 영원히 보우하는 법이 없다. 그야말로 순식간에 다른 쪽으로 옮겨갈 수 있는 것이 천명이다. 그래서 《상서》〈군석(君奭)〉 편을 보면 주공이 소공(召公) 석(奭)에게 이렇게 말하고 있다. "하늘은 믿을 수 없다고 했으니, 나는 오직 나라를 편안하게 하신 문왕의 덕을 장구하게 하고자 합니다." 이는 다시 말해 천명은 믿을 수 없는 것이니 믿을 수 있는 것은 오직 우리 자신뿐이며, 우리가 할 수 있는 것은 겸손하고 신중하게 자신이 맡은 바를 다하며 문왕과 무왕의 미덕을 계승해 나가야 한다는 뜻이다. 만약 그렇게 하지 않는다면 하늘은 언제라도 외면할 것이다.

주공의 이러한 발언은 주나라 사람들이 전쟁에서 승리한 후에 지난 날을 돌이켜 보면서 얻은 교훈을 대변하고 있다. 그 안에서 엿볼 수 있는 지혜와 냉철함은 감탄스럽다. 그들은 승리에 도취해 자화자찬하지 않고 오히려 "하늘은 믿을 수 없다"거나 "천명은 영원한 것이 아니다"는 사실에 두려움을 느꼈다. 천명이 무상하다면 믿을 수 있는 것은 오로지 '덕(德)'밖에 없고, 하늘을 믿을 수 없다면 믿을 수 있는 것은 오직 사람뿐이다. 물론 여전히 천명과 하늘의 뜻이 존재하지만 그들은 "하늘은 백성의 눈으로 모든 것을 보고, 하늘은 백성의 귀로 모든 것을 듣는다(天視自我民視, 天聽自我民聽)"는 관점을 갖고 있었다.

그래서 주공과 그의 동료 및 그의 추종자들은 지혜롭고 뛰어난 정책을 만들어 냈다. 그것은 신에 대한 경배, 천명에 대한 이야기, 하늘

• 《좌전》 가라사대 •

하늘은 친한 이가 없으니 오직 덕이 있는 이를 돕는다.

화와 복은 문이 따로 있는 것이 아니라 오직 사람이 불러들이는 것이다.

에 대한 제사는 계속 이어지지만, 천(天)과 신(神), 그리고 명(命)의 관계 및 그것들과 인간의 관계를 새롭게 해석하고 자리매김하는 것이었다. 그렇다면 어떻게 해석하고 어떻게 정립할 것인가? 이는 다음 세 가지로 요약할 수 있다.

첫째, 사람과 하늘의 관계다.《좌전》〈희공 5년〉편에는《주서(周書)》를 인용한 말이 나온다. "하늘은 친한 이가 없으니 오직 덕이 있는 이를 돕는다(皇天無親, 惟德是輔)." 하늘은 어떤 민족이나 정권만을 보우하는 것이 아니라 덕이 있는 사람은 누구나 보우한다는 뜻이다. 둘째, 사람과 신의 관계다. 《좌전》〈장공 32년〉편은 다음과 같이 말한다. "신은 총명하고 정직해 항상 한결같기 때문에 사람들의 선악에 따라 화복을 가려서 내리는 것이다(神聰明正直而壹者也, 依人而行)." 귀신은 아주 작은 일까지 세세하게 밝혀 사람들이 좋은 일을 하면 복을 내리고 나쁜 일을 하면 벌을 내린다는 말이다. 셋째, 사람과 명의 관계다.《좌전》〈양공 23년〉편은 다음과 같이 말한다. "화와 복은 문이 따로 있는 것이 아니라 오직 사람이 불러들이는 것이다(禍福無門, 惟人所召)." 운명이란 그 자체는 좋고 나쁨이 없으며, 모두 사람들 스스로의 선택에 따른다는 의미다. 좋은 것을 선택하면 복을 누리고 나쁜 것을 선택하면 화를 부른다. 행복이나 재앙은 모두 자신이 하기에 달려 있다는 것이다.

이렇게 해서 사람과 하늘, 사람과 신, 사람과 운명의 관계가 모두 바뀌었을 뿐만 아니라 점점 천, 신, 명 세 가지도 중시하지 않게 되었다. 사실 하늘이 "오직 덕이 있는 이를 돕는다"는 말은 하늘이 선택할 수 있는 주도권을 어느 정도 인정하는 것인데 비해, 신이 "사람들의 선악에 따라 화복을 가려서 내린다"고 한 것은 주도권의 몫이 줄어든 것이고, 운명은 "오직 사람이 불러들인다"는 말에 이르러서는 주도권이 완전히 사람에게 넘어간 것이다. 그리하여 신을 근본으로 삼던 것이 사람을 근본으로 삼는 것으로 바뀌었고, 신의 제단 역시 사람의 무대로 바뀌게 된다. 또한 후대로 갈수록 사람이 역사 무대의 중심을 차지하면서 귀신은 더욱더 주변으로 밀려났다. 이렇게 해서 춘추 말기가 되면 마침내 공자는 "귀신을 공경하되 멀리하라(敬鬼神而遠之)"고 말하고 있다. 이는 다시 말해 귀신에게 제사를 올리기는 하지만 그렇다고 잘보이려 애쓸 필요는 없다는 것이다. 경외심은 갖되 거리를 두고 멀리하라는 말이다.

그렇다면 여기에서 한 가지 의문이 든다. 공자는 대체 귀신의 존재를 믿은 것인가 아닌가? 내가 보기에는 믿지 않은 듯하다. 만약 믿었다면 "가까이 하라"고 하지 "경외하고 멀리하라"고 했겠는가? 그러나 귀신의 존재 여부는 분명치 않기 때문에 명확하게 말할 수도 없는 노릇이다. 그래서 가장 좋은 방법은 그냥 놔두고 더 이상 논하지 않는 것이다. 문제는 귀신은 논하지 않을 수 있지만 제사는 계속 진행해야 했다는 점이다. 제사를 올리는 이상 귀신을 믿지 않을 수 없다. 그러나 귀신을 믿자니 사실상 증거가 부족하다. 이렇게 믿을 수도 없고 그렇다고 믿지 않을 수도 없다면 어떻게 해야 할까?

아주 좋은 방법이 있다. 신과 조상에게 제사를 올릴 때 마치 그들이 있는 것처럼 하는 것이다. 《논어》〈팔일〉 편에 나오는 공자의 말은 이러한 의미다. "선조의 제사를 지낼 때에는 마치 그 자리에 선조가 계신

듯이 제를 올리고, 신에게 제를 올릴 때에도 마치 그 자리에 신이 계신 것처럼 하라."

이는 교활한 술수가 아니라 문제의 핵심을 파악한 것이다. 공자는 사람들이 귀신에게 제를 올리거나 조상에게 제사를 드리는 행위는 일종의 성의와 경의의 표현일 뿐이라고 생각했다. 성의와 경의를 표하는 이상 그들의 존재를 가정하지 않을 수 없고, 그들이 존재하는 것처럼 생각해야지 그들이 실제로 존재하는지의 여부를 물을 필요는 없다. 예를 들어 우리가 제사를 지낼 때 조상이 옆에 계시는가? 당연히 그렇지 않다. 그러나 우리의 마음속에는 마치 살아 계신 듯 존재하고 있다. 신을 대할 때도 바로 이처럼 하라는 뜻이다.

공자의 이러한 주장은 당연히 매우 현명하다. 그래서 그는 "귀신을 공경하되 멀리하면 지혜롭다고 말할 수 있다"고 한 것이다. 사실 이러한 지혜 역시 필연적인 것이었다. 왜냐하면 사람을 사람으로 본다면 "신을 신으로 보는 것"이 불가능하고, 신을 신으로 보지 않는다면 신을 사람으로 볼 수밖에 없기 때문이다. 그 결과 더 이상 귀신의 존재 여부를 따질 필요가 없게 된다. 이는 이성적인 태도이자 인문정신이라 할 수 있다. 그 핵심사상은 정확히 말할 수 없는 귀신보다 현실의 사람과 인생을 더 중요하게 여긴다는 것이다. 귀신이야 존재하면 어떻고 존재하지 않으면 어떠한가? 중요한 것은 자기 자신이 어떠한가이다. 이것이 바로 인도주의이고 이성적인 태도다. 좀 더 알기 쉽게 말하면, 사람을 사람으로 취급하는 것은 인도주의이고, 신을 사람으로 취급하는 것은 이성적인 태도다.

이는 "사람을 근본으로 삼는 것이다." 그러나 이럴 경우 또 다른 문제가 생긴다. 당시의 상황에서 어떤 신앙이든 반대할 수는 있지만 그렇다고 신앙이 없을 수는 없고, 어떤 것을 숭배하지 않을 수는 있지만 그렇다고 숭배가 없을 수는 없었다는 점이다. 왜 그럴까? 인류 문명이 생긴 초기에는 모든 민족이 집단을 결속해 주는 숭배 대상에 의지해 살았다. 예를 들어 염황(炎黃) 시대에는 토템에 의지했고, 은상 시대에는 귀신을 숭배했다. 그렇다면 주나라 사람들도 기존의 것을 대신할 수 있는 어떤 숭배의 대상이나 신앙의 대상을 찾아야만 했다. 당시만 해도 신앙이나 숭배의 대상이 없을 수는 없었다. 그래서 신을 제단에서 끌어내림과 동시에 어떤 다른 것을 대신 올려놓아야만 했다. 과연 그들은 어떻게 했을까?

간단하게 말하자면, 사람을 신의 자리에 올려놓았다.

이는 쉽게 이해할 수 있다. 숭배가 필요하다면 신을 숭배할 것이 아니라 사람을 숭배하면 된다. 그렇다면 사람이 다양한데 주나라 사람들은 누구를 숭배했는가? 그들이 선택한 대상은 '성인(聖人)'이었다. 성인이란 일반적으로 역사적으로 한 민족에게 매우 큰 영향을 끼친 사람을 말한다. 그들은 대부분 과거의 지도자(왕)였기에 그들을 일러 '선왕' 또는 '선성(先聖)'이라고 부른다. 최초의 성인은 복희, 신농, 황제가 있고, 그 뒤의 성인은 요, 순, 우가 있으며, 또 그 뒤가 상나라 탕왕과 주나라 문왕이다.

그러나 성인이라고 해서 반드시 왕이었던 것은 아니다. 예를 들어 주공이나 공자는 성인이지만 왕은 아니었다. 또한 왕이라고 해서 반드시 성인인 것은 아니다. 예를 들어 하나라 걸왕이나 은나라 주왕은 왕이었지만 성인은 아니다. 왕이라고 해서 성인이 되는 것도 아니고 성인이라고 해서 왕이었던 것도 아니라면 어떻게 해야 성인이 되는가? 두 가지 조건이 있다. 하나는 위대한 공헌이고, 다른 하나는 위대한 발명이다. 예를 들어 대우는 홍수를 다스렸고, 상탕은 폭정을 전복했으므로 위대한 공헌을 한 것이다. 주공은 예약을 제정하고 공자는 유학을 창립했으니 위대한 발명을 한 것이다. 당연히 가장 좋은 것은 공헌과 발명을 동시에 하는 것이다. 예를 들어 복희는 팔괘를 발명하고, 신농은 의약을 발명했으며, 황제는 수레와 배를 발명했다. 그리고 동시에 위대한 지도자로 큰 공헌을 했다. 이렇듯 우리의 생활을 근본적으로 바꾸어 놓는 일을 했으니 숭배를 받는 것은 당연하다. 초기의 성인은 바로 이러했다.

그들은 역사에서 사상, 문화, 제도의 효시를 연 사람들이다. 그들이 남긴 견해가 '경(經)'이고, 그들이 창립한 제도가 '전(典)'이며, 그들이 논술한 사상이 '도(道)'다. 성인은 진리(도)를 파악하고 경전(문화와 제도)을 창조했으며, 사람들의 생활을 변화시켰다. 그래서 '성(聖)'이라고 부르는 것이다. 주나라 때부터 중화민족이 숭배한 것은 이처럼 역사나 전설 상에 존재했던 사람들이었다. 유가는 물론이고 묵가와 도가도 각각 숭배하는 사람이 있었다.(예를 들어 묵가는 대우를 숭배했고, 도가는 복희를 숭배했다.) 사실 성인이 고정적인 것은 아니었다. 예를 들어 공자는 원래 성인이 아니었는데 후대에 성인이 된 것이다. 맹자도 그러했고, 《삼국지》에 나오는 관우도 마찬가지다. 이처럼 누가 성인인가에 대해서는 논쟁의 여지가 있지만 성인을 숭배해야 한다는 점은 틀림이 없다.

이는 "신에 대한 숭배"가 아니라 틀림없이 "인간에 대한 숭배"다. 따라서 "사람을 근본으로 삼는 것"의 일환으로 볼 수 있다. 문제는 성인은 비록 사람이지만 신으로 대우받고 있다는 점이다. 그들 성인은 신과 다를 바 없기 때문에 감히 모독과 비방을 할 수 없다. 예를 들어 위(魏)나라의 혜강(嵇康)은 경전과 도리에 어긋나고 성인을 모독했다는 죄목으로 사마소(司馬昭)에게 죽임을 당했다. 물론 사마소가 혜강에 대해 "탕왕과 무왕을 비난하고 주공과 공자를 멸시했다"고 한 것은 그를 죽인 여러 가지 원인 가운데 하나일 뿐이고 단지 핑계에 불과했다. 그러나 구실이 될 수 있을뿐더러 문제를 설명하는 단서가 될 수 있었다. 사마소가 혜강을 처형한 것이 비록 위나라 경원(景元) 3년(262년)의 일이지만 '성인 숭배'는 주나라 사람들이 시작한 것으로, 주나라 사람들이 성인을 숭배하는 전인(前因)이 없었다면 사마소가 혜강을 살해하는 후과(後果)도 없었을 것이다.

물론 혜강 이전에도 성인을 비판하는 사람들이 있었다. 예를 들어 장자와 한비가 그러했다. 그러나 그들은 단지 일부 성인을 비판했을 뿐 성인 자체를 비난한 것은 아니었다. 더욱이 그들이 살았던 전국 시대는 예악이 붕괴된 상태였고, 성인들도 더 이상 성인으로 대접받지 못했다. 예악이 붕괴되지 않고 지속되었다면 성인을 비판하는 사람이 있었을까? 감히 그럴 수 없었다. 주대에 성인은 신의 위상을 가진 숭배의 대상이었기 때문이다. 성인은 당시 사람들의 마음속에서 높은 위치를 차지하고 있었기에 감히 비판할 수 있는 사람이 없었다. 이렇듯 성인 숭배는 바로 사람을 신으로 간주하는 것이라고 할 수 있다.

그러나 여기에 또 다른 문제가 있다. 신으로 삼을 수 있는 것이 반드시 성인만은 아니라는 점이다. 예를 들어 영웅을 숭배의 대상으로 삼으면 안 되는가? 당연히 가능하다. 그러나 중국인의 영웅 숭배는 성인 숭배에 훨씬 미치지 못한다. 예를 들어 해를 쫓은 과보(夸父), 활로 해를 쏘아 떨어뜨린 후예(后羿)는 분명 영웅들이다. 하지만 그들을 어찌 복희나 요순과 비교할 수 있겠는가? 후대도 마찬가지다. 예를 들어 삼국 시대의 조조, 유비, 손권은 모두 영웅이다. 그러나 중국 사람들이 숭배하는 인물은 오히려 제갈량과 관우로, 그들은 성인의 반열에 올랐다. 이처럼 성인의 지위가 높은지 아니면 영웅의 지위가 높은지 분명하게 알 수 있다.

여기에서 우리는 이런 질문을 해 볼 수 있을 것이다. 주나라와 그 이후 중국인들은 왜 성인을 가장 숭배했을까? 이 질문에 답하기 위해서는 성인이란 무엇인지를 알아야 한다.

우선, 맹자는 "인륜의 궁극적 표본이다"라고 정의했다. 사람들 가운데 가장 도덕적인 인물이라는 뜻이다. 《맹자》〈만장하〉 편을 보면 맹자는 대표적인 성인으로 백이, 이윤, 유하혜, 공자를 꼽는다. 이 네 사람은 각기 그 성격이 다르지만 모두 성인이다. 왜냐하면 모두 도덕적 모범이 되기 때문이다. 이들이 이른바 '후대의 성인(後聖)'이다. 그럼 다시 거슬러 올라가 '옛 성인(先聖)'을 살펴보자. 당요(唐堯: 요임금), 우순(虞舜: 순임금), 하우(夏禹: 하나라 우임금), 상탕(商湯: 상나라 탕임금), 주문(周文: 주나라 문왕) 가운데 '덕이 있는 임금'이 아닌 사람이 있는가? 그래서 맹자는 "전에 나온 성인과 뒤에 나온 성인은 그 도는 하나로 같았다"라고 했다.

세 번째로 성인의 반열에 오른 제갈량, 관우, 악비 등도 마찬가지다. 그들이 성인이 되거나 '성인 후보'가 될 수 있었던 것은 무엇보다 도덕을 갖추고 있었기 때문이다. 예를 들어 제갈량은 나라를 위해 몸과 마음을 바쳤으며, 관우는 정의롭고 의리가 있었고, 악비는 전심전력으로 나라에 충성했다.

이렇듯 성인이 되기 위해서는 위대한 공헌과 발명의 여부가 물론 중요하지만 더욱 중요한 것은 역시 도덕이 있어야 한다는 것이다. 성인은 반드시 뭇사람이 존경하고 우러러보는 도덕적 모범이어야 한다. 이것이 성인이 되기 위한 가장 중요한 조건이다. 중국인의 '성인 숭배'란 사실상 '도덕 숭배'라고 할 수 있다. 그래서 만약 "사람을 사람으로 보는 것"이 인도주의를 체현한 것이고, "신을 사람으로 보는 것"이 이성적 태도의 발현이라고 한다면, "사람을 신으로 보는 것"은 도덕정신의 표현이다. 인도주의, 이성적 태도, 도덕정신 이 세 가지를 합쳐 "인간을 근본으로 삼는 것"이라 한다.

이제 문제는 이것과 우리가 토론하고자 하는 예약제도가 어떤 관계가 있는가라는 것이다.

3

음악과 같은 조화로운 사회

　인본주의와 예악제도는 어떤 관계가 있는가? 예악은 일종의 제도이
자 무엇보다 문화다. 문화는 제도보다 중요하며, 문화 정신 또한 문화
방식보다 중요하다. 이는 마치 입법 정신이 법률조항보다 중요한 것과
같다. 그럼, 예악제도의 정신은 무엇인가?

　첫째는 인본주의다. 왜 '인본주의'인가? '예악'이란 하·상나라의 제
도와는 다르게 주나라 사람이 새롭게 창조한 제도이자 그들 문화와
다른 주나라의 새로운 문화이기 때문이다. 이는 하(夏), 상(商), 주(周)
의 세 문화를 구분하는 첫 번째 사항이다. 과거에 사람들은 언제나 하,
상, 주를 단순히 세 개의 왕조로 보았다. 그러나 사실 이 세 나라는 세
왕조일 뿐만 아니라 세 시대이기도 하며 더욱이 세 민족과 세 문화이
기도 하다. 정확하게 말하면, 세 개의 다른 민족이 세 개의 다른 시대
에 연이어 세 가지 서로 다른 문화를 창조한 것이다. 이 세 종류의 문
화는 세 종류의 서로 다른 정신을 갖고 있다.《예기》〈표기(表記)〉편에

는 이것을 '하도존명(夏道尊命)', '은인존신(殷人尊神)', '주인존례(周人尊禮)'라고 했다. 존명이란 천명을 믿는 것이며, 존신은 귀신을 공경하는 것이며, 존례는 인간사를 중요하게 여기는 것이다. 그래서 이 세 가지 서로 다른 문화는 각각 '천명', '귀신', '인문'이 핵심이다.

주나라 문화는 인문의 문화이니 당연히 인본주의를 표방한다. 인본주의는 사람을 사람으로 여기고, 신을 사람으로 여기며, 사람을 신으로 여긴다. 여기에서 성인 숭배가 생겼다. 성인은 사람인 동시에 가장 도덕적인 사람이다. 그래서 성인 숭배는 사실상 덕으로 나라를 다스려야 한다는 의미다. 이것이 예악제도의 두 번째 내용이자 예악문화의 두 번째 정신이며 핵심 내용이자 핵심 정신이다. 다시 말해, 인본주의가 전제이며, 덕으로 나라를 다스린다는 것이 핵심이다. '예악제도'는 이러한 핵심을 중심에 두고 설계되었다.

그렇다면 주공은 왜 덕으로 나라를 다스리려 했는가?

여기에는 두 가지 이유가 있다. 하나는 은상(殷商)으로부터 교훈을 얻었기 때문이며, 또 하나는 통치에 필요했기 때문이다. 은상은 왜 멸망했는가? 사람을 사람으로 보지 않았기 때문이다. 이것이 바로 '실덕(失德)'이다. 주나라는 왜 승리했는가? 사람을 사람으로 보았기 때문이다. 이것이 바로 '유덕(有德)'이다. 이 점에 대해 주나라 사람들은 꿰뚫고 있었다. 《상서》〈태서〉편에 따르면, 무왕이 주왕을 토벌할 때 연합군에게 이렇게 말했다. "주왕 측은 사람은 많지만 마음이 떠나 있고 덕이 떠나 있다. 우리 측은 사람은 적지만 마음이 함께하고 덕이 함께한다."

《상서》〈태서〉편은 유래가 분명치 않기 때문에 무왕의 말이 맞는지 확신할 수 없지만 덕을 잃으면 천하를 잃고, 덕이 있으면 천하를 얻는다는 주나라 사람의 관점을 대변하고 있다고 볼 수 있다. 더욱이 정권의 합법성을 보여 주기 위해 주나라는 이렇게 선언했다. "하늘은 친한 이가 없으니 오직 덕이 있는 자를 돕는다." 즉, 가장 덕이 있는 사람이 하늘이 내려준 권력을 얻게 된다는 것이다. 이전에 하나라 걸왕이 덕이 없고 상나라 탕왕이 덕이 있어 천하가 상나라로 돌아갔다. 이제 은나라 주왕은 덕이 없고 주나라 무왕이 덕이 있으니 천하가 자연히 주나라로 돌아왔다. 주나라는 '덕'으로 천하를 얻었으니 당연히 '덕'으로 천하를 다스려야 한다. 결론적으로 전대에서 교훈을 얻고 통치를 유지하기 위한 필요성에서 주나라 사람들은 "덕으로 나라를 다스린다"는 대의를 주장하고 실천할 수밖에 없었다.

이처럼 "덕으로 나라를 다스린다"고 내세웠지만 문제가 있었다. 도덕이란 것은 보이지도 만질 수도 없는데 어떻게 천하를 다스린단 말인가? 그래서 이를 뒷받침해 줄 만한 실재적인 것이 필요했다. 그것이 바로 예악이다. 왜 예와 악이었을까? 예는 무엇이고, 악은 무엇이며, 각기 어떤 역할과 기능을 갖고 있었는가?

먼저 '예'에 대해 알아보자.

무엇이 '예'인가? 여러 가지 설이 있다. 주공이 "예와 악을 만들었다"고 했는데, 여기에서의 '예'란 일종의 제도라고 나는 생각한다. 등급제도를 말한다. 예를 들면 오복(五服, 촌수)이 바로 그것이다.

사실 '오복'이란 일종의 예이자 제도다. 상복제도를 말한다. '상복제도'란 집안사람이 죽었을 때 옷을 입는 격식이다. 어떻게 입을 것인가? 다섯 가지의 입는 방법, 다섯 등급이 있다.

가장 높은 등급은 '참최(斬衰)'라고 한다. 상의는 최(衰)라 하고, 하의는 상(裳)이라 한다. 참최는 가장 거칠고 굵은 베로 만든 상의다. 참최는 다음 몇 가지의 조건을 따라야 한다. 첫째, 생마 천이어야 한다. 둘째, 굵은 삼베여야 한다. 셋째, 재단할 때 가위를 사용하지 않고 칼을 사용해 잘라야 한다. 그래서 '참최'라고 한다. 넷째, 끝단을 꿰매지 않는다. 요즘에는 이런 옷을 '멋있다'고 할 수도 있으나 당시에는 '고통'의 상징이었다. 고통을 표현하기 때문에 요구 조건이 가장 엄격했다. 이런 옷을 입는 경우는 주로 세 가지였다. 신하가 군주를 위해, 아들이 아버지를 위해, 아내가 남편을 위해서였다. 그 밖에 특별한 경우가 있는데, 아버지가 적장자를 위해 입었다. 적장자에게는 왜 이런 특권이 있었을까? 이에 대해서는 이후에 다시 이야기하겠다.

'참최' 다음으로 네 등급이 있다. 재최(齋衰: 또는 자최로 읽는다), 대공(大功), 소공(小功), 시마(緦麻)가 그것이다. 이 네 가지의 공통점은 숙마(熟麻: 잿물에 삶아 부드럽게 만든 삼껍질)를 사용하고 끝단을 꿰맨다는 점이다. 이 네 가지의 차이는 베의 굵기에 있다. '재최'가 가장 굵고 거칠며, 그다음으로 '대공', '소공' 순이며, '시마'가 가장 가늘다. 그러나 '재최'가 아무리 굵고 거칠다 해도 '참최'만큼은 아니다. '참최'는 가장 굵고 거친 생베를 사용하는데 재료나 가공이 가장 나쁜 것이다. 이러한 것이 바로 등급이자 규정이다. 다음과 같이 정리해 보면 일목요연하게 알 수 있을 것이다.

제1등급(참최): 생마포, 가장 굵은 천, 칼 재단, 끝단을 꿰매지 않음.

제2등급(재최): 숙마포, 두 번째 굵은 천, 가위 재단, 끝단을 꿰맴.

제3등급(대공): 숙마포, 비교적 굵은 천, 가위 재단, 끝단을 꿰맴.

제4등급(소공): 숙마포, 비교적 가는 천, 가위 재단, 끝단을 꿰맴.

제5등급(시마): 숙마포, 가장 가는 천, 가위 재단, 끝단을 꿰맴.

규정이 까다로울수록 초라하고 고통스러움을 표시함을 알 수 있다. 그 이유는 상복이기 때문이다. 초라하지 않고, 고통스럽지 않으면 비통한 마음의 정도를 표현하기에 충분치 않다. 그래서 상복에 대한 규정이 엄할수록 상복을 입는 기간도 길다. 제1등급인 참최는 3년(실제는 25개월), 제2등급인 재최는 3년, 1년, 5개월, 3개월로 대상에 따라 다르다. 제3등급인 대공은 9개월, 제4등급인 소공은 5개월, 제5등급인 시마는 3개월이다.

오복의 등급은 다음 세 가지 부분에서 나타난다. 천의 질, 가공 상태, 입는 기간이다. 이 세 가지의 차이에 따라 적용 대상도 달라진다. 이 부분도 다음과 같이 정리하면 일목요연하게 알 수 있을 것이다.

제1등급(참최): 3년 – 신하가 군주를 위해, 아들이 아버지를 위해, 아내가 남편을 위해, 아버지가 적장자를 위해 입는다.

제2등급(재최): 3년 – 아버지가 이미 죽은 아들은 어머니를 위해, 어머니는 적장자를 위해 입는다.

1년 – 아버지가 아직 죽지 않은 아들이 어머니를 위해, 남편이 아내를 위해, 손자가 조부모를 위해 입는다.

5개월 – 형제, 장남을 제외한 아들, 숙부모, 백부모, 증조부모를 위해 입는다.

3개월: 고조부모를 위해 입는다.

제3등급(대공): 9개월 – 남자는 당형제를 위해, 여자는 친형제를 위해, 시부모는 적장자의 아내를 위해 입는다.

제4등급(소공): 5개월 – 종조부모, 외조부모, 삼촌, 이모를 위해 입는다.

제5등급(시마): 3개월 – 족인(族人), 장인, 장모, 외조카, 외손자, 사위를 위해 입는다.

이를 보면 왜 이렇게 복잡한지 의문이 들 것이다. 그 이유는 차이를 보여 주기 위해서다. 예의 중요한 역할 가운데 하나는 바로 등급과 차이를 규정하는 것이다. 이에 대해《예기》에서는 "예란 다름을 분별하는 것이다"라고 했다. 구체적으로 말하면 내외를 구분하고, 친소를 결정하며, 장유의 순서를 정하고, 귀천을 분명히 한다. 예를 들어 같은 조상이라 해도 친할아버지, 친할머니, 외할아버지, 외할머니를 구분해야 한다. 친할아버지나 친할머니가 사망하면 재최를 입고(제2등급), 1년상을 치러야 한다. 외할아버지나 외할머니가 사망하면 소공(제4등급)을 입고, 5개월상을 치른다. 내외는 분별이 있어 부계가 내가되고, 모계가 외가 되었기 때문이다. 그래서 부계는 '당(堂)'이며, 모계는 '표(表)'다. '당'은 집안의 안이며, '표'는 바깥이다. 이러한 이유로 고대 중국의 혼인제도에서는 종남매 사이는 혼인할 수 없지만, 이종사촌 간에는 혼인할 수 있었을 뿐만 아니라 오히려 이를 장려했으니 이를 '겹혼인(親上加親)'이라 한다. 이것이 바로 내외의 분별이다.

내외를 분별한 이유는 '친소(親疏)'를 정하기 위해서였다. 즉, 부계는 가깝고(親) 모계는 멀다(疏)는 것이다. 사촌마저 다시 구분해 고종사촌과 이종사촌을 구분했다. 고종사촌은 부계의 친족이며, 이종사촌은 모계의 친족이다. 그래서 고종사촌이 이종사촌보다 가깝다. 그렇다면 외삼촌, 고모부, 이모부 가운데에는 누가 가장 가까울까? 외삼촌, 고모부, 이모부 순이다.

　이러한 등급질서는 어떻게 정해야 할까? 친소를 따져 보아야 한다. 외삼촌은 모계 친족으로, 어머니와 성이 같다. 고모부와 이모부는 아버지나 어머니 집안사람이 아니기 때문에 성이 다르다. 그러므로 외삼촌이 당연히 첫 번째다. 고모부와 이모부는 모두 성이 다르지만, 고모는 부계이며, 이모는 모계이므로 이모부가 고모부보다 멀어서 세 번째가 된다. 이는 쉽게 따질 수 있다. 그러나 외삼촌과 고모 중에 누구를 더 대접해 주어야 하는지는 쉬운 문제가 아니다. 왜 그런지 따져 보자. 고모는 부계이고, 외삼촌은 모계다. 이렇게 보면 고모가 더 중요하다. 문제는 고모는 여자고, 외삼촌은 남자라는 것이다. 전통적인 방법은 각각의 구체적인 문제에 대해 구체적인 분석을 하는 것이다. 먼저 상황을 보고, 두 번째로 항렬을 따진다. 일반적으로 국사(國事)는 외삼촌에게, 집안일은 고모에게 물어보라고 한다. 집안일 가운데 아버지쪽에 관계된 것은 고모에게 물어보고, 어머니쪽에 관계된 것은 외삼촌에게 묻는다. 그러나 한 가지 분명한 것은 아무리 외삼촌의 체면이 크다 해도 고모할머니보다는 크지 않다는 점이다. 고모할머니의 서열이 높기 때문이다.

　이처럼 등급 차별은 혈연 이외에 서열에 따라서 결정된다는 사실을 알 수 있다. 그래서 '내외(內外)'를 분별해야 할 뿐만 아니라 '장유(長

幼)'의 순서를 따져야 한다. 예를 들어 아버지가 죽으면 참최(제1등급)를 입고 3년상을 치르지만, 아들이 죽으면 재최(제2등급)를 입고 5개월상을 치른다. 이것이 바로 '장유유서'다. '장유'의 서열을 구분하는 목적은 '귀천'을 분명하게 구분하기 위해서다. 나이가 많은 사람은 서열이 높고, 나이가 적은 사람은 서열이 낮다. 그러나 '장유'는 귀천을 가르는 표준 가운데 하나일 뿐이다. 그 밖에 남존여비, 군존신비 등이 있다. 예를 들어 군주가 죽으면 신하는 참최를 입어야 하는데 이것이 군존신비다. 또 남편이 죽으면 아내가 참최를 입고 3년상을 치른다(제1등급). 그러나 아내가 죽으면 남편은 재최를 입고 1년상을 치른다(제2등급). 이것이 바로 남존여비다. 존비(尊卑)는 가장 중요한 기준이다.

'존비', '귀천', '내외', '친소' 같은 요소를 조합한 것이 바로 '오복'이다. 이 다섯 가지 등급 가운데 최고 등급은 군주, 부친, 남편, 적장자다. 이들은 '지친(至親: 예를 들어 남편)' 아니면 '지존(至尊: 예를 들어 군주)'이거나 이 둘을 모두 겸한 경우(예를 들어 부친)도 있다. 가장 낮은 등급은 족인(族人), 장인, 장모, 외종질, 사위, 외손자다. 이들은 혈연관계가 아니거나(예를 들어 사위), 관계가 먼 경우(예를 들어 족인)에 해당하므로 제5등급에 속한다. 다섯 등급 이외의 규정에 들어 있지 않은 경우는 친족이나 친척이 아니니 이를 '오복을 벗어났다'고 말한다. 그래서 '오복'의 원칙은 다음과 같이 정리할 수 있다. '내외에 분별이 있다, 친소에 차별이 있다, 장유에 서열이 있다, 귀천에 등급이 있다.'

이것이 바로 예다. 예의 핵심은 등급과 질서다. 이런 등급이 마련되면 사회 전체가 질서가 분명하게 잡히게 되는데 이를 '윤(倫)'이라 한다. 이러한 질서의 원리를 설명한 것이 '윤리'이며, 윤리법칙을 실현하는 것이 '예법'이다. 또 윤리법칙을 실천하는 제도를 '예제'라 하고, 윤리법칙을 실천하는 마음을 '인애'라 한다. 유가가 '인애'를 주장하고 '겸애'를 반대한 이유가 바로 여기에 있다. 공자가 "군주는 군주다워야 하고, 신하는 신하다워야 하며, 아버지는 아버지다워야 하고, 자식은 자식다워야 한다"고 거듭 강조하고, 정치의 핵심은 무엇보다 '정명(正名)'에 있다고 여긴 것도 바로 이 때문이다.

　문제는 질서는 사회를 위해서 필요하지만, 등급은 인성에 맞지 않다는 것이다. 사람은 태어나면서부터 모두 평등하기 때문에 어느 누구도 '사람 밑의 사람'이 되기를 원치 않는다. 엄격한 등급과 규정은 사람을 불편하고 기분 나쁘게 한다. 더욱이 주나라 사람들이 만든 이러한 규정이 꼭 합리적인 것도 아니다. 오복제도는 가까운 관계(親)일수록 등급이 높으며, 관계가 멀(疏)수록 등급이 낮다. 그래서 부친이 죽으면 참최를 입고 3년상을 치르며, 조부모가 죽으면 재최를 입고 1년상을 치른다. 증조부모의 경우 재최를 입고 5개월상을 치르고, 고조부모의 경우 재최를 입고 3개월상을 치른다. 이것은 일리가 있다. 가깝고 먼 사이가 구분이 되기 때문이다.

　하지만 아버지와 어머니 모두 가장 가까운 사이인데 왜 아버지가 죽으면 제1등급인 참최를 입고 3년상을 하고, 어머니가 죽으면 상황에 따라 상을 치르는 것인가. 예를 들면, 아버지가 세상을 떠났을 경우 3년상이며, 아버지가 살아 계시면 1년상이다. 또한 3년이든 1년이든 제2등급의 재최를 입는다. 이것이야말로 불평등이다. 또한 조부모는 2등급인데, 외조부모는 4등급, 장인과 장모는 5등급인 것도 불합리하고 불공평하다. 이는 '오복'제도의 문제일 뿐만 아니라, 모든 예법이 공통적으로 갖고 있는 문제이기도 하다. 이런 문제를 주공과 그의 조력자들도 알고 있었을 것이다. 그렇다면 그들은 해결방법을 갖고 있었을까?

방법을 갖고 있었다. 바로 '제례(制禮, 예를 정함)'이자 '작악(作樂, 음악을 만듦)'이다.

'작악'이 어떻게 문제를 해결할 수 있을까? 이를 알기 위해서는 먼저 '악'이 무엇인지부터 살펴볼 필요가 있다.

'악(樂)'은 두 가지 뜻이 있는데, 하나는 음악이고, 또 하나는 즐겁다는 것이다. 이 두 가지 의미는 서로 통한다. 음악을 들으면 즐겁기 때문이다. 즐거운 생활, 아름다운 사회는 음악 같아야 한다. 음악은 어떠한가? 조화롭다. 그 이유는 서로 다른 음으로 구성되기 때문이다. 음악의 소리는 높이, 길이, 세기, 음색 이 네 가지가 서로 다르다. 고음, 저음, 긴 음, 짧은 음 등 제각각이지만 이런 음들이 한데 어우러져 듣기 좋은 음악을 구성한다. 이것이 바로 '조화'다. 다양한 것들이 어우러져 통일을 이루기 때문이다.

예악제도를 만든 사람들은 자신들의 사회가 이러해야만 한다고 생각했을 것이다. 예를 들어 음악에 궁상각치우가 있듯이, 작위에는 공후백자남이 있고, 상복에는 참최, 재최, 대공, 소공, 시마가 있다. 다섯 가지 상복과 다섯 가지 작위는 '오음'처럼 등급과 질서에 따른다. 누가 공(公)이 되고, 후(侯)가 되고, 백(伯), 자(子), 남(男)이 될 것인지는 마치 궁상각치우가 이미 정해져 있는 것처럼 또는 아버지와 아들이 이미 정해져 있는 것처럼 모두 하늘의 뜻이니 가격을 흥정하듯이 정할 수 있는 것이 아니다.

중요한 것은 모든 음의 소릿값이 이미 정해져서 자신의 자리를 유지하는 것과 마찬가지로 군주, 신하, 아버지, 자식은 각자 자신의 자리가 존재하기 때문에 함부로 이동할 수 없다는 점이다. 함부로 움직일 수 없으니 조화를 이루게 된다. 조화로우면 자연스럽게 마음이 편해지므로 마치 음악을 듣는 것처럼 마음이 즐거워지는 것 아니겠는가!

이것은 물론 일리가 있는 말이다. 그러나 동시에 문제점도 존재한다. 각기 다른 음들이 잘 어우러지면 당연히 조화로운 소리를 낸다. 그러나 음의 자리가 적당하지 않으면 귀에 거슬리는 소리가 난다. 하지만 주나라 사람들은 모두에게 이는 의심할 필요가 없다고 말했다. 예악제도를 만든 사람이 주공이기 때문이다. 주공은 성인인데 성인이 하는 일이 틀릴 수 있겠는가? 그래서 주공이 만든 제도가 가장 좋은 제도며, 주공이 정한 사회가 가장 좋은 사회다. 또한 주공이 쓴 악곡이 가장 훌륭한 악곡이므로 모두 이를 따라 연주하고 노래 부르면 되는 것을 왜 조급해한단 말인가?

이는 구구절절이 맞는 말이기는 하지만 문제는 이것이 유용한가라는 점이다. 사실 지금 보아도 여전히 유용한 부분이 있다. 음악은 3대 기능이 있는데, 발산 기능, 조절 기능, 감정 전달 기능이 그것이다. 기분이 좋지 않을 때 높은 곳에 올라 목청껏 외치면 마음이 편해진다. 이것이 바로 발산의 기능이다. 독일의 예술학자인 에르네스트 그로세 (Ernst Grosse)의《예술의 기원》에 이런 이야기가 나온다. 한 탐험가가 오스트레일리아에서 현지 사람들이 식용을 금지하는 홍합을 먹었다. 원주민 안내자는 너무 놀라 어쩔 수 없이 컴컴한 밤에 두려움에 떨면서 깊이 잠들 때까지 노래를 불렀다. 이것이 바로 음악이 지닌 조절 기능이다. 그래서 음악으로 심리를 조절함으로써 예의 부족한 부분을 보충할 수 있다는 의미다.

그러나 이보다 더 중요한 것은 감정의 전달이다. 여기서 '전달'이란 타인, 감상하는 사람까지 동일한 감정을 느끼도록 하는 것이다. 이것은 모든 예술의 기능이다. 사실상 당시의 음악은 단순히 음악을 의미하는 것이 아니라 모든 예술을 포함하고 있었다. 그중 가장 중요한 것이 시와 무도였다.《예기》〈악기〉 편에서는 이렇게 말한다. "시는 그 뜻을 말로 표현하는 것이고, 노래는 그 소리를 읊는 것이며, 춤은 자신의 마음을 동작으로 표현하는 것이다. 이 세 가지가 마음에 바탕을 두고 드러날 때 여러 가지 악기가 이를 따라 표현하는 것이다. 그런 까닭에 음악으로 표현되기 위해서는 정감이 깊고 문채가 선명해야 한다."

정감이 깊고 문채가 선명하니 사람들로 하여금 같은 감정을 경험하게 할 수 있다. 동일한 감정을 체험하면 어떻게 되는가? 마음이 서로 통하고, 관계가 긴밀해지며, 한마음 한뜻이 된다. 이렇게 되면 사람들은 평소에는 평화롭게 공존할 수 있으며, 전쟁에서는 한마음으로 뭉쳐 적에 대항할 수 있다. 예를 들어《시경》〈무의(無衣)〉 편이 진(秦)나라 군가인지 의심이 들 정도다. 가사는 다음과 같다. "어찌 옷이 없다 하리오, 그대와 두루마기를 함께 입으려네. 임금께서 군사를 일으키시면 나도 짧은 창과 긴 창의 날을 세워 그대와 함께 나아가 싸우리라."

이 시에 대해 역대로 다양한 해석이 존재했다. 하지만 나는 이 시를 읽는 사람 대부분이 강렬하고 격앙된 호방한 전투의식을 그대로 느낄 수 있으리라 생각한다. 상고 시대의 시는 노래로 부를 수 있었고, 당시의 노래는 그 가락에 맞춰 춤을 출 수 있었다. 그래서 당시 진나라 왕과 그의 백성이 노래하고 춤출 때 아마도 모두 마음이 한곳으로 향하고, 힘을 한곳으로 모았을 것이다. 통일된 리듬과 템포, 동작이 똑같은 느낌과 똑같은 행동을 이끌어 냈을 것이기 때문이다. 그래서 《예기》 〈악기〉 편에서는 "음악이란 동일한 마음으로 이끄는 것이다"라고 했다.

악이란 동일한 마음으로 이끄는 것이고, 예란 차이를 분별하는 것이다. 이것이 예와 악의 가장 중요한 기능과 역할이다. 다시 말하면, 예는 차이와 등급을 구별하는 것이고, 음악은 감정을 통일하고 조화를 이끌어 내는 것이다. 이렇듯 예와 악은 서로 부족한 부분을 보충하고 보완하는 상생의 관계다.

예와 악의 이러한 관계는 마치 두 마리의 물고기가 어울려 있는 모습과 같은 태극도의 음양이어(陰陽二魚)와 닮아 있다. 상반되지만 서로 의지하고, 각자 움직이면서도 하나의 원 안에서 원심을 둘러싸고 있다. 이 '원심'은 바로 '덕'을 나타낸다. 주공이 말하는 '악'은 결코 일반적인 의미에서의 음악이 아니라 '덕이 있는 음악'을 가리킨다. 음악의 목적 역시 오락이 아니라 윤리적인 감정을 표현하고, 도덕 교육을 시키는 것이다. 다만 그 교육은 매우 즐거운 교육이다. 그래서 이를 일러 "즐거움에 가르침을 끼워넣는다(寓敎於樂)"고 한다. 이런 교육을 '악교(樂敎)'라고 한다. 악교와 예교를 합쳐 '예악교화'라 한다. '예'는 도덕적 행동을 길러 주고, '악'은 도덕적인 정서를 길러 준다. 행동과 정서가 모두 도덕적이니, 덕으로 나라를 다스린다는 방침이 현실화된 것이다. 《예기》 〈악기〉 편에서는 이를 일러 "예악을 모두 얻으면 이를 일컬어 덕이 있다고 한다. 덕이 있는 자는 얻을 수 있다"라고 했다. 다시 말하면, 덕으로 나라를 다스리고 예악으로 이를 보좌한다는 것은 하나의 핵심(덕)과 두 가지 지지대(예와 악)로 다스린다는 것이다. 이는 실로 고심해서 설계한 것이다.

이제 예악제도와 예악문화라는 것이 무엇인지 대략적으로 알 수 있을 것이다. 간단하게 말해, 사람을 근본으로 삼아 덕으로 나라를 다스리고 예로 질서를 유지하고 음악으로 조화를 이끌어 내는 것이다. 이런 제도와 문화 속에서 사회는 등급이 존재하는 동시에 또한 모순이 생기지 않으니 마치 음악과 같은 사회를 이룬다. 주공은 자신들의 세상과 사회를 하나의 합창단으로 간주한 듯하다. 합창단은 고음, 중음, 저음 등 각기 다른 파트를 갖고 있어야 한다. 그래서 주공과 그의 추종자들은 음악처럼 아름답고 조화로운 사회를 만들기 위해서는 서로 다른 등급이 존재해야 한다고 보았다.

이러한 주장은 이치에 맞는 것 같지만 사실은 문제가 있다. 합창단에 서로 다른 파트들이 있는 것은 맞다. 그러나 이는 맡은 분야가 서로 다를 뿐이지 결코 각기 다른 파트에 속한 사람들이 인격적으로도 평등하지 못함을 의미하는 것은 아니다. 사실 음악 작품에서 '음격(音格)' 자체의 문제는 존재하지 않는다. 음격은 각기 다양하지만 결코 불평등하지 않다. 만약 불평등하다면, 예를 들어 저음은 짧고 약해야 하며 고음은 반드시 길고 강하게 소리내야 한다고 규정되어 있다면, 음악은 결코 조화를 이루지 못할 것이며, 또한 아름다운 선율을 만들지 못할 것이다. 이처럼 불평등한 사회는 절대 조화를 이룰 수 없다.

진정으로 조화로운 사회는 모든 사람이 평등하고, 각자 원하는 바가 있으며, 각자 장점이 있어 자신의 자리를 차지하고 살아가는 것이다. 이것이야말로 우리가 진정으로 바라는 사회다.

하지만 객관적으로 보면, 당시 상황에서 주공과 조력자들이 예악을 통한 통치를 했다는 것은 대단히 진보적이고 뛰어나다고 할 수 있다. 이는 피비린내 나는 진압으로 무고한 생명을 앗아가는 것보다 당연히 뛰어난 정치이기 때문이다. 실제로 사상적으로 '인본주의'를 확립하고, 정치적으로 '덕치'를 실현하며, 제도상에서 '예악에 의한 교화'를 실시했다는 것은 주공을 중심으로 한 주나라 사람들이 상당히 성숙한 사람들이었음을 말해 준다. 또한 이런 그들이었기에 정교하고 뛰어난 새로운 제도와 문화를 창조해 낸 것이다. 이것이야말로 춘추 전국 시대에 제자의 백가쟁명이 출현한 첫 번째 원인일 것이다. 바로 정신적인 성숙이다.

물론 이는 다만 첫 번째 원인일 뿐이다. 여기에는 두 번째 원인인 '사회 급변'의 요소도 있다. 사회의 급변을 구체적으로 보여 주는 것이 바로 예가 파괴되고, 악이 붕괴된 상황이었다. 이는 선진 시대 제자백가가 논쟁을 벌인 직접적인 원인이다.

이에 우리는 한 가지 질문을 던지지 않을 수 없다. 그토록 고심해서 창조한 제도와 문화가 왜 문제를 일으키고 결국 붕괴에 직면하게 되었는가?

4

달은 별이 되고
별은 달이 된 사회의 격변

예악제도가 왜 붕괴했는지 알기 위해서는 먼저 그것을 왜 시행했는지 정확하게 파악해야 한다. 왜 예악제도를 시행했는가? '한집안의 천하(家天下)'이기 때문이다. 이는 세상을 하나의 거대한 가족이라고 생각하는 것이다.

그곳에는 가장 큰 족장 또는 가장이 존재하는데 이를 '천자(天子)'라 한다. 이 거대한 가족 아래에 100여 개의 그다음 큰 가족이 있는데 이를 '국(國)'이라 한다. 그들 역시 각자의 족장 또는 가장을 갖고 있으며 이들을 '제후' 또는 '국군'이라 한다. 두 번째로 큰 가족마다 그 아래에 중등 정도의 가족이 있는데 그들을 '가(家)'라고 한다. 그들 역시 각자의 족장 또는 가장을 갖고 있으며, 그들을 '대부(大夫)' 또는 '가군(家君)'이라 한다. 그리고 그 아래 가장 작은 단위인 가족, 소가정이 있는데, 그들의 족장 또는 가장을 '사(士)'라 한다. 사는 대부의 아들 또는 형제고, 대부는 제후의 아들 또는 형제다. 제후는 대부분 천자의 아들 또는 형제이며, 약간의 다른 사람이 포함된다. 그러나 이들 역시 대부분 천자의 외삼촌, 생질, 사위들이다. 그래서 사 가족은 대부 가족의 갈래이며, 대부 가족은 제후 가족의 갈래, 제후 가족은 천자 가족의 갈래다. 결론적으로 말하면, 천하가 모두 한가족이다.

이런 상황이라면 예악제도를 시행할 수 있고, 또한 반드시 시행해야 한다. 그 이유는 다음과 같다. 첫째, 한집안사람이므로 서로 아끼며 사랑해야 한다. 이것이 바로 '인(仁)'이다. 둘째, 서로 도와야 한다. 이것이 바로 '덕'이다. 셋째, 장유의 질서가 있어야 한다. 이것이 바로 '예'다. 넷째, 즐겁고 화기애애해야 한다. 이것이 바로 '악(樂)'이다. 예악제도가 시행될 수 있는 이유는 천하가 모두 한가족이기 때문임을 알 수 있다.

아마도 이렇게 질문하는 사람이 있을 것이다. 서주 시대의 천하는 그 범위가 이미 결코 작다고 할 수 없다. 예를 들어 주 왕실은 섬서에 자리했고, 연(燕)은 하북, 진(晉)은 산서, 초(楚)는 호북, 송(宋)과 위(衛)는 하남, 제(齊)와 노(魯)는 산동에 자리했다. 그 밖에 호남, 강서, 강소, 절강 지역에도 주나라의 제후국이 있었다. 이처럼 광활한 지역에 수많은 백성이 살고 있는데 어떻게 한가족이 될 수 있는가?

물론 맞는 말이다. 그러나 그들에게 이 문제를 풀 해법이 있었다. 바로 종법제(宗法制)와 봉건제(封建制)였다.

'종법제'란 간단히 말해 한가족의 수많은 자녀를 순서대로 배열하는 제도다. 누가 가장 위인가? 적장자다. 둘째와 셋째는 차자(次子)와 서자(庶子)가 된다. '적장자'는 본처가 낳은 첫 번째 아들을 말한다. '차자'는 본처가 낳은 아들 가운데 장남을 제외한 아들이다. '서자'는 첩이 낳은 아들이다. 차자와 서자는 나이가 아무리 많아도 그 지위가 적장자와 같거나 능가할 수 없다. 적장자만이 가족의 혈통을 대표할 수 있기 때문에 '정통'이라고 부른다. 가족의 작위와 재산 또한 원칙적으로 적장자만이 계승할 수 있는데 이를 '적계'라고 한다. 정통과 적계는 '대종(大宗)'이라 하며, 차자와 서자는 '소종(小宗)'이라 한다. 그래서 적장자가 세상을 떠나면 부친조차 그를 위해 '참최'를 입어야 한다. 이는 오복 가운데 장유의 순서가 뒤바뀐 유일한 예외 조항이다. 이를 '적장자제(嫡長子制)'라 하며, 이것이 종법제도의 핵심이다.

문제는 이런 제도가 '가천하제(家天下制)'와 어떤 관련이 있는가라는 점이다. 주나라 사람들의 설명은 이러하다. 우선, 주나라 왕을 황천(皇天)의 적장자라 해서 '천자'라 부른다. 이렇게 해서 제후는 하늘의 차자 또는 서자가 된다. 이는 천자와 제후의 종법 관계를 확정한다. 이런 식으로 적용하면 제후는 국족(國族)의 적장자이고 대부는 국족의 차자 또는 서자이고, 대부는 가족의 적장자이고 사(士)는 가족의 차자 또는 서자다. 천자와 제후, 제후와 대부, 대부와 사 모두 종법 관계에 있으니 어찌 천하가 한가족이 아니겠는가?

그러나 종법 관계만으로는 안 된다. 종법 관계는 사회관계이므로 가정과 가족의 경우에만 사용할 수 있다. 주왕국(周王國, 희(姬) 성)과 송공국(宋公國, 자(子) 성), 제후국(齊侯國, 강(姜) 성), 정백국(鄭伯國, 희(姬) 성), 초자국(楚子國, 미(半) 성), 허남국(許男國, 강(姜) 성) 간의 관계는 국가 관계다. 이것은 봉건의 관계로 맺어져야 한다.

'봉건'이란 무엇인가? 황천이 천하를 주왕에게 주었다고 가정하고, 주왕이 다시 천하를 몇 개의 국가로 나누고, 각자가 한 사람의 국군을 지정해 통치하도록 하는 것이다. 이를 '봉토건국(封土建國)' 또는 '봉방

건국(封邦建國)'이라 한다. 구체적으로 말하면, 영토를 나누어 정하는 것을 '봉'이라 하고, 국군을 지정하는 것을 '건'이라 한다. 국군은 나라를 얻은 후 이를 독점할 수 없고 다시 본국의 대부에게 나눠 준다. 주왕이 토지와 백성을 제후에게 나눠 주는 것을 '건국'이라 하고, 제후가 토지와 백성을 대부에게 나눠 주는 것을 '입가(立家)'라 한다. 대부가 '입가'한 후에는 더 이상 '봉건'을 할 수 없다. 하지만 사에게 '식전(食田)'을 줄 수 있다. 식전이란 조세를 걷는 땅을 말한다. 사의 식전은 대부가 주고, 대부의 채읍은 제후가 주며, 제후의 영지는 천자가 준다. 이것이 바로 '봉건'이다.

봉건제와 종법제를 합한 결과는 무엇인가? 천자, 제후, 대부, 사 간에 이중 관계가 성립되는 것이다. 첫째는 종법 관계, 곧 적서(嫡庶)의 관계다. 구체적으로 말하면, 천자와 제후, 제후와 대부, 대부와 사가 각각 '적'과 '서'의 관계라는 뜻이다. 둘째, 봉건 관계, 곧 군신(君臣)의 관계다. 사는 대부의 신하이며, 대부는 사의 군주이자 가(家)에 속하는 모든 서민의 군주이니, 이를 '가군(家君)'이라 한다. 대부는 제후의 신하이며, 제후는 대부의 군주이자 국내 모든 국민의 '군주'이니 이를 '국군'이라 한다. 제후는 천자의 신하, 천자는 제후의 군주이자 천하 모든 백성의 군주이니 이를 '천하의 공통된 군주(天下共主)'라 한다. 다시 말해, 천자와 제후, 제후와 대부, 대부와 사는 군주와 신하이면서 또한 한가족이다. 군신관계는 존비를 중시해야 하는데, 이것이 '예'다. 가족은 조화를 중요시해야 하는데 이것이 '악(음악)'이자, '락(즐거움)'이다.

이를 통해 '가천하제'는 봉건, 종법, 예악의 세 가지 제도가 공동으로 구성하고 있음을 알 수 있다. 봉건제도는 국가의 형태, 종법제도는 사회 구조, 예악제도는 문화적 심리를 관할하면서 이 세 가지는 서로 보완 관계를 형성하고 있어 어느 하나라도 없어서는 안 된다. 만약 이 세 가지 제도에 문제가 생기지 않으면 천자, 제후, 대부, 사는 각기 자신의 자리를 지켜 질서 정연하고 조화롭고 즐거운 상태가 된다. 이러한 세상을 유가의 말을 빌려 "천하에 도가 있다"고 한다.

이것이 바로 당시 주공과 그의 조력자들이 설계한 일련의 제도다. 그의 설계는 매우 고심 끝에 만들어진 것으로 상당히 훌륭하다. 그렇다면 이처럼 정교하고 완벽한 제도가 왜 붕괴되기에 이르렀을까?

이유는 간단하다. 비유하자면 모두 달이 일으킨 재앙 때문이다.

먼저 '주 왕조'와 이후의 진·한·당·송·원·명·청을 한번 비교해 보자. 주나라 이후의 왕조들은 모두 통일국가로, 우리는 그것을 '제국'이라 부른다. 제국 또는 왕조 아래에는 한 등급 낮은 국가, 예를 들어 왕국, 공국, 후국은 존재하지 않는다. 설사 있다 해도 독립적인 주권국가가 아니다. 마찬가지로 제국은 한 명의 국가원수, 즉 황제 또는 천자가 있을 뿐이다. 천자(황제) 아래에 한 등급 낮은 국군, 예를 들어 왕, 공, 후는 존재하지 않는다. 제국의 왕, 공, 후는 모두 국가원수가 아니다. 결론적으로 제국 시대에는 특별한 시기를 제외하고 중국(국내, 천하)의 범위 안에 단 하나의 국가밖에 없거나 또는 단 하나의 국가만 인정했다(예를 들면 진(秦) 제국). 마찬가지로 단 한 명의 국가원수만 있거나 또는 단 한 명의 국가원수(예를 들면 진시황)만 있다고 인정했을 뿐이다. 이를 '하나의 천하, 하나의 국가, 그리고 한 사람의 천자, 한 사람의 원수'라 한다. 이러한 제도를 '제국 제도'라 한다.

그런데 '주 왕조'는 달랐다. 주 왕조는 통일국가가 아니라 연맹국가였다. 연맹은 여러 개의 나라로 구성되어 있다. 그중 가장 큰 것이 주 왕국이며, 그다음이 송공국, 다시 몇몇 후국(제, 노, 위, 연 등) 및 더 작은 국가들(정백국, 초자국, 허남국 등)이 있었다. 이처럼 여러 나라가 모여 공동으로 조직이 느슨한 하나의 연맹을 구성했다. 연맹의 성원국은 모두 상대적으로 독립적인 국가(각기 다른 시기, 다른 국가로 독립의 정도가 서로 다름)이며, 자신의 정부와 군대, 재정수입을 갖고 있었다. 그들의 국군, 예를 들어 송공, 제후, 정백은 모두 세습에 의해 자리에 오른 국가원수들이었다. 이들 국가의 내정에 주 천자는 원칙적으로 간섭할 수 없었다. 다시 말하면 당시 중국(주 천하) 내에서 주 왕국 이외에도 많은 주권 국가가 있었으며, 주 천자 이외에도 많은 국가원수가 존재했다. 이를 '하나의 천하, 많은 국가, 그리고 하나의 천자, 많은 원수'라 한다. 이런 제도를 '방국 제도'라 한다.

이렇게 보면, '주 천하'는 마치 '유엔'과 비슷하다. 그러나 유엔에서 나라와 나라 사이는 모두 평등하다. 모든 성원국은 규모의 차이가 있을 뿐, 주종의 관계는 아니다. 큰 나라든 작은 나라든 모두 별일 뿐 달인 나라는 없다. 그래서 유엔은 일을 주관하고 사무를 돕는 사무총장만 있을 뿐이다. 그러나 주나라의 천하는 달랐다. 그곳에는 지고지상의 주 천자가 있다. 주 천자는 세 가지 신분을 동시에 갖고 있다. 주 왕국의 국군이며, 주 연맹의 맹주이고, 황천의 적장자다. 국군으로서 그는 '주왕'이며, 맹주로서 '천왕'이고, 황천의 적장자로서 '천자'다. 그래서 그는 주 왕국의 군주일 뿐만 아니라 온 천하의 군주이자 전체 민족의 족장으로 '천하 공통의 주인'이다. 다른 나라의 원수들은 '제후'라 한다. '제'는 많다는 의미다. 한번 생각해 보라. 제후들이 '천하 공통의 주인'을 받드는 것은 어떤 구조일까? 주 왕국은 '나라 위에 있는 나라'이고, 주 천자는 '사람 위에 있는 사람이다'라는 것이 어떤 관계일까?

비유하자면, 유엔은 뭇별이 모두 찬란하며, 진(秦) 왕조(이후 한나라부터 청나라까지의 왕조 포함)는 뜨거운 태양이 하늘에서 홀로 빛나고, 주(周) 천하는 뭇별이 달을 둘러싸고 있는 구조다. 그렇다면 뭇별이 달을 둘러싸고 있는데 왜 문제가 생겼을까?

달이 너무 많았기 때문이다.

앞에서 말한 '가천하제'에 따르면, 최대의 가족(천하)에서 그다음으로 큰 가족(국), 다시 중등의 가족(가)은 사실 모두 뭇별이 달을 둘러싸고 있는 구조다. 천하에서 천자는 달이고 제후는 별이며, 나라에서 제후는 달이고 대부는 별이며, 가(家)에서 대부는 달이고 사는 별이다. 다시 말해, 천자는 큰 달이고, 제후는 중간 크기의 달이며, 대부는 작은 달이다. 그러나 큰 달이든 작은 달이든 모두 달이다. 그래서 작은 달은 자신이 왜 중간 달이 되지 못할까 생각하고, 중간 달은 자신이 왜 큰 달이 되지 못할까 생각한다. 하물며 사는 비록 별이지만 달의 후보로서 사 역시 왜 자신은 작은 달이 되지 못할까 생각할 것이다. 공식적인 이유는 적서(嫡庶)의 분별이 있기 때문이다. 예를 들어 천자는 황천의 적장자이고, 제후는 하늘의 차자 또는 서자이지 않은가.

그러나 실제 상황은 어떠한가? 주 왕국의 힘이 가장 막강하고, 다른 나라들은 조금 떨어지거나 많이 뒤떨어진다. 예를 들면, 송나라는 수하의 패장(敗將)이며, 제나라는 개국공신, 초나라는 참전 부대다. 이들은 제후가 될 수밖에 없다. 그러나 송나라는 비록 상나라의 후예로 패전국이긴 하지만 원래는 가장 강력했기 때문에 공작에 봉해졌다. 초나라는 비록 상나라를 멸망시킨 전쟁에 참가한 동맹국이지만, 남방의 오랑캐로 힘이 약하기 때문에 자작에 봉해졌다. 결론적으로 힘이 강한 자가 맏형이 되고, 발언권을 갖게 된다는 사실을 알 수 있다. 한마디로 총 끝에서 권력이 나온다는 말이다.

이렇게 설명하면 이해가 쉬울 것이다. 누가 별이 되고 달이 되며 또는 큰 달 내지 작은 달이 될 것인지를 결정하는 요소는 '명분'이 아니라 '힘'이다. 그래서 주 천하의 질서를 바로잡으려면 큰 달, 작은 달, 크고 작은 별들의 힘의 균형이 영원히 변하지 않아야 한다. 그러나 사실상 이는 불가능한 일이다. 맹자도 "군자의 은덕도 5대가 지나면 끝난다"고 말했다. 바꿔 말하면, 영원히 부귀한 집안도 없고, 영원히 통치가 지속되는 권력도 없으며, 영원히 변하지 않는 제도는 없다. 5대 이후면 대략 비슷해진다. 그럼, 서주 봉건 시대에서 춘추 전국 시대까지 몇 년의 세월이 흘렀는가? 적게 잡아도 300여 년이다. 20~30년을 한 세대로 계산하면 몇 대가 흘렀는가? 이미 5대가 넘은 지 한참이다. 이때도 뭇별과 달들의 힘이 서주 초기의 상태 그대로였을까? 당연히 그렇지 않았다. 어떤 달은 작아지고, 어떤 별은 커졌다. 만약 별들의 힘과 역량이 달보다 커졌다면 어떻겠는가? 쥐 허리에 총을 꽂아 주면 고양이를 공격하고 싶은 생각이 들지 않겠는가?

초나라를 예로 들어 보자.

초나라는 원래 남부 장강 유역의 부락연맹이었는데 주(紂) 왕을 토벌하기 위한 주 무왕의 전투에 참가해 성왕에게 봉토와 자작(子爵)을 하사받고 단양(丹陽)에 건국했으니 4등급의 별이다. 그러나 초나라는 이 정도에 만족할 수 없어 스스로를 '만이(蠻夷)'라 부르며 강력한 힘을 갖기 위해 노력했다. 주 이왕(夷王, 기원전 869~기원전 857년)에 이르러 주 왕국은 이미 쇠락의 길로 들어서서 뭇별이 달을 둘러싼 구조에 변화가 생기기 시작했다. 제후들은 더 이상 주 왕실의 명령을 따르지 않고 서로 전쟁을 일삼았다. 《사기》 〈초세가〉 편에는 당시 상황에 대해 이렇게 묘사되어 있다. "왕실이 쇠락하여 제후들이 조정에 나가지 않고 서로 정벌 전쟁을 일으켰다."

초나라의 국군으로 제7대 자작인 웅거(熊渠)는 주 천자의 힘이 그다지 강하지 않아 오히려 자신이 더 빛난다고 생각하고 자신의 세 아들을 왕에 봉하고 공공연히 달 행세를 하기 시작했다. 웅거는 이렇게 선언했다. "나는 야만적인 오랑캐여서 중국과 국호와 시호를 같이 쓰지 않겠다." 이는 다음과 같은 의미다. '이 몸은 본래 야만인인데 왜 그대가 명분을 정해 주는가? 당연히 내가 하고 싶은 걸 하면 그만인데 말이오.'

서주 시대만 해도 웅거의 왕 선언은 성공할 수 없었다. 그래서 주 여왕(厲王, 기원전 857~기원전 841년) 때 웅거는 세력이 다시 위축되었다. 그러나 춘추 시대 초기, 주 평왕 때 초나라는 다시 달이 되고 싶어 했다. 《사기》 〈초세가〉 편에 다음과 같은 역사적 내용이 서술되어 있다. 이때 초나라의 국군은 웅통(熊通)이었다. 그는 군사를 일으켜 주 천자와 동성(희(姬) 성)인 수(隨)나라를 정벌하고 이렇게 말했다. "과인이 무장하고 중원 지역의 정치를 돌아보려 한다. 그러나 작위가 너무 낮아 체면이 서지 않을까 걱정되니 천자(주왕)께 작위를 높여 달라고 요구할 것이다." 이에 수나라 국군이 그를 위해 주 왕실에 초나라의 국호를 높여 줄 것을 요구했다. 그러나 주 왕실은 동의하지 않았다. 웅통은 그렇다고 순순히 물러날 필요가 없다고 생각했다. 그는 이렇게 말했다. "주 왕실이 작위를 높여 주지 않으면 내 스스로 높일 것이다." 이에 그는 기원전 704년, 공자가 탄생하기 153년 전에 스스로 무왕(武王)이라 칭했다.

이때부터 초나라의 국군은 대대로 왕이라고 칭했다. 왕은 천자의 칭호다. 제후는 기껏해야 '공(公)'이라 부를 수 있었다. '공' 아래에도 네 등급이 있었다. 웅통은 자작에서 왕으로 뛰어올랐으니 별이 스스로 달이 된 것이다.

하지만 초나라 사람이 왕을 자칭한 것은 인공위성을 쏘아 올린 것에 불과했다. '천(天)'이란 글자가 붙은 제1호의 대형 달은 주나라 왕이었다. 그래서 춘추 시대 중기에 이르러 초나라는 다시 천자에게 도전했다. 기원전 606년, 공자가 탄생하기 55년 전 초나라 장왕(莊王)이 전쟁을 구실로 주왕의 근거지에서 군사 훈련을 벌여 위용을 과시했다. 초 장왕 웅려(熊侶)는 '춘추오패' 중 한 명이며 또한 "3년을 날지 않았으나 한번 날면 하늘로 치솟아 오를 것이고, 3년을 울지 않았으나 한번 울면 세상을 놀라게 할 것이다"라고 말했던 인물이다. 그가 군사 훈련을 실시한 것은 당연히 좋은 의도는 아니었다.

당시 주왕은 이미 천자의 위력을 잃은 지 오래였다. 그래서 주 정왕은 어쩔 수 없이 왕손만(王孫滿)을 보내 장왕의 노고를 위로하도록 했다. 그런데 뜻밖에도 초 장왕은 주 왕실의 보물인 '구정(九鼎)'의 무게를 물었다. 구정은 우임금이 부락연맹의 지도자가 된 후 주조한 예기로, 전국의 아홉 주(州)에서 거두어들인 청동으로 만들어졌다고 전해진다. 이렇게 해서 구정은 아홉 주를 상징하고, 줄곧 천하 최고의 패권을 상징했다. 그러므로 장왕이 구정의 크기와 무게를 물은 것은 사실 패권을 넘본다는 의미였다. 이에 왕손만은 장왕에게 엄숙한 어조로 말했다. 천명은 "덕에 있지, 정(鼎)에 있는 것이 아닙니다."

이것이 유명한 '문정(問鼎) 사건'이다. 천하를 탈취한다는 뜻의 '문정 중원(問鼎中原)'이란 성어는 여기에서 탄생했다. 이렇게 이때는 이미 별은 예전의 별이 아니고, 달 역시 예전의 달이 아니었다. 사실 초왕이 감히 '문정'할 수 있었던 것은 주 왕실이 쇠락했기 때문이다. 왕실이 쇠락하면 제후가 발호하기 마련이다. 마찬가지로 제후가 힘을 잃으면 대부가 발호하고, 대부가 힘을 잃으면 가신이 발호하게 된다. 예를 들어 노나라는 최초의 봉국으로, 첫 번째 국군이 주공의 장자인 백금(伯禽)이었다. 그러나 공자 시대에 이르러 노나라는 이미 국군의 것이 아니었다. 그렇다면 누구의 것이었는가? 세 대부 계손, 숙손, 맹손의 것이었다. 《좌전》에 따르면, 노나라 양공(襄公) 11년(기원전 562년), 공자가 태어나기 11년 전에 세 명의 대부가 제후의 군대를 삼분해 하나씩 차지했다. 노 소공(昭公) 5년(기원전 537년), 공자가 16세 되던 해에 그들은 다시 제후의 토지와 백성을 넷으로 나누어, 계손씨가 둘, 숙손씨와 맹손씨가 각기 하나씩 차지하고, 노나라 군주에게 약간의 돈을 주었는데 보상금인 셈이었다. 화가 치민 소공이 20년 후 계손씨를 공격했다. 그러나 오히려 세 대부에게 쫓겨나 7년간 외지를 떠돌다가 세상을 떠났다. 노나라의 상황은 딱 쥐가 고양이를 몰아낸 격이었다.

더욱 우스운 것은 세 대부의 가(家: 채읍) 역시 쥐가 집을 지키고 있었다는 점이다. 예를 들면 계손씨의 가(家)는 그의 가신인 양화(陽貨)가 관장하고 있었다. 양화는 앞에서도 말했듯이 주군에게 반기를 들었다.

노 정공(定公) 5년(기원전 505년), 공자가 47세 되던 해에 양화는 자신의 주군인 계환자를 구금하고 강제로 굴욕적인 조약을 맺게 해 노나라에서 자신이 집권했다. 더욱 말이 안 되는 것은 그의 주군(대부)이 그의 말을 따라야 했을 뿐만 아니라 대부의 주군(국군)마저도 그의 말을 따라야 했다는 점이다. 그야말로 질서는 무너지고 혼란만 가득한 상황이었다. 이는 악은 악으로 갚는다는 것을 보여 준다. 제후가 천자를 업신여기니 대부가 다시 제후를 업신여기며, 대부가 제후를 업신여기니 가신이 또한 대부를 업신여기는 상황이다. 3년 후, 양화는 다른 대부의 가신들과 결탁해 반란을 일으켜 세 대부를 뒤엎고 스스로 작은 달이 되고자 했으나 성공하지 못했다.

물론 성공한 사람도 있다. 예를 들어 조(趙), 위(魏), 한(韓)나라와 진 전씨(陳田氏)다. 조, 위, 한나라는 진(晉)나라의 세 대부가 건국했다. 진의 전씨는 제나라의 대부로, 춘추 시대에는 진씨, 전국 시대에는 전씨라 해서 다르게 썼지만 고대에는 발음이 같았다. 조, 위, 한나라는 진나라를 분할해 차지했으며, 진전씨는 제나라 군주의 자리를 빼앗았다.

기원전 403년, 묵자가 대략 65세이던 해에 진나라를 나눠 가졌던 세 대부는 주 위열왕(威烈王)에 의해 후(侯)로 승격되었다. 이것이 바로 '삼가분진(三家分晉)'으로 일반적으로 이 사건을 전국 시대로 진입하는 지표로 삼는다. 17년 후(기원전 386년), 묵자가 대략 82세이던 해에 제나라의 대부 전화(田和, 진화(陳和)라고도 한다) 또한 주 위열왕에 의해 후로 승격되고, 이후 제나라의 국군이 된다. 이 사건이 바로 '전씨대제(田氏代齊)'다. 진(晉)나라는 가장 오래된 제후국 가운데 하나로, 그 첫 번째 국군은 주 무왕의 아들 숙우(叔虞)다. 제나라 역시 가장 오래된 제후국 가운데 하나로, 그 첫 번째 국군은 그 유명한 강태공이다. 이처럼 손꼽히는 두 개의 중급 달이 결국 하나는 별에게 분할되고, 하나는 별에게 먹히고 말았다. 더욱 큰 사건은 이후 한나라와 조나라가 연합해 주나라를 공격해 주 왕국이 동주와 서주로 나눠진 것이다. 이처럼 가장 큰 달이 마침내 조그만 별만도 못한 처지가 되고 말았다.

이것이야말로 운명의 대전환이었다. 서주 시기에는 별은 별이고, 달은 달이었다. 마치 별들이 달을 받들듯이 수많은 방국이 주 왕국과 주 천자라는 '천하 공통의 주인'을 섬겼다. 주 왕국의 힘은 막강했고, 천자의 지위는 지극히 높아 존엄한 존재였다. 제후의 국(國), 대부의 가(家)에서도 주인의 위치에 있는 사람이 주인이 되고, 주인이 된 사람이 관장할 수 있었다. 유가의 관점에서는 이는 "천하에 도가 있다"는 상황이다.

그러나 춘추 시대에는 별은 더 이상 별이 아니고, 달 역시 더 이상 달이 아니었다. 천하의 질서를 유지하고 있는 세력은 더 이상 천자가 아니라 패주(霸主)였다. 일부 제후의 나라와 대부의 채읍에서도 국군이 주인이 되지 못하고 대부가 주인이 되거나, 가군이 주인이 되지 못하고 가신이 주인이 되었다. 《좌전》에서 말한 "정치는 영씨(寧氏)가 하고 제사만 과인이 행한다"는 상황이 바로 이것이다. 국군은 단지 하늘과 조상에 대한 제사를 올리는 역할만 할 뿐 다른 일은 전혀 관여할 수가 없었다. 유가의 관점에서 이는 "예악이 붕괴된" 상황이다.

전국 시대에 이르러 별은 달이 되고 달은 별이 되었다. "(전설상의 짐 승인) 천구(天狗)가 달을 먹은 것(삼가 분진)"이자 "큰 물고기가 작은 물고기를 먹은 것(제후 겸병)"이라고 할 수 있다. 또한 작은 쥐를 많이 잡아먹은 큰 쥐가 후에 공개적으로 고양이로 변신했다. 대략 맹자가 39세, 장자가 36세이던 해에 제, 위, 연, 조, 진, 한, 송나라가 각기 앞다투어 왕을 자처했다. 소국에 불과한 중산국(中山國)마저도 왕을 자처하고 나섰다. 이는 하나의 하늘에 몇 개의 달이 떠 있는 것과 같다. 유가의 관점에서 이는 "천하가 크게 혼란한" 상황이 아닐 수 없다. 그러나 혼란은 용납할 수 없다. 하지만 당시 천하가 혼란에서 안정의 상태가 되기 위해 오로지 전쟁만 있었다. 이른바 '전국(戰國)'은 사실 전쟁의 시대였다. 전쟁의 결과 별과 달이 모두 사라지고, 단 하나의 별만 달로 변한 뒤 또다시 태양으로 변했다. 그 태양이 바로 진(秦)이다.

태양이 된 진은 더 이상 '진 왕국'이 아니라 '진 제국'이 되었다. 이때부터 봉건제도 대신 군현제도가 실시되고, 귀족정치 대신 관료정치가 시행되었으며, 지주계급이 영주계급을 대체했다. 새로운 제도가 탄생하고, 새로운 시대가 열렸다. 이 제도를 '제국 제도'라 하며, 이 시대를 '제국 시대'라고 한다. 진나라가 여섯 나라를 멸망시킨 때부터 신해혁명까지 중국은 이 제도를 유지했다.

당시의 변화는 물론 천지가 개벽할 만한 것으로 '사회의 격변'이라 할 수 있다. 춘추 전국 시대는 바로 이러한 격변의 중요한 관문이었다. 국가와 사회의 중요한 전환기에서 얼마나 많은 풍파가 일었을지는 쉽게 짐작할 수 있다. 사실상 이 고난의 500여 년 동안 전쟁과 동란, 궁중 정변이 끊임없이 일어나고, 서로가 서로를 속이며, 전화의 불길이 사방을 메우고, 핏물이 강을 이루었다. 사람들은 이 모든 것이 사회변혁을 위해 반드시 겪어야 하는 고통, 전환을 위해 반드시 치러야 하는 대가라는 것을 인식하지 못하고, 단지 사회에 문제가 생겼다고 여겼을

뿐이다. 이에 중요한 과제가 모두의 눈앞에 놓이게 되었다. '이 사회는 대체 어디로 나아갈 것인가?'

그렇다면 누가 이 문제에 대한 대답을 해 줄 수 있는 것일까?

말단 귀족, 사인의 부상

위의 문제에 대한 답은 사(士)다. 오직 사만이 할 수 있었다.

사인(士人)의 개념에 대해서는 앞에서 유, 묵, 도, 법가에 대해 이야기하면서 이들이 각기 다른 사인을 대표한다고 말하며 언급했다. 유가는 문사, 묵가는 무사, 도가는 은사, 법가는 모사를 대표한다. 문제는 선진 시대 제자는 왜 모두 사의 대표인가라는 점이다. 다시 말해 왜 사 계층만이 사상가가 될 수 있었을까?

이 문제에 답하기 위해서는 먼저 사가 어떤 부류의 사람들이며, 그 특징은 무엇인지를 살펴봐야 한다. 이는 다음 네 가지로 요약할 수 있다.

첫째, 진한(秦漢) 이전의 사는 가장 낮은 등급의 귀족이었다. 당시 사회는 계급과 등급이 존재했다. 계급은 귀족, 평민, 노예의 세 가지로 나뉘었다. 귀족은 다시 천자, 제후, 대부, 사의 네 가지 등급으로 나뉘었다. 이러한 등급이 생긴 이유가 무엇일까? 봉건과 종법 때문에 생겨났다. 봉건은 위에서 아래로 행해지는 형식이다. 천자는 제후에게 봉토를 나눠 주고, 제후는 다시 대부에게 봉토를 나눠 준다. 그러나 대부는 자신보다 아래인 사에게 봉토를 나눠 줄 수 없는데, 그들의 형제나 자식들은 모두 사가 된다. 또한 종법은 오로지 직계만 인정하고, 작위의 세습도 역시 오직 한 사람(원칙적으로 적장자)에게만 하도록 했다. 그럼, 나머지 자식들은 어떻게 되는가? 천자의 적장자를 제외한 다른 자식들은 제후가 되고, 제후의 적장자를 제외한 다른 자식들은 대부가 되며, 대부의 적장자를 제외한 다른 자식들은 사가 된다. 이렇듯 사는 봉건이 불가능한 귀족이었다. 이것이 사의 첫 번째 특징이다.

둘째, 사는 같은 귀족이지만 천자, 제후, 대부와 구별된다. 사를 제외한 세 부류의 귀족은 모두 영지를 갖고 있는 영주다. 천자는 명목상으로 천하의 주인이며 실제로 왕국을 소유한다. 제후는 국(國: 봉국)을 갖고 있고, 대부는 가(家: 채읍)를 갖고 있다. 그러나 사는 전(田)을 소유할 뿐이다. 사의 전은 제후의 국이나 대부의 가와 어떤 차이가 있을까? 국과 가는 토지뿐만 아니라 백성이 포함된다는 점에서 전과 차이가 있다. 즉, 제후와 대부는 토지에 대한 재산권과 백성에 대한 통치권을 갖는다. 그러나 사는 자신의 전(田)에 대한 재산권만 있을 뿐 통치권은 없다. 심지어 재산권조차 없고(식전(食田)은 재산권이 없고, 상전(賞田)은 재산권이 있다), 단지 전조(田租)와 전세(田稅)의 경제적 수입만 있는 경우도 있다. 이를 일러 '사식전(士食田)'이라고 하는데, 전부(田賦)와 전세로 생활하는 것을 말한다. 이렇듯 사는 부동산이 없는 귀족이었다. 이것이 사의 두 번째 특징이다.

셋째, 귀족으로서 사는 천자, 제후, 대부와 대체적으로 같은 권리와 의무를 갖고 있었다. 여기에는 정치, 군사, 제사에 참여할 권리가 포함된다. 이러한 권리는 '관(冠)'에서 표현된다. 사인이 성년이 되면 다른 귀족들과 마찬가지로 '관례(冠禮)'를 행하게 된다. '관례'란 성인식과 같은 것인데, 귀족만이 '관'을 쓸 수 있고, 평민은 '책(幘)'이라는 두건을 써야 한다. 이른바 새 깃 부채에 윤건(輪巾)을 쓴 풍류의 기품 있는 모습은 후대 유사 출신 장수들이 멋을 부린 것일 뿐으로 요즘으로 따지면 마치 대통령이 청바지를 입는 것처럼 허용될 수 있는 것이 아니었다. 예를 들어 공자의 제자인 자로는 '관(冠)'이 벗겨지자 "군자는 죽더라도 관은 벗지 않는다"고 말하며 갓끈을 매다가 장렬하게 죽음을 맞이했다. 왜 관을 벗어서는 안 될까? 관은 의무와 권리의 상징물이기 때문이다. 주례의 규정에 따르면, 귀족 자제의 관례는 세 번으로 이루어진다. 첫 번째는 '치관(緇冠)'이라고 하는데 이를 쓰면 정치에 참여해 정무를 논의할 수 있다. 두 번째는 '피변(皮弁)'이라 하고, 이를 쓰면 사냥이나 군사 업무에 참가할 수 있다. 세 번째는 '작변(爵弁)'이라 하는데 이를 쓰면 제사에 참가할 수 있다. 첫 번째로 치관을 써서 참정권을 얻고, 두 번째로 피변을 써서 참군권을 얻으며, 세 번째로 작변을 써서 제사권을 얻게 되는 것이다.

이상 세 가지 관은 모든 귀족이 쓰는 것이다. 다만 천자, 제후, 대부는 거기에 면류관(冕)을 쓰는 점이 다르다. 면은 관과 달리 꼭대기에 '연(延: 면류관의 덮개)'이 있다. '연'의 앞에는 '류(旒: 면류관에 달린 주옥을 꿴 술)'가 있고, 양쪽에는 '충이(充耳: 면류관 옆 검은 끈에 달린 귀막이)'가 있다. '류'는 면류관을 쓴 사람이 측근이 하는 것만 보지 말고 멀리 보라는 경계의 의미로, '시이불견(視而不見)'이라 한다. '충이'는 참언을 듣지 말라고 일깨우는 의미로, '충이불문(充耳不聞)'이라 한다.

이렇듯 천자, 제후, 대부가 면류관을 쓰는 것은 그들이 백성을 통치하는 통치권을 갖고 있기 때문이다. 통치의 권력이 클수록 류가 많아진다. 예를 들어 천자는 12류(旒), 제후는 9류, 상대부는 7류, 하대부는 5류다. 사는 통치권이 없기 때문에 면류관을 쓰지 않는다. 사는 비록 당당함을 과시하는 면류관을 쓸 수는 없었지만, 높은 관을 쓰고 폭이 넓은 띠를 두르기 때문에 나름 체면을 차리기에 충분했다. 이처럼 사는 참정권, 참군권, 제사권은 갖고 있지만 통치권이 없는 귀족이었다. 이것이 사의 세 번째 특징이다.

넷째, 사는 귀족으로서 비교적 좋은 교육을 받을 수 있었다. 물론 사의 교육 조건이 가장 좋다고 할 수는 없지만 학습에 대한 적극성만은 가장 높았다고 할 수 있다. 그 이유가 무엇일까? 그들은 가장 낮은 등급의 귀족으로서 신분은 있지만 지위가 없고, 의무는 있지만 직무가 없으며, 사업(할 일)은 있지만 산업(생산할 수 있는 일)이 없었기 때문이다. 이들에게는 무엇보다 자신의 능력이 중요했을 뿐만 아니라 능력이 없으면 할 수 있는 일이 없었다. 그래서 사인은 교육을 중시하지 않을 수 없었다. 장인린이 《중국사 요강》에서 말한 것처럼 사인은 "특별하게 교육을 받은 사람"들이었다. 시서를 공부하고, 예의를 배우고, 재능을 닦고, 도덕적 수양과 문화적 교양을 쌓는 것은 사인의 기본적인 임무였다.

이러한 임무를 일러 '수신(修身)'이라고 한다. 그들은 수양이 잘되어 있어야 자신의 일을 찾을 수 있었다. 그들은 왜 일을 찾아야만 했을까? 영지가 없고, 식전만 있었기 때문이다. '식전'이란 판원란이 《중국통사》에서 한 말을 빌리자면 "관직 밥을 먹는 것"을 의미한다. 다시 말해, 일이 있어야 식전이 있게 되고, 일을 하지 않으면 식전을 다시 반환해야 한다. 이렇듯 식전은 세습할 수도 없고, 소유권도 없었다. 사실 세습이 가능한 소유권이 있는 식전이 그다지 많지가 않았다. 만약 집안에 식구가 많으면 식량이 부족해 누군가 나가서 일을 해야 했다. 그래서 사는 반드시 일을 해야만 했던 것이다. 일의 종류도 다양했다. 대부를 도와 채읍을 관리하는 것은 '제가(齊家)', 제후를 도와 방국(邦國)을 다스리는 것은 '치국(治國)', 천자를 보좌해 천하를 안정시키는 것은 '평천하(平天下)'라 했다. '수(修)', '제(齊)', '치(治)', '평(平)' 모두 사의 임무이자 사명이었다. 이렇듯 사는 지식, 교양, 능력을 갖추고 반드시 일을 찾아야만 하는 귀족이었다. 이것이 사의 네 번째 특징이다.

그렇다면 이상 네 가지와 사 계층만이 사상가가 될 수 있었던 것이 어떤 관련이 있을까?

상당히 밀접한 관련이 있다. 우선 이것부터 생각해 보자. 사회에 문제가 발생해 예악이 붕괴할 경우 가장 조급한 사람은 누구인가? 천자, 제후, 대부다. 제후가 강대해지면 자연히 천자의 지위는 약화되고, 대부가 강대해지면 제후의 지위는 위협을 받고, 가신이 강대해지면 대부의 지위는 불안해지기 때문이다. 그러나 사는 전혀 조급하지 않다. 그들은 원래 가장 낮은 등급의 귀족이기 때문이다. 사회의 혼란이 수습할 수 없는 지경까지 이르러 귀족과 평민의 지위가 완전히 뒤바뀌지 않는 이상 사인은 조급할 이유가 없다. 이렇듯 사회가 급변해도 사인은 조급할 필요가 없었다.

두 번째로 조급하면 흥분하기 마련이다. 그렇다면 누가 가장 흥분하는가? 불안정한 사회 분위기 속에서 새롭게 부상하는 야심을 품고 있는 신흥귀족이다. 왜 그럴까? 기회가 왔기 때문이다. 그러나 이들은 누군가의 도움을 받아야 자신의 야심을 실행에 옮길 수 있다. 누가 이들을 도울 수 있을까? 바로 사인들이다. 사인은 수적으로 많을 뿐만 아니라 뛰어난 능력을 겸비하고 있어 한 가지씩의 재주를 지니고 있었다. 제후들이 패권을 다툴 때, 대부가 다른 대부들의 토지를 겸병하고자 할 때, 가신들이 전횡해 대부의 자리를 엿볼 때 미약한 힘이라 해도 사인의 도움이 반드시 필요했다. 이렇듯 사회가 급변하면 가장 유용한 이들이 바로 사 계층이다.

세 번째로 예악이 붕괴해 쥐가 고양이를 공격하는 것은 곧 기존의 등급질서가 무너지고 변화했다는 것을 의미한다. 원래 높은 곳에서 군림하던 자들이 이제는 몰락하고, 고개를 숙이고 순종하던 자들이 이제는 권력을 휘두르는 그런 상황이 되었다. 만약 본전과 이익을 계산해 보면 그 결과는 어떨까? 원래 지위가 높았던 자가 가장 많은 손해를 보게 되므로 당연히 가장 조급해한다. 그러나 원래 지위가 낮고 권세가 없었던 자들은 오히려 큰 이익을 얻게 되므로 흥분하지 않을 수 없다. 사의 지위는 처음부터 가장 낮았으니 굳이 조급할 필요가 없다. 그들은 조급할 필요가 없을뿐더러 오히려 기회를 이용해 자신의 신분을 한 단계 올리거나 심지어는 대부로 승격될 수도 있었다. 설사 자신이 원하는 대로 되지 않는다고 해도 적어도 손해보는 것은 없다. 이렇듯 사회가 급변하면 가장 이익을 얻는 사람들이 바로 사다.

이처럼 사회가 급변해도 사는 조급하지 않으며 오히려 가장 유용한 부류가 되어 가장 많은 이익을 얻게 된다. 이러한 세 가지 상황이 합쳐져서 사인은 급변하는 사회에서 가장 잘 팔리는 부류가 되었다. 제후든 대부든, 조급한 사람이든 흥분한 사람이든 모두 사에게 도움을 청했기 때문이다. 조급해진 사람은 사를 통해 자신의 지위와 기반을 유지하려고 하고, 흥분한 사람은 사를 통해 더욱 많은 이익을 취하려고 했다. 그래서 춘추 시대가 시작되면서 제후와 대부들 사이에 사를 양성하는 기풍이 이미 형성되었고, 전국 시대에는 더욱 유행했다. 각국의 국왕과 재상들은 예의를 갖추고 겸손한 자세로 사를 널리 모셔 오고, 사인들이 자신에게 의탁하지 않을까봐 걱정했다. 고담준론을 즐기는 이들에서부터 닭 울음소리를 잘 내는 사람, 개 흉내를 내는 좀도둑에 이르기까지 다양한 사인들이 제후와 대부들 곁으로 모여들었다. 이렇듯 사인은 위정자들이 앞다투어 사려고 하는 가장 환영받는 부류가 되었으니 어찌 오만해지지 않을 수 있겠는가?

이는 역사에서 사례를 찾아볼 수 있다. 전국 말기에 사인을 가장 많이 데리고 있던 네 사람이 있다. 가의의 《과진론》에 언급되어 있듯이 제나라의 맹상군 전문(田文), 조나라의 평원군 조승(趙勝), 초나라의 춘신군 황헐(黃歇), 위나라의 신릉군 위무기(魏無忌)가 그 주인공들이다. 이들이 양성하고 있던 사인은 각각 3,000명 이상이었다. 이들은 사인들을 매우 극진히 대접했으며, 사인들이 오히려 거들먹거렸다.

맹상군 문하에 풍환(馮驩)이라는 식객이 있었다. 풍환은 맹상군이 사인을 잘 대접해 준다는 이야기를 듣고 짚신을 신고 먼 길을 걸어 그를 찾아갔다. 맹상군이 물었다. "먼 길을 오시느라 고생이 많으셨습니다. 선생께서 저에게 무엇을 가르쳐 주려고 하십니까?" 풍환이 대답했다. "군께서 사람들을 잘 대해 주신다는 말을 듣고 저는 가난한 몸이어서 의지할까 싶어서 왔을 뿐입니다." 그래서 맹상군은 그를 허름한 전사(식객을 위한 숙소)에 머물게 했다. 열흘이 지난 후 맹상군이 전사장을 불러 풍환이 무엇을 하고 지내는지 물었다. 그가 대답하길, 풍환은 매우 가난해 갖고 있는 것이라고는 칼 한 자루뿐인데 매일 그 장검을 손가락으로 튕기면서 "장검아, 돌아가자! 식사에 생선 반찬이 없구나"라고 노래를 부른다고 했다. 그래서 맹상군이 풍환을 좀 더 나은 숙소인 행사로 옮기도록 하고 식사 때마다 생선을 먹을 수 있게 해 주었다. 그러나 풍환은 만족하지 않고 여전히 칼을 튕기며 노래를 불렀다. "장검아, 돌아가자! 나가려고 해도 수레가 없구나!" 그래서 맹상군은 이번에도 풍환을 상등급 숙소인 대사로 옮겨 주고 외출할 때 수레를 사용할 수 있게 해 주었다. 그러나 풍환은 감사해하기는커녕 계속 장검을 튕기며 노래를 불렀다. "장검아, 돌아가자! 묵을 집이 없구나!"

이는 너무 지나친 요구여서 맹상군은 마음속으로는 기분이 좋지 않았지만 내색하지 않고 풍환을 예전처럼 대접했다. 당시 사인은 이 정도로 오만했다.

사인은 거만했을 뿐만 아니라 제멋대로 성질을 부리기도 했다. 맹상군의 문하에서는 이런 일도 있었다. 원래 맹상군은 식객들과 함께 식사를 했는데, 자신의 것과 식객들의 식사에 전혀 차별을 두지 않았다. 그런데 한 식객이 조금 어두운 곳에서 식사를 하게 되었는데 자신의 음식이 남들과 다른 줄 알고 몹시 화를 내며 먹지 않고 나가려고 했다. 이때 맹상군이 식사를 하고 있다가 그 식객이 음식 때문에 화내는 것을 보고 자신의 밥상을 가져다가 그에게 보여 주었는데 다른 것이 전혀 없었다. 결국 식객은 부끄러움을 참지 못하고 칼을 꺼내 스스로 목을 찔러 죽었다.

이렇듯 당시의 사인들은 성질이 있었을 뿐만 아니라 패기와 기개를 지니고 있었음을 알 수 있다. 그들은 비록 오만하기는 했지만 거기에는 나름의 이유가 있었고 사랑스런 면모도 있었다.

그럼, 사인들이 왜 이처럼 완고하고 거만할 수 있었을까?

대략 세 가지 이유가 있다. 첫째는 능력이 있다는 것이고, 두 번째는 부담이 없다는 것이며, 세 번째는 자유롭다는 것이다. 앞에서 이야기한 풍환의 경우도 지나치게 오만한 것 같지만 실은 상당한 능력을 가진 인물로 나중에 맹상군을 크게 돕는다. 《사기》 〈맹상군열전〉 편에 그 이야기가 전해진다. 당시 맹상군은 "공적이 높아 군주의 위세를 압도할 정도여서 정권을 좌지우지한다"는 의심을 받아 제나라 왕에 의해 면직되었다. 맹상군이 면직되어 실권을 잃게 되자 3,000명에 이르던 식객들도 하나둘씩 떠나가고 남은 사람이 없었지만 풍환은 남아 자신이 나서서 맹상군의 재기를 돕겠다고 했다.

그는 맹상군에게 수레 한 대와 약간의 돈을 받아 진(秦)나라로 갔다. 풍환은 진나라 왕을 만나 말했다. "현재 하늘 아래 가장 강대한 나라는 진나라와 제나라입니다. 진나라가 강하면 제나라가 약해질 것이고, 제나라가 강하면 진나라가 약해질 것입니다. 이들 두 나라는 자웅을 겨루는 나라이므로 그 세력이 양립하여 두 나라 모두 웅자(雄者)가 될 수는 없습니다. 결국 강대한 웅자가 천하를 얻게 될 것입니다." 이에 진왕이 자세를 고쳐 앉더니 풍환에게 물었다. "어떻게 하면 우리 진나라가 약한 나라가 되지 않을 수 있겠는가?" 풍환이 대답했다. "맹상군을 초빙하면 됩니다. 제나라를 천하에 비중 있는 나라로 만든 이는 바로 맹상군입니다. 그러나 지금 제나라 왕이 다른 사람이 헐뜯는 말을 들고 그를 파면했으니, 그는 마음속으로 원망하며 반드시 제나라를 배반할 것입니다. 그는 제나라의 정황을 손바닥 보듯이 잘 알고 있습니다. 만약 대왕께서 그를 초빙하신다면 제나라 땅을 손에 넣으실 수 있습니다. 그러니 서둘러 사신을 보내 그를 맞아들이십시오. 만약 제나라 왕이 잘못을 깨닫게 되면 어떻게 될지 모릅니다."

진왕은 풍환의 말이 일리가 있다고 생각하고 맹상군을 맞이하기 위해 열 대의 수레에 황금 100일(鎰)을 갖추어 보냈다. 한편 풍환은 서둘러 먼저 제나라로 돌아와 제왕을 만나 말했다. "신은 진나라 왕이 사신을 보내 금품을 제공하고 예를 갖춰 맹상군을 초빙하려 한다고 들었습니다. 우리 제나라와 진나라는 자웅을 겨루는 사이로 양립할 수 없습니다. 맹상군이 진나라로 들어가서 재상이 되는 날이면 우리 제나라는 위태로워질 것입니다. 대왕께서는 어찌 진나라의 사신이 도착하기 전에 맹상군을 붙잡지 않으십니까?" 이에 제나라 왕이 즉시 국경으로 사람을 보내니 때마침 진나라 사신의 수레가 국경으로 들어오고 있었다. 제나라 사자가 급히 돌아와 이 사실을 제나라 왕에게 알렸다. 제나라 왕은 즉시 맹상군의 직위와 봉읍을 회복시키는 한편 1,000호의 땅을 더 주었다. 이렇듯 맹상군이 재기할 수 있었던 것은 바로 풍환의 공로 덕분이었다.

맹상군, 평원군, 춘신군, 신릉군 네 명의 군자가 거느리고 있던 식객들은 각기 3,000명 이상이었는데, 물론 식객 모두가 풍환처럼 능력 있고 의리 있는 사람만 있지는 않았을 것이다. 그러나 풍환 같은 사람이 서너 명이면 족하다. 예를 들어 평원군 문하에는 자신이 스스로 천거한 모수(毛遂)가 있었고, 춘신군 문하에는 주영(朱英), 신릉군 문하에는 후영(侯嬴)과 주해(朱亥)가 있었는데, 이들은 모두 풍환처럼 능력 있고 의리 있는 인물들이었다. 맹상군 휘하에 있던 개 흉내를 내는 도둑이나 닭 울음소리를 잘 내는 사람들도 역시 유용한 식객이었다.

능력이 있다는 것은 곧 밑천이 있다는 의미고, 부담이 없다는 것은 곧 걱정할 것이 없다는 의미다. 《사기》 〈위세가(魏世家)〉 편의 이야기는 이를 잘 보여 준다. 전국 초기 위(魏)나라 문후의 아들인 자격(子擊, 이후 위 무후가 됨)이 길에서 문후의 스승인 전자방(田子方)을 만났다. 자격이 서둘러 자신이 탄 수레를 한쪽으로 비키게 하고 수레에서 내려와 인사를 올렸다. 그러나 전자방은 아무런 답례도 하지 않았다. 기분이 상한 자격이 물었다. "부귀한 사람이 남에게 교만하게 대합니까? 아니면 빈천한 사람이 남에게 교만하게 대합니까?" 전자방이 대답했다. "원래 빈천한 사람만이 남에게 교만할 뿐입니다. 제후가 남에게 교만하게 굴면 그 나라를 잃을 것이고, 대부가 남에게 교만하게 굴면 그 채읍을 잃을 것입니다. 그러나 빈천한 사람은 자신의 행동이 왕의 뜻에 맞지 않거나 진언이 받아들여지지 않으면 나라를 떠나면 그뿐입니다. 위나라를 떠나 초(楚)나 월(越)나라로 가기를 마치 신을 벗어 던지듯이 할 것입니다. 그러니 어찌 우리를 당신과 비교할 수 있겠습니까?"

전자방의 이러한 답변은 참으로 고집스럽고 오만하지만, 그 나름의 이치가 있었다. 어떤 이치인가? 바로 사인의 자유로움이다. 왜 자유로운가? 첫째, 사인은 세습 영지나 작위가 없어 잃을 것도 없고, 잃을까 두려워할 필요도 없기에 근심도 없다. 그래서 사인은 심리적으로 자유로울 수 있었다. 둘째, 사인은 털과 같은 존재여서 가죽에 붙어살면 된다. 당시에는 붙어살 수 있는 가죽이 많았다. 만약 한곳에서 더 이상 붙어살 수 없다면 다른 곳으로 옮기면 그뿐이다. 진(陳) 후주(後主)가 읊은 것처럼 "이곳에서 머물 수 없다면 절로 머물 곳이 생길 것이다." 이렇듯 사인은 신분의 자유를 누릴 수 있었다. 셋째, 당시 조급한 사람은 사인이 아니라 실패하여 지위도 잃고 명예도 땅에 떨어진 대부와 제후였다. 당시는 누가 더 많은 사인, 특히 손꼽히는 사인을 얻느냐에 따라 자신의 흥망성쇠가 좌우되던 시기였다. 만약 그런 인물들을 얻지 못하면 쇠락과 멸망에 이를 수 있었다. 그렇다면 누가 오만해지겠는가? 당연히 사인이다. 이렇듯 사인은 장래에 대한 자유를 누릴 수 있었다.

심리적 자유와 신분의 자유, 그리고 장래에 대한 자유를 누릴 수 있으면서 능력이 있고 부담이 없는 귀족들이 바로 사인이었다. 실제로 당시의 사인들은 아침에는 진나라로 향하다 저녁에는 초나라로 향하고, 오늘은 이곳에 갔다가 내일은 저곳으로 옮겨 다니며 마음대로 여러 나라를 오갔다. 사실 공자나 묵자도 얼마나 많은 나라를 돌아다니며 유세했던가! 다만 공자와 묵자는 운이 좋지 않아 찾아간 곳에서 퇴짜를 맞는 경우가 대부분이었다. 이는 그들의 주장이 시의에 맞지 않은 이유도 있었지만 춘추 후기나 전국 초기만 해도 아직까지 사의 중요성이 그다지 부각되지 않았기 때문이기도 하다.

그러나 전국 중기나 말기가 되어서는 상황이 크게 달라졌다. 사인들, 특히 헤비급의 손꼽히는 사인들이 어느 나라로 가느냐에 따라 그 나라가 크게 흥성하고, 반대로 어떤 나라를 떠나면 그 나라가 안팎으로 곤란에 처하곤 했다. 그래서 왕충은 《논형》 〈효력(效力)〉 편에서 이렇게 말했다. "초나라로 들어가면 초나라가 흥하고, 제나라를 나가면 제나라가 쇠약해진다. 조나라를 위해 힘쓰면 조나라가 이루고, 위나라를 배반하면 위나라가 해를 입는다(入楚楚重, 出齊齊輕, 爲趙趙完, 叛魏魏傷)." 춘추에서 전국 시대로 넘어오면서 사는 이미 특수한 계층으로 부상해 당시 사회의 중심적 역량이 되었다. 사의 오만함은 바로 여기에서 비롯된 것이다.

이제 선진 제자가 모두 사인의 대표가 된 까닭은 무엇이고, 왜 사인만이 사상가가 될 수 있었는지 이해할 수 있을 것이다. 이유는 간단하다. 사회가 혼란해지면 많은 문제가 발생하게 되는데, 이때 평민은 이것을 해결할 능력과 힘이 없고 천자, 제후, 대부들은 자신을 지키는 데급급해 여유가 없다. 오직 사인만이 직접 나서서 이를 해결할 수 있으므로 그들은 사회의 중심적 역량으로 부상하게 되었다. 그러므로 '과연 이 사회가 어디로 나아갈 것인가'라는 문제를 해결하는 데 사인이 대답하지 않는다면 누가 대답할 수 있겠는가? 사인 중에 뛰어난 능력과 자질을 갖춘 이가 대답하지 않는다면 누가 대답할 수 있겠는가?

그렇다면 사인들은 대답할 수 있었는가?

가능했을 뿐만 아니라 그래야 한다고 생각했다. 그 원인은 세 가지로 볼 수 있다. 특수한 신분, 역사적 사명, 그리고 엘리트 의식이다.

우선, 사의 신분은 특별하다고 할 수 있다. 봉건제도의 규정에 따르면, 국(國)이든, 가(家)든 봉건은 일회성이다. 봉건 이후에 나라는 제후의 것이 되고, 채읍은 대부의 것이 된다. 제후의 나랏일은 천자라 해도 간여할 수 없으며, 대부의 채읍에 관련된 일에 대해서는 제후도 간여할 수 없다. 반면, 권한을 부여받거나 부르지 않는 이상 대부는 제후의 일에 대해, 제후는 천자의 일에 대해 함부로 관여할 수 없다. 이를 어기면 그것은 참월이다.

이렇게 되면 채읍의 일이나 국사, 그리고 천하의 일에 이르기까지 모두 관여할 수 있는 유일한 사람은 결국 사인뿐이다. 영지가 없는 사가 오히려 영지를 갖고 있는 천자, 제후, 대부보다 더욱 "천하에 마음을 둘 수 있는 것이다." 더욱이 그들은 원래 귀족의 구성원으로서 귀족의 권리와 의무를 지녔으므로 천하의 일에 대해 책임을 질 수밖에 없었다. 또한 그들의 임무는 원래 수(修), 제(齊), 치(治), 평(平)이므로 "천하의 일을 자신의 소임으로 생각한 것이다." 그러므로 천하가 혼란스럽고 문제가 산적해 있다면 당연히 그들이 나서야 했다. '천하가 과연 어디로 가야 하는가'라는 문제에 대해 바로 그들이 대답을 해야 했다는 말이다.

그래서 이 문제에 대해 해답을 내놓는 것은 사의 역사적 사명이었다. 실제로 사인 가운데 우수한 이들은 강한 사회적 책임감과 역사적 사명감을 지니고 있었다. 공자가 바로 그런 인물이다. 《논어》〈자한〉 편에는 다음과 같은 내용이 나온다. 기원전 496년 공자가 광(匡)이라는 지방을 지나다가 그곳 사람들에게 억류를 당해 곤란을 겪고 있었다. 이때 공자는 이렇게 말했다. "주 문왕은 이미 안 계시지만 그분이 창립한 문화(예악과 제도)는 나에게 있지 않은가? 하늘이 이 문화를 없애고자 하신다면 나중에 죽을 내가 이 문화에 참여할 수 없게 했을 것이다. 하늘이 그것을 없애고자 하지 않으시니 광 땅 사람들이 나를 어찌할 수 있겠는가?"

이는 공자뿐만 아니라 다른 제자도 마찬가지였다. 묵자는 마치 고행하는 수도승처럼 살았고, 홀로 의협의 일을 행했다. 한비는 산에 호랑이가 살고 있는 줄 알면서도 오로지 그곳으로 향했다. 책임감과 사명감 때문이었다. 심지어 노자와 장자조차도 책임감과 사명감을 갖고 있었다. 그렇지 않다면 그들이 왜 그처럼 많은 말을 했겠는가?

물론 책임감과 사명감만으로는 부족하다. 여기에 조건과 능력이 따라 주어야 한다. 춘추 전국 시대의 사는 바로 이러한 조건과 능력을 갖추고 있었다. 적어도 공자부터 시작해 사인은 이미 국가와 동족을 초월한 엘리트 계층으로 부상했기 때문이다. 이를 가능하게 한 것은 다음과 같은 원인이 있었다. 첫째로, 그들에게 국적은 결코 중요한 것이 아니었다. 그들에게 어떤 특정한 국가에 머물러 그 나라의 국군이나 대부를 위해 복무해야 하는 의무는 없었다. 각국의 군주와 집권자들도 그들의 이동을 막을 권리가 없었다. 죽이는 것을 제외하고는 말이다. 그래서 위(衛)나라 사람인 오기(吳起)와 상앙은 오히려 각각 초나라와 진나라에서 변법을 펼쳤고, 송나라 사람 혜시(惠施)와 정나라 사람 신불해는 각기 위(魏)나라와 한(韓)나라에서 재상을 역임했다.

다음으로 출신 또한 더 이상 중요한 것이 아니었다. 예를 들어 한비는 왕족이었지만 묵자는 천민이었고, 장자는 하급관리였으며, 공자는 가신(家臣)을 한 적이 있다. 그러나 아무도 이러한 사실에 개의치 않았다. 사람들이 관심을 가진 것은 도덕과 학문, 사상과 방법이었지 혈통과 직책이 아니었다. 사실 이는 대단한 진보라 할 수 있다. 왜냐하면 국가와 동족을 초월해야만 천하의 큰일을 생각하고 감당할 수 있으며, 출신과 지위를 문제 삼지 않아야만 진정으로 엘리트 계층을 양성할 수 있기 때문이다.

춘추 전국 시대는 이것이 가능한 시기였다. 그래서 춘추 전국 시대의 사인은 강렬한 엘리트 의식을 지닐 수 있었던 것이다. 이러한 엘리트 의식은 특히 맹자의 모습에서 여실히 드러난다. 맹자는 두 차례에 걸쳐 이윤(伊尹)의 입을 빌려 말했다. "하늘이 이 백성을 낳은 것"은 무엇 때문인가? "먼저 안 사람으로 하여금 뒤에 알게 될 사람을 깨우치게 하고, 먼저 깨달은 사람으로 하여금 뒤에 깨달을 사람을 일깨워 주게 하기(使先知覺後知, 使先覺覺後覺)" 위함이다. "나는 천하의 백성 가운데 먼저 깨달은 자다." 우리의 역사적 사명은 자신이 깨달은 이 도(道)로 이 백성을 일깨우고 교육하는 것이다. 이것을 우리가 아니라면 누가 할 수 있겠는가?

맹자의 이러한 발언은 드높은 기상이 느껴진다. 그는 이 말을 두 차례 했는데, 《맹자》 〈만장상〉 편과 〈만장하〉 편에 실려 있다. 이처럼 맹자는 자신을 엘리트로 자부했음을 알 수 있다. 그는 자신과 같은 사람만이 사회를 혼란 속에서 구제할 수 있다고 보았다. 《맹자》 〈공손추하〉 편의 그의 말에서 이러한 생각을 확인할 수 있다. "만약 하늘이 천하를 평화롭게 다스리고자 한다면 지금의 세상에서 나를 빼놓고 그 누가 있겠는가?"

사실 그러했다. 사는 신분이 특수해 천하에 마음을 둘 수 있었고, 사명감이 강해 천하에 마음을 두었으며, 엘리트이므로 천하에 마음을 둘 수 있는 능력을 갖추고 있었다. 가능하고, 반드시 해야 하며, 그럴 만한 능력을 갖추었으니 '이 사회가 과연 어디로 가야 하는가?'라는 문제에 대해 그들이 대답하지 않는다면 누가 대답할 것이며, 누가 대답할 수 있겠는가?

이제 우리는 춘추 전국 시대 제자백가가 서로 논쟁했던 이유를 분명히 알게 되었다. 첫째는 '사고의 성숙'이다. 사고력이 성숙됨으로써 봉건, 종법, 예악의 세 가지 중요한 제도를 창안해 이전 사람들과 다른 새로운 문화를 창조할 수 있었다. 두 번째는 '사회의 격변'이다. 국가제도, 정치제도, 사회제도, 그리고 문화제도 모두가 거대한 변화에 직면해 다수의 근본적인 문제에 대한 해답이 필요했다. 세 번째는 '사인의 부상'이다. 사상가를 배출할 수 있는 계층, 즉 사인들이 이미 존재했다. 이들은 이때 가장 자유롭고 가장 활약한 중심 역량이었다. 자유로웠기 때문에 '백가(百家)'가 존재할 수 있었고, 활약할 수 있었기에 '쟁명(爭鳴)'이 가능했던 것이다.

이제 앞에서 제기한 세 가지 문제 가운데 두 가지, 중화민족에서 이처럼 위대한 사상가들이 탄생한 이유는 무엇이고, 이들이 특히 춘추전국 시대에 집중적으로 출현한 이유는 무엇인가에 대해 답했다. 그럼 이제 한 가지 문제만 남아 있다. 그들의 사상은 왜 지금까지도 강인한 생명력을 유지하며 강한 매력을 지니고 있는 것인가?

6

선진 제자의 사상은
깨달음으로 이끌어 주는 손가락이다

선진 제자의 사상은 왜 생명력과 매력을 지니고 오랜 세월 번성하고 유지될 수 있었을까? 이 문제는 답하기가 쉽지 않다. 유용하기 때문일까? 꼭 그런 것만은 아니다. 묵가사상 같은 경우 후대에 유용하게 활용된 적이 별로 없고, 특히 주류사회나 상층사회에는 활용된 적이 거의 없다. 가장 많이 활용된 사상은 유가사상으로, 송(末)나라의 재상 조보(趙普)는 "논어를 반만 알아도 천하를 다스릴 수 있다"고 했다.

그러나 사실 역대 왕조가 통치를 유지하는 데 실제로 큰 역할을 한 것은 법가의 이론이었다. 권세에 의지한 전제(勢), 음모와 계략(術), 엄한 형벌과 법률(法)이 그것이다. 유가의 설교는 주로 사람들을 기만하는 데 사용되었다. 먼저 지식인들을 기만하고 다음에는 백성을 기만하고 또 때로는 지식인들을 통해 백성을 속이기도 했다. 그래서 어쩌면 "논어를 반만 알아도 천하를 속일 수 있다"고 하는 것이 맞을지도 모른다.

• 조보 가라사대 •
논어를 반만 알아도 천하
를 다스릴 수 있다.

　　물론 속이기에 성공한 것도 나름의 성과라
고 한다면 성과겠지만 후대 유가의 허풍이 그
다지 크지 않았을 뿐이다. 사실 공자의 이상
이 진정으로 실현된 적은 없다. 그러나 이것이
유가의 사상이 매력이 없다거나 생명력이 없다는 것을 의미하는 것은
결코 아니다. 게다가 공자가 말한 내용과 통치계급의 활용은 별개의
문제이기 때문에 같이 논하기 어렵다. 그러므로 매력의 문제는 유용성
과 그다지 관련이 없다고 할 수 있다.

　　그렇다면 올바르기 때문인가? 이는 말하기가 쉽지 않다. 예를 들어
장자는 절대적으로 올바른 사상은 없다고 했는데 나도 그렇게 생각한
다. 장자는 이렇게 말했다. "기(夔)는 노래기를 가엽게 여기고, 노래기
는 뱀을 가엽게 여기며, 뱀은 바람을 가엽게 여기고, 바람은 눈을 가엽
게 여기며, 눈은 심장을 가엽게 여긴다(夔憐蚿, 蚿憐蛇, 蛇憐風, 風憐目, 目憐
心)." 기는 다리가 하나 달린 외발 짐승이며, 현(蚿)은 다리가 여러 개
달린 노래기다. 당대 학자 성현영(成玄英)은 이 문장이 두 가지 해석이
가능하다고 했다. 하나는 인용문의 '憐(련)'을 가엽게 여김으로 풀이하
는 것이다. 그러면 위의 문장은 다음과 같은 의미가 된다. 기는 다리
하나만으로 걸을 수 있기 때문에 노래기가 다리가 많은 것을 보고 얼
마나 귀찮을까 생각하며 가엽게 여긴다. 노래기는 그나마 많은 다리를
사용하지만 뱀은 뱃가죽을 땅에 대고 기어야 하므로 뱀을 불쌍하게
여긴다. 뱀은 몸이 있어 감각기관을 통해 즐거움을 느낄 수 있지만 바
람은 몸조차 없으니 바람을 안타깝게 생각한다. 바람은 자유롭게 어느
곳이나 갈 수 있지만 눈은 항상 한 장소에 붙어 있어야 하니 얼마나 답

답할까 생각하며 눈을 가엽게 여긴다. 눈은 자신은 그래도 밖에 있어 무엇이든 볼 수 있지만 심장은 컴컴한 몸 안에서 빛도 볼 수 없으니 울적할 것이라며 심장을 불쌍하게 여긴다. 그렇다면 도대체 누가 불쌍한 것인가?

또 다른 하나는 '憐(련)'을 부러워한다는 뜻으로 해석하는 것이다. 그러면 인용문에 나오는 주인공들의 대화를 다음과 같이 상상해 볼 수 있다. 기가 노래기에게 말했다. "나는 다리가 하나밖에 없는데 너는 다리가 그렇게 많으니 정말 부럽다!" 그러자 노래기가 말했다. "이게 뭐가 부러워? 뱀은 다리가 없어도 길을 갈 수 있으니 그게 부럽지!" 그러자 뱀이 말했다. "이건 아무것도 아니야. 바람은 몸도 없으니 아무 곳에도 구속되지 않고 정말 자유롭잖아!" 이어 바람이 말했다. "난 자유롭긴 하지만 아무것도 볼 수가 없으니 내가 눈에 비할 수 있겠어? 눈은 무엇이든 다 볼 수 있는데!" 이에 눈이 말했다. "나는 밖에 달려 있기 때문에 항상 사람들이 지켜보잖아. 꼭 파파라치들이 쫓아다니는 스타처럼 프라이버시라곤 전혀 없어. 심장은 얼마나 좋을까? 아무것도 보지 않아도 모든 걸 다 알 수 있으니." 외발 짐승 기는 많은 것을 부러워하고, 노래기는 없는 것을 부러워하며, 뱀은 큰 것을 부러워하고, 바람은 볼 수 있는 것을 부러워하며, 눈은 안에 있는 것을 부러워한다. 그렇다면 도대체 누가 부러움의 대상이 될 만한가?

사실 이 두 가지 문제에 대해 대답을 할 수 없는 것은 고사하고 두 가지 견해 가운데 어떤 것이 옳은지조차도 판단할 수가 없다. 다만 두 가지 해석이 모두 일리가 있어 말이 된다고 할 수 있지만 어느 한쪽이 절대적으로 옳다고 말할 수는 없다. 선진 제자 역시 그러하다. 유가,

묵가, 도가, 법가 가운데 어느 것이 옳다고 말하기 어렵고 모두 나름대로 일리가 있다. 모두 자신의 주장이 '공리(일반 사람과 사회에서 두루 통하는 진리)'라고 주장하지만, 사실 누구의 주장도 '공리'라고 할 수 없으며, 단지 모두 맞기는 하지만 절대적인 정답은 아니라고 말할 수밖에 없다.

그럼, 왜 그들 모두 나름대로 일리가 있는지 살펴보자.

논쟁의 발단은 유가이니, 먼저 유가부터 이야기하겠다. 유가의 주장은 간단하게 말해서 인, 의, 예, 악의 네 글자로 요약할 수 있다. 그들은 왜 '인, 의, 예, 악'을 주장했는가? 유가는 당시 사회적 문제가 바로 '예악의 붕괴'라고 여겼다. 예악의 붕괴를 구체적으로 보여 주는 것이 "군주는 군주답지 않고, 신하는 신하답지 않으며, 아버지가 아버지답지 않고, 아들은 아들답지 않다"는 것이다. 왜 이렇게 되었는가? 군주와 신하, 아버지와 아들이 서로 사랑하지 않기 때문이다. 신하가 군주를 사랑하지 않고, 아들이 아버지를 사랑하지 않는 것은 아랫사람이 윗사람을 거스르고 예가 무너진 상황이다. 군주가 신하를 사랑하지 않고, 아버지가 자식을 사랑하지 않는 것은 강한 자가 약한 자를 업신여기고 악이 붕괴한 상황이다.

그래서 세상을 구하기 위한 처방은 바로 '인애'다. 신하가 군주를 사랑하고, 아들이 아버지를 사랑하면 규율을 수호하고 예를 유지할 수 있다. 군주가 신하를 사랑하고 아버지가 아들을 사랑하면 조화를 이루고 악을 보전할 수 있다. 그러므로 '인애'를 실천하면 근본을 바로잡을 수 있으며, 아울러 사회의 문제를 바로잡을 수 있다. 유가의 이러한 주장은 그들의 입장에서 보면 지극히 타당하다. 증상에 따라 약을 처방하는 것처럼 문제가 있는 부분을 바로잡으면 된다는 것이 바로 그들의 주장이다.

하지만 묵가는 유가의 이러한 방법으로 절대 세상을 구제할 수 없으며, 오히려 살인과 방화가 거세질 뿐이라고 했는데, 그 이유는 불로 불을 구하는 것에 지나지 않기 때문이라고 했다. 왜 이렇게 말하는가? 묵가는 입장과 사회문제에 대한 견해가 유가와 분명히 달랐다. 묵가는 천하가 크게 혼란스러운 것의 구체적인 현상은 윗사람을 거스르고 반역을 꾀하는 것이 아니라 권세 있는 자들이 약한 자들을 능멸하고, 다수가 소수를 멸시하며, 부자가 가난한 사람들을 업신여기고, 신분이 높은 이들이 비천한 사람들을 무시하며, 영특한 사람들이 아둔한 사람들을 괴롭히는 것이라고 보았다.

묵자는 이러한 현상이 예악제도 때문에 생겼고, 특히 예악제도가 본질적으로 등급제도이기 때문이라고 생각했다. 등급이 마치 당연한 것으로 받아들여짐에 따라 사람들은 등급에 따라 구별되고, 나라는 크기에 따라 구분되었다. 이로 인해 강자가 약자를, 다수가 소수를, 부자가 가난한 자를, 귀한 자가 천한 자를, 교활한 자가 우둔한 자를 기만하고 괴롭히는 것 아니겠는가? 이런 상황에서도 유가는 '존비귀천(尊卑貴賤)'을 고집하고, "사랑에도 차등이 있다"고 주장하고 있으니 그야말로 불난 집에 부채질을 하는 격으로 사회의 병폐를 더 가중시키는 것이 아니겠는가?

이런 이유로 묵가는 '겸애'를 주장해 '무차별의 사랑'으로 '차별적 사랑'을 대체하고자 했다. 그들의 최종 목적은 '평등의 제도'로 '불평등의 제도'를 대체하는 것이었다. 세상 모든 사람이 평등하고, 인류 전체가 차별 없이 서로 아끼고 사랑한다면, 다른 사람을 괴롭히는 사람이나 괴롭힘을 당하는 사람도 모두 사라질 것이다. 이것이야말로 분명 '근본적인 치료'라 할 수 있다. 묵가의 입장에서 보면 이는 당연히 이치에 합당한 주장이다. 사실 군주제가 수립된 이후 민주주의가 뿌리를 내리기 전까지 중국의 모든 사회문제는 불평등에 그 근원이 있었다. 묵가는 바로 이러한 핵심을 파악했으니 심오한 사상이 아닐 수 없다.

그런데 안타깝게도 묵가의 이론은 난제를 하나 안고 있었다. 바로 평등을 실현한 이후 어떻게 해야 하는지의 문제다. 사람은 누구나 평등을 희망하지만 그렇다고 그 누구도 무질서를 원하지는 않는다. 가장 이상적인 상태는 '평등하면서도 질서가 있는 사회'일 것이다. 그러나 이를 실현하는 일은 매우 힘든데, 그 이유도 바로 평등 때문이다. 왜일까? 사람이 많으면 사람들마다 특징이 다르고 성격 또한 다르기 마련이다. 묵자가 말한 것처럼 사람마다 각기 자신의 주장을 갖고 있으니 백 사람이 모이면 백 가지 주장이 있게 된다. 그렇다면 이를 어떻게 처리해야 할까? 어떤 한 사람의 주장을 따라야 하는가? 안 될 말이다. 세상 모든 사람이 평등한데 왜 그의 말을 따른단 말인가? 모든 사람의 주장을 다 받아들여야 하는가? 이것 역시 불가능하다. 모든 사람이 자신이 옳다고 할 것이니 천하가 큰 혼란에 빠지고 말 것이다.

이에 묵자는 의견이 서로 다를 경우 상급자의 의견을 따르라고 제안했다. 구체적으로 말해서 마을 사람들은 촌장의 말을, 촌장은 향장의 말을, 향장은 대부의 말을, 대부는 국군의 말을, 국군은 천자의 말을 따르라는 것이다. 묵자는 이를 "상동(尙同)"이라고 했다. 상동의 결과는 무엇인가? 세상 모든 사람이 상급자의 명령을 따라야 하며, 결국에는 천자 한 사람의 말을 따라야 한다. 이렇게 해서 천자는 최고의 심판권과 결정권을 갖는다.

그럼, 이런 세상이 평등한 세상이란 말인가? 이처럼 묵가의 사상은 심오하지만 한편으로 큰 문제점을 안고 있었음을 알 수 있다. 그들은 민권과 평등을 추구했지만, 오히려 전제와 독재로 귀결되고 말았다. 결국 유가와 묵가 모두 뜻을 이루지 못했다고 할 수 있다. 그래서 필연적으로 제3자가 등장해 말할 수밖에 없다. 그들은 바로 도가다. 도가는 유가와 묵가 모두 핵심을 파악하지 못했다고 보았다. 유가와 묵가는 사회에 문제가 생겼다는 현상만 보았을 뿐 문제의 근본이 어디에 있는지 파악하지 못했다고 생각한 것이다. 그렇다면 노자가 생각하는 문제의 근본은 무엇인가? 그는 언제나 인위적으로 어떤 질서를 마련할 생각만 하는 데 문제가 있다고 보았다.

예전의 주공이든 뒤에 나온 묵적이든 유가나 묵가는 질서를 건립하거나 제안할 때 인류의 무지와 오만함을 이유로 내세웠다. 그들은 자신들이 대단히 총명하고 뛰어난 능력을 갖춘 선각자로서 하늘을 대신해 도를 행하고 법을 만들었다고 여겼지 하늘은 본디 법을 세우지 않는다는 것을 알았겠는가. 하늘의 도는 자연스러운 것이며, 아무런 말도 하지 않는다. 게다가 인위적인 질서란 아무리 심혈을 기울여 설계한다고 할지라도 자가당착에 빠져 결국 문제점이 생기게 마련이다. 그러므로 자연스러움을 따라야만 천하가 평화로워질 수 있다. 매 순간 무엇인가 하는 것이 아니라 아무것도 하지 않는 것이 유일하게 옳은 선택이다. 이를 일러 '무위'라고 한다.

도가의 이런 관점은 물론 일리가 있다. 예를 들면 사람은 왜 병이 나는가? 근본적으로 말해서 몸이 있기 때문이다. 몸이 없다면 병이 날수 있겠는가? 그럴 리가 없다. 《노자》〈제13장〉을 보면 노자는 이렇게 말한다. "만약 나에게 몸이 없다면, 내게 무슨 우환이 있겠는가?" 마찬가지로 만약 원래 질서가 없거나 질서가 필요치 않다면 어찌 질서에 관한 문제가 발생하겠는가? 그럴 리 없다. 솔직히 이것이야말로 정말로 "근본을 파악한 것"이라고 할 수 있다.

그러나 애석하게도 그 근본이라는 것이 파악을 하나 안 하나 마찬가지다. 물론 몸이 없으면 병이 날 리가 없고, 질서가 필요하지 않으면 질서에 관한 문제가 발생할 이유가 없다. 그러나 사람이 신체를 필요로 하지 않을 수 있는가? 불가능한 일이다. 마찬가지로 사회에 질서가 필요하지 않을 수 있는가? 이 또한 불가능한 일이다. 공자는 "새와 짐승과 더불어 무리를 이룰 수 없다"라고 말했다. 인간은 동물처럼 야생의 상태로 자연 속에서 살 수 없고 사회를 구성해야만 살아갈 수 있다. 사회를 구성하려면 사회 질서가 있어야 한다. 사회는 인류의 것이며, 사회가 필요로 하는 질서는 인위적으로 만들어지는 것이다. 그렇다면 도가의 '무위'는 말을 한 것이나 안 한 것이나 마찬가지 아니겠는가?

이에 네 번째 학파인 법가가 나타났다. 법가는 무위는 찬성했지만, 동시에 무질서는 전적으로 반대했다. 그들은 "질서가 있으면서 무위하는" 사회를 주장한 셈이다. 그것이 어떻게 가능할 수 있을까? 법으로 나라를 다스리는 것이다(以法治國). 여기에 두 가지 핵심 단어가 있다. 하나는 '법(法)'이며, 또 하나는 '다스림(治)'이다. 다스리면 질서가 생긴다. 그런데 이때 법으로 다스리는 것이지 사람이 다스리는 것이 아니므로 이를 무위라 할 수 있다. 그러나 아무리 좋은 법이라 해도 결국 집행할 사람이 필요하기 때문에 '유위'라고도 할 수 있다. 이는 유가와 도가를 하나로 통합한 것이어서 더욱 믿음이 가고, 더욱 실행 가능성이 높다. 그리고 묵가의 난제까지도 해결된다.

· 한비 가라사대 ·
법은 귀인이라고 아부하지 않고, 먹줄은 굽음에 따라 휘어지지 않는다.

묵가가 안고 있던 난제는 최고의 중재자가 존재하지 않을 경우 사회 질서를 세울 수 없으며, 천자나 상급자가 전제나 독재를 할 경우 사람과 사람 사이의 평등관계가 깨진다는 점이다. 그러나 법가는 이러한 상황을 간단하게 처리할 수 있다. 의견이 서로 다르면 법률을 따르면 된다. 즉, 사람이 아닌 법이 최고의 중재자 역할을 한다는 뜻이다. 확실히 한 수 높은 방법이다. 한비의 말처럼 법률 또는 법령이라는 것은 사람을 따지지 않기에 가장 공평하다. 《한비자》 〈유도〉 편에서는 "법은 귀인이라고 아부하지 않고, 먹줄은 굽음에 따라 휘어지지 않는다(法不阿貴 繩不撓曲)"고 했다.

이렇듯 법을 통해 묵가가 쟁취하고자 했던 평등을 실현할 수 있다. 또한 법치는 질서를 세움으로 해서 유가가 추구했던 질서를 실현할 수 있다. 더욱이 질서를 유지하고 공평함을 실현하면서도 특별히 신경을 쓸 필요 없이 법에 따라 처리하기만 하면 되니 이는 도가가 주장하는 '무위'의 실현 아니겠는가? 무위하면서 질서를 유지하고 평등하다면, 유, 묵, 도 삼가의 주장을 모두 실현하는 셈이다. 이렇듯 법가는 한비에 이르러 세 학파를 계승함과 동시에 세 학파를 능가했다.

그러나 법가 역시 문제가 있다. '치술(治術)'은 있지만 '치도(治道)'가 없다. '도'란 무엇인가? 근본이다. 질서의 근본은 무엇인가? 왜 질서가 있어야 하는가? 이 문제에 대해서는 묵가의 대답이 가장 훌륭하다. 묵가는 인류 전체의 행복을 위해서라고 주장했다. 묵자는 "천하의 이로움을 일으키고, 천하의 해로움을 제거한다"라고 반복해서 강조했다.

그러나 법가는 오히려 그 반대였다. 그들이 법치를 실현하고, 질서를 유지하려는 이유는 천하의 모든 사람을 위해서가 아니라 오직 한 사람, 바로 군왕을 위해서였다. 군왕 한 사람의 이익을 위해서라면 모든 백성의 권익은 무시해 버릴 수 있고, 왕후와 후궁, 자식, 신료들마저 양보하고 희생해야 한다. 그야말로 양주가 말했던 "천하의 모든 사람이 한 사람을 받든다"는 상황이다. 이는 '극단적 이기주의자'로 비난을 받고 있는 양주보다 더 이기적이라 할 수 있다. 양주의 경우 적어도 사람과 사람 사이는 평등하다고 주장했다. 군왕과 백성 모두 '터럭 하나도 뽑지 않을' 권리가 있으며, 평등하게 '이기적'일 수 있다고 했다. 그러나 법가는 군왕 이외에 어느 누구에게도 권리를 주지 않았다. 이런 사상을 '올바른 사상'이라고 할 수 있을까?

사실 선진 제자의 학설을 단순히 '올바른 사상' 또는 '그릇된 사상'으로 판단 내릴 수는 없다. 단지 모두 다 나름의 일리가 있고, 동시에 모두 문제를 안고 있으며, 또한 서로 상충하는 부분이 있다고 말할 수밖에 없다. 사실 유용한가의 여부도 불확실하고 올바른지의 여부 또한 말하기 어렵다. 그렇다면 선진 제자의 사상은 도대체 어디에 매력이 있는 것일까?

다시 《장자》 〈추수〉 편에 나오는 이야기를 한 가지 해 보겠다.

어느 날 장자와 혜자가 호(濠)라는 강의 다리 위를 거닐고 있었다. 당시에는 오염이라는 것이 없었으니 호강의 물이 상당히 맑았을 것이다. 장자와 혜자는 다리 위에 서서 물속에서 헤엄치고 있는 물고기를 바라보고 있었다. 장자가 말했다. "저렇게 유유히 헤엄치고 있으니 이것이 물고기의 즐거움이라네." 그러자 혜자가 말했다. "자네가 물고기가 아닌데 어찌 물고기의 즐거움을 알겠는가?" 장자가 대답했다. "자네는 내가 아닌데 어찌 내가 물고기의 즐거움을 모르는지 안단 말인가?" 혜자가 말했다. "맞네! 내가 자네가 아니니 당연히 자네의 마음을 모르네. 그러나 자네 역시 물고기가 아니니 자네가 물고기의 즐거움을 모르는 것이 분명하네." 장자가 다시 말했다. "아닐세. 그럼 처음부터 차례대로 이야기해 보세. '자네가 어찌 물고기의 즐거움을 알겠는가'라고 한 것은 내가 이미 알고 있다는 것을 알고서 어디에서 알았느냐고 질문한 것일세. 그러니 대답해 주지. 나는 호강의 다리 위에서 알았네."

위의 이야기는 매우 유명해서 《장자》를 이야기하는 사람이라면 한 번쯤 언급할 것이다. 우리는 이런 질문을 던질 수 있다. 장자와 혜자의 논쟁이 과연 유용한가? 전혀 그렇지 않다. 적어도 대다수에겐 유용하지 않다. 물고기가 즐겁다는 것을 장자가 알면 어떻고 또 모르면 어떠한가? 우리와는 상관없는 일이다. 그렇다면 이 문제에 옳고 그름이 존재할까? 대답하기가 힘들다. 일반적으로 이번 변론은 장자가 사실 졌다고 본다. 그의 맨 마지막 말이 말장난에 불과한 궤변이기 때문이다. "자네가 어찌 물고기의 즐거움을 알겠는가(汝安知魚樂)"에 나오는 '安(안)' 자를 갖고 말장난을 한 것이 그렇다. '안' 자는 의문대명사로 쓰일 때는 '무엇' 또는 '어디'라는 뜻이고, 의문부사로 사용될 때는 '어찌 ……할 수 있는가' 또는 '어떻게'의 뜻이 된다. 혜자가 장자에게 "어찌 물고기의 즐거움을 알겠는가"라고 말했을 때 '안'은 분명 의문부사로 사용되었다. 그런데 장자는 이를 의문대명사로 사용해 혜자의 뜻을

"자네가 어디에서 물고기의 즐거움을 알았는가"라고 의도적으로 왜곡했다. 개념을 의도적으로 바꾼 것은 게임의 규칙을 위반한 것이다. 만일 내가 심판이라면 장자에게 퇴장을 명령할 것이다.

사실 장자는 원래 승자이니 굳이 의문대명사와 의문부사를 바꿀 필요가 없었다. 처음에 혜자가 물고기가 아닌데 어찌 물고기의 즐거움을 알겠느냐고 했을 때 장자는 이렇게 대답했다. "자네는 내가 아닌데 어찌 내가 물고기의 즐거움을 모르는지 안단 말인가?" 이는 혜자의 물음에 대한 직접적인 대답으로 '안'의 개념도 맞게 풀이해 "어찌 ……할 수 있는가"로 해석했다. 이는 적절한 질문과 대답이다. 두 사람 모두 '가능성'에 대해 이야기하고 있기 때문이다. 가능성이란 일종의 가설이니, 가능과 불가능의 두 가지 결론이 있을 수 있다.

이러한 논리에 따르면, 장자는 다음과 같이 추론할 수 있을 것이다. 자네가 A는 B가 아니기 때문에 B를 알 수가 없다고 단정하는가? 만약 그렇다면 자네는 내가 아니므로 내가 물고기의 즐거움을 아는지 모르는지 알 수 없을 것이다. 그러나 만약 그렇지 않다면 나는 물고기의 즐거움을 알 수 있는 것이 된다. 물론 이 역시 가능성일 뿐이다. 이렇게 추론해 나가면 최악의 결론에 이른다 해도 양측이 무승부로 끝나는 것뿐이다. 나, 장자 역시 물고기의 즐거움을 모를 수도 있다. 자네, 혜자 역시 나를 알 수 없는 것 아니겠는가! 자네가 나를 모른다면 내가 어찌 물고기의 즐거움을 모른다고 장담하는가? 그래서 결론은 내가 물고기의 즐거움을 아는지 모르는지 단정할 수 없다는 것뿐일세.

그러나 혜자는 '가능'을 '단정'으로 말해서 "내가 자네가 아니니 당연히 자네의 마음을 모르네. 그러나 자네 역시 물고기가 아니니 자네가 물고기의 즐거움을 모르는 것이 분명하네"라고 했다. 여기서 혜자는 사실상 잘못을 저지르고 있다. 혜자 자신이 장자를 모른다고 이미 인정하고 들어갔기 때문이다. 그래서 장자가 물고기의 즐거움을 아는지 모르는지 그 역시 잘 모를 수밖에 없다. 이렇게 해서 혜자는 자신의 길을 스스로 막아 버렸고, 장자는 여전히 빠져나갈 길이 있었다. 왜 그런지 한번 살펴보도록 하자.

우선 혜자의 논리는 내가 네가 아니니 당연히 너를 모르며, 네가 물고기가 아니니 당연히 물고기의 즐거움을 모를 거라는 것이다. 즉, A는 B가 아니기 때문에 분명 B를 모를 것이라는 의미다. 이것이 혜자의 논리의 전제이자 무기다. 그러나 애석하게도 이러한 전제는 성립될 수 없다. 예를 들어 늑대는 양이 아닌데, 양에 대해 알 수 있는 가능성이 있는가, 없는가? 양의 즐거움은 늑대가 모를 수 있으나 양의 두려움은 늑대도 잘 알고 있다. 이처럼 늑대가 양이 아니면서도 양의 두려움을 알 수 있다면, 장자가 물고기가 아니지만 물고기의 즐거움을 모른다고 단정지을 수 있는가? 더욱이 만약 오직 양만이 양을 알고, 물고기만이 물고기를 안다면 우리는 어떻게 세계를 인식할 수 있겠는가? 이것이 바로 문제의 핵심이다. 장자의 공격은 바로 이 부분을 파고들어야 했다. 그런데 안타깝게도 철학자 장자는 '시인 철학자'였지 논리학자가 아니었다. 그는 이처럼 진지한 문제를 깊이 있게 토론하지 못하고 헛손질을 하다가 그냥 끝을 맺어 샛길로 빠졌다는 느낌을 준다.

이것이 장자와 혜자의 유명한 변론이다. 대다수 사람에게 이것은 어떤 실용성이 있는 것도 아니고 맞고 틀리고를 판단하기도 쉽지 않다. 그러나 이 이야기를 말하거나 듣는 사람은 누구나 재미있어 한다. 이는 또 무슨 이유 때문인가?

첫째는 마치 축구 경기를 보는 것처럼 흥미미진진하기 때문이라고 생각한다. 둘째는 우리가 어떤 문제를 생각하는 데 도움을 주기 때문이다. 많은 사람이 어떤 문제를 볼 때 아집에 빠져 자신의 생각을 바꾸려 하지 않는다. 그런데 앞의 장자와 혜자의 변론을 보면서 적어도 자신의 고정된 관념에서 탈피해 생각을 넓힐 수 있게 된다. 셋째, 그들이 벌이는 논쟁의 사고법을 따라가다 보면 더욱 심오한 문제를 생각해 볼 수 있게 된다. 예를 들어 우리는 세계도 아니고 타인도 아닌데, 과연 세계와 타인을 이해할 수 있을까? 가능하다면 어떻게 가능하고, 불가능하다면 또 어떻게 해야 하는가? 가능성의 여부와 어떻게 가능한지를 인식하는 것은 철학의 중요 명제다. 그래서 장자와 혜자의 변론은 겉으로는 효용성이 없는 듯 보인지만, 실제로는 상당한 의의를 지닌다.

아마도 바로 여기에 선진 제자의 매력이 있을 것이다. 우선 그들이 논쟁을 벌이고 있는 문제 자체가 중요한 의의를 갖는다. 예를 들어 세상을 인식하는 방법, 치국의 방법, 사람다움의 방법 등이다. 다음으로 그들이 보여 준 논쟁은 상당히 뛰어나고 흥미진진해서 우리는 이를 통해 활발하게 사유하고, 지혜를 일깨우고, 사상을 단련할 수 있다. 그래서 나는 선진 제자와 백가쟁명에 대해 다음과 같은 세 가지 비유를 들고자 한다. 하나는 축구장이고, 다른 하나는 대장간이며, 또 다른 하나는 손가락이다. 축구장인 이유는 활발하게 사유할 수 있기 때문이다. 대장간인 이유는 사상을 단련할 수 있기 때문이다. 쇠는 수없이 단련해야 단단해진다. 사람의 사상 역시 마찬가지다.

선진 제자는 우리의 사상을 단련시킬 수 있는 사상의 소유자들이고, 백가쟁명은 지혜와 영혼을 단련시키는 과정이었다. 그 과정은 마치 쇠를 두들기는 것과 같아서 한 번만 두들기거나 한 면만 두들겨서는 안 되고 이쪽저쪽 두들기고 달구고 두드리기를 수없이 반복해야 한다. 그래서 우리는 단순하게 어느 한쪽이 옳고 다른 한쪽은 틀리다고 단정하면 안 된다. 이는 마치 쇠를 두드리는 사람이 어떤 쪽을 두드리면 옳고, 다른 쪽을 두드리면 틀리다고 말할 수 없는 것과 같다. 대장장이가 쇠를 만들 때 단지 '불의 세기'와 '내리치는 지점'이 정확한지만을 따져 볼 수 있듯이, 사상가들의 논쟁에서는 '일리가 있는지의 여부'와 '정확한 지점을 짚었는지의 여부'만을 따져 볼 수 있다. 일리가 있으면 논리에 부합하고, 정확한 지점을 짚었다면 핵심에 이를 수 있다. 그런 과정에서 선인들의 사상을 능가할 수 있다면, 이는 사상적 가치가 매우 크다. 이런 사상을 만날 때마다 우리의 두뇌는 더욱 단련될 것이고, 우리 자신 역시 이를 따라 전진하고 성장할 것이기 때문이다. 이것이 바로 우리가 선진 제자를 되돌아보고, 백가쟁명을 중시해야 하는 이유다.

'축구 경기'는 사유가 활발해지는 것의 비유고, '쇠를 단련하는 것'은 사상을 단련시키는 것의 비유며, '손가락'은 지혜를 일깨우는 것의 비유다. 손가락 비유는 바오펑산(鮑鵬山)에게서 영감을 얻었다. 그는 《선진 제자 12강》에서 선종의 '지월지유(指月之喩)'를 인용하고 있다. '지월지유'란 이런 것이다. 당신이 달이 어떤 모습이냐고 묻는다면 나는 손가락으로 달을 가리킨다. 만약 당신이 손가락을 달로 생각한다면 그것은 틀린 것이다. 손가락은 달을 가리킨 매개물일 뿐이고, 달이 어떤 모습인지는 당신이 직접 보고 깨달아야 한다. 달을 가리키는 내 손가락은 단지 당신에게 달을 알려 주는 것에 불과하다. 마찬가지로 사물의 참다운 실상을 깨닫고 꿰뚫는 지혜인 반야(般若)나 정등정각(正等正覺)도 모두 자신이 직접 깨달아야 한다. 불경과 스승의 말씀은 그저 손가락일 뿐이다. 왜 그럴까? 지혜와 지식은 다르기 때문이다.

지식은 사회에 속하는 것으로 주고받을 수 있다. 이에 비해 지혜는 개인의 것으로 그저 깨우침으로 인도할 수 있을 뿐이다. 바오펑산의 말처럼 내 이야기 역시 달을 가리키는 손가락일 뿐이다. 그리고 제자의 사상과 저서 역시 손가락에 해당할 뿐이다. 진짜 달, 예를 들어 인생의 지혜나 인류의 행복은 모두 각자 찾아 나서고 스스로 깨달아야 한다. 그렇다면 우리는 어떻게 해야 하는가?

이것이 바로 다음 장에서 토론할 문제다.

제 6 장

선인들의 어깨에 올라 미래의 길을 찾다

선진 제자의 값진 유산을 계승할 때

그들의 시대와 계급적 낙인은 벗겨 내고

합리적인 핵심 내용과 보편적인 가치를 지닌 것들만 남겨 놓으면 된다.

이것이 바로 '색채 제거' 작업이다.

이렇게 제거 작업을 하고 나면, 제자는 회색으로 변하게 된다.

회색으로 변한다는 것은 우리가 계승한 유산이

보편적으로 적용될 수 있다는 것을 의미한다.

과거에도 또 현재에도 적용할 수 있으며,

한 민족을 넘어 인류 전체에게도 적용을 할 수 있는 사상,

이것이 바로 '회색'의 의미다.

제자의 사상에서
본질을 읽으라

제1장에서 제4장까지는 '무엇을'에 대해서, 앞 장에서는 '왜'에 대해서 이야기했으니, 이제 '어떻게'를 말할 차례다. 사실 많은 사람이 이것이 뭐가 문제가 될까라고 생각할 것이다. 선진 제자의 사상은 인류 문명의 값진 유산이니 당연히 계승하면 그만이지 뭘 어떻게 하나라고 말이다. 그러나 이는 말은 쉽지만 실제로 실천하기는 쉽지 않다. 예를 들면, 공자의 명언 가운데 "오직 여자와 소인은 다루기가 어렵다"라는 말이 있는데 이를 계승해야 할까? 정말 난감하고 당황스럽다. 이 말은 분명 차별의 의미를 담고 있기 때문이다. 소인 중에 남자도 있는데 공자가 여자와 소인을 함께 거론한 것이 어찌 성차별인가라고 말하는 사람도 있다. 그렇다면 공자가 소인을 존중했는가? 그렇지 않다. 소인을 무시했다고 한다면 같은 부류로 거론된 여자도 무시한 것이다. 무시한다는 것, 그것이 바로 차별이다. 하물며 소인은 남자의 일부분이지만 여자는 전체를 말한 것이니 당연히 성차별이 아니겠는가?

'여자'를 '여자(汝子)'로 읽거나, '소인'을 '아이'로 해석하는 경우도 있는데, 이는 더욱 터무니없다. 실제로 당시는 남존여비의 사회였으니 공자 또한 당시의 관습에서 자유로울 수 없었을 것이다. 이 점은 후대 사람들이 충분히 이해할 수 있는 부분이다. 다만 사람들을 화나게 하는 것은 공자가 여자와 소인을 함께 거론했다는 점이다. 다시 말해 성차별도 옳지 않은데, 거기에 어찌 도덕적인 문제까지 덧붙여 차별을 하느냐는 것이다. 공자의 말을 빌려 표현하자면 "이를 참는다면 무엇인들 참지 못하겠는가!" 그러므로 이를 계승하기는 어렵다.

사실 공자가 "오직 여자와 소인은 다루기가 어렵다"고 한 것은 성차별과 계급 차별일 뿐 도덕적으로 차별을 둔 것은 아니다. 그 이유를 한번 살펴보자. 우선 여기에서 말하는 '소인'의 의미를 정확히 알 필요가 있다. 공자가 살던 시대에 군자와 소인은 두 가지 의미가 있었다. 하나는 등급의 의미이고, 다른 하나는 품격의 의미다. 또는 신분의 의미와 도덕의 의미가 있었다. 여기에서 등급, 신분의 의미가 우선이었고, 품격, 도덕의 의미가 나중이었다. 왜 그럴까?

여기에 답하기 위해서는 먼저 종법에 대해 이야기할 필요가 있다. 종법제는 앞에서 말한 것처럼 한집안에서 많은 자녀 사이에 형제간의 신분, 지위를 확정하는 제도다. 구체적으로 말하면, 적장자의 지위가 가장 높고, 다른 적자(차남)는 그다음이다. 첩의 아들(서자)은 그 아래로 세 번째 서열이다. 이들이 분가하게 되면 동일 종족 내 대종(大宗)과 소종(小宗)을 이룬다. 적장자의 종계(宗系)를 '대종' 또는 '정통', '직계'라 하고, 차남과 서자의 종계는 '소종'이라 한다.(제5장 4챕터 참고) 다시 말해, 대종은 '직계 종가'이고, 소종은 '서얼 방계'다. 종가가 적고 방계가 많으니, 대종은 귀하고 소종은 천하다. 대종은 부친의 혈통과 작위를 계승해 군(君: 나라의 군주 또는 집안의 군주)이 된다. 군의 아들, '군지자(君之子)'를 간단히 줄여 '군자'라 한다(왕의 아들을 '왕자'라하고, 공(公)의 아들을 '공자'라 하는 것과 같다). 소종은 작위를 계승해 군이 될 수 없고, 단지 신(臣)이 될 뿐이다. 신이라고 해서 지위가 없는 것은 아니다. 예를 들어 천자의 신하는 제후이고, 제후의 신하는 대부로, 그들 역시 군이다. 제후는 나라의 군, 대부는 채읍의 군이다. 그들의 아들 역시 '군자'다.

문제는 모든 소종이 제후나 대부가 될 수 있는 것은 아니라는 점이다. 제후, 대부가 될 수 없는 소종은 조금 높으면 사인(士人)이 되어 그래도 귀족에 속하지만, 조금 낮으면 서인이 될 수밖에 없는데 이는 평민이다. 실제로 높은 소종, 심지어 일부 대종조차도 몇 대가 지나면 평민으로 변하는 경우도 있었다. 그렇다면 소종 이후(소종의 소종의 소종)는 더더욱 평민이 될 수밖에 없다. 결론적으로 귀족은 전혀 예외 없이 모두가 대종에서 나오고, 또는 제후나 대부의 아들들이다. 이것이 바로 '군자'다. 평민은 예외 없이 소종에서 나왔다. 이것이 바로 '소인'으로, '소종 사람'이라는 뜻이다. 이것이 바로 군자와 소인의 본래 뜻이다. 두 가지 모두 신분과 등급의 의미를 지니고 있으므로 군자는 귀족이고 소인은 평민이다.

그렇다면 군자와 소인이라는 신분을 나타내는 단어가 이후에 어떻게 품격과 도덕적 의미를 갖게 된 것일까? 이는 종법제와 관련이 있다. 앞에서도 설명한 것처럼 대종과 소종, 귀족과 평민의 지위는 평등하지 않다. 그들이 얻은 문화적 자원과 그들이 받은 교육 역시 평등하지 않다. 시간이 흐를수록 군주의 아들과 소종의 아들은 거리가 더욱 벌어지게 된다. 군자는 교양이 있고, 수양이 잘되어 있으며 품위도 높지만, 소인은 그렇지 못하다. 이렇게 해서 군자와 소인은 등급의 차이뿐만 아니라 품격에도 차이가 있게 된다. 수양의 정도가 다르기 때문이다.

수양에는 예술적 수양도 있고, 도덕적 수양도 있다. 귀족들은 자신들만이 두 가지가 모두 높다고 생각했다. 소인은 두 가지 모두 수준이 낮다. 예를 들면 소인은 학식과 교양이 없고 예에 대해서도 밝지 않으며, 속되고, 고전 음악에 대한 조예도 없고, 저급한 취미를 갖고 있다. 고대 중국에서 품위와 품격, 문화적 수양과 도덕적 수양은 서로 통하는 것이며 심지어 동일한 것으로 간주되었다. 그 결과 군자와 소인이라는 두 가지 개념에 군자는 도덕을 갖추었으며, 소인은 도덕을 갖추지 못했다는 의미가 부여되었다. 또는 군자는 수양이 뛰어나고, 소인은 수양이 부족하다는 의미가 되었다. 예를 들어 《논어》 〈술이〉 편을 보면 "군자는 평온해 여유가 있지만, 소인은 늘 근심하고 걱정한다"라고 했는데, 바로 이런 의미다.

이처럼 군자와 소인은 각기 경우에 따라서 정의가 다르다. 그럼, 공자가 "오직 여자와 소인은 다루기가 어렵다"고 한 것은 무슨 의미인가? 차별의 의미이기는 하지만 도덕적 차별은 아니다. 여자는 도덕적이지 못하다거나 수양이 덜 되어 있다는 의미가 아니라, 남자가 여자를 대할 때 마치 대종의 군주가 소종 사람을 대하는 것처럼 어떻게 해도 꺼림칙하다는 의미다. 그들에게 친근하게 대하자니 예의가 없다는 말을 들을 것 같고, 그들을 멀리하자니 원망의 말을 들을 것 같다는 것이다. 그래서 "가까이하면 불손하고, 멀리하면 원망한다(近之則不孫, 遠之則怨)"는 말이 뒤에 이어지는 것이다. 그 이유가 무엇일까? 대종, 소종 모두 동족이기 때문이며, 여자와 남자 모두 가족이기 때문이다. 그들을 멀리하면 당연히 원망이 생길 것이므로 멀리하면 원망한다고 한 것이고, 너무 가까이하면 위아래도 없이 행동해 군신과 남녀가 구별되어야 한다는 법도를 저버린 것이 될 테니 가까이하면 불손하다고 한 것이다. 이렇듯 친근해도, 멀리해도 안 되기 때문에 "소인과 여자는 다루기가 어렵다"고 말한 것이다. 여기에서 키워드는 '어렵다'이지, 여자와 소인이 아니다.

공자의 이 말은 특별한 배경을 갖고 있는데, 바로 종법제도다. 또한 특별한 의도가 담겨 있는데, 바로 종법제도를 보호하는 것이다. 이러한 배경을 떠나 공자의 생각을 이해할 수 없으며, 그의 말이 맞는지 틀린지도 판단할 수 없다. 사실 제자백가의 사상도 마찬가지다. 그들이 각기 자신의 주장을 펼친 이유는 '천하가 혼란스럽기' 때문이며, 서로 논쟁한 까닭은 '예악이 붕괴되었기' 때문이다. 하지만 시간이 흘러 상황이 바뀌고 사회가 변화하면서 기존의 원인과 환경도 더 이상 존재하지 않게 되자 단지 치국의 방법, 인간답게 행동하는 방법처럼 그들이 내놓은 문제들만 여전히 우리를 곤혹스럽게 하고 있다. 그럼, 오늘을 살고 있는 우리가 '어제의 이야기'를 되풀이할 수 있을 것인가? 과연 우리는 어느 배편을 골라 나아가야 하는가? 낡고 오래된 배를 타야 하는가, 아니면 새로운 배를 타야 하는가, 혹은 아예 여객선을 타지 말아야 하는가?

만약 배에 타지 않는다면 굳이 토론할 필요가 없다. 이는 계승을 포기하는 것과 같기 때문이다. 개인의 입장에서는 이는 전혀 문제가 되지 않는다. 우리 모두가 선진 제자의 책을 읽고 공부해야 하는 것은 아니지 않은가? 민족적 입장에서 봐도 자신의 소중한 문화유산을 포기할 민족은 없으니 문제가 되지 않는다. 그렇다면 우리가 풀어야 할 문제는 계승 방법이다. 나는 적어도 다음 세 가지 점을 인정해야 한다고 생각한다. 첫째, 전면적인 계승은 불가능하다. 둘째, 구체적인 계승은 불가능하다. 셋째, 직접적인 계승은 불가능하다.

우선, 왜 '전면적인 계승'이 불가능할까? 제자백가의 사상은 무궁무진한 매력을 갖고 있지만 동시에 많은 문제를 안고 있다. 일례로, "오직 여자와 소인은 다루기가 어렵다"는 말을 그대로 받아들일 수 있는가? 그럼, '구체적인 계승'은 왜 불가능한가? 유산은 과거의 것인데 시대는 오늘이니 시대착오적이기 때문이다. 또한 '직접적인 계승'은 왜 불가능한가? 앞에서도 말했듯이 선진 제자와 백가쟁명은 '축구장'이자 '대장간'이며 '손가락'이다. 축구시합이든 쇠 담금질이든 달구경이든 우리가 직접 볼 수는 없다. 우리가 해야 할 일은 달을 가리키는 고승의 손가락을 따라 달을 찾는 것이다.

이런 이유로 직접적이고, 구체적이며, 전면적인 계승이 가능하지 않다면 어떻게 해야 하는가?

방법은 하나뿐이다. 바로 추상적인 계승이다.

'추상적인 계승'이란 무엇인가? 이 문제에 대한 대답은 예를 들어 설명하는 것이 좋을 듯하다.

남당 후주인 이욱(李煜)의 사에 이런 구절이 있다. "그대에게 묻노니 수심 그 얼마인고, 마치 봄날 동쪽으로 흐르는 장강 같구나(問君能有幾多愁, 恰似一江春水向東流)." 이 구절을 읽으며 우리 모두 이해할 수 있고 감상할 수 있다. 하지만 이욱이 이 사를 쓴 이유는 "어젯밤에 작은 누

각에는 다시 봄바람이 불었건만, 달 밝은 이 밤 차마 고국 쪽으로 고개
를 돌리지 못하겠구나(小樓昨夜又春風, 故國不堪回首月明中)"라고 읊었듯이
망국의 슬픔에 있었다. 그래서 그의 우수는 망국의 슬픔이고, 그의 정
감은 지위를 잃은 군주의 감정이다.

그런데 우리가 망국의 군주인가? 아니다. 우리가 지위를 잃은 한을
품고 있는가? 그렇지 않다. 그렇다면 왜 우리가 이에 대해 이해하고
감상할 수 있는가? 바로 추상적으로 체험하기 때문이다. 다시 말하면,
우리가 체험한 것은 이욱의 "달 밝은 이 밤 차마 고국 쪽으로 고개를
돌리지 못하겠구나"에 관한 구체적인 감정이 아니라 사람이라면 누구
나 갖고 있는 보편적인 근심과 슬픔이다. 우리는 이런 감정들을 느낄
수 있고, 또한 체험할 수 있다. 우리는 문학예술작품을 감상할 때 가장
핵심적이며, 가장 일반적인 감정을 문학예술가 개인의 구체적인 느낌
에서 뽑아낼 수 있다. 이것이 바로 '추상'이다. 이러한 체험이 '추상적
체험'이다.

사상문화 유산의 계승과 문학예술작품의 감상은 당연히 별개의 일
이지만 이치는 동일하다. 문학예술가들은 작품을 창작할 때 물론 자신
만의 특별한 느낌과 체험을 갖고 있다. 사상가들이 견해와 관념을 제
시할 때 역시 특수한 환경과 원인이 있다. 환경은 분리시킬 수 있고,
원인 역시 잊을 수 있다. 이는 마치 기하학과 같다. 이집트 사람들이
원래 기하학을 발명했던 이유는 주로 토지를 측량하기 위해서였다. 나
일 강은 매년 물길이 바뀌기 때문에 해안가의 토지는 매년 다시 측량
을 해야 했다. 하지만 지금 기하학은 다른 용도에 사용되며, 많은 것에
응용될 수 있다. 선진 제자의 사상을 대할 때도 이와 마찬가지다. 우리

는 가장 핵심적이고, 가장 보편적인 사상을 그들이 그러한 사상을 내놓았을 당시의 배경과 원인에서 완전히 분리시켜 그 속의 합리적인 부분만을 계승할 수 있다. 이러한 계승이 바로 '추상적인 계승'이다.

그럼, '추상적인 계승'이 가능할까?

가능하다. 예를 들어 "오직 여자와 소인은 다루기가 어렵다"도 추상적으로 계승할 수 있다. 어떻게 하면 될까? 이 뒤에 나오는 구절은 "가까이하면 불손하고, 멀리하면 원망한다"는 것이다. 이 말이 우리에게 시사하는 것은 무엇인가? 바로 처세와 일에서 정도가 있어야지 정도가 지나치면 안 된다는 것이다. 이런 식으로 계승하는 것이다. 이렇듯 '추상적인 계승'의 열쇠는 바로 어떤 사상과 관점의 합리적인 부분을 파악하는 데 있다.

사실 사상가가 어떤 관점을 내놓을 때는 그 나름의 이치가 있게 마련이다. 이후의 사상가들이 그를 비판하는 것 역시 그 나름의 이유가 있다. 이러한 경우 우리는 그들이 내놓은 결론에 얽매일 것이 아니라 그들의 생각에 눈을 돌려야 한다. 이는 마치 운동선수들이 치르는 경기를 볼 때 승부가 중요한 것이 아니라 그 선수가 어떻게 경기를 하는지가 중요한 것과 같다. 마찬가지로 사상가들의 논쟁을 대할 때도 그의 이론이 맞는지 틀린지가 중요한 것이 아니라, 깨닫는 것이 중요하다. 그러나 마치 자신이 운동선수가 된 것처럼 생각한다면 반드시 어느 한쪽에 가담해 결사적으로 싸울 수밖에 없다. 이렇게 되면 경기 관람도 유산의 계승도 제대로 이루어질 수 없다.

또 묵자의 '귀신론'을 예를 들어 설명해 보겠다. 귀신론은 다른 사람들의 비판을 말할 필요도 없이 묵자 자신조차 합리적인 설명을 하지 못했다. 《묵자》〈명귀〉 편을 보면 묵자는 현재 천하가 혼란스러운 까닭은 사람들이 귀신을 믿지 않기 때문인데, 귀신은 "어진 자에게 상을 내리고 흉악한 자에게 벌을 내린다"고 했다. 만약 사람들이 이를 믿는다면 어찌 이리 혼란스럽겠냐고 덧붙였다. 그러나 이러한 논리로는 주위의 반론을 반박할 수 없다. 예를 들어 경찰이 나쁜 사람을 잡으려 한다고 해 보자. 범죄자가 세상에 경찰이 있다는 것을 믿지 않기 때문에 경찰이 그를 잡지 못하는 것인가? 마찬가지로 세상에 정말 귀신이 있다면 사람들이 믿든 안 믿든 무슨 상관이겠는가? 만약 '귀신'이란 것이 다른 사람이 믿어야 영향력을 발휘한다면, 그 귀신은 정말 현자에게 상을 내리고 흉악한 자에게 벌을 내릴 수 있는 존재인가 아니면 사람들을 위협하기 위해 만들어 낸 것인가? 아마도 위협용이 맞을 것이다.

하지만 이처럼 말이 안 되는 사상도 합리적인 일면이 있다. 그건 바로 모두 "마음에 경외심을 갖고 있어야 한다"는 것이다. 좀 더 구체적으로 말하면 모든 사람이 마음속에 어느 정도 자신이 두려워하는 것을 지니고 있어야 한다는 뜻이다. 나는 〈심존경외(心存敬畏)〉라는 글에서 사람은 원래 경외심을 갖고 있다고 말했다. 먼저 귀신을 경외해야 신령을 경외하게 되고, 결국 진리를 경외하게 된다. 왜 진리에 대해 경외심을 가져야 하는가? 진리는 세상의 공기(公器)이기 때문이다. 이는 한 개인의 사유재산이 아니며, 영원히 존재한다. 마음에 경외심이 있어야 자신만이 옳다는 생각을 하지 않으며, 제멋대로 행동하지 않는다. 반면, 경외심이 없으면 최소한의 제한이 존재하지 않아 힘과 폭력 이외에 그 무엇도 두려워하지 않는다. 예를 들어 어떤 설계도 할 수 있고, 어떤 건물도 철거해 버릴 수 있다. 하얀 가운만 걸치면 누구든지 병자의 몸에 칼을 댈 수 있다. 이렇게 되면 정말이지 어떤 일이 일어날지 상상도 할 수 없다.

그런데 안타깝게도 진리를 경외하는 것 또한 귀신을 경외하는 것처럼 전적으로 개인의 의사에 달려 있다. 경외심이 있으면 존재를 경외하겠지만, 두렵고 무서운 것이 없으면 귀신도 어찌할 수 없다. 양심이 전혀 없는 사람이 무엇을 무서워하겠는가? 그러므로 묵자의 '귀신론'을 지나치게 진지하게 받아들일 필요는 없으며, 단지 '경외심'을 갖는 것으로 추상적으로 계승하면 된다. 다른 선진 제자의 사상에 대해서도 이와 마찬가지로 하면 된다.

문제는 실천의 방법이다.

이 문제 역시 예를 들어 이치를 설명하는 것이 좋을 듯하다. 법가를 이야기해 보겠다. 법가는 문제가 많기 때문에 계승하는 것도 그다지 쉽지 않다. 무슨 문제인가? 민권을 무시하고, 잔인무도하고, 전제적이며 독재적이다. 예를 들면 관중이 백성의 이주와 이직의 자유를 빼앗은 것은 민권을 무시한 것이다. 상앙이 하루에 위수 강변에서 700여 명의 죄수를 처형한 것은 잔인무도한 처사다. 또한 한비는 "군주가 권력을 혼자 독차지해야 하는 까닭이 있다"고 주장했는데, 이는 곧 전제다. 한비는 이렇게 말하기도 했다. "간악함을 미리 금지하는 방법에서 최상은 마음을 금지시키는 것이고, 그다음은 말을 금지시키는 것이며, 마지막은 그 일을 금지시키는 것이다(禁奸之法, 太上禁其心, 其次禁其言, 其次禁其事)." 그 일을 금지시킨다는 것은 함부로 행동하지 못하게 하는 것이고, 말을 금지시킨다는 것은 함부로 말하지 못하게 하는 것이며,

마음을 금지시킨다는 것은 함부로 생각하지 못하게 하는 것이다. 법가의 주장대로라면 백성은 행동의 자유가 없으며, 사상 언론의 자유는 더욱 없다. 함부로 말이나 행동을 하지 못한다면 함부로 생각하는 것은 더더욱 불가능하다. 이를 '법치'라고 한다면 정말 끔찍한 일이다!

법가의 주장은 현대에서 말하는 '법으로 나라를 다스린다'는 것과는 큰 차이가 있다. 현대 법치의 원칙은 일부(모든 것이 아닌)의 행동을 금지할 뿐 사상과 언론을 금지하지는 않는다. 일례로, 당신이 만약 "대통령을 죽이겠다"라고 말만 한다면 그다지 큰일은 아니다. 생각하는 것은 더욱 문제가 안 되고, 단지 실행에 옮기는 것만 해서는 안 된다. 하지만 한비와 그의 추종자들은 그렇게 생각하지 않았다. 마음먹은 것을 실천하는 것도 안 되지만, 말하는 것은 더욱 안 되며, 생각하는 것은 가장 허용할 수 없는 것이었다. 그래서 그는 "최상은 방법은 마음을 금지시키는 것이고, 그다음은 말을 금지시키는 것이며, 마지막은 그 일을 금지시키는 것이다"라고 말한 것이다. 한비는 가장 먼저 금지해야 하는 것은 바로 사상이라고 보았다. 어떻게 금지하는가? 모든 사상문화 유산을 파괴하는 동시에 모든 지식인을 제거하고, 국가의 법령과 정부 관리만 남겨두면 된다. 《한비자》〈오두〉편을 보면 한비는 이렇게 말한다. "현명한 군주의 나라에서는 책은 없고 법으로써 가르침을 삼는다. 선왕들이 한 말은 없고 관리들을 스승으로 삼는다(明主之國, 無書簡之文, 以法爲敎. 無先王之語, 以吏爲師)." 이것이 바로 '분서갱유'의 사상적 근거가 아니겠는가?

법가가 주장하는 이러한 정치는 당연히 '어진 정치(仁政)'와는 거리가 멀지만, 그렇다고 '폭정'도 아니다. 적어도 법가 자신은 그렇다고 생

각하지 않았다. 법가 또한 폭정을 반대했기 때
문이다. 《한비자》〈팔설〉 편을 보면 한비는 "인
정(仁政)이나 폭정은 모두 나라를 망치는 길이
다(仁暴者, 皆亡國者也)"라고 언급했다. 그럼, 법가
의 그러한 정치를 뭐라고 불러야 하는가? 가정

• 한비 가라사대 •
과실을 벌할 때는 대신도
피할 수 없고, 선행에 상
을 줄 때는 필부도 빠트리
지 않는다.

(苛政), 즉 가혹한 정치다. 《한비자》〈이병(二柄)〉 편에는 이런 이야기가
나온다.

한번은 한(韓) 소후(昭侯)가 술에 취해 잠이 들었는데, 그것을 본 관
을 맡은 관리가 그에게 옷을 덮어 주었다. 그 결과 의복을 맡고 있던
관리도 처벌을 받고 관을 맡고 있던 신하는 사형을 당했다. 전자의 죄
목은 직무 유기고, 후자의 죄목은 월권이었다. 직무 유기도 문제지만
월권은 더더욱 금기사항이었다.

이것이 바로 한비가 말하는 '법치'다. 이러한 정치가 어찌 '가혹한
정치'가 아니겠는가? 가혹한 정치는 호랑이보다도 무섭다고 했으니,
백성은 견딜 수가 없었을 것이다.

그러나 이러한 가혹한 정치도 취할 점은 있다. 예를 들어 법 집행의
공개성, 공정성, 공평성을 강조한 점이다. "법은 드러날수록 좋다"고
한 것이나 "백성이 이를 알도록 한다"고 한 것은 법이 공개적이어야 한
다는 뜻이다. "법은 귀인이라고 아첨하지 않고, 먹줄은 굽음에 따라 휘
어지지 않는다"고 말한 것은 공정해야 함을 의미한다. 또한 "과실을 벌
할 때는 대신도 피할 수 없고, 선행에 상을 줄 때는 필부도 빠트리지
않는다"는 말은 법이 공평해야 함을 의미한다. 이는 각각 《한비자》의
〈난삼〉, 〈오두〉, 〈유도〉 편에 나오는 법가의 주요 관점이다. 더욱이 그

들은 일단 말을 하면 반드시 실천에 옮겼다. 예를 들면 상앙이 태자의 죄를 물은 것도 여기에 해당한다. 법가는 주장을 했을 뿐만 아니라 "법은 만인 앞에 평등하다"라는 말을 실천에 옮겼음을 알 수 있다. 이것은 고금은 물론이고 세계 어디에서든 그대로 계승할 수 있는 올바른 점이다.

이상한 것은 가혹한 정치가 어떻게 이처럼 많은 장점을 갖고 있는 가라는 점이다. 여기에서 우리는 법가가 왜 가혹한 정치를 주장했는지 그 이유를 정확히 알아야 할 필요가 있다. 바로 세습 군주의 권력을 안정시키기 위해서였다. 한비는 세습제 사회에서 군주의 개인적 자질은 믿을 만한 것이 못 된다고 생각했다. 그들이 하나같이 천부적으로 총명하고 인덕을 갖추어 요순과 같다고 보장할 수 있는가? 불가능하다. 그래서 그들을 보통사람으로 간주할 수밖에 없다. 군주가 보통사람이면 어떻게 가혹한 정치를 할 수 있는가? 그들은 선왕, 성인, 심지어 현인과도 비교가 되지 않는다. 선왕은 위대한 공적을 남겼으며, 성인은 인격이 훌륭하고 절개가 있었고, 현자는 총명하고 지혜로웠기 때문에 명망이 높아 이로써 남들을 제압할 수 있었다. 보통사람은 이런 능력이 없으니 다른 것에 의존해야 한다. 무엇에 의존할 것인가? 권세에 의지하고, 수단에 의지하며, 강경책과 유화책을 병행하고, 엄하고 가혹한 형벌과 법에 의지하며, 이 모든 것을 구현할 규정과 제도에 의지해야 한다. 이처럼 법가는 국가체제를 마치 한 대의 기계처럼 설계하고자 했다. 이 기계는 매우 정교하고 짜임새 있는 운용 시스템이 있어 자동으로 돌아갈 수 있다. 군주는 단지 작동 버튼을 장악하고 있으면 된다. 제왕은 천하를 다스리는 데 그저 버튼만 누르면 된다. 아무리 멍청한 사람이라도 누구나 할 수 있는 일이다.

　이런 제도하에서는 가장 훌륭한 사람이 아니어도 실행이 가능하다. 여기에서 우리는 법가 사상의 합리적인 핵심내용, 제도는 사람보다 믿을 만하다는 사실을 알 수 있다. 이는 바로 법가가 유가, 도가, 묵가보다 뛰어나고 과학적인 부분이기도 하다. 도가는 '무위이치'를 주장했는데, 사실 '불치(不治)'다. 묵가는 '현인정치'를 주장했는데, 사실 '인치(人治)'다. 또 유가는 '덕으로 나라를 다스릴 것'을 주장했는데, 사실 '예치(禮治)'다. '불치'의 결과는 무정부 상태이고, '인치'의 결과는 집권자가 사망하면 그의 정사도 끝을 맺거나 폐지되며, '예치'의 결과는 예악의 붕괴다. 그래서 법가의 "법으로 나라를 다스린다"는 법치가 생겼다. 즉, 효과적인 법률제도 시스템에 의지해 국가의 장기간 안정을 실현하는 것이다. 이는 일리가 있는 사상으로 당연히 추상적으로 계승해야 한다. 어떻게 계승할 것인가? '제도가 사람보다 믿을 만하다'라는 점만 취하고, 법가가 설계한 전제제도는 거부하는 것이다.

　이제 추상적인 계승이 구체적으로 어떻게 하는 것인지 알 수 있을 것이다. 그것은 분석, 핵심 파악, 색체 제거, 재해석의 네 단계를 거쳐서 이루어진다. '분석'이란 제자백가가 왜 그런 관점을 주장했는지, 그들의 동기, 목적, 방법, 사유방식, 결론이 무엇인지를 파악하는 것이다. 이후에 이러한 방법이나 사유방식, 결론이 오늘날에도 여전히 가치와 의미가 있는지, 귀감으로 삼아 계승할 만한지 살펴본다. 이것이 바로 '핵심 파악'이다. 핵심을 파악한 뒤 그들의 동기와 목적은 상관하지 않아도 된다. 예를 들어 공자가 '인애'를 주장한 것은 등급제도를 수호하기 위해서였다. 그러나 인애 자체는 좋은 것이므로 우리는 인애 정신을 받아들이되 등급제도는 받아들이지 않으면 된다.

또한 한비가 '공평'을 주장했는데, 이는 군주독재를 보장하기 위해서였다. 여기에서 공평 자체는 좋은 사상이므로 공평함은 받아들이되 군주독재는 실시하지 않으면 된다. 다시 말해, 선진 제자의 귀중한 유산을 계승할 때 그들의 시대와 계급적 낙인은 벗겨 내고 합리적인 핵심 내용과 보편적인 가치를 지닌 것들만 남겨 놓으면 된다. 이것이 바로 '색채 제거' 작업이다.

이렇게 제거 작업을 하고 나면, 이들은 어떤 모습을 하게 되는가? 제자는 회색으로 변하게 된다. 왜 회색이 되는가? 회색만이 다른 모든 색과 배합을 할 수 있기 때문이다. "회색으로 변한다"는 것은 우리가 계승한 유산이 보편적으로 적용될 수 있다는 것을 의미한다. 과거에도 또 현재에도 적용할 수 있으며, 한 민족을 넘어 인류 전체에게도 적용할 수 있는 사상, 이것이 바로 '회색'의 의미다. 사람들은 회색 사상을 일반적으로 기회주의적이거나 영원하지 않다는 의미로 받아들이지만, 이론이 회색이 아니면 보편적 적용이 불가능하며 생명력이 없다는 것을 모르고 있다. 그래서 나는 《위단의 논어심득》 서문에서 모두가 필요로 하는 공자는 회색이여야 한다고 밝힌 바 있다. 이제 나는 그 말에 한 구절을 더 추가하고자 한다. 공자뿐만 아니라 선진 제자 역시 회색이어야 한다.

제자백가가 모두 회색으로 변하고 나면 두 가지 일을 할 수 있다. 하나는 현대적인 해석, 또 하나는 연결의 고리를 잇는 일이다. '현대적인 해석'이란 현대적인 입장에서 현대 관념을 이용해 이러한 사상을 새롭게 해석하는 것이다. 또 '연결의 고리를 잇는다'는 것은 추상해 낸 것,

보편적으로 적용할 수 있는 '회색'의 사상적 유산을 현재의 다양한 세계에 연결하는 작업이다. 이것이 바로 '재해석'이다. 분석하고, 핵심을 파악하고, 색채를 제거하고, 재해석을 하면 우리는 한 장의 '회색 승선표'를 얻을 수 있다. 이 '회색 승선표'가 생기면 제자의 여객선에 올라 원하는 것들을 얻을 수 있다.

단, 그 전에 제자의 사상을 다시 한 번 정리하는 일이 필요하다.

2

묵자와 양주의 이상과 현실

먼저 묵자와 양주에 대해 이야기하겠다.

묵자와 묵가의 운명을 생각하면 주먹을 불끈 쥐고 탄식하게 된다. 당시에 이들은 한 시기를 풍미했다. 《여씨춘추》에는 이에 대한 이야기가 언급되어 있다. "공자와 묵자는 따르는 이가 많고 제자가 매우 많아서 천하에 가득하다." 만승의 군주와 천승의 군주조차도 "더불어 사인을 다툴 수 없었다."

그러나 언제부터인가 묵가는 거의 종적을 감추고 말았다. 한 무제 이후, 유가는 분서갱유의 폐허에서 재기했지만 묵가는 그러지 못했다. 묵자 또한 《사기》에 겨우 24자로 표현되어 있을 뿐이다. 그야말로 흥함도 갑작스러웠고, 패망도 순식간이었다.

사실 더욱 참담한 것은 양주로, 정말로 세상에서 증발해 버렸다. 그의 평생 업적은 거의 흔적조차 찾아볼 수 없고, 그의 학설 역시 단편적인 말만 《맹자》, 《장자》, 《한비자》, 《여씨춘추》, 《열자》에 드문드문 보이는데 그 진위 여부도 확실하지 않다. 참으로 드라마틱하다고 표현할 수밖에 없다. 《맹자》〈등문공하〉 편에 "양주, 묵적의 학설이 천하에 널리 성행해서 천하의 언론이 양주를 찬성하거나 묵적을 찬동했다"라고 실려 있듯이, 공자 이후 맹자 전까지 양주는 세상을 풍미했다. 이처럼 한때 큰 인기를 누렸던 '현학(顯學)'이 한순간 완전히 사라진 것은 정말 이상하지 않은가?

더욱 이상한 점은 묵자와 양주의 사상이 공교롭게도 서로 극단을 달렸다는 것이다. 《장자》에 언급되었듯이 묵자는 천하의 이로움을 위해 대우(大禹)처럼 "장딴지에는 솜털이 없었고, 정강이에는 털이 다 빠질" 정도로 고군분투했다. 이에 비해 양주는 "천하의 큰 이익을 위해 자기 정강이의 털 한 올과도 바꾸지 않을" 정도로 아무것도 하지 않았다. 또한 한 사람은 "자신에게 이득이 될 일은 전혀 하지 않은" 반면, 다른 한 사람은 "남에게 이익이 될 일은 전혀 하지 않았다." 어떻게 이런 두 사람이 동시에 흥했다가 동시에 사라졌던 것일까?

이는 묵자와 양주의 사상이 매우 심오하고 독특한 면이 있음을 말해 준다. 심오하고 독특해야 세상을 깜짝 놀라게 하고, 천하를 풍미할 수 있다. 마찬가지로 지나치게 심오하고 독특하면 사람들이 이해하기 어려워 결국 사라져 버리고 만다.

그럼, 묵자와 양주는 어떤 점에서 심오하고 독특했는가?

나는 그들이 매우 중요하면서도 사람들이 등한시하고 있던 문제를 제기했다는 점이라고 생각한다. 즉, 묵자는 사회의 공평과 정의를, 양주는 개인의 권리와 존엄을 제기한 점이다.

먼저 묵자부터 이야기해 보겠다. 앞에서도 말했듯이 백가쟁명이 일어난 원인은 사회의 급변 때문이고, 제자는 모두 사회에 문제가 생겼다고 인식했다. 다시 말하면 유가, 묵가, 도가, 법가 모두 당시 사회 상황에 대해 불만을 갖고 있었다. 그러나 문제가 어디에서 나왔으며, 해결 방법이 무엇인지에 대해서는 견해가 서로 달랐다.

묵자는 근본적인 문제가 당시의 사회가 불합리하기 때문이라고 생각했다. 분배가 불공평하다고 생각한 것이다. 《묵자》〈비악(非樂)〉 편을 보면 묵자는 인간과 동물의 본질적인 차이에 대해 언급하면서 동물은 노동을 하지 않아도 되고 "입고 먹을 재화가 본래부터 이미 갖추어져 있지만", 사람은 "자신들의 힘에 의지하면 살고, 힘에 의지하지 않으면 살지 못한다"고 말했다. 이러한 점에 근거해 그는 이렇게 주장했다. 사회 부의 분배는 반드시 노동을 한 사람은 얻고, 노동을 하지 않은 사람은 얻지 못하며, 노동을 많이 한 사람은 많이 얻고, 노동을 적게 한 사람은 적게 얻는 원칙을 따라 이루어져야 한다. 하지만 실제 상황은 어떠한가? 사회적 자원과 부를 가장 많이 갖고 있는 사람은 종종 노동을 가장 적게 한 사람이거나 심지어 전혀 일하지 않는 사람이다. 노동을 하지 않고도 결실을 얻으니, 그것은 그가 취할 것이 아니다.

묵자는 이를 일컬어 "자기 노력에 의하지 않은 부귀(無故富貴)"라고 했다.

이른바 '무고부귀(無故富貴)'에는 두 가지 상황이 있다. 하나는 '조상의 밥을 먹는 것'이고, 또 하나는 '남의 음식을 빼앗아 먹는 것'이다. 천자, 제후, 대부의 집안에서 태어나면 작위와 영지를 세습하니 사회에 어떤 공헌을 할 필요도 없이 조상의 덕으로 밥을 먹을 수 있는 것이다. 또 여러 가지 부정한 수단(절도, 약탈, 사기, 전쟁)으로 다른 사람의 노동의 결과를 약탈하는 것은 남의 음식을 빼앗아 먹는 것이다. 묵자는 사회에 존재하는 이러한 현상을 불합리하다고 보았다. 더욱 불합리한 것은 사람들이 이를 잘못되었다고 생각하지 않고 당연시하는 점이다.

《묵자》〈천지하〉편을 보면 묵자는 다음과 같이 말했다. 남의 과일과 채소를 훔치는 것을 사람들은 옳지 않다고 말하는데 이는 그가 노동을 하지 않고 그 결실을 얻는 것이기 때문이다. 그런데 다른 나라를 침략해 차지하고, 다른 나라의 백성을 죽이고 노예로 삼는 것이 과일이나 채소를 훔치는 것보다 정도가 훨씬 심한 일임에도 오히려 '의(義)'라고 생각하니 어떻게 이럴 수가 있는가!

《묵자》〈노문〉편을 보면 이런 상황에 대해 묵자는 이렇게 비판한다. 현재 제후들이 다른 나라를 침략하고, 다른 나라의 백성을 학살하며, 타인의 재산을 약탈하면서도 죽간과 비단에 기록하고, 금석에 조각하고, 종과 솥에 새겨 후손들에게 자신보다 더 많이 훔친 사람이 없다고 과시한다. 그렇다면 일반 백성이 이웃집을 부수고, 이웃집 사람을 살인하고, 이웃집의 개와 돼지, 식량, 옷을 빼앗은 뒤 이러한 사실을 자기 장부와 기물에 기록해 후대에 자신보다 더 많이 훔친 사람은 없다고 자랑한다면 괜찮겠는가? 분명 안 되는 일이다. 똑같은 일임에도 귀족은 해도 되고 평민은 하면 안 되고, 귀족이 하면 "영웅적인 업적"이고 평민이 하면 "온갖 나쁜 짓을 저지른다"고 비난한다. 세상에 이런 법이 어디 있단 말인가! 이는 무엇을 말해 주는가? 바로 이 사회에 공평과 정의가 전혀 존재하지 않음을 설명하는 것이다.

이에 대해 묵자는 해결 방법을 제시하고 있다. 그것은 당연히 합리적인 사회를 건설하는 것이다. 합리적인 사회는 어떤 모습인가? 스스로 노력해 생활하고, 각자 능력을 발휘해 사회에 공헌하고, 기회가 균등하고, 서로 사랑하고 서로를 이롭게 한다. 우선, 모든 사람이 노동을 하며 사회에 공헌해야 한다. 물론 노동에는 육체노동뿐만 아니라 정신노동도 포함된다. 모두 같은 일을 하는 것은 아니므로 공헌도 분업을 해야 한다. 묵자는 분업을 '분사(分事, 본분으로서의 일)'라고 했다. 예를 들어 군왕은 정치를 하고, 사인은 보좌하는 일을 하며, 농민은 농사를 짓고, 여자들은 실을 뽑아 천을 짜는 일을 한다. 이는 모두 노동이자 공헌이므로 보수를 받을 이유와 자격이 충분하다. 이는 스스로 노력해 생활하는 것이다.

다음으로 분배의 원칙은 노동에 따라 보수를 얻는 것이므로 공평함을 구현하기 위해 사회 역시 각 업종에 종사하는 사람들이 각기 그 맡은 바 임무를 다하고, 모든 사람의 재능이 충분히 발휘될 수 있도록 보장해 주어야 한다. 이는 각자 능력을 발휘해 사회에 공헌하는 것이다.

셋째, 각자 능력을 발휘하고 노동에 따라 적절하게 분배한다면 사회는 능력이 있는 자가 위에, 능력이 없는 자가 아래에 있도록 관리해야 한다. 즉, 유능하면 등용하고 무능하면 물러나도록 한다.

또 〈상현상〉 편을 보면 묵자는 다음과 같이 말한다. 지위가 비천한 농민, 공인, 상인이라 해도 능력만 있으면 "높은 작위를 주고 많은 녹봉을 주며, 정사를 맡겨 결단하고 명령할 권한을 준다." 반면, 설사 왕과 제후, 대부의 친족이라 해도 능력이 없으면 관리를 할 수 없다. 결론적으로, 존비귀천은 모두 각자의 능력, 성취, 공헌에 따라 조정되며 "관리라고 해서 언제까지나 귀하기만 한 것은 아니고, 백성이라고 해서 끝까지 천한 것만은 아니다." 이것이 바로 기회의 균등이다. 서로 사랑하고 서로를 이롭게 하는 것, 이것이 바로 묵자가 내내 주장한 "모두 서로 사랑하고 모두 서로 이롭게 한다(兼相愛, 交相利)"이다.

자신의 노력으로 생활하고, 각자 능력을 발휘해 사회에 공헌하고, 기회가 균등하고, 서로 사랑하며 서로를 이롭게 하는 사회, 이것이 바로 묵자가 제시한 사회의 이상이다. 그리고 평등, 호혜, 박애는 묵자가 주장한 사회 정의다. 이를 위해 묵자는 모든 힘을 쏟아부어 위대한 사상가의 숭고한 책임감을 보여 주었다.《묵자》〈귀의〉편을 보면 그의 사명감을 엿볼 수 있다. 친구가 묵자에게 말했다. "지금 세상 모든 사람이 의를 행하지 않는데, 자네는 혼자만 의를 행하고 있으니 고생이 이루 다 말할 수 없을 것이네. 차라리 그만두는 게 나을 걸세." 그러자 묵자가 대답했다. "식구가 열 명인 가정이 있다고 해 보세. 한 사람이 밭을 갈고, 아홉 사람은 한가하게 놀고 있다면 밭을 가는 한 사람은 더욱 필사적으로 일하지 않으면 안 될 걸세."

이처럼 묵자는 사회 정의를 세상에서 가장 중요한 일로 생각했으며, 스스로 실천을 통해 "모든 일 중에서 의보다 귀한 것은 없다(萬事莫貴於義)"는 신념을 증명하고자 했다.

그렇다면 왜 이러한 훌륭한 사상이 이후 종적을 감추고 사람들에게 잊히게 된 것일까?

직접적인 원인은 통치자가 이에 반대했으며, 백성도 이를 원하지 않았기 때문이다.

통치자들이 찬성하지 않은 것은 당연히 이해가 간다. 묵자의 주장에 따르면 천자, 제후, 대부 모두 반드시 '현인'이어야 하기 때문이다.

또한 천자는 가장 총명해야 하고, 제후와 대부도 차례대로 그다음으로 총명해야 한다. 이를 '상현(尚賢)'이라 한다. 하지만 당시는 세습제도가 시행되던 시대인데 어떻게 모든 세습군주가 비범하고 총명할 수 있으며, 게다가 천자, 제후, 대부가 순서대로 총명할 수가 있겠는가? 서주 봉건 시대가 그러했다면 묵자의 시대에 이르러서는 상황이 더욱 나빴을 것이다. 만약 묵자의 주장대로 실행한다면 당시 통치자들(천자, 제후, 대부)은 대부분 물러나야 한다. 진(秦), 한(漢) 이후 황제 역시 세습되는데, 만약 가장 총명한 사람이 아니라면 황제의 자리에서 물러나야 할 것이다. 이러하니 당연히 그들이 찬성할 리 없다.

백성이 원하지 않았던 이유는 묵자의 사상을 따를 경우, 너무 고달프고 힘들기 때문이다. 묵가 학파의 특징은 '고생을 즐거움으로 삼는 것'이다. 고생이 어느 정도였는가? 《장자》〈천하〉 편에서는 이렇게 말했다. "묵자는 묵가들에게 털가죽과 칡베옷을 입고, 짚신과 나막신을 신고, 밤낮으로 쉬지 않고, 자신을 괴롭히는 것을 법도로 삼게 했으며, 이렇게 하지 않으면 '우도(우임금의 도)'가 아니니 묵가가 되기에 부족하다고 했다."

또 《묵자》〈비제(備梯)〉 편에는 다음과 같은 이야기가 있다. 묵자의 대제자인 금골리가 스승을 따른 지 3년 만에 그의 손발에 굳은살이 박이고 얼굴은 시커멓게 그을렸다. 마치 소와 말처럼 열심히 일하며 스승을 모셨지만 감히 자기가 바라는 일은 물어보지 못했다. 묵자도 그것을 애처로이 여겨 술과 음식을 차려 그를 대접했다. 금골리는 그제야 자신도 수성의 방법을 배우고 싶다고 말했다.

과연 이런 생활을 백성이 하겠는가? 내가 보기에 아마 아무도 원하지 않을 것이다.

사실 묵자의 이상이 숭고하기는 하지만 세 가지 치명적인 부분이 있다. 상식에 위배되고, 근거가 없으며, 독재를 초래한다는 점이다. 사람들은 일반적으로 이득을 좇고 해를 피하며 행복을 추구한다. 묵자가 전 인류의 행복을 주장하고 심지어 이런 행복을 약속하긴 했지만 실제로 사람들에게 줄 수 있었던 것은 오히려 고달픈 삶이었다. 묵자는 고생스럽더라도 모두가 평등하기만 하면, 그것이 바로 행복이라고 생각했다. 만약 묵자 말대로라면 지도자들이 앞장서서 고생을 하면 백성은 매우 기뻐하며 은혜에 감사해야 한다.

하지만 안타깝게도 그의 이러한 생각은 오산이었다. 백성은 평등한 삶뿐만 아니라 편안한 생활도 원했다. 더욱이 평등하다는 것이 균등을 의미하는 것은 아니다. 평등의 의미는 두 가지가 있다. 하나는 인격의 평등이며, 또 하나는 기회의 균등이다. 이 두 가지를 모두 이룰 수 있다면 누가 먼저 부자가 되고, 얼마나 부자가 되는지는 문제가 되지 않는다. 누군가 자신 같은 일반 백성은 지도자의 한 끼 식사에 몇 가지 반찬에 몇 가지 국이 나오는지 관심이 없으며, 그저 자신이 네 가지 반찬에 한 가지 국을 먹을 수 있는지에 관심이 있다고 말한 적이 있다. 이것이 현실이며, 세상 사람들의 바람이다. 묵자처럼 초라한 옷을 입고, 보잘것없는 음식을 먹으며, 매일 끊임없이 노동을 하면서도 전혀 여가생활이 보장되지 않는 삶은 결코 사람들이 동경하는 생활이 아닐 것이다. 그래서 《장자》〈천하〉 편에서는 다음과 같이 말한다. "묵자의 이러한 주장은 세상 사람들의 마음을 거스르는 것이므로 세상 사람들은 감당하지 못한다. 묵자가 비록 홀로 그것을 실행할 수 있다고 해도 세상 사람들은 어찌할 것인가?" 이처럼 세상에서 동떨어져 상식적인 도리와 통념에 위배되는 이론을 실천할 수 있겠는가? 불가능한 일이다.

게다가 묵자의 이러한 주장은 어떤 근거가 없다. 역사적 근거도 없으며, 인성에도 어긋난다. 반면, 유가의 주장은 묵자의 것만큼 이상적이지는 않지만 근거가 존재한다. 예악제도가 역사적 근거이며, 친족 간의 사랑은 인성적 근거가 된다. 만약 봉건제와 종법제를 회복할 수 있다면 공자와 유가의 주장은 적어도 부분적으로 실행할 수 있다. 하지만 묵자의 주장은 근본적으로 실행할 수가 없다. 묵자의 개혁 방안인 '상현(尙賢)', '상동(尙同)', '비공(非攻)', '겸애'는 모두 맞는 말 같지만 실행하려고 하면 어느 것 하나도 추진할 수가 없다. 가장 현명한 자를 천자로 선택하고, 그다음 현명한 사람을 순서에 따라 국왕, 대부로 선택한다고 했지만 구체적인 방법이 없다. 구체적인 방법이 없는 일을 어떻게 한단 말인가? 물론 실행이 전혀 불가능하다는 것은 아니다. 종교 단체나 기의군(起義軍)들의 경우, 또는 전쟁의 시대라면 묵자의 주장도 부분적으로 실행할 수 있을지 모른다. 하지만 애석하게도 이를 더욱 광범위하게 확산시키거나 지속적으로 실행에 옮길 수는 없다. 이유는 "세상 사람들의 마음을 거스르는 일은 세상 사람들이 감당하지 못하기" 때문이다.

사실 우리는 묵자의 주장이 실현될 수 없었던 것을 천만다행으로 생각해야 한다. 그의 주장이 실현되면 그 결과는 필연적으로 전제독재이며, 더 나아가 강권통치와 신권통치로 귀결된다. 묵자의 설계에 따르면 이상적인 사회구조는 다음과 같기 때문이다.

사회계층에서 가장 아래에 있는 것은 일반 대중이다. 그 위에 그들이 절대복종해야 하는 촌장이 있다. 촌장 위에는 절대복종해야 하는 향장이 있고, 그 위에 또 절대복종의 대상인 대부가 있다. 대부의 위에는 절대복종의 대상인 군주가 있고, 군주 위에는 절대복종의 대상인 천자가 있다. 천자는 뛰어난 신통력과 통찰력을 갖고 있다. 마을 사람들이 나쁜 일을 하든 좋은 일을 하든 가족이나 마을 사람들이 잘 모르는 일도 천자는 정확하게 파악해 상벌을 내린다. 이에 "천하의 사람들이 모두 두려워하고 벌벌 떨며 조심해 감히 포악한 행동을 하지 못한다." 정말 이상한 일이다. 가족과 마을 사람들이 잘 모르는 일을 천자가 어떻게 안단 말인가? 하늘이나 알 법한 일을 말이다. 아무튼 묵자의 설계에 따르면 모두 말하기를 "천자는 보고 듣는 것이 신통하다"고 한다.

이것이야말로 신권통치가 아니고 무엇이겠는가?

묵자 자신도 자신의 이론이 말이 안 된다고 생각했던지 사실 천자도 신은 아니라고 덧붙였다. 천자가 모르는 것이 없는 이유는 다른 사람들이 대신해서 보고 듣기 때문이라고 했다. 누군가 정보를 전해 주는 사람이 있다는 말이다. 이렇다면 당연히 말이 된다. 하지만 누가 그에게 정보를 전한다는 것인가? 일반 백성일까? 별로 가능성이 없어 보인다. 앞에서도 말했듯이 가족들도 다 알지 못하며, 마을 사람들도 다 듣지 못하는 일이기 때문이다. 자신도 모르는 일을 어찌 천자에게 전할 수 있겠는가? 그러므로 단 하나의 가능성밖에 없다. 천자가 특별히 누군가를 파견하는 것이다.

생각해 보면 이는 참으로 무서운 일이 아닌가? 하지만 사실상 이는 두려워할 일이 아니다. 만약 백성이 천자에게 정보를 알려 주었다면 이는 더욱 무서운 일이다. 세상 사람들 모두 이런 임무를 맡고 있다고 생각해 보라. 곳곳에 이런 정보원들이 깔려 있는 사회가 아름다운 사회, 조화로운 사회인가? 물론 아니다. 이렇게 보면 인간 세상을 천당으로 만들겠다는 어떤 주장도 막상 실행에 옮기고 나면 분명 지옥이 탄생하는 결과를 낳게 할 것이다.

사실 선진 묵가들은 이미 그러한 모습을 보여 주고 있다. 이른바 '묵가'란 하나의 학파일 뿐만 아니라 단체이며, 일종의 준군사 조직이었다. 묵자를 시작으로 이 단체에는 '거자(巨子)'라 불리는 최고의 지도자가 있었다. 거자는 두 가지 지위를 갖고 있었는데, 스승이자 지도자로서 자신의 제자들에 대해 생사를 결정하는 권한을 갖고 있었다. 독재와 엄정한 규율로 유지되던 집단이라 할 수 있다.

《회남자》〈태족훈(泰族訓)〉 편에 따르면, 묵자가 거자가 되었을 때 수하에 180명의 부하가 있었다. 그들은 모두 충성심에 불탔으며, 훈련이 잘 되어 있었다. 묵자의 명령이라면 칼산과 불바다에라도 뛰어들 준비가 되어 있었고, 사지로 보내도 돌아서는 법이 없이 죽음을 향해 나아갔을 것이다. 만약 묵자가 그들을 '인간폭탄'으로 삼으려 했다면 그들은 그렇게 했을 것이다. 이처럼 묵가라는 집단은 다소 마피아 같은 성격을 띠고 있었다. 다행히도 묵자 자체가 선량하고 도덕심이 높은 사람이었고, 또한 "방어만 할 뿐, 공격은 하지 않는다"는 원칙을 지켰기 때문에 무고한 사람들을 학살한 일은 없었다. 그렇지 않았다면 테러집단이 되었을지도 모른다.

하지만 이는 요행일 뿐 장담할 수는 없는 일이다. 묵가는 본질적으로 법치에 반대했기 때문이다. 그들은 조직 내부에서 사형을 집행할 수 있었다. 《여씨춘추》〈거사(去私)〉 편에 보면 다음과 같은 내용이 나온다. 묵가의 후임 거자 가운데 하나로 진나라에서 활동하던 복돈의 아들이 사람을 죽여 법에 따라 사형이 내려졌다. 진(秦) 혜왕(惠王)이 그 소식을 듣고 복돈에게 선생은 이미 나이도 많고 아들이 하나밖에 없으니 법관에게 사형을 면제해 주도록 명령해 놓았다고 말했다. 하지만 복돈은 묵자의 법에 따르면 살인을 한 자는 사형에 처하며, 상해를 입힌 자는 형벌을 내린다고 말했다. 혜왕은 처형하지 않아도 된다고 했지만 복돈은 조직의 원칙에 따라 자신의 아들을 처형했다.

만약 민간단체가 모두 이런 식으로 사형을 집행한다면 어찌 법치를 말할 수 있겠는가? 비록 복돈은 대의를 행하기 위해서라고 했지만 이런 식으로 사형을 집행할 권력이 있다면 이것을 남용하지 않을 거라고 누구도 장담할 수 없을 것이다. 묵가 거자의 권력이 이처럼 막강한데 누가 이를 감독할 수 있겠는가? 만약 감독이 불가능하다면 이런 절대권력은 철저하게 부패될 가능성도 있다. 그래서 묵자 본인은 문제가 되지 않지만 그의 주장은 심각한 문제를 일으킬 수 있다.

이것이 바로 묵자 사상의 장단점이다. 묵자의 주장을 '사회주의'라고 한다면 그의 사회주의는 빈곤의 사회주의, 공상의 사회주의, 전제적 사회주의라 할 수 있다. 그러나 빈곤은 사회주의가 아니며, 공상과 전제도 마찬가지다. 그래서 묵자의 주장은 사회주의가 아니다.

양주는 어떠한가?

묵자의 관심이 사회에 있었다면 양주는 개인에게 있었다. 그래서 양주는 흔히 '개인주의자'로 간주되어 온갖 비판과 공격을 받았다. 그런

• 양주 가라사대 •
지혜가 귀중한 이유는 나를 보호하기 때문이며, 완력이 천한 이유는 사물을 침범하기 때문이다.

데 양주의 사상은 사실상 곡해되었다. 양주는 분명 '개인주의'에 속하지만 '이기주의'가 아니며, "타인에게 손해를 입히고 자신의 이익을 도모하는 것"이 더더욱 아니다. 또한 양주는 타인을 이롭게 하지 않지만 그렇다고 타인에게 해를 입히지도 않았다. 타인에게 손해를 입히지 않을 뿐만 아니라 사물에 해를 주는 것도 반대했다. 《열자》〈양주〉 편을 보면 양주는 다음과 같이 말했다. "지혜가 귀중한 이유는 나를 보호하기 때문이며, 완력이 천한 이유는 사물을 침범하기 때문이다(智之所貴, 存我爲貴. 力之所賤, 侵物爲賤)." 이렇듯 양주는 타인과 사물을 침범하고 해를 끼치는 행위를 반대했다.

그는 물질은 우리 자신의 것이 아니라고 생각했다. 동물과 자연뿐만 아니라 내 자신의 신체조차도 원래 내 것이 아니지만 세상에 태어나 이미 생명을 지니게 된 이상 이를 잘 보전하고 동물과 자연을 이용할 수밖에 없을 뿐이라고 생각했다. 그러나 이 모든 것이 마땅히 소유해야 하는 것이라 생각해서도 안 되고, 자기 것으로 마구 가로채서도 안 된다. 제멋대로 이를 차지하는 것을 '패점(覇占)'이라 한다. 양주는 이런 행위에 대해 이렇게 비판했다. "천하의 몸을 함부로 차지하고, 천하의 물질을 함부로 차지하는 것이다(橫私天下之身, 橫私天下之物)." 왜 모든 것을 함부로 자기 것으로 소유하면 안 되는가? '몸'이든, '물질'이든 모두 천하, 즉 세상의 것이기 때문이다. 그러므로 "공동으로 천하의 몸을 소유하고, 공동으로 천하의 물질을 소유해야" 한다. 즉, 원래 천하에 속하던 것을 세상이 공동으로 소유해야 한다는 것이다.

알고 보면 양주 역시 "개인적으로 자신의 이익을 도모한" 사람이 아니라, 묵자와 마찬가지로 "천하는 모두의 것임"을 주장했다. 또한 양주가 말하는 '천하'는 인류 전체와 자연계까지 포함되어 있으니 그 범위가 더욱 넓어 이 부분에 있어 묵자보다 더 철저했다. 그가 "털 하나도 뽑지 않는다"고 한 것은 자기만 생각하고 다른 사람 일은 전혀 상관하지 않겠다는 것이 아니라, 다른 사람, 작은 동물, 자연계 모두를 같게 생각한 것이다. 그래서 천하가 모두의 것이고, 털 하나도 뽑지 않아야 한다고 함께 말해야 비로소 양주의 사상을 완전하게 전달할 수 있다.

이쯤에서 이렇게 코웃음을 치는 사람이 있을지도 모르겠다. "천하가 모두의 것"이고, 또 "털 하나도 뽑지 않는다"는 양주의 말이 어찌 가능하단 말인가? 물론 가능성이 크지 않으며 실천하기 매우 어렵다. 결국 양주의 사상을 받아들이기 힘든 이유가 바로 여기에 있다. 그러나 양주 사상의 심오함은 오히려 바로 이것이다. "천하가 모두의 것"이란 사회적 이상을 실현하려면 각 개인의 이익을 희생시켜서는 안 된다는 점이다. "세상 사람들의 행복"은 개개인의 행복으로 이루어져 있으며, 세상 모든 사람의 행복을 한데 모아놓은 것이기 때문이다.

개개인이 행복하지 않은데, 세상 사람들이 행복하다고 말할 수 있는가? 만약 세상 사람들의 행복을 위해 각자가 불행해야 한다고 한다면, 그런 '행복'이 왜 필요하단 말인가? 물론 개인적으로 당신이 묵자처럼 "천하의 이로움을 일으키고 천하의 해로움을 제거하기" 위해 자기 자신을 희생할 수 있다. 만약 당신이 정말 그렇게 한다면 우리는 당신에게 경의를 표해야 할 것이다. 하지만 당신이 타인에게까지 그렇게 할 것을 요구한다면 그저 "죄송합니다. 그렇게 요구하시면 안 됩니다.

당신은 그렇게 요구할 권리가 없습니다"라고 말할 수밖에 없다. 또는 "그렇게 제창하실 수는 있지만 강요하실 수는 없습니다"라고 말할 수밖에 없다. 강요한다는 것은 인류 공동의 행복을 추구하겠다는 처음의 바람에 위배되기 때문이다.

이것이 바로 황당해 보이는 양주의 주장에 담긴 깊은 의미라고 생각한다. 어쩌면 양주의 본래 뜻이 아니라 단지 내 바람일 수도 있겠지만 말이다. 결국 문제는 양주에 대해 남아 있는 자료가 너무나 적다는 점이다. 하지만 적어도 그가 제기한 문제들은 깊이 생각해 볼 만한 가치가 있다. 그의 주장을 보며 나는 심지어 공산주의에 대한 마르크스와 엥겔스의 말이 떠오르기도 했다. 《공산당선언》에서 그들은 공산주의 사회는 하나의 "연합체"이고, 그곳에서 "개인의 자유로운 발전이 모든 이의 자유로운 발전의 조건이다"라고 말했다. 마르크스와 엥겔스도 개인의 권리와 존엄을 전제조건으로 삼았음을 알 수 있다. 이와 같은 사상의 관점에서 보자면 우리는 양주의 관점에 대해 좀 더 심도 있게 이해할 필요가 있을 것이다. 또한 양주의 사상 역시 사상문화 유산으로서 추상적으로 계승해야 할 가치가 있지 않은가?

3

노자와 장자의 인생철학

이제 노자와 장자에 대해 이야기하겠다.

노자와 장자에 대해서는 말하기가 결코 쉽지 않다. 《노자》를 읽으며 내가 받은 느낌은 단 세 글자로 표현할 수 있다. '노(老)', '대(大)', '난(難)'. 노자는 성이 '노'가 아니다. 그를 '노자'라고 하는 이유는 그가 오래 살았기 때문이다. 사마천은 《사기》에서 노자가 160여 세, 심지어 200여 세까지 살았다는 소문이 있다고 기록했다. 동진의 갈홍(葛洪)이 지은 《도덕경서(道德經序)》에서는 "노자는 나면서부터 머리가 백발이었다"고 했다. 물론 모두 불가능한 일이다. 더욱이 사마천은 노자가 《노자》의 저자인지 확실하지 않다고 말했다. 그러나 나는 아마 그렇지 않을 거라고 생각한다.

대략 춘추 시대 말기 분명 '노자', 즉 '노선생'이라고 불리던 사람이 있었다. 그는 지혜가 뛰어나 공자도 그에게 가르침을 청할 정도였다. 이후 그는 중원을 떠났고, 그 후의 행방은 알 수가 없다. 그가 저술을 남겼는지 정확히 알 수 없지만 실전되고 일부만 남아 있을 뿐이다. 하지만 저술이 없었다 해도 말은 남아 구전으로 대대로 전해졌을 것이다. 그래서 전국 시기 양주 이후, 장자 이전에 지혜가 뛰어난 사람이 또 한 명, 혹은 몇 사람이 있었는데 그들이 단편적인 구전 내용을 기초로 편집하고 덧붙여 한 권의 책으로 정리하고 저자를 '노선생'이라고 했다. 이것이 바로 《노자》다. 왜 '노자'라는 이름을 사용했을까? 두 가지 가능성이 있다. 하나는 "이름(브랜드)을 빌려 시장에 내놓은 것"이며, 다른 하나는 "경륜을 내세운 것"이다.

어쨌든 그 이전에 노선생이란 사람이 분명히 있었고, 이 책의 사상과 노선생은 많은 관련이 있으니 노선생이 저술했다고 말해도 무방하다. 더욱이 이 책이 보여 주고자 하는 바는 유구한 역사를 지닌 민족의 성숙된 지혜다. 리링이 《사람은 낮은 곳으로 간다》에서 한 말을 빌려 표현하자면 이는 "원숙한 지혜"다. 그러니 《노자》라고 해야 명실상부하지 않겠는가? 이것이 바로 '노(老)'다.

다음으로 '대(大)'에 대해 이야기하겠다. 《노자》는 비록 5,000자에 불과하지만 그 가치는 상당히 높은 작품이다. 한 마디가 만 마디 구실은 못한다 해도 천 마디 정도의 역할은 하고 있다. 그 5,000자 안에서 언급하는 내용은 철학, 미학, 심리학, 정치학, 윤리학, 군사학을 두루 포함한다. 천구잉(陳鼓應)은 《노자철학체계의 형성》에서 "노자의 사상은 마치 영원히 마르지 않는 우물, 맑은 샘과 같아 우리가 물통만 집어넣으면 하나 가득 길어 올릴 수 있다"고 했다. 이는 니체의 말을 인용한 것이기는 하지만 노자를 말하기에 매우 적절한 표현이다. 실제로 전국 시대 사람들은 노자에게서 서로 다른 점들을 얻을 수 있었다. 예를 들어 장자는 인생의 태도를, 한비는 제왕의 술책을 얻었다. 이후 장자에게서 예술 법칙을 얻은 사람들도 있다. 이것이 바로 '대(大)'다.

이렇듯 원숙하고 큰 데다 읽기 쉽지 않다. 그래서 '난(難)'이다.

노자(장자 포함)는 매우 풍부한 내용을 담고 있지만 하나의 큰 맥락을 이끌어 낼 수 있다. 그것은 바로 '인생철학'이다. 이것이 바로 노장과 묵자의 차이점으로, 묵자가 사회에 주목했다면, 노자와 장자는 인생에 주목했다. 장자의 여러 가지 이야기, 우언, 상상들은 이러한 주제를 중심으로 펼쳐지고, 노자의 우주론과 정치학 역시 결국 인생 철학으로 귀결된다. 그래서 노장을 읽으면 인생을 읽는 것이자 인생철학을 읽는 것이다. 차이점이라고 한다면 단지 하나는 인생의 지혜(노자)에, 또 하나는 인생의 태도(장자)에 치중하고 있다는 것이다.

그럼, 먼저 노자에 대해 이야기하겠다.

노자가 말하는 인생의 지혜는 무엇인가? 진화론과 비교해도 무방할 듯하다. 진화론이란 무엇인가? 자연선택과 적자생존이다. 노자는 어떠한가? 자연선택과 약자생존이다.

《설원》,《전국책》,《공자가어》 등 수많은 고서에 나오는 노자와 관련된 이야기가 있다. 여기서는 《태평어람(太平御覽)》의 내용을 이야기하겠다. 노자에게 스승이 있었다. 그는 상용(商容)이라는 사람이다. 그러나 이 상용이 어떤 인물인지는 알 수 없고, 아마도 노자보다 더 지혜로운 사람이라고 추측된다. 상용의 병이 위중해 노자가 병문안을 갔다. 노자가 제자들에게 남기고 싶은 말이 있는지 물어보았다. 상용이 말했다. "고향을 지나거든 수레에서 내려라. 알겠느냐?" 노자가 대답했다. "근본을 잊지 말라는 말씀이군요." 상용이 또 물었다. "큰 나무 아래를

지나거든 종종걸음으로 가거라. 알겠느냐?" 노자가 대답했다. "노인
을 공경하라는 말씀이군요." 상용이 다시 입을 벌리며 말했다. "내 혀
가 아직도 있느냐?" 노자가 있다고 대답하자 상용이 다시 물었다. "내
이가 아직도 있느냐?" 이에 노자가 없다고 대답했다. 상용이 다시 물
었다. "무슨 뜻인지 알겠느냐?" 노자가 말했다. "강한 것은 쉽게 부러지
고 약한 것은 살아남는다는 말씀 아니십니까?" 상용이 웃으며 말했다.
"천하의 일을 모두 말했느니라."

　이 이야기는 《노자》에 기록되어 있지 않아 그 진위 여부를 알 수 없
지만 노자의 사상을 대표한다고 할 수 있다. 《노자》는 처음부터 끝까
지 모두 약자의 생존에 대해 이야기하고 있다. 노자는 단단하고 강한
것이 강하고, 부드럽고 약한 것이 약하다고 생각지 말라고 거듭 강
조했다. 세상에서 가장 약하고 부드러운 것이 무엇인가? 물이다. 공격
에 가장 강한 것이 무엇인가? 역시 물이다. 그러므로 가장 약한 것이
사실은 가장 강한 것이고, 가장 강인한 것이 사실은 가장 나약한 것이
다. 생각해 보면, 사람이 가장 부드러울 때는 살아 있을 때고, 가장 단
단한 때는 죽은 이후다. 《노자》〈제76장〉에서는 "단단하고 강한 것은
죽음의 무리이고, 부드럽고 약한 것은 삶의 무리이다(堅强者死之徒, 柔弱
者生之徒)"라고 했다. 그러므로 치열한 경쟁을 벌이는 자들 중에 실패하
지 않는 자가 없고, 갖은 수단을 써서 약탈을 하는 자들 중에 모두 잃
지 않는 자가 없다. 세상과 싸우지 않아야 가장 안전하고, 풍부해서 모
든 것을 가질 수 있다. 이치는 매우 간단하다. 싸우지 않기에 그들을
이길 수 있는 사람이 없는 것이다. 그래서 노자는 "다른 사람과 다투지
않기에 세상에 그와 다툴 수 있는 사람이 없다"고 했다.

노자는 거듭 조금 약하고 부드러운 편이 낫고, 모든 일은 뒤에 조금 물러나 있는 것이 좋다고 강조했다. 한비는 〈유로〉 편에서 여러 가지 고사를 이야기하며 노자의 관점을 설명했다. 그 가운데 초나라 장왕(莊王)과 손숙오(孫叔

敖)의 이야기가 있다. 장왕은 춘추오패 가운데 한 명이고, 손숙오는 장왕이 패업을 달성하도록 보좌한 공신이다. 손숙오는 처세에 있어 신중한 사람이었다.《여씨춘추》〈맹동기(孟冬紀)〉 편에 따르면, 손숙오는 임종이 다가오자 아들을 불러 당부했다. "아비가 생전에 여러 차례 대왕께서 하사하시는 땅을 거절했다. 내가 죽은 후 대왕께서는 분명히 너에게 땅을 하사하겠다고 하실 것이다. 하지만 절대 땅을 받지 말아라. 만약 거절해도 소용없다면 너는 그중에서 가장 나쁜 것을 고르도록 해라." 손숙오의 아들은 아버지의 유언을 그대로 따랐다. 그 결과 초나라 정책에 따라 공신의 봉지는 두 세대가 지나면 회수하도록 되어 있는데 오직 손숙오 아들의 봉지만 수 세대 동안 유지되었다. 그가 받은 토지는 매우 황폐해서 아무도 원하는 사람이 없었기 때문이다.

한비는 이것이 바로 노자가 말한 "잘 세운 것은 뽑히지 않고, 잘 껴안은 것은 빠져나가지 않는다(善建者不拔, 善抱者不脫)"는 의미라고 했다. 나무를 잘 세우면 흔들리지 않고, 잘 껴안고 있으면 빠지지 않는다. 그렇다면 어떻게 해야 나무를 제대로 세우고, 제대로 품을 수 있는가?

"잘 세운 것은 뽑히지 않고, 잘 껴안은 것은 빠져나가지 않는다"는 노자의 말은 죽을힘을 다해 단단히 세우고 꼭 껴안으라는 것이 아니다. 실제로 우리가 아무리 단단히 잘 세워 놓는다 해도 뽑힐 수 있으며, 꼭 껴안고 있다고 해도 벗어날 수 있다. 일례로, 미국 뉴욕에 있는 세계무역센터 쌍둥이빌딩 역시 튼튼하게 지어졌지만 무너지고 말았다. 이처럼 세상에는 막을래야 막을 수 없는 일들이 있기 때문에 지나치게 애를 써서는 안 된다. 우리가 진정으로 해야 할 일은 흔들어 대고, 벗어나려는 타인의 생각을 없애는 것이다. 나아가 그런 생각조차 하지 못하도록 해야 한다. 흔들고 싶어 하는 사람이 없어야 "잘 세워 뽑히지 않을 것이고", 벗어나고 싶은 사람이 없어야 "잘 껴안아 빠져나가지 않을 것이다."

문제는 어떻게 해야 사람들이 빠져나가지 않고, 흔들어 대지 않도록 할 수 있는가라는 점이다. 우리는 다음과 같은 옛말을 참고할 필요가 있다. "도둑맞을 것을 걱정할 것이 아니라 도둑의 눈길을 두려워하라." 도둑이 누구에게 눈길을 주는가? 돈 많은 사람이다. 당신이 많은 돈을 갖고 있지 않다면 아무도 노리지 않을 것이다. 나무가 크면 바람을 많이 맞게 마련이다. 그러나 작은 풀이라면 별일이 없다. 내가 사는 곳은 태풍이 자주 불어온다. 그때 뿌리째 뽑히는 나무는 언제나 하늘을 찌를 듯이 높이 솟은 나무들이고, 풀이 뽑히는 것은 본 적이 없다. 노자의 말이 일리가 있음을 알 수 있다. 높은 것은 꺾이기 쉽고, 하얗고 깨끗한 것은 더럽혀지기 쉽다. 이는 우리 삶에서도 마찬가지다. 그렇다면 어떻게 해야 할까? 조금 지저분하게, 조금 가난하게, 조금 어설프게 하는 것이 깔끔을 떨고, 많이 갖고, 매사에 철저한 것보다 풍파에 덜 시달릴 수 있다. 더러운 거지를 보면서 훔칠 마음을 품는 사람이 있는가?

이것이야말로 '약자생존'이라 할 수 있다. 흥미로운 점은 노자의 이러한 처세를 약자들뿐만 아니라 권세를 가진 사람들도 받아들일 필요가 있다는 것이다. 어느 누구나 약자가 될 가능성이 있기 때문이다. 지고지상의 천자라고 해서 항상 강한 것도 또 반드시 강한 것도 아니다. 강력한 권력을 갖고 있다 해도 외로울 수 있으며, 또 호시탐탐 기회를 노리는 사람들을 모두 상대할 수는 없는 법이다. 이때 노자의 철학이 유용하다. 어떻게 활용하면 될까?

'장(裝)'이다.《노자》에 가장 많이 등장하는 글자가 '약(若)'이다. 일례로, 〈제45장〉에 나오는 "완전히 이루어진 것은 모자란 것 같고(大成若缺)", "가득 찬 것은 빈 것 같고(大盈若冲)", "완전히 곧은 것은 굽은 것 같으며(大直若屈)", "완전한 솜씨는 서툰 것 같다(大巧若拙)"라는 구절을 보자. 인용문에 나오는 '若(약)'은 '처럼', '~와 같다'는 뜻인데, 장순후이(張舜徽)는《주진도론발미(周秦道論發微)》에서 이를 "장(裝: 척하다) 자와 같다"고 했다. 음모를 꾸미는 이들이 '장'하는 것은 '도회(韜晦: 자신의 재능을 숨김)'라고 하고, 백성이 '장'하는 것은 '장산(裝蒜: 모르는 척 시치미를 떼다)'이라고 한다. 이는 모두 숨기고 척하는 것이다. 요컨대, '장'할 줄 아는 사람이 살아남고, 나아가 자신의 목적을 이룰 수 있다. 결국 마지막에 웃는 사람이 승자인 것이다. 사마의(司馬懿)가 바로 그런 인물이었다.

'장' 이외에 '인(忍)'이 있다. 예를 들면 월왕 구천, 초왕 한신, 태사공 사마천 등을 꼽을 수 있다. 구천은 왕의 신분으로 적군의 포로가 되어 온갖 수모를 겪으면서도 쓸개를 씹으며 복수를 다짐해 결국 패배를 딛고 승리를 거두어 원수를 갚고 원한을 풀었다. 한신은 울분을 억누른 채 사타구니 밑을 기어가는 굴욕을 견뎌 결국 한나라를 세우는

데 큰 공을 세우고 세상을 주름잡았다. 만약 한신이 분을 참지 못하고 칼을 빼들어 그 건달을 죽였다면 이러한 훗날이 있었겠는가? 또 사마천이 '궁형의 치욕'을 견디지 못하고 울분을 참지 못해 자살했다면 《사기》가 탄생할 수 있었겠는가? 그래서 소동파는 《유후론(留侯論)》에서 이렇게 말했다. "필부가 모욕을 당해 칼을 빼어들고 싸우는 것은 진정한 용기가 아니다. 큰 용기를 가진 자는 갑자기 어떤 일이 닥

> • 소동파 가라사대 •
> 필부가 모욕을 당해 칼을 빼어들고 싸우는 것은 진정한 용기가 아니다. 큰 용기를 가진 자는 갑자기 어떤 일이 닥쳐도 놀라지 않고, 이유 없이 화를 당해도 분노하지 않는다. 이것은 그가 품은 포부가 크고 뜻이 심히 원대하기 때문이다.

쳐도 놀라지 않고, 이유 없이 화를 당해도 분노하지 않는다. 이것은 그가 품은 포부가 크고 뜻이 심히 원대하기 때문이다." 이는 노자의 사상을 응용한 것이다. 노자는 "감히 나아가는 용기는 자신을 죽게 하고, 감히 나아가지 않고 물러서는 용기는 자신을 살린다(勇於敢則殺, 勇於不敢則活)"라고 말했다.

노자의 이 말은 이상할 것이 없다. 이것이 목숨을 살리는 철학 아닌가! 여기서 주목할 점은 노자가 나아가지 않고 물러서라고 할 때도 역시 용기라는 단어를 썼다는 점이다. 노자는 하지 않는 것도 용기가 필요하며, 더욱 큰 용기가 필요할 수 있다고 생각한 것이다. 사실 감히 그렇게 하는 것보다 감히 하지 않는 것이 더욱 어렵다. 일상생활에서 우리는 흔히 이렇게 말한다. "네가 감히 복종을 안 해?" "네가 감히 시키는 대로 안 해?" 이에 대한 대답은 보통 "감히 하지 않는다"는 것이다. 이처럼 '감히 하지 않는 것'이야말로 진정한 용기임을 알 수 있다. 노자식의 표현을 빌려 말하면 "큰 용기는 겁먹은 것처럼 보인다." 또는

"용기가 없는 용기가 큰 용기(大勇)다."

'인' 이외에 '양(讓)'이 있다. 이에 대한 예도 매우 많이 있다. 청대 강희 연간 안휘 동성(桐城) 사람으로 장영(張英, 장정옥의 아버지)이란 조정 관리가 있었다. 그의 관직은 문화전 대학사, 예부상서였다. 이웃집 오씨가 집을 짓는데 두 집 사이의 통로를 차지해 버리자 가족들이 장영에게 나서서 해결해 달라는 서신을 보냈다. 그러자 장영은 다음과 같이 회신했다. "벽 하나 때문에 천 리나 떨어진 곳에 서신을 보냈으니, 그에게 3척을 양보하는 것은 어떠한가? 만리장성은 지금도 여전한데 당시의 진시황은 보이지 않는구나." 회신을 읽은 가족들은 그 안에 담긴 뜻을 깨닫고 자진해서 3척을 양보했다. 오씨네가 이를 보고 감동해 그들 역시 3척을 양보했다. 그 결과 두 집 사이에 골목이 생겼는데 '육척항(六尺巷)'이라 불렸다. 이는 미담이 되어 지금까지 전해진다. 이것이 바로 '양보(讓)'의 힘이다.

그러고 보면 《노자》라는 책은 참으로 '가장 추상적이면서도 가장 실용적'이라 할 수 있다.

그러나 노자의 사상 역시 문제가 있다. 노자의 철학대로 살려면 사람들은 모두가 바보처럼 행동하고 소극적이어야 한다. 그렇다면 어떻게 발전을 실현할 수 있겠는가? 노자의 주장을 따른다면 아마 국가도 개인도 발전을 이룰 수 없을 것이다. 그래서 노자의 사상 역시 추상적인 계승만 가능할 뿐이다. 그럼, 어떻게 계승해야 할까? 처세는 신중하게 하는 것이 좋고, 일을 할 땐 기준을 높게 잡고 적극적으로 해야 한다. 그러나 애석하게도 이는 도가의 사상이 아니다. 바로 유가의 사상이다.

사실 처세도 노자의 것을 그대로 따를 수는 없다. 집터를 조금 양보하는 것은 가능한 일이다. 그런데 만약 강도가 집에 침입해 사람을 죽여도 양보해야 한단 말인가? 무조건 나약하고 유약한 모습으로 인내하고 양보하는 것만이 안전하고 화를 미연에 방지할 수 있는 행동은 아니다. 양은 온순하지만 그렇다고 늑대가 양의 처지를 생각해 주는가? 실직 노동자들의 목숨 같은 돈도 훔치는 사람이 있지 않은가? 또 야심을 숨기고 무능한 척해서 큰 지위를 얻었다고 하자. 그것이 그렇게 대단한가? 예를 들어 앞에서 말한 월왕 구천의 경우는 어떠했는가? 사실 나는 그를 전혀 좋아하지 않는다. 《사기》에는 다음과 같은 이야기가 실려 있다. 구천은 성공을 거둔 후 공신인 문종(文種)에게 이렇게 말했다. "선생이 나에게 일곱 가지 살인의 방법을 알려 주어 과인은 그중 세 가지만 갖고 오나라를 멸망시켰소. 이제 남은 네 가지 방법을 당신에게 써 보려고 하오."

　　그야말로 변태다! 사실 그가 변태가 아니었다면 그렇게 오랫동안 별의별 수모를 당하면서 참고 있기는 어려웠을 것이다. 그래서 나는 개인적으로 오히려 자살을 선택한 오왕 부차를 좋아한다.

　　이는 더 중요한 문제와 연결된다. 우리는 왜 사람답게 살아야 하는가? 우리는 어떤 사람이 되어야 하는가? 이 문제에 대해 노자는 말한 적이 없으며, 또한 대답할 수도 없다. 사실 노자는 공명심이 매우 강한 사람이었기 때문이다. 그가 입으로는 '무위'를 말하며 마음으로는 '유위'를 생각한 것은 무위로 큰일을 이루고자 한 것이고, 심지어 그 목적은 하지 못하는 것이 없는 것이었다. 그러므로 이 문제는 도가의 세 번째 대표적 인물이 대답할 수밖에 없을 듯하다. 바로 장자다.

그럼, 다시 장자에 대해 이야기해 보자.

노자가 어렵다고 한다면 장자는 더욱 난해하다. 장자는 마치 선종(禪宗)과도 같아 말로 표현이 불가능하다. 《장자》〈천도〉편에는 다음과 같은 우언이 실려 있다.

한번은 환공(桓公)이 대청에서 책을 읽고 있을 때 윤편(輪扁)이 대청 아래에서 수레바퀴를 깎고 있었다. 윤편이 갑자기 망치와 끌을 내려놓더니 환공에게 물었다. "지금 읽고 계신 책에 무슨 말씀이 적혀 있는지 감히 여쭙고자 합니다." 환공이 대답했다. "성인의 말씀이 적혀 있다." 윤편이 다시 물었다. "그 성인이 아직 살아 계십니까?" 환공이 이미 돌아가신 분이라고 대답하자 윤편이 말했다. "그렇다면 전하께서 읽고 계신 것은 옛사람의 찌꺼기겠군요." 환공이 준엄한 목소리로 말했다. "과인이 책을 읽고 있는데, 일개 목수가 어찌 이러쿵저러쿵하느냐? 마땅한 이유가 있다면 모르되 그렇지 않다면 살아남지 못하리라." 그러자 윤편이 거침없이 말했다.

"소인은 소인이 하는 일로써 그 일을 본 것입니다. 수레바퀴를 깎을 때 엉성하게 깎아 헐렁해지면 고정되지 않고, 너무 빠듯하게 깎아 빡빡하면 잘 들어가질 않습니다. 헐겁지도 않고 빠듯하지도 않게 하는 것은 손놀림과 마음이 서로 호응해 이루어지는데, 그것은 말로 어떻게 하면 된다고 표현할 수가 없습니다. 분명 그 안에 정교한 기교가 들어 있는데 저는 이것을 제 아들에게도 가르쳐 줄 수가 없고, 제 아들도 저에게 배울 수가 없습니다. 그래서 나이 칠십이 되도록 수레바퀴를 깎게 된 것입니다. 옛 성인들도 돌아가신 뒤에는 그 정신이 전해질 리가 없겠지요. 그러니 전하께서 읽고 계신 것은 옛사람의 찌꺼기밖에 더

되겠느냐고 말씀드린 것입니다."

여기서 말하고자 하는 의미는 분명하다. 말로 할 수 있는 것은 찌꺼기이고, 말로 할 수 없는 것이 정수(精髓)라는 것이다. 이 논리를 따른다면, 우리가 읽는《장자》또한 아마도 찌꺼기에 불과할 뿐이다. 그렇다면 장자는 정말 설명하기가 어려운 것일까?

하지만 장자에 대한 설명이 어려운 까닭은 순전히 이 때문만은 아니다. 그렇다면 무엇 때문인가? 지금까지도 풀리지 않는 문제를 제시했기 때문이다. 바로 '사람은 왜 사는가'라는 문제다. 양주는 이왕 살바에야 하루하루를 잘 살아야 한다고 말했다. 하지만 장자는 이 대답에 만족하지 않고 다시 이렇게 물었다. "잘 산다는 게 뭐지요? 하루하루를 잘 보낸다는 건 어떤 겁니까? 일부 사람들의 주장처럼 먹고 마시고 즐기며 사는 것이 잘 사는 것일까요?"

물론 아니다. 그렇다면 무엇인가? 장자는 "진실과 자유"라고 했다.

장자는 사람이라면 먼저 진실해야 한다고 생각했다.《장자》〈양생주(養生主)〉편에 이런 우언이 나온다. 노담(노자)이 세상을 떠나자 진실(秦失)이란 그의 친구가 조문을 하러 갔다. 진실은 형식대로 세 번 곡소리를 내고 돌아가려 했다. 노담의 제자가 진실에게 물었다. "우리 선생님 친구 아니십니까?" 진실은 그렇다고 대답했다. 학생이 다시 물었다. "친구이신데 이런 정도의 조문으로 될까요?" 진실은 가능하다고 하면서 이유를 이렇게 설명했다. "노자의 죽음을 추도하기 위해 온 이들이 이렇게 많은데 모두 노자의 친척이거나 친구요? 과연 모두가 진정으로 마음속 깊이 슬퍼하고 있겠소? 분명 조문을 하고 싶지 않은데 그냥 몇 마디 애도의 말을 하는 이도 있을 것이고, 울고 싶지 않은데 우는 이도 있을 것이오. 이는 자연의 섭리에 어긋나고 자신의 진실한 감정을 거스르며, 하늘에서 받은 본분을 잊은 것이오. 옛사람은 이를 일컬어 '하늘의 뜻을 벗어난 자에게 오는 형벌(遁天之刑)'이라고 했소."

장자는 진실하지 않은 것은 죄를 짓는 것이나 마찬가지이며, 심지어 하늘이 내리는 형벌을 받는 것과 같다고 보았다. 그래서 그는 진실을 생활의 기본 원칙이라 생각했다. '진실'이란 '솔성(率性)'이다. '솔성'이란 타고난 자질대로 순리를 따르는 것이다. 매는 하늘을 날아야 하고, 물고기는 물속에서 헤엄을 쳐야 한다. 이것이 바로 진실이며, 또한 자유이기도 하다. 장자는 왜 "물고기가 유유히 헤엄치고 있으니 이것이 물고기의 즐거움이라네"라고 했을까? 바로 그 순간 물고기는 진실하고 또한 자유롭기 때문이다. 진실하고 자유로우면 즐겁다. 그러므로 본연의 모습 그대로 마땅히 해야 할 일을 하며 살아야 하지 않겠는가!

여기서 이렇게 질문하는 사람이 있을지도 모르겠다. "그건 무슨 뜻입니까? 가난한 사람은 영원히 가난한 것에 만족하고, 부귀한 사람은 영원히 부귀를 누리라는 소립니까?" 만약 이렇게 생각하는 사람이 있다면 이는 장자를 완전히 오해한 것이다. 장자가 인생에 대해 뭐라고 주장했는가? 진실하고 자유롭게 살아야 한다고 했다. 여기에서 진실과 자유는 모든 결과의 전제조건이다. 예를 들면 묵자는 진심으로 고된 생활을 하기를 원했다. 그는 힘들고 고생스러운 생활이 좋은 것이라고 생각했다. 그러나 만약 당신은 원하지 않는데 다른 사람이 강요하는 것은 잘못된 것이다.

《장자》〈마제(馬蹄)〉편을 보면 장자는 이렇게 말했다. 말은 발굽이 있어 서리와 눈을 밟을 수 있고, 털이 있어 바람과 추위를 막을 수 있다. 배가 고프면 풀을 뜯고, 목이 마르면 물을 마시며, 기쁘면 껑충껑 충 뛰어다닌다. 이것이 말의 진실한 본성이다. 하지만 백락(伯樂)이라 는 사람이 나타나 자신은 말을 길들이는 명수라고 하면서 말에 징을 박고 고삐를 씌우고, 마구간에서 길렀다. 이로 인해 열 마리 가운데 두 세 마리는 죽고 말았다. 또한 반듯한 자세로 가지런히 걷게 하고 명령 에 엄하게 복종하게 했는데, 이로 인해 반수 이상이 죽었다. 진실하지 도 자유롭지도 않기 때문이다.

반면, 거북이 진흙탕에서 뒹굴고 돼지가 지저분한 우리에서 꿀꿀거 리는 것은 오히려 즐거운 일이다. 꿩은 10보를 가야 한입 쪼아 먹고, 100보를 가야 물 한 모금을 마신다고 해도 새장에 갇힌 우두머리를 원하지는 않을 것이다. 마음이 즐겁지 않기 때문이다.

문제는 '고된 생활'인지 아니면 '편안한 생활'인지에 있는 것이 아 니라 진실한지, 자유로운지에 있다. 그래서 고된 생활을 강요하는 것 도 옳지 않지만, 편안한 생활을 강요하는 것 또한 옳지 않다. 《장자》의 〈지락(至樂)〉 편에는 다음과 같은 우언이 나온다.

어느 날 바닷새 한 마리가 노나라로 날아들었다. 노나라 군주가 그 바닷새를 너무 좋아한 나머지 잔치를 열어 진수성찬을 차리고 훌륭한 음악을 연주해 환영했다. 그 결과 새는 아무것도 먹지도 마시지도 못 하고 3일 만에 죽고 말았다. 이것은 노나라 군주가 "새의 방식으로 새 를 키운 것"이 아니라 "자기 방식으로 새를 키웠기 때문이다." 진정으 로 새를 사랑하고 위한다면 설사 고달픈 곳이라 할지라도 새를 대자 연으로 보내서 자유롭게 살 수 있게 해 주어야 한다.(〈달생(達生)〉 편에도 이와 유사한 우화가 있다.)

그러므로 그 누구도 자신의 의지를 다른 사람에게 강요해서는 안 된다. 설사 '좋은 뜻'에서 비롯되었다고 할지라도 안 된다. 만약 그러한 행동이 거짓 감정에 의한 것이라면 더더욱 안 된다. 〈달생〉 편에는 이런 우언이 있다.

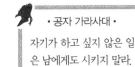

제사를 관장하는 관리가 있었는데, 그는 의관을 갖추고 돼지우리로 가서 제물이 될 돼지를 대상으로 '사상교육'을 했다. 관리가 말했다. "돼지야! 너는 어찌 죽음을 싫어하느냐? 내가 오늘부터 석 달 동안 잘 먹여 기를 것이고, 도살하기 전에는 열흘 동안 부정한 일을 멀리하고 사흘 동안 재계를 할 것이다. 그런 다음 흰 띠풀을 깔고 아름답게 조각된 상 위에 너의 어깨와 뒷다리를 놓이게 해 줄 것이다. 네가 보기에 어떠하냐?"

당연히 돼지 입장에서는 좋을 리가 없다. 장자는 만약 관리가 진심으로 돼지를 생각한다면 그냥 더러운 우리에 놔두고 여물을 먹게 해야 한다고 말한다. 또 장자는 돼지를 위해서는 편안한 삶을 물리치면서 자기를 위해서는 그것을 취하려 한다고 탄식한다. 사람들은 오로지 살아서 부귀하고 죽어서 명예를 얻는 것만 바란다. 이를 위해 자신의 천성은 상관없이 하고 싶지 않은 일을 할 뿐이다. 이는 결국 몸을 흰 띠에 올려놓고 어깨와 뒷다리를 바치는 것이 아니겠는가? 이것이 추구할 만한 일인가? 이런 사람들이야말로 돼지보다 못하지 않은가?

이러한 장자의 생각은 깊이가 있으면서 가치가 있다. 공자의 명언 가운데 "자기가 하고 싶지 않은 일은 남에게도 시키지 말라"는 말이 있다. 장자는 여기서 한걸음 더 나아가 자신이 하고 싶은 일도 남에게 시키지 말라고 했다. 이는 매우 실천하기 힘든 일이다. 공자는 또 "자기가 서고 싶으면 남을 먼저 서게 하고, 자기가 뜻을 이루고자 하면 남을 먼저 이루게 하라"고 했다. 매우 옳은 말이다. 그렇다면 어떻게 해야 하는가?

그 방법은 간단하다. 만일 상대가 정말로 도와주기를 원한다면 목표를 달성할 수 있도록 도와주면 된다. 그러나 상대가 뜻이 없다면 강제해서는 안 된다. 만약 누군가 좋은 뜻에서 내게 어떤 일을 강요할 경우, 그의 판단이 옳을뿐더러 그렇게 하는 것이 나에게 이득이 있지만, 내가 원하지 않으면 어떻게 해야 할까? 구체적으로 분석해 보면 된다. 해야 하는 일은 마땅히 해야 할 것이고, 해서는 안 되는 일은 거절할 수 있어야 한다. 사실 장자가 자유롭게 살 수 있었던 것은 "아니오"라고 말할 수 있었기 때문이다. 예를 들어 왕이 관직을 주겠다는 '호의' 조차도 거절할 줄 알았다. 그래서 나는 거절할 수 있는 것이야말로 인간의 기본적인 인권이라고 강조하고 싶다. "아니오"라고 말할 수 있어야 자유로울 수 있기 때문이다. 장자에 대한 추상적인 계승은 이것부터 시작해도 무방할 듯하다.

믿지 못하겠으면 한 번 시도해 보시기 바란다.

4

법가의 합리성과 한계

장자에 대한 이야기를 끝냈으니 다시 법가, 그중에서도 한비에 대한 이야기를 하면 흥미를 더할 것이다. 이 두 사람의 사상이 완전히 상반되기 때문이다.

장자가 추구한 것이 절대 자유였다면, 한비가 주장한 것은 절대 전제였다. 장자는 사회의 관용을 바랐고, 한비는 국가의 관할, 통제를 강조했다. 장자가 자유를 추구하며 관용을 바란 것은 인성은 꾸밈이 없다고 생각했기 때문이고, 한비가 전제를 주장하고 통제를 강조한 것은 인성이 악하다고 생각했기 때문이다. 이처럼 전혀 상반된 주장을 하고 있는 것 역시 깊이 생각해 볼 만하다. 그래서 한비에 대해 이야기하기 전에 장자에 대해 다시 이야기해 보자.

먼저 《장자》 제1편 〈소요유〉에 나오는 이야기부터 시작해 보겠다. '소요유(逍遙游)'란 무엇인가? 진실하고 자유롭게 사는 것이다. 이는 장자가 말하는 삶의 철학이기 때문에 〈소요유〉 편은 매우 중요한 의미를 갖는다. 처음은 북해에 물고기가 있는데 이름은 곤(鯤)이라고 한다는 이야기부터 시작된다. 곤은 엄청나게 커서 그 길이가 몇천 리나 되는지 알 수가 없다. 곤이 변해 새가 되는데 붕(鵬)이라 한다. 붕도 엄청나게 커서 몇천 리나 되는지 알지 못한다. 붕이 바다에서 날아오르면 그 날개가 마치 '하늘에 드리운 구름' 같았다. 회오리바람을 타고 그대로 9만 리를 날아오르니 바다에 거센 파도와 물보라가 3,000리에 걸쳐 일었다. 이렇게 곤붕은 6개월 동안 북해에서 남해까지 날아갔다. 이에 작은 비둘기와 매미가 비웃었다. "왜 그렇게 오랫동안 그렇게 먼 길을 가야 하는 거지? 우리를 봐, 그냥 느릅나무를 향해 날아다니기만 해도 돼. 날아다니다 못 날고 땅에 떨어져도 이것 역시 난 것 아니겠는가?" 이에 장자가 말했다. "이것이 바로 작은 것과 큰 것의 차이다(此小大之辯也)."

이 이야기와 이 구절은 종종 《장자》를 해설하는 사람들을 당혹하게 한다. 장자가 작은 비둘기와 매미를 비웃은 것인가? 그렇다. 장자의 말투에서 알 수 있다. 그럼, 장자는 왜 그들을 비웃었는가? 그들이 작고 곤붕이 크기 때문인가? 그렇지 않다. 이는 장자의 사상에 부합하지 않기 때문이다. 장자의 사상은 '제물론(齊物論)'이다. 이 세 글자는 두 분야의 의미를 내포하고 있다. 하나는 '제물(齊物)'이고, 다른 하나는 '제론(齊論)'으로, 이를 합쳐 '제물론'이라 부른다. '제'는 가지런하다, 일치하다의 의미다. 즉, 만사, 만물은 모두 평등하고, 사상, 언론 역시 대등하다는 뜻이다. 다른 사람보다 고귀한 사람은 없으며 만물은 모두 평등하다. 그런데 곤붕이 "회오리바람을 타고 9만 리 창공을 날아오르는" 것은 '소요유'이고, 작은 새들이 수풀 사이를 노니는 것은 '소요유'

가 아니란 말인가? 물론 소요유다. 그렇다면 장자는 왜 그들을 비웃었을까?

장자가 비웃은 것은 분명하지만 "수풀 사이를 날아다니는 것"을 비웃은 것이 아니라 그들이 "9만 리나 날아가서 남쪽 바다로 가는 것"을 조롱한 것을 비웃은 것이다. 이것을 왜 조롱한단 말인가? '진실하고 자유롭게 사는 것'은 모든 생명체가 지닌 권리로 어느 누구도 빼앗거나 비웃을 권리가 없다. 크다고 작은 것을 비웃을 수 없는 것과 마찬가지로 작다고 큰 것을 비웃을 수 없는 법이다. 그런데 그들은 곤붕을 이야기할 때 비웃는 태도를 보였다. 그래서 장자는 작은 비둘기와 매미가 "작다"고 비웃은 것이 아니라 그들이 "비웃은 것"을 비웃었다.

그래서 "此小大之辯也(차소대지변야)"는 "이것이 바로 작은 것과 큰 것의 차이다"가 아니라, "이것이 작은 것과 큰 것의 논쟁이다"라는 뜻으로 해석되어야 한다. 사실《장자》 원문 역시 변론이나 논쟁의 뜻인 '변(辯)'이지 변별이나 구별의 뜻인 '변(辨)'이 아니다. '제물론'의 사상에 비추어 보면 장자가 차이나 변별을 주장했을 리가 없다. 이는 장자의 원숭이 우화에서도 나타난다. 한 노인이 자신이 기르는 원숭이들에게 도토리를 나눠 주며 말했다. "아침에 세 개, 저녁에 네 개씩 주겠다." 그러자 원숭이들이 화를 내며 거부했다. 이에 노인이 말을 바꿔 "그러면 아침에 네 개, 저녁에 세 개를 주겠다"고 하자 원숭이들이 모두 기뻐하며 "만세"를 불렀다. 사실 어떻게 나눠 주든 합치면 하루에 일곱 개인 것은 마찬가지다. 그러므로 세상의 많은 일이 이처럼 차이가 있는 듯하지만 본질적으로는 차이가 없다. 차이는 표면적인 현상에 불과하다.

그러니 장자가 보기에 크면 어떻고 작으면 어떻겠는가? 또 아름다우면 어떻고 추하면 어떻겠는가? 기둥과 작은 풀, 서시와 추녀는 겉으로는 전혀 다르지만 진실하고 자유롭기만 하다면 모두 평등하고 같은 것이다. 장자는 이를 "도통위일(道通爲一)"이라고 했다. 도의 관점에서 보면 모두 동일하다는 뜻이다. 다시 말해 곤붕, 작은 비둘기, 기둥, 작은 풀, 서시, 추녀 모두 생존의 권리가 있고, 더욱이 자신의 천성과 선택에 따라 진실하고 자유롭게 생존할 권리를 지니고 있다는 의미다. 그들은 각자 삶의 방식이 있으며, 또한 장단점을 지니고 있다. 그래서 당신이 곤붕을 칭송할 수는 있지만, 작은 비둘기를 비웃을 수는 없다. 마찬가지로 작은 것이 큰 것을 비웃는 것도 옳지 않다. 어느 누구도 자신의 장점을 들어 남의 단점을 비웃을 수 없으며, 어떤 자유를 들어 다른 유의 자유를 비웃을 수 없고, 어떤 진실을 갖고 다른 진실을 비웃을 수 없다. 장자가 곤붕의 우화를 이야기한 의도가 바로 여기에 있다.

장자의 이런 사상을 한 단어로 표현하면 바로 '관용'이다. 그가 작은 비둘기, 매미를 비웃은 것은 그들이 관용할 줄 모르기 때문이다. '관용'은 매우 현대적인 관념이자 의식이므로 2000여 년 전 장자가 이런 현대적 가치를 명확하게 표현했을 리가 없다. 그러나 설사 그가 말한 것이 현대적 의미의 '관용'이 아니라 해도 그의 말속에 그러한 의미가 조금이라도 존재한다면 우리는 그에게 찬사를 보내야 한다. 더욱이 그는 관용뿐만 아니라 진실과 자유를 주장하지 않았는가. 이것만으로도 그는 실로 위대하다.

그렇다면 법가는 어떠한가?

관용이 전혀 없었다. 법가는 심지어 인정이라고는 눈곱만큼도 없고 사람 목숨도 하찮게 여길 정도였다. 예를 들어 앞에서 말한 한(韓)나라 소후가 "옷을 담당하고 있던 신하를 처벌하고 관을 맡고 있던 신하를 처형한 것"은 인정과 거리가 멀고, 《한비자》〈외저설우하(外儲說右下)〉 편의 진(秦)나라 소양왕(昭襄王) 이야기는 사람 목숨을 하찮게 여기는 처사라 할 수 있다. 소양왕 시절 큰 흉년이 들어 백성이 식량을 구할 수 없게 되었다. 이에 응후(應候)가 백성을 구제할 것을 요청했으나 소양왕은 이에 동의하지 않았다. "진나라의 법에 따르면, 백성은 공이 있으면 상을 받고 죄가 있으면 벌을 받도록 되어 있다. 그런데 지금 백성에게 식량을 준다면 공이 있든 없든 상을 주게 되는 셈이다. 공적이 없는데도 식량을 준다면 백성이 서로 가져가려고 다투어 나라가 혼란에 빠질 것이다. 그렇게 되면 백성은 구할 수 있을지 모르나 나라가 혼란스러워질 것이니, 차라리 백성이 죽는 한이 있어도 나라를 잘 다스리는 것이 나을 것이다!"

이것이 왕으로서 할 소리가 아니지 않은가?

장자가 특출한 관용을 보여 주었다면, 법가는 보기 드물 정도의 가혹하다 못해 잔인함을 보여 주었다. 상앙에서 이후 혹리(酷吏)에 이르기까지 모두들 잔인하고 무자비하기 짝이 없었다. 그들은 심지어 서로 간에도 전혀 동정하지 않았다. 이사가 한비를 모함한 것이나 내준신(來俊臣, 당나라 혹리의 대명사)이 주흥(周興)을 처벌한 것도 모두 이와 같다. 《신당서(新唐書)》와 《자치통감(資治通鑑)》에 따르면, 어느 날 내준신이 주흥을 초대했다. 술잔이 세 순배 돌아간 후 내준신이 주흥에게 물었다. "범인이 자백을 하려 하지 않는데 무슨 방법이 없을까요?" 주흥이 말했다. "아주 좋은 방법이 있습니다. 커다란 항아리를 가져다 그

주위에 불을 때서 항아리가 뜨거워지면 범인을 항아리 안으로 들어가게 하세요. 아마 자백하지 않고는 못 배길 겁니다." 내준신은 즉시 그의 말대로 한 뒤 주흥에게 말했다. "당신이 모반을 했다는 밀고를 받았습니다. 저 항아리 안으로 들어가시죠!"

주흥과 내준신 모두 측천무후 아래 있던 혹리들이었다. 말하자면 둘이 한패였다. 하지만 내준신은 주흥을 처리하는 데 일말의 인정도 베풀지 않았다. 무자비하게 안면 몰수하는 이런 행태는 어디서 온 것인가? 상앙에게서 이어받은 것이다. 상앙은 원래 위(衛)나라 사람으로 '위앙(衛鞅)'이라 불렸다. 이후 다시 위(魏)나라 재상 아래서 일했으니 위(魏)나라 신하가 된 셈이다. 위 혜왕(양 혜왕)이 그를 등용하지 않자, 그는 다시 진(秦)나라로 가서 진나라 효공을 위해 일했다. 사실 이는 별로 큰 일은 아니었다. 당시 사인(士人)들은 아침에는 진나라를 섬기다가 저녁에는 초나라를 섬기는 일이 다반사여서 상앙도 반역이라 할 수 없었다. 상앙은 진나라의 신하가 된 후 효공을 부추겨 위나라를 공격했다. 이것도 그다지 큰 일은 아니었다. 진나라 신하가 된 이상 당연히 진나라를 위해 일해야 하므로 이 역시 '매국' 행위가 아니었다. 문제는 당시 상앙의 전투 방법이 도의에 어긋났다는 점이다.

《사기》〈상군열전〉편에 따르면, 당시 위나라 최고사령관은 공자앙(公子卬)이었다. 상앙은 공자앙에게 편지를 썼다. '우리는 위나라에서 가까운 사이였습니다. 비록 지금은 서로 적국의 장수가 되어 대치하게 되었으나 어떻게 차마 공격할 수 있겠습니까? 공자를 식사에 초대해 직접 만나서 그 자리에서 화친을 맺고 싶습니다.'

공자앙은 그의 말이 일리가 있다고 생각하고 완전히 무방비 상태로

연회에 참석했다. 결과는 어떻게 되었는가? 상앙은 연회석상에서 공자앙을 사로잡은 다음 공격 명령을 내려 위나라 군을 대파했다.

이게 무엇인가? 이는 분명 사기다! 그래서 사마천은 가감 없이 이렇게 적었다. "위나라 장군 공자앙을 속였다." 사마천은 이 사건을 포함해 상앙이 행한 수많은 행위가 모두 그가 매우 가혹하고 잔인한 사람임을 증명하는 것이라고 언급했다.

바로 여기에 문제가 있다. 법가는 왜 그처럼 가혹하고 잔인했을까?

여기에는 세 가지 원인이 있다. 시대적 배경, 원류, 그리고 사명이다. 법가 사상이 무르익은 것은 전국 시대였다. 전국은 어떤 시대인가? 잔인한 시대였다. 우리는 일반적으로 춘추 전국 시대라고 합쳐 부르지만 사실상 춘추와 전국은 크게 다르다. 춘추 시대에도 물론 전쟁이 일어났지만 규모가 그리 크지 않았고 흔히 하루면 전투가 끝나곤 했다. 싸우는 양측도 군사적 예의를 중시했고, 군자의 풍격(신사도)을 지키는 데 신경을 썼다. 예를 들어《맹자》〈양혜왕상〉편에서 비롯된 "50보 도망친 이가 100보 도망친 사람을 비웃는다"는 고사성어는 춘추 시대 전쟁 규율을 보여 주는 것이다. 춘추 시대에는 전쟁을 하는 데 규율이 있어 만약 상대가 패배해 후퇴할 경우 승리한 쪽에서 50보만 쫓아갈 수 있을 뿐 더 이상 쫓아갈 수 없었다. 이를 '불축배(不逐北)'라 한다. 다시 말해, 싸움에서 져서 후퇴할 때 50보 이상만 물러나면 안전한데 100보를 도망가서 무엇하겠냐는 의미다. 맹자의 말은 곧 얼마를 물러났든지 모두 도주한 것이라는 뜻이다. 그러므로 50보 간 사람이 100보 간 사람을 비웃는 것은 가소로운 일이다. 아무튼 춘추 시대의 전쟁은 이처럼 규율이 있고 그다지 과격하지 않았다.

그런데 이러한 '군자의 풍격'은 전국 시대에 이르러 사라지고 말았다. 전국 시대의 전쟁은 수십만 대군이 대치하고, 야전이 수개월간 지속되었으며, 생매장되는 전쟁 포로가 수천수만에 달했다. 기원전 317년, 맹자가 대략 54세, 장자가 대략 52세이던 해에 제, 연, 조, 위, 한나라가 흉노와 연합해 진나라를 공격했는데 진나라가 한·조나라 군대를 대파하고 8만 2,000명을 참수했다. 기원전 307년, 진나라가 한나라를 공격해 6만 명을 참수했다. 기원전 293년, 진나라 장수 백기(白起)가 한·위나라 군대를 대파하고 24만 명을 참수했다. 가장 처참했던 전쟁은 기원전 260년, 순자가 대략 53세, 한비가 대략 20세이던 해에 진나라 대장 백기가 투항한 조나라의 병사 40여만 명을 생매장한 것이다. 《맹자》〈이루상〉편에 나오는 맹자의 "땅을 쟁탈하려고 전쟁을 일으켜 죽은 자들이 들판을 가득 메우고, 성을 빼앗으려고 전쟁을 일으켜 죽은 자들이 성안 가득하다"는 말은 실제 참상을 말한 것이다.

전국 시대 제자가 목격한 사회는 이런 모습이었다. 그래서 전국 시대 제자(맹자, 장자, 순자, 한비)의 정서와 분위기는 공자와 크게 다르며, 심지어 묵자와도 다르다. 그러나 《선진 제자 12강》에서 바오펑산이 말한 것처럼 전국 시대에도 관용의 모습이 존재했다. 다시 말해, 잔인하면서도 포용하는 시대였다. 누구에게 잔인했는가? 바로 백성이다. 누구를 포용했는가? 바로 사인들이다. 전국 시대에는 청대처럼 문자옥(文子獄), 즉 사상가가 자신이 쓴 글 때문에 처형당하는 일이 없었다. 전국 시대는 이처럼 관용과 잔인함이 공존했던 시대다. 장자는 관용의 일면을 드높이고, 법가는 잔인함의 일면을 발전시켰는데 이들이 전국 시대에 동시에 출현한 것도 이상한 일은 아니다.

장자와 한비는 근원이 동일하기 때문이다. 그것은 바로 노자다. 과거 우리가 언제나 공자와 맹자를 하나의 유파로 보고 그들의 사상을 '공맹의 도'라 하고, 노자와 장자를 하나의 유파로 분류해 '노장철학'이라 했다. 그러나 사실 노자를 계승한 사람이 또 한 명 있다. 바로 한비다. 그래서 노자와 한비의 사상은 '노한사상'이라고 해야 한다. 노장철학, 노한사상의 원류는 모두 노자다. 노자의 사상은 "무위로써 유위를 추구하는 것"인데 '무위'하기도 하고 '유위'하기도 하지만 결론은 '유위'다. 이 두 부분을 최고의 경지로 끌어올린 사람이 바로 장자와 한비다.

노자의 '무위'가 장자에 이르러 '자유'로 발전했고, 노자의 '유위'는 한비에 이르러 '전제'로 발전했다. 이는 쉽게 이해할 수 있다. 그런데 노자의 '무위'가 장자에 이르러 '관용'으로 변화한 것은 이해가 가지만, 이해가 잘 안 가는 부분은 노자의 '유위'가 한비에 이르러 어떻게 '전제'와 '가혹', 심지어 '잔인함'으로 변했는가라는 점이다.

이 역시 노자와 관련이 있다. 노자는 어떤 특징을 갖고 있는가? '과정(寡情)', 즉 정이 부족하다. 노자는 "천지는 어질지 않아 만물을 추구(芻狗)처럼 여기고, 성인 역시 어질지 않아 백성을 추구처럼 여긴다"라고 했다. 그러나 이는 말만 그렇고 그의 실제 행동은 그렇지 않았다. 그가 말하고자 했던 바는 통치자는 백성을 대할 때 마치 천지가 만물을 대하는 것처럼 아무것도 관심을 두지 않은 채 내버려 두어야 한다는 것이다. 이것이 바로 '무위'이자 '무정'이다.(제3장 5챕터 참고)

반면, 법가는 백성을 대할 때 말 그대로 백성을 '짚으로 만든 개(芻狗)'처럼 여겼다. 그들은 백성을 인정사정없이 짓밟고 박해했다. 상앙이든 한비든 모두 한 나라의 백성은 단 두 부류의 사람, 농민과 전사만 있으면 된다고 생각했다. 농민은 통치자를 위해 농사를 짓고, 전사는 통치자를 위해 싸우고 사람을 죽인다. 가장 좋은 것은 농민인 동시에 전사이며, 전사인 동시에 농민인 사람들이다. 평소에는 노동을 시키다가 전시에는 전쟁에 투입할 수 있기 때문이다. 이것이야말로 백성을 '짚으로 만든 개'로 여기는 것이 아니겠는가?

그럼, 법가는 왜 백성을 이렇게 여겼을까? 그들 모두가 '국가주의자'이면서 '현실주의자'였기 때문이다. 그들의 관념에 따르면, 국가와 현실이 최우선이다. 그래서 그들에게는 역사적 사명은 존재하지 않고 오직 현실적 사명, 즉 '부국강병'만 존재했다. 그들은 부국강병을 위해서라면 수단과 방법을 가리지 않았다. 이런 이유로 법가의 눈에는 국가만 있을 뿐, 백성은 안중에 없었고 개인은 더욱 그러했다. 백성과 개인은 짚으로 만든 개이고, 도구이기에 전혀 중요하지 않았다. 이것이 바로 그들이 그토록 '가혹'하고 '잔인'했던 세 번째 이유다. 그들의 사명이 이런 결과를 만든 것이다.

이는 매우 심각한 문제다. 물론 국가는 강성해야 한다. 국가의 강성은 국민 모두의 공통된 바람이다. 문제는 국가가 왜 강해져야 하는지에 있다. 결국은 국민의 행복을 위해서다. 그러나 국가가 강성해지기 위해 백성이 '짚으로 만든 개'가 되어야 한다면, 이런 강성함이 무슨 필요가 있겠는가? 그래서 이 부분에서는 장자의 생각에 더욱 찬성한다. 백성이 모두 진실하게 자유롭게 살고, 사람들이 서로 관용을 베푸는 나라가 바로 좋은 나라다. 이런 나라가 강국이 될 자격이 있고 강성해야 한다. 여기에 한마디 덧붙이면 바로 이러한 나라만이 진정한 강국이며, 영원히 강성할 것이다.

그러나 법가는 그렇게 생각하지 않았다. 그들의 생각은 우선 강성해지고 보자는 것이었다. 그래서 법가는 최후의 승리를 거두긴 했지만 승리 뒤의 후환도 적지 않았다. 예를 들어 진 2세가 죽자 법가는 그의 폭정에 대한 부분적인 책임을 떠맡아야 했다. 이후의 수많은 폭정에 대해서도 법가는 일부 책임을 져야 했다. 이런 이유로 법가라는 학파는 역사에서 비난의 대상이 되어 좋은 평가를 얻을 수 없었다. 많은 학자가 법가를 언급할 때면 대중의 비난을 살까봐 매우 조심스러운 태도를 취했다.

하지만 우리가 정말로 장자의 말에 찬성하고, 장자의 진실, 자유, 관용에 대해 찬성한다면 그의 관점, 만사 만물이 모두 평등하며, 사상 언론 역시 대등하다는 점에 동의해야 한다고 생각한다. 다른 사람보다 고귀한 사람도, 훌륭한 사람도 존재하지 않는다. 법가에 대해서도 마찬가지다. 법가의 모든 것을 부정하고 무조건 비판만 해서는 안 된다. 법가 역시 장점으로 취할 만한 훌륭하고 좋은 점들도 있기 때문이다.

그렇다면 법가에서 취할 점은 무엇인가?

법가의 가장 큰 공헌은 새로운 국가제도, 즉 '제국제도'를 설계했다는 점이다. 그들이 남긴 가장 소중한 문화유산은 추상적으로 계승할 수 있는 치국의 이념을 제시했다는 것이다. 바로 "법으로 나라를 다스린다"는 것이다. 전자는 주로 상앙이 설계했으며, 후자는 한비가 완성했다. 여기에서는 법치에 대해서 이야기해 보겠다.

"법으로 나라를 다스린다"는 것은 사람이 아닌 법으로 그리고 법에 따라 나라를 다스린다는 의미다. 이로써 사람이 다스릴 때 발생할 수 있는 결함을 방지할 수 있다. 법에 따른다는 것은 예를 따르지 않음을 의미한다. 이로써 예치의 결함을 피할 수 있다. 인치(人治)의 문제는 무엇인가? 믿을 수가 없다는 것이다. 집정자가 죽으면 그의 정사도 끝이 나고, 악인이 정권을 잡으면 그가 마음대로 권력을 휘두를 수 있다. 예치(禮治)의 문제는 무엇인가? 공평하지 않다는 것이다. 군주가 신하에게 죽으라고 하면 신하는 죽을 수밖에 없고, 아버지가 아들에게 죽음을 요구하면 아들은 죽을 수밖에 없다. 결국 지위가 높은 사람이 곧 진리가 된다.

《한비자》〈세난〉 편에 이러한 이야기가 나온다. 위나라 영공(靈公)에게 미자하(彌子瑕)라는 남총(男寵)이 있었다. 영공이 그를 총애했을 때는 그가 어떻게 행동해도 모두 마음에 들어 했다. 어느 날 두 사람이 정원을 산책했다. 미자하가 복숭아 하나를 따서 한 입 먹어 보더니 맛이 있었는지 먹다 남은 반을 영공에게 주었다. 영공은 매우 기뻐하며 "나를 사랑하는 마음이 극진하구나. 제가 먹던 것도 잊어버리고 나에게 먹으라고 권하니 말이다"라고 했다. 그러나 미자하가 늙어 미모가 쇠하자 영공의 생각도 점차 바뀌어 예전에 그가 먹다 남긴 것을 자신에게 준 일이 괘씸하다고 생각했다. 같은 사람, 같은 일에 대해 전후의 이야기가 완전히 달라져 버린 것이다. 이러하니 사람을 어찌 믿을 수 있겠는가? 또한 예가 어찌 행해질 수 있겠는가?

법치에서는 이러한 문제들이 발생할 수 없다. 한비는 법에 대해 이렇게 말했다. "법은 드러날수록 좋다." "법은 통일되고 변함이 없어 백성이 이를 알도록 해야 한다." 이렇듯 법은 통일되고, 변함이 없으며, 공개적이라는 세 가지 특징을 갖고 있다. 다시 말해, 법이란 통일된 표준이므로 사람에 따라 달라져서는 안 된다. 유일한 표준이므로 부서마다 다른 법률을 내놓아서는 안 된다. 또한 한결같은 표준으로 법이 수시로 바뀌어서는 안 된다. 공개된 표준이므로 암암리에 조작되어서는 안 된다. 더욱 중요한 것은 법은 사람이 아니니 사람에 따라 달리 적용하는 일이 없다는 점이다. 이는 마치 목수의 묵선처럼 휘어지지 않고 영원히 반듯해 상대를 차별하지 않는다. 그래서 한비는 "법은 귀인이라고 아부하지 않고, 먹줄은 굽음에 따라 휘어지지 않는다"라고 말한 것이다. "법으로 나라를 다스려야" 비로소 사회의 공평과 정의를 실현할 수 있음은 분명한 사실이다.

실제로 한비 역시 법 집행의 공정성과 공평함을 중시하고, 부당한 처벌과 과도한 포상을 반대했다. 《한비자》 〈난일〉 편에는 다음과 같은 이야기가 나온다. 기원전 589년 제(齊)와 진(晉)나라가 미계산에서 맞붙었다. 당시 중군사마 한궐이 군법에 따라 병사를 처형하려고 했다. 중군통수 극극이 이 사실을 전해 듣고 마차를 몰아 달려와 구하려 했다. 그러나 도착했을 때는 이미 처형이 끝난 뒤였다. 극극이 말했다. "어찌하여 처형한 자의 시신을 돌면서 군중에게 보여 주지 않았는가?" 극극의 몸종이 그 말을 듣고 이상하게 여겨 물었다. "대인께서는 방금 그 사람을 구하려고 하시지 않았습니까?" 그러자 극극이 말했다. "한궐이 사람들의 미움을 사는 일을 했으니, 그에 대한 비난을 나누어야 하지 않겠느냐?"

이에 대해 한비는 다음과 같이 그를 비판했다. 극극은 원칙 없이 제멋대로 행동한 것이다. 우선 한궐이 죽인 자가 과연 죽을죄를 지었는지의 여부부터 살펴보아야 한다. 만일 마땅히 죽여야 한다면 구제하면 안 된다. 죄인을 구제하는 것은 국법을 어지럽히는 행위이기 때문이다. 국법이 문란해지면 나라도 혼란해진다. 만약 그가 죽을죄를 진 것이 아니라면 그의 시신을 대중에게 공개해서는 안 된다. 그것은 무고한 사람을 더욱 억울하게 만드는 일이다. 무고한 이를 더욱 억울하게 하면 백성의 원성의 목소리가 높을 것이다. 원성이 들끓게 되면 나라가 위험해진다. 백성은 공정한 법 집행에 대한 기대가 매우 높다는 것을 알아야 한다. 그러나 극극이 취한 행동은 오히려 백성을 절망에 빠트릴 뿐이다. 이는 비난을 분담한 것이 아니라 오히려 비난을 가중시킨 것이다.

한비는 "법으로 나라를 다스려야" 공평과 정의를 실현할 수 있으며, 공평과 정의를 실현해야 국가가 오랫동안 안정을 유지할 수 있다고 보았다. 이는 한비가 2000여 년 전에 제시한 사상이다. 이 사상은 지금의 시각에서 봐도 결코 뒤떨어지지 않는다. 사실 한비가 주장한 공개, 공평, 공정의 원칙은 묵자의 평등, 호혜, 박애, 그리고 장자의 진실, 자유, 관용과 마찬가지로 모두 귀중한 문화적 유산이다.

그러나 한 가지 분명히 해야 할 점은 바로 법치가 만능은 아니라는 것이다.

그 이유는 다음과 같다. 우선 법치는 인치, 예치와 비교해 사회의 정의와 공정을 실현할 가능성이 더 높기는 하지만 그렇다고 반드시 실현할 수 있는 것은 아니다. 사실 현대에도 완전하고 절대적으로 이를 실현할 수 있는 방법은 없다. 다만 법치가 비교적 가능성이 가장 높고, 가장 신뢰할 만한 방법일 뿐이다.

둘째, 법치에서 공정과 정의에는 두 가지 부분이 포함된다. 즉, 절차가 공정해야 하고, 실제 내용이 정의로워야 한다는 것이다. '절차가 공정하다'는 것은 심판 과정이 공정하다는 것을 의미한다. 그리고 '실제 내용이 정의롭다'는 것은 심판의 결과가 공정하다는 의미다. 과정이 공정하다고 결과가 반드시 공정한 것은 아니다. 이런 상황에서 실제 내용의 정의(공정한 결과)는 절차의 공정함(공정한 과정)에 자리를 양보해야 한다. 다시 말해, 현재 조건에서 과정이 공정하면 사회 정의와 공정이 실현된 셈이나 마찬가지다.

셋째, 공정한 절차에도 한 가지 전제조건이 필요하다. 바로 절차 자체가 반드시 공정해야 된다는 것이다. 쉽게 말해 우리는 규율을 지켜야 하며, 그 규율 자체가 규범적이어야 한다는 것이다. 법가의 가장 큰 문제점은 그들의 '법'이 비합법적이라는 데 있다. 왜 비합법적인가? 그것이 백성의 민주적 산물이 아니라 통치계급의 독단이며, 통치계급과 백성 사이의 '불평등조약'이기 때문이다. 나는 이를 '법이 아닌 법'이라 부른다. 법이 아닌 법은 법이 아니며, 근본적으로 정의와 공정함을 실현할 수 없다.

마지막 한 가지도 매우 중요한 것으로, 사회 정의와 공정을 실현한다 해도 법치는 단지 범죄를 통제할 수 있을 뿐 선을 행하도록 선도할 수 없다는 점이다. 그래서 법치 이외에도 도덕 교육이 필요하다. 즉, 법으로 나라를 다스리고, 덕으로 사람을 교육해야 한다. 이것이 제4장 6챕터에서 남긴 문제에 대한 대답이다.

덕으로 사람을 교육하는 것은 법가의 장기가 아니다. 이 방면에서 앞선 사람들은 유가다. 그렇다면 유가는 우리에게 무엇을 남겼는가?

유교는 왜 현대에도
심원한 영향력을 발휘할까?

유가가 남긴 유산이 무엇인지를 알기 위해서는 먼저 그들이 무엇에 관심을 가졌는지를 알아야 한다.

유가와 공자는 무엇에 관심이 있었는가? 묵자는 사회, 장자는 개인, 한비는 국가에 관심이 있었다면 공자가 가장 관심을 기울였던 분야는 문화다. 《논어》〈헌문〉 편에는 다음과 같은 이야기가 나온다. 한번은 자공이 관중을 탐탁지 않게 여겨 공자에게 물었다. "관중은 어진 사람이 아니었을 것입니다. 제나라 환공이 자기 주군이었던 공자 규를 죽였는데 따라 죽지도 않았고 오히려 환공을 도왔으니 말입니다." 관중은 원래 공자 규(糾)의 스승이었다. 공자 규는 제나라 환공과 왕의 자리를 놓고 다투다가 환공에게 살해당했다. '임금과 신하는 생사고락을 함께한다'는 원칙에 따른다면 관중도 따라 죽어야만 했다. 그러나 그는 죽지 않았을 뿐만 아니라 오히려 공자 규를 죽인 제나라 환공을 보좌했다. 자공이 보기에 이는 정말 말도 안 되는 일이었다.

이에 대해 공자는 어떻게 말했는가? "아! 관중이 없었다면 우리는 모두 머리를 풀어 헤치고 옷깃을 왼쪽으로 여미게 되었을 것이다." 이는 오랑캐의 풍습으로, 한족에게는 이런 풍습이 없다. 그래서 공자는 관중이 없었다면 우리는 모두 야만인이 되었을 거라고 말한 것이다. 머리를 어떻게 장식하고 옷깃을 어느 쪽으로 여밀 것인지에 대한 것은 모두 문화적인 문제다. 군주가 살해당하면 신하가 어떻게 처신해야 하는지에 대한 것은 도덕적인 문제다. 자공은 공자는 도덕을 중시하기 때문에 관중이 "어질지 않다"는 자신의 말에 공자가 당연히 동의할 것으로 생각했다.(자로도 같은 질문을 했다.) 그러나 공자는 오히려 관중을 높이 평가 하고 있다. 이는 공자가 도덕보다 문화를 더욱 중시했음을 보여 준다.

이것이 바로 공자의 관점이자 공자의 위대한 점이기도 하다. 중국이 수천 년 동안 풍상에 시달리고, 숱한 전란과 분열, 침략을 겪으면서도 쓰러지지 않고 하나로 뭉쳐 유지될 수 있었던 것은 다름 아닌 공동의 문화가 있었기 때문이다. 해외 화교, 중국인이 갖은 고생 끝에 성공을 일구어 마침내 세계에 우뚝 설 수 있게 된 것도 공동의 문화가 있기 때문이다. 문화는 민족에게 가장 중요한 부분이다. 일례로, 유대인은 국토를 잃었던 적이 있지만 문화가 유지되어 민족이 명맥을 유지하고 살아남게 된 것이다. 그래서 공자는 문화가 모든 것에 우선한다고 생각했다.

실제로 후대에 대한 공자의 영향력이 다른 제자를 훨씬 넘어서고, 유가의 영향력 역시 다른 제자보다 심원한 이유가 바로 여기에 있다. 중국인은 왜 중국인이며, 중국인은 왜 지금의 모습을 하고 있는가? 이는 공자, 유가와 큰 관련이 있다. 구체적으로 말하면, 중국인의 문화성격, 문화심리는 60~70퍼센트는 공자와 유가에 의해 만들어졌고, 그 나머지는 도가, 법가, 묵가 및 기타 민족에서 비롯된 것이다.

〈과샤(刮痧)〉라는 영화가 있는데 이 영화에서 중국식 문화논리가 어떤 것인지 엿볼 수 있다. 이 영화의 내용은 주로 중국과 서양문화의 차이에 대한 것이다. 한 중국인이 미국 회사에서 일했다. 어느 날 파티에서 중국인의 아들이 미국인 회사 사장의 아들과 싸움이 붙었다. 그러자 중국인이 다짜고짜 자기 아들의 따귀를 때렸다. 이후 사건은 법정까지 가게 되어 중국인과 미국인 사장이 법정에 증인으로 참석하게 되었다. 상대 변호사가 중국인이 자신의 아들을 때린 사실이 있는지를 묻자 미국인 사장이 있다고 대답했다. 법정을 나왔을 때 중국인이 성난 얼굴로 사장에게 말했다. "정말 의리도 없군요! 어떻게 법정에서 그렇게 말할 수가 있습니까? 내가 내 아들을 때린 것은 당신 체면을 살려 주려고 그런 거란 말입니다." 그러자 미국인 사장은 도무지 이해할 수가 없었다. '당신 아들을 때린 게 내 체면을 위해서 그런 거라고? 이 무슨 기이한 중국식 논리인가!'

이후 이 일은 마지막에 좋은 결말을 얻었다. 미국인 사장이 직접 과샤 요법을 시도한 후에 과샤가 학대행위가 아니라 특별한 민간요법임을 법정에서 증언했다. 이를 통해 미국인은 중국인을, 중국인은 미국인을 이해할 수 있게 되었다. 그러나 중국인이라면 앞에 나온 장면에서 중국인의 마음을 전혀 이해하지 못하는 미국인 사장의 모습을 보고 웃었을 것이다. 중국식 문화논리는 상대의 체면을 살려 주기 위해 그렇게 행동하는 것이기 때문이다. 공자도 이렇게 말하지 않았던가.

"아버지는 자식을 위해 숨기고, 자식은 아버지를 위해 숨기니 정직함이 그 가운데 있다." 이 논리를 따르면 미국인 사장도 법정에서 친구를 위해 친구가 자신의 아들을 때린 사실을 숨겨야 했고, 그렇지 않으면 의리가 없는 것이다. 이것이 바로 공자가 남긴 무형적인 영향 아니겠는가?

자신의 아들을 때린 것이 왜 상대방의 체면을 살리는 행동인지는 유가의 사상에서 실마리를 찾을 수 있다. 유가는 무엇을 주장했는가? 덕(德)을 이야기했다. 유가의 덕은 어떤 것인가? 두 사람의 덕이다. 다시 말해, 유가는 도덕을 이야기할 때 한쪽만 말하지 않고 양쪽을 동시에 말했다. 예를 들어 충(忠)과 효(孝)를 말하면서 동시에 인(仁)과 자(慈)를 말해 "군주는 인자하고 신하는 충성하며, 아비는 자애롭고 자식은 효성스러워야 한다"라고 했다. 군주가 인자한 것과 신하가 충성스러운 것, 아비가 자애로운 것과 자식이 효성스러운 것은 비록 평등하지는 않지만 대등하다. 그래서 맹자는 "군주가 신하를 토개처럼 하찮게 여기면 신하는 군주를 원수 같이 여길 것이다"라고 했다. 한마디로 도덕이란 쌍방의 일이다. 상대가 어질지 않으면 나의 불의를 탓할 수가 없다. 이는 맹자의 주장으로 깊이 생각해 볼 만하다.

공자는 맹자처럼 철저하진 않았지만 "두 사람의 덕"을 주장했다. 이는 《논어》〈팔일〉 편에 잘 나타나 있다. 노나라 정공(定公)이 공자에게 군주와 신하 사이의 처신에 대해 물었다. 그러자 공자는 이렇게 대답했다. "군주는 예로써 신하를 부리고, 신하는 충성으로써 군주를 섬겨야 합니다." 공자 역시 대등함을 주장했다는 사실을 알 수 있다. 대등해야 서로 얼굴을 마주할 수 있다. 마주해야 예의가 필요하지, 그렇지 않으면 예의가 무슨 필요가 있겠는가? 마주하려면 체면이 있어야 한다. 체면은 두 사람이 대면할 때 예의에 어긋나지 않도록 해 주는 것이다. 만약 한쪽이 실례를 범해 다른 한쪽에게 피해를 주었다면 "미안하다"고 말해야 한다. 중국어의 미안하다에 해당하는 "뚜이부치(對不起)"는 내 체면은 매우 작고 상대의 체면은 무척 크기 때문에 '대(對)'하고 싶어도 '대할 수 없다(對不起)'는 뜻이다.

그래서 앞의 중국인의 행동은 상대에게 실례를 한 것에 대해 자신의 체면을 깎는 방식으로 만회하는 것이므로 예의를 갖춰 사과한 일반적인 방식이다. 즉, 대등의 원칙에 따라 자신을 낮추는 것이 곧 상대를 높이는 것이므로 자신의 아들을 때린 것은 바로 상대의 체면을 살려 주는 것이었다. 물론 예의는 오고가는 것이 중요하기에 존중을 받은 측은 상대가 스스로 낮추는 것을 사양하거나 상대의 체면을 살려 주어야 한다. 예를 들면, 그 즉시 "송구스럽습니다"라고 말하거나 자신도 자신의 아들 뺨을 때리는 것이다. 그러나 위의 경우에는 상대가 외국인이어서 그러한 행동 속에 숨은 뜻을 전혀 이해하지 못했다. 결과적으로 자신의 아들만 괜히 억울한 일을 당하고 상대는 이해하지도 못해 감사할 줄도 모르니 중국인이 화가 난 것도 당연하다.

하지만 〈과샤〉에 등장하는 그 중국인이 이처럼 많은 생각을 한 것은 아닐 것이다. 또한 어떻게 행동하고 어떻게 말해야 한다고 일부러 생각한 것도 아닐 것이다. 이는 무엇을 말해 주는가? 앞에서 중국인이 보여 준 행동은 이미 하나의 '문화적 무의식'으로 자리잡았음을 의미한다. 아마도 대부분의 중국인은 별생각 없이 그렇게 행동했을 것이다. 그러니 유가의 영향을 어찌 작다고 할 수 있겠는가?

사실 이것이 가장 중요한 것은 아니다. 이보다 더 중요한 사실은 유가가 중국 사람들의 마음을 응집시키는 데 가장 핵심적인 것을 제공했다는 점이다. 그것은 바로 문화가치관이다. 앞에서도 말했듯이 한 민족을 하나로 응집할 수 있는 것은 문화밖에 없다. 그러나 모든 민족이 수천 년을 하루처럼 하나로 응집할 수 있는 것은 결코 아니다. 어떤 민족은 변화하고, 어떤 민족은 사라지기도 했는데 그런 민족은 자신들의 문화가 없었던 것일까? 물론 그렇지 않다. 그들은 아마도 민족 전체가 마음으로 이해하고, 보편적으로 인정하며, 계속해서 발전할 수 있는 핵심적인 문화가치관이 없었기 때문일 것이다.

　반면, 신장(新疆)의 후양(胡楊) 나무처럼 천년 동안 죽지 않고, 천년 동안 쓰러지지 않으며, 천년 동안 썩지 않는 민족은 분명 이런 핵심적인 요소를 갖고 있다. 예를 들면 유대민족이 그러했다. 또 중국민족도 마찬가지다. 서주 봉건 시대부터 진나라가 여섯 나라를 멸망시키고 제국을 세운 뒤 역대 왕조를 거쳐 신해혁명으로 중화민국이 성립되고, 다시 현재의 중국이 있기까지 사회제도, 물질문명, 정신적 풍모, 심지어 생활습관에 이르기까지 얼마나 많은 변화가 있었는가? 실로 엄청난 변화가 있었다. 그러나 아무리 많은 변화가 있다 해도 본질은 변하지 않으므로 중국인은 여전히 중국인이고, 중화민족은 여전히 중화민족이다. 그 이유는 중국문화에 핵심적인 가치와 가치관이 있기 때문이다. 물론 이것은 몇몇 사람의 공헌으로 이루어진 것이 아니다. 주공에서부터 제자, 더 나아가 전체 중국인 모두가 창조자이자 공헌자다. 그러나 상대적으로 유가의 공헌이 두드러지기 때문에 이 문제에 관해서는 유가를 중점적으로 이야기하지 않을 수 없다.

그럼, 유가가 중국문화에 제공한 핵심적인 가치관은 무엇인가?

인애(仁愛), 정의(正義), 자강(自强)이다.

먼저 인애에 대해 이야기해 보자. 인애는 유가의 범주로, 세 가지 내용을 포함한다. '친친지애(親親之愛)', '충서지도(忠恕之道)', '측은지심(惻隱之心)'이 그것이다. 그중 '친친지애'가 기초가 되고, '충서지도'가 방법이며, '측은지심'이 최소 기준이다. '친친'이란 무엇인가? 자신의 친족을 사랑하는 것이다. 친족들 가운데 으뜸은 부모로 '쌍친(雙親)'이라 하고, 그다음은 형제다. 부모를 사랑하는 것을 '효'라 하고, 형제를 사랑하는 것을 '제(悌)'라 한다. 공자는 이 두 가지 사랑은 모든 사람이 지니고 있는 것으로 교육이 필요 없고 증명할 필요도 없으며, 인애의 바탕이라고 생각했다. 이에 맹자는 다음과 같이 말했다. "어버이를 잘 섬기는 것이 인이다(親親, 仁也)."

그러나 효도나 우애 또는 친족에 대한 사랑은 다만 인애의 근본이 될 뿐 그것이 곧 인애는 아니다. 정확히 말하면 인애는 효도와 우애의 확대와 보편화다. 어떻게 확대하고 보편화할 수 있는가? 자신의 마음으로 남을 헤아리면 된다. 맹자의 말을 빌리면 다음과 같다. "자기 집 노인을 공경하여 그 마음을 남의 집 노인을 공경하는 데까지 미치게 하고, 자기 집 아이를 사랑하여 그 마음을 남의 집 아이를 사랑하는 데까지 미치게 한다." 다시 말해, 이런 사랑을 부모형제에서 시작해 혈연관계가 있는 사람들, 혼인으로 맺어진 사람들, 친구들, 심지어 전혀 관련이 없는 사람들에게까지 확대 발전시키면 된다는 것이다. 그 결과는 무엇인가? "온 세상 사람들이 모두 형제다." 이것이 바로 공자의 이상이자 주장이다.

그런데 이것이 과연 가능할까? 공자는 가능하다고 생각했다. 효도와 우애는 확장의 성질을 갖고 있기 때문이다. 부모를 공경하고 사랑하는 것, 이것이 '효'다. 그렇다면 효를 아는 사람은 부모의 부모 역시 공경하고 사랑하지 않겠는가? 또한 자녀가 부모를 공경하고 사랑하면, 부모 역시 자녀, 자녀의 자녀를 사랑하지 않겠는가? 이렇게 되면 위에서 아래까지 모두가 사랑하는 마음을 갖게 된다. 마찬가지로 형제를 우애하는 것, 이것이 '제'다. 그렇다면 우애가 있는 사람은 친형제 이외의 다른 형제, 예를 들면 사촌 형제, 외사촌, 족형제, 형제라 볼 수 있는 친구, 동료, 고향사람과도 우애롭게 지내지 않겠는가? 당신이 그들을 사랑하면 그들도 당신을 사랑할 것이다. 이렇게 되면 주위의 사람들이 모두 사랑하는 마음을 갖게 된다.

여기서 공자의 탁월함을 엿볼 수 있다. '효'는 종적이며, '제'는 횡적인 것이다. 이처럼 종적이고 횡적인 두 종류의 사랑이 생겨나면 자신으로부터, 주위로부터 시작해 온 세상에 사랑이 넘치게 할 수 있다.

더욱이 공자는 '인애'를 실천하는 방법을 제시했는데, 바로 '충서지도(忠恕之道)'다. 무엇을 '충'이라 하는가? "자기가 서고 싶으면 남을 먼저 서게 하고, 자기가 뜻을 이루고자 하면 남을 먼저 이루게 하라." 이것이 '충'이다. 무엇이 '서(恕)'인가? "자기가 하고 싶지 않은 일은 남에게도 시키지 말라." 이것이 '서'다. 충은 적극적이고, 서는 소극적이다. 그러나 소극적이라고 해서 좋지 않다는 의미가 아니라 오히려 소극적인 인(서)이 적극적인 인(충)보다 더 중요하다.

공자 역시 '서'를 더 중요하게 생각했다. 《논어》〈위령공〉 편을 보면,

자공이 공자에게 한마디 말로써 평생 행할 만한 것이 있느냐고 물어 보았다. 그러자 공자는 바로 '서', "자기가 하고 싶지 않은 일은 남에게 도 시키지 않는 것"이라고 대답했다. 공자는 왜 이렇게 말했을까? 그 가 주장한 '충'과 '인'은 결국 자기 이외의 다른 사람을 포함한 개개인 모두의 행복을 위한 것이기 때문이다. 다른 사람을 행복하게 해 주기 위해 "자기가 서고 싶으면 남을 먼저 서게 하고, 자기가 뜻을 이루고자 하면 남을 먼저 이루게 하라"고 주장한 것이다. 그러나 이를 실천하기 위해서는 두 가지 문제가 있다.

첫째, 모든 사람이 다른 사람을 세워 주거나 뜻을 이루게 해 줄 수 있는 능력을 갖고 있는 것은 아니다. 만약 마음은 충분히 있지만 능력 이 따라 주지 않으면 어떻게 하는가? 둘째, 모든 사람이 입신(立身)과 출세를 원하는 것은 아니다. 만약 상대가 이런 것을 희망하지 않는데 세워 주고 출세시키려 한다면, 이는 자기가 하고 싶은 일을 남에게 강 요하는 것이 아니겠는가? 이는 다른 사람을 행복하게 해 주겠다고 했 던 초심에 위배되는 것이다. 그러나 "자기가 하고 싶지 않은 일은 남 에게도 시키지 말라"라는 '서'를 실천하는 데는 이러한 두 가지 문제가 없다. 모든 사람이 할 수 있어야 하고, 상대가 반드시 동의해야 한다는 점 말이다. 그래서 '서'가 더 믿을 만하다.

사실 '서'는 '충'보다 더 믿을 만할 뿐만 아니라 더 위대하기도 하다. 왜 그럴까? '서도(恕道)'에는 타인에 대한 존중이라는 전제가 깔려 있 기 때문이다. 그래서 이는 공자의 주장일 뿐만 아니라 현대를 살아가 는 인류의 공통된 인식이기도 하다. 유엔 빌딩에도 이 말이 새겨져 있 으며, 1993년 세계종교지도자회의에서 제시한 '황금률'에도 이 말이

들어 있다. 이른바 '황금률'이란 개인과 개인, 국가와 국가, 민족과 민족, 종교와 종교가 '서로 함께 사는 방법'이다. 황금률 제1조는 "사람을 사람답게 대하라"는 것이고, 제2조는 "자기가 하고 싶지 않은 일은 남에게도 시키지 말라"다. 이 두 가지를 합친 것이 사실상 '인(仁)'이다. 앞에서 말한 것처럼 '인'의 본래 뜻이 바로 '사람을 사람답게 대하는' 것이기 때문이다. 우리 모두는 똑같은 사람이기에 내가 하고 싶지 않은 것을 남에게 강요하면 안 된다. 이것이 바로 '서도(恕道)'다. 이렇게 공자의 사상은 현대의 세계와 전 인류에게도 큰 영향을 미치고 있다.

그러나 한편으로 공자의 이러한 사상에도 문제는 존재한다. 이론적인 면뿐만 아니라 실제적인 면에서도 문제가 있다.

표면적으로 볼 때 공자의 '인'은 매우 일리가 있다. 가족 간의 사랑을 기초로 하고 있으며, 또한 충서의 도를 실천 방법으로 제시했다. 효제(孝悌)는 종횡의 개념이며, 충서(忠恕)는 정반(正反)의 개념이니 이상적인 방안이라고 할 수 있다. 그러나 애석하게도 그의 방안에는 중대한 결함이 있다. 바로 사랑에 차별과 등급이 존재한다는 점이다. 공자의 주장에 따르면, 가장 사랑해야 하는 대상은 부모이고 그다음은 형제, 친척, 친구, 관계가 없는 사람들 순으로 확대되어 결국 널리 모든 사람을 사랑하게 된다. 이런 과정에서 사랑은 점점 감소하다가 결국에는 매우 약화되는 결과를 가져온다. 이는 이론적인 문제로서 묵자가 공자를 반대한 이유이기도 하다. 더욱이 전국 시대는 모든 사람은커녕 가족 간의 사랑도 불가능한 상황이었다. 부자나 형제간에도 자신의 이익을 위해 서로 싸우고 죽이는 상황에서 무슨 가족 간의 사랑을 이야기할 수 있겠는가? 이는 현실적이고 실제적인 문제였다. 그래서 선양은커녕 최소한의 기준이라도 지켜야 하는 상황이었다. 이 최소한의 기준은 맹자의 말을 빌려 말하자면 바로 '측은지심'이다.

왜 '측은지심'을 말했는가? 먼저 '측은지심'이 무엇인지부터 살펴보자. '측'과 '은'은 모두 우울하고, 비통하다는 의미다. 그래서 '측은지심'은 바로 '우울한 마음', '비통한 마음'이다. 여기서 말하는 우울함과 비통함은 자신의 괴로움이 아니라 다른 사람의 비통함과 슬픔을 이해할 수 있어 이로 인해 다른 사람의 고통을 참을 수가 없다는 의미다. 그래서 '측은지심'이란 사실 동정심, 연민의 마음이다. 이러한 마음의 바탕과 핵심은 바로 '참을 수 없는 마음(不忍之心)'이다.

이에 대해 맹자는 매우 구체적으로 설명했다. 《맹자》〈양혜왕상〉 편에는 다음과 같은 이야기가 나온다.

맹자가 제나라 선왕에게 말했다. "신(맹자)은 시종인 호흘(胡齕)에게 이런 이야기를 들었습니다. '왕께서 대청에 앉아 계시는데, 소를 끌고 대청 아래를 지나가는 사람이 있었습니다. 왕께서는 이를 보시고 소는 어디로 끌려가는 것이냐고 물으셨는데, 소를 끌고 가던 사람이 말하길, 종을 새로 만들었을 때 희생의 피를 발라 제를 지내는 데 쓰려고 합니다라고 했지요. 이에 왕께서 그 소를 놓아주어라, 소가 두려워 벌벌 떨면서 죄 없이 사지로 끌려가는 것을 차마 볼 수가 없노라고 하셨습니다. 그러자 그 사람이 그럼 종에 피를 바르는 의식을 그만둘까요라고 묻자 왕께서는 어찌 그만둘 수 있겠느냐, 소 대신에 양으로 바꾸라고 하셨습니다.' 정말 이런 일이 있으셨습니까?" 선왕이 그런 일이 있었다고 말하자 맹자가 다시 말했다. "그런 마음을 지니고 계시니 왕 노릇을 하실 수 있는 것입니다. 백성은 모두 왕께서 재물이 아까워서 그랬다고 하지만 신은 진실로 왕께서 차마 볼 수 없어서 그러신 줄을 알고 있습니다." 그러자 선왕이 말했다. "그렇소이다. 제나라가 비록 작다고 하나 내 어찌 한 마리의 소를 아끼겠습니까? 소가 벌벌 떨면서 죄 없이 사지로 끌려가는 것을 차마 볼 수가 없어서 소 대신에 양으로 바꾸라고 한 것이지요." 이에 맹자가 말했다. "왕께서는 백성이 왕께서 재물이 아까워서 그랬다고 여기는 것을 이상하게 생각하지 마십시오. 작은 양을 갖고 큰 소와 바꾸셨으니 그렇게 생각하는 것인데, 저들이 어찌 왕의 참뜻을 알겠습니까. 그런데 왕께서 소가 죄 없이 사지로 끌려가는 것을 측은히 여기셨다면 어째서 소와 양을 구별하셨습니까?" 왕이 웃으며 말했다. "과인도 어떤 마음에서 그리했는지 모르겠소. 재물이 아까워서 양으로 바꾸게 한 것은 분명 아닙니다. 그러고 보니 백성이 과인을 인색하다고 여기는 것도 당연하겠군요."

이에 맹자가 말했다. "왕께서는 마음 상해하지 마십시오. 이것이 바로 인(仁)을 행하는 방법입니다. 소는 보셨으나 양은 보지 못했기 때문에 그런 것입니다. 군자는 짐승을 대함에 있어서 그 산 모습을 보고는 차마 그들이 죽어 가는 것을 보지 못하며, 죽으면서 애처롭게 울부짖는 소리를 듣고는 차마 그 고기를 먹지 못합니다. 그런 까닭으로 군자는 푸줏간을 멀리하는 것입니다."

이러한 '참을 수 없는 마음(不忍之心)'이 바로 '인'이다. 이런 사랑하는 마음을 갖고 있으면 '왕도 정치'를 펼칠 수 있으며, 천하의 마음을 얻을 수 있는 것이다.

맹자의 이야기는 다음 세 가지를 설명해 주고 있다.

첫째, 인(仁)은 곧 '참을 수 없는 마음'이다. 타인이 아무런 이유도 없이 해를 입는 것을 차마 볼 수 없는 것을 말한다. 이러한 마음은 사람 뿐만 아니라 소나 양과 같은 동물을 대할 때도 마찬가지다.

둘째, '참을 수 없는 마음'은 도덕의 토대이자 최소한의 기준이다. 실제로 사람들은 생존을 위해 '참을 수 없는 일'을 하게 된다. 마오쩌 둥은 "사람이 좋은 일을 하는 것은 어렵지 않지만 평생 좋은 일만 하고 나쁜 일을 하지 않는 것은 어렵다"고 했는데, 맞는 말이다. 대부분이 오직 좋은 일만 하고 나쁜 일은 하지 않는 것이 불가능하다면, 우리는 그 사람이 좋은 사람인지 나쁜 사람인지를 무엇으로 판단할 수 있는 가? 그 사람에게 '참을 수 없는 마음'이 있는지 없는지를 살펴보면 될 듯하다. 이런 '마음'만 있으며 '인자(仁者)'가 될 희망이 있다. 그래서 맹 자는 제 선왕에게 희생양도 살려 주라고 요구한 것이 아니라 그런 마 음(참을 수 없는 마음)을 갖고 있으면 충분히 왕 노릇을 할 수 있다고 인 정해 준 것이다.

셋째, 이러한 토대와 최소한의 기준을 갖추게 되면, 우리는 완전한 도덕 체계를 세우고 한 걸음 더 나아가 도덕적인 사회를 만들 수 있다. '참을 수 없는 마음'이 있다는 것은 자신과 타인의 처지를 바꾸어 생각 하고, 남의 마음을 헤아릴 수 있는 심리적 능력을 지니고 있다는 것을 증명한다. 이런 능력이 있으면 자신을 미루어 타인을 생각하고 이해하 며, 이런 마음을 전 세계 인류에 대한 사랑으로 확대해 나갈 수 있다. 이것이 바로 공자가 주장하던 것이 아니겠는가?

여기에서 2006년 4월 21일자 〈남방인물주간(南方人物週刊)〉에 실린 '쥐, 증거가 되다'라는 제목의 류위(劉瑜)의 글이 생각난다. 내용은 이 러하다. 쥐 한 마리가 주방에 놓아 둔 끈끈이에 걸려 몸부림치고 있었다. 류위는 그 모습을 보면서 예전에 끈끈이에 붙은 쥐가 이틀 동안 찍찍거리다 죽었던 기억이 떠올랐다. 또한 어렸을 때 이웃집 할아버지가 끓는 물로 쥐를 죽였던 기억도 떠올랐다. 사실 이는 어느 곳에서나 일어날 수 있는 일로, 쥐를 죽이는 건 잘못된 행동이 아니다. 류위도 쥐를 죽여서는 안 된다는 말은 하지 않았다. 그러나 그녀는 쥐로 태어난 것이 쥐의 잘못이 아니라는 것과 만약 쥐를 죽여야 한다면 왜 그렇게 고통스럽게 죽여야 하는지에 대한 생각으로 견딜 수가 없었다. 류위는 이렇게 썼다. "쥐처럼 불결한 존재라도 고통을 느끼고 절망하며 몸부림칠 수 있다. 더욱 큰 문제는 그것의 고통이 당신에게도 전해질 수 있다는 점이다."

솔직히 나는 이 글을 읽고 깊은 감동을 받았다. 사람이 쥐 한 마리에도 측은지심을 느낄 수 있다는 사실을 생각지도 못했기 때문이다. 나를 포함해 대다수 사람은 쥐가 더럽고 혐오스러우며 해롭기 때문에 죽여도 당연하다고 생각할 것이다. 마땅히 죽여야 한다면 어떻게 죽든 무슨 상관이겠는가? 그러나 우리는, 나 역시 단 한 번도 쥐로 태어난 것이 쥐의 잘못이 아니라는 것을 생각해 본 적이 없다. 또한 그것이 죽어 마땅하다 할지라도 고통을 받으며 죽어야 한다는 것을 의미하는 것이 아님을 생각해 본 적이 없다. 그러나 류위의 글을 읽으며 나는 창피함을 느꼈다. 미물에까지 동정할 수 있어야 진정한 '측은지심'을 갖고 있는 것이기 때문이다. 쥐 한 마리의 죽음에도 '참을 수 없는 마음'을 느끼는 사람이라면 다른 동물이나 사람들에게 어떻게 대할지 충분히 짐작할 수 있다. 이것이야말로 '보살의 마음'이다.

사실 죄가 없는데 죽는 모습을 참을 수 없고, 고통스럽게 죽음에 이르는 모습을 참을 수가 없는 것은 바로 현대 사회의 법치와 인권의 심리적, 인성적 토대이기도 하다. 예를 들면, 국제 사회는 포로, 범죄자, 심지어 동물 학대 금지를 공인했다. 동물을 도살할 경우에도 학살은 금지하고 있다. 예를 들어 모유를 3일 이상 먹을 권리나 깨끗한 건초 위에서 잠을 잘 수 있는 권리 등 식용동물의 권리를 법으로 규정하는 국가도 있다. 또한 실험용 동물을 위해 위령비를 세우는 의학연구소도 있다. 이는 가식적인 행위가 아니라 부득이한 경우일지라도 생명에 대해 가능한 한 존중을 표시하려는 것이다. 여기에서 우리는 맹자가 주장한 '측은지심'과 '불인지심'을 엿볼 수 있으며, 전통과 현대가 맥을 잇는 모습을 기쁜 마음으로 목격하게 된다.

사실 유가사상에는 현대 사회와 연결되는 부분이 적지 않다. 일례로, 공자의 "아버지는 자식을 위해 숨기고, 자식은 아버지를 위해 숨긴다"는 주장이 그러하다. 이러한 사상은 현대 법률에서도 체현되었는데 바로 '근친의 증언 거부권'이다. 형사 범죄가 발생했을 경우, 혐의자에 대한 정황을 알고 있는 사람은 원칙적으로 국가기관에 신고하고 법정에서 증언해야 한다. 이는 국민의 의무다. 그러나 현대 법학에서는 근친자는 예외로 하는 특례를 인정해야 한다는 것이 주된 견해다. 근친자는 증언 거부를 비롯해 법정에서 혐의자에 대해 유리한 증거는 제공할 권리가 있으나 불리한 증거는 제공하지 않아도 되며, 심지어 법정에 출두하지 않아도 된다는 것이다. 이것이 바로 '근친자의 증언 거부권'이다. 이는 인성과 인도에 부합하는 주장으로 이미 많은 나라가 법률로 채택하고 있다. 사실 중국의 저명한 유학자인 궈지융(郭齊勇)이 《공자의 공사관(公私觀)》에서 말한 것처럼 부자, 부부, 형제, 친구, 사제

지간에 서로를 고발하는 것은 매우 야만적인 행위이며, 근친자에게 강제로 증언하게 하는 것은 더욱 말할 필요도 없다. 이에 관한 한 우리는 법가보다 유가의 의견을 경청해야 한다.

이러한 것이 '인애'다. 그것은 친친지애이자 충서지도이며, 측은지심이다. 이는 공자와 유가가 중화민족을 포함한 전체 인류를 대변해 주장한 사랑의 외침이다. 우리는 당연히 이 외침을 수용하고 또한 실천해야 한다.

그럼 이제 정의와 자강에 대해 이야기해 보자.

6

영원히 꺼지지 않을
위대한 정신의 횃불

    공자는 '인(仁)'을 주장했고, 맹자는 '의(義)'를 주장했다. '의'는 주로 맹자의 범주에 속한다. 물론 공자도 '의'에 대해 적지 않게 언급했다. "군자는 도의에 밝고, 소인은 이익에 밝다." 그러나 공자는 '인'을 언급할 때 일반적으로 '의'가 아니라 '지(知, 智)'를 함께 이야기했다. "지혜로운 사람은 물을 좋아하고, 어진 사람은 산을 좋아한다. 지혜로운 사람은 동적이고 어진 사람은 정적이다. 지혜로운 사람은 즐기며 살고, 어진 사람은 오래 산다(智者樂水, 仁者樂山. 智者動, 仁者靜. 智者樂, 仁者壽)."

    반면, 맹자는 인(仁)과 지(智)가 아니라 인(仁)과 의(義)를 이야기했다. "인은 사람의 마음이며, 의는 사람의 길이다(仁人心也, 義人路也)." "어버이를 잘 섬기는 것이 인이며, 나이 많은 이를 공경하는 것이 의다." 이렇듯 맹자는 유가의 사상체계를 대대적으로 바꾸어 놓았다. 이후로 중국인들은 '인'과 '지'가 아니라 '인'과 '의'에 대해 주로 이야기하게 되었다. 예를 들어 '불인불의(不仁不義)'나, "당신이 어질지 않으면 내가 의롭지 않다고 탓하지 말라"는 등이 그러하다. 이는 바로 맹자의 영향이다.

그럼, 맹자는 왜 '인'과 '의'를 함께 이야기했을까? '인'만 이야기하면 문제가 있기 때문이다. 예를 들어 공자는 "인자만이 사람을 좋아할 수도 있고 미워할 수도 있다"고 했다. '어진 사람'만이 애증을 분명하게 해 사랑해야 할 사람은 사랑하고 미워해야 할 사람은 미워한다는 뜻이다. 물론 일리가 있는 말이다. 문제는 '인'이 '사랑'이라는 데 있다. 사랑하는 마음이 가득한 사람이 어찌 다른 사람을 미워하겠는가? 결국 모순적이다. 또한 '인'이란 '참을 수 없는 마음'인데, 다른 사람에 대해 이런 마음을 갖는다면 자신에 대해서도 당연히 참을 수 없을 것이다. 그러나 어떤 일은 마음을 독하게 먹고 하지 않을 수 없는데 이때는 도덕적으로 해명이 필요하다. 더욱이 맹자 시대에 이르면 집권자들에게 사랑하는 마음을 찾아보기는 어려웠다. 들판에는 시체가 널려 있고, 피가 강을 이루었으니, 맹자 역시 '의'로 '인'을 대신하지 않을 수 없었다. 이는 "인을 잃으면 의가 뒤따른다"는 노자의 추론에 부합하고 있다.

그럼, '의(義)'란 무엇인가?

예를 하나 들면 쉽게 이해할 수 있을 것이다. 어떤 노인에게 자식이 아들 한 명뿐이다. 당연히 그는 아들을 애지중지했다. 아마도 모든 사람이 이를 당연하게 여길 것이다. 그러나 만약 이 아들이 어느 날 매국노가 되어 일본 군대를 이끌고 와서 마을을 약탈하고 마을 사람들을 학살한다면 어떻게 해야 하는가? 아마도 모든 사람이 "대의멸친(大義滅

親)!"이라고 말할 것이다. 대의를 위해서는 부모나 형제라도 돌아보지 않는다는 뜻이다. 이렇듯 '의'와 '인'은 아주 상반된 것이다. 인이 '친친(親親)'이라면 의는 '멸친(滅親)'도 가능하다. 물론 여기에는 당사자가 벌을 받아 마땅하다는 전제조건이 있다. 그래서 '의'에는 두 가지 측면의 의미가 있다. 하나는 '마땅함'이고, 다른 하나는 '없앰'이다. 이를 합치면 "마땅히 없애야 한다"는 뜻이다.

사실 이것이 바로 '의'의 본래 뜻이다. 의의 가장 기본적인 뜻은 두 가지다. 하나는 위의(威儀)의 '의(儀)'이며, 다른 하나는 적의(適宜)의 '의(宜)'다. 위의의 의는 원래는 '의(義)' 자를 썼는데, 나중에 사람 인 변이 붙었다. 《설문해자(說文解字)》에 따르면, 의(義)의 글자 형태는 사람이 머리에 양 뿔을 얹고 손에 무기를 들고 있는 모습을 형상화한 것이다. 이는 위풍당당한 모습이다. 그 밖에 "마땅히 싸워야 한다"는 뜻도 있다. 그리고 적의의 의는 글자의 형태는 고깃덩어리를 도마 위에 얹어 놓은 모습이다. 그래서 문자학자 롱경(容庚)과 탕란(唐蘭), 문화학자인 팡푸(龐樸)는 '의(宜)'에 "마땅히 죽여야 한다"는 뜻이 담겨 있다고 본다. 다만 이후 죽임의 의미가 없어지고 적당하다는 뜻으로 변한 것이다.

그렇다면 의는 '인'과 전혀 다르다는 것을 알 수 있다. 인이 생(生)을 나타낸다면, 의는 살(殺)을 나타내고, 인이 사랑을 말한다면, 의는 증오를 말한다. 사실 '의'와 관련된 단어, 예를 들면 '대의멸친(大義滅親)', '견의용위(見義勇爲: 정의를 위해 용감하게 뛰어듦)', '의무반고(義無反顧: 정의를 위해 뒤를 돌아보지 않고 나아감)', '사생취의(捨生取義: 의를 위해서 목숨을 바침)'에 쓰인 '의' 자 대신 '인' 자를 넣을 수 없다. 그래서 맹자는 '의'를 이야기함으로써 '인학(仁學)'으로 해결할 수 없는 문제, 즉 마땅히 죽여야 할 대상을 어떻게 처리할 것인지에 대한 해답을 제공했다. 맹자의 관점은 분명하다. 죽어 마땅한 사람은 죽이고, 그렇지 않은 사람은 절대 죽여서는 안 된다는 것이다. 《맹자》 〈진심상〉 편에는 "죄가 없는 사람을 하나라도 죽이는 것은 인이 아니다(殺一無罪非仁也)"라고 언급되어 있다. 그러나 마땅히 죽여야 할 사람을 죽이지 않는 것은 '불의(不義)', 의롭지 못한 것이다.

맹자가 말한 의에 대한 범주는 한편으로 일리가 있지만, 또 한편으로 문제도 있다. 먼저 무엇이 '의'며, 무엇이 '불의'인가가 분명치 않다. '의'에는 여러 종류가 있다. 예를 들어 도의, 인의, 충의, 정의(正義), 정의(情義), 협의(俠義) 등이 있다. 그러나 같은 '의'지만 때로 서로 모순되는 경우가 있다.

《맹자》 〈이루하〉 편에 나오는 다음의 고사가 그러하다. 정(鄭)나라와 위(衛)나라 사이에 전쟁이 일어났는데, 두 나라에서 각기 최고의 사수를 출전시켰다. 위나라 사수인 유공지사(庾公之斯)가 정나라 사수 자탁유자(子濯孺子)를 추격했는데, 자탁유자는 병이 나서 활을 쏘지 못했다. 그래서 유공지사가 자탁유자에게 "선생님께서는 왜 활을 들지 않으십니까?"라고 물으니 자탁유자가 "오늘은 내가 병이 나서 활을 들 수가 없다"라고 대답했다. 이에 유공지사가 난처해하며 말했다. "저는 활 쏘는 법을 윤공지타에게서 배웠고, 윤공지타는 그것을 선생님께 배웠습니다. 저는 차마 선생님께서 가르치신 궁도로 도리어 선생님을 해칠 수는 없습니다. 그러나 오늘의 일은 공사인 만큼 제가 감히 그만둘 수 없습니다." 그러고 나서 유공지사는 화살을 뽑아 수레바퀴에 두들겨 화살촉을 뽑아 화살 네 대를 쏜 뒤에 돌아갔다.

맹자는 이 이야기를 통해 '의(義)의 충돌'이란 문제는 해결할 수 있다고 말하고 싶었는지도 모른다. 그러나 나는 그리 희망적이지 않다고 생각한다. 위나라 유공지사가 그렇게 행동할 수 있었던 것은 춘추시대에 이미 의로운 전쟁이 없어졌기 때문이다. 전쟁은 그 자체가 의로운 것이 아닌 이상 싸우지 않고 물러나도 문제 될 것이 없다. 그러나 만약 위나라가 정의의 편이라면 어떠한가? 그는 왜 스스로 머리를 박고 죽을 수가 없었는가? 그러나 그렇게 죽는 것도 옳지 않다. 이는 의로움을 저버리는 것이자 나라를 배반하는 것 아닌가? 아마도 먼저 스승의 스승인 자탁유자를 죽이고 이어서 자신도 자살하는 수밖에 없을 것이다. 그러나 이렇게 할 경우 더욱 문제가 있다. 자신의 스승의 스승을 죽였으니 이는 스승을 속이고 조상을 멸하는 죄에 해당하고, 자국의 병사(자신)를 죽였으니 이는 나라를 배반하고 적을 도운 행위다. 또한 반격할 능력이 없는 늙은 사람을 죽였으니 이는 타인의 위기를 이용한 것이며, 잘못을 저지르고 자살을 했으니 이는 책임 회피에 해당한다. 이러한 상황에서는 사실 어떻게 행동해도 비난을 면할 수 없다.

사실 '의'의 문제도 적지 않다. 예를 들어 《수호지》에서 이규가 도량에 들어가 무고한 사람들을 마구 죽인 것과 송강이 진명 등을 패가망신시킨 것을 모두 "매우 의롭다"고 하고, 이후 송강이 무리를 이끌고 송 조정에 투항한 것을 일러 "충성스럽고 정의롭다"고 했다. 이것이 바로 문제다. 그래서 나는 공자가 말한 '인'은 아무리 강조해도 지나침이 없지만, '의'에 대해 이야기할 때는 각별히 조심하고 지나치게 강조해서는 안 된다고 생각한다. 지나치게 강조하면 무서운 결과를 불러올수도 있다. 정도를 지키는 방법은 '의'라는 개념을 '정의'의 범주에 국한하는 것이다. 기타 여러 가지 '의', 특히 '충의'와 '협의(俠義)'를 이야기할 때는 신중에 신중을 기해야 한다.

사실상 중국문화의 핵심적인 가치로서의 '의'는 당연히 '정의'여야 한다. 이 점은 아마도 유가와 묵가 모두 같은 생각이었을 것이다. 묵자와 맹자는 모두 정의를 주장했으며, 정의를 생명보다 더 값진 것으로 보았기 때문이다. 묵자는 이렇게 말했다. 누군가 당신에게 천하를 줄 테니 목숨을 버리라고 한다면 어떻게 할 것인가? 기꺼이 하겠다고 하는 사람은 없을 것이다. 그러나 어떤 사람은 정의를 위해서 목숨을 바치려 하는데, 그것은 의로움이 그 몸보다 더 귀하기 때문이다.

또 맹자는 이렇게 말했다. 물고기는 내가 원하는 것이지만, 곰의 발바닥도 내가 원하는 것이다. 그러나 두 가지를 함께 가질 수 없다면, 물고기를 버리고 곰의 발바닥을 갖겠다. 마찬가지로 목숨도 내가 원하는 것이고 정의도 내가 원하는 것이지만, 만약 두 가지를 함께 가질 수 없다면, "목숨을 버리고 정의를 취하겠다(舍生而取義)." 이는 맹자의 위대한 정신을 잘 표현하는 말이다. 바로 이러한 정신이 있었기에 대대로 지사와 영웅이 탄생할 수 있었던 것이다.

루쉰은 《중국인은 자신감을 잃어버렸는가?》에서 이렇게 말했다. "예로부터 전심전력을 다하는 사람들, 필사적으로 행하는 사람들, 백성을 위해 애쓰는 사람들, 목숨을 버리고 진리를 추구하던 사람들이 있었다. …… 비록 왕후장상들의 족보나 다름없는 '정사'도 그들의 찬란한 빛을 가릴 수 없으니, 그들이 바로 중국의 주축이다."

그럼, 이러한 '중국의 주축'은 어떻게 탄생한 것인가? 바로 정의와 정의감에 의해서 만들어졌다.

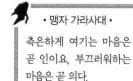
맹자가 생각한 것처럼 정의와 정의감은 위대하고 강직한 인격을 만들 수 있다. 이는 '의'와 '인'의 다른 점이다. 인애는 사람을 위대하게 할 수 있지만, 인애가 만든 위대함은 '관대함'으로 나타나며, 정의로 인한 위대함은 강직함으로 표현된다. 왜 그럴까? '의'를 행하기 어렵기 때문이다. 맹자는 "측은하게 여기는 마음은 곧 인이요, 부끄러워하는 마음은 곧 의다(惻隱之心, 仁也; 羞惡之心, 義也)."라고 했다. '수(羞)'는 스스로 부끄러워하는 것이고, '오(惡)'는 남을 미워하는 것이다. '의'라는 칼은 다른 사람을 향할 수도 있고, 자기 자신을 향할 수도 있음을 알 수 있다. 이는 실로 쉽지 않은 일이다. 그래서 의를 행하기 위해서는 정신적인 지주가 있어야 할 뿐만 아니라 신체적인 버팀목도 있어야 한다. 이것이 바로 '기(氣)'인데, 맹자는 "호연지기"라고 했다. 이러한 '기'는 매우 위대하고 강인해 이를 "지극히 크고 지극히 강하다"라고 했다. 이는 "정의가 내적으로 쌓여서 생겨난 결과"이지 "밖에서 들어와 얻게 되는 것"이 아니기 때문이다.

맹자의 '호연지기'는 '정기(正氣)'이므로 '호연정기'라고도 부른다. 사람이 이런 기운을 지니면 어떻게 되는가?

첫째, 천하의 일을 자신의 소임으로 삼고 정의를 실천하며, "하늘을 원망하거나 남을 탓하지 않는다." 둘째, 기개를 지닌 사람이 되어 "부귀도 그의 마음을 어지럽히지 못하고, 빈천도 그의 뜻을 변하게 하지 못하며, 권위와 무력도 그의 뜻을 굴복시키지 못한다." 셋째, 세상에서 가장 아름다운 사람이 될 것이다. 그에게서는 인격의 향기가 물씬 풍겨 매력적일 것이기 때문이다.《맹자》〈공손추상〉편에 따르면, 맹자는 정기라는 것은 올바르게 길러서 보호해 손상하지 않으면 천지에 가득 차서 호연지기가 된다고 말했다.

이러한 '호연지기'가 가슴속에 가득 차 있는 사람은 '아름다운 사람' 이다.《맹자》〈진심하〉편을 보면 맹자는 "선(善)과 신(信)이 모두 충만해 있으면 아름답다고 한다"고 했다. 만약 정기가 가슴속에 가득 차 있고, 빛을 뿜어낼 수 있다면 그는 '대인'이다. 그래서 맹자는 "충만하게 채워져 광휘가 나는 것을 위대하다고 한다"고 했다. 또한 만약 자신뿐만 아니라 타인을 감화시켜 영향을 주면, 그는 '성인'이다. 맹자는 이를 일러 "위대해 남을 감화시키는 것을 성스럽다고 한다"고 했다. 또 타인을 감화시켜 영향을 미칠 뿐만 아니라 그것이 부지불식간에 이루어진다면, 그는 '신인(神人)'이다. 맹자는 이를 일러 "성스러워 남이 헤아릴 수 없는 것을 신령스럽다고 한다"고 했다. 이렇듯 미(美), 대(大), 성(聖), 신(神)은 매력적인 인격의 네 단계이자 경지다. 이것은 모두 '호연지기'에서 비롯된다.

그럼, 결론은 무엇인가? 반드시 정기를 길러야 한다는 것이다. 이는 우리 스스로 길러야 한다. 여기서 우리는 정의롭기 위해서는 스스로 강해져야 한다는 또 하나의 결론을 얻게 된다.

그렇다면 이제 스스로 강해짐, 즉 '자강(自强)'에 대해 이야기하겠다.

'자강'이란 개념을 분명하게 제시한 사람은 공자도 맹자도 아니며 순자도 아니다. 바로《역전(易傳)》이다.《역전》은《주역》의 일부분이다. 우리가 현재 보는《주역》은《역경》과《역전》, 두 부분으로 구성되어 있다.《역경》은《역전》보다 이른 시기, 대략 은주 시대 때 형성되었다.

그리고 《역전》은 대략 전국 후기나 진한 시기에 유가들이 《역경》을 풀이한 책이다. 《역전》은 전체 7종류 10편, 즉 〈단사상(彖辭上)〉, 〈단사하(彖辭下)〉, 〈상사상(象辭上)〉, 〈상사하(象辭下)〉, 〈계사상(系辭上)〉, 〈계사하(系辭下)〉, 〈문언(文言)〉, 〈서괘(序卦)〉, 〈설괘(說卦)〉, 〈잡괘(雜卦)〉로 구성되어 있어 '십익(十翼)'이라고도 한다. 자강은 건괘의 〈상사(象辭)〉편에 나오는데, 내용은 다음과 같다.

"하늘의 운행이 굳건한 것처럼 군자는 스스로 강하게 단련함에 그침이 없어야 한다(天行健, 君子以自强不息)."

그러나 《역전》에 '자강'이라는 핵심적인 가치관이 언급되어 있기는 하지만 왜 하늘은 굳건하고 군자는 스스로 강하게 단련하는 데 그침이 없어야 하는지에 대한 설명은 없다. 이에 대해 구체적으로 설명한 사람은 순자다. 순자는 선진 유가의 세 번째 대가다. 전국 말기 유학자로서 그는 여러 학파, 특히 도가로부터 도전을 받았다. 선진 도가와 선진 유가의 차이 가운데 하나는 바로 노자와 장자가 이야기한 '천(天, 자연)'과 공자와 맹자가 말한 '인(人, 사회)'에 있었다. 공자는 '천명'을 말하고 '천도'를 말하지 않았으며, 맹자는 '인성'을 말하고 '천성'을 말하지 않았다. 그 결과는 무엇인가? 유가는 변론에서 열세를 면하지 못했고, 남들을 설득하기도 어려웠다. 이에 순자는 자연에 대해 이야기하지 않으면 안 된다는 생각에 이르렀다.

그래서 어떻게 이야기했는가? 과학적으로 이야기 했다. 《순자》〈천론(天論)〉편에는 순자가 인간과 자연의 관계에 대해 집중적으로 토론

한 내용이 담겨 있다. 그의 기본 관점은 자연과 사회를 먼저 엄격하게 구분한 다음 각자의 규율을 찾아야 한다는 주장이다. 그래서 자연현상을 다룰 때 반드시 과학적인 태도를 취해 작은 현상에 크게 놀랄 필요가 없으며, 인간이 마음대로 이를 변화시킬 수 있다고 생각해서도 안 된다고 했다. 예를 들면, 유성이 떨어지거나 나무에서 소리가 나는 것은 모두 자연계의 정상적인 현상으로, 단지 흔하게 볼 수 있는 현상이 아닐 뿐이다. 이런 관점으로 이해하면 기괴한 일도 이해할 수 있으므로 괜히 두려워할 필요가 없다. 마찬가지로 비가 오지 않는다고 기우제를 올리며 하늘에 빌 필요도 없으며, 일식이나 월식 때에도 북을 울리며 구원을 빌 필요도 없다. 물론 이런 의식을 올려 관심의 마음을 표시할 수 있지만 이로 인해 어떤 효과가 있을 것으로 기대해서는 안 된다. 실제로 기우제를 올리지 않아도 내릴 비는 내리고, 내리지 않을 비는 아무리 기우제를 올린다고 해도 내리지 않는다. 이처럼 당연한 자연현상을 신령하다고 여기면 큰 착오를 저지르는 것이다.

이는 실로 보기 드문 과학 정신이다. 선진 제자 가운데 순자는 가장 과학정신을 갖추고 있었다. 자연에 대해서 공자와 맹자가 회피적 태도를, 노자와 장자가 철학적 태도를 취했다면, 순자는 과학적인 태도를 보여 주었다. 《순자》〈천론〉 편 첫머리에 다음과 같은 관점으로 책 전체의 요지를 밝히고 있다. "하늘의 운행에는 일정한 법칙이 있다. 요임금으로 인해 존재하는 것도 아니고 걸 임금으로 인해 없어지는 것도 아니다." 다시 말해, 자연계는 고유의 규율이 있을 뿐 사람의 의지로 변화되는 것이 아니므로 통치자가 누구인지에 의해 좌우되지 않는다는 것이다. 이는 상당히 중요하고 또 과학적인 관점으로 순자의 하늘과 인간의 관계에 대한 사상의 총칙이다. 순자는 이러한 관점을 바탕으로 다음과 같은 결론을 도출해 냈다.

첫째, "하늘의 운행에는 일정한 법칙이 있다. 요임금으로 인해 존재하는 것도 아니고 걸 임금으로 인해 없어지는 것도 아니기" 때문에 인류사회의 희망을 자연계에 맡길 수 없다. 순자는 이렇게 말했다. 국가의 치세와 난세, 천하의 흥망성쇠는 하늘 때문인가? 그렇지 않다. 해가 동쪽에서 뜨고 달이 서쪽으로 지는 것은 요임금이 집권했을 때나 걸 임금이 정권을 잡았을 때나 변함이 없었다. 그렇다면 시기 때문인가? 아니다. 봄에 논밭을 갈고 여름에 김을 매며, 가을에는 추수해 겨울에 저장해 두는 것은 요임금 때나 걸 임금 때나 마찬가지였다. 그럼 지리 때문인가? 그것도 아니다. 토지가 비옥하면 작물이 잘 자라고, 토양이 척박하면 작물이 죽어 버린다. 이는 요임금이나 걸 임금 때도 똑같았다. 그렇다면 왜 요임금이 다스렸을 때는 천하가 태평하고, 걸 임금이 다스렸을 때는 천하가 혼란스러웠는가? 바로 사람 때문이다! 자연은 자연이고, 사회는 사회이기 때문에 이를 한데 엮어 논할 수 없다. 자연에는 자연의 법칙이 있고, 인류에게는 인류의 규범이 있다. 인류사회의 흥망성쇠는 자연계와 관계가 없다. 그래서 자연의 제약을 받을 필요도 없으며, 자연 앞에 굴복할 필요도 없다. 생산에 힘쓰고 절약하면 하늘이 우리를 가난하게 할 수 없으며, 의식을 풍족히 갖추고 때에 따라 노력하면 하늘이 우리를 병들게 할 수 없고, 규율을 지키고 확고부동하면 하늘은 우리에게 재앙을 내릴 수 없다. 한마디로 하늘은 두려워할 필요가 없으니, 세상의 일은 모두 사람에 의해 이루어진다.

둘째, "하늘의 운행에는 일정한 법칙이 있다. 요임금으로 인해 존재하는 것도 아니고 걸 임금으로 인해 없어지는 것도 아니기"때문에 우리는 강압적으로 자연을 인류가 바라는 대로 따르게 할 수 없고, 단지 자연의 규칙을 파악해 효과적으로 자연을 이용할 수 있을 뿐이다. 그래서 순자는 가장

일을 잘하는 사람은 하지 않는 일이 있고, 가장 지혜로운 사람은 하지 않는 생각이 있다고 했다. 어떤 일을 하지 않는가? 규율에 위배되는 일을 하지 않는다. 어떤 일을 생각하지 않는가? 자연에 대항하는 일을 생각하지 않는다. 그럼, 할 수 있는 일은 무엇인가? 하늘에서 기후의 변화를 파악할 수 있고, 땅에서 토양이 작물을 재배하기에 적합한지의 여부를 알 수 있다. 또한 사계절을 통해 농업 생산을 어떻게 계획해야 하는지 파악할 수 있고, 음양의 관계에서 흥망성쇠의 이치를 터득할 수 있다. 이렇게 규율을 파악하고 합리적인 조치를 취하면 곧 성공을 거둘 수 있다. 그러나 이와 반대로 하면 실패할 것이다. "바르게 응하면 길하고, 어지럽게 응하면 흉하게 된다(應之以治則吉, 應之以亂則凶)"는 순자의 말은 바로 이런 뜻이다. 순자의 이러한 관점은 과장을 조금 보태 최초의 '과학적 발전관'이라고 할 수 있다.

셋째, "하늘의 운행에는 일정한 법칙이 있다. 요임금으로 인해 존재하는 것도 아니고 걸 임금으로 인해 없어지는 것도 아니기"때문에 자연계는 저절로 운행되는 것이다. 이를 무엇이라고 하는가? '자위(自爲)'라고 한다. 마찬가지로 사람이든 인류사회든 하늘이나 자연계와 무관한 이상 당연히 '자위'할 수밖에 없다. 이렇게 해서 순자는 도가의 사상적 무기를 넘겨받으면서 또 도가와 경계를 구분했다. 도가의 사상적

무기는 무엇인가? '천도(天道)'로 '인도(人道)'를 말하는 것이다. 이는 도가의 방법이자 순자의 방법이기도 하다. 다른 점이 있다면 도가는 천도의 본질을 '무위'로 보았지만, 순자는 천도의 본질을 '자위'라고 여겼다는 것이다. 도가는 천도가 무위하다면 사람 역시 무위해야 한다고 보았다. 그러나 순자는 천도를 자위로 생각했기 때문에 사람 역시 자위해야 한다고 여겼다. 이처럼 순자는 실사구시적인 과학정신에서 출발해 다음과 같은 인생의 지혜를 제시했다. '하늘을 원망하고 남을 탓하기보다는 스스로 강인해지기 위해 분발해야 하며, 운명을 기꺼이 받아들이기보다는 자력갱생을 도모해야 한다.' 즉, 세상에 구세주라는 것은 없으며, 하늘에 기댈 수도 없다는 것이다. 인류의 행복을 창조하는 것은 오로지 인류 자신에게 달려 있다.

그래서 순자는 군자에게 가장 중요한 것은 자기 자신이라고 말했다. 군자는 자신을 존중하고, 하늘(자연계)이 베풀어 주기를 바라지 않기 때문에 날로 향상할 수 있다. 이것이 바로 '군자자강(君子自强)'이 아니겠는가? '군자자강'과 '하늘의 운행이 굳건함'의 관계에 대해서는 이미 앞에서 자세하게 언급했다. 하늘이 스스로 행하니 인간도 스스로 행하고, 하늘의 운행이 굳건하니 인간도 스스로 강인해져야 한다! 순자는 또 이렇게 말했다. 하늘은 사람들이 추위를 싫어한다고 해서 겨울을 멈추는 법이 없으며, 땅 역시 사람들이 먼 길을 싫어한다고 해서 넓히는 것을 멈추는 법이 없다. 군자는 소인들이 떠들썩거린다고 행동을 멈추지 않는다. 오히려 분발해 끊임없이 몸과 마음을 단련하고 자신의 의무와 책임을 다한다. 이것이야말로 군자의 고귀한 품격인 것이다.

이는 정말로 대단한 인생의 지혜다. 순자는 유가사상 체계에 이러한 큰 공헌을 했다. 앞에서 말했듯이 순자는 선진 제자 가운데 가장 과학 정신을 갖춘 인물이다. 또한 그는 가장 인문정신이 투철한 인물이기도 하다. 평요우란은《중국철학 약사》에서 순자의 이론은 '문화철학'이라고 부를 만하다고 했다. 그에게 자연은 단지 자연일 뿐이지만 문화는 사람의 것이기 때문이다. 자연적인 것은 '성(性)'이며, 인문적인 것은 '위(僞)'다. '위'는 '허위'가 아니라 '인위'를 말한다. 인위가 없으면 자연은 저절로 문화로 바뀔 수 없으며, 진, 선, 미가 있을 수도 없다. 그래서 순자는 "인위적인 노력이 없으면 본성이 저절로 아름다워질 수 없다"고 했으니 인간이 어찌 노력을 하지 않을 수 있겠는가?

이러한 것들이 바로 순자가 우리에게 남긴 귀중한 사상적 문화유산이다.

이제 선진 제자의 사상문화 유산을 총결할 수 있을 듯하다. 묵가는 사회에 대한 관심을 두어 이상 사회의 모습을 남겼다. 그것은 바로 평등, 호혜, 박애다. 도가는 인생에 관심을 두어 인생에서 추구해야 할 것에 대해 이야기했다. 그것은 바로 진실, 자유, 관용이다. 법가는 국가에 관심을 두어 치국의 이념을 남겼다. 그것은 바로 공개, 공평, 공정이다. 유가는 문화에 관심을 두어 핵심 가치를 알려 주었다. 그것은 바로 인애, 정의, 자강이다. 또는 이렇게 말할 수 있다. 묵가는 공동체를 건설하는 아름다운 이상을, 도가는 인생의 길을 제시하는 지혜의 결정을, 법가는 변혁에 대응하는 사상 자원을, 유가는 민심을 모으는 가치 체계를 남겼다. 이 모든 것이 인류의 정신적 자산이다. 우리가 이러한 유산을 추상적으로 계승할 때 전 인류의 공동의 이상을 실현할 수 있을 것이다.

그 공동의 이상이란 바로 '조화'다.

조화에 대해서는 이미 많은 사람이 많은 이야기를 했으니 여기서는 장황하게 말하지 않겠다. 다만 말하고 싶은 것은 조화의 기본 정의 가운데 하나가 '다양성의 통일'이라는 점이다. 선진 제자의 백가쟁명은 전체적으로 보면 이러한 정신을 체현하고 있다. 그들의 사상, 관점, 입장 및 방법은 서로 달랐는데, 이것이 바로 '다양성'이다. 그러나 그들의 문제의식, 태도, 바람과 목표는 모두 같았다. 그것은 중국 사회가 중대하고 거대한 전환기에 직면해 '이 나라가 어디로 가야 하는가?'에 대해 진지하게 고민하고 천하태평을 갈망했다는 점이다. 이것이 바로 '통일성'이다. 그래서 제자의 사상은 일치하는 점은 취하고 다른 점은 보류할 수 있다. 우리는 어느 것을 편애할 것이 아니라 각각의 사상에서 필요한 부분을 취하고 버릴 것은 버리면 된다. 그러나 가능한 한 각 학파의 장점을 수용해 이를 통일해야 한다. 어디에 중점을 두고 통일하는가? 인류가 평화롭게 발전하고 인류 전체가 행복할 수 있도록 통일한다. 이것이 바로 '조화'다. 이는 분명 선진 제자의 공통된 바람이었을 것이라고 나는 믿는다.

이제 모두 일어나 이 위대한 사상가들을 향해 숭고한 경의를 표하도록 하자.

하늘의 운행이 굳건한 것처럼 군자는 스스로 강하게 단련함에 그침이 없어야 한다. 우리 앞에 놓인 자강(自强)의 길은 탄탄하리라!

이중톈의
이것이 바로 인문학이다

초판 1쇄 2015년 8월 17일
초판 6쇄 2019년 12월 31일

지은이   이중톈
옮긴이   이지연
펴낸곳   보아스
펴낸이   이지연
등 록   2014년 11월 24일(No. 제2014-000064호)
주 소   서울시 양천구 목동중앙북로 8라길 26, 301호(목동) (우편번호: 07950)
전 화   02)2647-3262
팩 스   02)6398-3262
이메일   boasbook@naver.com
블로그   http://blog.naver.com/shumaker21

ISBN   979-11-954336-2-9 (03910)

ⓒ 이중톈, 2015

이 도서의 국립중앙도서관 출판시도서목록(CIP)은 서지정보유통지원시스템
홈페이지(http://seoji.nl.go.kr)와 국가자료공동목록시스템(http://www.nl.go.kr/kolisnet)에서
이용하실 수 있습니다.
(CIP제어번호: CIP2015020239)